D1666480

Maurice Blondel

L'Action – Die Tat
(1893)

VERLAG KARL ALBER A

Maurice Blondel

L'Action – Die Tat (1893)

Versuch einer Kritik des Lebens und einer Wissenschaft der Praxis

aus dem Französischen übertragen von
Anton van Hooff
unter Mitarbeit von
Ruth Beissel

Mit einem Geleitwort von
Karl Kardinal Lehmann

Mit einem Vorwort von
Stephan Grätzel

Verlag Karl Alber Freiburg/München

Maurice Blondel
L'Action – The Action
(1893)

Essay on a criticism of life and a science of practice

»L'Action« (1893) is considered Blondel's main work. In this »essay« he develops the foundations for a »new way of thinking« methodically and thematically. He replaces the ›equals‹ symbol in Parmenides' equation by action, as abstract thought can never fully apprehend the definite reality of life. Only in our actions are we able to engage in a reciprocal exchange with reality and find completion. Action is »concretum universale«, connecting tie and connecting link per se. All aspects of human life and of reality as a whole form an immanent part of action as its elements. Blondel develops them in serial manner in a comprehensive philosophy of the will. He adopts an explicitly phenomenological approach. What ensues from the mere fact that will wants? He demonstrates that religious action is a philosophically undeniable fact. The phenomenological rationale of metaphysical truth concludes this path of thought. Thoughts on the deciding character of action play a major part.

The author:

Maurice Blondel (1861–1949) taught at Aix (-en-Provence)-Marseille University between 1896 and 1928. His late work was published in the 30s: *La pensée* (2 vols.) 1934, *L'Etre et les êtres* 1935, *L'Action* (2 Vols.) 1936, and *La philosophie et l'esprit chrétien* (2 Vols.) 1944 and 1946. His essays *Lettre sur les exigences de la pensée contemporaine en matière d'apologétique* 1896 and *Histoire et dogme. Les lacunes philosophiques de l'exégèse moderne* 1904 had influence on theology, for instance Henri de Lubac, Pierre Teilhard de Chardin, Karl Rahner and Hans Urs von Balthasar.

Maurice Blondel

L'Action – Die Tat
(1893)

Versuch einer Kritik des Lebens
und einer Wissenschaft der Praxis

»L'Action« (1893) gilt als das Hauptwerk Blondels. In diesem »Versuch« entfaltet er, methodisch und thematisch, die Grundzüge eines »neuen Denkens«. Das Ist-Zeichen in der Gleichsetzung des Parmenides ersetzt er durch die Tat, denn das abstrahierende Denken kann die konkrete Lebensrealität nie erschöpfend erfassen. Nur in unseren Taten vermögen wir uns mit der konkreten Wirklichkeit wechselseitig auszutauschen und zur Vollendung zu gelangen. Die Tat ist »concretum universale«, Band und Bindeglied schlechthin. Alle Aspekte menschlichen Lebens sowie der gesamten Wirklichkeit sind der Tat als ihre Elemente immanent. Blondel entfaltet sie auf serielle Weise in einer umfassenden Philosophie des Willens. Er geht dabei ausdrücklich phänomenologisch vor. Was alles ergibt sich aus der bloßen Tatsache, dass der Wille will? So zeigt er auch auf, dass religiöses Tun eine philosophisch unleugbare Tatsache ist. Die phänomenologische Begründung metaphysischer Wahrheit schließt den Denkweg ab. Breiten Raum nehmen die Überlegungen zum Entscheidungscharakter der Tat ein.

Der Autor:

Maurice Blondel lebte von 1861 bis 1949. Er lehrte 1896–1928 an der Universität von Aix (-en-Provence)-Marseille. In den dreißiger Jahren erschien sein Spätwerk: *La pensée* (2 Bde.) 1934, *L'Etre et les êtres* 1935, *L'Action* (2 Bde.) 1936, und *La philosophie et l'esprit chrétien* (2 Bde.) 1944 und 1946. Einfluss auf die Theologie – u. a. auf Henri de Lubac, Pierre Teilhard de Chardin, Karl Rahner und Hans Urs von Balthasar – gewannen seine Essais *Lettre sur les exigences de la pensée contemporaine en matière d'apologétique* 1896 und *Histoire et dogme. Les lacunes philosophiques de l'exégèse moderne* 1904; beide liegen in deutscher Übertragung vor.

Titel der Originalausgabe:
L'Action (1893)
© Presses Universitaires de France/Humensis

Mit freundlicher Unterstützung
der NoMaNi-Stiftung Köln und
dem Arbeitsbereich Praktische Philosophie am Fachbereich 05
der Johannes Gutenberg-Universität Mainz

Erste Auflage der deutschen Neuübersetzung

© VERLAG KARL ALBER
in der Verlag Herder GmbH, Freiburg / München 2018
Alle Rechte vorbehalten
www.verlag-alber.de

Satz: SatzWeise GmbH, Trier
Druck und Bindung: CPI books GmbH, Leck

Printed in Germany

ISBN 978-3-495-48874-4

Inhalt

GELEITWORT VON Karl Kardinal Lehmann 13

VORWORT von Stephan Grätzel 17

EINFÜHRUNG 27

Erster Teil
Gibt es ein Problem der Tat?

KAPITEL I. Wie man behauptet, das moralische Problem existiere nicht 45

KAPITEL II. Dass man damit scheitert, das moralische Problem zu unterdrücken, und auf welche Weise 58

Zweiter Teil
Ist die Lösung des Problems der Tat negativ?

KAPITEL I. Wie man behauptet, aus dem Nichts die Schlussfolgerung der Erfahrung, den Endpunkt der Wissenschaft und das Ziel des menschlichen Strebens zu machen 71

KAPITEL II. Es gibt keine negative Lösung für das Problem der Tat; und was das Bewusstsein oder der Wille des Nichts in sich birgt. 80

DIE NATÜRLICHE AUSRICHTUNG DES WILLENS
Trägt das Problem der Tat eine positive Lösung in sich? 90

Inhalt

Dritter Teil
Das Phänomen der Tat

Wie man versucht, die Tat einzig durch die Wissenschaft zu bestimmen und sie auf die Ordnung der Natur zu beschränken   95

Erster Teilabschnitt
Von der Sinneswahrnehmung zur subjektiven Wissenschaft
Die wissenschaftlichen Bedingungen und die unbewussten Quellen der Tat

KAPITEL I. Die Inkonsistenz der Sinnesempfindung und die wissenschaftliche Tätigkeit   99

KAPITEL II. Die Inkohärenz der positiven Wissenschaften und die Vermittlung der Tat 107

KAPITEL III. Die Elemente des Bewusstseins und die subjektive Wissenschaft der Tat 149

Zweiter Teilabschnitt
Von der Schwelle des Bewusstseins zur Willenstätigkeit
Die bewussten Elemente der Tat 169

KAPITEL I. Die Konzipierung der Tat 172

KAPITEL II. Der Grund der Tat 185

KAPITEL III. Die Bestimmung der Freiheit und die Hervorbringung der Tat 200

Dritter Teilabschnitt
Von der intentionalen Anstrengung
bis zur ersten äußeren Expansion der Tat
Das organische Wachstum der gewollten Tat 217

KAPITEL I. Der Körper der Tat und die subjektive Physiologie . . 224

Inhalt

KAPITEL II. Die Tat des Körpers und die Psychologie des Organismus 240

KAPITEL III. Die innere Synergie und der Aufbau des individuellen Lebens durch die Tat 259

Vierter Teilabschnitt
Von der individuellen Tat zur gesellschaftlichen Tat
Erzeugung, Befruchtung und Fortpflanzung der menschlichen Taten 283

KAPITEL I. Die unmittelbare Expansion und der sinnfällige Ausdruck der Tat 285

KAPITEL II. Die Koaktion 298

KAPITEL III. Einflussnahme und Mitwirkung 313

Fünfter Teilabschnitt
Von der sozialen Tat zur superstitiösen Tat
Die fruchtbare Vereinigung der Willen und die universelle Ausweitung der Tat 335

KAPITEL I. Die Einheit des Willens und die fruchtbare Tat des gemeinsamen Lebens
Familie, Vaterland, Menschheit 344

KAPITEL II. Die universelle Ausweitung der Tat
Die gestuften Formen der natürlichen Sittlichkeit 374

KAPITEL III. Die superstitiöse Tat
Wie der Mensch versucht, seine Tat zu vollenden und sich selbst zu genügen 404

Inhalt

Vierter Teil
Das notwendige Sein der Tat

Wie die Problematik der menschlichen Bestimmung zwangsläufig und willentlich aufgetreten ist 425

I. DER KONFLIKT 427
ERSTER GEDANKENSCHRITT
Der in sich widersprüchliche und besiegte Wille
Scheinbares Scheitern der gewollten Tat 427
ZWEITER GEDANKENSCHRITT
Der bejahte und aufrechterhaltene Wille
Unzerstörbarkeit der Willenstat 436
DRITTER GEDANKENSCHRITT
Das einzig Notwendige
Die unausweichliche Transzendenz der menschlichen Tat . . . 443

II. DIE ALTERNATIVE 463
ERSTE OPTION. Der Tod der Tat 465
ZWEITE OPTION. Das Leben der Tat 482
Der Ersatz und die Vorbereitungen der vollkommenen Tat . . 482

Fünfter Teil
Die Vollendung der Tat

Der Endpunkt der Bestimmung des Menschen 499

KAPITEL I. Der Begriff von Dogmen und von geoffenbarten
Vorschriften und die philosophische Kritik 505

KAPITEL II. Die Bedeutung der buchstäblichen Praxis und die
Bedingungen der religiösen Tat 518

KAPITEL III. Das Band zwischen der Erkenntnis und der Tat im Sein 540

Schluss	588
Nachwort von Anton van Hooff	619

Geleitwort

Es gibt wenige philosophische Grundwerke aus neuerer Zeit, die wie das Erstlingswerk des französischen Philosophen Maurice Blondel (1861–1949) »L'Action« (1893) durch ihre Tiefgründigkeit immer wieder faszinieren und dennoch – zunächst auch im Verständnis der französischen Originalsprache – viele Fragen und Rätsel aufgeben. Schon die Übersetzung des Titels schafft jeweils unzureichende Alternativen (»Aktion«, »Tat«, »Tun«, »Tathandlung« usw.) Der Untertitel des Buches reizt durch seine Anspielungen zum weiteren Fragen: Versuch einer Kritik des Lebens und einer Wissenschaft der Praxis.

Auch wenn »L'Action« in Frankreich schon früh einen außerordentlichen Einfluss auf Philosophie und Theologie hatte, so geschah dies in einer schwierigen Phase der vor allem katholischen Auseinandersetzung mit der Moderne um die Jahrhundertwende (»crise moderniste«). Blondels Wirkung nahm zu Beginn dieser beträchtlichen Auseinandersetzung noch lange Schaden. Es dauerte lange bis zur nachhaltigen Entwirrung der Kontroversen. Eine Hilfe – wenigstens zunächst für den deutschen Sprachraum – war das Vorliegen einer zuverlässigen Übersetzung. Dr. Robert Scherer (1904–1997) – einflussreicher Cheflektor im Verlag Herder und selbst Verfasser einiger Artikel über Blondel und weiterer Übersetzungen – hat 1965 bereits eine beachtliche deutsche Ausgabe vorgelegt. Dieses Unternehmen verdient besondere Anerkennung, die Grenzen von Scherers Übersetzung wurden jedoch immer wieder bemängelt.

Danach erschien in den USA 1984 eine neue Übersetzung von Oliva Blanchette (University of Notre Dame Press), weitere in Italien 1993 von Sergio Sorrentino (Edizioni Paoline, 624 Seiten) und in Spanien 1996 von Juan María Isasi und César Izquierdo (Biblioteca de Autores Cristianos) und sogar 1990 in Japan von Yōzō Masunaga. Zu erwähnen sind hier auch zwei Anthologien von Texten Blondels. In deutscher Sprache: Maurice Blondel: Logik der Tat. Aus der

Geleitwort

»Action« ausgewählt und übertragen von Peter Henrici (Einsiedeln 1957 und 1986). In niederländischer Sprache: A. Poncelet: Kerngedachten van Maurice Blondel (Roermond-Maaseik 1966). Mit der vorliegenden deutschen Fassung haben wir nun im Jahr 2017 die Übersetzung des niederländischen Philosophen und Theologen Dr. Anton van Hooff. Die neue Übersetzung erscheint wie die damalige von Robert Scherer im Verlag Karl Alber in Freiburg. Ein schönes Zeichen!
Wer ist nun der Übersetzer der neuen deutschen Fassung?
Dr. Anton van Hooff wurde 1944 in Heerlen/Niederlande geboren. Durch seine Herkunft und Verwurzelung in der Euregio, dem Dreiländereck zwischen Aachen, Maastricht und Lüttich, aber auch durch sein ausgedehntes Studium an niederländischen, französischen und deutschen Ordenshochschulen war er, was die Kenntnis der Sprachen in der Grenzregion angeht, in einer ausgezeichneten Situation. Für die Übersetzung in die deutsche Sprache hatte er geradezu ideale Bedingungen.
Nach dem Studium der Philosophie und Theologie an diesen Ordenshochschulen führte Anton van Hooff 1973–1976 an der Universität Freiburg i. Br. unter meiner Leitung ein Promotionsstudium durch. Vom Wintersemester 1976 an übernahm er in seiner Heimatabtei St. Benedictusberg, Vaals (NL) die Aufgabe, die jüngeren Mitbrüder in philosophischen Disziplinen und in Fundamentaltheologie zu unterrichten. Nach der Promotion im Sommersemester 1982 erschien die Arbeit »Die Vollendung des Menschen. Die Idee des Glaubensaktes und ihre philosophische Begründung im Frühwerk Maurice Blondels« mit 458 Seiten als Band 124 der »Freiburger theologischen Studien« im Verlag Herder (Freiburg i. Br. 1983). Nachdem Anton van Hooff im Studium eine besondere Nähe zu dem Denken und den Werken von Klaus Hemmerle und Bernhard Welte entwickelte hatte, kam es in dieser Arbeit zu einer intensiven Befassung mit Blondels Frühwerk. Dabei wurde auch die bisher noch nicht befriedigende deutsche *Übersetzung des Denkens* von Blondel angesprochen (vgl. Vorwort zu »Die Vollendung des Menschen«, S. 5). Die »immanent-systematische Deutung«, mit der Anton van Hooff hier geforscht hat, trug für das Gelingen seiner neuen Übersetzung im besonderen Maße bei.
In Mainz hatte sich dann – auch durch meine Initiative – ein kleines und bescheidenes, aber durchaus wirksames Blondel-Forschungszentrum an der Diözese (mit der Bischöflichen Akademie Er-

bacher Hof) gebildet, das im Laufe der Jahre auch Verbindungen zu dem Blondel-Zentrum der Johannes Gutenberg-Universität aufgenommen und vertieft hat. Anton van Hooffs weitere Studien zu Maurice Blondel sind in diesem Umkreis beheimatet. Ermutigt wurde die Zusammenarbeit der Forschungszentren durch die Altmeister Joachim Kopper und Peter Henrici, aber auch durch das Engagement der fast gleichaltrigen Kollegen und jüngeren Blondel-Experten: Albert Raffelt, Peter Reifenberg, Stephan Grätzel. Dazu darf auch Prof. Dr. Claude Troisfontaines (Louvain-la Neuve/Belgien) gezählt werden. Noch manche wären zu nennen. Vielleicht kann dieser Blondel-Kreis auch noch künftig Früchte tragen

Ich danke Anton van Hooff für seine Leidenschaft zu Blondel, seine hohe Arbeitsdisziplin, seine Sorgfalt im Denken, seine Sensibilität für die Sprache. Frau Ruth Beissel danke ich für die hilfreiche Lektorierung des deutschen Textes. Ich wünsche dem Denken Blondels durch diese Übersetzung neue Liebhaber. Zugleich danke ich Herrn Lukas Trabert für die verlegerische Betreuung.

Karl Kardinal Lehmann, Emeritus-Bischof von Mainz

Vorwort

Die nunmehr vorliegende Übersetzung von Blondels Hauptwerk *L'Action* durch Dr. Anton van Hooff stellt einen Höhepunkt der von der Stiftung NoMaNi in Köln geförderten Aktivitäten der Internationalen Maurice Blondel-Forschungsstelle für Religionsphilosophie an der Johannes Gutenberg-Universität in Mainz dar. Dieser Meilenstein soll Gelegenheit geben, noch einmal einen Blick auf die Geschichte und insbesondere auf den Förderungszeitraum der Forschungsstelle zu werfen.

Am Beginn steht ein Stück französisch-deutscher Geschichte der Versöhnung nach dem Zweiten Weltkrieg. Im Jahre 1948, also nur zwei Jahre nach der Wiedereröffnung der Mainzer Universität durch die französische Militärregierung unter dem Namen *Johannes Gutenberg-Universität*, wurden von dem damaligen Lehrstuhlinhaber und international renommierten Philosophen Prof. Dr. Fritz-Joachim von Rintelen verschiedene Philosophieprofessoren aus Frankreich zu einem Philosophie-Kongress an die noch junge Universität nach Mainz eingeladen. Unter den Eingeladenen befand sich auch Maurice Blondel, Professor an der Universität von Aix-en-Provence. Er war damals bereits hochbetagt und gesundheitlich stark angeschlagen, sodass er diese Einladung nicht mehr wahrnehmen konnte. Da der Kongress ganz im Zeichen der Wiederannäherung beider Länder stand, wurde der Briefwechsel zwischen von Rintelen und Blondel zum Auftakt eines nicht mehr abbrechenden Dialogs zwischen Philosophen beider Länder.

Blondel blieb im Blickfeld deutscher Philosophen. 1949 wurde Joachim Kopper über Blondel promoviert. Als er 1969 die Nachfolge von Fritz-Joachim von Rintelen in Mainz antrat, kam dieser Blondel-Forscher nach Mainz. Im Zuge der Städtepartnerschaften zwischen Frankreich und Deutschland wurden auch Partnerschaften zwischen den Städten Dijon und Mainz sowie den Universitäten, der Université de Bourgogne und der Johannes Gutenberg-Universität, gegründet

Vorwort

und institutionalisiert. Im Zuge dieser Annährungen kam es in Mainz zur Gründung einer partnerschaftlich geführten Forschungsstelle zur Ehre des in Dijon geborenen Maurice Blondel. Das unter dem Namen *Zentrum für Blondel-Forschung* eingerichtete Institut sollte aber nicht nur der Pflege und Erforschung von Blondels Werkes dienen, es sollte darüber hinaus Ausdruck der engen Verbindung zwischen französischer und deutscher Philosophie überhaupt sein. Wie in keinem anderen akademischen Fach sind gerade in der Philosophie diese beiden sonst so unterschiedlichen Kulturen zusammengeflossen und über Jahrhunderte hinweg zu einer heute untrennbaren Einheit verwachsen. Aus dieser geistigen Verbindung und Einheit zwischen der französischen und deutschen Philosophie ist ein wirkmächtiges Potential europäischer Politik hervorgegangen. Angefangen von der gegenseitigen begrifflichen und sprachlichen Bereicherung in der philosophischen Ausdruckweise sind es vor allem die Grundwerte von Freiheit, Gleichheit und Brüderlichkeit, die im philosophischen Austausch zwischen beiden Ländern vertieft wurden und zu einem Gut und Erbe moderner demokratischer Gesellschaften geworden sind.

Als ich 2005 die Leitung der Maurice Blondel-Forschungsstelle übernahm, war es mir, mit Unterstützung der Stiftung NoMaNi in Köln, möglich, dieses europäische Potential der deutsch-französischen Philosophie weiterzuverfolgen. Blondels Werk, insbesondere das hier nun erneut in deutscher Sprache vorliegende Hauptwerk *L'Action – Die Tat*, bildet dazu eine geradezu ideale Grundlage. Schon mit dem Untertitel: »Versuch einer Kritik des Lebens und einer Wissenschaft der Praktik« wird die Anknüpfung an Kants »Kritik der Vernunft« und Hegels »Wissenschaft der Logik« gesucht und dabei zugleich auch die revolutionäre und kreative Ausführung angedeutet, die gegenüber diesen Vordenkern vorgenommen wird. Nicht die Vernunft, sondern das Leben, nicht die Logik, sondern die Praktik sind die Grundpfeiler des Denkens. Erbe und Weiterführung dieser großen Denker sprechen sich in Blondels Philosophie in besonderem Maße aus. Ohne Kant und Hegel wäre es ihm nicht möglich gewesen, seine Konzeption der *Action*, der menschlichen Handlung durchzuführen. Sowohl die großen Fragen Kants nach den Zielen des Wissens, des Handels und des Hoffens als auch die dialektische Logik Hegels geben den Anstoß, alles, auch den Sinn des Lebens, in Frage zu stellen und die Antwort aus dem Handeln der Menschen zu erhalten. War bei den Vorgängern des Deutschen Idealismus immer nur der Einzelne und sein Denken das Thema, so richtet Blondel jetzt das Augenmerk auf seine Handlungen. Sie allein ermöglichen es dem Einzelnen, aus sich herauszutreten und mit Anderen, mit der Welt und mit Gott in Verbindung zu treten. Unsere Handlungen sind der »Mörtel«, der diese Gemeinschaft aufbaut und zusammenhält. Was Blondel in seinem Werk ausdrückt, ist auch durch sein Werk geschehen. Die *Action* ist der Mörtel am Bau der Wissenschaften, sie ist insbesondere der Mörtel zwischen Theologie und Philosophie, einem bekanntermaßen in Frankreich, aber auch anderenorts schwierigem Verhältnis. Die Philosophie ist hier nicht mehr Magd der Theologie, sie wird ihr intellektuelles Fundament. Mit der philosophischen Fundierung des christlichen Glaubens wollte Blondel die Einzigartigkeit und Überlegenheit der christlichen Religion, insbesondere des katholischen Glaubens gegenüber anderen Religionen und Glaubensformen ausweisen. Ob dies gelungen ist und ob dies heute noch ein Anliegen sein kann, ist aber keine Frage mehr. Blondels Werk ist weit über diese Intention hinausgewachsen. Es zeigt den religiösen Menschen als handelnden Menschen, der mit jeder Tat etwas völlig Neues, einen Anfang schafft und schöpft. Taten sind Schöpfungen, die den Menschen mit Himmel oder Hölle verbinden. Als Schöpfungen lassen sie weit mehr erkennen, als Psychologie oder Neurologie feststellen können. Sie sind Aufbrüche in eine unbekannte und dennoch geahnte, ersehnte oder auch nur geplante Zukunft und stellen auf diesem Weg ein Zeitenband her, das immer auch die Mitmenschen und Mitkreaturen umfasst und einbindet. Der religiöse Mensch ist sich dieser Verbindungen und der damit entstehenden Verantwortung bewusst. Im Geiste Blondels zu forschen und zu lehren, heißt immer wieder, die gewaltige Tragweite des menschlichen Handelns herauszustellen und ähnliche Ansätze bei anderen Denkern zu suchen.

Solche Denker waren zum Teil durch Blondel direkt beeinflusst. Zu ihnen gehört allen voran der große Theologe und Kulturwissenschaftler Hans Urs von Balthasar. Wie kein anderer führt er in seiner *Theodramatik* Blondels Grundansatz der Handlung zu einem umfassenden System, das den Menschen und sein Schicksal widerspiegelt.

Auch andere Denker stehen Blondels Ansatz nahe, obwohl ihnen eine Befassung mit seinem Werk nicht oder noch nicht nachgewiesen wurde. Zu ihnen gehören Hannah Arendt, die politische Philosophin der Handlung aus dem Anfang heraus, und Michel Henry, dessen Lebensphänomenologie nicht nur durch ihre Wendung im Spätwerk

Vorwort

zum Christentum große Ähnlichkeiten aufweist. Ohne direkte Verbindung, aber gleichwohl mit der gleichen Gesinnung, die Heiligkeit des Lebens zur Voraussetzung eines erkenntnistheoretischen oder ethischen Ansatzes zu machen, können eine Vielzahl von europäischen Denkern mit Blondel in Vergleich gebracht werden. Von ihnen seien vor allem Albert Schweitzer und Béla Hamvas genannt, letzter ein ungarischer Denker, dessen philosophische und literarische Bedeutung außerhalb Ungarns bisher kaum entdeckt ist. Albert Schweitzer gehört nicht nur zu den größten Ethikern der Menschheit, sein Prinzip der »Ehrfurcht vor dem Leben« zeigt große Verwandtschaft mit Blondels Denken auf. Aber auch weitere Philosophen und Kulturphilosophen und Kulturwissenschaftler wie Johann Gottfried Herder, Edith Stein, Romano Guardini, Simone Weil, Heinrich Barth und Joseph Campbell wurden in der Forschungsstelle behandelt und mit Blondel direkt und indirekt in Verbindung gebracht. So wurde nicht nur seine Wirkungsgeschichte verfolgt, sein Ansatz wurde immer wieder herangezogen, um Handlungstheorien jenseits der analytischen Philosophie zu verfolgen und zu entwickeln.

Hier liegt auch das größte Vermächtnis für die kommenden Jahre. Zwar kann und muss die Handlung aus der Retrospektive heraus analysiert werden, wenn es darum geht, Kausalitäten und Schuldzusammenhänge festzustellen, Handlungen können auch im szenischen Spiel und im Theater zum erzieherischen Anschauungsgegenstand werden, Handlungen sind aber vor allem *Taten*, mit denen etwas völlig Neues, etwas noch nie Dagewesenes in die Welt kommt: »Am Anfang war die Tat«, so sinniert Faust in Goethes Drama. Blondel greift dieses Prinzip auf und zitiert diesen Satz im vorliegenden Werk sogar auf Deutsch. Im Unterschied zum faustischen Bewusstsein ist für Blondel die Tat aber »eine soziale Funktion par excellence«, weil sie den Einzelnen nicht vereinzelt, sondern gerade mit Anderen und mit der Welt in Verbindung bringt.

Als offizielle Eröffnung der Forschungsstelle konnte im Oktober 2006 ein großes internationales Symposion zum Thema »Ausgangspunkt und Ziel des Philosophierens« gemeinsam mit der *Akademie des Bistums Mainz* unter der Schirmherrschaft von Kardinal Lehmann veranstaltet werden. Mit diesem Titel eines anderen grundlegenden Werkes von Blondel wurde er zur Leitfigur der Forschungsstelle. Der Publikation der vorliegenden Übersetzung soll wieder ein internationales Symposium gewidmet sein. Dazwischen liegen über

Vorwort

12 Jahre der Erforschung und Verbreitung einer an Blondels Handlungsbegriff orientierten ethischen Praxis. Dabei ging es immer wieder darum, die Philosophie Blondels auf ihre Aktualität hin zu prüfen oder diese Aktualität neu aufzuzeigen.

In dieser Zeit gab es eine Reihe von kleineren Tagungen, fast alle durchgeführt von der *Akademie des Bistums Mainz* und ihrem Direktor Prof. Dr. Peter Reifenberg, der selbst auch ein international bekannter Blondel-Forscher ist. Ihm sei für diese treue Zusammenarbeit an dieser Stelle herzlich gedankt. Weiterhin wurde eine eigene Schriftenreihe ins Leben gerufen und – leider nur über eine kurze Zeitspanne – ein Jahrbuch unter der Herausgabe von Dr. Joachim Heil. Es konnte auch Blondels *L'itinéraire philosophique – Der philosophische Weg*, eine Einführung in Blondels Werk und in die Philosophie überhaupt, durch Dr. Patricia Rehm übersetzt werden. Ihr Schwerpunkt lag außerdem in der Vertretung der Forschungsstelle im In- und Ausland, auf Tagungen, aber auch in der Lehre im Rahmen der Partnerschaften sowie im Ausbau von internationalen Kontakten und Erasmus-Studiengängen. Für diese »Missionsarbeit« über den gesamten Förderzeitraum hinweg möchte ich ihr, die heute meine Frau Dr. Patricia Rehm-Grätzel ist, herzlich danken. Der Dank geht aber auch an alle Mitarbeiter, Hilfskräfte und Studierende, die an der Forschungsstelle mitgearbeitet und mit ihrem Engagement zu den Erfolgen beigetragen haben.

Die nun vorliegende Übersetzung, sehr textnah und in einer modernen Sprache, war von Anfang an als zentrales Projekt geplant, da die alte Übersetzung von Robert Scherer aus dem Jahr 1965 den Ansprüchen nicht mehr genügte. Dagegen dürfte die Übertragung von Anton van Hooff für die heutigen Leser – das lässt sich ohne Prätention sagen – dem Original sogar überlegen sein. Wie groß die Leistung und die Tragweite einer solchen mehrjährigen Übersetzungsarbeit ist, kann kaum überschätzt werden. Dies zu betonen, ist mir darum wichtig, weil im gegenwärtigen Wissenschaftsbetrieb andere Wertungen vorherrschen: Ein »paper« in einem »hoch gerankten« englischsprachigen »Journal« scheint mehr Punkte zu bringen als die Übersetzung eines grundlegenden philosophischen Werkes, von dem eine lang anhaltende Wirkung ausgeht – was man von den allermeisten »papers« nicht wird behaupten können. Insofern gilt die besondere Würdigung der Übersetzungsleistung über dieses Buch hinaus auch den vielen anderen Übersetzerinnen und Übersetzern, deren Beiträge für den

Vorwort

Dialog zwischen den Sprach- und Kulturräumen nicht die Anerkennung erhalten, die sie verdient haben.

Mit dem herzlichen Dank an den Übersetzer Anton van Hooff verbunden ist ein weiterer Gesichtspunkt: Übersetzung heißt ja nicht nur Übertragung von einer Sprache in eine andere, sie ist oft und insbesondere in diesem Fall eine Übertragung von einer Zeitepoche und seiner Kultur, dem ausgehenden 19. Jahrhundert in Frankreich, in eine andere, dem 21. Jahrhundert im deutschsprachigen Raum. Die vorliegende Übertragung von *L'Action* kann deshalb als Verjüngungskur dieses Werkes verstanden werden, denn sie bietet etwas an, was das Werk im Original nicht hat: es wird zu einem zeitgenössischen Text. Ob es auch zeitgenössisch verstanden und weitergedacht wird, bleibt die Aufgabe der kommenden Generationen.

Der Herausgeber   Stephan Grätzel

L'ACTION

ESSAI D'UNE CRITIQUE DE LA VIE

ET D'UNE SCIENCE DE LA PRATIQUE

PAR

MAURICE BLONDEL

Ancien élève de l'École normale supérieure
Agrégé de philosophie
Docteur ès lettres

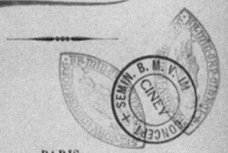

PARIS
ANCIENNE LIBRAIRIE GERMER BAILLIÈRE ET Cie
FÉLIX ALCAN, ÉDITEUR
108, BOULEVARD SAINT-GERMAIN, 108

1893
Tous droits réservés.

Gewidmet Herrn

Léon Ollé-Laprune

Maitre de Conférence
an der École Normale Supérieure

Als Zeichen
des Dankes, der Ergebenheit und
der Hochachtung

Einführung

[VII] Ja oder nein: Hat das menschliche Leben einen Sinn? Hat der Mensch eine Bestimmung? Ich handle zwar, aber sogar ohne zu wissen, was die Tat ist, ohne das Leben gewünscht zu haben, ohne richtig zu erkennen, weder wer ich bin noch ob ich überhaupt bin. Dieser Schein von Sein, der sich unruhig in mir regt, diese flatterhaften und flüchtigen Taten, die, so vernehme ich, eine ewig schwere Verantwortung in sich tragen. Auch vernehme ich, dass ich mir das Nichts nicht erkaufen kann, weil es dies für mich nicht mehr gibt, nicht einmal gegen den Preis des Blutes. Ich wäre somit zum Leben verurteilt, zum Tode verurteilt, zur Ewigkeit verurteilt! Warum? Mit welchem Recht? Da ich solches doch weder gewusst noch gewollt habe.

Ich werde mir darüber Klarheit verschaffen. Wenn es etwas zu sehen gibt, dann muss ich dies auch sehen. Vielleicht werde ich erfahren, ob das Gespenst, das ich für mich selber bin, zusammen mit dem Ganzen, das ich in meinem Blick mit mir trage, mit der Wissenschaft und ihrer Magie, zusammen mit dem sonderbaren Traum von Bewusstsein, ob dies alles in etwa begründet ist. Ja oder nein! Ich werde bestimmt entdecken, was sich in meinen Handlungen verbirgt, in dieser äußersten Tiefe, wo ich, ohne mich selbst und trotz meiner selbst, das Sein erleide und mich zugleich daran festhalte. Ich werde wissen, ob ich bezüglich Gegenwart und Zukunft eine Erkenntnis und einen Willen habe, die genügen, damit ich niemals Tyrannei verspüre, wie auch immer sie beschaffen sein mögen.

[VIII Die Kritik des menschlichen Lebens][1] Dem Problem ist nicht auszuweichen. Der Mensch löst es unausweichlich, und diese

---

[1] Editorische Notiz: In der französischen Originalausgabe ist jede Buchseite mit einer Kopfzeile versehen, die eine kurze Inhaltsangabe der jeweiligen Seite enthält. Blondel selbst hat sie auf den Druckfahnen dem Text hinzugefügt. Die Kopfzeile auf der linken Seite (gerade Paginierung) wiederholt häufig die Überschrift des jeweiligen Kapitels

Einführung

Lösung, ob richtig oder falsch, aber frei gewollt und zugleich notwendig, trägt jeder in seinen Taten. Gerade deswegen gilt es, die Tat zu erforschen: Die Bedeutung dieses Wortes selbst und der Reichtum seines Inhalts werden sich nach und nach entfalten. Es ist eine gute Sache, dem Menschen alle Anforderungen des Lebens, die ganze verborgene Fülle seines gesamten Wirkens vor Augen zu führen, um in ihm den Mut zu handeln, samt der Kraft zu bejahen und zu glauben, wieder zu festigen.

I

Wenn ich dem folge, was unmittelbar klar zu Tage liegt, ist die Tat in meinem Leben eine Tatsache, die allgemeinste und beständigste von allen, Ausdruck des universellen Determinismus in mir. Die Tat bringt sich sogar ohne mich hervor. Mehr als eine Tatsache ist sie eine Notwendigkeit, die keine Doktrin zu leugnen vermag, da diese Leugnung eine höchste Anstrengung erfordern würde, eine Notwendigkeit, der kein Mensch ausweichen kann, da sogar die Selbsttötung noch eine Handlung ist. Die Notwendigkeit bringt sich trotz meiner selbst hervor. Mehr noch als eine Notwendigkeit zeigt die Tat sich mir oft als eine Verpflichtung. Sie muss sich durch mich hervorbringen, sogar wenn sie von mir eine schmerzliche Wahl, ein Opfer, einen Tod erfordert. Ich benutze nicht nur mein körperliches Leben, sondern ich unterdrücke stets Sehnsüchte und Wünsche, von denen jedes für sich schon alles für sich fordern würde. Man kommt nur vorwärts, man lernt und bereichert sich nur, wenn man alle Wege bis auf einen absperrt und so sich selbst den Verlust all dessen zufügt, was man, wäre die Wahl anders ausgefallen, hätte wissen und erlangen können. Gibt es ein subtileres Leidwesen als das eines jungen Menschen, der, um ins Leben einzutreten, dazu gehalten ist, seiner Neugierde wie mit Scheuklappen Grenzen zu setzen? Jede Festlegung schneidet unendlich viele mögliche Handlungen weg. Kein Mensch entkommt dieser natürlichen Abtötung.

---

oder Paragraphen; die Zeile auf der rechten Seite (ungerade Paginierung) bezieht sich auf den Textinhalt dieser Seite. Ab und zu bilden die Zeilen zwei gegenüberliegender Seiten einen fortlaufenden Satz. In dieser Übersetzung sind die Kopfzeilen zusammen mit der Paginierung des französischen Originals in den laufenden Text kursiv eingefügt.

Werde ich wenigstens die Möglichkeit haben, innezuhalten? Nein, ich muss vorwärtsgehen. Habe ich die Möglichkeit, meine Entscheidung in der Schwebe zu lassen, um auf nichts zu verzichten? *[IX Die offensichtliche Notwendigkeit des moralischen Problems]* Nein, ich muss mich verbindlich darauf einlassen, weil ich sonst alles verliere; ich muss mich aufs Spiel setzen. Ich habe nicht das Recht, abzuwarten, sonst bleibt mir gar keine Fähigkeit zu wählen. Wenn ich nicht aus eigenem Antrieb handle, gibt es irgendetwas innerhalb oder außerhalb von mir, das ohne mich handelt; was ohne mich handelt, handelt meistens gegen mich. Friede bedeutet hier Niederlage; die Tat duldet nicht mehr Aufschub als der Tod. Haupt, Herz und Arm muss ich gerne schenken, oder sie werden mir weggenommen. Wenn ich meine freie Hingabe verweigere, gerate ich in Sklaverei. Niemand schafft es ohne Idole; auch die größten Freigeister sind fromme Verehrer. Die vorgefasste Meinung einer Schule oder einer Partei, eine mondäne Anstandsregel, eine Wollust – dies reicht, um jegliche Ruhe zu verlieren, jegliche Freiheit aufzuopfern. Gerade dafür lebt man oft und dafür stirbt man!

Wird mir die Hoffnung bleiben, mich selbst, so ich dies will, bei völliger Klarheit zu lenken und mich selbst einzig nach meinen eigenen Vorstellungen zu steuern? Nein. Die Praxis, die keinen Verzug duldet, hält nie eine völlige Klarheit bereit; deren vollständige Analyse ist einem endlichen Denken nicht möglich. Jede Lebensregel, die sich einzig auf eine philosophische Theorie und auf abstrakte Grundsätze stützen würde, wäre vermessen. Ich kann das Handeln nicht aufschieben, bis Evidenz sich einstellt, und jede Evidenz, die vor dem Geiste aufleuchtet, ist Stückwerk. Eine reine Erkenntnis genügt nie, um uns zu motivieren, denn sie erfasst uns nicht ganz: In jeder Handlung steckt ein Glaubensakt.

Werde ich wenigstens, was ich beschlossen habe, was es auch sein möge, so wie ich es beschlossen habe, verwirklichen können? Nein. Zwischen dem, was ich weiß, was ich will und was ich tue, herrscht stets ein unerklärliches, verwirrendes Ungleichgewicht. Meine Entscheidungen gehen oft über meine Gedanken hinaus und meine Handlungen über meine Absichten. Das eine Mal tue ich nicht alles, was ich will, das andere Mal tue ich, fast ohne es zu merken, was ich nicht will. Und sind diese nicht ganz vorhergesehenen, nicht vollständig gesteuerten Taten einmal vollzogen, *[X Die Kritik des menschlichen Lebens]* dann lasten sie auf meinem ganzen Leben und wirken ihrerseits mehr auf mich ein, so scheint es, als ich auf sie eingewirkt habe. Ich komme mir vor wie ihr Gefangener. Sie kehren sich manchmal gegen mich, gleichsam wie ein ungehorsamer Sohn seinem Vater widersteht. Sie haben die Vergangenheit verfestigt und die Weichen für die Zukunft gestellt.

Ein erster Blick auf meine Lage zeigt mir die Unmöglichkeit, mich zu entziehen und mich zurückzuhalten, die Unfähigkeit, mir selbst gerecht zu werden, mir zu genügen und mich zu befreien. Dass es Zwang und sozusagen Unterjochung in meinem Leben gibt, ist somit kein Hirngespinst oder ein dialektisches Spielchen, sondern die brutale Erfahrung des Alltags. Im Ansatz meiner Handlungen, während des Gebrauchs und nach der Ausübung meiner sogenannten Freiheit kommt es mir so vor, als ob ich die ganze Schwere der Notwendigkeit verspüre. Nichts in mir kann ihr entkommen. Wenn ich versuche, mich vor der Entschlussfassung zu drücken, dann bin ich geknechtet, weil ich nicht gehandelt habe; schreite ich aber vorwärts, dann bin ich dem unterworfen, was ich getan habe. In der Praxis vermag niemand dem Problem der Praxis zu entrinnen. Nicht nur stellt sich jedem dieses Problem, sondern unausweichlich löst auch jeder es auf seine eigene Weise.

Diese Notwendigkeit gilt es jetzt zu rechtfertigen. Und was könnte sie anders rechtfertigen als der Aufweis, dass sie dem intimsten Sehnen des Menschen entspricht? Denn ich bin mir des Zwanges, dem ich ausgesetzt bin, nur dann bewusst, wenn ich den Gedanken einer völligen Freiheit hege und diese auch wünsche. Die Gegebenheiten des Problems stehen also klar im Gegensatz zueinander. Auf der einen Seite gibt es all das, was den Willen beherrscht und ihn unterdrückt. Auf der anderen Seite gibt es den Willen, selbst alles zu beherrschen und alles gutheißen zu können, denn es gibt gar kein Sein, in dem einzig Zwang herrscht. Wie also ist dieser Widerstreit zu lösen? Von welcher der beiden Seiten wäre wie vom unbekannten Faktor auszugehen? Vom guten Willen vielleicht, der Vertrauen erweckt, als ob er um einer sicheren und unendlichen Sache willen das Risiko einginge, ohne vor dem Ende wissen zu können, dass er wirklich nichts eingesetzt hat, um diese Sache zu erlangen, während er den Anschein erweckte, ihretwegen alles hinzugeben? Oder sollten wir zunächst nur das betrachten, was unausweichlich und zwangsläufig ist? *[XI Die praktische Lösung des moralischen Problems]* Müssen wir dabei kompromisslos vorgehen, alles beiseitelassen, was beiseitegelassen werden kann, um anhand des wissenschaftlichen Notwendigkeitskriteriums zu sehen, wo die Notwendigkeit der Tat uns letzt-

Einführung

endlich hinführt, abgesehen davon, dass wir im Namen des Determinismus schlichtweg aufzeigen, dass der gute Wille recht hat? Der erste Lösungsweg ist der nächstliegende; er kann alle zufriedenstellen. Dies ist der praktische Weg. Wir kommen nicht umhin, ihn zuerst zu beschreiben, und wäre es nur, um die im Blick zu behalten, die meisten Menschen übrigens und oftmals die besseren, die nur handeln können, ohne sich dabei mit der Tat intellektuell auseinanderzusetzen. Niemand ist jedoch davon ausgenommen, wir werden es noch zeigen, diesen direkten Weg einzuschlagen. Aber es wird angebracht sein, herauszustellen, wie eine andere Methode sich als legitim erweist, um die praktische Methode zu bestätigen und die Enthüllungen am Schluss des Lebens vorwegzunehmen, und wie dringend nötig sie für die wissenschaftliche Lösung des Problems ist. Der Gegenstand dieser philosophischen Arbeit muss genau diese Wissenschaft der Praxis sein.

II

Vor aller Erörterung der Anforderungen des Lebens, gerade um sie überhaupt erörtern zu können, muss man ihnen schon ausgesetzt sein. Kann diese erste Vergewisserung ausreichen, um sie zu begründen? Wird es einem gelingen, und zwar ohne jedwede gedankliche Anstrengung, einzig und allein durch die Erfahrung, auf allgemeingültige Weise, die gesicherte Lösung zu entdecken, die das Leben von jeglicher Tyrannei freisprechen und jedes Gewissen zufriedenstellen wird?

Ich bin und ich handle, sogar trotz meiner selbst. Ich nehme wahr, dazu gehalten zu sein, so scheint es, für all das, was ich bin und was ich tue, geradezustehen. Also werde ich diesem unaufhebbaren Zwang ohne Gegenwehr beipflichten, weil diese tatsächliche Gefügigkeit die einzige direkte Methode der Überprüfung darstellt. Welchen offensichtlichen Widerstand ich auch dagegen setze, nichts vermag mich wirklich davon zu befreien, dem Zwang zu gehorchen. Ich habe also keine andere Möglichkeit, als mich ihm anheimzustellen. Jeder Versuch, mich dem Zwang zu widersetzen, *[XII Die Kritik des menschlichen Lebens]* wäre eine Inkonsequenz, die der Wissenschaft genauso zuwider wäre wie dem Bewusstsein. Mit solchem Widerstand könnte ich mich der Notwendigkeit der Tat gar nicht entziehen. Man kann es nie oft genug sagen: Keine faktische Schwierigkeit,

Einführung

kein spekulativer Zweifel kann je einen Menschen dieser praktischen Methode auf berechtigte Weise entziehen. Ich bin dazu gehalten und ich bin entschlossen, diese zuerst anzuwenden. Kopf und Herz und Arm ist von mir gefordert. Ich bin bereit! Lasst uns die Erfahrung machen. Die Tat ist eine Notwendigkeit; ich werde also handeln. Die Tat erscheint mir oft als Verpflichtung: Ich werde gehorchen. Pech gehabt, wenn dies ein Hirngespinst ist, oder ein überkommenes Vorurteil, ein Überbleibsel der christlichen Erziehung. Ich brauche eine persönliche Überprüfung und werde es auch überprüfen, koste es, was es wolle. Niemand vermag diese Kontrolle an meiner Stelle durchzuführen; es handelt sich ganz und gar um mich selbst; ich bringe mich selbst ganz und gar in die Erfahrung ein. Man hat nur sich selbst. Die wahren Beweise, die wahren Gewissheiten lassen sich gerade nicht mitteilen. Man lebt allein, man stirbt allein; die Anderen können nichts ausrichten.

»Wenn es aber unmöglich ist, den Versuch stellvertretend für sich durchführen zu lassen, würde es dann nicht ausreichen, ihn als Entwurf vor den Augen des Geistes durchzuspielen?« All diese Theoretiker der Praxis sind doch köstliche Leute. Sie beobachten, deduzieren, diskutieren, sie bedenken ein Regelwerk für das, was sie nicht tun. Der Chemiker behauptet nicht, ohne Wasserstoff und Sauerstoff Wasser herzustellen. Ich meinerseits werde nicht behaupten, mich selbst zu kennen und auszuprobieren, die Gewissheit zu erlangen oder die Bestimmung des Menschen zu beurteilen, ohne den ganzen Menschen, den ich in mir trage, in den Schmelztiegel der Tat zu versenken. Dieser ganze Organismus aus Fleisch, Begehrlichkeiten und Wünschen, aus Gedanken, deren verborgene Arbeit ich ständig spüre, bildet ein lebendiges Laboratorium. Gerade hier soll sich meine Wissenschaft des Lebens herausbilden. Alle Deduktionen der Moralisten hinsichtlich der prachtvollen Fakten, hinsichtlich der Sitten und des sozialen Lebens sind üblicherweise künstlich, engstirnig und dürftig. Lasst uns aber handeln; scheren wir uns nicht um ihre Alchimie.

»Aber es herrschen Zweifel, Dunkelheit, Schwierigkeit.« Pech gehabt, nochmals. Um zu wissen, woran man sich zu halten hat, muss man trotzdem vorwärtsgehen.

[XIII Die praktische Lösung des moralischen Problems] Der richtige Vorwurf ans Gewissen besteht gar nicht darin, nicht genug zu reden, sondern zu viel zu verlangen. Jedem Schritt genügt übrigens sein eigenes Stückchen Erde. Ein Lichtschimmer, ein vager Aufruf genügen schon, damit ich mich dorthin begebe, wo ich etwas von dem vermute, was ich suche: ein Gefühl der Erfüllung, etwas Klarheit über die Rolle, die ich zu spielen habe, eine Bestätigung meines Gewissens. In der tiefen Nacht bleibt man nicht im freien Feld stehen. Wenn ich die Finsternis, in der Notwendigkeiten und praktische Verpflichtungen mich zu umschließen scheinen, als Vorwand anführe, um ihnen nicht zu trauen und für sie kein Opfer zu bringen, dann würde ich meine Methode verfehlen. Statt mich zu entschuldigen, würde ich mich selbst verurteilen, falls ich es wagen sollte, das zu tadeln, was diese Dunkelheit verborgen hält, oder mich dort vermessen bedeckt zu halten, um der Erfahrung zu entkommen. – Auch der Wissenschaftler seinerseits ist dazu gezwungen, oft ein Wagnis einzugehen und die vielleicht kostbare Materie in seinen Händen aufs Spiel zu setzen. Von vornherein weiß er nicht, was er sucht, aber er sucht es trotzdem. Indem er auf die Fakten vorgreift, erreicht und entdeckt er sie. Und was er findet, hat er nicht immer vorhergesehen; er kann es sich niemals ganz erklären, weil er die Werkstätten der Natur in ihrer letzten Tiefe nicht besichtigen kann. – Ich selbst bin die kostbare Materie, die ich hier einzusetzen habe, denn ohne den Menschen kann ich die Wissenschaft vom Menschen nicht betreiben. Im Leben gibt es ununterbrochen vollständig vorbereitete Erfahrungen, Hypothesen, Traditionen, Vorschriften und Pflichten, die wir nur noch überprüfen müssen. Die Tat selbst ist diese Präzisionsmethode, dieser Laborbeweis. In diesem Labor erhalte ich, ohne je die Einzelheiten der Vorgänge zu verstehen, die gesicherte Antwort, die kein Kunstwerk der Dialektik je ersetzen kann. Kompetenz gibt es hier. Es spielt kaum eine Rolle, sich dies teuer erkaufen zu müssen.

»Noch einmal: Herrscht in dieser Lebensregel nicht Doppeldeutigkeit und Inkonsequenz? Wenn man stets zwischen verschiedenen Seiten entscheiden muss, warum dann das eine für das andere opfern? Hat man nicht das Recht, hat man nicht fast die Pflicht, alles auszuprobieren?« Nein! Wenn man der Großzügigkeit *[XIV Die Kritik des menschlichen Lebens]* des Unternehmens vertraut und die Güte des Lebens statt den Hochmut des Denkens bevorzugt, sich dem Gewissen und seiner einfachen Bekundung ohne Feilschen anheimstellt, gibt es weder Ambiguität noch Inkonsequenz. Das sittliche Experiment muss, wie jedes andere auch, eine Methode der Analyse und der Synthese sein. Das Opfer ist diese reelle Analyse, die, unter Abtötung der allzu unwiderstehlichen und allseits bekannten Begehrlichkeiten, einen höheren Willen ans Licht bringt, den es nur gibt, wenn er den Begehrlichkeiten Einhalt gebietet. Das Opfer macht nicht ärmer, sondern es entfaltet und vervollständigt die menschliche Person. Beklagen sich diejenigen, die den Heroismus versucht haben? Möchte man wohl, dass das Leben für die Bösen stets gut wäre? Gerade dann wäre es schlecht, wenn es für die Bösen milde, glatt und schmackhaft bliebe, wenn es auf dem krummen Weg so klar wäre wie auf dem geraden Weg. Es handelt sich hier nicht um eine spekulative Befriedigung, sondern um eine empirische Überprüfung. Wenn ich die Lösung bereits habe, dann wäre ich unentschuldbar, würde ich sie dennoch verlieren, während ich darauf wartete, sie zu verstehen. Es würde bedeuten, ich laufe vor ihr weg, um sie zu erreichen. Die Wissensbegierde des Geistes hebt die praktischen Notwendigkeiten, unter dem Vorwand, sie erst zu erforschen, nicht auf; das Nachdenken stellt mich nicht vom Leben frei. Ich brauche wenigstens den Schutz einer provisorischen Moral, denn die Verpflichtung zum Handeln gehört zu einer anderen Ordnung als das Erkenntnisbedürfnis. Jeder Verstoß gegen die Gewissensvorschriften beruht auf einem spekulativen Vorurteil; jede Kritik des Lebens, die sich auf eine unfertige Erfahrung stützt, ist gänzlich inkompetent. Ein schwacher Lichtstrahl reicht nicht aus, um die Praxis in ihrer Unermesslichkeit zu durchleuchten; was man wahrnimmt, löst nicht das, was man nicht wahrnimmt, in nichts auf. Solange man es nicht geschafft hat, die Tat mit dem Denken, das Gewissen mit der Wissenschaft vollkommen zu verbinden, können alle, Unwissende und Philosophen, nur fügsam bleiben, genau wie Kinder, unbedarft fügsam gegenüber dem Empirismus der Pflicht.

Auf diese Weise bietet sich mir eine direkte und ganz praktische Überprüfungsmethode an, und zwar sowohl wenn jede theoretische Diskussion fehlt, als auch während jeder spekulativen Untersuchung der Tat. Dieses einzige Mittel, die Zwänge des Lebens und *[XV Das wissenschaftliche Problem der Praxis]* die Ansprüche des Gewissens zu beurteilen, besteht darin, dass ich mich all dem füge, was das Gewissen und das Leben von mir fordern. Einzig auf solche Weise werde ich die Übereinstimmung zwischen der Notwendigkeit, die mich zum Handeln nötigt, und der Bewegung meines eigenen Willens aufrechterhalten. Einzig auf solche Weise werde ich wissen, ob ich letztendlich diese vorgegebene Notwendigkeit durch eine endgültige Anerkennung meiner freien Vernunft bestätigen kann, und ebenso, ob ich alles, was mir düster, despotisch und schlecht vorkam, klar und gut finde. Also unter der Bedingung, diesen geraden Weg der Praxis schlechterdings nicht zu verlassen, den man einzig aufgrund einer

Inkonsequenz verließe, enthält die Praxis selbst eine vollständige Methode. Zweifelsohne bereitet sie eine stichhaltige Lösung für das Problem vor, das sie jedwedem Menschen auferlegt. Versteht man jetzt, was diese Methode der unmittelbaren Erfahrung für eine Methode ist? Hat man den Mut, sie anzuwenden? Will man für die moralische Kompetenz den Preis von alledem zahlen, was man hat und was man ist? Wenn nicht, verliert man das Recht, zu urteilen. Wäre das Leben zu verurteilen, müsste es nach getaner Erfahrung von dem, was es an Schmerzlichstem bietet, alle Opfer bedauern lassen und ebenso alle Anstrengungen, die man unternommen hat, um es gut zu machen. Ist dem wirklich so? Und wenn man nicht versucht hat, es zu probieren, hat man dann das Recht, sich zu beklagen?

III

Ja, solche Klagen muss man festhalten. Es ist möglich, dass der gerade Weg dort mündet, wo kein anderer hinführt. Es ist möglich, dass man schuldig ist, wenn man ihn verlässt. Aber sollte man ihn verlassen haben, sollte man ihn nicht betreten haben, sollte man dort zu Fall kommen, bedeutet dies, dass man nicht mehr mitzählt? Die Wissenschaft muss so weitherzig sein wie die Liebe und darf sogar das moralisch Verwerfliche keineswegs ausklammern. Auch wenn die Praxis ausreicht, *[XVI Die Kritik des menschlichen Lebens]* erweist sich eine andere Methode als gerechtfertigt und sogar als notwendig. Vielleicht ist sie gleichwohl dazu bestimmt, die vorher erwähnte Methode, die von ihr ganz verschieden ist, zu erläutern und zu rechtfertigen. Welche Gründe gibt es dafür? Einige der wichtigsten seien hier aufgeführt.

Gewiss ist niemand dazu gehalten, mit seinem Gewissen zu verhandeln, wegen seiner Unterwerfung zu feilschen und spekulative Überlegungen zur Praxis anzustellen. Aber wer entkommt der Neugierde des Geistes, wer hat die Vortrefflichkeit seiner Aufgabe nie angezweifelt und sich nie gefragt, weshalb er tut, was er tut? Wenn die Traditionen abgebrochen sind, wie es tatsächlich der Fall ist, wenn die Ordnung der Sittlichkeit fast in jeder Hinsicht untergraben ist, wenn durch eine seltsame Entartung der Natur die Anziehungskraft dessen, was das Gewissen gemeinhin das Böse nennt, alle irgendwie in ihren Bann zieht, ist es dann noch möglich, stets mit der glück-

Einführung

lichen und beherzten Unbedarftheit zu handeln, die keine Ungewissheit aufzuhalten und kein Opfer abzuschrecken vermag? Nein. Auch wenn die Methode der einfachen und großherzigen Leute richtig ist, muss man wenigstens aufzeigen können, warum dies so ist. Diese Apologie, die die Überlegenheit der Tat aufweist, wäre nichts weniger als die höchste Anstrengung der spekulativen Betrachtung.

Selbst wenn man nicht zögert hinsichtlich dessen, was zu tun ist, tut man dann stets das, was man weiß und was man will? Und wenn ständiges Versagen das Experiment des Lebens vergällt, wenn die erste Lauterkeit verloren gegangen ist, wenn vor einem auf der Strecke die irreparable Vergangenheit einer Handlung auftaucht, wird man dann nicht zu einem indirekten Weg seine Zuflucht nehmen müssen? Und ist die vom Hindernis selbst hervorgerufene Reflexion dann nicht wie ein Licht notwendig, um die verlorene Strecke wiederzufinden? Vielfach aus einer hoffärtigen und sinnlichen Neugierde hervorgegangen, erzeugt die Gegenwart des Bösen im gänzlich unbedarften Gewissen ein Bedürfnis nach Meinungsaustausch und Wissen. Diese Erweiterung oder diese Ergänzung der sittlichen Spontaneität muss man deswegen in den Ideen suchen, die so wissenschaftlich sein sollen wie nur möglich.

Passen wir jedoch auf: Nichts ist gefährlicher und nichts weniger wissenschaftlich, als sich in der Praxis des Lebens von unvollständigen Vorstellungen leiten zu lassen. Die Tat vermag nicht wie die Erkenntnis unfertig oder vorläufig zu sein. *[XVII Das wissenschaftliche Problem der Praxis]* Folgender Schluss liegt also nahe: Wenn man angefangen hat, die Grundsätze menschlichen Verhaltens zu überdenken, darf man diese Erforschung so lange nicht berücksichtigen, bis sie zu Ende geführt ist. Um die Handlungen aufzuklären und ihre Richtlinien festzulegen, braucht es etwas Grundsätzliches, etwas Zentrales und Umfassendes. Auch wenn es stimmt, dass niemand zu spekulativen Betrachtungen über die Praxis verpflichtet ist, so gibt es dennoch kaum einen Menschen, der nicht *seine eigenen Vorstellungen* vom Leben hat und sich nicht dazu berechtigt glaubt, sie auch anzuwenden. Deshalb ist es wesentlich, diese Erforschung bis zum Ende voranzutreiben, denn nur am Ende erhält die Machtstellung, die die spekulativen Überlegungen sich der Tat gegenüber oft anmaßen, legitimen Charakter.

Es gilt somit, eine Wissenschaft der Tat zu bilden, eine Wissenschaft, die nur dann echte Wissenschaft sein wird, wenn sie allumfassend ist, denn jede Weise wohlüberlegten Denkens und Lebens impliziert eine vollständige Lösung des Daseinsproblems. Es gilt eine Wissenschaft zu bilden, die nur dann echte Wissenschaft sein wird, wenn sie für alle Menschen eine einzige Lösung ermittelt, die jede andere ausschließt. Denn es darf weder so sein, dass *meine* Gründe, wenn sie wissenschaftlicher Natur sind, für mich persönlich mehr Bedeutung hätten als für jemanden anderen, noch, dass sie für andere Schlussfolgerungen Raum ließen als für die meinen. Gerade in dieser Hinsicht bedarf die direkte Methode der praktischen Prüfung einer Ergänzung. Der betreffende Aufweis steht noch aus.

Weil sie ganz persönlich und nicht zu vermitteln ist, gilt die Belehrung der sittlichen Erfahrung tatsächlich einzig für den, der sie in sich selbst hervortreten lässt. Er hat ohne Zweifel lernen können, wo man die wahre Klarheit des Geistes erlangt, lernen können, in sich selbst eine intime Gewissheit auszubilden, die ihrer Art gemäß jede andere Sicherheit übersteigt. Aber das, was er weiß, weil er es tut, vermag er Anderen, die es nicht tun, nicht offenzulegen. Für fremde Augen ist dies bloß Meinung, Annahme oder Glaube. Für einen selbst hat *sein* Wissen gar nicht den allgemeingültigen, überpersönlichen und gebietenden Charakter *der* Wissenschaft schlechthin. Es ist aber gut, dass jeder für sich die Gründe seines Verhaltens so vollständig wie möglich entgegen den Sophismen der Leidenschaft rechtfertigen kann. Es ist gut, dass jeder die als sicher gewusste Lösung *[XVIII Die Kritik des menschlichen Lebens]* des allen auferlegten Problems an alle weitergeben und allen aufzeigen kann. Es ist gut, dass, wenn unser Leben uns einst mit allgewaltiger Strenge beurteilen muss, wir das Leben jetzt schon mit genügend Klarheit beurteilen können, so wir dies wollen.

Warum es gerechtfertigt ist und sogar notwendig sein wird, sich dem spekulativen Problem der Praxis zu stellen, ist also überdeutlich. Wie sich uns dieses Problem stellt, müssen wir jetzt erforschen.

IV

Wie verfahren eigentlich die richtig wissenschaftlichen Methoden in der Erforschung der Wirklichkeit? Alle falschen Erklärungen einer Tatsache schließen sie aus, jedes zufällige Zusammentreffen, alle nebensächlichen Umstände. So konfrontieren sie den Geist mit den notwendigen und hinreichenden Bedingungen und zwingen ihn zur Anerkennung des Gesetzes. Einzig und allein dieser indirekte Weg gehört der Wissenschaft, denn, indem er vom Zweifel ausgeht und jede Möglichkeit des Irrtums und der Illusion systematisch entfernt, schließt er alle Auswege ab bis auf einen einzigen. Erst dann drängt die Wahrheit sich auf, sie ist erwiesen.

Wissenschaft der Tat wird es im eigentlichen Sinne nur geben, insofern es gelingt, in die Kritik des Lebens das einzubringen, was das Wesen dieser indirekten Methode ausmacht. Denn man darf sich die Menschen nicht anders vorstellen, als sie meistenteils sind. Dies gilt vor allem für die Intellektuellen; sie handeln fast nur nach ihrem eigenen Kopf. Sie lieben, es auszuwählen und zu wissen, wohin sie gehen. Und um es ganz sicher zu wissen, werden sie sogar falsche Wege austreten. Ohne vollständige Erforschung gibt es keine schlüssige und zwingende Beweisführung. Wenn der Geist sich in den Naturwissenschaften nur angesichts einer Unmöglichkeit, weiterhin zu zweifeln, ergibt, so trifft dies umso mehr zu im Bereich seiner Leidenschaften, seines Leids und seiner inneren Kämpfe. Der Mensch hält stand und verharrt dort, wo er ist, solange er von der Stelle, *[XIX Die Methode der Wissenschaft der Tat]* welche diese auch sein möge, nicht vertrieben wird. Weil ein anderes Interesse fehlt, hält die Eigenliebe ihn dort fest. Von niemandem soll man den ersten Schritt verlangen. Die Wissenschaft ist in keiner Weise nachgiebig.

Den ersten, den entscheidenden Schritt zu tun, hieße, die moralische Verpflichtung oder gar die natürliche Notwendigkeit des Handelns zu akzeptieren, auch wenn dies versuchsweise geschähe oder als bloßes Postulat. Gerade dieser Zwang, diese praktischen Forderungen stehen im Mittelpunkt der Frage. Sie soll man angesichts der am wenigsten Nachsichtigen rechtfertigen und sich dabei die Anstrengung derer zunutze machen, die sich mit aller Macht entziehen. In dem Augenblick, in dem ich die Tat zum theoretischen Problem erhebe und beanspruche, dessen wissenschaftliche Lösung herauszufinden, lasse ich wenigstens vorläufig und unter diesem spezifischen Gesichtspunkt die Gültigkeit von jedweder praktischen Lösung nicht mehr zu. Die gängigen Begriffe von Gut und Böse, von Pflicht und Schuld, die ich verwendet hatte, entbehren von diesem Augenblick an jeglicher Bedeutung, und zwar bis ich es schaffen werde, ihnen, wenn möglich, ihre Bedeutungsfülle zurückzugeben. Angesichts der Notwendigkeit selbst, die mich zum Sein und zum Handeln nötigt – ich sage nur, wie es erscheint –, weigere ich mich in der Ordnung des Denkens das anzuerkennen, was ich in der Ordnung der Tat beschlossen habe, praktisch zu tun. Und weil man erst, statt nur den richtigen

Weg zu sehen, alle falschen Weisen des Seins und des Handelns ausschließen soll, werde ich all jene Wege erforschen, die am weitesten davon wegführen.

Meine Ausgangsposition ist damit klar abgesteckt. Einerseits waltet in der Tat völlige und absolute Unterwerfung gegenüber den Vorschriften des Gewissens sowie unmittelbare Gefügigkeit. Meine vorläufige Moral gilt als die ganze Moral, ohne dass ein Einspruch intellektueller oder gefühlsmäßiger Art es mir gestattet, dieses Einvernehmen mit der Pflicht zu brechen. Andererseits herrscht im wissenschaftlichen Bereich völlige und absolute Unabhängigkeit. Dies besagt nicht, wie man es üblicherweise versteht, dass das ganze Leben von jeglicher regulierenden Wahrheit, von jedem sittlichen Joch oder jeglicher positiven Glaubensüberzeugung direkt losgelöst wird. Auf diese Weise würde man den Schluss ziehen, noch bevor man die Prämissen gerechtfertigt hat. Man würde das Denken dazu führen, sich voreilig eine Autorität anzumaßen, und zwar *[XX Die Kritik des menschlichen Lebens]* in dem Augenblick selbst, in dem man seine Inkompetenz anerkennt. Welches das wissenschaftliche Ergebnis der jetzt angefangenen Untersuchung auch sein möge, einzig am Ende soll sie die praktische Lebensdisziplin wieder einholen und sie ebenso ans Licht bringen. Die für die Wissenschaft der Tat notwendige Unabhängigkeit ist demnach folgendermaßen zu verstehen: Diese Erforschung wird die fundamentale Bedeutung und die einzigartige Ursprünglichkeit des Problems am besten offenlegen.

Worum geht es tatsächlich? Ziel ist, herauszubekommen, ob trotz der offensichtlichen Gegenkräfte, die uns bedrängen, ob durch das Dunkel hindurch, in dem wir unseren Weg gehen, ob bis in die tiefen Regionen des unbewussten Lebens, wo das Geheimnis der Tat wie ein Rätsel hervorsteigt und dessen Wort vielleicht schrecklich sein wird, ob in allen Irrungen von Geist und Herz der Keim einer Wissenschaft und der Grundansatz einer intimen Aufdeckung sich trotz allem durchhalten. Diese Aufdeckung wird so beschaffen sein, dass in der Bestimmung eines jeden Menschen nichts Beliebiges oder Ungeklärtes auftaucht, dass es eine endgültige Gutheißung des Menschen seinem Schicksal gegenüber gibt, wie es auch sein möge, dass schließlich diese offenlegende Klarheit jeglichen Bewusstseins auch solche Menschen in ihrem Wesenskern nicht ändert, die die Klarheit wie eine Überraschung überwältigt. An der Wurzel der stursten Verneinungen oder der verrücktesten Ausschweifungen des Willens ist nach einer sich ständig durchhaltenden Grundbewegung zu forschen, die man liebt und die man will, sogar wenn man sie verneint oder sie missbraucht. Es ist notwendig, in einem jeden Menschen die Basis jenes Urteils zu finden, das auf jeden Menschen anzuwenden ist. Die Unabhängigkeit des Geistes wird in dieser Forschung unerlässlich sein, nicht nur, weil es wichtig ist, zunächst die unendliche Vielfalt des menschlichen Bewusstseins in jeglicher Weise vorurteilsfrei gelten zu lassen, sondern vor allem auch weil unter den verkannten Sophismen und den uneingestandenen Unzulänglichkeiten das ursprüngliche Bestreben in jedem Bewusstsein zu finden ist, um auch jedes ganz unverstellt zum Endpunkt der treibenden Kraft des Willens zu führen. Statt von einem einzigen Punkt auszugehen, von dem her eine einzelne Doktrin einem einzigen *[XXI Die Methode der Wissenschaft der Tat]* Geist ihren Glanz ausstrahlen würde, sollen wir uns an die äußersten Enden der auseinandergehenden Strahlen stellen, um so im Mittelpunkt selbst die jedem Bewusstsein wesentliche Wahrheit und die jedem Willen gemeinsame Bewegung zu erfassen.

Wenn ich jetzt an die Wissenschaft der Tat herangehe, gibt es somit nichts, was ich noch für gewiss halten kann, weder Tatsachen noch Grundsätze noch Pflichten. Jede wackelige Stütze unter mir wegzuziehen, ist mein bisheriges Bemühen. Man komme jetzt nicht, wie Descartes, der sich eines Kunstgriffs bedient, dem auch, ganz ernsthaft gemeint, Schulgeruch anhaftet, mit der Behauptung, aus dem Zweifel und der Illusion die Realität des Seins zu gewinnen. Ich verspüre in dieser Traumwirklichkeit gar keine Festigkeit; sie ist leer und bleibt außerhalb meiner selbst. Man rede mir nicht mit Pascal davon, bezüglich des Nichts oder der Ewigkeit Kopf oder Zahl zu spielen, denn wetten hieße schon, die Alternative zu bestätigen. Man lasse nicht, Kant gemäß, aus was weiß ich welcher Nacht den was weiß ich welchen Kategorischen Imperativ hervortauchen, denn ich würde ihn als verdächtig und als Fremdkörper behandeln. Man soll im Gegenteil alle Verneinungen, die sich gegenseitig zunichtemachen, einsammeln, als ob es möglich wäre, sie alle miteinander gelten zu lassen. Man soll sich auf alle Vorurteile einlassen, als wären sie alle berechtigt; ebenso auf alle Irrtümer, als wären sie allesamt gut gemeint, auf alle Leidenschaften, als hätten sie den edlen Charakter, dessen sie sich rühmen, auf alle philosophischen Systeme, als würde jedes für sich die unendliche Wahrheit in sich schließen, die es zu beanspruchen meint. Ein jedes Bewusstsein in sich aufnehmend, soll man sich zum intimen Mitwisser von allen machen, um zu sehen, ob sie ihre Rechtfertigung oder ihre Aburteilung in sich tragen. Sie mögen ihr eigener Schiedsmann sein und sehen, wo ihr freimütigster und intimster Wille sie hinführt. Sie mögen lernen, was sie tun, ohne darum zu wissen, und was sie bereits wissen, ohne es zu wollen und ohne es zu tun. Damit sich uns das Problem der Tat auf wissenschaftliche Weise stellt, hat man weder ein moralisches Postulat noch eine intellektuelle Gegebenheit anzunehmen. Es geht demnach nicht um *eine* besondere Frage, um eine Frage wie andere, die sich uns darbietet, *[XXII Die Kritik des menschlichen Lebens]* sondern um *die* Frage schlechthin, ohne die es überhaupt keine andere gibt. Sie ist so sehr die erste, dass jedes vorweg gegebene Zugeständnis ein Zirkelschluss wäre. Wie jede Tatsache ihr ganzes Gesetz enthält, so birgt jedes Bewusstsein das Geheimnis und das Gesetz des Lebens in sich; es ist keine einzige Hypothese aufzustellen. Man kann weder voraussetzen, das Problem sei gelöst, noch dass es uns auferlegt ist oder dass es sich uns bloß stellt. Es muss ausreichen, den Willen und die Tat sich in jedem Menschen entfalten zu lassen, damit die innerste Ausrichtung des Herzens sich enthüllt, bis zu dem Punkt freilich, an dem die ursprüngliche Bewegung mit dem erreichten Endpunkt schlussendlich übereinstimmt oder ihm widerspricht. Die Schwierigkeit besteht darin, nichts von außen und nichts Artifizielles in das tiefe Drama des Lebens einzuführen und ebenso, wenn dazu ein Grund vorliegt, die Vernunft und den Willen durch die Vernunft und den Willen selbst zu berichtigen. Dies bedeutet, durch einen methodischen Fortschritt zu bewirken, dass Irrungen, Verneinungen und Unzulänglichkeiten jeglicher Art die verborgene Wahrheit hervorbringen, aus der die Geister leben und an der sie vielleicht für ewig sterben können.

V

Alles ist somit in Frage gestellt, sogar, ob wir darum wissen, ob es überhaupt eine Frage gibt. Die treibende Kraft der ganzen Nachforschung muss also durch die Nachforschung selbst geliefert werden; die Bewegung des Denkens wird sich aus sich selbst tragen, ohne jegliche äußere Einwirkung. Worin besteht nun dieses innere Laufwerk? Dazu Folgendes, denn es ist von vornherein gut, nicht so sehr wegen der Bedeutung, sondern um der Klarheit der Darlegung willen auf den Gedanken hinzuweisen, der alles in Bewegung hält. Während wir zusammen mit dem Preis des Lebens die Realität selbst des Seins

Einführung

in Frage stellen, ist es ebenso gut, den gemeinsamen Knotenpunkt der Wissenschaft, der Moral und der Metaphysik hervorzuheben. Zwischen ihnen gibt es gar keine Widersprüche, denn dort, wo wir unvereinbare Realitäten wahrgenommen haben, gibt es einzig heterogene und zusammengehörige Phänomene. Wenn wir dort durch unentwirrbare Schwierigkeiten ratlos sind, wo es keine gibt, *[XXIII Die Philosophie der Tat]* so deshalb, weil wir es nicht verstanden haben, die einzige Frage dort auszumachen, wo sie sich tatsächlich befindet. Es geht um das Ganze des Menschen. Nicht im Denken allein sollen wir es deshalb suchen. In die Tat hinein werden wir die Mitte der Philosophie verlagern müssen, denn dort befindet sich auch die Mitte des Lebens.

Wenn ich nicht das bin, was ich sein will, was ich will, nicht mit den Lippen, nicht als Wunschdenken oder als Entwurf, sondern aus meinem ganzen Herzen, mit all meinen Kräften und in meinen Handlungen, dann bin ich nicht. Im tiefen Kern meines Seins gibt es ein Wollen und eine Liebe des Seins, oder es gibt gar nichts. In letzter Instanz muss ich sehen, dass diese Notwendigkeit, die mir als ein tyrannischer Zwang erschienen war, und diese Verpflichtung, die zunächst despotisch schien, die tiefe Tat meines Willens ans Licht bringen und sie vollziehen; wenn dies nicht der Fall ist, werden sie mich zerstören. Die ganze Natur der Dinge und die Kette der Notwendigkeiten, die auf meinem Leben lasten, sind nur die Reihe von Mitteln, die ich wollen muss, die ich tatsächlich will, um meine Bestimmung zu vollbringen. Das ungewollte und erzwungene Sein wäre nicht mehr das Sein, so sehr es wahr ist, dass das letzte Wort von allem das Gute ist, und dass Sein Wollen und Lieben heißt. Der Pessimismus ist in der Philosophie des Willens viel zu früh stehen geblieben, denn trotz des Schmerzes und der Verzweiflung haben wir immer noch Grund, die Wahrheit und die Vortrefflichkeit des Seins einzugestehen, wenn wir dies aus uns selbst heraus in aller Aufrichtigkeit wie in aller Spontaneität wollen. Um am Sein zu leiden, um *mein Sein* zu hassen, muss ich *das Sein* bejahen und lieben. Das Böse und der Hass existieren nur, indem sie zu einer Huldigung der Liebe werden.

Welches offenkundige Missverhältnis es zwischen dem, was ich weiß, was ich will und was ich tue, auch geben möge, wie fürchterlich die Folgen meiner Handlungen auch sein könnten, sogar wenn ich, dazu fähig, mich zu verlieren, nicht jedoch mir selbst zu entkommen, unabänderlich bin, bis dahin gar, wo es für mich besser wäre, nicht zu sein, stets muss ich sein wollen, um zu sein, auch wenn ich den

Einführung

schmerzlichen Widerspruch zwischen dem, was ich will, und dem, was ich bin, in mir austragen müsste. Es gibt nichts Willkürliches und nichts Tyrannisches *[XXIV Die Kritik des menschlichen Lebens]* in meiner Bestimmung, denn auch der geringste Druck von außen würde genügen, dem Sein jeglichen Wert, jegliche Schönheit und jegliche Konsistenz zu rauben. Ich habe nichts, was ich nicht empfangen hätte. Und trotzdem muss zu gleicher Zeit alles aus mir selbst hervorgehen, sogar das Sein, das ich empfangen habe und das mir auferlegt scheint. Was auch immer ich tue und was auch immer mir zustößt, ich muss dieses Sein gutheißen und durch ein persönliches Einverständnis sozusagen aufs Neue hervorbringen, ohne dass meine aufrichtigste Freiheit es jemals leugnet. Es kommt darauf an, eben diesen Willen, den intimsten und freiesten, in all meinen Lebensverrichtungen wiederzufinden und ihn letztendlich zu seiner höchsten Vollendung zu bringen. Alles dreht sich darum, die reflektierte Bewegung der spontanen Bewegung meines Willens anzugleichen. Diese Beziehung nun, entweder der Gleichheit oder der Ungleichheit, ereignet sich gerade in der Tat. Deshalb ist es von höchster Bedeutung, die Tat zu erforschen, denn sie lässt den zweifachen Willen des Menschen gleichzeitig erkennen. Einer Welt ähnlich, die das ursprüngliche Werk des Menschen ist und die den vollständigen Aufschluss über seine Geschichte enthalten muss, gestaltet die Tat in ihm seine ganze Bestimmung.

Die höchste Anstrengung der Kunst ist, die Menschen dazu zu bringen, dass sie tun, was sie im Grunde wollen, und sie erkennen zu lassen, was sie im Grunde wissen. Genau dies strebt dieses vorliegende Werk an. Nicht, als könnte man darin die schützende Dunkelheit verletzen, die die Selbstlosigkeit der Liebe und das Verdienst des Guten absichert. Aber wenn es ein Heil gibt, dann kann es weder mit der wissenschaftlichen Lösung eines dunklen Problems verknüpft noch der Beharrlichkeit einer unnachgiebigen Forschung versagt sein: Es kann nur allen Menschen klar angeboten sein. Die Klarheit soll man an jene herantragen, die sich, vielleicht ohne sich dessen bewusst zu sein, davon in der Nacht abgewandt haben, die sie sich selbst antun, in einer Nacht freilich, in der die völlige Enthüllung ihres finsteren Zustandes sie nicht mehr ändern wird, wenn sie selbst nicht dazu beitragen, sich aus eigenem Antrieb zu ändern. Die einzige Annahme, von der wir überhaupt nicht ausgehen, ist zu meinen, dass sie sich wissentlich und willentlich irren, dass sie das Licht verweigern, während sie spüren, dass es sie umfasst, und das Sein verfluchen, wäh-

Einführung

rend sie seine Güte anerkennen. *[XXV Die Philosophie der Tat]* Und dennoch wird man vielleicht dazu kommen müssen, gerade diese Übersteigerung einzubeziehen, denn in allen möglichen Verhaltensweisen des Willens wie in allen Illusionen des Bewusstseins gibt es nichts, das nicht in die Wissenschaft der Tat eingehen müsste. Es sind Fiktionen und Absurditäten, wenn man so will, aber ganz reelle Absurditäten. Im Illusorischen, im Eingebildeten und sogar im Falschen steckt eine Realität, etwas Lebendiges und Substantielles, das sich in den menschlichen Handlungen verkörpert. Hier liegt eine Schöpfung vor, die keine Philosophie genügend berücksichtigt hat. Wie wichtig ist es, so viele vereinzelte Strebungen, die gleichsam wie abgetrennte, absterbende Teile sind, einzusammeln, zusammenzulegen und zu vervollständigen, um durch die unendliche Menge der Irrtümer hindurch und mit ihrer Hilfe die universelle Wahrheit aufzubauen, die im Verborgenen eines jeden Bewusstseins lebt und von der kein Mensch sich jemals loslöst.

Aber diese Vorschau auf den Weg, dem entlangzugehen ist, möge man jetzt vergessen. Man möge gelassen sein, ohne Hintergedanken und ohne Argwohn, gerade weil keinerlei Partei ergriffen und keinerlei Vertrauensakt gefragt wird. Sogar dieser Ausgangspunkt des »es gibt nichts«, darf nicht eingenommen werden, weil dies noch etwas von außen Gegebenes wäre und gleichsam ein willkürliches und unfreies Zugeständnis. Der Weg ist vollständig frei geräumt.

Erster Teil
Gibt es ein Problem der Tat?

◆────────◆

Kapitel I
Wie man behauptet, das moralische Problem existiere nicht

Am unlösbarsten sind die Probleme, die nicht existieren. Könnte dies beim Problem der Tat der Fall sein? Wäre nicht das sicherste und auch einzige Mittel, es verschwinden zu lassen, um es zu lösen? Wäre es nicht gut, die Last ihrer unbegreiflichen Ernsthaftigkeit und ihrer geheimnisvollen Realität von den menschlichen Handlungen wegzunehmen, um so das Gewissen zu entlasten und dem Leben seine Anmut, seine Leichtigkeit und seine Heiterkeit zurückzugeben? Die Frage nach unserer Bestimmung ist fürchterlich, schmerzlich sogar, wenn man so naiv ist, an eine solche zu glauben und irgendeine Antwort dafür zu suchen, sei es epikureisch, buddhistisch oder christlich. Man sollte diese Frage überhaupt nicht stellen.

Es ist wahr, dass es nicht so einfach ist, wie man es sich zunächst vorstellt, denn der Verzicht auf die Frage oder ihre Ablehnung stellt immer noch eine Lösung dar. Hellsichtige Geister haben schon längst das neutrale oder freie Denken als Schwindel erkannt. – Sich für oder gegen die Frage auszusprechen, läuft gleichermaßen darauf hinaus, dass man sich vom Räderwerk erfassen lässt und darin völlig zermalmt wird. Es ist unwichtig, was man ist, denkt und was man tut, wenn man je schon ist, denkt und tut. Man hat die schwer drückende Illusion nicht verschwinden lassen, denn stets aufs Neue gibt es ein Subjekt vor dem Objekt; *[2 Gibt es ein moralisches Problem?]* das Idol kann sich ändern, aber der Kult und der Anbeter bleiben. – Vermeidet man, Stellung zu beziehen, weil man glaubt, dies schaffen zu können, so bedeutet das die nächste kurzsichtige Illusion. Man muss tatsächlich mit jenem Zwang rechnen, der uns ständig, die Erfahrung ist ja gemacht, zur Tat drängt. Es gibt keine Hoffnung, sich davon zu befreien, nicht einmal, wenn man dagegen ankämpft oder sich passiv verhält, denn im asketischen Verhalten, mehr noch als in den heftigen Wallungen der Leidenschaft, verausgabt sich eine verschwenderische Energie. Und die Aktivität macht sich alle Verleugnungen und allen Verzicht genauso gut zunutze wie alle versuchten Anstrengungen, sie einzudämmen. Das Nichtstun ist ein diffiziles Unterfangen: *otium!* Wie viel Feingefühl und Geschick braucht man dafür! Kann es einem überhaupt jemals ganz gelingen?

Wird es wirklich eine Weisheit geben, die feinsinnig genug ist, um die subtile Komplexität der Natur zu entwirren und ihr scheinbar nachzugeben, weil man nachgeben muss, während man sich dabei zugleich von ihren hinterlistigen Lügen befreit?

Betrogen zu werden, ohne es zu wissen, ist das lächerliche Unglück der Unverbesserlichen, der von Leidenschaft Getriebenen, der Barbaren. Aber wissentlich betrogen zu werden, indem man sich der Illusion hingibt, indem man alles wie ein eitles und vergnügliches Possenspiel genießt, ebenso zu handeln, weil es nötig ist, aber indem man die Tat tötet mit der Trockenheit der Wissenschaft, die Wissenschaft wiederum mit der überbordenden Fülle des Traumes, ohne sich je auch nur mit dem Schatten eines Schattens zufriedenzugeben, sich selbst gekonnt und genüsslich zu vernichten, wäre dies nicht das Heil, das die Besten und Klügsten kennen und besitzen, die Einzigen, die das Recht hätten zu sagen, dass sie das große Problem gelöst haben, weil sie eingesehen haben, dass es gar keins gibt?

Ein reizvoller Kraftakt und eine hilfreiche Taktik! Es ist gut, dies aus der Nähe zu betrachten und die Feinheiten zu beurteilen. Denn um alles verschwinden zu lassen, ist es wichtig und es genügt auch, wie es scheint, ganz Wissenschaft, ganz Empfindung und ganz Tat zu sein. Wenn man sein Denken und sein Leben der allgemein herrschenden Nichtigkeit angleicht, scheint man sich nur zu erfüllen, um noch leerer zu sein. Und wenn es tatsächlich gar kein Problem

I · Wie man behauptet, das moralische Problem existiere nicht

gibt und auch keine Bestimmung, ist es dann, um dessen gewahr zu werden, nicht am einfachsten wie am sichersten, sich dem freien Fließen der Natur zu überlassen, das heißt, die Fiktionen und die einengenden Vorurteile hinter sich zu lassen, um in die Bewegung des universellen Lebens einzutreten und mit allen Kräften des Nachdenkens den fruchtbaren Frieden des Unbewussten wiederzufinden?[1]

I

[3 Wie man behauptet, dass es gar keins gibt] Sammeln wir erst aus der schönsten Blüte des Denkens die feine und todbringende Essenz ein, die sie absondert.

Es gibt keinen Irrtum, so sagt man, der nicht einen Kern von Wahrheit enthält; es gibt keine Wahrheit, so scheint es, die nicht eine Portion Irrtum beinhaltet. Es wäre pedantisch und naiv, sich bei irgendeinem Urteil aufzuhalten und daran festzuhalten. Eine eindeutige und strikte Haltung zu bewahren, zu meinen, »es ist geschafft«, Hand ans Werk zu legen, sich an den Menschen zu reiben, um seinen Platz zu kämpfen, eine solche Hässlichkeit zu begehen, die dieses hässliche Wort »*sich behaupten*« ausdrückt, bewusst eine starre Einheit in das Gefüge des Denkens oder in den Lebenswandel einzuführen – pfui! Lächerlich engstirnig und enorm plump ist das. Alle philosophischen Systeme, sogar die gegensätzlichsten, sind in die gleiche Falle geraten. Stets haben sie das Verhältnis zwischen Sein und Erkennen, zwischen Reellem und Ideellem gesucht und auch noch gedacht, es zu bestimmen. Das ontologische Argument lässt sich an der Basis von jedwedem Dogmatismus ausmachen, sogar vom skeptischen Dogmatismus. Vom Unerkennbaren ist bekannt, dass es nicht gekannt werden kann. Vom Pessimismus kann man sagen, dass er noch einen Optimismus darstellt, da er eine Doktrin verficht und ein Ziel aufweist. Die Überzeugung, dass das Nichts existiert, ist ein lustiger Scherz. Und wie frohgemut muss man sein, wenn man weiß, dass das Sein nicht existiert und dass nicht zu sein, das höchste Gut

---

[1] Verschiedene Wendungen dieses Kapitels sind einigen zeitgenössischen Schriftstellern entnommen. Ich habe es vorgezogen, sie nicht zu zitieren, um nicht den Eindruck zu erwecken, ich wollte ihnen indiskreterweise Absichten zuschreiben, die sie vielleicht nicht haben. Die Doktrin, die seelische Verfassungen und unbestimmte Tendenzen heimlich anregt, versuche ich hier freizulegen.

1 · Gibt es ein Problem der Tat?

ist! Selig die Verzweifelten, die ihrem Ideal begegnet sind, ohne dabei zu sehen, dass, falls das Ideal ist, es nicht mehr ist und dass, indem sie sich darauf stürzen, sie das Spiel jenes ironischen Menschenschlags betreiben, den zu verblüffen sie sich brüsten. Nicht nur jeder Monismus, das heißt, jede Doktrin, die behauptet, das Prinzip der Erkennbarkeit und das Prinzip der Existenz auf eines zurückzuführen, sondern darüber hinaus jedes System, einzig dadurch, dass es ein System ist, ist ein Irrtum, genauso wie jede Tat, angeregt durch eine feste Überzeugung, eine Illusion ist.

Wahrheit gibt es somit einzig im Widerspruch. Und die Auffassungen sind nur gewiss, wenn man sie ändert. Nicht als würde man gerade aus dem Widerspruch selbst und aus der Gleichgültigkeit ein neues Idol machen. Durch Großzügigkeit wird man es schaffen, die Intoleranz zu durchstehen, um dann den Reiz der Kleingeistigkeit zu kosten. Das eine Mal wird man von der Akrobatik der transzendentalen Dialektik begeistert sein, das andere Mal wird man selbst das Gewicht einer leichten Rüstung verschmähen und über Tollpatsche lachen, die sich, den Helm auf dem Kopf, nach allen Regeln im Nahkampf mit dem Wind schlagen. Durch die Geschichte zu allen Zeiten und allen Rassen zu gehören, durch die Wissenschaft jedem Raum anzugehören und dem Universum gleichzukommen, *[4 Gibt es ein moralisches Problem?]* durch die Philosophie die Bühne des endlosen Kampfes der Systeme zu werden, den Idealismus und den Positivismus, den Kritizismus und den Evolutionismus in sich zu tragen und sich am Gemetzel der Ideen zu berauschen, durch die Kunst, sich mit der göttlichen Huld der ernsthaften Frivolitäten wie mit dem Fetischismus der fortgeschrittenen Zivilisationen vertraut zu machen, welch eine liebenswürdige Beflissenheit, sich allem hinzugeben, ohne je etwas zu geben, um so diese unerschöpfliche, abwechselnd sympathische oder zerstörerische Geisteskraft zurückzuhalten, um unermüdlich das lebendige Schmuckgewand des Gottes, der nie sein wird, wie das Tuch der Penelope zu weben und wieder auseinanderzuziehen. Man kniet vor allen Altären nieder und steht lächelnd auf, um auf neue Vorlieben zuzurennen. Einen Augenblick schließt man sich im Buchstaben ein, um ins Heiligtum des Geistes vorzudringen. Wenn man vor der Erhabenheit des allseits gegenwärtigen Mysteriums einen Schauder des religiösen Entsetzens verspürt, so sucht man schnell Schutz hinter den mauerdicken Gewissheiten der Sinnenwelt. Man bedient sich der groben Gewissheiten, um die Träume zu vertreiben, Träume, um die Wissenschaft zu überbieten, und das alles ist

1 · Wie man behauptet, das moralische Problem existiere nicht

nichts mehr als Luftgemälde. Man weiß, dass es unvermeidliche Reaktionen gegen den übermäßigen Genuss des Positiven gibt. Frömmelnd gibt man sich ihm hin, während man weder mehr noch weniger geneigt ist, die Retorte des Chemikers zu verehren, als sich vor der unaussprechlichen Herrlichkeit des der Seele enthüllten Nichts auf den Boden zu werfen. Der eine liebt es, die Extreme miteinander zu vermischen, den Erotismus und den mystischen Asketismus in einem einzigen Geisteszustand zusammenzubringen. Der andere entwickelt parallel, mit Hilfe von undurchlässigen Trennwänden, die Doppelrolle eines Alkoholikers und eines Idealisten. Abwechselnd oder auch zugleich goutiert, liebt und praktiziert man verschiedene Religionen und aufgrund des Dilettantismus hinsichtlich des zukünftigen Lebens genießt man alle Vorstellungen vom Himmel.

Gelegentlich sogar täuscht diese wogende und verschieden geartete Weisheit vor, um sich selbst nicht zu wissen, um damit die hässliche Erscheinung eines Systems besser zu vertuschen und um durch ihren unverbesserlichen Leichtsinn die Lust an der Unruhe oder am Risiko zu bewahren. Ohne Mühe und wie von einer schönen Hoffnung getragen, schmeichelt man sich, den beunruhigenden Fragen, den quälenden Lösungen, den drohenden Strafen für immer zu entkommen. Das Nichts beteuert man nicht, um sicherer zu gehen, dem Sein nicht zu begegnen, man lebt im Phänomen, das ist und nicht ist. Sagt es unseren gescheiten Leuten bloß nicht, dass sich unter ihrem freien Spiel und unter der Wendigkeit ihrer ausweichenden Haltungen ein Vorurteil, eine eigenartige Methode, eine Antwort auf das Problem der Bestimmung und unwillkürliche Sorgen verstecken. Das ist falsch, denn vor dem, was nicht ist, flüchtet man nicht. Wiederholt ihnen bloß nicht solch einen banalen Einwand, dass keine Lösung auch eine Lösung ist. Das ist falsch. Stellt ihnen keine Fragen, *[5 Wie man behauptet, dass es gar keins gibt]* setzt sie nicht unter Druck. Keine Frage hat Sinn, weil jede Antwort falsch ist, es sei denn, man merkt ihr die unumgängliche Lüge an. Welche Schattierung zeigt sich am Hals der Taube? Bereits der ausformulierte Gedanke ist eine Täuschung. Wenn die Neugierde sich auf alles bezieht, dann deshalb, damit man freier ist, jede aufdringliche Anfrage von der Hand zu weisen. Es ist lange her, dass man die Eitelkeit der Diskussionen durchschaut hat und sich mit dem Widersacher stets einig weiß. Wen oder was auch immer zu widerlegen, ist der Gipfel des Banausentums. Weder Angriff noch Verteidigung: Für den, der das Spiel spielt, bei dem der Verlierer gewinnt, ist das die Kunst, unschlagbar zu sein.

1 · Gibt es ein Problem der Tat?

So wirkt das richtige Wundermittel: Es korrigiert die Strenge der positiven Wissenschaften durch die mystischen Ergüsse. Es salbt den klassischen Geist mit einem geschmeidig machenden Öl, indem es das betagte Idol der klaren Ideen im gleichen Tiegel mit der frischen Schönheit des Noumenons, des Unbewussten und des Unerkennbaren vermischt. Den Trockenen schenkt es die Variationsfülle, den Borniertern die Weite, den Ideologen den Zweifel, den Fanatikern die Ironie; der kühlen Gottlosigkeit schenkt es einen Weihrauchduft und dem Materialismus das Ideal. Bewundert doch, wie unsere Zeit, nachdem sie die Jahrhunderte wie ihre älteren Brüder geküsst hat, sie dann auf die andere Wange schlägt, dank dieses Wundermittels. Seid unserer Zeit dankbar, mit gewissen albern geistreichen Einwänden, die Voltaire begeisterten, richtig abzurechnen; jeden Meinungsumschwung zu akzeptieren und darüber hinauszugehen; ihre Verehrung so schnell zu verbrauchen, dass man auf die aus Indien kommt und vor dem Ende dieses Jahrhunderts behaupten wird, sogar aus dem Katholizismus einen neuen Modeschmuck zu machen; auf so etwas wie ewige Neugeburt zu warten und aus dem Geschmack für Anarchie das Bedürfnis nach einer biegsamen und handfesten Regel hervorwachsen zu lassen. Empfindet Gefallen daran zu sehen, dass sich, wie einst zu Alexandrien mitten im Wirrwarr der Ideen, vom Schacherhandel umgeben, unter dem Druck der materiellen Freuden und des Leids, ein heftiger Sog von Mystizismus erhebt und eine Leidenschaft fürs Wunderbare. Seid stolz auf eure breitere Stirn, dass ihr mehr als eine Art von Schönheit versteht und die ganze endlose Verschiedenheit von Gedanken, die Logik der Gegensätze, die neue Geometrie wie auch die eroberte Natur umfasst. Aber hinter dieser Pracht, hinter dieser Großzügigkeit und Zurschaustellung werdet ihr es lieben, die eitle Wissenschaft zu betrachten, die es liebt, die Eitle zu spielen, ihr werdet euch belustigen am lächerlichen Spektakel der Ambitionen, der Geschäfte, der Systeme. Und inmitten aller vergnüglichen Verrücktheiten der Welt werdet ihr triumphieren, wenn ihr die unendliche Leere dessen, was leben und handeln heißt, mit dem Herzen verspürt und mit dem Blick durchmesst.

Mit Hilfe zweier Waffen, der allumfassenden Sympathie und der schonungslosen Analyse, gelingt es dem Denken, so mit der Natur zu spielen, *[6 Gibt es ein moralisches Problem?]* wie sie auch mit uns spielt. *Beati qui ludunt* [selig, die spielen]. Ein Spiel, gerade darin besteht die Lebensweisheit, ein Spiel zwar, aber nobel und schmerzlich, das sich ab und zu ernst nimmt, damit es mehr ein Spiel ist und

I · Wie man behauptet, das moralische Problem existiere nicht

noch mehr eine Illusion, die alle Illusionen besiegt. Arme Natur mit tausend Gesichtern, die du dich durch die ständige Hervorbringung von Gegensätzen anzustrengen scheinst, um deine Verlockungen für sämtliche Leichtgläubigkeit zu variieren. Es reicht aus, all deine Köder anzubeißen und sich deinen proteushaften Launen auszuliefern, damit du dich mit deinen eigenen Tricks vergiftest und in deinem eigenen Triumph noch besiegt bist. Je mehr wir dich umschlingen, desto mehr entkommen wir dir. Indem wir alles werden, was du bist, legen wir den nagenden Wurm in das Innerste von allen Dingen. Wir lösen uns selbst und alles Übrige in Spitzfindigkeiten auf, wenn wir zwischen Himmel und Hölle den geschmeidigen Wechselschritt im Tanz der Widersprüche ausführen. Mit gleichem Respekt und gleicher Geringachtung für das Ja und das Nein tut es gut, sie zusammenwohnen und sich gegenseitig verschlingen zu lassen. Ironie und Wohlwollen ist einerlei; es ist der Universalschlüssel, das universelle Lösungsmittel. Man kann nicht alles erkennen und alles bejahen, ohne alles zu verneinen. Und die vollkommene Wissenschaft des Ästheten verflüchtigt sich von selbst in der absoluten Nichtigkeit von allem.

Das spekulative Problem der Tat scheint wirklich beseitigt zu sein. Gilt dies für das praktische Problem ebenso?

II

Der Dilettantismus in Kunst und Wissenschaft genügt sich selbst nicht lange; er ergänzt sich schnell mit dem Dilettantismus der Sinnenwelt und der Tat. Denn für die Meisten genügt es nicht mehr, dass eine Kopfarbeit das Ganze an sinnenhaften Erfahrungen dem Vorstellungsvermögen enthüllt. Es geht ohne Zweifel nichts über den, der dem Ideal frönt, dem Sinnenmenschen den Weg zu bahnen und ihn schließlich zu beneiden oder ihm hinterherzulaufen. Aber liegt in der genau überlegten Verderbtheit nicht der Ansatz einer Kunst und sogar einer Wissenschaft, dem keine einzige spekulative Fiktion je gleichkäme? Und wenn eine Sehnsucht nach unbekannten Emotionen das allgemeine Gesetz der literarischen Vergiftung zu sein scheint, so verbirgt sich im praktischen Zerfall auch eine Quelle von zersetzenden Einfällen und Gedanken. Das beste Mittel, den Geist zu lockern und ihn von den engen Vorurteilen zu befreien, die seine Blickweite aufs Leben einschränken, ist wohl tatsächlich, sie zu über-

1 · Gibt es ein Problem der Tat?

steigen und alles Sinnenhaften gewahr zu werden, um alles zu verstehen. Weniger verdorben, wäre man auch weniger intelligent, so meint man.

Was noch nicht bedeutet, dass man die Superstition der Schamhaftigkeit oder *[7 Wie man behauptet, dass es gar keins gibt]* der Frömmigkeit zerstören müsste. Dies wäre jammerschade, denn die Lust am Bösen und die Liebe zum Bösen sind nur vollkommen dank des Reizes des inneren Widerspruchs wie dank des Geschmacks an der verbotenen Frucht. Ähnlich wie jene Liebesdienerinnen, die sich die Pikanterie eines Betschemels leisten. Der Genuss erhält eine Glanzschicht, wenn man eine Synthese aus gegensätzlichen Gefühlen daraus macht und darin durch die Verschiedenheit an Kontakten und Kontrasten gleichsam die intensive zärtliche Berührung mit feinem und dichtem Haar empfindet. »Die Seele entzückt im siebten Himmel, der Leib erdiger unter den Tischen«: Der mystische Lebemann, »christlicher Dichter mit den Schenkeln eines Fauns«, wird entdecken, dass der Ehebruch Reinigendes an sich hat, oder die ganze Wollust erahnen, eine jungfräuliche Seele zu verderben.

Aber diese gekonnten Kontraste der Sinnesempfindung dienen nicht bloß dazu, sie zu verfeinern; sie zerlegen und entflammen sie einzig, um sie aufzuzehren. Indem sie dem Herzen die auserlesensten Köstlichkeiten und die unzüchtigste Feuersbrunst zu gleicher Zeit vorschmeicheln, beschleunigen sie die Zersetzung und gewissermaßen die Agonie der moralischen Person. Es gibt keine einfachen und lauteren Gefühle mehr, ebenso nichts Wirkliches, demnach weder Gutes noch Schlechtes mehr. Wenn alles Erkennen auf einmal das Objekt und das Subjekt der Erkenntnis vernichtet, so vollendet alles Empfinden dieses wunderbare Werk der Wissenschaft im praktischen Leben.

Wie sollen wir also unsere Sinnesempfindungen ausreichend variieren und vermehren, um der enttäuschenden Wahrheit der einfachen Eindrücke wie der trügerischen Klarheit des Lebens zu entkommen? Eine weniger kluge Weisheit würde zweifelsohne zur Unerschütterlichkeit des universalen Träumers raten, der sich keinesfalls auf die Tat einlässt, um so sich selbst zu spielen, während er sich umso freier neu gestaltet. Er genießt die Welt wie eine Prise Opium, aus der er den Dunst seiner Träume zieht, er genießt das Leben wie den zitternden Schatten eines Nebels beim Mondschein. Müsste er sich entscheiden zwischen Ironie und Fanatismus nach der Fülle der Sinnenlust, die er von der einen oder vom anderen erhoffen kann,

I · Wie man behauptet, das moralische Problem existiere nicht

dann würde er vielleicht die Aufforderung jener wollüstigen Trägheit hören, die den Schmutz und die heftigen Erregungen der Tat fürchtet. Falsch ist solche Weisheit, dazu noch zaghaft und altmodisch! Seht, wie heute die Feinfühligsten mit ihren unbegrenzt mächtigen Gaben der Analyse nach der Tat trachten, wie sie sich anstrengen, »die Praktiken des inneren Lebens mit den Notwendigkeiten des aktiven Lebens zu vereinbaren«. Seht auch, wie sehr man, ohne dabei auf die überlegene Ironie der Kritik zu verzichten, jedwedem Beifall spendet, der so kühn scheint, eine entschiedene Meinung zu haben und vortäuscht, durch die scharfe Klarheit und die Kraft der Überzeugungen wie ein spitzer Stift in die Geister hineinzudringen!

[8 Gibt es ein moralisches Problem?] In der Lebenspraxis liegt nun einmal eine unerschöpfliche Quelle neuer Sinneswahrnehmungen, von Widersprüchen und neuen Enttäuschungen, und die großherzigste Tat kann eine Verderbnis, eine Zerstörung mehr sein. Deshalb ist es von wesentlicher Bedeutung, »seine Seele mit einem Mechanismus auszustatten«, damit sie je nach Belieben alle bekannten Emotionen hervorbringt, pausenlos durch die interessantesten und zeitweiligsten Begeisterungen in Aufregung versetzt ist und immer mehr Lebensformen durchprobiert. Auf diese Weise lässt sie jeden Abend neue Welten aufleuchten wie fröhliche Zirkusspiele, in denen man vor sich selbst erscheint wie in der Dressur der hohen Schule. Dies alles ist eine Form von höherer Anstellerei, in der man sich einbildet, zu spüren, wie ein ganzes Leben sich in verächtlichen Tätigkeiten erschöpft und sich daran erfreut, das Wissen um den Zerfall zu besitzen, den man wunderbar und schändlich findet.

So zu handeln, ist eigentlich weniger ein Handeln als vielmehr die Erfahrungen des praktischen Skeptizismus zu schaffen und sich durch diesen »tätigen Essayismus« am wirkungsvollen Gift zu berauschen, das nicht das individuelle Leben tötet, da es nicht wirklich existiert, sondern die Illusion des Lebens. Der sinnliche Egoismus behält alles für sich; er ist das letzte Wort einer sterbenden Vergangenheit, während der Fanatismus das erste Wort einer Zukunft darstellt. Diesen zweifachen Zustand fasst der wollüstige Asket in seiner Gegenwart zusammen: Für ihn ist Tat gleichzeitig das Ende der einen und der Anfang einer neuen Welt; durch seine Palinodien hindurch stirbt er unaufhörlich, bloß um aufzuerstehen. Er ersteht bloß, um nochmals zu sterben, um die Vielfalt seiner eigenen Künstleremotionen zu zerstören und noch mehr verschiedenartige Welten zu konstruieren, um besser zu verspüren, dass alles nicht realisierbar, dass

1 · Gibt es ein Problem der Tat?

alles unwirklich ist, um in eben diesen Wahnvorstellungen die Ewigkeit dessen anzubeten, was in ihm und durch ihn unaufhörlich stirbt. Stets dazu bereit, seine Meinung zu ändern, stets damit beschäftigt, in Bewegung zu bleiben und sich aufzuteilen, sind ihm alle Wege gleichermaßen gut und sicher, sogar die berüchtigten Strecken, die nach Damaskus führen; jegliche Begegnung ist ihm gleichermaßen verlockend und lehrreich. Er versinkt in seinem Traum, ohne zu befürchten, dass eine regelmäßige Verknüpfung von Bildern oder dass eine plötzliche Regung, die aus dem Traum selbst hervorgeht, allmählich das Erwachen herbeiführt. Was hat er auch zu befürchten, denn je mehr er sich am Wirklichen stößt und sich daran erhellt, desto mehr verspürt er dessen Nichtigkeit.

Gleich nachdem der Ästhet mit einer Art sinnlicher Gereiztheit seine geliebten Idole in seine Arme drücken, sie gegen die Zerstörung schützen zu wollen schien, um »durch eine stärkere Empfindung als die Jahrhunderte das zu genießen, was gerade dabei ist zu sterben«, sucht er durch neue Erfahrungen hindurch eine neue Formel. Und wenn er »bis zu diesem Ganzen von Emotionen, das sein Ich, *[9 Wie man behauptet, dass es keins gibt]* das sein Gott ist, emporgehoben« scheint, wenn es ihm gelingt, »sein ganzes Sein auszuleben, das ganze vergangene, gegenwärtige und zukünftige Sein, das er als Ewiges ergreift«, dann steigt er wieder hinab, kann und will er doch nicht nach dem einsamen Absoluten trachten, hinab zu jenen heftigen Bewegungen, die das sind, was er liebt, weil eines bleibt, das ihm einzig wichtig ist: gegen den Ekel und die Lustlosigkeit gerüstet zu sein, weiterhin Bedürfnisse zu haben, »durch das göttlich Unbewusste hindurch von der leichten Schockwelle der Sehnsüchte hinweggerissen zu sein, die, von einer unbegrenzten Vergangenheit bis in eine unbegrenzte Zukunft ausgeweitet, all diese sich ständig bewegenden Formen unterschiedslos beschwingt, die aufgrund unserer kurzsichtigen Urteile als Irrtümer oder als Wahrheiten bestimmt werden«.

Wenn er dabei bis zum Pessimismus und zum Freitod geht, wir machen einfach weiter! So würden wir glauben, dass es etwas Ernstes auf der Welt gibt. Inbrünstig und skeptisch, sich mit den Mitteln vergnügen ohne Rücksicht auf das Ziel, der Meinung zugetan, dass es bloß Sichtweisen gibt, die sich untereinander widersprechen, und dass wir mit etwas Geschick sie alle bezüglich der gleichen Sache haben können, sucht der Essayist den Frieden, die Ruhe und das Glück, und zwar in der Überzeugung, dass er sie nie finden wird. »Um der Unannehmlichkeit der ehrenwerten Kinder zu entkommen, die aus einem Missverhältnis entsteht zwischen dem, was sie erträumen, und dem, was sie erreichen«, verbindet der Essayist seine Glückseligkeit mit den nichtigen Erfahrungen, die er herbeiführt, nicht jedoch mit den Ergebnissen, die sie zu versprechen schienen.

Einerseits die vollkommene Lauterkeit der absoluten Entsagung, andererseits die verwirrte Leidenschaft eines militanten Geistes zu kennen, ebenso alle Reize eines Gelehrten- und Künstlerlebens, eines wollüstigen und religiösen Lebens zu vereinen mit der friedvollen Gewissheit des Todes, die Unbeweglichkeit eines Kadavers »*perinde ac cadaver*« [gleichwie eine Leiche] zu bewahren, mit der Behändigkeit eines Clowns, sich zum einen von den Geistlichen Übungen des heiligen Ignatius durchdringen zu lassen, während man sich zum anderen in das Getümmel der politischen Intrigen stürzt: Wäre dies nicht die Vollkommenheit und gleichsam die Heiligkeit der Perversion?

Wo liegt das Problem? Man geht mit ihnen eine Wette ein, ob sie es finden. Das Heilsmittel, der Gegenstand des neuen Kultes ist das Talent, die unschätzbare Virtuosität des Degenfechters, der überall und nirgends ist, der nie dort ist, wo man trifft. Gibt es eine Möglichkeit, sich über den Harlekin aufzuregen? Ähnlich wie der bekehrte Gaukler, der, unfähig im Chor Psalmen zu singen, während des Chorgebets wegging, um die Heiligenbilder im Kreuzgang mit seinen Gauklertricks fröhlich zu stimmen, so braucht man nur mit dem Leben herumzutollen, um ein selbstsicheres Gewissen zu haben. Nachdem er stets der Advokat Gottes und der des Teufels gewesen ist, welche Angst sollte für den Spaßvogel des Ewigen dann noch übrig bleiben? Er hat alles in Ehren gehalten und alles verachtet, alles erfüllt und ausgehöhlt, beweihräuchert und verhöhnt, vergöttert und zerstört, sich selbst dabei noch mehr als alles andere. *[10 Gibt es ein moralisches Problem?]* Genau darin liegt sein Lohn. Poe denkt sich aus, dass man einen Sterbenden im Augenblick seines Dahinscheidens magnetisiert: Genau in diesem Punkt des ständig wackligen Gleichgewichts soll man leben. Sogar die photographische Momentaufnahme des Todes wird uns nicht erfassen können; wir werden dort nicht mehr sein, wir werden dort nie gewesen sein. Sagt also weiter die guten alten Worte der Pflicht und der Tugend. Redet von einer Gewissenserforschung, aber ohne Gewissen, von einem Urteil, aber ohne Gesetzbuch, ohne Gerichtsprozess und ohne Richter. Redet von einer Bestimmung und einem Willen, der seine Ziele erreicht, wenn man weder den Willen hat zu sein, noch den Willen nicht zu sein, ein

1 · Gibt es ein Problem der Tat?

reines *Nichtwollen* also; wenn es unter den Bewegungen an der Oberfläche und im Gesamt des Lebens weder Absichten noch Herz gibt; wenn die Taten ohne Seele stets Totgeborene sind!

Wie weit entfernt sind wir hier von jener Einfachheit des Gewissens und jener lebenspraktischen Unschuld, die alle Energien des Menschen bündelt. Es handelt sich nicht mehr um eine einfache gelegentliche Verdoppelung der Persönlichkeit, sondern vielmehr um die totale Zerstückelung, um die Verwesung des Todes im Leben selbst. Ist dies nicht das, was man wollte? Die Vernichtung des Denkens und des Seins durch Multiplikation und Dissoziation, das Auseinanderbrechen aller elementaren Laufwerke, als ob jede Zelle des Organismus ihre kleine Melodie für sich alleine spielte; die vollkommene Auflösung, ein immenser Lachausbruch, ein schauriger Spaß, eine Mystifikation und, dies ist das richtige Wort, ein Schwindel, ein Nichts. Genau das hat man aus dem Menschen und seiner Lebensbestimmung gemacht.

Hier liegt ein extremer Zustand vor, das stimmt. Aber ohne sich auf diese subtile Lebensanschauung einzulassen, ohne mehr zu tun, als das vulgäre Schlagwort »man muss alles kennen lernen« anzuwenden, ohne sich der Haltung bewusst zu sein, die sie angesichts der praktischen Notwendigkeiten und Verpflichtungen einnehmen, orientieren sich so viele in unserer Zeit an folgender Lösung des Problems: »Es gibt gar keine Frage, und das einzige Unrecht besteht darin, einen Sinn für etwas zu suchen, das keinen hat!« Wenn das Denken, wenn das Leben nichts darstellt, muss es ausreichen, zu denken und zu handeln, damit die Illusion zum Vorschein kommt, und zwar, so scheint es, durch deren vollen Einsatz. Den Naiven, die ihr Gewissen ernst genommen haben, die meinen, in einer persönlichen Erfahrung der Pflicht die sichere Bestätigung jenes unendlichen Preises gefunden zu haben, den sie mit ihrem Sein, ihren Handlungen wie mit ihren Opfern verbinden, hält man im Namen einer vollständigeren Erfahrung und einer offeneren Wissenschaft entgegen, dass jeder absoluten Sicherheit ein Mangel an Einsicht und ein Halbwissen zugrunde liegt, *[11 Wie man behauptet, dass es keins gibt]* dass jede praktische Unbeugsamkeit Zeichen einer Engherzigkeit oder eines Stumpfsinns ist. Um welche Realität auch immer mit Gewissheit zu bejahen, um das moralische Problem entschieden anzugehen, bedarf es eines Ausmaßes an Unerfahrenheit und Einfalt, über die man sich in gepflegter Gesellschaft wie über eine bäuerliche Unbeholfenheit lustig macht. Die guten Manieren der Intellektuellen leben von lie-

I · Wie man behauptet, das moralische Problem existiere nicht

benswürdigen Fiktionen, die alle miteinander Lüge und Wahrheit sind. Alles ist leicht und entzückend, weil alles leer ist; die Unabhängigkeit des Ästheten scheint komplett zu sein.

Es war vielleicht nicht ohne Nutzen, diesen Zustand mancher Geister unserer Zeit festzuhalten. Wie es mitunter genügt ein Wort aufzuschreiben, dessen Schreibweise nicht eindeutig ist, oder einen Alptraum zu erzählen, um den Fehler oder den Irrsinn einzusehen, so lassen sich auch gewisse verwickelte Träume zerstreuen, wenn man sie einfach bloß wiedergibt. Und auf diese Weise lassen wir das Ansehen verschwinden, vor allem in den Augen solcher jungen Leute, die gewöhnlich nur dafür schwärmen, insofern sie ihnen unerhört, unvollendet und mysteriös vorkommen, und die sich »die Seele eines Literaten« zulegen, indem sie ihr Herz unbewusst nach dem Bild der romanhaften Verderbtheit oder der Leidenschaft der Dichtung gestalten. Gewisse Züge können überzogen erscheinen. Es ist aber gut, dem ins Angesicht zu schauen, was man allzu gern verschleiern möchte, solcher Lebensanschauung nämlich, die aus einer Einstellung hervorgeht, deren delikate Annehmlichkeit und Anmut man schätzt. Das ist alles. Man soll freilich, wie man früher sagte, die Kissen unter den Ellenbogen der Sünder wegnehmen.

*

Das zweite Kapitel versucht zu zeigen, dass der Ästhet daran scheitert, das Problem der Tat verschwinden zu lassen, dass er sich gerade durch diese Anmaßung dem Problem freiwillig stellt und es auf bestimmte Weise löst. Ich weise darauf hin, wie die flüchtige und ungreifbare Einstellung des Dilettanten oder des Essayisten aus einer zweifachen Bewegung erfolgt. Die tiefe und verborgene Tendenz, aus der sich ihr *Nichtwollen* zunächst zusammensetzt, ist das, was sie selbst den göttlichen Egoismus nennen. Der entgegengesetzte Wille, den ihre unendlichen Spielereien zu erkennen geben, ist gleichsam die Hoffnung, die Sehnsucht nach dem Nichtsein. Ich schließe ab, indem ich die tief sitzende Lüge, den unausweichlichen Widerspruch dieses ganzen Geisteszustandes analysiere. Und indem ich den Willen, den die Handlungen ungewollt bekunden, als unvollständigen, aber wahrheitsgetreuen Ausdruck eines aufrichtigen Strebens gelten lasse, versuche ich, ihn zu seinem Endpunkt voranzubringen.

[12]

Kapitel II
Dass man damit scheitert, das moralische Problem zu unterdrücken, und auf welche Weise

Der Ästhet spottet über die Widerlegungen, die auf ein Herz abzielen, aber an einem wendigen Schatten vorbeiführen. Vielleicht hat er recht. Aber dieser mächtige Analytiker möge dieses Spiel infinitesimaler Schwingungen, mit dem er sich unangreifbar macht, mit der Aufmerksamkeit betrachten, die er so vielen anderen Spektakeln widmet. Gerade in seinem *Nichtwollen* wird er die Zweiseitigkeit des Willens wahrnehmen.

Schlechthin nicht zu wollen, ginge nur in Ordnung, wenn dies ein einfacher Zustand wäre. Der spontane Lebenselan und die Schwungkraft der Wissbegier würden, sollte keine Reflexion sie stören, immerzu geradeaus gehen, wohin auch immer, ohne dass das Bewusstsein umkehrt oder sich windet. Aber diese Einfalt und Unbedarftheit, diese Unwissenheit und Selbstverleugnung sind keineswegs die gewöhnlichen Tugenden der Schöngeister. Sie könnten es von dem Augenblick an nicht sein, in dem sie ihre eigene Feinsinnigkeit kosten, denn jede klare Erkenntnis einer inneren Disposition setzt das Bewusstsein eines entgegengesetzten Zustandes voraus, und zwar dank jenes wissenschaftlichen Gesetzes, das sie von den Assoziationisten übernommen haben und Unterscheidung nennen. Zu wissen, dass man nichts will, bedeutet, nichts zu wollen. Und »wollen will ich nicht«, *nolo velle*, lässt sich in der Sprache der Reflexion unmittelbar in diese zwei Worte übertragen: »Ich will, nicht zu wollen«, *volo nolle*. Ohne den Gesetzen, nicht des moralischen Gewissens, sondern des psychologischen Bewusstseins Gewalt anzutun, ohne die Wahrheit der Dinge unter einer rein verbalen Subtilität zu verbergen, impliziert das Gefühl der Abwesenheit vom Willen bereits die Idee eines Willens, der nicht will und verzichtet. Die geschickten Absicherungen, das Spiel mit dem wackeligen Gleichgewicht, *[13 Das Problem der Tat]* all jene dialektischen Raffinessen, mit denen unsere Akrobaten des Geistes entkommen, weisen eine intellektuelle Zweiheit auf. Im Namen des Gesetzes, das sie sich von

II · Dass man damit scheitert, das moralische Problem zu unterdrücken

der universellen Relativität machen, sollen wir die Zweideutigkeit bloßlegen, mit der sie sich zudecken. Sie wissen, dass es ein Problem gibt, und sie wollen es nicht wissen. Eine absichtliche Unkenntnis ist keine Unkenntnis mehr; künstlich begrenzen sie ihre Wissbegier und verfälschen ihre Lauterkeit. Weil also ihre Erfahrung unvollständig ist und trügt, bewahren sie, gerade aufgrund dieses inneren Zwiespalts, das Bewusstsein und den Genuss ihrer zweideutigen Haltung.

Damit nicht genug. Man muss zeigen, dass diese notwendige Zweiheit des Geistes aus einer doppelten Verfassung des Willens hervorgeht, denn gerade im Kern des Bewusstseins und des Gewissens, am Ausgangspunkt der aktiven Lauterkeit muss man in einem jeden das Geheimnis des Urteils entdecken, das über einen jeden zu fällen ist. Welches ist nun diese zweifache Willensbewegung, aus der die doppelsinnige Haltung des Ästheten besteht, und wie sind deren innere Widersprüche zu lösen?

I

Ganz Denken, ganz Sinneswahrnehmung und ganz Erfahrung zu sein, ist eine schöne Methode der allgemeinen Enttäuschung. Es wäre bequem, aus der Höhe dieser vollen Wissenschaft der Eitelkeit, sich über die bornierte Sicht der Barbaren lustig zu machen, die jedem Ding noch einen Namen geben und an das Leben glauben. Es gibt bloß eine kleine Schwierigkeit, und zwar, dass die Wissenschaft nie voll ist, die Erfahrung nie vollendet und schlüssig. Und um den Versuch zu beginnen, um darin durchzuhalten, um ihn durch Vorwegnahme zu ergänzen, bleibt eine Hypothese, ohne abschließende Kontrolle, stets unerlässlich. Nachdem er die entscheidenden Hindernisse seiner Methode erkannt hat, bemüht der Ästhet-Asket sich vergebens darum, indem er seine Experimente vervielfacht, gleichsam verschiedene einander entgegengesetzte Leben alle auf einmal zu erproben. Während er sich an seinen eigenen Emotionen entzückt, spürt er, dass jeden Augenblick ein bewundernswerter, aber unfertiger Künstler in ihm stirbt, um stets vergänglich und stets unsterblich wiedergeboren zu werden. Er wird niemals die Eitelkeit von allem kennen, wenn er nicht alles ausgeschöpft hat, und weder er noch sonst jemand wird alles bis auf den Grund ausschöpfen.

Der Mensch des Opfers vermag, indem er verzichtet, eine umfassende Erfahrung zu haben, eine vollständige Überprüfung zu ma-

1 · Gibt es ein Problem der Tat?

chen und eine *[14 Das Problem der Tat]* innere Bestätigung seiner Lebensauffassung zu erhalten. Die Auffassung des Ästheten, der alles auskostet, bleibt eine Fiktion ohne möglichen Beweis. Vom Naiven oder Blasierten ist der Naive der Erfahrenere, zumindest derjenige, dessen Haltung auf einer positiven Erfahrung gegründet ist; vielleicht ist er auch der am wenigsten Betrogene, denn er erhebt nicht den unberechtigten Anspruch, sich von nichts trügen zu lassen, da er weiß, dass alles Trug ist.

Auch wenn man kein Postulat braucht, um das Problem der Pflicht zunächst zu akzeptieren und es unerschrocken in der Lebenspraxis zu lösen, bedarf es sehr wohl eines, um dem Gewissen zu widersprechen und ebenso um Erfahrungen zu probieren, die das Gewissen missbilligt, ohne zu wissen, warum. Welches ist nun diese verborgene Hypothese, auf welchem tiefen Willen baut sie auf?

Spielen und genießen, als ob man um die Eitelkeit von allem wüsste, als ob man sie verspürte, während man sie nicht verspürt hat und nicht um sie weiß, weil es unmöglich ist, sie zu verspüren und um sie zu wissen, dies besagt, über jede Frage im Voraus unter dem Vorwand zu entscheiden, jede Frage zu beseitigen und aufgrund eines willkürlichen Vorgriffs anzunehmen, dass es weder Realität noch Wahrheit gibt.

Wenn der Trick irgendwo ans Licht kommt, wenn die Maske irgendwo fällt, dann bei dem, was man Intoleranz nennt: einen Schmerz- und Reizpunkt für das Gewissen unserer Zeit, Zeichen des Widerspruchs und Stein des Anstoßes. Ihr weitsichtigen und freien Geister, ihr wollt nichts ausschließen, aber ihr schließt das Dogma dennoch aus, das (die Frage seiner möglichen Gültigkeit tut hier nichts zur Sache) es nur gibt, insofern es ausschließlich ist. Das Entscheidende ist, zu wissen, ob das, was ihr in euren weiträumigsten Synthesen umfasst, nicht unendlich gering ist, verglichen mit dem, was ihr verliert, ob ihr nicht alles für euch nehmt, außer der Wahrheit, die tatsächlich ist. Denn ihr könnt noch so sehr behaupten, euch den ganzen Kern der absoluten Lehrsysteme zu eigen zu machen, deren relative Bedeutung zu verstehen und deren symbolische Schönheit zu kosten, aber indem ihr jedoch das auslasst und zurückweist, was deren Einheit und deren Leben bewirkt, habt ihr nicht mehr als eine leblose und zerrissene Körperhülle. Der Geist ohne den Buchstaben ist nicht mehr der Geist. Ihr habt behauptet, einen Durchgang zu finden, den es zwischen diesen beiden unumgänglichen Worten nicht gibt: »Wer nicht für mich ist, ist gegen mich;

II · Dass man damit scheitert, das moralische Problem zu unterdrücken

wer nicht gegen mich ist, ist für mich«. Etwas hat sich in den Weg gestellt, das ihr nicht zugeben könnt, weil es ablehnt, was ihr gelten lasst, was ihr nicht verstehen könnt, weil es der bloßen Neugierde verschlossen ist, was ihr verneint und hasst ohne eine Spur von Zweifel und Liebe, weil man es nur ohne eine Spur von Hass liebt. Diese *[15 Es stellt sich unausweichlich und willentlich]* umfassende und einfache Geisteshaltung existiert nicht für euch, ihr kennt sie nicht, eben weil ihr resolut eine resolute Haltung annehmt und weil ihr, wie die meisten Menschen, die in diesem Punkt Barbaren sind, eure entschiedene Weise habt, um zu sein, zu denken, zu wollen und um auszuschließen.

»Intolerant sein aus Intoleranz«, wie einige so sagen, was heißt das eigentlich? Es besagt, nicht gelten zu lassen, dass es *eine* einzige, dem Menschen erkennbare Wahrheit gibt, die zum friedlichen Zusammenleben der Gesellschaft beiträgt, wie sie dem Leben jedes Einzelnen förderlich ist. Es besagt weiter, der Auffassung zu sein, dass alle Meinungen ein gleiches Recht darauf haben, respektiert zu werden, dass, wenn keine absolut falsch ist, auch keine einzige absolut wahr ist. Über wie viele Probleme trifft man eine Vorentscheidung, indem man es vermeidet, ein einziges davon zu lösen oder gar sich ihm zu stellen!

Wenn das Dogma sich nicht darauf beschränkt, eurer Vernunft ein unnachgiebiges Ultimatum zu stellen, im Sinne von ›alles oder nichts‹, wenn es den Anspruch erhebt, das Innen und das Außen der Handlungen zu lenken, weil es den Willen und alles Leibliche einfordert, ihr, die ihr nichts wollt, wollt ihr dann nachgeben oder euch widersetzen? Wenn Protest und Empörung sich in euch rühren, wenn ihr euch über die Gewalt aufregt, die man euch scheinbar antut, denn ihr könnt es nicht verhindern, entweder unter einem Joch zu gehen oder einen Krieg auszuhalten, den ihr nicht erklären wolltet, dann zeigt sich hier eine Abwehrhandlung, die eure tückisch verstreuten Kräfte zusammenballt, die, indem sie die Kräfte zu einer gemeinsamen Schwungkraft bündelt, den innersten und persönlichsten Grund ans Licht bringt, die feste und widerstandsfähige Mitte, mit der die aberwitzigsten Launen und die freiesten Phantasiegebilde des Ästhetizismus verknüpft sind. Ich tadle nicht, ich erkläre nicht, ich stelle nur fest. Angesichts dessen, was euch zum Handeln zwingen würde, handelt ihr. Das Fest ist gestört, der Plan durcheinandergebracht. Ihr habt euch die Neutralität zur Wissenschaft und zur Verhaltensregel gemacht und werdet dabei zum Kämpfer; unter dem

1 · Gibt es ein Problem der Tat?

Vorwand des Friedens fällt ihr das Bajonett. Ihr habt Partei ergriffen und ihr würdet euch gerne darüber wundern, dass die Tatsachen nicht mehr eure Theorie beantworten, welche gegen die Tatsachen gerichtet ist. Eure Hypothese lautet, dass es sowohl nichts Reales[1] als auch nichts Falsches gibt, als ob alles gleichgültig, alles gleichwertig wäre. Und dennoch: Wenn die Wahrheit ist, dann ist sie. Diese schlichte und berechtigte Annahme ist die einzige, die ihr euch verbietet. Was hindert euch daran, die Annahme zu vollziehen, nachdem ihr das Leben so unbedeutend und nichtig gemacht habt, weil es euch gefällt, Betrogene zu sein? Weshalb macht ihr euch dieses Leben dann so stolz, so selbsterfüllt, so versessen auf seine Bequemlichkeit, so selbstgefällig, dass ihr nie mehr einwilligt, irgendetwas davon preiszugeben?

II

[16 *Das Problem der Tat*] Wenn man sich angesichts einer Wahrheit, die Exklusivität beansprucht, und sich angesichts der despotischen Anforderungen der Tat sträubt, oder sich alledem entzieht, dann deswegen, weil man sich aus sich selbst, aus seinen Rechten, aus seiner Unabhängigkeit ein Ideal bildet, das man liebt und das man will. Man will ja sein, denn man stellt bereits seine Bedingungen auf. Wenn Magali der schmählichen Verfolgung entflieht, abwechselnd als Vogel, Windhauch, Blume oder als Welle, trägt sie eine Liebe in ihrem Herzen. Wenn der Dilettant zwischen den steinernen Fingern aller Idole entschlüpft, dann deswegen, weil er einem anderen Kult frönt, nämlich der Autolatrie. Von der Höhe des Sterns Sirius her gesehen, wird für ihn alles winzig und kleinlich, alles und alle; an Großem bleibt nur noch die Eigenliebe für einen Einzigen übrig: Ich,

---

[1] Anm. des Übers.: Die Reibung zwischen der französischen und der deutschen Sprache wird besonders spürbar, wenn es gilt, das Wort »réel« zu übersetzen. Das deutsche »reell« wird oft im übertragenen Sinn verwendet. Da es Blondel ausdrücklich um eine »philosophie du concret« geht, in diesem Sinne um eine »philosophie du réel«, um eine Philosophie des jeweilig Konkreten und Reellen bzw. Realen, nicht aber um »das Konkrete« als Bezeichnung einer allgemeinen Bestandsaufnahme, verwenden wir im Sinne der deutschen Sprache »das Reale«, wenn das Adjektiv substantiviert gebraucht wird und »reell«, wenn es als Eigenschaftswort erscheint. Um den Preis dieser sprachlichen Inkorrektheit hoffe ich, der Bedeutungsfülle des französischen Wortes »réel«, zumal in der Philosophie Blondels, dennoch näherzukommen.

II · Dass man damit scheitert, das moralische problem zu unterdrücken

»*Ut sim!*« [dass ich sein möge]. Genau dies ist der grundlegende Drang, der, wie ein spontanes und von Herzen kommendes *fiat*, in ihm das empfangene Sein gutheißt und es frei und liebevoll hervorbringt. Lautet nicht so das stillschweigende Leitwort für manche: »Vor mir nichts, nach mir nichts, außer mir nichts«?

Auf diese Weise verheimlicht das *Nichtwollen* selbst ein subjektives Ziel. Nichts zu wollen heißt, sich jedem Objekt zu verweigern, um sich ganz für sich zu behalten und sich jede Gabe, jede Hingabe und jede Selbstlosigkeit zu untersagen.[2] Man will, dass das Sein nicht sei; es macht aber Freude zu sein, um es zu verneinen. Hier liegt ein radikaler Egoismus vor, der alles zerstören würde, um allein zu bleiben wie ein Gott; das ist ein subjektiver Pantheismus. Es ist aufschlussreich, dessen genaue Charakterzüge zu bestimmen, noch besser als man es bis jetzt hat tun können, da er sich erst seit kurzem zu einem subtilen Lehrsystem verfeinert hat. Es ist an der Zeit, ihn exakt zu erfassen; dies wird ihm etwas von seinem Ansehen wegnehmen.

Unter der scheinbaren Unbestimmtheit seiner fließenden Formen und trotz der sorgfältigen Vermeidung des einem System eigenen Anstrichs, um sich die Anmut von geschmeidigen Attitüden und nuancenreichen Farbabstufungen zu erhalten, verbirgt der Ästhetizismus eine sehr ausdrückliche Philosophie, *[17 Es stellt sich unausweichlich und willentlich]* ein System wie alle anderen, gerade wegen der Anmaßung, sich außerhalb oder über allen anderen Systemen zu befinden. Um seine ursprüngliche Inspiration ins Auge zu fassen, ist es nötig, ihn zu seinen Ursprüngen in Beziehung zu setzen, nämlich zum germanischen Pantheismus; der Ästhetizismus hat dessen Formen geschmeidiger gemacht, um ihn dem französischen Genius anzupassen.

Für den Pantheisten ist der Geist eine unbestimmte und unbegrenzte Macht; er ist nur, indem er sich manifestiert, aber keine einzige Manifestation fasst ihn ganz. Er verzichtet keineswegs auf

---

[2] Was im Bereich des Spekulativen die Ironie ist, dem entspricht freilich in der Praxis eine einzigartige Virtuosität. Die Ironie ist das Zeichen einer gewissen Herrschaft des *Ich*, das sich von jeder äußeren Regel loslöst, um seine Macht frei zu entfalten; von jedem vollbrachten Werk macht es sich los, ohne ein anderes Objekt zu haben als seine eigene Befriedigung und sein Vergnügen: Es macht sich gleichsam zum Herrn der Gesetze und der Dinge. Dieser Überschwang der Person, die stets bereit ist, sich selbst wieder einzufangen und das Erhabenste außerhalb ihrer selbst zu beherrschen, ist die theoretische Form jenes alles übersteigenden Egoismus, der den Hochgenuss des Spiels in der Tat sucht.

1 · Gibt es ein Problem der Tat?

Symbole, aber gibt sich mit ihnen nie zufrieden; alle gelten für ihn als wahr, alle auch als falsch, alle als notwendig und alle als unzureichend. Geist und Materie oder, unter einem anderen Gesichtspunkt betrachtet, Subjekt und Objekt sind nichts ohne einander und nichts füreinander. Um sie hervorzubringen, *wird* das Subjekt zum Gegenstand, ohne dass es dies ursprünglich *wäre*, aber Gegenstand ist es bloß für sich; für alles jenseits seiner selbst ist es nichts. Das subjektive Ganze ist also objektives Nichts und umgekehrt, ohne dass der Zusammenhang beider unvereinbarer Pole je aufhört. Sie können sich gegenseitig nie ganz aufheben, noch sich völlig gegenseitig realisieren, obwohl sie durch fortschreitende Annäherungen danach streben, indem sie in den infinitesimalen Schwingungen des Bewusstseins zwischen dem Nichts und dem Ganzen hin und her pendeln.

Wenn der Weg für die Deduktionen einmal offen ist, vermag die abstrakte Vernunft die Abfolge ihrer mehrfachen Umschwünge und Widerreden ohne feste Grenzen fortzusetzen. Sie müsste eigentlich nicht innehalten, aber de facto hält sie immer schon inne. Zum Schluss ist sie davon überzeugt, dass das Unerschöpfliche erschöpft ist; den Buchstaben hält sie für den Geist. Das Eigentümliche am Pantheismus liegt darin, dass es ihn einzig gibt wegen einer Inkonsequenz gegenüber seiner eigenen Methode. Er bekennt sich dazu, sich selbst zu widersprechen und sich endlos zu übersteigen. Nachdem er das Personsein verneint hat, müsste er es wieder herstellen; nachdem er den Unterschied zwischen den Seienden und die substantielle Realität der Tat, die jedem eigen ist, aufgelöst hat, müsste er ihn positiv bejahen. Nachdem er Gott überall hingestellt hat, ausgenommen in Gott selbst, mit anderen Worten, nirgendwo, müsste er ihn ihm selbst wieder zurückgeben und ihm den Platz einräumen in ihm allein, mit anderen Worten: überall, denn die Immanenz ist nur aufgrund der Transzendenz denkbar. Er müsste dies so tun, wenn er, statt an Buchstaben von Lehrsystemen gebunden zu sein, die er für tot erklärt, sobald er sich an sie hält, dem inneren Gesetz von Erneuerung und Fortschritt gehorchte, das ihn am Ausgangspunkt anregte. Er tut dies jedoch nicht. Er beharrt hartnäckig auf seinem Grundsatz, ohne zu merken, dass die Halsstarrigkeit ihn verurteilt; er benimmt sich inkonsequent seiner eigenen Inkonsequenz gegenüber, denn es gibt eine Art, das Sophistische sogar noch sophistisch zu überspitzen.

[18 Das Problem der Tat] Dieser grundlegenden Schwäche des Pantheismus versucht »der Ästhetizismus« abzuhelfen (hier liegt

II · Dass man damit scheitert, das moralische Problem zu unterdrücken

wohl seine philosophische Originalität), ohne sich dessen vielleicht klar bewusst zu sein. Aufgrund seiner vielfältigen Gestalten, des konkreten und freien Charakters seiner Erscheinungsweisen, der Leichtigkeit und der Anzahl von Zugangs- und Ausstiegsmöglichkeiten, die er dem Kreislauf der Geister eröffnet, zeichnet sich in ihm ohne Zweifel eine weitere Etappe ab in der Entwicklung der intellektuellen und moralischen *Anomie*. Indem er den stets engen Rahmen der technischen Dialektik durchbricht und sich über alle Bereiche der Philosophie, der Wissenschaft und der Religion verbreitet, versteht er auf wunderbare Weise, dass die Zeit der schulphilosophischen Fragen oder der partiellen Häresien vorbei ist, dass es nicht mehr um abstrakte Theorien geht, die ohne Tiefe zu vertiefen wären, sondern um eine unendlich komplexe Gesamthaltung, die einzunehmen ist.

Seine Doktrin besteht somit darin, gar keine zu haben, und genau dies ist eine Doktrin. Trotz seiner selbst trägt er den Stempel eines Systems und ist ungeachtet seines Widerwillens mit einer Aufschrift versehen. Sein Ziel ist, denn er hat eins, den intellektuellen Dogmatismus durch eine ästhetische Anarchie zu ersetzen, den moralischen Imperativ durch eine unendliche Phantasie, die festgefügte Einheit der Tat durch eine Stickarbeit, in der die Fülle der Wissenschaft die Leere des universellen Traumes hervortreten lässt. Sein Ziel ist ebenso (um Fachbegriffe zu gebrauchen, die gleichfalls auf ihn anzuwenden sind), das Subjekt und das Objekt in Spitzfindigkeiten aufzulösen durch eine alternierende und ununterbrochene doppelte Bewegung. Indem diese Bewegung vom einen zum anderen übergeht, hebt sie Subjekt und Objekt abwechselnd auf, ohne dass es ihr jemals gelingen würde; dennoch hört sie nicht auf, zu meinen, dass ihr diese unmögliche Zerstörung ständig gelingt. Die logische Unvollkommenheit des Systems, obwohl sie schwer aufzudecken ist, besteht also nicht weniger. Es muss im Folgenden gezeigt werden, dass dieser Mangel lediglich hinweist auf einen inneren Widerspruch des Willens und auf ein sittliches Versagen.

III

Wenn der Ästhet sich in einer ganz lauteren und ganz tiefen Bewegung der Selbstbezogenheit gleichsam wieder fasst und zwar unter dem intellektuellen und praktischen Druck, der ihn dazu veranlasst,

1 · Gibt es ein Problem der Tat?

zu glauben und zu handeln, aber in Wirklichkeit lediglich die bereits vorhandenen Dispositionen in ihm offenlegt, was ergibt sich dann für sein Denksystem wie für seine Lebensausrichtung aus diesem plötzlichen Vorfall? Und durch welchen ausgleichenden Rhythmus, wenn er unbeirrt daran festhält, erlangt er sein verunsichertes *Nichtwollen* wieder?

[19 Es stellt sich unausweichlich und willentlich] Was ergibt sich daraus? Eins von beiden.

Entweder beharrt er in seinem Willen, sich zu befreien, und im Willen nach absoluter Herrschaft, indem er sich diesem Elan der Lauterkeit und dieser Selbstliebe überlässt, den nichts Künstliches zerstört. (Man wird nachher sehen, um welchen Preis er durch das Opfer des Egoismus zu dieser hochherzigen und lauteren Selbstliebe gelangt.)

Oder, indem er in einer Haltung versteift, die gar nicht seinem lautersten Willen entspricht, beharrt er darin nur aufgrund eines entgegengesetzten Willens; dieser Wille, den er haben will, pervertiert den Willen, den er hat. Ohne dass die Reflexion diesen feinen Mechanismus erhellt, ohne dass man dessen bedürfte, die diesbezügliche Theorie zu kennen, es könnte das *Nichtwollen* in Wahrheit nicht geben, wenn es nicht aus einem zweifachen Wollen besteht. Wenn man dem Nichtwollen diese Dopplung nachweist, deckt man nur auf, was es, vielleicht ohne sich dessen bewusst zu sein, tatsächlich ist, aber ohne dass diese Unkenntnis den willentlichen Charakter der zweifachen Bewegung aufhebt, aus der das Nichtwollen gebildet ist.

Diesen verborgenen Widerspruch zwischen dem, was man das Willentliche [le volontaire] und das Gewollte [le voulu] nennen könnte, muss man einen Augenblick betrachten, um die Bedeutung der Handlungen festzustellen, die ihn zum Ausdruck bringen. Denn stets sind es die Handlungen, die entweder die Übereinstimmung oder die Unstimmigkeit des zweifachen Willens, des Willentlichen und des Gewollten, ans Licht bringen. Jede reflektierte Bewegung, jede überlegte Einstellung des Menschen impliziert diesen zweifachen Willen; sie gehen beide aus dem einen wie aus dem anderen zugleich hervor. Und wenn diese beiden Willen sich widerstreiten, dann zeigen die Handlungen den gewollten Willen als den an, dem es an tiefer Lauterkeit fehlt. Oder besser ausgedrückt: Die Handlungen bilden die Synthese von diesen beiden unvereinbaren Ausrichtungen, eine hybride Synthese freilich, weil es um schlechte Handlungen geht. Denn wie in einer Rechenaufgabe der kleinste Fehler im

II · Dass man damit scheitert, das moralische Problem zu unterdrücken

geringsten Teil das ganze Ergebnis verfälscht, wie in einem Syllogismus die Schlussfolgerung sich stets nach dem schwächsten Glied richtet, so gewinnt die Tat ihre Beschaffenheit aus dem gewollten Willen, den sie verwirklicht, ohne deswegen aufzuhören, sich auf das ursprüngliche Wollen zu gründen, das sie pervertiert.

Welches sind nun beim Ästheten diese widerstreitenden Bewegungen, deren Übereinstimmung unmöglich ist, eben weil der primäre Elan absolut und auf lautere Weise willentlich ist, weil er allen anderen Bewegungen übergeordnet ist, weil er, ohne je von sich abzurücken, stets und in jeder dieser Bewegungen ganz fortbesteht?

1° Diese erste Bewegung des immanenten Willens tritt in der Anstrengung des Dilettanten zutage, um sich ohne Ende zu erneuern und sich selbst zu entfliehen, um zu sein und mehr als alles zu sein, um der Einzige von allen zu sein. Unter der beharrlichsten Gleichgültigkeit und dem *[20 Das Problem der Tat]* subtilsten Zweifel gibt es eine feste doktrinäre Ansicht, einen positiven Entschluss, gibt es das Wollen *seiner selbst*.

2° Als ein notwendiges Gesetz des reflektierenden Denkens gilt: Vom Gesichtspunkt des subjektiven Vollzugs aus kann man den Willen nicht beseitigen, *nolle*, ohne dass man ihm zugleich das Nichts als Objekt und Zielpunkt zuordnet. Diese intellektuelle Notwendigkeit gibt bloß die Zweideutigkeit der beim Ästheten beliebten gekünstelten Haltung in der psychologischen Sprache wieder. Um das Ansehen des Ästheten zu entlarven, ist es gut, sich daran zu erinnern, dass alle Begriffe, je nachdem, ob sie zur Sprache des *Subjekts* oder zu der des *Objekts* gehören, einen zweifachen, einander entgegengesetzten Sinn besitzen, der dem Denken zahllose Ausreden eröffnet. Keine einzige Negation des Dilettanten vermag demnach eine schlichte Bedeutung zu haben, ἁπλῶς, denn jede umfasst je schon ihr Gegenteil. Was für die Sinne nichts ist, wird in den Augen des Geistes alles sein und umgekehrt. Unter diesem sophistischen Spiel soll man schließlich den Ernst der sich einbringenden Willensbewegungen wahrnehmen. Wenn der Ästhet so sehr sein will, dass er angesichts seiner völligen Launenhaftigkeit alles zunichtemacht, wie wird es ihm dann noch gelingen, nichts zu wollen? Indem er seinerseits gleichsam sich selbst vor dem zunichtemacht, was er soeben noch verachtete, sich selbst als ein Nichts behandelt, während er das entwürdigte Objekt seines Denkens und seiner Lust als sein Alles betrachtet, dann hat er das Leben nur angespuckt, um sich an ihm und an sich selbst vollends zu sättigen. Er liebt sich gut genug, um seinem Egoismus alles zu opfern; er

1 · Gibt es ein Problem der Tat?

liebt sich schlecht genug, um sich aufzulösen, sich selbst zu opfern und sich in allem Übrigen zu verlieren.

Und wenn er oben auf diesem erdachten Trümmerhaufen am Phänomen seine Freude hat, um mit einem seltsam raffinierten Epikurismus das Nichts der Dinge zu verspüren, oder wenn er, um sich im Nichts seiner selbst zu exaltieren, mit der Wollust eines gewissen mystischen Aszetismus handelt, dann ist alles in seiner Haltung bloß Lüge. Und was ist die Lüge schließlich, wenn nicht die innere Gegenposition von zwei Willen, von einem lauteren und geradlinigen Willen, dessen ständige und unantastbare Gegenwart als unbestechliches Zeugnis dient, und von einem anderen versagenden und trügerischen Willen, der in der üblen Realität der Handlungen Gestalt annimmt? Es handelt sich somit nicht um berechtigte oder notwendige Widersprüche, auch nicht um ungewollte Irrtümer, es liegt vielmehr Falschheit vor. Der intellektuelle Makel des Systems, der sich nur schwer aufdecken lässt, ist das Zeichen und die Strafe für die Inkonsequenz oder für die moralische Doppeldeutigkeit, in die der Wille leicht hineinfällt. Die Verurteilung dieses gewollten Zustandes und die Bestrafung dafür muss dieser klar erkannte Zustand selbst sein. Denn im Licht der vollen Erkenntnis geraten die willensmäßigen Widersprüche der Tat zu notwendigen Widersprüchen *[21 Es stellt sich unausweichlich und willentlich]* des Leidens. Aufgrund einer unausweichlichen Revanche des Grundwollens gegenüber dem gewollten Wollen werden die Strafmaßnahmen der Sanktion aus der Tiefe der Lauterkeit selbst und der ursprünglichen Liebe zum Sein um des Seins willen hochsteigen müssen.

Das moralische Problem der Tat und der Bestimmung des Menschen existiere nicht, so sagte man uns, und es zu lösen, so schien es, heißt, es zu beseitigen. Doch siehe da: Indem man meint, ihm zu entkommen, stellt sich das ganze Problem erst recht.

Man kann sich nicht entziehen, zu sein und zu handeln, eben weil man dies nicht will. Genauso wenig wie die metaphysische Enthaltung ist der moralische Verzicht weder möglich noch aufrichtig. Mit viel Kunst, Wissenschaft wie mit viel delikaten Erfahrungen zersetzt man den geistigen Organismus vergeblich, um so das ganze grundlegende Laufwerk des Lebens durcheinanderzubringen und sich davon zu überzeugen, dass nichts davon fortbesteht: Das tiefste Wollen des Seins übersteht das Nichts des Wollens. Vergeblich verharrt man hartnäckig im systematischen *Nichtwollen*, als ob es dem Subjekt und dem Objekt, die sich gegeneinander wappnen, gelingen wür-

II · Dass man damit scheitert, das moralische problem zu unterdrücken

de, sich gegenseitig zu zerstören: Über dem Nichts des Wollens bleibt das zwar gekünstelte, aber positive Wollen des Nichts stehen. Vergeblich wirft das Subjekt, um seiner Zerstörungsmacht und seiner eigenen Unzerstörbarkeit Herr zu werden, sich auf das Objekt. Es sucht nur den Genuss der Sinne oder der Tat, es entäußert sich nur im Phänomen, es macht sich dort nur zunichte, um stets dorthinein das Sein zu verlagern, das es ist, und sich darin wiederzufinden, aber als verloren, wie es das ja gewollt hat und verurteilt durch die inneren Widersprüche eines pervertierten Willens. Nichts zu wollen, ist also zugleich: sich zum Sein bekennen, indem das Subjekt dort die unendliche Virtuosität sucht, die stets sich selbst ins Spiel einbringt und stets sich selbst entwischt; – ist zugleich: das Nichts zu bejahen, indem das Subjekt darauf die vage Hoffnung eines Zufluchtsortes setzt; – ist zugleich: sich an die Phänomene zu halten und sich an der universellen Märchenwelt zu entzücken, um in der Gewissheit des Nichts das Sein zu genießen. Mit allem wird hier Missbrauch getrieben.

Man behauptete jedwede erste oder letzte Frage zu beseitigen, dem Leben jeden Sinn zu entziehen und dem Menschen jeden Ausweg zu versperren. – Alle Auswege sind ihm jetzt gebahnt. Und weil er ein Ziel wollen und verfolgen muss, auf welches Ziel hin wird er dann handeln? Welches sind seine Handlungen, wo führen sie hin? Führen sie zum Nichts? Dieser Weg scheint offen, ihn muss man als Erstes erforschen.

*

[22 *Das Problem der Tat*] Nach dem Fehlen einer Lösung, an die man sich nicht halten kann, ist es somit angebracht, die negative als die am wenigsten schwere Lösung des Problems der Tat zu untersuchen. Wenn man so sagen darf, muss man nach der unfruchtbaren Anstrengung einer subjektiven Vernichtung sich dem Versuch der objektiven Vernichtung der Menschen zuwenden. Zuerst wie immer als Gefährte derer, die das endgültige Nichts des Menschen und dessen Handlungen bestätigen, die meinen, das Nichts zu verspüren und dies zu beweisen, die das Nichts zu wollen scheinen. Ich versuche wahrzunehmen, was dieser feste Entschluss einschließt. Auch hier zeige ich, dass unter diesem scheinbaren Willen ein anderes Wollen und ein anderer Gedanke fortbestehen. So wird von den drei Wegen, die offen erschienen, der Weg des Nichts abgeschlossen sein; er existiert nicht, niemand will, dass es ihn gäbe.

Das erste Kapitel legt kurz dar, was, praktisch oder theoretisch, die menschlichen Überzeugungen und Wünsche zu der Lösung des Nichts treibt, als wäre dies die einzige und notwendige Schlussfolgerung der Erfahrung, der Wissenschaft und der Metaphysik. Wir sprechen im Namen von solchen Menschen, über deren Einstellung wir reden müssen, um so von ihren Gefühlen durchdrungen zu werden. Ihre Gründe, zu denken und zu handeln, wie sie es nun mal tun, machen wir so stark wie möglich, indem wir sie rechtfertigen, wie sie sich vor sich selbst zu rechtfertigen scheinen, um ihnen sodann zu zeigen, wenn es dazu Anlass gibt, wie sie sich eigentlich vor sich selbst verurteilen.

[23]

Zweiter Teil
Ist die Lösung des Problems der Tat negativ?

◆━━━━◆

Kapitel I
Wie man behauptet, aus dem Nichts die Schlussfolgerung der Erfahrung, den Endpunkt der Wissenschaft und das Ziel des menschlichen Strebens zu machen

Welche Idee macht sich die Mehrzahl der Menschen von der Tat, an deren konkrete Definition man kaum gedacht hat? Und auf welches Ziel hin handeln die Menschen meistens?

Die Tat ist ein System spontaner oder gewollter Bewegungen, ein Aufbruch des Organismus, eine bestimmte Verwendung seiner Lebenskräfte im Hinblick auf ein Vergnügen oder ein Interesse, unter dem Einfluss eines Bedürfnisses, einer Idee oder eines Traums. Das ist alles. Unterschwelliges, das beunruhigen müsste, gibt es nicht. Denn unseren Handlungen haftet nichts Bedrohliches an; sie alle gehen im Nichts unter, wie auch die organische Einheit und das lebendige System, deren Funktion sie sind, dorthin führen. Wozu das ganze Getue, um ein gespenstisches Problem zu beseitigen? Eine klare und brutale Verneinung ist mehr wert als alle heuchlerischen Ausreden und als alle Spitzfindigkeiten des Denkens. Den Tod in allem Vergänglichen

2 · Ist die Lösung des Problems der Tat negativ?

zu kosten, bevor man in ihm selbst für immer begraben wird, zu wissen, dass man zunichte wird und dies auch zu wollen, genau dies ist für den klaren, freien und starken Geist das letzte Wort, das Befreiung, Mut und Erfahrungsgewissheit bekundet: Auf zum Tod, alles ist tot.

Oder wenn die Lebenspraxis nicht ausreicht, um die eingewurzelten Illusionen *[24 Das Problem der Tat]* einer superstitiösen Hoffnung und Furcht zu zerstreuen, oder um den Menschen vom Liebeswahn, für immer zu sein, zu erlösen, dann werden die positive Wissenschaft und die metaphysische Kritik dem Denken und dem Willen das Phantom des verborgenen Seins für immer austreiben. Und was in den Augen des Pessimismus diese Schlussfolgerung noch zu bestätigen scheint: Das Übel und das Leid gehen gerade daraus hervor, dass man sich gegen dieses glückselige Zunichtewerden auflehnt. So bezeugen gerade die das Nichts, die darüber entsetzt sind, und diejenigen, die noch nicht imstande sind, es zu wollen, sie empfinden, kennen, und anerkennen es. Das Nichts ist so gewiss, dass man es gleichwohl anerkennt, ob man sich nun danach sehnt oder ob man sich davor fürchtet.

Hören wir also jenen, die sich fürchten, und jenen Apologeten des Nichts kurz zu, die allesamt ihm die gleiche Ehre erweisen.

I

Das Nichts des Lebens! Wie viele falsche Ideen und traurige Vorstellungen rufen diese beiden heilsamen Wörter hervor. Sie scheinen jenen Bankrott vor Augen zu führen, den gesteigerte Sehnsüchte und Genüsse noch schmerzlicher machen. Müssen wir ein weiteres kleines Stück der Szene entfalten? »Die meisten Menschen, die sich mit den Sinnen lenken, leiden und klagen. Und dennoch, alles, was man über das Ausmaß der menschlichen Schmerzen hat sagen können, ist vielleicht nichts, verglichen mit den Enttäuschungen, dem Verrat und den Erniedrigungen der Lust. Es gibt Leben, in denen alles erfüllt scheint, und doch liegt in dieser Fülle nichts. Die Glücklichen sind oft am meisten betrübt; im Überfluss verbirgt sich ein sonderbares Elend. Sie, die durch viele Seelenzustände hindurchgegangen sind, wissen, dass sie im Wohlergehen vielleicht die schärfste Bitterkeit verspürt haben, für die es gar keinen Trost gibt! Im günstigsten Fall ist die Klage heftiger. Man gewöhnt sich an alles, nur nicht an das

I · Aus dem Nichts die Schlussfolgerung der Erfahrung machen

Wohlsein, und man wird des Lebens müde durch alles, was es an Glück bietet. Selig die, die weinen können, sie sind gar keine Pessimisten. Das Unglück ist nicht so schlecht, wie man denkt. Von ferne betrachtet ist es dunkler als aus der Nähe, denn ihm bleiben noch die Hoffnung und die Illusionen. Ihr armen begierigen und neidischen Leute, ihr seid die Reichen, denn weil ihr die Eitelkeit der guten Dinge nicht erleben konntet, klammern sich eure Wünsche daran fest mit einer unbändigen Verbissenheit. Aber aus dem Überdruss und der Überfülle gehen bloß Ekel und Nichtigkeit hervor; sie, die die Probe des Lebens durchgestanden haben, wissen es. Wohlstand, Ambitionen, Erfolg, *[25 Versuche einer negativen Lösung]* was ist das eigentlich? Zwei Hunde, die um einen Haufen Abfall kämpfen, in dem der Sieger nichts finden wird. Und jene Enttäuschten sind letztendlich nicht allein sie, die alt werden und sterben in der Betörung durch Belanglosigkeiten und die niemals unter die Oberfläche des Sinnenhaften hinabgestiegen sind. Es sind vielmehr die Besten, die Erfahrendsten, die Fähigsten, Männer der siegreichen Tat oder des glühenden Gedankens, Künstler und Schöngeister, die darunter gelitten haben, in einer Welt zu leben, in der es keine gerade Linie gibt und in der sogar der Lichtstrahl gebrochen ist.«

Was also soll das Ergebnis dieser allseitigen Erfahrung der überall vorkommenden Nichtigkeit sein? Folgende zwei Schlussfolgerungen: Wenn das Leben so schlecht ist, wie es erscheint, dann deswegen, weil man von ihm etwas verlangt, das es gar nicht zu geben hat, weil man es für das hält, was es nicht ist, und weil man, wenn man es bedrängt, von ihm eine entmutigende Antwort des Todes vernimmt, während es ein heiter gelassenes und tröstliches Wort des Nichts ausspricht. Das Leben wird so gut sein, wie es dies vermag, wenn man es, befreit von jeglichem Wahnanspruch ihm gegenüber und davon überzeugt, dass es niemals bankrott macht, weil es uns nichts nimmt und nichts gibt, friedlich betrachtet, so wie es ist: brutale Wirklichkeit, aber auch wahrhafte Befreiung. Nichts gibt es in unseren Handlungen, nichts gibt es über sie hinaus: Nicht-sein.

II

Nichtsein des Lebens und der menschlichen Handlungen: So lautet die Schlussfolgerung des scharfsinnigen Blickes und der Erfahrung, ebenso die der Wissenschaft. Aber achtet noch darauf, welche künst-

2 · Ist die Lösung des Problems der Tat negativ?

lichen Empfindungen man gewöhnlich in diese Gewissheit einmischt und wie man durch ein Prisma überkommener Illusionen hindurch das Lehrgebilde deutet, das sie gerade ausräumt: »Das Nichtsein des Menschen ist eine Überzeugung, zu der wir gelangen müssen, nicht bloß deswegen, weil wir uns angesichts der dem Geist offenen Horizonte und der ständig entschwindenden Tiefen des Denkens vor der allgemeinen Geschichte der Menschheit und des Universums von unserem kleinen Blickwinkel loslösen, um uns von einer großen und traurigen Bewunderung überwältigt zu fühlen, sondern weil der Fortschritt der Erkenntnis ihren Gegenstand analysiert und zur Abstraktion macht, weil die Reflexion die natürlichen Instinkte und Neigungen zerstört und neue Bedürfnisse schneller schafft, als sie diese befriedigt. Wenn schon das sinnenhafte Leben eine endlose Müdigkeit zurücklässt, so gerät die wissenschaftliche Forschung zu einer noch tieferen Leere, *[26 Das Problem der Tat]* zu einem Bankrott, für den es kein Heilmittel gibt. Erkennen ist vergeblich, ist schmerzhaft, weil die Erkenntnis einer unerfüllten und unerklärlichen Sehnsucht dem Unerkennbaren und der Vergeblichkeit menschlicher Existenz zur Gewissheit verhilft. Durch ihre Entwicklung selbst vermehrt die Wissenschaft unsere Berührung mit dem Geheimnis, so wie eine sich ausdehnende Kugel sich an stets mehr Punkten mit der Leere berührt, in der sie eingehüllt ist. Was ist überhaupt eine einfache Tatsache? Kann man sich eine positive, handfeste, in sich abgerundete Tatsache vergegenwärtigen? Nein, denn jede Tatsache ist bereits ein kompliziertes Gedankengebilde, ein in sich strukturierter Zusammenschluss, ein mentales Konstrukt, gleichsam die Schlussfolgerung eines Gedankenganges, eine Tat des Geistes. Und was ist dann der Geist, was ist die Tat? Um dies alles zu wissen, müsstet ihr abwarten, bis die Physiologie die Erklärung des Mechanismus des Gehirns abgeschlossen hätte, bis die Chemie die letzten Verästelungen der Materie freigelegt, bis die Mathematik die eine Grundformel gefunden hätte, die von der atomaren Kristallographie bis zu den sozialen Abläufen alles abdeckt! Die Wissenschaft lässt in der Welt eine gewaltige Menge Unbekanntes hinter sich. Vergeblich verlangt man von ihr Gründe fürs Handeln, eine Regel, um Handlungen aufeinander abzustimmen, eine vollständig entfaltete Erklärung des menschlichen Dynamismus, ein Gesetz der Lust, des Interesses und des Glücks. Sie wäre weder imstande auch nur ein einziges Tatmotiv beizusteuern, noch ein einziges nachzuprüfen. Sie könnte nicht einmal sich selbst rechtfertigen, noch sich als wirklichkeitsbezogen und notwendig hinstellen. Wozu soll es gut sein, dass die Welt dem Meinungsstreit der Menschen und ihren Entdeckungen ausgeliefert ist? Die Wissenschaft ordnet nicht die Wissenschaft an. Und wenn man handelt, um sie zu erlangen, dann geschieht dies aus einem Beweggrund, der nicht von ihr abhängt. In dem Bereich, in dem sie zuständig ist, sieht sie in der Tat nur Nichts, ebenso in sich selbst einzig Nichts.«

Die Feststellungen sind gewiss, so fährt man fort, aber man muss sie verteidigen gegen die angeeignete Macht der mentalen Gewohnheiten und die Inkonsequenz der gekünstelten Empfindungen. Die Wissenschaft weiß, was sie weiß, und sie weiß nicht, was sie nicht weiß, ohne dass wir uns deswegen zu beklagen oder zu erschrecken hätten. Zweifelsfrei wird sie, davon kann man ausgehen, stets ein Unerkennbares vor sich haben. Aber dieses Unerkennbare ist bloß ein Unerkanntes, und das Unerkannte gehört zum gleichen Bereich wie das Erkannte. Was es noch zu wissen gilt, schmälert nicht das bereits Gewusste. Wenn die wissenschaftliche Analyse der menschlichen Handlungen, ohne abgeschlossen zu sein, deren organische Einheit zerlegt hat, wenn man damit angefangen hat, den geistigen Mechanismus wie auch die physiologische Maschinerie in seine Bestandteile aufzulösen, dann reicht das aus, damit die beruhigende Gewissheit einer Wahrheit das Bewusstsein und das Gewissen *[27 Versuche einer negativen Lösung]* erleichtert und aufhellt, einer Wahrheit freilich, die weder traurig noch fröhlich ist, aber ist, was sie ist. Um sich bezüglich des Nichts des Menschen etwas vorzumachen, betrachtete man das Nichts der Wissenschaft. Man muss im Gegenteil die Wissenschaft rühmen, weil sie dem Menschen aufzeigt, dass das Nichts Endpunkt dessen ist, was er als seine Person, sein Leben, seine Handlungen und seine Bestimmung bezeichnet. Statt uns mit dem Nichts des Erkenntnisgegenstandes zu befassen, statt über unser persönliches Nichts betrübt zu sein, müssen wir, unberührt vom kurzlebigen Trugbild des Vorübergehenden und Flüchtigen in uns, uns in der Ewigkeit dessen erfreuen, was außerhalb von uns bleibt, indem wir dem Erlöschen des individuellen Willens zustimmen.

III

Das Nichts der Tat: So lautet ebenfalls die Schlussfolgerung der metaphysischen Kritik, der Endpunkt, auf den sie das Denken und den Willen des Menschen hinführt. Doch auch und gerade hier sind so

2 · Ist die Lösung des Problems der Tat negativ?

viele Vorurteile auszuräumen, um schließlich Zugang zu der Glückseligkeit des Nichts zu erlangen, welche der Pessimismus unseren Sehnsüchten anbietet! Es ist angebracht, kurz an die Fortentwicklung jener Philosophie der Tat zu erinnern, und zwar von dem Punkt an, an dem sie anfängt, dem Menschen die Hoffnung zu nehmen, um ihn so von seinen falschen Bindungen an das Leben zu reinigen, bis zu dem Schlusspunkt, an dem sich der bis in seine letzten Tiefen bekehrte Wille nach dem Nichtsein sehnt und sich darin versenkt.

Die Bedrückungen des Schmerzes oder die widerlichen Betrügereien der Wollust würden für sich allein den Pessimismus nie rechtfertigen; auch würden sie nicht ausreichen, den Menschen aus dem Trug seiner fanatischen Seinsliebe zu befreien. Achtet doch darauf, wie die Lebenserfahrung oder die Klarheit der Wissenschaften wenige Illusionen nehmen, denn man leidet noch unter ihrem Verlust. Und weil sie uns annähernd vom Irrtum befreien, bezüglich dessen, was wir sind, lassen sie so etwas wie ein Bedauern und einen Groll bezüglich dessen, was wir nicht sind, in uns fortbestehen. Der Ursprung der Illusion ist viel radikaler; viel radikaler muss ebenso das Heilverfahren des Willens sein. Betrachten wir seine Geschichte und Fortentwicklung.

Es ist die Großtat der kritischen Philosophie gewesen, die Konflikte der spekulativen Vernunft mit der praktischen Vernunft ans Licht gebracht zu haben. Die menschliche Tat ist zugleich bedingt durch alle einander fremden und feindlichen Kräfte im Menschen. Bedingt durch das Denken, das ihren Ursprung und ihre Vollendung erhellt, gehört die Tat zur intellektuellen Ordnung, bedingt durch die Absicht und den guten Willen gehört sie zur sittlichen Welt; bedingt durch den Vollzug gehört sie schließlich zur Welt der Wissenschaft. Sie ist alles zugleich: ein Absolutes, ein Noumenon, ein Phänomen. Wenn *[28 Das Problem der Tat]* es also eine Antinomie gibt zwischen dem Determinismus der Bewegungen und der Freiheit der Absichten, wenn der sittliche Formalismus nicht in Beziehung steht zu den Gesetzen des Sinnenhaften und des Verstandes, wenn zwischen dem Denken, den Sinnen und der Willenstätigkeit jedwede Einheit zerbrochen ist, wenn das Gesamt der Handlungen vom sie inspirierenden Geist getrennt ist und wenn in dieser als Schaubühne der Sittlichkeit dargebotenen Welt der Mensch, jeder metaphysischen Kraft beraubt, ausgeschlossen vom Sein und gleichsam hin- und hergerissen, sich von undurchdringbaren Realitäten umringt fühlt, in denen die absurdeste Unlogik herrschen kann, dann ist die Lebenskraft zusammen mit dem Wagemut des Denkens gebrochen. Unter dem Vorwand, die praktische Vernunft zu steigern und sie vielleicht zu stärken, hat man sie mit dem gleichen Hieb zerstört, der auch der spekulativen Vernunft den Todesschlag versetzt. Für alle gilt, ob sie es nun wissen oder nicht, dass das Problem des Lebens zugleich eine Frage der Metaphysik, der Moral und der Wissenschaft ist. Die Tat ist jene Synthese des Wollens, des Erkennens und des Seins, jenes Band des menschlichen Gefüges, das man nicht zerteilen kann, ohne all das zu zerstören, dessen Einheit man zerstückelt hat. Die Tat ist exakt der Punkt, in dem die Welt des Denkens, die Welt der Moral und die Welt der Wissenschaft zusammentreffen. Wenn sie dort nicht ihre Einheit bilden, dann ist es um alles geschehen. Wenn Denken, wenn Wollen nicht Sein ist, wenn Sein weder Wollen noch Denken ist, in was für einem Alptraum leben wir dann? Jede Doktrin also, für die die Metaphysik, die Wissenschaft und die Moral einander fremd bleiben oder sich gegenseitig Feinde werden, macht das Sein schlecht, unerkennbar und ungewiss. Wenn sie nicht solidarisch zusammenhalten, gibt es nichts.

Von dem Augenblick an, da die Kritik die fruchtbare Einheit der Tat zerteilt hat, hat der Pessimismus, der bis dahin bloß eine Gemütsveranlagung bei Einigen war, die Form eines Systems angenommen und den metaphysischen Lobgesang auf das Nichts anstimmen können. Was bedeuten die Miseren des Gefühlslebens? Was bedeutet die leibhafte Selbsttötung? Bei jenen Leuten, die sich selbst töten, weil sie das Leben zu kurz finden, liefert diese stets den Beweis dafür, dass sie am Sein hängen: Es liegt ein einfacher Zirkelschluss vor. Das Loslassen und die Loslösung können weder von äußeren Hindernissen noch von unfreiwillig erlittenem Leid kommen. Oftmals reizen und schüren sie die Lebenslust nur. Die unheilbare Ermüdung der Wollust, die Enttäuschungen des Wissens und die himmelschreiende Immoralität der Welt tragen zweifellos in uns zu einem inneren Prozess der Loslösung bei. Aber die Leugnung und der Entzug vom Sein werden aus dem innersten Willen ganz allein hervorgehen.

Denn einzig aufgrund einer Illusion lebt man und ist man. Man will ja sein, während man es nicht vermag, zu sein. Genau darin liegt das Übel, der unerklärliche Schmerz, *[29 Versuche einer negativen Lösung]* die reine Absurdität, von der man genesen muss. Nicht das Sein ist das Übel, sondern das Seinsbewusstsein, der Seinswille und die Seinsillusion. Und weil »der Begriff des Nichtseins stets relativ ist, bezogen auf ein bestimmtes Subjekt, das es zu verneinen gilt (dies

2 · Ist die Lösung des Problems der Tat negativ?

genau gesteht Schopenhauer); weil die aktuelle Welt die Möglichkeit einer anderen Existenz nicht ausschließt und weil viel Spielraum für das übrig bleibt, was wir bloß negativ andeuten durch die Negation des Lebenwollens«, ist der völlig geradlinige Pessimismus somit ein radikaler Optimismus. Angesichts der Boshaftigkeit von allem, scheint er zu sagen, gibt es keinen scharfsinnigen Gedanken mehr, der noch Bestand hat. Lieber will ich an das Nichtsein glauben, als das Sein anzuklagen, was immer es sein möge. Das Nichtsein ist das Gute, es ist; das Sein ist das Übel, es ist nicht.

So kehrt der Wille, von den Illusionen und den ihn fesselnden Bindungen gelöst, zu seinem Wesen zurück. Indem er der Welt der Leidenschaften und des Egoismus stirbt, wird er zu einem neuen Sein geboren; durch die freiwillige Zerstörung und die Selbstverleugnung gebärt er sich selbst. Das Streben alles Seienden, im Sein zu verharren, der Kampf ums Dasein, dieser ganze Selbsterhaltungs- und Eroberungstrieb trügt nicht nur, er ist vielmehr selbst betrogen, er ist Illusion einer Illusion. Wenn er wirklich existierte, dann wäre das gut, denn trotz des Leides und der Verzweiflung wäre der Seinswille, der Erfolg hätte, ein unendliches Gut, dem gegenüber keine einzige Quertreiberei etwas aufzubieten hätte. Der ganze unermessliche Druck, der auf den Herzen lastet, geht nicht aus dem hervor, was sie, die leiden, sind, sondern aus dem, was nicht ist, das sie jedoch denken, dass sie es sind und sein wollen. Ist das Übel und das Sein nicht tatsächlich die Angst vor dem Nichtsein, während die Wahrheit und das Gute das Verlangen, der Wille ist, nicht zu sein?

Da es nun dem Willen zu sein nicht gelingt, zu sein und darin der höchste Schmerz liegt, da der Wille nicht zu sein, wenn er in die Wahrheit eintritt, die unendliche Linderung für die Seelen bewirkt, ist es geboten, nicht das Sein, das nicht ist, in sich zu töten, sondern den gespenstigen Willen zu sein. Geboten ist, mit dem Nichtsein der menschlichen Person einverstanden zu sein, die tiefsten Wurzeln des Verlangens und jegliche Liebe zum Leben auszutilgen. Die Betrügerei jedes Selbsterhaltungs- und Überlebensinstinktes zu enthüllen, heißt, der Menschheit und der Welt im Nichts das Heil zu verschaffen, in jenem Nichts, das man als Abwesenheit des Wollens definieren muss.

Nichts des Sinnenlebens, Nichts der wissenschaftlichen Forschung, Nichts der philosophischen Spekulation, Nichts des sittlichen Lebens: So lautet die alles umfassende Schlussfolgerung und der einzige Endpunkt, zu denen der Pessimismus uns hinführt, um dort allen

I · Aus dem Nichts die Schlussfolgerung der Erfahrung machen

enttäuschenden Schein der Wirklichkeit und *[30 Das Problem der Tat]* alle unglücklichen Willensregungen nach Existenz zu begraben. Seine Ursprünglichkeit und seine Kraft liegen in der Überlegung, dass die Selbsttötung der Sinneswahrnehmung und des Denkens völlig unzureichend oder gar seiner Absicht entgegengesetzt ist, falls man nicht den Willen aus seiner Klammerung an den Irrtum des Seins befreit und falls man nicht von ihm nicht den höchsten Verzicht erlangt, der allein in ihren Ursachen das Übel und das Leid ausmerzt, indem er ihm eröffnet und ihm dazu verhilft, nach dem Nichts zu verlangen und es zu lieben.

Folgende Perspektive wird mir geboten: Ist es nicht gelungen, mich das Nichts spüren zu lassen, es mir zu beweisen und mir liebenswert zu machen, es mich wollen zu lassen als eine unermessliche Glückseligkeit? Es schien mir, ja es scheint mir mehr denn je, dass ich für mich, trotz meiner selbst, nicht sein kann. Wenn also mein aufrichtigster und tiefster Wille nach dem Zunichtewerden trachtet wie nach einem sicheren Zufluchtsort, einer Erfahrungstatsache, wie nach einer wissenschaftlichen Wahrheit und der letzten Errungenschaft der philosophischen Weisheit, wer vermag mir dann den Weg dorthin zu versperren und mir ohne Widersinn zu sagen: »Hier kommst du nicht durch! Du musst sein!«

*

Das folgende Kapitel wird herausstellen, dass es weder einen eigenen Begriff noch einen wohlüberlegten und unverhohlenen Willen des Nichts gibt. Die Tat, die danach zu trachten scheint, ist eine heterogene Zusammensetzung, gleichsam ein hybrides Gebilde. Man wird zunächst die Inkonsequenz des dazu beitragenden doppelten Willens ins Auge fassen, und zwar in der Haltung der enttäuschten Weltmenschen oder der Haltung des Materialisten im Labor, die den Sinn sowohl von ihren Bejahungen als auch von ihren Verneinungen verkennen. Wenn man die Sache bis zur metaphysischen Wurzel des Pessimismus zurückverfolgt, entdeckt man anschließend im Zunichtewerden des Wollens, das der Pessimismus vom Menschen fordert, den Konflikt zwischen zwei auseinandergehenden Bewegungen: Die eine Bewegung trägt den Willen zu einer großen Idee und einer hehren Liebe des Seins, während die andere ihn der Sehnsucht, der Wissbegier und der Obsession des Phänomens ausliefert.

[31]

Kapitel II
Es gibt keine negative Lösung für das Problem der Tat; und was das Bewusstsein oder der Wille des Nichts in sich birgt

Wer auch immer sich einbildet, das Nichts als Endpunkt seiner persönlichen Tat zu konzipieren und dies zu wollen, dem muss man entgegnen: Man konzipiert es nicht, man will es nicht. Und die Unmöglichkeit, davon eine einfache und klare Idee zu haben, ist bloß die intellektuelle Umsetzung einer aufrichtigen und selbstbestimmten Entscheidung des Willens. Die künstliche Konzipierung des Nichts und das entsprechende Verlangen danach leiten sich ab aus einer Inkonsequenz und einer Unzulänglichkeit in der gewollten Tat. Genau dies müssen wir scharf ins Auge fassen, wenn wir die inneren Widersprüche dessen entwirren, was man den Nihilismus nennen könnte, falls diese Bezeichnung nicht schon eine andere Bedeutung erhalten hat, und ebenso wenn wir die verborgenen Bewegungen der Lauterkeit bei denen aufdecken, die im Namen der Erfahrung, der Wissenschaft oder der metaphysischen Kritik an die Zerstörung der menschlichen Person glauben und danach trachten.

Die Idee des Nichts, genau wie jeder andere reflektierte Bewusstseinszustand, ist kein unkomplizierter Zustand. Sowohl die logische Analyse als auch die experimentellen Gesetze wie der organische Rhythmus des mentalen Lebens weisen dort eine notwendige Vielschichtigkeit auf. Unter sehr verschiedenen Formen wie unter weit voneinander entfernten Gesichtspunkten, von Plato und Descartes bis Hamilton, Schopenhauer, bis Spencer und Büchner, kann man mit gleicher Richtigkeit und in gleicher Bedeutung folgende verschiedene Lehrmeinungen bestätigen: »Ich denke an das Nichts, also gibt es ein denkendes Subjekt und ein gedachtes Objekt; das Nichts gehört zum Bereich des Seins.« – »Denken *[32 Zum Problem der Tat]* heißt, Bedingungen schaffen. Der Begriff des Nichts ist der positiven Idee des Seins untergeordnet.« – »Bewusstsein gibt es einzig durch Unterscheidung und Synthese; das Nichts ist eine symbolische Vorstellung.« – »In der Idee des Nichts gibt es an Realem nur die Hirnarbeit, an die sie geknüpft ist. Unter diesem Wort hat man die Auflösung des

II · Es gibt keine negative Lösung für das Problem der Tat

auf seine Bestandteile reduzierten Organismus zu verstehen.« Um das Nichts zu konzipieren, muss man auf jeden Fall damit anfangen, etwas anderes zu bejahen und zu verneinen. Auf diese Weise hält sich der Gedanke des Nichts außerhalb des Nichts auf; man kann das nur gedanklich fassen, indem man denkend dem Nichts unbezwingbar entkommt und es wie mit einer immerwährenden Gegenwart einhüllt. Weil man es nicht einfachhin zu konzipieren vermag, wäre vielleicht die Schlussfolgerung gerechtfertigt, dass man es auch nicht absolut wollen kann. Aber gerade von dieser Unmöglichkeit muss man Rechenschaft ablegen. Deshalb suchen wir hier wie auch überall sonst nach dem Geheimnis der intellektuellen Notwendigkeiten in den innersten Bewegungen des Willens. Wenn man das Nichts nicht konzipiert, dann deswegen, weil man es nicht will. Und wenn es so aussieht, dass man es nicht will, was verbirgt sich dann hinter diesen Worten und welches ist dieses Wollen?

I

Man achte auf die leidende und klagende Lauterkeit der großen Menge jener, die auf naive Weise das Leben und die Freude lieben, oder man befrage den Klügsten unter denen, die erlebt haben, was sich Leben nennt, ob sie meinen, eine experimentelle Gewissheit des Nichts erlangt zu haben, und sich einbilden, ganz und gar nach der Aufhebung ihres Seins zu trachten. In allen Fällen zeigt sich jetzt, was sie tun und was sie zu tun hätten.

Das Nichts zu wollen und es auszuprobieren, was heißt das üblicherweise? Es heißt skrupellose Leidenschaft für das Vergnügen, dem Leben der Sinne verhaftet sein, glühend dem Wohlgefühl nachjagen, Leichtsinn in ernsten Dingen und Ernst im Frivolen, die Menschen verachten und die Verherrlichung des eigenen Ich. Man will das Nichts und genießt alles, was nur möglich ist. Dies ist zur Schau getragener Wille, vorgetäuschte Erfahrung, dies ist Lüge. Weiß man, was dieses Verlangen in sich birgt, schändlich, weil auf sich selbst bezogen? Eine ungeordnete Liebe zum Sein und zum Wohlgefühl.

Das Nichts zu wollen und es auszuprobieren, was wäre das nun wirklich? Es hieße, sich durch Verzicht vom augenscheinlich Guten lösen, durch Opfer die natürlichen Verlangen methodisch und unerbittlich abschneiden und die spontanen Lebenskräfte nach und nach ausmerzen, *[33 Eine negative Lösung ist weder konzipiert noch ge-*

wollt] durch die stufenweise Auslöschung des Ich nach und nach sterben und durch diese Abtötung das Nichtsein entscheidend erproben. Hat man immer noch nicht verstanden, dass es, was man auch bereits gesagt haben mag, eine metaphysische Erfahrung gibt, eine einzige, die die fortwährend ungelöste Frage von Sein oder Nichtsein endgültig entscheidet, nämlich der Tod? Dass man auf diesen Tod vorgreift, ihn im Voraus erahnt und ihm sein Geheimnis entreißt, wenn man imstande ist, Selbstverzicht zu üben, um eine Gewissheit zu erlangen, die nur er gewährt, oder abzusterben, um zu schauen, was die toten Dinge verbergen, sich abzutöten, um die Wahrheit des Lebens zu durchzudringen? Macht man diese Erfahrung wirklich, die in der Lebenspraxis mit den wissenschaftlichen Methoden des Weglassens und des Ausklammerns übereinstimmt? Im Ernst: Was hat man dann also gewollt, wenn man es in Wirklichkeit schon gar nicht mehr will?

Sie mögen somit sich selbst verdammen, sie, die ohne Großherzigkeit und Anstand ihre Leidenschaften im Schatten unterbringen, wo sie sich einen Unterschlupf erhoffen und sich dennoch davor fürchten, weil ihr Vorgefühl dort ein Licht vermutet. Es gibt gewiss genügend andere, die klar davon überzeugt sind, in der Lebenserfahrung oder in den wissenschaftlichen Gewissheiten den Beweis für ihre Zunichtewerdung zu entdecken. Sie sind lautere Menschen. Aber es gibt die Lauterkeit der Theorien und der Gedanken und es gibt die Lauterkeit der Empfindungen, der Sehnsüchte, der praktischen Entscheidungen. Das Einschreiten der gelehrten Überlegungen und der Sprachlogik kann sie oftmals äußerlich verschleiern, ohne sie allerdings wegzuschaffen. Genau dieser Schleier ist zu entfernen.

II

Was erlaubt einem Weltmenschen oder einem Laborwissenschaftler aufgrund des sinnlichen Genusses oder des physiologischen Phänomens das Nichts des Menschen zu behaupten? Welche stillschweigende Prämisse liegt am Ursprung ihrer Gedankengänge und ihrer Feststellungen, von der all ihre Schlussfolgerungen ausgehen? – Es ist die Idee, das Bedürfnis einer tieferen Befriedigung oder einer anderen Wirklichkeit als der, die er kostet und berührt. Indem er gegen das wichtigste Gesetz der Erfahrung, gegen die wesentlichste Regel der wissenschaftlichen Methode verstößt, folgert er ohne Gegenbeweis aus dem, was er festgestellt hat, gegen das, was er nicht hat

II · Es gibt keine negative Lösung für das Problem der Tat

feststellen können. Vom Phänomen her argumentiert er gegen das Sein, obwohl er das Unzureichende des Phänomens nur erst dann verspürt, wenn er von der Größe des Seins durchdrungen ist. Er bejaht das Sein bereits, noch bevor er es verneint, er bejaht es, um es dann zu verneinen. In dieser Inkonsequenz werden sich die Widersprüche seines Willens enthüllen.

[34 *Zum Problem der Tat*] Kann ich etwa im Namen der Erfahrung oder der Wissenschaft das Nichts bestätigen? Nein! Sie mögen ihre Analysen und ihre Auflösung von Strukturen steigern, stets müssen sie innehalten, und ihre Zuständigkeit hört dann auf. Was bedeuten die sinnenhaften Eigenschaften, was bedeutet gar die Bewegung und der ganze Mechanismus, auf den die Wissenschaft das Weltall einschränkt? Es ist wenigstens der Ausdruck eines Unbekannten in Bezug auf den Geist. Und wenn der Geist, der seine Modalitäten ablegt, um damit die Natur zu bekleiden, sich selbst im tiefsten Wesen unbekannt ist, wird alles Übrige dann nicht umso mehr unbekannt sein? Ja, gewiss vermag alles Übrige, sinnenhafte Eigenschaften, Bewegung und Natur doch nicht bejaht zu werden, ohne dass auch der Geist zugleich bejaht wird. Mehr noch, wenn ich die Natur und den Geist verneinen würde, wenn ich alles, was nur möglich ist, verneint hätte, dann bleibt immer noch etwas zu verneinen übrig, nämlich ein Unendliches, das sich mir entzieht, und in das meine aufeinanderfolgenden Auflösungen hineinfallen. Element für Element hat die Analyse die uns erscheinende Wirklichkeit aufgespalten, entleert und sublimiert. Es gibt keine Aktivitäten mehr, keine Eigenschaften, einzig noch eine reine Unbestimmtheit, die sich zu jedem Passivum hinzufügen kann, die an und für sich nicht gedacht werden kann. Die Alten nannten sie erste Materie, oder noch weniger, das Sein ohne Sein, τὸ ὄμενον, wenn man so sagen darf. Aber dahinter befindet sich etwas, das immerzu größer wird, ein Unbekanntes, ein wirkliches Geheimnis, das das Denken eines Pascal, eines Littré und eines Spencer mit Schrecken erfüllt, vor dem der Verstand nicht mehr zu handeln weiß, vom Staunen gepackt durch die Größe dessen, was er schaut. Nur ein Ding weiß er noch, und zwar, dass er es nicht zu verstehen vermag. Er weiß, dass nichts verstanden, verneint, in Zweifel gezogen, angenommen werden kann ohne die geheimnisvolle Bejahung dieses Unbekannten.

Was bedeutet also, an das Nichts jedweden Gegenstandes des Denkens und des Verlangens zu glauben und danach zu trachten? Es ist dies: Durch eine Zustimmung und einen Akt des spontanen Glaubens, der die Wissenschaft übersteigt, durch eine ursprüngliche Entscheidung, die die Initiative des Willens zeigt, jene Alleinheit anzuerkennen, von der vor allem sie so gerne reden, die sich das Zunichtewerden versprechen. Das Alles und das Nichts sind für sie zwei gleichbedeutende Begriffe. Was heißt das anderes, als dass im Kern ihres Bewusstseins das tiefe und dunkle Gespür fortbesteht, dass, was nicht sein wird oder nicht mehr ist, in Wahrheit nie gewesen ist? Besagt es nicht, dass das Sein in seiner ganzen Fülle dem Zeitlauf und der Auflösung enthoben ist, dass das Phänomen, das aufscheint, um zu erlöschen, keineswegs ihrer unendlichen Erwartung entspricht, und dass schließlich das Leben, das stirbt, absurd ist? Überall bricht in ihnen eine hehre Idee des Seins auf und gleichsam ein ewiges Verlangen danach. Was sie verneinen, enthüllt die Größe dessen, was sie wollen. Der dogmatische oder praktizierte Materialismus ist also ein Mystizismus, der in der Materie die unsichtbare Realität dessen verehrt *[35 Eine negative Lösung ist weder konzipiert noch gewollt]*, was er sieht, und dem Sein unter den Gestalten des Phänomens einen Kult darbringt. Hier gibt es gar nichts Wissenschaftliches mehr; sogar das ontologische Argument der Metaphysiker stellt sie nicht mehr zufrieden. Denn bis in das Nichts, in das er zu flüchten schien, findet der Geist, was er dem Anschein nach nicht suchte: das zum Sein Gehörende oder vielleicht das Sein selbst. Man muss sich nicht wundern über die spontane und universelle Entwicklung des religiösen Gedankens, sowohl in der Unwissenheit der australischen Ureinwohner als auch in der Ignoranz oder in der fortschrittlichsten Kultur der Vereinigten Staaten, denn sogar in der wohlüberlegten Bejahung des Nichts liegt eine Gläubigkeit beschlossen und eine indirekte Ehrerbietung an das unbekannte Sein.

Der Wille, der sich dem Nichtigwerden der menschlichen Person zuwendet, gründet somit, ob er dies nun selbst weiß oder nicht, auf einer eigentümlichen Hochschätzung und einer absoluten Liebe des Seins. Was ist das schon, so scheint es, das nicht ewig ist! Die individuellen Erscheinungsweisen, die kurzlebigen Leidenschaften, jegliches Vermögen, zu leiden oder zu genießen in der unermesslichen Wirklichkeit, die den Tod nicht kennt, verschwinden zu lassen: dies ist der heftig ersehnte Endpunkt. Aber schaut, wie zu gleicher Zeit ein dem entgegengesetzter Wille hervorkommt. Im gleichen Augenblick, in dem man das Phänomen für unzureichend erklärt, klammert man sich daran wie am einzig soliden und reellen Sein fest. Man bleibt fest dabei, sich mit dem zufriedenzugeben, was das Denken und das Ver-

II · Es gibt keine negative Lösung für das Problem der Tat

langen als eitel, enttäuschend und nichtig erkannten. Dort legt man sein Ganzes hinein, wo man eingesteht, dass da nichts ist. Man tut nicht nur so, als ob dieses Leben alles wäre, sondern darüber hinaus, als ob es von absolutem Wert sei und von göttlicher Wichtigkeit. Und wenn man sich mit diesem materiellen Wissen, diesem Genießen wie mit diesem materiellen Dasein erfüllen will, verurteilt man sich selbst, setzt man doch in sich einen schonungslosen Konflikt in Gang zwischen dem ursprünglichen Willen des Nichts, der von einer wahren Seinsliebe eingegeben wird, und jener Gier nach dem Phänomen, die wegen der Trugschlüsse der Sinnlichkeit oder der hochmütigen Abartigkeit des Geistes den versagenden Willen dorthin zurückwirft, wo er sich selbst ausgeschlossen hatte.

Das Nichts auf solche Weise zu wollen, dabei die Worte zu verwenden, deren Bedeutung man sich vormacht, heißt tatsächlich, sowohl der Eitelkeit dessen zu huldigen, was man der Tat als Nahrung gibt, als auch der Größe dessen, was man mit aller Kraft, mit der ganzen Aufrichtigkeit des ursprünglichen und inneren Verlangens wollte. Hier tut sich eine Lüge hervor; denn man nützt eine Zweideutigkeit aus: Das Phänomen und das Sein zu gleicher Zeit verneinen, will und kann man nicht. Und trotzdem, je nach Bedürfnis verneint man sie nacheinander, als ob man sie alle beide zugleich vernichten würde, ohne dabei zu bemerken, dass man sie gerade durch diese wechselnde Abfolge gleichermaßen poniert.

III

[36 Zum Problem der Tat] Ist man nicht in der Lage, diese totale Zerstörung aufrichtig zu wollen? Wenn der Pessimismus den Willen von den Illusionen der schmerzlichen Wollust loslöst und ebenso vom großen Trug des *Leben-wollens*, tötet er dann nicht in einem das Phänomen und das Sein selbst? Gelangt er nicht bis dorthin, durch die Aufhebung des persönlichen Willens das zu zerstören, was uns einzig wichtig ist, nämlich uns selbst und in uns jede Leidenskraft? Nein.

Wenn die körperliche Selbsttötung zeigt, dem Leben der Sinne ungeordnet verhaftet zu sein, weil, wie Pascal bemerkt, der Wille nie den geringsten Schritt tut, es sei denn auf das Glück hin, und wenn dies der Beweggrund aller Taten von allen Menschen ist, bis hin zu denen, die sich hängen werden, offenbart dieser Versuch der metaphysischen Selbsttötung dann nicht auch eine wahnsinnige und un-

2 · Ist die Lösung des Problems der Tat negativ?

gestüme Liebe zum Sein? Eine Liebe allerdings, die in ihrer angeborenen Lauterkeit gut ist, eine Liebe, stärker als das Leiden, stärker als der Tod? Eine Liebe, sogar stärker als die Ewigkeit, die sie zu besiegen behauptet? So würde es also genügen, sein zu wollen, damit aus dem Nichts das Übel des Daseins und sein ganzes Gefolge mörderischer Gespenster aufsteigen! So würde es also genügen, nicht sein zu wollen, damit das Sein zerstört wäre. Der Wille, der alles Übrige je nach eigenem Belieben erschafft und vernichtet, hätte dann die höchste Kraft, sich selbst zu vernichten! Der Pessimismus, so hat man überlegt, lässt ein unermessliches und unüberwindliches Vertrauen in die Allmacht des Willens aufstrahlen, denn der Wille scheint sowohl nötig zu sein als auch auszureichen, um den Schmerz am Dasein hervorzubringen wie auch die glückselige Vernichtung zu schaffen, die ohne ihn nicht wäre. Und über dieses gewollte und angekündigte Ziel hinaus gibt es einen prallen Glauben an die souveräne und schöpferische Tat des Wollens sowie einen Lobgesang darauf.

Lasst uns dieses ganze unentwirrbare Geflecht von Illusionen und Desillusionen zerreißen, welches der Pessimismus zusammenknüpft. Gewiss wird man dabei folgende Aspekte unterscheiden: 1° Das Weltganze ist ein täuschendes und schlechtes Phänomen, hervorgebracht durch einen grundlegenden Willen zum Sein. 2° Das Übel des Daseins, die Illusion des Lebens ist zerstört durch den Willen nicht zu sein, der das Phänomen des ersten Willens vernichtet und das glückselige Nicht-Sein bildet. 3° Um nicht zu sein, um dem Ansturm der subtilen Illusionen zu widerstehen, reicht es nicht aus, das sterbliche Scheinleben in sich auszulöschen. Dieser Wille, nicht zu sein, muss die Ewigkeit umfassen, denn um *[37 Eine negative Lösung ist weder konzipiert noch gewollt]* nicht mehr zu sein und sich selbst dauerhaft unverzagt zu verneinen, muss er auf unendliche Weise sein. Weil er so allmächtig ist, das Übel und den Irrtum des Seins zu schaffen, muss er genauso allmächtig sein, um sein eigenes Werk zu vernichten und sich seiner selbst zu entledigen. – Doch man mag das Denken wie das Verlangen noch so sehr anstacheln: Vom *Sein-Wollen*, vom *Nicht-Sein-Wollen*, vom *Nicht-Wollen-Wollen* bleibt stets der allen gemeinsame Begriff *Wollen*, der mit seiner unausweichlichen Präsenz alle Formen des Daseins oder der Vernichtung beherrscht und souverän über die Gegensätze verfügt.

Der Sinn der Worte *Sein* und *Nichts* ist somit in doppelter Weise zweideutig. Das eine Mal muss man unter Sein jenes enttäuschende Leben verstehen, das vom Sturzbach der gespenstigen Triebkräfte und vom schmerzlichen Zauber des universellen Phänomens mitgerissen wird. Vom Sein-Wollen ist in diesem Fall das Wollen gleich Nichts, während das Sein für das Übel und die reale Illusion steht: *Si fallor, non sum* [Wenn ich irre, bin ich nicht]. Das andere Mal muss man unter Sein jenen tiefen Willen verstehen, der nur sein eigener Herr ist und sich nur frei macht, wenn er sich von jeder individuellen Form, jedem einzelnen Gedanken, von jedem eigenen Leben löst. Vom Sein-Wollen ist in diesem Fall das Sein das, was nicht ist, während das Wollen allein eine unendliche Realität besitzt: *Si non fallor, sum* [Wenn ich nicht irre, bin ich]. Wenn einmal die Leidenschaften erloschen sind und alle Verlangen abgetötet, dann kehrt der vom fesselnden Gegenstand losgelöste Wille zu seinem reinen Wesen zurück; indem er der Welt der Sinne stirbt, wird er zum Überpersönlichen geboren.

Aber achten wir darauf, dass aus dieser Zweideutigkeit die Inkohärenz und die unabwendbaren Widersprüche des Willens hervorgehen. Wenn er sein will, verliert er sich; um zu sein, muss er nicht sich selber wollen, und dennoch vermag er nur sich zu verneinen, wenn er damit begonnen hat, sich vorher zu ponieren. Dies bedeutet, dass er notwendigerweise bereits vor dem Nicht-Wollen gewollt hat, dass das Übel und die Illusionen die Bedingungen der letztendlichen Befreiung sind. Dies besagt auch, dass das Phänomen für die Konzipierung, die Erlangung und für den Willen des Nichts unentbehrlich ist und weiter, dass, wenn man die völlige Nichtung wünscht, man das Phänomen und das Sein zugleich erfordert, um sie gegeneinander zu stellen und sie nacheinander zu tilgen. Einerseits ist das *Sein-Wollen* nicht wirkungsvoll, während das *Nicht-Sein-Wollen* dies dagegen sehr wohl ist. Dennoch braucht Letzteres nur wirkungsvoll zu sein, wenn das erstgenannte irgendeine reelle Wirkung hervorgebracht hat, die zu überwinden wäre. Andererseits ist nicht das Sein (es ist ja nicht) das Übel, sondern der Wille zu leben. Trotzdem muss man nicht vom Wollen geheilt werden, sondern vom Sein und vom Leben. Es ist, als ob der Wille mal das Phänomen des Seins war, mal das Sein des Phänomens, wobei er sich hier oberhalb und *[38 Über das Problem der Tat]* außerhalb von allem stellt, während er sich im ersten Fall den Illusionen und den äußeren Beeinträchtigungen passiv unterordnet. Es sah so aus, als müsste der Wille sich in sein reines Wesen zurückziehen. Um das Leben zu beurteilen, zieht er das erste ihn durchdringende Leid in Betracht, ohne allerdings zu bemerken, dass nur eines von beiden gilt: Das Leid ist entweder illu-

2 · Ist die Lösung des Problems der Tat negativ?

sorisch, weil es vom illusorischen Leben-Wollen herrührt, oder das Leid ist ernst zu nehmen und wert, in die Bilanz des Lebens einbezogen zu werden, weil es dann die reelle Folge eines reellen Willens ist, dem es gelungen ist, zu sein. Entweder existiert das Leid somit nicht, oder es ergibt sich aus einer Beschaffenheit der Seinsliebe selbst.

Der Pessimismus verliert sich so in unlösbare Widersprüche, eben weil er aus einem doppelten Wollen hervorgeht: dem Wollen des Phänomens und dem Wollen des Seins. Das eine Mal weist er bloß dem Zauber der Scheingestalten Wirklichkeit zu, das andere Mal behält er dies einzig jenem geheimnisvollen Abgrund vor, in dem die Illusion tot ist, was wiederum mit sich bringt, dass dieser Pessimismus den Willen als Phänomen berücksichtigt, als wäre dies ein Noumenon und umgekehrt. Durch seine Verneinungen selbst richtet er eine doppelte Wirklichkeit auf, die eine individuell und die andere überpersönlich. So bringt er zwei Elemente an den Tag, deren dramatischer Widerstreit den ganzen Ernst des moralischen Konfliktes ausmacht.

Damit zeigt sich ein erstes Ergebnis, das äußerst wichtig ist, obwohl es sich auf den ersten Blick als ganz negativ darstellt: Es gibt weder einen einfachen und klaren Begriff, noch einen geradlinigen und homogenen Willen des Nichts. In der Tat, die vorgibt, sich darauf zurückzuführen oder dorthin zu streben, herrscht stets ein innerer und unversöhnlicher Widerspruch. Die einen mögen zwar aufgrund der reinen Idee, die sie sich vom Sein machen, das Phänomen verneinen und die anderen aufgrund des bedrängenden Bildes, das sie vom Phänomen haben, das Sein verneinen, aber die symbolhafte Vorstellung des Nichts entsteht stets aus einer doppelten Synthese: das Subjekt, bejaht ohne Objekt und zugleich das Objekt, bejaht ohne Subjekt. In diesem Begriff des Nichts gibt es also abwechselnd die Einheit oder den Widerstreit von Phänomen und Sein, von sinnfälliger Wirklichkeit und Unsichtbarem.

Das Nichts ponieren besagt, dass man in einem das ganze System von Koordinaten bejaht; eines dieser Elemente verneinen bedeutet, dass man aufgrund eines unvermeidlichen Ausgleichs das andere hervorhebt, ohne dass man sich des gegensätzlichen Elementes entledigt; es bleibt unentbehrlich für das bejahte Element. Somit ist der Wille des Nichts notwendigerweise in sich inkohärent, birgt er doch einen Streit in sich, bei dem er trotz Lüge und Irrtum nicht unterliegen kann. *[39 Eine negative Lösung ist weder konzipiert noch ge-*

II · Es gibt keine negative Lösung für das Problem der Tat

wollt] Der Irrtum ist nicht Nichts, das Nichts ist im Gegenteil der Irrtum, denn man vermag alles nur zu verneinen, wenn man das Unendliche bejaht, und ohne das vielleicht verdeckte, aber doch sehr wohl anwesende Absolute ist das Nichts nicht das Nichts.

Wie sich durch diese Zweideutigkeiten hindurch das Geheimnis der Herzen offenbart! Wenn man meint, nach dem Nichts zu trachten, jagt man zugleich dem Phänomen im Sein, dem Sein im Phänomen nach. Es ist darauf zu achten, wie die Leidenschaft dem Delirium der Sinne einen sonderbaren Mystizismus beimischt und in einem Augenblick der totgeborenen und zugleich neu geweckten Wollust die Ewigkeit des Seins augenscheinlich aufsaugt, sie dort zusammen mit der Wollust sterben lässt. Ebenso ist darauf zu achten, wie der Quietismus zum abtötenden Verzicht ein Verlangen nach Leidenschaftslosigkeit hinzufügt, das Bedürfnis, die Selbstopferung zu spüren, eine Freude wegen der Entsagung und die ganze verfeinerte Sinnlichkeit eines falschen Aszetismus, der wiederum einen Eigensinn, einen subtilen und ehrgeizigen Egoismus aufweist. Beide Haltungen sind eine Lüge, denn der Wille will letztendlich das, was er hat ausschließen wollen. Weil er bereits sich selbst straft, sich so die Pein der inneren Zwietracht zu bereiten scheint, ist er gegen sich selbst gerüstet und wird sich mit aller Macht selbst zerreißen.

*

Wie es schien, hatten wir ein gewaltiges Paradox aufrechtzuerhalten: Wir können vom Nichts weder einen Begriff haben, noch den reellen Willen danach. Dieses Nichts können wir nicht einmal um den Preis des Blutes erkaufen, denn das Nichts gibt es nicht mehr für uns. In dem Augenblick, in dem sich uns das Problem der Tat stellt, haben wir dafür bereits eine positive Lösung. Und trotzdem verhält sich die Sache so. Wohin sollen wir uns jetzt wenden, da der Weg, den man meinte einschlagen zu müssen, wie eine Sackgasse mit doppeltem Zugang ist? Welches ist das Minimum dessen, was man bejahen und wollen kann? Es scheint, dies sei das Phänomen, wie es die positiven Wissenschaften erforschen. Und wenn man behauptete, dass der Mensch auf das Nichts zugeht, kam dies in uneigentlicher Weise nicht der Auffassung gleich, dass seine Person und seine Werke sich in Phänomene auflösen? Dies zu glauben, ist das nicht das, was man im zweifachen Wortsinn als die *positive* Lösung des Problems bezeichnen kann? Man muss demnach sehen, ob das Phänomen sich selbst genügt, oder, wenn man nur das Phänomen annimmt, ob man nicht auf implizite Weise noch etwas anderes als das Phänomen poniert.

[40]

Die natürliche Ausrichtung des Willens

TRÄGT DAS PROBLEM DER TAT
EINE POSITIVE LÖSUNG IN SICH?

Der Weg des Nichts ist abgeschlossen. Man kann und will dort nicht hineingehen; es gibt ihn überhaupt nicht. Während man sich völlig auf ihn einzulassen schien, ließ man hinter sich zwei Wege offen: den Weg des Phänomens und das Leben der Sinne einerseits, den Weg des Seins und des Opferlebens andererseits. Und der Wille hat sich selbst in seinen gegensätzlichen Bewegungen verloren. Seine Inkohärenz hat ihn verurteilt.

I. – Wie kann man die innere Übereinstimmung im Willen erlangen, die die Tat in sich abrundet und ihr die völlige Kohäsion verleiht? – Wird man dieses doppelte Leben gleichzeitig leben können, zu dem der zweideutige Wille des Nichts hinführte? Doch abgesehen davon, dass man vielleicht nicht das Mittel entdecken würde, diese zwei auseinanderstrebenden Bewegungen miteinander auszugleichen, ist es nicht wissenschaftlich, sich zunächst der weniger beschwerlichen Hypothese zuzuwenden? Und wird man letztlich nicht die vollkommene Homogenität des Willens mit größerer Gewissheit in der Tat finden, indem man nur einem einzigen Weg folgt? – Weil man eine Wahl treffen will, was wird man dann wählen: das Sein im Nichts des Übrigen, unter Missachtung jeglichen Objektes der Sinne und der Wissenschaft oder vielmehr das Übrige im Nichts des Seins, unter Missachtung des Unsichtbaren und des »Übernatürlichen«?

Aber was ist doch dieses geheimnisvolle und beunruhigende Sein, das sich unserem Zugriff zu entziehen scheint, ohne dass wir uns ihm entziehen könnten? Ist es nicht gerade dieses Sein allein, das man vor allem beseitigen will? »Es gibt nichts«, so sagte man. Und genau diese radikale Verneinung birgt ein drohendes und anklagendes Unbekanntes in sich: »Du würdest mir nicht entfliehen, wenn du mir nicht begegnen würdest«. Was man also will, ist, dass es etwas gäbe und dass dieses Etwas sich selbst genügen würde. Man will, dass das Phänomen sei, dass das Sinnenleben, die Wissenschaft, dass diese gesamte Unermesslichkeit des Gekannten und noch zu kennenden Weltganzen, mit dem wir Auge und Herz erfüllen, sei und für uns alles sei. Hinter dieser Außenseite des Phänomens hofft man, dass das Leben klar, vollständig und allseits befriedigend sein wird, und man will, dass die Tat sich dort bis zur Vollendung entfaltet. *Es gibt etwas.* Es scheint nicht sehr schwer, zu diesem einfachen und vagen Satz zu gelangen, aber es ist gar nicht leicht, darin ein lauteres Eingeständnis des *[41 Die Anstrengung der Wissenschaft, dem Leben zu genügen]* Willens zu entdecken.[1] Dieser Satz wird schließlich in solchem Maße evident und beruhigend werden, wie jenes zweideutige und furchtbare Wort dies nicht ist: »Es gibt nichts«. Es gibt etwas in unseren Sinneswahrnehmungen und Lüsten, in unserer Erkenntnis wie in unseren Handlungen: Auf der Basis solcher Überzeugung leben die meisten Menschen; auf diesem breiten und langen Weg schreitet der größte Teil der Menschheit voran. Philosophisch sind diese Worte gewiss höchst ungenau. Sie liegen noch vor jedwedem Bekenntnis zum Phänomenismus, Kritizismus oder Idealismus, sie bringen die naive Bewegung des Lebens zum Ausdruck, das von sich selbst und von allem, was es stützt, überzeugt ist, ohne zu wissen, was es selbst ist. In meinen Handlungen, in der Welt, innerhalb von mir, außerhalb von mir, ich weiß weder wo noch was: *Es gibt etwas.*

II. – Durch eine geheimnisvolle Initiative, die nach und nach deutlicher zum Vorschein treten wird, wird aus dieser bestätigten Gegebenheit die ganze Ordnung des Sinnenhaften, der Wissenschaft, der Moral und des Sozialen hervorgehen. Man wird auf diese Weise sehen, dass gerade das in den Willensbereich unseres Lebens eingeht, was dem Willen vorauszuliegen, ihm fremd oder nachgeordnet scheint. Wenn man den Elan des Wollens bis in seine letzten Ansprüche verfolgt, wird man wissen, ob die Tat des Menschen innerhalb dieses natürlichen Bereichs definiert und darin eingegrenzt werden kann.

Weil der Wille, der niemals auf das Nichts hinsteuert, sich gewöhnlich auf das Objekt der Sinneswahrnehmung oder der Erkennt-

---

[1] Diese zweifellos gekünstelte und behelfsmäßige Weise, zu zeigen, dass »das Phänomen gewollt ist« und zugleich erlitten, fasst die natürliche Bewegung eines Wollens in einen deutlichen Gedanken. Dieser Wille, so wird man sehen, übernimmt alles in seine Verantwortung, was ihm vorausgeht und ihn hervorbringt. Er hat es nicht nötig, alles zu wissen, was er will, um alles, was er ist, tatsächlich zu wollen.

2 · Ist die Lösung des Problems der Tat negativ?

nis ausrichtet, müssen wir also jetzt untersuchen, ob die Tat im Zusammenhang mit dem Objekt, das sie sich zum Ziel setzt, ausreichend definiert werden kann, ob sie sich wirklich auf die Phänomene beschränkt, ob sie, kurzum, nicht bloß eine Tatsache genau wie die anderen ist, und schließlich, ob im engeren Sinn des Wortes das Problem des Lebens eine *positive* Lösung beinhaltet.

Wenn es irgendeine Neuigkeit im methodischen Vorgang dieser Forschung gibt, dann scheint dies Folgendes zu sein: Vom ersten Erwachen des Sinnenlebens an bis zu den höchsten Formen des sozialen Handelns entfaltet sich eine kontinuierliche Bewegung in uns, deren strenge Verkettung zusammen mit dem vom Willen bestimmten Charakter aufgezeigt werden kann. Auf dem Weg der langen Untersuchung, die wir durchzuführen haben, wird man so feststellen, dass sich die zutage tretende Notwendigkeit jedes einzelnen Abschnitts aus einem impliziten Wollen ergibt. Zum einen werden die aufeinanderfolgenden Ziele der Tat *[42 Versuch einer positiven Lösung]* so miteinander verknüpft sein, dass die wissenschaftliche Strenge sich von Stufe zu Stufe auf Forschungen ausbreiten wird, die diese noch nicht erlangt haben. Zum anderen wird man allmählich auf die allerhöchste Frage vorbereitet, wenn man entdeckt, wie unsere Handlungen sich unwiderstehlich entfalten und durch welchen inneren Antrieb sie sich unaufhörlich selbst überschreiten, ähnlich wie die Kreise eines ins tiefe Wasser gefallenen Steins. Und die Frage lautet: Ja oder nein, gibt es für den, der sich auf die natürliche Ordnung begrenzt, eine Übereinstimmung zwischen dem wollenden Willen und dem gewollten Willen? Und findet die Tat als Synthese dieses zweifachen Wollens letztendlich in sich selbst das, durch das sie sich selbst genug ist und sich definiert? Ja oder nein, wird das Leben des Menschen sich auf das beschränken, was des Menschen und der Natur ist, ohne Einbeziehung von Transzendentem?

*

Wir werden also das Phänomen der Tat untersuchen, ausgehend von seinen elementarsten Ursprüngen bis zu seiner weitestmöglichen Entfaltung. Weil diese Untersuchung komplexer Natur ist, und die Bewegung der Expansion durch das unermessliche Gefüge des Lebens hindurch fortschreitet, wird man nacheinander mehrere Abschnitte betrachten. Die Tat werden wir aufkeimen sehen aus den Bedingungen, in denen sie ihre Nahrung schöpft, sodann werden wir ihr natürliches Wachstum und das Erblühen in dem Milieu verfolgen, in dem sie ihren Anfang nimmt und Früchte zeitigt.

Indem wir zunächst die naheliegendsten Gegebenheiten der Sinneswahrnehmung und der Wissenschaft analysieren, werden wir zugleich die Elemente der Tat herausstellen, genauso wie wir die Grundlagen der gekannten Wirklichkeit vorfinden, während wir die Bedingungen der Erkenntnis erörtern. Denn in der Ordnung der Phänomene und in den Wissenschaften, die sich auf Phänomene beschränken, hat die ontologische Unterscheidung zwischen dem Sein und dem Erkennen keinen Sinn; das Phänomen gehört zur gleichen Zeit zum Gekannten und zum Erkennenden. Wir können und müssen aufweisen, wie sich aus dem Objekt das Subjekt ergibt, wie das Subjekt dorthin zurückkehrt, um im Objekt zu handeln und zu leben, und zwar ohne dass dieser Aufweis bezüglich jedweder ontologischen Frage eine Vorentscheidung trifft. Das Problem der Ursprünglichkeit des Denkens wird folglich auf seine wahre begriffliche Form zurückgeführt und ganz sicher gelöst. Denn wenn positiv herausgestellt ist, dass das Objekt der Sinneswahrnehmung und der Wissenschaften nur im Hinblick auf etwas anderes gesetzt ist, wird offenkundig, dass wir im Ansatz der Untersuchung nicht für sich allein betrachten können, was nicht isoliert für sich allein erfasst werden kann. Um dies zu beweisen bedarf es keiner Spekulation. Es ist eine Tatsache. Eines der wesentlichen Ergebnisse dieser Forschung muss sein, Untersuchungen einen wissenschaftlichen Charakter im eigentlichen Sinn (den Charakter nämlich einer eigenen und ursprünglichen Wissenschaft) zu verleihen, deren Vorrecht die positiven Wissenschaften und die Metaphysik sich mit gleichermaßen unberechtigten Ansprüchen gegenseitig streitig machen.

Der Wissenschaft der Tat werden wir auf diese Weise das breitest mögliche Feld als Basis geben, nämlich das gesamte Feld des menschlichen Wissens, denn die Tat ist sowohl Knotenpunkt der Sinneserfahrung als auch der wissenschaftlichen Erkenntnis und der philosophischen Spekulation. Indem wir diesen Weg zurücklegen, werden wir demnach den unterschiedlichsten Geistern begegnen. Und sollten diese unterwegs zu früh innegehalten haben, werden wir versuchen, sie bis zum Endpunkt ihres verborgenen Trachtens gehen zu lassen.

[43]

Dritter Teil
Das Phänomen der Tat

❖──────❖

Wie man versucht, die Tat einzig durch die Wissenschaft zu bestimmen und sie auf die Ordnung der Natur zu beschränken

Es gibt etwas. Dieser Gegebenheit stimmen sogar die zu, die am wenigsten zugestehen. Solches Eingeständnis der naiven Erfahrung ist mir nicht trotz meiner selbst auferlegt, denn ich habe gewollt, dass es Etwas gibt.[1] Während man behauptete, die Sorge des sittlichen Problems zu umgehen, stellte sich durch eine verborgene Bewegung des Willens gerade dieses Problem ein. Während man behauptete, im Nichts eine sichere Lösung und einen sicheren Ausweg zu entdecken, führte man eine doppelte Lösungsmöglichkeit herbei. Man hat sich

---

[1] Wichtig ist hier, jedem Irrtum vorzubeugen. Nicht der Wille bewirkt das, was ist. Im Gegenteil: Aufgrund dessen, dass er will, impliziert er etwas, was er nicht bewirkt hat und er will sein, was er noch nicht ist. Es geht somit nicht darum, dieses *Etwas* außerhalb oder innerhalb der Vorstellung, die wir davon haben, zu betrachten oder es gar darauf zu reduzieren. Es geht vielmehr darum, den Inhalt der gewollten Tat zu analysieren, um schließlich die ganze Mannigfaltigkeit der Objekte in dieser Tat eingehüllt zu sehen. Zunächst scheinen die Objekte äußere Handlungsziele zu sein, aber in Wirklichkeit sind sie lediglich Mittel, um den Raum auszufüllen zwischen dem, was wir sind, und dem, was wir sein wollen.

3 · Das Phänomen der Tat

für dieses *Etwas* entschieden, das von allen unmittelbar erfahren, gekannt, ersehnt wird, das der menschlichen Tätigkeit ein unermessliches Feld bietet, das zu verneinen oder zu fürchten der Fortschritt selbst der positiven Wissenschaften, so scheint es, kaum mehr zulässt. Man hat dies getan, und zwar im Geiste des Misstrauens der anderen Alternative gegenüber, die man hervorgerufen hat und deren Unbekanntheit voll von verwirrender Superstition erschienen ist. Diesem Vorhaben werde ich treu bleiben. Indem ich mir alle Mittel zu Hilfe nehme, die mir die Sinnesorgane, die Wissenschaft und das Bewusstsein *[44 Die positive Wissenschaft der Tat]* verschaffen, werde ich auf diesem einfachen Fundament all das aufbauen, was es zu tragen vermag.

Vielleicht wird das Gebäude genügen. Vielleicht werde ich, ohne dass ich aus dem Phänomen aussteige und indem ich dies als Gesamt des Wirklichen betrachte, eine vollständige Idee meiner Tat und eine befriedigende Lösung für das Lebensproblem erhalten. Wenn der Mensch ganz und gar aus der Natur hervorgeht, wenn seine Handlungen bloß Systeme von Fakten sind wie die anderen, wenn die Bewegung seines Willens beschränkt bleibt auf die Grenzen der positiven Wissenschaft, wird man dann nicht das Recht haben, das Gespenst des verborgenen Seins für immer auszutreiben? All das, was zunächst am wenigsten zugänglich zu sein scheint (Naturenergien, okkulte Kräfte, sogar augenscheinliche Wunder), in den Bereich der Erkenntnis und des menschlichen Könnens eingehen zu lassen, das individuelle oder soziale Leben auf die Wissenschaft allein zu gründen, sich selbst genug zu sein, ist gewiss der Ehrgeiz des modernen Geistes. In seinem Drang, alles zu erobern, will er, dass das Phänomen ist, dass es so ist, wie er es kennt und wie er darüber verfügt. Er geht davon aus, dass, wenn er die Fakten und deren Verkettung feststellt, er sie vollständig erklärt. Er betrachtet jede Hypothese als schon halbwegs bewiesen, die es ihm möglich macht, die Vermittlung dessen zu vermeiden, was man die Erste Ursache nannte. Ist nicht die Furcht vor der Metaphysik der Anfang der Weisheit? Der moderne Geist bemüht sich darum, »die Entstehung« des Menschen zu bestimmen, den Ursprung des Bewusstseins, die gesamte Evolution der sittlichen Aktivität, und zwar genauso unerbittlich wie im Fall der astronomischen Bewegungen, weil die ganze Welt in seinen Augen ein einziges und einmaliges Problem darstellt, und weil, so scheint es, die wissenschaftliche Methode in sich einheitlich und kontinuierlich ist.

Wie man versucht, die Tat einzig durch die Wissenschaft zu bestimmen

Die ehrgeizige Absicht ist schön und gut. Aber ist sie auch gerechtfertigt? Stimmt der erklärte Wille, den Menschen innerhalb der Grenzen der natürlichen Ordnung der Fakten, welche diese auch sein mögen, einzuschränken und ihn so zufriedenzustellen, auch mit dem tieferen Willen überein, aus dem – wie wir noch sehen werden – die gesamte Bewegung seiner Erkenntnis und die gesamte intellektuelle Tätigkeit hervorgehen? Dies sind entscheidende Fragen. Ihnen ist um jeden Preis auf den Grund zu gehen, bevor man das Recht hat, sich mit wissenschaftlicher Kompetenz zur Tragweite der Tat und zum Sinn der Bestimmung des Menschen zu äußern. Auch wenn die Schwierigkeit groß ist, die Methode, sie zu lösen, erweist sich als ganz einfach. Ausgehend von der ersten sinnlichen Gegebenheit sollten wir betrachten, wie wir uns anstrengen, dem Phänomen die höchstmögliche Konsistenz und Vollständigkeit zu verschaffen, und, immer wieder darin scheiternd, wie wir vielleicht endlos mitgezogen werden, allerdings nicht weiter, als wir wollen, sondern weiter, als zu wollen wir uns vorstellten.

[45]

Erster Teilabschnitt
Von der Sinneswahrnehmung zur subjektiven Wissenschaft

DIE WISSENSCHAFTLICHEN BEDINGUNGEN UND DIE UNBEWUSSTEN QUELLEN DER TAT

◆━━━━━◆

KAPITEL I
Die Inkonsistenz der Sinnesempfindung und die wissenschaftliche Tätigkeit

Die Sinneswahrnehmung erscheint ganz klar und kohärent, von einer absoluten Einfachheit. Warum also hat man sich nicht an diese primäre Gegebenheit des Lebens gehalten, an diese anfanghafte Erkenntnis, die von Beginn an vollkommen scheint? Und was gibt es im Bedürfnis nach Wissenschaft an Natürlichem, was gibt es an Notwendigem? Welchem verborgenen Streben entspricht dieses ständig wieder auflebende Verlangen nach Forschung, und durch welche vorläufigen Erfüllungen scheint man es einschlafen zu lassen?

I

Auf den ersten Blick ist der Sinneseindruck für einen jeden all das, was dieser zu sein vermag. Er stellt den einzigen Punkt dar, über den man nie diskutieren könnte, da sich die Realität dessen, was man empfindet, niemals vermitteln lässt. Die Qualität der Sinnesempfindung, die ich erlebe, ist in ihrer Art einmalig, unvergleichlich, ohne Analogie. Was dieser Wahrnehmung eigen ist, könnte weder analysiert noch gemessen oder beschrieben werden: Über Geschmack und über Farben streitet man nicht. In dieser Ordnung der reinen

3 · Das Phänomen der Tat

Qualität gibt es nur noch Heterogenes. Ich bin, was ich empfinde, im Augenblick, in dem ich es empfinde.

Aber muss nicht, damit ich überhaupt etwas empfinde, der Empfindung etwas anderes innewohnen als die Empfindung selbst? Die Sinnesqualität ist nicht die *[46 Die Unbeständigkeit der sinnenhaften Gegebenheiten]* einzige unmittelbare Gegebenheit der Wahrnehmung. Wenn sie die einzige wäre, würde sie sich auflösen. Denn wegen ihrer Diskontinuität, ihres selbstgenügsamen und unübertrefflichen Charakters, ihrer stetigen Vollkommenheit und ihres ständigen Verschwindens, wäre die Wahrnehmung stets bloß ein Traum ohne Erinnerung, ohne Vergangenheit, ohne Gegenwart und ohne Zukunft. Wie kommt es, dass sie solch ein Traum nicht ist? Von dem Augenblick an, da die Wahrnehmung sich hervortut, birgt sie eine Inkohärenz in sich, gleichsam eine innere Antinomie. Denn sie ist nur, insofern sie wahrgenommen wird, und sie wird nur wahrgenommen, insofern sie zu gleicher Zeit zum Ausdruck gebracht wird und auch selbst gegenwärtig ist, zu gleicher Zeit bildhaft dargestellt und auch selbst verspürt wird. Auf diese Weise schließt sie notwendigerweise zwei scheinbar unvereinbare Aussagen in sich ein: »Ich bin, was ich empfinde, ich empfinde, was ist«. Es handelt sich um eine Dualität, die sogar den Gesetzen vorausliegt, die die Aufeinanderfolge und die Kontraste der Bewusstseinszustände bestimmen. Gleichwohl hat man behauptet in dieser Dualität die ursprüngliche Form jedweder Wahrnehmung zu entdecken, denn sogar vorausgesetzt, dass die Sinnesempfindungen einzig durch »Unterscheidung« wahrgenommen werden, so muss es doch in jedem dieser kontrastierenden Zustände etwas geben, das beide jeweils ermöglicht. Es handelt sich also hier um das, was im sinnlichen Phänomen bewirkt, dass es ein *Phänomen* ist, und zu gleicher Zeit, dass es *sinnenhaft wahrnehmbar* ist. Nun gibt es zwischen diesen beiden Gliedern der Aussage einen grundlegenden Gegensatz. Ihn hat man nicht genügend beachtet, obwohl er den Ausgangspunkt jeglicher wissenschaftlichen und philosophischen Untersuchung bildet.

Folgendes bemerkenswerte Vorkommnis, befremdend wie universell, gilt es zu bedenken: Im Augenblick selbst, in dem man davon überzeugt ist, dass der empfundene Sinneseindruck die absolute und vollkommene Realität ist, sucht man in dem, was man sieht und hört, etwas anderes als das, was man hört und sieht. Als Kind wollte Pascal nach dem Klang greifen, den er hörte, als ob der Klang etwas anderes war und zugleich so war, wie er ihn vernahm. Ohne uns dessen be-

I · Die Inkonsistenz der Sinnesempfindung

wusst zu sein, sind wir alle unvermeidlich in der gleichen Lage. Eine Sinnesempfindung habe ich nur unter dieser zweifachen Bedingung: Einerseits soll das Empfundene ganz und gar mein Eigenes sein und andererseits soll sich das Empfundene mir vortun als ganz außerhalb von mir, als etwas meiner Tat Außenstehendes. Ist die gängige Meinung, der gängige Wunsch nicht solcherart? Die Leute stellen sich vor, dass das Sichtbare nichts mehr ist als das, was gesehen worden ist, als ob die Sinneswahrnehmung tatsächlich das Maß aller Dinge wäre. Zugleich bleiben sie davon überzeugt, dass das Gesehene die Sache selbst ist, als ob die Sinneswahrnehmung nichts wäre und der Gegenstand alles. Diese ständige Inkonsequenz macht sich in den kleinsten Einzelheiten des Lebens bemerkbar. Sind wir nicht alle gleichermaßen und fast im gleichen Augenblick dazu geneigt, zu wollen, dass alle empfinden wie wir, durchdrungen wie wir sind von der universellen Wahrheit *[47 und das wissenschaftliche Bedürfnis]* unserer Geschmacksempfindungen und ebenso zu wollen, dass wir die Einzigen sind, die empfinden, genießen und leiden, wie wir es tun, in der Überzeugung, dass andere dazu unfähig oder dessen unwürdig sind? Und wenn die kritische Reflexion sich damit befasst, zu zeigen, dass die unmittelbaren Gegebenheiten und die notwendigen Formen der Sinnlichkeit außerhalb von uns keinen eigenen Seinsbestand haben können, stellt sie zurecht heraus, dass die menschliche Wahrnehmung nicht losgelöst vom Menschen sein kann. Aber sie entgeht dabei nicht ganz der Auffassung, die sie zu bestreiten vorgibt. Denn nur unter der Bedingung, der Meinung zu sein, dass hinter der sinnlichen Gegebenheit eine Gegebenheit liegt, welche diese auch sein möge, die sich davon unterscheidet, lehnt sie sich gegen das auf, was sie die metaphysische Illusion nennt.

Es handelt sich hier nicht um eine einfache logische Dualität. Es geht vielmehr um eine reelle Inkohärenz und eine faktische Unbeständigkeit. Im Ursprung selbst der simpelsten Wahrnehmung liegt ein Bruch des Gleichgewichts, der es uns nicht gestattet, dabei stehen zu bleiben. Denn diese Wahrnehmung haben wir nur dann, wenn wir bereits über sie hinausgehen und implizit bejahen, dass sie gewissermaßen mehr ist, als sie ist. Damit sie sein kann, müssen wir ihr eine Konsistenz verschaffen, die sie ohne uns nicht hat. Sie fängt nur in dem Augenblick an, sie selbst zu sein, in dem wir in ihr etwas anderes als uns und in uns etwas anderes als sie suchen und einbringen.

Wird uns die Lösung dieser Schwierigkeiten je gelingen, werden wir die Realität des sinnlichen Phänomens trotz seiner Inkohärenz begründen? Erst ganz am Ende dieser Untersuchung wird es uns möglich sein, darüber zu entscheiden. Bereits jetzt verdient sowohl diese Ambiguität selbst unsere Aufmerksamkeit als auch die Notwendigkeit, in der wir uns befinden, uns das Sichtbare vorzustellen, wie es gesehen worden ist und zugleich noch anders, als wir es sehen. Während die Lebenspraxis uns aufgrund einer mannigfachen Erfahrung beibringt, unsere Sinneswahrnehmungen durchgehend aufzuschlüsseln und uns dies zunutze zu machen, vernachlässigt sie zweifellos die die Reflexion verwirrende Zweideutigkeit. Es ist tatsächlich ein Wunder, dass die geringste Tat ganz unbekümmert ein Problem ausräumt, das keine Philosophie vollständig bezwungen hat, weil keine Philosophie die Tat vollständig untersucht hat. Es wird stets so sein, dass wir auf natürliche Weise dazu gebracht sind, hinter der bloßen Sinnesempfindung, so wie sie sich uns einprägt, zu suchen, was sie ist. Sogar wenn man meint, sie sei so, wie sie erscheint, sogar wenn man auf naive Weise die Identität annimmt zwischen dem, was man empfindet, und dem, was empfunden worden ist, auch dann gibt es in der einfachsten Wahrnehmung eine Dualität und einen Gegensatz, die unweigerlich aufbrechen werden. Dies ist der Ursprung jedweden Wissensbedürfnisses.

II

[48 Die Unbeständigkeit der sinnenhaften Gegebenheiten] Solange man die Sinneswahrnehmung für das Objekt selbst hält, wird keine spekulative Wissbegierde geweckt. Dazu angestoßen, weil die Erfahrung sich scheinbar selbst Lügen straft, angestoßen ebenso durch den Widerstreit des einzelnen Geschmacks wie durch die Bewegung der Reflexion entsteht solche Wissbegierde erst in dem Augenblick, da die Idee aufgeht, dass das, was wir empfinden, nicht die einzige, wahre und ganze Realität dessen ist, was wir empfinden.

Diese einfache Entdeckung hat mehrere Jahrhunderte lang die verschlungenen Diskussionen der Philosophie und der Wissenschaft ausgelöst. Man hat tatsächlich behauptet, anhand des Sinnenhaften das Reale zu erkennen, das unabhängig ist von der Sinneswahrnehmung selbst, obwohl es ihr ähnlich ist, es sei denn, es sei ihr Gegenteil. Man hat das universale Prinzip der Dinge gesucht, das Element, aus dem sie zusammengesetzt sind, die Zahl oder die Idee, an der sie teilhaben, die Gattung, deren Art sie sind, die substantielle

I · Die Inkonsistenz der Sinnesempfindung

Form, die sie unter ihren sinnenhaften Akzidentien verbergen, die primären Qualitäten, die sie konstituieren, ihre mathematische Charakteristik, die Äquivalente der Kraft, deren Einheit sich durch die Verschiedenheit der physischen Phänomene zeigt. Von dem Augenblick an, da man unter die Sinnesempfindung eine andere Erkenntnis legt, scheint es, dass diese neue Welt der für die Sinnesorgane nicht wahrnehmbaren Tatsachen dem Denken sein verlorengegangenes Gleichgewicht zurückgäbe und das natürliche Bedürfnis nach dem zu entdeckenden verborgenen Sein befriedigte. Wie viele zeitgenössische Geister bleiben davon überzeugt! Hinter den unmittelbaren Wahrnehmungen, die einfache Gemüter lange für bare Münze hinnehmen werden, erscheint die Realität gewissen Gelehrten absolut genau so, wie die positiven Wissenschaften sie darbieten. Für sie ist das Universum alles in allem ein System von abwechselnden und rhythmischen Bewegungen, in das unsere Taten eingehen. Das, was sie nicht unmittelbar wahrnehmen können, stellen sie sich vor in Analogie zum Sinnenhaften. Und weil sie ihre Augen gleichsam mit einem doppelten Blick ausgestattet haben, meinen sie, dass dieses Sichtbare, das sie nicht mehr sehen, schließlich die wahre Realität ist, welche zugegebenermaßen nicht das sein kann, was man sieht.

Wie hat sich dieser phänomenistische Realismus entwickelt? Es ist wichtig, darauf hinzuweisen, um sich so auf die Frage vorzubereiten, ob die positiven Wissenschaften uns im Ganzen und auch sich selbst wirklich genügen.

Die Wissenschaft und die Kritik haben den Wert der alten metaphysischen Unterscheidungen zerstört. Die primären Qualitäten bedeuten nichts mehr und nichts weniger als die sekundären Qualitäten der Materie. *[49 und das wissenschaftliche Bedürfnis]* Die Illusion ist entlarvt, die einen für die reale Kehrseite der sinnlichen Erscheinung zu halten oder sie wechselseitig die Rolle des Phänomens und der Substanz spielen zu lassen. Aber diese Relation, deren Bedeutungslosigkeit man in der ontologischen Ordnung zwischen zwei so ungleichen Größen wie den sinnlichen Qualitäten und einer angeblichen substantiellen Realität anerkannt hat, stellt man im Bereich der Wissenschaft, nämlich zwischen dem Kalkül und der Natur, wieder her. Auf folgende Weise und mit folgenden Ansprüchen geht man dabei vor.

Die mathematischen Wissenschaften sind die ältesten, die striktesten, die festgefügtesten Wissenschaften. Lange Zeit schienen sie in der idealen und abstrakten Ordnung, in der sie sich abschotteten, eine

3 · Das Phänomen der Tat

völlige Unabhängigkeit und Genügsamkeit zu besitzen. Wenn man sie in gewissen Fällen anwandte, dachte man nicht daran, diese konkrete Anwendung von abstrakten Wahrheiten mit den Prinzipien selbst zu verknüpfen, ohne darin eine strikt wissenschaftliche Konsequenz des Kalküls zu sehen. Man machte von ihnen in der Praxis Gebrauch, aber ohne sie als für die Erfahrung konstitutiv und der Natur immanent zu betrachten. Der Abstand vom Mathematischen zum Sinnlichen war zu groß, um auf den Gedanken zu kommen, im Sinnlichen selbst einen Gegenstand der Wissenschaft und in der Natur ein verwirklichtes Kalkül zu sehen.

Als aber die Kenntnisse aufgrund von Beobachtung, dank der Präzision einer sich von den alten Beweisformen unterscheidenden Methode, den Rang einer Wissenschaft beanspruchten, entstand ein neues Problem. Kann man überhaupt die mathematische Deduktion mit den Erfahrungstatsachen zusammenführen? Muss man nicht die mathematische Formel des Analytikers und das Gesetz des Physikers als einen zweifachen Aspekt ein und derselben Lösung betrachten? Dies ist eine fruchtbare Hypothese, die der Erfolg bestätigt hat. Durch ihre parallelen und gemeinsamen Fortschritte scheinen die exakten und die experimentellen Wissenschaften in gewisser Weise die Natur von ihren beiden Enden her zugleich zu umfassen. Wenn sie im gemeinsamen Glück ihrer wechselseitigen Anwendungen wieder zueinander kommen, scheinen sie den Kreis zu schließen, in dem das Leben des Menschen sich natürlicherweise entfaltet. Sie herrschen zu gleicher Zeit über die Zahlen und über die Phänomene; sie herrschen über die einen mit Hilfe der anderen. Auf diese Weise wird auch die Tat selbst exakt und wissenschaftlich. Ohne diese Ordnung der positiven Erkenntnis zu überschreiten, scheint sie so eine Stabilität und eine Gewissheit zu finden, sie genügt sich selbst auf absolute Weise. Und wenn es stimmt, dass die Analyse des Realen nicht vollständig ist und dies auch nie sein darf, rühmt man sich dessen, anstatt sich deswegen zu beunruhigen. Denn sogar angesichts des Unbekannten braucht die Wissenschaft sich nicht vor der Begegnung mit dem Nichts zu fürchten, nicht mit dem Sein, und nicht mit dem Unerkennbaren; *[50 Die behauptete Genügsamkeit der positiven Wissenschaften]* was sie noch nicht weiß, kann sie eines Tages kennen. Was sie nicht weiß, hebt das nicht auf, was sie jetzt schon weiß, und hindert sie nicht daran, sich jede ihrer aufeinanderfolgenden Errungenschaften zunutze zu machen.

So sind zwei gleichermaßen wissenschaftliche Perspektiven auf

I · Die Inkonsistenz der Sinnesempfindung

die Dinge erschlossen, zwei ganz verschiedene Perspektiven, die, man weiß nicht wie, tatsächlich übereinstimmen, sich auch gegenseitig so durchdringen, dass sie nur mehr eine einzige Perspektive zu bilden scheinen und gerade aufgrund ihrer Dualität zur Einheit und zur universalen Genügsamkeit der Wissenschaft beizutragen scheinen. Ihr Zusammenschluss wird derart unzertrennlich, dass man dessen sonderbaren Charakter nicht bemerkt. Dennoch nutzt man diese implizite Dualität, um anzuerkennen, dass sie gegenseitig voneinander Rechenschaft ablegen, dass sie ein stets wiederkehrendes Bedürfnis befriedigen, ein Rätsel zu erklären oder eine verborgene Tiefe zu erreichen, dass es überall ein wissenschaftliches Problem und überall eine wissenschaftliche Lösung gibt, tritt doch die eine Perspektive für die jeweils andere als das Unbekannte und als die Wissensgrenze auf. Es ist dann auch nicht nötig, meint man, etwas jenseits dieser zweifach-einen Erklärung zu suchen, denn in der Praxis ist sie ja effektiv. Tatsächlich gelingt sie, genügt sie der Tat, genügt sie dem Leben.

Auf solche Weise also scheinen die positiven Wissenschaften allen unseren spekulativen und praktischen Bedürfnissen zu entsprechen. (Unter positiven Wissenschaften versteht man vor allem die experimentellen Gewissheiten, gerade weil man dort die mathematischen Wissenschaften mit einbezieht, die, seitdem Comte alle Wissenschaften in eine kontinuierliche Abfolge klassifiziert hat, in den anderen eingeschlossen zu sein scheinen.) Deshalb ist es notwendig, möglichst genau zu sehen, ob dieser Anspruch gerechtfertigt ist. Ja oder nein, gibt es in der Wissenschaft diese Kohärenz und diese Genügsamkeit, die schließlich den Geist und den Willen im vollen Frieden der Gewissheit und im vollen praktischen Erfolg konsolidiert? Oder würde man nicht eine neue Gegebenheit der Frage für ihre Lösung halten? Ist es die Wissenschaft, die das Ganze der Tat erklärt, oder ist es die Tat, die der Wissenschaft noch das zur Verfügung stellt, was sie bestehen lässt?

*

Ich beabsichtige jetzt, zu zeigen, dass es zwischen den mathematischen und den experimentellen Wissenschaften am Ursprung, im Verlauf und am Ende ihrer Entwicklung Bruch und Zusammenhalt zugleich gibt. Diese stillschweigende und ständige Zusammenarbeit, diese Einheit, sogar die Existenz dieser Wissenschaften ist einzig aufgrund einer Vermittlung möglich, von der sie abhängen, ohne sich davon Rechenschaft zu geben. Es bleibt somit, diese vermittelnde Tatsache zu definieren, die Ausgangspunkt und

3 · Das Phänomen der Tat

Gegenstand einer weiteren Untersuchung sein wird. Folglich werden wir, nachdem wir das Unzureichende der Sinneswahrnehmung und die Inkonsistenz der von den positiven Wissenschaften vorgebrachten Erklärungen deutlich gemacht haben, in einen unvermeidlichen Ablauf vom äußeren Phänomen zum inneren Phänomen des Bewusstseins übergehen so wie auch von der Wissenschaft der Fakten zur Wissenschaft der Tat. All dies geschieht, indem wir die Notwendigkeit und die Originalität der Erforschung des Subjektiven herausstellen.

[51]

Kapitel II
Die Inkohärenz der positiven Wissenschaften und die Vermittlung der Tat[1]

Es ist eine Tatsache, dass zwischen den deduktiven Wissenschaften und den experimentellen Wissenschaften ein fruchtbarer Austausch besteht. Die Wissenschaft selbst scheint einzig aufgrund dieses stetigen Tausches Existenzgrund und Vorwärtskraft zu haben. Es ist die

---

[1] Ich fasse hier die Untersuchung zusammen, die dieses lange Kapitel beanspruchen wird, weil sie sich wegen ihres zwangsläufig fachtechnischen Charakters einigen Lesern entzieht. Da sie für den Gedankengang notwendig ist, ist es nützlich, eine ungefähre Annäherung zu bieten. Folgendes wird die Untersuchung herausstellen:
Man kann nicht bei diesem *Etwas* stehen bleiben, das die sinnliche Wahrnehmung uns unmittelbar aufdeckt. Es ist auch ein Bedürfnis, hinter diesen Erscheinungsformen das Geheimnis ihres Erscheinens selbst zu suchen. – Man hat behauptet und tut dies mehr denn je, dass die positive Wissenschaft ausreicht, dieses Geheimnis zu erhellen und es somit verschwinden zu lassen. Man behauptet, dass das als *subjektiv* bezeichnete Element vollständig aufgelöst werden kann; es würde der wissenschaftlichen Erkenntnis vorausgehen, diese jedoch nicht überdauern. – Ich zeige im Gegenteil, dass es in dieser ursprünglichen Gegebenheit Dreifaches zu berücksichtigen gilt: 1° Das, was die exakten oder apriorischen Wissenschaften bestimmen; 2° das, was die Beobachtungswissenschaften beschreiben; 3° ein Unbestimmtes, das Gegenstand einer neuen, im eigentlichen Sinn subjektiven oder philosophischen Wissenschaft sein wird. Das Subjektive, das vorausliegt, findet sich so nach den positiven Wissenschaften wieder, diesmal deutlich abgegrenzt und erhellt. Denn indem ich aufzeige, was die mathematischen Wissenschaften zu ihrer Konstituierung voraussetzen, ohne dieses unerlässliche Postulat zu erklären oder in den Griff zu bekommen, kennzeichne ich die Ränder des Hiatus, über die sie hinausgehen. Auf ähnliche Weise zeige ich, was die experimentellen Wissenschaften erfordern, um zu bestehen, und kennzeichne ebenfalls die Grenzen ihres Bereichs. So komme ich über einen doppelten Zugangsweg dazu, *[52]* negativ das Feld dessen abzustecken, was im ursprünglichen *Etwas* zu erkennen übrig bleibt. – Ich tue aber noch mehr, denn ich zeige, dass dieses Feld, an dessen Erforschung die Wissenschaften nicht herangehen, den Punkt bildet, in dem sie von beiden Seiten konvergieren und sich zusammenfügen (sie bestehen tatsächlich nur aufgrund wechselseitiger Entlehnungen). – Mehr noch, ich zeige, dass gerade in diesem reservierten Bereich jede für sich ihre eigene Inspiration schöpft und ihren inneren Zusammenhalt findet. Statt das subjektive Element aufzulösen oder aufzuheben, ordnen sie sich ihm unter und sind von ihm abhängig. Es würde deshalb auch nicht mehr genügen, anzuerkennen, dass diesen positiven Wissenschaften ein solches

Einheit, die ihre Stärke ausmacht und ihren Machtbereich sichert. Aber gibt sich die Wissenschaft als solche Rechenschaft von dieser reellen und unbestrittenen Einheit? Man betrachte ihren doppelten Ausgangspunkt.

[52 Inkohärenz und Zusammenhalt der positiven Wissenschaften] Einerseits setzen die mathematischen Wissenschaften dank einer gelungenen Fiktion voraus, dass die Analyse des Realen vollständig ist. Da sie es aber tatsächlich nicht ist und es nie sein kann, haben diese Wissenschaften in dieser Hinsicht einen idealen und transzendenten Charakter in Bezug auf die empirische Erkenntnis. Ohne sich also in einen infiniten Regress zu verlieren, gründen sie auf der Eins, als ob die Erfahrung das Atom oder den Punkt schlechthin erreichen würde. Sie gründen auf dem Homogenen oder dem Kontinuum des Raumes wie der Größe und der Zahl, als ob diese die realisierbare und verifizierte Grenze der sinnenhaften Diskontinuität und Heterogenität wären. Die Antinomie des Einfachen und des Vielfachen, der Unteilbarkeit und der unendlichen Teilbarkeit wird dabei als gelöst vorausgesetzt. Genau dies ist das Prinzip jedweden Kalküls. Durch diesen wagemutigen Kunstgriff des Denkens, den der Erfolg rechtfertigt, tut man so, als würde man festhalten, was sich unserem Zugriff stets entziehen wird, die Einheit nämlich und das homogene Kontinuum.

Andererseits, während die deduktiven Wissenschaften, unter Voraussetzung der abgeschlossenen Analyse, gemäß der Synthese *a priori* verfahren, um das notwendige Band zu bestimmen, das eine vollkommene Kontinuität bildet, setzen die Naturwissenschaften stets die ursprüngliche Realität, die relative Vollkommenheit, die Genügsamkeit jeder Synthese als Synthese voraus, wenn sie die Seienden beschreiben oder die Tatsachen so bestimmen, wie sie sie beobachten oder hervorbringen. Die konkrete Einheit wird dabei als ein Ganzes betrachtet, das, obwohl teilbar, dennoch nicht in seine Teile auflösbar ist. Einzig unter dieser Bedingung sind diese Wissenschaften möglich und haben Gültigkeit. Weil wir von nichts das Ganze kennen, würden wir voll und ganz nichts kennen, wenn wir uns nicht an jeder Stufe festklammern könnten, die die Ordnung der Zusam-

---

Element innewohnt, ohne dessen Rolle zu bestimmen. Denn auf diese Weise würde man ihren Wert nur schmälern oder einschränken, ohne für den Geist den Zugang zu einer anderen Erkenntnis vorzusehen, den Zugang zu der wahren subjektiven Wissenschaft, die die Wissenschaft der Tat ist. Wir werden noch sehen, wie und warum.

mensetzungen und Zerlegungen uns erreichen lässt. Die wahre Eigenheit jedweder auf der Erfahrung beruhenden Wissenschaft liegt somit genau in dem, was man niemals herleiten kann, nämlich in der zusammengesetzten Natur, der Diskontinuität wie der Heterogenität der Objekte, die sie *[53 Die nicht reduzierbare Dualität der Methoden]* zum Gegenstand ihrer Untersuchungen macht. Und die quantitativen Bestimmungen, die sie erfolgreich anwendet (wie zum Beispiel in der Erforschung der chemischen Verbindungen), dienen nur dazu, die präzise Unterscheidung deutlich herauszustellen, folglich die Hiate, die spezifischen und nicht reduzierbaren Differenzen, die die nächsten Verwandten innerhalb der gleichen Familien und die Kombinationen der gleichen Elemente voneinander trennen. Nein, die vollkommene Theorie der Natur wird diese nie in pure Intellektualität auflösen, ebenso wenig wie die vollständige Erkenntnis, die unsere Sinne von der Natur hätten, diese in ihrer vollen Wahrheit enthüllen würde.

In der Wissenschaft, gar in ihrem Ansatz, gibt es also eine offensichtliche Dualität.[2] Das eine Mal sucht sie außerhalb der unmittelbar wahrgenommenen Phänomene nach dem, was abstrakte Allgemeinheit und notwendige Verkettung ist. Das Kalkül erscheint als die kontinuierliche Form des Universums, während die Natur der zusammengesetzten Dinge und die den Elementen eigenen Qualitäten vergessen werden. Das andere Mal bemüht sie sich, der Wahrnehmung als Synthese eine quantitative Exaktheit und eine genau umschriebene Individualität zukommen zu lassen, während die Einheit der Zusammensetzung vergessen wird.

Alles auf das Homogene zurückbringen, überall die Heterogenität bejahen und definieren, diese beiden Bestrebungen sind in gleichem Maße wissenschaftlich, diese beiden Methoden sind jede auf ihre Weise in gleichem Maße vollständig und völlig ausreichend. Die eine wie die andere nimmt die Analyse und die Synthese in Anspruch: Für die erste ist die Analyse hypothetisch, für die andere die

---

[2] Diese notwendige Zweideutigkeit zeichnet sich ab durch die zweifache Bedeutung der *Einheit:* Zum einen ist die Einheit teilbar, jedoch nicht auflösbar. Denn (wie Leibniz bemerkt: Gerhardt, III, 583) die Brüche, die Teile der Einheit sind, haben weniger einfache Bezeichnungen, da die ganzen Zahlen (weniger einfach als die Einheit) stets in die Bezeichnung der Brüche eingehen. Zum anderen aber sind die Teile nicht stets einfacher als das Ganze, obwohl sie stets weniger als das Ganze sind: Das Ganze ist auflösbar, jedoch nicht teilbar. Und dennoch gehören diese zwei Funktionen der *Einheit* tatsächlich ständig zusammen.

Synthese. Für die erste ist die Synthese sozusagen *a priori* analytisch, für die zweite die Analyse *a posteriori* synthetisch. Dies besagt, dass die eine sich mit den Elementen einer idealen Analyse aufbaut und die andere in den Zerlegungen nur reelle Synthesen erreicht. Für die erstgenannte Methode ist die Tat eine Integration, für die ein vollkommenes Kalkül die strikte Formel liefern würde; für die andere Methode ist die Tat eine Tatsache *sui generis*, deren Originalität von keiner mathematischen Betrachtungsweise enthüllt wird und die, wie jede andere Synthese, nur durch die unmittelbare Beobachtung gekannt werden kann. Die heutzutage vorherrschende positivistische Auffassung, die besagt, dass die Wissenschaften sich *[54 Inkohärenz und Zusammenhalt der positiven Wissenschaften]* gemäß einer zunehmend komplexeren Ordnung zu einer gradlinigen Abfolge miteinander verknüpfen sollten, ist demnach grundfalsch.

Zu gleicher Zeit hat jede der beiden Wissenschaftsformen einzig Sinn und Existenzgrund, insofern die eine die andere gewissermaßen verdoppelt und ihr gleichkommt. Obwohl im Stil der Mathematiker das Ganze und das Teil homogen sind, bilden die mathematischen Wissenschaften spezifische Synthesen und stellen die Heterogenität der sinnenhaften Erkenntnisse symbolisch dar. Obwohl die Naturwissenschaften sich auf das *quid proprium* der Wahrnehmung gründen, erheben sie den Anspruch, dort die ursächliche Kontinuität und das Gesetz der Zahl einzuführen. So scheint jede für die jeweils andere ein Gegenstand, eine Methode und ein Ziel zu sein.

Es möge so genügen, auf diese Lösung der Kontinuität, diesen Parallelismus und auf diese Zusammenarbeit zwischen den beiden allgemeinen Formen der Wissenschaft hinzuweisen. Was weniger beachtet wird, es aber vielleicht mehr verdiente, ist die Tatsache, dass sich im Innern jeder wissenschaftlichen Disziplin, im Detail der Rechenvorgänge oder der Erfahrung, in der Aufstellung der positiven Wahrheiten eine ähnliche Unstimmigkeit verbirgt und sich eine ähnliche Übereinstimmung bildet, die die Wissenschaft nicht rechtfertigt. Die Wissenschaft ist demnach nicht nur in ihrer Gesamtheit sozusagen in zwei Teilstücke aufgespalten, die es allerdings nur gibt, wenn sie sich zusammentun. Auch im Detail des Aufbaus einer jeden Wissenschaft wird sowohl die gleiche Inkohärenz als auch der gleiche Zusammenhalt zutage treten. Im Ansatz, im Verlauf wie im idealen Endpunkt jeder Wissenschaft ist eine Antinomie vorhanden, eine Antinomie freilich, die faktisch gelöst ist.

Es ist deshalb wichtig zu untersuchen, welchen indirekten und

II · Die Inkohärenz der positiven Wissenschaften

stillschweigenden Entlehnungen jede von beiden ihre Existenz und ihr Fortschreiten verdankt und wie es letztendlich einer Vermittlung bedarf für diese gegenseitige ständige Transposition von wesensfremden Elementen und für diese permanente Zusammenarbeit von nicht aufeinander reduzierbaren Methoden. Denn aufzuweisen, dass gerade das, was sie in den positiven Wissenschaften übersteigt und was ihnen wesensfremd ist, sie ermöglicht und anwendbar macht, bedeutet, ans Licht zu bringen, was innerhalb der Wissenschaft selbst es erfordert, dass über die Wissenschaft hinausgegangen wird. Hätte jede von ihnen eine Art Unabhängigkeit und Suffizienz, dann hätte man das Recht, es dabei bewenden zu lassen und sich sogar mit ihren vorläufigen Erfolgen zufriedenzugeben. Dem ist aber nicht so. Diese Unvollkommenheit hängt nicht mit der Unvollständigkeit ihrer eigentlich stets partiellen Ergebnisse zusammen, sondern mit der Natur selbst der Wahrheiten, die sie erreichen, sowie mit der Methode, die sie verwenden. Nicht nur ist die Wissenschaft insuffizient in ihrer Entfaltung, sondern sie bleibt es auch noch, wenn sie als ausgeführt und als vollständig vorausgesetzt wird. *[55 Die radikale Insuffizienz der exakten Wissenschaften]* Wahr ist Folgendes: Jeder Wissenschaft für sich und allen gemeinsam in ihrem gegenseitigen Austausch wohnt von Anfang bis Ende eine Schwäche inne. Die positiven Wissenschaften genügen uns nicht, weil sie sich selbst nicht genügen.

I

Die exakten Wissenschaften leiten ihre Synthesen *a priori* vom Einfachen und vom Homogenen ab, die sie von vornherein am Ende der Analyse voraussetzen und an den Anfang ihrer Konstruktion setzen. Woher nun stammt die Idee als solche dieser synthetischen Vorgehensweise, die ihr Wesen ausmacht? Woher kommt es, dass man die Konstruktion als ein Ganzes zu betrachten vermag, in dessen Inneren die Bausteine bestimmte Beziehungen, eine Ordnung und eine Wertigkeit haben, die sie gar nicht hatten, bevor sie Teile dieses Ganzen waren? Ohne Zweifel ist nichts im eigentlichen Sinn empirisch, weder in den Elementen noch im Grundriss des mathematischen Gebäudes. Aber nichts ist dort denkbar, ohne eine grundlegende Entlehnung, ohne ein verschleiertes Plagiat, ohne eine ständige Nachahmung des Konkreten. Denn das Eigentümliche der Infinitesimalrechnung ist es, zu gleicher Zeit eine Fiktion, allerdings eine nützliche

3 · Das Phänomen der Tat

Fiktion zu sein, einerseits im Idealen zu verbleiben und sich andererseits dem Konkreten anzupassen, der Natur der Dinge zu entsprechen, ohne dabei den Anspruch zu erheben, von der Natur der Dinge Rechenschaft abzulegen. Diese Infinitesimalrechnung, die höchste Form aller, fügt die Mathematik bis ins Herz der Physik und sogar der Praxis hinein.[3] *[56 Inkohärenz und Zusammenhalt der positiven Wissenschaften]* Bemerkt man wirklich nicht, dass, je tiefer die abstrakte Wissenschaft in Kalkulationen eintaucht, wo sie der Realität zu entfliehen scheint, sie umso mehr danach trachtet, dorthin zurückzukehren, und sich ihr umso besser anpasst?

Vom Ursprung an gibt es in der abstrakten Wissenschaft, um sie zu ermöglichen, die unbeachtete Einfügung von etwas anderem als ihr selbst. So können wir, wie Helmholtz bemerkt, auf rationale Weise das ganze großräumige Gebäude der modernen Analyse errichten, wenn wir als experimentelle Basis jene einfache Tatsache nehmen, jenes einfache »Gefühl«, dass in unserem inneren Leben eine im Ge-

---

[3] Man kann zweifellos einwenden: »Die Ergebnisse des Kalküls haben nur die Bedeutung, die sie haben können, wenn man die Mathematik weder mit metaphysischen Komplikationen noch mit besorgten Fragen zu ihrem Gebrauch belastet. Allein die Erfahrung, so scheint es, kann die Möglichkeit bieten, von den abstrakten Formeln eine praktische Deutung zu geben«. Wenn man das Kalkül nicht Erwägungen unterwerfen darf, die ihm fremd sind, so wäre es allerdings gleichermaßen verkehrt, es für völlig unabhängig und autonom zu halten. Der Gegenstand dieser Analyse ist genau der Aufweis, dass die exakten Wissenschaften trotz ihres idealen und abgehobenen Charakters nur Existenzberechtigung wie Existenzmöglichkeit haben, wenn sie von Anfang an zutiefst danach streben, das zu werden, was sie mehr und mehr sind, nämlich ein Ersatz für die experimentelle Erkenntnis und ein Hilfsmittel für die praktische Aktivität. Deren Anwendung stellt somit keinen nebensächlichen oder uneigentlichen Gebrauch dar, sondern bedeutet eine Ausweitung, die ihrer ursprünglichen Natur und ihrer eigentlichen Bestimmung entspricht. Der reelle Gebrauch, für den sie sich eignen, ist nicht von außen auferlegt, sondern liegt beschlossen in ihrer Konstitution selbst. Und indem wir diese verborgene Kraft entdecken, die sie von ihrem Ursprung an durchdringt, werden wir besser sehen, wie ihre gesamte Fortentwicklung durch die Verkettung der intellektuell notwendigen Schritte nur die tiefere Bewegung des Willens offenkundig macht. Denn weil sie ein praktisches Interesse und eine wirkungsvolle Betätigung zum Ziel haben, entstehen diese Wissenschaften *[56]* aus dem tiefen Grund unserer Aktivität und organisieren sich spontan unter der Herrschaft des gleichen inneren Gesetzes, das über unser ganzes Leben gebietet. Auf diese Weise werden die mathematischen Wissenschaften als eine Gestalt in der Entwicklung des Wollens erscheinen; sie gehen ein in die Abfolge der Mittel, die wir verwenden, um das Problem der Tat zu lösen. In der wissenschaftlichen Erkenntnis unserer Handlungen werden sie das werden, was sie in der lebendigen Wirklichkeit unserer Tätigkeiten je schon sind: ein Element in der Lösung [des Problems der Tat].

II · Die Inkohärenz der positiven Wissenschaften

dächtnis festgehaltene Tatsache der aktuellen Tatsache vorausgegangen ist. Was heißt dies anderes, als dass alle aufeinanderfolgenden Synthesen *apriorischer* Natur sind, dass jedoch die Idee der Synthese und die Existenz jeglicher mathematischen Relation auf einer reellen Erfahrung beruht, auf dem »Gefühl« einer komplexen Einheit wie die eines Bewusstseinszustandes oder einer geistigen Tat? Die exakten Wissenschaften streben danach, mit dem Kontinuierlichen und dem Homogenen, über das sie von Anfang an verfügen, die gesamte Verschiedenheit von Formeln und Lehrsätzen hervorzubringen, die sich stets besser der Mannigfaltigkeit des Lebens angleichen. Mit Elementen, die sie miteinander kombinieren, bilden sie ideale Arten, deren Eigenschaften und gleichsam Gattungsindividualität sie betrachten. Aber wenn sich im Kern jeder solcher analytischen Gruppierungen eine Einheit herausbildet, wenn es eine Integration gibt, die von den integrierten Elementen klar unterschieden ist, so geschieht dies aufgrund einer Kühnheit, die sich die Mathematik zunutze macht, ohne sie auch nur einigermaßen zu rechtfertigen: eine konstituierte Synthese *a priori*, ein System aus homogenen Elementen, betrachtet als heterogen bezüglich dieser Elemente, ein analytisch gebildetes Ganzes, das nicht in seine zusammengesetzten Teile zerlegt werden kann – das ist schlechthin sonderbar, und man wundert sich nicht einmal darüber. Dank eines Schematismus, der über Transposition und Analogie der Sinneswahrnehmung entnommen ist und der gleichsam eine Wahrnehmung des Irrealen oder eine Vorstellung des Imaginären ist, richtet sich das Denken auf eine fiktive, von der positiven Erfahrung abstrahierte Materie. Nachdem die sinnliche Qualität, vinculum perceptionis [Band der Wahrnehmung], beseitigt ist, stützt es sich, in dieser Weise einer analytischen Synthese, auf eine reine Erfahrung und auf eine Welt von intellektualisierten Phänomenen.

[57 Die radikale Insuffizienz der Wissenschaften]. Wenn man aus diesem Blickwinkel einen Augenblick lang die Entwicklung der exakten Wissenschaften erwägt, sieht man in ihnen das Bild jener Evolution, die uns die Naturwissenschaften in der organischen Welt zu beschreiben beanspruchen. Ausgehend von dieser Parallelität, die der Aufmerksamkeit wert ist, wird man in den mathematischen Wissenschaften den ständigen und unentbehrlichen Einfluss einer Vorstellung entdecken, die ihnen fremd ist.

Diese Wissenschaften sind erst in dem Augenblick entstanden, in dem sie im Homogenen und Kontinuierlichen eine Differenzierung und mögliche Beziehungen in Größe und Zahl angenommen

3 · Das Phänomen der Tat

haben; dieser idealen Materie werden sie die Form ihrer Deduktionen auferlegen. An diesem Anfang verfügen sie nur über dieses rein Abstrakte, das Element betrachten sie zunächst als isoliert und inert, sogar innerhalb der Zusammensetzung und der Spontaneität. Aufgrund dieser abstrakten Einfachheit gewinnen sie Strenge, Klarheit und Exaktheit; im Ganzen steht das einzelne Element dem einzelnen Element gegenüber. Und nach dieser ersten mechanistischen Konzeption ist das universale System und jedwede einzelne Synthese nichts mehr als eine elementare Relation und eine Ordnung der konstituierenden Teile. Jedes Problem kann durch die Analyse auf das Einfache zurückgeführt werden, ohne dass man es nötig hätte, die innere Organisation des Zusammengesetzten um ihrer selbst willen in den Blick zu nehmen. Auf diese Weise bildet sich das erste völlig abstrakte und völlig homogene Milieu heraus, in dem sich die wachsenden Komplikationen der Wissenschaft wie in einer Hierarchie von stets mehr organisierten Formen entfalten werden. Aufgrund eines originellen Entstehungsprozesses treten aus der Erfahrung die fundamentalen Prinzipien der rationellen Mechanik hervor. Wir haben hier einen notwendigen Stützpunkt, der jedoch nur ein Ausgangspunkt ist.

»Die Zusammengesetzten stellen sich nach dem Bild der Einfachen dar«, bemerkt Leibniz. Dies besagt, dass sie ihrerseits als Einheiten, aber als komplexe Einheiten betrachtet werden können, und dass eine Hierarchie von definierten Konstruktionen sich zwischen das Element und das Ganze einschiebt. Stets erscheint also dasselbe Postulat aufs Neue: Die mathematische Konstruktion wird durch die Kraft der Analyse allein als etwas ursprünglich Neues und als eine Synthese *a priori* konstituiert, ohne jemals auf das *quid proprium* der empirischen Wahrnehmung zurückzugreifen und ohne jemals dorthin zu gelangen. In dieser rationalen Welt bilden sich geschlossene Systeme und ein Ganzes von untergeordneten Funktionen aus, genauso wie sich in der Welt der beseelten Wesen mannigfache Beziehungen, eine Organisation von Teilen und eine Akkumulation von vitaler Kraft etablieren.

[58 Inkohärenz und Zusammenhalt der positiven Wissenschaften] Das Zusammengesetzte verhält sich deshalb wie eine einzige Mitte, wie ein Ganzes; innerhalb der Einheit seiner Entwicklung gibt es eine Welt von internen Bewegungen, von innerem Widerhall und Rückschall von Energie. So fügt sich der Dynamismus zum Mechanismus oder ersetzt ihn sogar, ohne ihn aufzuheben. Der Fortschritt des Kalküls (von Descartes bis Leibniz) liegt darin, diese komplexe

Einheit zu begreifen zusammen mit dem Unendlichen, das sie in sich birgt, mit dem Streben, das sie in sich trägt, und der Tat, die sie hervorbringt. Auf diese Weise lassen sich die Sinnesqualitäten als solche, aufgrund des vermittelnden Begriffs des Unendlichen, auf mathematische Ausdrucksweisen reduzieren oder sind vielmehr mit ihnen konvertierbar. Was heißt dies anderes, als dass die deduktiven Wissenschaften nur vorwärtskommen und fortschreiten, wenn sie einen ihnen widersprechenden Begriff akzeptieren und gleichsam das Eingeständnis ihrer Inkohärenz in sich selbst eingliedern? Im selben Augenblick, da Leibniz einsieht, bis zu welchem Grad das Konzept einer aktuellen unendlichen Zahl widersprüchlich ist, nimmt er an, dass jede endliche Wirklichkeit ein aktuelles Unendliches umfasst. Dies bedeutet, dass das Kalkül den empirischen Gegebenheiten nur beikommen kann, wenn es dort das Reale und die Null im Unendlichen zusammenbringt und zwar in jenem mathematisch Unendlichen, dessen Eigenschaft völlig negativ ist, da das Eigentümliche der Grenze darin besteht, dass sie nie erreicht wird. Hier sehen wir also, dass die Fiktion selber es gestattet, die Wirklichkeit zu erreichen. Descartes hatte ohne Zweifel ein lebhaftes Gespür für diese Schwierigkeit; darin lag sogar die innere Spannkraft für seine ganze metaphysische Unternehmung. Die experimentelle Erkenntnis hatte er jedoch nur durch ein künstliches Band mit der Deduktion verknüpft. Indem er einen der Aspekte des Problems völlig opferte und die Sinneswahrnehmung der universalen Mathematik unterordnete, von deren Begründung er träumte, hatte er keine Vorstellung von einer wahren und ursprünglichen Naturwissenschaft. Aufgrund einer inneren und innewohnenden Beziehung bringt Leibniz das Kalkül in die Mitte der physischen Wirklichkeit hinein und geht dabei so weit, dass er ihm die Spontaneität der Kraft unterordnet.

Jedes System wird seinerseits zum Element von höheren Synthesen. Nachdem man es, um das Fortschreiten der Deduktionen zu erleichtern, als geschlossen und unabhängig betrachtet hat, bringt man es in Zusammensetzungen mit anderen ein, um schließlich die ganze Hierarchie dieser synthetischen Konstrukte am universellen System teilhaben zu lassen. Wird dieses System des Universums seinerseits in seiner Einheit als ein bestimmtes Ganzes betrachtet? Es bleibt möglich, die Homogenität des unbestimmten Raumes anzuwenden als Ausdrucksweise für die unbegrenzte Heterogenität der darin eingeschlossenen Beziehungen und alle Variationen der Qualität in der Sprache der quantitativen Beziehungen zu formulieren.

3 · Das Phänomen der Tat

[59 Die radikale Insuffizienz der exakten Wissenschaften] Indem man einen Raum mit *n* Dimensionen betrachtet, führt die höhere Geometrie das Merkmal der Orientierung und der Qualität in die Untersuchung der Bewegungen ein, der Qualität, die ἄπειρος ist, nicht unbestimmt, nicht unbestimmbar, sondern die eine Unendlichkeit von einzelnen Bestimmungen und Richtungen in sich enthält. Die Kontingenz wird somit auf den Determinismus und die mathematische Notwendigkeit zurückgeführt, ohne dabei etwas von ihrem Charakter zu verlieren.[4]

Dies ist noch nicht alles. Von dem Augenblick an, da man sich die Einheit des universellen Systems ausdenkt, wird man durch eine neue Initiative dieser rationalen Vorstellungskraft, die ihre Erfahrungen im *a priori* fortsetzt, dazu geführt, die Möglichkeit anderer Systeme auszudenken. Das heißt, das erste System bloß als Einzelfall einer allgemeineren Geometrie als der gewöhnlichen zu betrachten, als ein Element neuer Kombinationen und weiterer Synthesen. Hier liegt die Bedeutung jener neuesten Versuche, die das Denken unternommen hat, um sich von den Postulaten oder sogar von den Gesetzen zu befreien, die ihm stets als die notwendigsten erschienen

---

[4] »Nicht nur geschieht nichts in der Welt, das absolut irregulär wäre, sondern man könnte sich etwas derartiges gar nicht vortäuschen. Denn nehmen wir an, zum Beispiel, dass jemand ganz zufällig eine Menge Punkte aufs Papier aufbringt, wie sie es tun, die die lächerliche Kunst der Geomantrik praktizieren, so sage ich, dass es möglich ist, eine geometrische Linie zu finden, deren Begriff nach einer gewissen Regel konstant und uniform wäre, sodass diese Linie durch all diese Punkte hindurchginge, und zwar in der gleichen Reihenfolge wie die Hand sie gesetzt hatte. Und wenn jemand in einem Zug eine Linie zöge, die mal gerade, mal kreisförmig, mal etwas ganz anderes wäre, dann ist es möglich, einen Begriff oder eine Regel oder eine Gleichung zu finden, die allen Punkten dieser Linie gemeinsam wäre, kraft welcher diese selben Änderungen geschehen mussten«. – (Leibniz, Gerhardt, Bd. IV, 431; vgl. VI, 262, 629; IV, 569) – Einige heutige Mathematiker haben diese Ansichten entwickelt und angewandt. Die Theorie der Schnitte von Riemann, durch die Arbeiten von Hermite hinsichtlich der definierten Integrale weiterentwickelt, versetzt in die Lage, die Formel nicht nur für eine kontinuierliche Entwicklung aufzustellen, sondern für eine Abfolge von Linien, die an einem bestimmten, bezüglich der Koordinaten willkürlichen Punkt eine bestimmte Position einnehmen und den bestimmten Prozess einleiten, den man will. Am Limit fallen das Notwendige und das Kontingente zusammen, wobei jedes das bleibt, was es ist; oder vielmehr haben die exakten Wissenschaften gar keinen Grund, das eine vom anderen zu unterscheiden. Genau deshalb fehlt ihnen bezüglich des Problems der Freiheit grundsätzlich jegliche Kompetenz. Was als die Notwendigkeit der mathematischen Deduktion bezeichnet wird, ist somit ohne jegliche Analogie, ohne irgendwelchen Bezug zu dem, was vom inneren Determinismus der Handlungen gesagt werden könnte.

waren. So wie der Fortschritt der Mathematik uns zum Verständnis der Welt führt, ist diese kein geschlossenes System. Sie ist unbegrenzt άόριστος; was man das Leben oder die Freiheit nennt, kann sich da einmischen, ohne das Kalkül zu stören. Wenn sich in der Welt unablässig Neues und sozusagen Wunderbares ereignet, ist dies *[60 Inkohärenz und Zusammenhalt der positiven Wissenschaften]* dann Unordnung oder wird das Gesetz der Erhaltung der Energie dadurch verletzt? Nein, es ist eine vollständigere Ordnung. Bereits die weiter gefassten Formeln einer allgemeinen Algebra gestatten es dem Geist, solche Improvisation der Bewegung und solche Beliebigkeit der Spontaneität auf strikte Weise auszudrücken. Die Indetermination geht so in den Determinismus selbst ein; es ist denkbar, dass die vollkommene Mathematik für jeden Punkt eine absolut einmalige Lösung bringen könnte. So wäre sie das Abbild des Sinnenhaften, das in der Gestalt von unendlich vielen einzelnen Formen ein und dieselbe Realität, ein und dasselbe Leben hervorbringt. Oder sie wäre das Symbol einer besonderen Vorsehung, die aus jedem Atom eine ganze Welt und einen Mittelpunkt von Perspektiven machte, oder auch der Ausdruck jener Liebe, die allen alles ist und die Vollkommenheit des Kalküls verwirklicht.

Gibt es etwas, das schöner und gediegener ist, so scheint es, als diese triumphierende Konstruktion einer Wissenschaft, welche dazu fähig ist, ein Universum aufzubauen und die Welt, gar alle möglichen Welten, in ihren Formeln einzufangen. Aber dies ist bloß ein zu lösender Zauber. – Die mathematischen Wissenschaften passen sich der Erfahrung zwar an, aber sie gehen nicht davon aus. – Sie entnehmen der Erfahrung, was sie für ihre Existenz brauchen, aber sie erreichen sie nicht. – Sie scheinen in den Tatsachen die Bestätigung ihrer Realität zu finden, aber sie sind ohne jeglichen Wesensbezug zu den Tatsachen. Während sie als notwendig erscheinen, als die einzige Form der Phänomene, zu deren Bestimmung und Beherrschung sie dienlich sind, sind ihre Symbole beliebig; ein Akt des Geistes stellt diese auf. Wollen wir diesen Akt in seiner Wirkung erfassen? Das mathematische Limit ist nie erreicht, und dennoch muss man mit der Annahme beginnen, anzunehmen, dass es tatsächlich gegeben ist, will sagen, dass man am Zielpunkt den Ausgangspunkt noch voraussetzen muss, dass die Gewissheit am Ende auf einer Fiktion am Anfang gegründet bleibt, und dass die letzte Garantie des Kalküls außerhalb des Kalküls liegt. Man gelangt nicht zum Limit, man geht davon aus, um dorthin zurückkehren zu können, indem man die ganze Welt der mathematischen Determinationen in das Faktum legt. Oder man kehrt vielmehr zum Limit zurück, als ginge man davon aus; man geht davon aus, als kehrte man dorthin zurück. Obwohl das Limit außerhalb der Wissenschaft liegt, ist es für die Wissenschaft notwendig. Und diese Fiktion, die das infinitesimale Kalkül ermöglicht, ist identisch mit dem einfachen Vorgang, der die Einheit setzt. Überall der gleiche Schnitt und die gleiche Naht. Überall der gleiche beliebige und notwendige Charakter der Symbole.

Die exakten Wissenschaften bleiben demnach durch folgendes dreifaches Stigma gezeichnet, und dies bis in ihre feinsten Verästelungen hinein:

[61 Die radikale Insuffizienz der exakten Wissenschaften]

1° Die exakten Wissenschaften geben keine Rechenschaft, weder von der Weise, wie sie sich von der Realität lösen, noch von der Weise, wie sie dorthin zurückkehren und dort zusammenpassen. Ihre Effektivität erklären sie nicht, was sie bewirken, kennen sie nicht.

2° Obwohl sie den Anschein erwecken, in der Realität gegründet zu sein und dort zu herrschen, sind sie ihr dennoch fremd; sie können weder von der einfachsten Sinneswahrnehmung noch vom geringsten Akt Rechenschaft geben. In der Qualität, die ihnen als Qualität entgeht, in der Hierarchie jedweder Synthese, die gleichsam eine neue Welt bildet, gibt es ein Element, das ihnen absolut unzugänglich ist. So, zum Beispiel, was den chemischen Verbindungen als Eigenes übrig bleibt, nachdem es gelungen ist, ihre Kombinationen in den Geist und in die Sprache der mathematischen Physik zu übersetzen, und was in der ersten Sinneswahrnehmung gegeben ist, πρότερον πρὸς ἡμας [das Erste in Bezug auf uns]. Was sie uns erkennen lassen, lassen sie uns nicht so erkennen, wie wir es erkennen.

3° In ihrer Arbeit einer kontinuierlichen Integration appellieren sie ständig an ein synthetisches Verfahren, das einzig dazu fähig ist, ihnen eine sozusagen ganz formale Materie zu liefern. Doch diese Initiative des Denkens entgeht ihnen; so sind sie sich selbst gegenüber fremd. In diese Wissenschaften, in denen alles vom Licht durchdrungen zu sein scheint und die gedankliche Unterscheidung ihre Vollkommenheit erreicht, gehört die treibende Kraft der Wissenschaft nicht zur Wissenschaft. *Was* sie erkennen, dies *erkennen* sie nicht so, wie sie *es* erkennen.

– Somit existiert überall in den exakten Wissenschaften, am Ursprung, im Verlauf, am Ende, in ihrem inneren Aufbau wie in ihren natürlichen Beziehungen zu den anderen, ein stillschweigendes Postulat und gleichsam ein bleibender Hiat. Zweifellos stehen die experimentellen Wissenschaften gerade deswegen im Austausch mit den exakten Wissenschaften.[5] *[62 Inkohärenz und Zusammenhalt der positiven Wissenschaften]* Aufgrund dieses Austauschs vermag die Wissenschaft, für sich die Einheit zu beanspruchen und für eine universelle Erklärung auszureichen. Aber zumindest auf der Seite der mathematischen Wissenschaften hat der Zusammenschluss nicht stattgefunden, er wird nie stattfinden, er kann nicht durch sie und noch weniger in ihnen der Fall sein. Wie entwickelt man sie auch voraussetzt, sie schöpfen die wahrgenommene Realität nicht aus, sie erreichen diese nicht. Bis in ihre weitesten Deduktionen tragen sie den Makel ihres Ursprungs stets in sich, nämlich den fiktiven Charakter ihres Anfangspostulats, und wenn sie in der Praxis schon erfolgreich sind, auch dann rechtfertigen sie weder diesen Erfolg noch diese Verwendung. Im Gegensatz zu den Pythagoräern und sogar zu Descartes, die verglichen mit der sinnenhaften Erscheinung in der Mathematik den reellsten Kern der Dinge sahen, scheint man nunmehr dazu geneigt, in den experimentellen Wahrheiten diese solidere Realität zu finden. Denn seitdem sie eine wissenschaftliche Strenge beinhalten, scheinen sie gegenüber ihrem mathematischen Ersatz die Rolle zu spielen, welche die Mathematik gegenüber den Sinnesphänomenen spielte. Werden wir somit letztendlich in diesen positiven Wissenschaften dem Haltepunkt des Geistes, der Grenze unseres vom Willen getragenen Wissensdrangs und der Definition unserer Tat begegnen?

---

[5] Ein einfaches Beispiel wird diese nützliche Inkohärenz der wissenschaftlichen Verfahrensweisen noch erhellen, nämlich wie es zur Bezeichnung für die Intensität des Klangs kommt. Um das Phänomen unserer Untersuchung zu analysieren, um eigens die Intensität des Klangs zu bestimmen und diese darzustellen als die Summe der lebendigen Halbkräfte der Luftmoleküle einer gesamten Schwingungswelle, setzt man die Materie als diskontinuierlich voraus, als ein Gebilde von getrennten Punkten. Indem wir an dieser Konzeption der molekularen Konstitution der Luft festhalten, die allein es zulässt, das eigene Objekt des Kalküls präzise zu bestimmen und es auch begrifflich auszudrücken, müssten wir, um diese Summe der lebendigen Halbkräfte zu ermitteln, die Anzahl der Moleküle kennen, ihre Masse und die Geschwindigkeit, die jedes von ihnen im Augenblick der Betrachtung anregt. So kommen wir nicht weiter. Um die Synthese zu erstellen und diese Intensität des Klangs zu beurteilen, wird deshalb eine Kehrtwendung nötig: Indem wir die erste Hypothese aufgeben, um auf das Phänomen, zu dessen Bestimmung diese Hypothese gedient hat, das mathematische Verfahren anzuwenden, argumentieren wir so, als ob die Materie ein Kontinuum wäre.

II

Es ist nicht leicht, den Ausgangspunkt der experimentellen Wissenschaften genau auszumachen; diese Wissenschaften sind dann auch erst spät richtig entstanden, haben spät Aufschwung genommen. Gleich von ihrem Anfang an wird aufs Neue eine Inkohärenz erscheinen, analog zu jener, die gefestigt ist im Herzen der mathematischen Wissenschaften, ein geheimes Postulat, das sich in all ihre Entwicklungen hineinschmuggeln wird und von dem sie auch am Zielpunkt ihrer Bestrebungen nicht loskämen.

Die komplexe Einfachheit der unmittelbaren Wahrnehmung und das irreduzible Wahrnehmen der Sinne bilden, so scheint es, die Grundlage jedweder experimentellen Erkenntnis, da jeder Versuch einer weiteren Analyse die konkrete Gegebenheit verzerrt, ohne davon Rechenschaft zu geben.

Aber diese konkrete Gegebenheit ist absolut ungeordnet und innerhalb dieses Durcheinanders ist die Differenzierung unendlich. Das sinnfällige Universum ist ein Chaos für die Sinne. Gerade in dieser Unordnung bemüht sich die analytische Beobachtung, eine Ordnung und Gesetze zu entdecken.

Woher kommt es jedoch, dass man die Welt als ein Ganzes zu betrachten vermag, innerhalb dessen es unterschiedliche Teile gibt? Woher entsteht die Idee dieses analytischen Verfahrens, *[63 Die radikale Insuffizienz der Naturwissenschaften]* das innerhalb der ursprünglichen Unbestimmtheit der Qualität die numerische Klarheit und Unterscheidung einführt? Keine einzige experimentelle Erkenntnis ist vorstellbar, ohne eine fiktive Analyse und ohne eine initiale Abstraktion, die auf künstliche Weise die Beobachtungsmaterie abgrenzt. Jede wahrgenommene Tatsache, wie vage auch, setzt so eine Aufarbeitung voraus, von der die Erfahrung, im Augenblick selbst, in dem sie die Tatsache feststellt, keine Rechenschaft gibt. Der synthetische Charakter der Sinnesgegebenheiten ist demnach das Ergebnis einer Analyse, die diesen Gegebenheiten selbst fremd ist. Die Möglichkeit der Beobachtung ist bereits ein Postulat.[6]

---

[6] Wenn man sagt, dass die Beobachtung sich selbst nicht genügt und die Erfahrung ein Postulat impliziert, dann ist weder von *a priori* die Rede noch vom Angeborensein. Die anstehende Frage befindet sich auf einer völlig anderen Ebene, denn es geht nicht um den Ursprung, sondern um die Ursprünglichkeit der Erkenntnis. Dies heißt einfach, wie im vorhergehenden Kapitel gezeigt, dass man um zu beobachten bereits auf andere Weise sehen und empfinden muss, als man unmittelbar empfindet. Übrigens,

II · Die Inkohärenz der positiven Wissenschaften

Und nun verfolge man das Vorgehen der induktiven Wissenschaften: Wir werden sehen, dass sie einerseits darauf aus sind, alle diskontinuierlichen Formen, welche die Analyse der Realität ihnen bietet, durch einen strikten Determinismus zusammenzubinden, und andererseits diese unterschiedenen und ursprünglichen Formen innerhalb der universellen Kontinuität in präzisen Begriffen zu definieren. Für ihre Analysen und Synthesen müssen sie jedoch stets einen Schritt tun, wobei sie nicht mehr auf ihrem eigenen Terrain gehen.

I. – Man ist wahrlich nicht ohne Verzug und Schwierigkeiten wieder dahin gelangt, die sinnfällige Tatsache (jenes Phänomen, dem der erste wissenschaftliche Schritt gewissermaßen zu widersprechen hatte) als eigenes und unmittelbares Objekt der Wissenschaft zu betrachten. Es gibt keine Wissenschaft, es sei denn vom Allgemeinen, so die Meinung des ganzen Altertums. Die Perspektive erscheint nunmehr fast umgekehrt. Es scheint, als gäbe es nur Wissenschaft vom Konkreten, vom Positiven, vom Einzelnen. So sehr man die Tatsache und das Individuum geringschätzte, so liebte man es, im Singularen und in der Anomalie eine kostbare Lehre zu entdecken; man vermag es, die monströse Ausnahme ein Übermaß an neuen Wahrheiten hervorbringen zu lassen. Wie hat man also in die Erforschung des qualitativen und diskontinuierlichen Phänomens eine Ordnung, eine Präzision, eine Determination einbringen können, die eine wahrhaftige Wissenschaft der Erfahrung ermöglicht haben oder ermöglichen werden?

[64 *Inkohärenz und Zusammenhalt der positiven Wissenschaften*] Dies ist der Fall, weil die zwei getrennt entwickelten Konzeptionen zusammentreffen, denen es heutzutage noch nicht gelungen ist, sich in allen Punkten zusammenzutun: einerseits die Idee einer notwendigen Reihenfolge der Phänomene, andererseits eine numerische Charakterisierung der verschiedenen von den Sinnen erfassten Arten: – Wissenschaft der Verkettung der Fakten; – Wissenschaft der reellen Formen und ihrer Beziehungen.

1° Was zuerst inmitten des unendlichen Wirrwarrs von einzelnen Fakten das Merkmal der Universalität und der wissenschaftlichen

---

um zur numerischen Präzision zu gelangen, bedarf es zuerst einer schwierigen Arbeit, um die qualitative Präzision zu erlangen. Man lese, wie Platon im *Philebos* die Erfindung der Buchstaben und der Notenschrift der Musik beschreibt.

Notwendigkeit angenommen zu haben scheint, ist die Beständigkeit ihrer Bezüge und die Festigkeit ihrer Verkettung. Um nun diese großen Reihenfolgen von in Gesetzen integrierten Fakten aufzustellen, analog zu den langen Ketten der deduktiven Wahrheiten, müssen wir nicht nur zu jener künstlichen Analyse Zuflucht nehmen, deren unentbehrliche Rolle wir bei jeder Beobachtung der Fakten festgestellt haben. Darüber hinaus müssen wir durch eine neue, von der Sinneswahrnehmung nicht gerechtfertigte Tätigkeit vom ursprünglichen Inhalt jedweden kontingenten Phänomens vorläufig abstrahieren, um einzig seine notwendige Form zu berücksichtigen. Wenn der Physiker den universellen Determinismus anerkennt, macht er so nur jene einmalige Formel mit einer symbolischen Bezeichnung kenntlich, die die unermessliche Verkettung von Phänomenen samt ihrer wachsenden Komplikation beherrscht und bestimmt. Hier ist sichtbar, wie die Hypothese der Einheit der physischen Kräfte das bezeichnet, was in der Beobachtung dieser Beobachtung fremd oder ihr sogar zuwider ist, da diese nie das Homogene und das Kontinuierliche erfasst. Dies besagt Folgendes: Ohne eine Mathematik der Natur zu sein, da sie nicht auf die reine und fiktive Einheit zurückgehen, die einzig die ideale Analyse erreicht, sind diese Wissenschaften unaufhörlich wie eine »Mathematisierung« der Erfahrung. Ausgehend von der konkreten Einheit, die sie der Beobachtung entnehmen, übernehmen sie, wenn man so sagen darf, die »mathematoide« Form der exakten Wissenschaften. Obwohl von Letzteren grundsätzlich unabhängig, leben und entwickeln die Naturwissenschaften sich nur, wenn sie sich alle Möglichkeiten des Kalküls in untergeordneter und unterstützender Funktion einverleiben. *Scire est mensurare* [wissen heißt messen], lautet die Devise Keplers.

Die Einführung der Mathematik in die Naturwissenschaften bewirkt somit keine eigenständige Mathematik; sie ist dort bloß ein Instrument, das einer Methode untergeordnet ist, die ihrer eigenen Methode entgegengesetzt ist. Die Rechenvorgänge sind dort nicht mit dem Kalkül als solchem identisch, sodass man, um die einfachsten Messungen der Physik aus nächster Nähe zu untersuchen, *[65 Die radikale Insuffizienz der Naturwissenschaften]* gewissermaßen schielen muss.[7] Und dennoch scheint die Konvergenz dieser divergieren-

---

[7] Dieses Unbehagen, das man bei der Analyse von gewissen wissenschaftlichen Vorgehensweisen empfindet, geht einher mit dem Zusammenbringen von zwei Ordnungen, die, sogar wenn sie vereint sind, getrennt bleiben. Ein Beispiel: Um den hydro-

den Sehlinien natürlich und vollkommen zu sein. Der Grund liegt darin, dass es dem Physiker genügt, eine beständige Beziehung einzuführen zwischen den Wahrnehmungen der Erfahrung, die kein unmittelbares Maß beinhalten, und gewissen Symbolen, die der doppelten Bedingung unterliegen, dass sie messbar sind und konventionellerweise die empirischen Gegebenheiten repräsentieren. Der Physiker sucht eine handliche Zusammenfassung und eine systematische Koordination, nicht jedoch eine Erklärung der experimentellen Gesetze. Und was in seiner auf Konvention beruhenden Vorgehensweise von Anfang an beliebig angenommen worden ist, bleibt in allen Entwicklungen der Wissenschaft bis in die am besten verifizierten Ergebnisse bestehen.

2° Die mathematische Physik ist jedoch nicht die ganze Naturwissenschaft. Parallel zu ihr und sogar ihr vorweg hat sich eine andere Form von wissenschaftlicher Erfahrung entwickelt. Während man tatsächlich die Gesetze entdeckte, die die konstante Abfolge der Phänomene zum Ausdruck bringen, bemühte man sich andererseits darum, die der Sinnenwelt zugehörigen Arten und die Formen des Lebendigen zu bestimmen, ohne dabei anfangs zu vermuten, dass es zwischen diesen Wissenschaften der *Fakten* und jenen Wissenschaften der *Seienden*[8] einen reellen Zusammenhalt und eine reelle Kontinuität geben könnte.

Und schon bedurfte es einer schwierigen analytischen Anstrengung, um die unterscheidenden und hierarchischen Merkmale jeder der in der Natur realisierten Synthesen auseinanderzuhalten. Alle alten Klassifikationen haben sich darin erschöpft. Wie soll man in der Tat feste Begriffe und präzise Definitionen an die Stelle der flüch-

---

statischen Druck zu untersuchen, definiert man eine Quantität, die man den Druck an einem *Punkt* nennt. Aber sobald man diese Bezeichnung dem abstrakten Ideal der mathematischen Wissenschaften entnommen hat, sieht man sich dazu genötigt, zum Konkreten zurückzukehren, indem man umgehend sagt, dass der Druck p auf einen Punkt A für den Druck auf die *Einheit der Oberfläche* steht, der um den Punkt herum aufgenommen wird und kleiner ist, das ist wahr, als jedwede denkbare Größe. Diese flüchtige Einheit muss also dem Konkreten ähnlich sein, um in der Physik sinnvoll und verwendbar zu sein, sie muss dem Abstrakten ähnlich sein, damit die mathematische Deduktion verwendbar ist. Es scheint, dass es sich weder um den geometrischen Punkt handelt, denn er ist zu klein, noch um den physikalischen Punkt, denn er ist zu groß.

[8] Es versteht sich von selbst, dass die verwendeten Wörter *Sein*, *Realität* hier keinerlei metaphysische Bedeutung haben; bis jetzt bezeichnen sie einzig ein System von gegebenen Phänomenen.

3 · Das Phänomen der Tat

tigen Gegebenheiten der Sinneswahrnehmung setzen? Man wäre übrigens im Unrecht, wenn man sich einbildet, dass die Definitionen *per genus proximum et differentiam specificam* [durch die nächst höhere Gattung und die spezifische Differenz] wie bei Aristoteles und den Scholastikern oder gar die methodischen Klassifikationen der modernen Naturalisten strikt genug sind. Ihr *[66 Inkohärenz und Zusammenhalt der positiven Wissenschaften]* Stellenwert ist nicht im eigentlichen Sinn philosophisch zu nennen, denn sie betreffen nur die Beziehungen von untergeordneten Phänomenen, ohne den Grund der Seienden zu erreichen. Er ist auch nicht im eigentlichen Sinn wissenschaftlich zu nennen, denn diese noch so exakten Umschreibungen und die noch so naturgemäß erscheinenden Klassifikationen halten lediglich sinnfällige Merkmale und komplexe Qualitäten fest, deren innere Zusammensetzung, deren Hervorbringungsgesetz und numerisches Äquivalent man gar nicht ergründet hat. Zwar stimmt es, dass alles bis in Einzelheiten festgehalten wird, aber solches geschieht mit einer »literarischen« Präzision, die nur vom ›esprit de finesse‹ Gebrauch macht. So muss der Zoologe, um seine Unterscheidungen anzubringen, ständig seine Zuflucht nehmen zur Begrifflichkeit der subjektiven Psychologie.

Wie soll man jene notwendige Präzision, die das Kalkül erfassen wird, in die Erforschung der reellen Synthesen einführen, deren Erfahrung die unterschiedlichen Qualitäten enthüllt? Die Chemie hat damit begonnen, wir wissen ja wie, zu entdecken, was man die quantitative Histologie der Körper nennen könnte. Sie definiert nicht nur die numerischen Beziehungen zwischen den Elementen der Verbindungen, sondern sie stellt darüber hinaus allgemeine Gesetze auf, Gesetze der definierten Äquivalente und der vielfältigen Proportionen, die es erlauben, das Kalkül auf die ganze Variationsbreite der Verbindungen auszudehnen. Wenn nun die erste Beobachtung, die eine Tatsache aus der allumfassenden Umwelt isoliert, bereits eine künstliche Analyse voraussetzt, dann transponiert das chemische Experiment, das eine qualitative Synthese in quantitative Elemente zerlegt, zugleich in einem eine Ordnung von Phänomenen in eine völlig heterogene Ordnung, ohne dass dieser Übergang erklärt wäre. Um die Waage ins Labor einzuführen und den Körper als Gegenstand des Experiments mit einer Gewichtseinheit auszudrücken, musste man etwas anderes als ein banales Abwiegen vor Augen haben (dieses Abwiegen impliziert übrigens eine geistige Tätigkeit, analog zur Assoziierung der kontinuierlichen Dauer mit den Unterteilungen eines durch regelmäßige Bewegung gemessenen Raumes). Man musste versuchen, die Qualität einer Synthese in definierte Quantitäten seiner Elemente zu übersetzen. Aus dieser Initiative, aus der die Chemie hervorgegangen ist, lebt sie, ohne sie allerdings zu rechtfertigen: Die Kohäsion der Wissenschaft ist keineswegs wissenschaftlich begründet.

3° Aber nachdem das Kalkül in die Physik eingedrungen ist und sich in den Naturwissenschaften angesiedelt hat, zeigt sich ein neues Problem. Kann man die Erkenntnis der verketteten Tatsachen und die Erkenntnis der koordinierten Formen miteinander verknüpfen? Versteht man die Tragweite dieser Frage recht? Die Verschiedenheit »der wahrgenommenen Seienden« auf die Verkettung »der integrierten Phänomene« *[67 Die radikale Insuffizienz der Naturwissenschaften]* zurückzuführen, würde tatsächlich bedeuten, die sinnfällige Natur durch diese abstrakten Symbole auszudrücken, über die die mathematischen Wissenschaften verfügen. Weiter würde es bedeuten, dass im *a posteriori* selbst alles auf gewisse Weise *a priori* berechenbar wäre. Es hieße schließlich, die Ordnung der Hervorbringung der Phänomene und die möglichen oder reellen Umwandlungen der natürlichen Arten mit einer präzisen Formel wiederzugeben. Aber wie soll man so, in einem gemeinsamen Bündnis mit den exakten Wissenschaften, die Erforschung der Klassifikationen mit der Erforschung der Gesetze der Genetik und Mechanik zusammenbinden?

Die neuesten Fortschritte in der chemischen Zeichensprache und in der Kristallographie scheinen auf zweifachem Weg zu der Lösung dieses Problems hinzuführen.

– Einerseits: Indem man sich stützt auf die doppelte Idee der *Analogie* und der *Substitution*, die dazu dient, den *chemischen Typus* zu bestimmen, gelingt es durch die progressive Elimination des beliebigen Elementes – wegen der Bewertung jener rein qualitativen Merkmale hier eingeführt –, alle Typen deutlich hervorzuheben, mit denen man ein und dasselbe Zusammengesetzte verbinden kann, und das aufzustellen, was man die *Konstitutionsformel* nennt. Dank dieser Formel vermag man die Reaktionen zu klassifizieren und sogar vorauszusehen, zu welchen Reaktionen ein Körper Anlass gibt. Über die Substitution kann man diesen Körper mittels anderer Körper reproduzieren; man vermag eine neue Synthese zu bewirken. Das numerische Geheimnis der Kombination scheint so zu einem praktischen Geheimnis der Herstellung zu werden.

– Andererseits: Die Kristallographie gelangt dazu, einen bestimmten Zusammenhang herzustellen zwischen der Disposition der Systeme, die sie erforscht, und der Struktur selbst der Moleküle. Wenn, um die chemischen Analogien zu definieren, dem Isomorphismus eine wesentliche Rolle zukommt, bedeutet dies dann nicht die Annahme, dass zwischen der qualitativen Natur der Verbindungen und der geometrischen Konstitution der Elemente ein fester Bezug zu entdecken ist? Die Formel der Konstitution und jene andere, nicht mehr chemische, sondern mathematische Formel, die den Bauplan der Atome[9] im Molekül ausdrückt, können somit durch ein System von aufeinander folgenden Symbolen miteinander verbunden sein. In diesem Punkt wachsen die physikalischen Wissenschaften mit den Naturwissenschaften zusammen, wie sie auch beide gegenseitig dem Kalkül eingegliedert sind.

[68 Inkohärenz und Zusammenhalt der positiven Wissenschaften] Hier müssen wir aber aufpassen. Die großen Wege von den abstrakten Begriffen zu den komplexesten Synthesen mögen sich zum Durchbruch der siegesgewissen Wissenschaft noch so sehr immer mehr anbahnen, doch soll man sich auch durch ihren Erfolg keineswegs beeindrucken lassen. Gewiss werden die von den Gelehrten eingeführten Symbole letztendlich untereinander so kohärent sein, einen solchen Nutzeffekt besitzen und in ihren Händen so an Realität gewinnen, dass für sie die Versuchung groß wird, diesen ganzen Symbolismus als das getreue Abbild der Realität, ja als die Realität selbst anzusehen. Man projiziert ihn nach außen in der Überzeugung, dass die Gesetze der rationellen Mechanik, die Konstruktionen des Kristallographen oder die Schemata des Chemikers Ausdruck eines reellen Mechanismus sind, dem unter Vorspiegelung wissenschaftlicher Gewissheit das Zugeständnis einer objektiven und wahrhaft metaphysischen Tragweite gebührt. Da liegt aber der fundamentale Irrtum, den es zu bekämpfen gilt.

Denn der Ausgangspunkt jedweder Wissenschaft birgt einen Keim in sich, dessen erfreuliches Wachstum die beliebige Natur zwar verheimlichen kann, jedoch nicht unterdrückt. Am Ursprung der wissenschaftlichen Vorgehensweisen muss überall ein Kunstgriff den ungeklärten Übergang von der Ordnung der Qualität in die des Ma-

---

[9] Die Ambiguität, die man bereits bei der Verwendung des Wortes *Einheit* verspürt hat, erscheint hier aufs Neue. Das Atom scheint einmal als quantitatives, ein andermal als qualitatives Element betrachtet zu werden, hier unteilbar und dennoch zusammengesetzt, dort teilbar und dennoch nicht reduzierbar.

ßes verschleiern; überall kommt ein Dekret dazwischen, um eine fiktive Beziehung zu stiften, die allein es dem einen ermöglicht, sich als das Symbol des anderen darzustellen. Weil neue Vereinbarungen einzelne Wissenschaften auf eine täglich vollkommenere und wirksamere Weise zusammenführen, wird das Merkmal des Beliebigen, das der grundlegenden Fiktion anhaftet, deshalb verschwinden? Weit davon entfernt. Nicht die ja auch künstliche Konvergenz all dieser Fiktionen wird es somit der Wissenschaft gestatten, die Realität selbst auszudrücken und aus der Wissenschaft das letzte Wort zur Sache zu machen.

Mag es sich um mathematische Konstruktionen handeln, um physikalische Theorien, um Kristallformen und molekulare Anordnungen, um Atomverbindungen oder biologische Gesetze, in allen Fällen kann es nur um kohärente Symbole gehen, ohne dass man diese Symbole selbst jemals in eine von ihnen verschiedene Realität projizieren müsste. Die Voraussetzung, dass zwischen den empirischen Gegebenheiten und den wissenschaftlichen Symbolen ein Zwischending und ein eigenständiger Mechanismus vorläge, bedeutet, dass man es sich überflüssigerweise schwer macht. Man lässt so Komplikationen entstehen, die die Fruchtbarkeit der Wissenschaft einschränken, weil man ihr die Verschiedenheit von nützlichen Theorien untersagt. Solche kann man von dem Augenblick an zugleich entwickeln, da man, statt in ihnen die Erklärung der Dinge zu sehen, dort nur ein [69 *Die radikale Insuffizienz der Naturwissenschaften*] Mittel sucht, um die experimentellen Gesetze zu koordinieren. Es bedeutet außerdem, dass man sich Illusionen aussetzt, die dazu in der Lage sind, den Geist der Wissenschaft und den Geist der Philosophie gleichzeitig durch eine Konfusion der Zuständigkeiten zu verfälschen.

Die Theorien und die Kalküle müssen sich gewiss stets auf eine experimentelle Verifikation beziehen. Vom Faktum ausgegangen, kehren sie zum Faktum zurück, welches der Schiedsrichter bleibt. Aber weder sind die Theorien mit den ursprünglichen Gegebenheiten homogen, noch haben die durch Analyse deduzierten praktischen Konsequenzen die geringste natürliche Beziehung zu den Theorien, zu deren Kontrolle sie von Nutzen sind. Was sich zwischen ihnen befindet, entzieht sich der Wissenschaft, obwohl sie dies durchschreiten muss. Für die Wissenschaft geht es demnach darum, die Fakten und die Gesetze miteinander zu koordinieren, die die Erfahrung uns erkennen lässt, aber einzig die Hilfe der Mathematik gestattet es uns,

3 · Das Phänomen der Tat

dies präzise zu formulieren. Die Wissenschaft kümmert sich weder darum zu wissen, ob ihre symbolischen Fiktionen absolut wahr sind, noch ob sie wahrscheinlich sind, vorausgesetzt diese Fiktionen stellen zwischen dem Kalkül und den Fakten den höchstmöglichen kontinuierlichen Bezug her. Müssten mehrere verschiedene Konventionen zugleich eingegangen werden, so nimmt sie diese alle in Anspruch, jedoch unter der alleinigen Bedingung, dass zwischen diesen auf verschiedene Weise nützlichen Hypothesen keine formelle Unvereinbarkeit gefunden wird.

Deshalb soll man unter dem Deckmantel der Wissenschaft nicht den falschen Mystizismus der Sinnenwelt von neuem beleben, indem man den Gegebenheiten der Sinneswahrnehmung die Konsistenz einräumt, die sie nicht haben. Ebenso wenig wie die Mathematik schöpfen die experimentellen Wissenschaften die einfachste Erkenntnis aus. Sie mögen sich untereinander noch so sehr zusammenschließen, ihr Zusammenschluss als solcher bleibt dennoch ein Problem. Jede Wissenschaft für sich gibt eine Erklärung, die vollständig, die sogar eine andere korrelative Erklärung in sich aufzunehmen scheint und dennoch davon verschieden bleibt. Jede Wissenschaft existiert nur in dem Maße wirklich, wie sie eine Funktion der anderen wird. Aber nicht weil sie miteinander in Korrespondenz stehen, sind die beiden Abfolgen, die eine oder die andere, oder die eine und die andere, reell. Entgegen den geläufigen Vorurteilen sind die physikalischen oder chemischen Gesetze ebenfalls Symbole, die nicht mehr und nicht weniger Bestand haben als die geometrischen Formeln.

Die Kontinuität und die Diskontinuität sind somit nicht zwei unvereinbare Thesen einer metaphysischen Antinomie, sondern die zusammengehörigen Bestandteile des wissenschaftlichen Symbolismus. Es ist die Rolle der experimentellen Wissenschaft, die Diskontinuität in der Kontinuität selbst ans Licht zu bringen. In ihr bleibt die mathematische Deduktion für immer der Erkenntnis untergeordnet, *[70 Inkohärenz und Zusammenhalt der positiven Wissenschaften]* dass jegliche Synthese nicht reduzierbar ist auf die Elemente der Analyse. Wenn man zum Beispiel wie Kekulé voraussetzt, dass die Verbindung der Atome sich kraft ihrer spezifischen Eigenschaften den einfachsten Zahlen entsprechend vollzieht, anerkennt man dann nicht, dass die Wahrnehmung einer qualitativen Gegebenheit der Anwendung der Mechanik vorausgehen muss und dass das Einschreiten der mathematischen Wissenschaften, statt die Ursprünglichkeit der sinnlich wahrnehmbaren Objekte zu unterdrücken, dazu dient, sie hervorzuheben?

Das Bestreben der Naturwissenschaften muss dann auch sein, ohne deswegen ihren Ergebnissen die Bedeutung einer reellen Geschichte der Natur zu verleihen, innerhalb der Kontinuität und des Determinismus eine neue Methode zu finden, um die Körper zu individualisieren, indem man sie als polyzoane Lebensformen betrachtet. Aus den gleichen Elementen aufgebaut, nach einheitlichen Gesetzen kombiniert, bilden die Zusammensetzungen eine neue Form, die ganz verschieden ist von der Summe ihrer Teile und deren Physiognomie keine einzige Formel vorauszusagen vermag. Wasser ist Wasser und nichts anderes; es ist weder Sauerstoff noch Wasserstoff.

Weil die experimentelle Wissenschaft notwendigerweise von einer empirischen Gegebenheit ausgeht, kehrt sie deshalb auch notwendigerweise zur empirischen Wahrnehmung zurück. Je nachdem wie sie sich entwickelt, erkennt sie zusammen mit einer tieferen Einheit der Zusammensetzung und der *allgemeineren* Gesetze auch eine radikalere und präzisere Unterscheidung der Komposita. So trifft man an den letzten Grenzen, welche die Analyse erreichen konnte, unter den Gegebenheiten der Erfahrung stets die gleiche definierte Verschiedenheit wieder. In der Spektralanalyse haben die jedes Element kennzeichnenden Spektrallinien ihre jeweils spezifische Disposition oder sozusagen ihre spezifische Organisation. Niemals wird sich ein System dieser Spektrallinien aufgrund unbemerkter Übergänge in ein anderes System transformieren, wie wenig verschieden dies auch sein mag. Ein Zustand des Gleichgewichts wird nur geändert, um in einen anderen Zustand des genauso präzisen Gleichgewichtes überzugehen. Statt alles auf einen homogenen Determinismus zurückzuführen, besteht der Fortschritt der Chemie darin, die Heterogenität der diskontinuierlichen Synthesen auf der Grundlage des Determinismus zu begründen, zu präzisieren und zu definieren.

Dieser Punkt ist so wichtig, dass es gut ist, ihn etwas mehr zu betonen und deshalb die neueren Fortschritte der Naturwissenschaften genauer zu betrachten. Indem wir die Vermessenheit ihrer neuen Ansprüche vermeiden, werden wir sehen, welchen Bedingungen ihr Fortschritt und sogar ihre Existenz unterliegen; so stellen wir uns darauf ein, unheilbare Lücken in ihnen zu entdecken.

[71 Die radikale Insuffizienz der Naturwissenschaften] II. – Wo heutzutage vielleicht die größte Anstrengung geschieht, um die de-

skriptive Erforschung der Seienden mit der strikten Determination von miteinander verketteten Fakten zusammenzuführen und sie Letzteren unterzuordnen, ist wohl das Fachgebiet der Biologie. Der Anspruch des Transformismus besteht darin, an die Stelle des sichtbaren Unterschiedes der Lebensformen die Kontinuität einer fortschreitenden Evolution zu setzen. Er strebt danach, die Formel des allumfassenden Zusammenspiels zu entdecken und aus dem Gesamt der definierten Beziehungen in Zeit und Raum die reelle Erklärung der Natur zu machen. Inwiefern ist dieser Versuch wissenschaftlich, und was wird er in der allgemeinen Entwicklung der experimentellen Wissenschaft zuwege bringen?

Der Transformismus ist eine *Alchimie* der Natur. Mit einem einzigen Wort wird so festgehalten, was an ihm nützlich und fruchtbar ist und zugleich was vorläufig und unvollständig ist. Erst zu seinem Nutzen. Er besteht in der Annahme, dass es unter der baren Verschiedenheit und der scheinbaren Unabhängigkeit gemeinsam bestehender oder nacheinander kommender Seienden ein kontinuierliches Band gibt. Auf diese Weise bereitet er den Boden für eine neue Ausweitung des mathematischen Determinismus und lässt erahnen, dass man sogar in den formbarsten Organismen das Gesetz der Zahl wiederfinden muss, *mensura et pondere* [durch Maß und Gewicht]. Er vermutet, dass die lebendigen Bezüge, die die Einheit der Welt bilden, ihr Äquivalent haben in anderen abstrakten Bezügen, welche die Deduktion in ihrer fachtechnischen Sprache erstellen wird. Indem sie vom Homogenen ins Heterogene übergehen, ergeben sich die kosmischen, physikalischen, biologischen und sozialen Tatvorgänge aus einer Anpassung an die gesamte Umwelt. Jede Tatsache wie jedwedes Seiende ist so ein Ausdruck der Kontinuität, des Zusammenhalts, der Einheit im Ganzen, ein Produkt der gemeinsamen Geschichte, eine einzelne und vorläufige Lösung des allgemeinen Problems der Welt. Und dieses Problem wird in dem Maße komplizierter, wie die aufeinanderfolgenden Lösungen es aufgrund des ständigen Suchens nach einem Gleichgewicht, das unablässig gestört wird, mit neuen Gegebenheiten bereichert. Als große und fruchtbare Idee zeigt sich der sympathische Zusammenhalt aller Seienden, die sich gleichsam wechselseitig aufbauen, so wie die Glieder eines ständig wachsenden Organismus einander entsprechen. Sie zeigt sich als hellseherische Hypothese, die sich darstellt, jedoch nicht strikt wissenschaftlich, wie die präzise Formel des vom Universum gestalteten Zusammenspiels. Sie ist die Vorahnung von Wahrheiten, die eine fortgeschrit-

II · Die Inkohärenz der positiven Wissenschaften

tenere Wissenschaft definieren und begrenzen muss, indem sie diese ergänzt.

Was dem Transformismus tatsächlich fehlt, was aus ihm eher einen Roman als eine Naturwissenschaft macht, ist Folgendes. Genauso wie der Alchimist auf Basis von Umwandlungen, die sich geheimnisvoll vor seinem Blick abspielten, behauptete, *[72 Inkohärenz und Solidarität der positiven Wissenschaften]* schließlich Gold aus allen Körpern zu gewinnen, deren Vollendung er anzubahnen dachte, so ist der Transformist davon überzeugt, den Weg zu entdecken, der die rudimentären Ansätze des Lebens zu den höheren Formen und zum Menschentum führt. Was man dem einen vorwerfen kann, muss man dies analog nicht auch auf den anderen anwenden? Inwiefern verdient die Alchimie den Misskredit einer falschen Wissenschaft, der sich an ihren Namen geheftet hat? Indem sie sich im Allgemeinen mit oberflächlichen Ähnlichkeiten und Wahrscheinlichkeiten zufrieden gab, vermischte sie die kühnsten Ansichten mit ihren positiven Erfahrungen, ohne in der Wahrnehmung des Realen den Anteil des Imaginären zu unterscheiden. Weil eine Methode fehlte, Irrtumsmöglichkeiten auszuschließen und den genauen Gegenstand ihrer Nachforschungen zu bestimmen, verfolgte sie mit ihrem Wissensdrang ein Ziel, das außerhalb der Wissenschaften selbst lag. Sie abstrahierte zwar von allen nichtreduzierbaren Qualitäten der Körper, die ihr die unmittelbare Erfahrung darbot, aber trotzdem versuchte sie, aufgrund einer unbemerkten Inkonsequenz, alle auf ein und dieselbe Qualität zu reduzieren.

So geht auch der Transformist vor. Unter Berücksichtigung aller Verschiedenheiten scheint es mit ihm bestellt zu sein, als würde man im Unwissen der positiven Gesetze der chemischen Verbindung noch an die Transmutation der Elemente glauben. Wenn er sich auf den Überlebenskampf oder die natürliche Selektion beruft, wenn er quer durch die Anomalien der Vererbung gewisse sichtbare Transformationen herausgreift, um damit eine These abzustützen, die er übereilig für wissenschaftlich erklärt, bedeutet dies wiederum nicht, sich einzubilden, dass Wahrscheinlichkeiten und deskriptive Annäherungen in der Wissenschaft genügen? Heißt dies nicht, dass man nach der Methode des Ungefähren vorgeht, ohne dass man sich erst darum kümmert, die Behauptungen durch jene negative Methode des Gegenbeweises zu definieren und einzugrenzen, die einzig imstande ist, die Ursachen der Illusion auszuschließen, strikte Schlussfolgerungen durchzusetzen und so diesen Behauptungen eine Beweiskraft

3 · Das Phänomen der Tat

verleiht? Wenn der Transformist der einfachen Beobachtung von brauchbaren oberflächlichen Erscheinungen zufolge meint, dass die Lebensformen aufgrund unbemerkter Transformationen auseinander hervorgegangen sind, so verfährt er, wenn nicht wie der Alchimist, der den Merkur als Quecksilber bezeichnet, so doch wenigstens wie jener Chemiker, der sich zwischen Kohlenoxyd und Kohlensäure eine Abstufung von mehr oder weniger sauerstoffhaltigen Zuständen ausmalen würde, denen entlang man vom einen in den anderen hinübergelangen würde.

Wenn man über organische Modifikationen und Ähnlichkeiten im Groben urteilt, über unbemerkte Übergänge mutmaßt, darauf hofft, dass, wenn man die Stufen der universellen Metamorphose unendlich nah nebeneinanderlegt, man jede Schwierigkeit und jede Diskontinuität verschwinden lassen wird, wie eine *[73 Die radikale Insuffizienz der Naturwissenschaften]* Hausfrau, die einen Haufen Staub auseinanderwirbelt, um ihn vor ungenauen Blicken unsichtbar zu machen, so strapaziert man die mathematischen Analogien und das Ansehen der Vorstellungskraft auf Kosten der Methode und der Originalität der Naturwissenschaften. So legitim und wissenschaftlich es ist, eine enge Abhängigkeit zwischen den sich gegenseitig tragenden Teilen herzustellen und die gleichen Elemente wie die gleichen Gesetze der Zusammensetzung vom einen Ende der Welt bis zum anderen zirkulieren zu lassen, so wäre es vermessen und inkonsequent, innerhalb der gewissen Homogenität die genauso gewisse Heterogenität zu verkennen.

Denn selbst wenn man davon ausgeht, dass man im Labor der Natur eine neue Art unter dem Einfluss komplexer Ursachen aus einer bestimmten Art hervorgehen sieht, so wie sich in einer Retorte, die mehrere Stoffe enthält, unvorhergesehene Verbindungen bilden, so wäre das Problem der Transmission und der Transformation deshalb noch nicht geklärt. Wie der Alchimist inkonsequent war, als er alle spezifischen Qualitäten der Stoffe unterschlug, um eine letzte Qualität herauszufinden, so ist der Transformist ebenfalls inkonsequent, wenn er von einer abgeleiteten Art abstrahiert, als hätte sie nicht auch ihre irreduzible Originalität, um sich an die ursprüngliche Art zu klammern, an die Urzelle, die er als feste Gegebenheit betrachtet. Ersterer glaubte nicht an die Eigenart der Metalle, und wollte dennoch eine ganz bestimmte Sorte gewinnen, nämlich Gold; Letzterer glaubt nicht an die Eigenart der Organismen, und behauptet, alles, was ist, auf ein und denselben Typus zurückzuführen, das heißt, indem er von der heterogenen Qualität abstrahiert, strapaziert er die homogene Kontinuität, um zu guter Letzt eine Urqualität oder Endqualität wiederherzustellen, als könnte es einen einzigen Typus geben, aus dem die anderen aufgrund von Verbindung hervorgingen, genauso wie die Quantitäten aus numerischen Einheiten stammen.

Stets muss man also vom Ausgangspunkt an im ersten Lebenskeim eine infinitesimale Koordinierung der Teile annehmen, ein spezifisches System oder eine Kombination der organisierten Elemente, die ganz und gar *sui generis* ist. Sonst gäbe es weder Biochemie noch eine mögliche Biowissenschaft, weil dort alles amorph wäre. Eine definierte Synthese kann, wenn sie sich wandelt, nur eine andere definierte Synthese bilden, so wie ein einzelnes Individuum aus einem einzelnen Individuum hervorgeht. Wie auch immer der Ursprung der Lebensarten sein möge, das Problem ihrer grundsätzlichen Verschiedenheit bleibt somit bestehen. Von diesem essentiellen Unterschied hängt der positive Charakter der Naturwissenschaften ab. Das Problem des reellen Ursprungs und der Konstitution der *[74 Inkohärenz und Zusammenhalt der positiven Wissenschaften]* Lebewesen ist völlig verschieden vom Problem der historischen Abstammung und der organischen Zusammensetzung der Lebensformen. Beides muss man voneinander trennen, um nicht Metaphysik zu betreiben, ohne es zu wissen, denn das erstgenannte Problem liegt für immer jenseits der Kompetenz der Wissenschaft.

Unter welchen Bedingungen werden die Phylogenese und die Ontogenese einen im eigentlichen Sinn wissenschaftlichen Charakter annehmen? Und was wird vom Transformismus noch übrig bleiben, wenn er, nachdem er aufhört, eine Doktrin zu sein und danach zu trachten, das letzte Wort und das große Geheimnis der Dinge zu enthalten, seinen Platz im System der experimentellen Wissenschaften eingenommen haben wird, die die Wahrheit seiner Hypothese wie von so vielen anderen bewahren und übersteigen werden, nachdem sie deren Exzess vermieden und verurteilt haben?

Wenn hier vorauszublicken gestattet ist, dann wird gewiss Folgendes davon übrig bleiben: Vom letzten stets vorläufigen Element, das die Analyse erreicht, bis zu den komplexesten Synthesen des Lebens wird man wissenschaftlich erkennen, dass sozusagen ein und dieselbe Lebenskraft und ein und dieselbe Formel der Zusammensetzung zirkuliert. Bereits die Kristallographie erforscht den Bauplan der Atome im Molekül. Wenn sie bestimmt, wie die Elemente untereinander Verbindungen eingehen und sich zusammensetzen, wie sie

3 · Das Phänomen der Tat

nebeneinander stehen, indem sie nach mechanischen, vom Kalkül erfassbaren Gesetzen kristallisieren, dann können die organischen Zusammensetzungen bezüglich ihrer histologischen Struktur selbst strikt definiert werden. Dann wird man ohne Zweifel erkennen, wie der Konnex der Organe und die Korrelation der Formen, deren Harmonie bei den höheren Lebewesen eher einem Gesetz der ästhetischen Finalität als einer geometrischen Ordnung zu gehorchen scheint, von der spezifischen Natur der Kombination der Elemente abhängt, die sich in der Gesamtheit des Lebewesens ausdrückt. Man wird dann wissen, wie die organische Synthese den genauen Gesetzen einer Art von Kristallisierung unterworfen ist,[10] wie sogar die Verschiedenheit der Rassen je nach Umwelt ein Fall des Polymorphismus ist. Auf solche Weise wären in der Natur die Einheit der Zusammensetzung und die universelle Verkettung der Fakten, der Formen wie der Seienden nicht mehr eine unbestimmte Hypothese oder eine vage Annäherung, die auf Ähnlichkeiten und Verallgemeinerungen beruht. Sie wäre vielmehr eine Formel, welche sich die Deduktion zunutze machen könnte und die *[75 Die radikale Insuffizienz der Naturwissenschaften]* das alte Wort streng bis in die Einzelheiten verifizieren würde: *Homo de limo terrae* [der Mensch ist vom Lehm der Erde]. Nicht mehr die Astronomie allein, sondern ebenso die Physik, die Chemie, bereits die Biologie und vielleicht bald die Soziologie zeigen sich so als abhängig von einem Problem rationeller Mechanik. Dies ist offensichtlich ein irrwitziges Ergebnis. Es ist aber nützlich, die Wissenschaft als vollkommen vorauszusetzen, um dann zu sehen, dass es in ihr die ihr eigene Kohärenz nicht einmal geben könnte.

Doch wie kann so das reelle Kontinuum mathematisch determiniert werden? Unter der Voraussetzung etwa, dass es zwischen allen Formen der natürlichen Organisation unmerkliche Abstufungen und konfuse Indetermination gibt, so wie im Innern eines Teiges, der fertig ist, um allmählich aufgrund allerlei vager Einflüsse geformt zu werden? Keineswegs. Denn der Determinismus des mathematischen Kontinuums in der Natur fordert im Gegenteil, dass es auf jeder Stufe, wie nah beieinander man sie auch denken möge, dass es in jeder einzelnen Synthese, wie analog sie auch sein mag, eine präzise De-

---

[10] Man muss die Konstitution der organischen Elemente und die Zusammensetzung oder die Anordnung der Organe richtig unterscheiden. Die Synthese der Gallussäure herstellen, heißt nicht, einen Gallapfel machen. Versteht man die Schwierigkeit, das Gesetz dieser Zusammenführung *exakt* zu definieren?

II · Die Inkohärenz der positiven Wissenschaften

termination und eine innere Organisation des ursprünglichen Kompositums gibt. In den experimentellen Wissenschaften ist somit die Anwendung der kontinuierlichen Deduktion der Diskontinuität der reellen Synthesen untergeordnet; die Quantität ist da nur angebracht, um das, was der Qualität stets eigen und irreduzibel ist, herauszustellen. Wenn die Zahl einmal eingeführt ist, wird die sinnfällige Gegebenheit durch die Präzision und die strenge Starrheit der Mathematik gegen die Mathematik selbst gestärkt.

Wenn man so die architektonische Struktur der Atome in der Genese der Moleküle erforscht, ist zu fragen, unter welchen Bedingungen das Problem sich uns stellt, es gedacht wird und gelöst werden kann. Unter der Bedingung nämlich, in Betracht zu ziehen, dass die verschiedenen zugehörigen Teile eine systematische Anordnung bilden. Jede Disposition, τάξις, jede komplexe Einheit, jede erkennbare Form, jedes System als organisches System existiert nur als Wahrnehmung und Qualität. Das Ganze lässt sich keineswegs vollständig auf seine Elemente reduzieren, während die Elemente dagegen nur in Bezug auf das Ganze, von dem sie abhängen, einen Namen haben und ihre Rolle einnehmen. Dies gilt umso mehr, wenn es sich nicht mehr um Verbindungen in der organischen Chemie handelt, sondern um die Organe selbst und ihre Zusammensetzung. Wenn die Elementarteile im lebendigen Körper so strikt determiniert sind wie im Kristall, dann ist das Gesamt dieser Teile nicht unendlich formbar. Jede Einzelheit der biologischen Chemie, wie sie dem einzelnen Organismus eigen ist, ergibt sich im Gegenteil aus der umfassenden Qualität und der spezifischen Originalität des Gesamten.

[76 Inkohärenz und Zusammenhalt der positiven Wissenschaften]. Die experimentelle Wissenschaft ist nur in dem Maße eine Wissenschaft, wie sie mit einer mathematischen Kontinuität die genauen Gesetze der Verbindungen wie des universellen Zusammenhalts bestimmt und gerade dadurch den Unterschied und die eigene Qualität der Synthesen festlegt, deren erste Erfahrung die unbestimmte Wahrnehmung vermittelt.

In der Erforschung der Hierarchie der Formen, die nunmehr mit jener der Verkettung der Tatsachen zusammenfällt, muss man demnach zwei Klippen vermeiden. Einerseits ist es falsch, wenn man zwischen den Arten, welche die Natur der Beobachtung darbietet, einzig Beziehungen sähe, die sich aus Juxtapositionen ergeben, als ob, wenn sie aufgrund ihrer Verschiedenheit einen gänzlich idealen Plan verwirklichen, ihre Analogien weder Familienzugehörigkeit

3 · Das Phänomen der Tat

noch wechselseitige Abhängigkeit manifestierten. Andererseits ist es auch falsch, wenn man im Vertrauen auf stets grobe und inkompetente Beobachtungen, die rein äußerliche Eigenheiten der Lebensformen betreffen, an eine unbestimmte Transformation der Lebewesen glauben würde. Wie es in den anorganischen Verbindungen natürliche Gattungen und Familien gibt, so bestehen in der Lebenswelt organische Systeme, die, welchen Ursprungs und welcher Abstammung sie auch sein mögen, Fälle genau bestimmten Gleichgewichts und ursprünglicher Synthesen bilden.

Gewiss können sich die gleichen Elemente in der ganzen Serie wiederfinden, aber die Verschiedenheit ihrer Zusammenstellung ist in einem gewissen Sinn etwas Realeres und Wesentlicheres als die Einheit ihrer Zusammensetzung selbst. Hier liegt das Faktum vor, das sich jeglicher Reduktion widersetzt, sogar nachdem die Deduktion seine infinitesimale Hervorbringung determiniert und nachdem die Beobachtung seine historische Herkunft identifiziert hat. Kein einziges Kompositum ist auf seine Komponenten reduzierbar. Auch wenn es ohne sie gar nicht auskommt, geht es stets über sie hinaus. Deshalb kann das Verhältnis der Ursache zu den Wirkungen nicht analytisch sein. Wer diese Wahrheit anerkennt, hat nicht mehr das Recht, alles in der Natur auf den Determinismus der Fakten zu reduzieren.

Kurzum, das Band zwischen den am nächsten beieinander gelegenen Zuständen wird niemals durch die unmittelbare Erfahrung erfasst, selbst wenn man deren Voraussetzungen, Beziehungen und Bindungen kennt. Die Analyse lässt notwendigerweise das x aus, dessen Tat über die innere Organisation waltet. Sogar die analytische Zusammensetzung enthüllt dem Beobachter nicht den tiefen Vorgang, der sich unterhalb der Ebene seiner Sinnesorgane und ohne Wissen seiner Berechnungen vollzieht. Nachdem die Elemente bereitgestellt und die Bedingungen zusammengetragen sind, ist es das Werk der Natur, das Übrige heimlich zu vollenden. Jedwede Hervorbringung geschieht in der Nacht. Man mag noch so sehr *[77 Die radikale Insuffizienz der Naturwissenschaften]* Zwischentypen und Übergangsarten entdecken, dass empirische Kontinuum wird stets eine Annäherung bleiben und das mathematische Kontinuum, das allein absolut exakt ist, bloß auf eine symbolische Weise darstellen. Der Irrtum des Transformismus besteht in der Annahme, dass alle Formen der Wissenschaft sich von sich her zusammenschließen, ohne dass er wahrnimmt, dass es in ihnen wie auch zwischen ihnen eine ständige Inkohärenz gibt. Wenn er gerade dem die Bedeutung einer universellen Erklärung beimisst, welches selbst der Erklärung bedarf, verfälscht er das, was er an wissenschaftlichen Wahrheiten bringt, durch deren illegitime Ausweitung. Es handelt sich somit bloß um ein hybrides Konstrukt. Die wahre Naturwissenschaft ist die, welche es versteht, die kontinuierliche Verkettung der diskontinuierlichen Lebewesen streng zu bestimmen und sich mit dem zu befassen, was jede Synthese an Eigenem hat, τόδε τι, ohne Verhältnisbestimmungen für Seiendes zu halten und ohne eine historische Abfolge für eine reelle Erklärung gelten zu lassen.

Nicht nur für die erste Betrachtung des Unkundigen, sondern sogar für den aufgeklärtesten Blick des Wissenschaftlers tritt in dieser Weise eine Hierarchie von völlig verschiedenen und völlig zusammenhängenden Formen zum Vorschein. Wenn auch die Erklärung der Welt durch die Beobachtungswissenschaften auf einer abstrakten Kontinuität beruht, muss sie doch diskontinuierlich sein und wird es auch bleiben. Sowohl hinsichtlich des Ganzen als auch hinsichtlich des Details der Erfahrungsgegenstände öffnen sich verschiedene Gesichtspunkte; verschiedene Formen und sozusagen verschiedene Stadien der Erklärung sind in gleicher Weise legitim. Die Mechanik, die Physik oder die Chemie, wenn sie sich auch stets mehr untereinander zusammenschließen, behalten dennoch je ihre spezielle Zuständigkeit. Sie greifen auf Phänomene zu, die sich ansonsten ihrem Zugriff entziehen. Weder entbindet die Erforschung der Synthese davon, die Bedingungen aufseiten der Elemente zu bestimmen, noch ersetzt die Erkenntnis der Elemente die direkte Erforschung der Synthese als solcher.

Auf diese Weise zeigt bereits die Inertie des bloßen Körpers eine innere Dynamik, ohne die der Anstoß seine Wirkung nicht erzeugen würde, der das Bewegliche aus seinem Ruhestand gezogen hat. Gleicherweise bewirkt der lebendige Keim mit dem Material, das er aufnimmt, eine wahre Schöpfung, und sofern Leben vorhanden ist, gibt es das Phänomen der Überproduktion. Zwischen der Anregung durch äußere Umstände und dem Stimulans seines Organismus ist das Tier seinem Organismus am stärksten ausgesetzt. Im Nervensystem ist jede Zelle sozusagen ein Herz, das den empfangenen Zufluss mit einer Steigerung an Kraft wieder abgibt. Die Psychophysik enthüllt die siegreiche Vorwärtsbewegung der Anstrengung gegen den zu überwindenden Widerstand und die Intensität der *[78 Inkohärenz und Zusammenhalt der positiven Wissenschaften]* von ihr so bezeichneten psychischen Reflexe. Das Bewusstsein kommt aus den organischen Funktionen hervor, ohne sich dessen bewusst zu sein und ohne sich auf sie reduzieren zu lassen. In der Reflexion tritt eine Inhibitions- und Impulsionskraft zutage, die die volkstümliche Erfahrung als Freiheit bezeichnet und die sie imstande erachtet, die Energie der Natur zu beherrschen oder die Instinkte des animalischen Lebens zu regulieren. Die Wirkung des Willens ihrerseits geht aus dem Denken, dem Organismus und aus der Welt hervor, ohne sich eigens auf die wirre Menge von unbekannten Keimen zu beziehen, deren Vollendung sie ist. Jede Stufe hat also ein eigenes Charakteristikum, ohne dass es mit irgendeiner anderen Stufe einen gemeinsamen Maßstab gibt. Als Zusammenfassung des gesamten Gefüges und zugleich als herausragendes Neues kann jede Stufe nur dann wissenschaftlich erkannt werden, wenn sie durch die Kontinuität der Deduktion mit dem universellen Determinismus verbunden ist und zu gleicher Zeit durch die unmittelbare Beobachtung in ihrer Einheit als Synthese erfasst wird.

Von diesem Zusammenspiel nun gibt die experimentelle Wissenschaft überhaupt keine Rechenschaft. Sie besteht nur, wenn sie sich auf das Zusammengehen der zwei Ordnungen einlässt, die von ihrem Standpunkt aus betrachtet inkohärent sind. Die Beziehung zwischen dem Kalkül und der Wahrnehmung, zwischen dem verstandesmäßigen Determinismus der Fakten und der sinnfälligen Diskontinuität der Gegebenheiten aus der Beobachtung entgeht ihr sowohl am Anfang, im Verlauf, als auch am idealen Endpunkt ihrer Entwicklung. Und dennoch lebt sie auf der Grundlage gerade dieser Beziehung.

Ganz grob gesprochen, ergeben sich folgende Feststellungen aus einer klaren Sicht auf die Verfahrensweisen der positiven Wissenschaften: – Wahre Wissenschaft der Phänomene gibt es nur, wenn deren Gesetze durch das Kalkül determiniert werden. – Wahre Wissenschaft der Arten gibt es nur, wenn deren innere Konstitution mit einer numerischen Präzision definiert werden kann. – Reelle Einheit dieser Wissenschaften gibt es nur, wenn das mathematische Kontinuum sich in ihnen ansiedelt und sie miteinander verbindet, denn von ihrem Standpunkt aus sind die Seienden bloß ein System von integrierten Phänomenen. Wenn sich nun herausgestellt hat, dass die Anwendung der exakten Wissenschaften auf die Realität durch diese Wissenschaften selbst überhaupt nicht begründet war, so zeigt sich ebenfalls, dass der für die experimentellen Wissenschaften notwendige Rückgriff auf das Kalkül ebenso in keiner Weise begründet ist. Zwischen den Wissenschaften so wie in ihnen selbst befindet sich ein Riss, der nicht verschwinden wird, ganz gleich zu welcher Stufe ihres Fortschritts man sie auch als angelangt erachtet. Die Mathematik mag sich noch so sehr in die Natur einfügen, die Physik sich noch so sehr mit dem Kalkül versehen, als ob sie abwechselnd die Rolle von Behälter und Inhalt spielen, trotz dieser doppelten Koinzidenz und dieser gegenseitigen Einfügung gibt es in der scheinbaren Einheit der wissenschaftlichen Erklärung einen unsichtbaren Riss. Die Wissenschaft kann es nicht bei der Wissenschaft bewenden lassen.

III

[79 Die Vermittlung der Tat] Wie also vollzieht sich das Zusammenbringen dieser getrennten Teilstücke faktisch? Woher bezieht die Wissenschaft das Leben und die Effektivität, die sie hat, weil sie ist, und zwar zusammen mit der Kohärenz, die sie überhaupt nicht hat und ohne die sie trotzdem nicht ist?

Wenn wir die Ergebnisse der vorangegangenen Analysen auf einmal überblicken, werden wir das Schlusspostulat wahrnehmen, den genauen Punkt, in dem sich sowohl im Ganzen der Erkenntnis als auch im geringsten Detail die Verbindung ereignet, von dem alle positive Gewissheit abhängt.

Einerseits holt die mathematische Analyse am Ende ihrer Abstraktion die Sinneswirklichkeit niemals ein. Andererseits mag die unmittelbare Beobachtung sich noch so anstrengen, um aus dem Konkreten, dem Einzelnen, aus der Qualität etwas Wissenschaftliches zu machen, indem sie unter die Sinneswahrnehmung eine Welt von quantitativen Determinierungen schiebt; statt das qualitative Phänomen innerhalb einer abstrakten Formel verschwinden zu lassen, lässt sie dessen nicht reduzierbare Ursprünglichkeit hervortreten. Weder vermag die Erfahrung das rein Abstrakte zu erbringen, noch das Kalkül das wahrhaft Konkrete. Denn das Kalkül beruht gerade darauf, dass die reelle Analyse bis ins Unendliche geht, und die Erfahrung darauf, dass das mathematische Konstrukt nicht die reelle Synthese hervorbringt. Gewiss gibt man sich aufgrund einer subtilen Illusion der Überzeugung hin, dass von dem Augenblick an, da die exakten Wissenschaften vom Abstrakten her zu praktischen Anwendungen gelangen oder da es den experimentellen, auf Sinneswahrnehmung beruhenden Wissenschaften gelingt, dort numerische Determinierungen freizulegen, es nunmehr Koinzidenz und Zusammenfügung dieser beiden gegenläufig symmetrischen Methoden des Kalküls und der Erfahrung gibt. Dennoch ist dies nicht der Fall, denn die Bedeutung von Einheit, von Analyse und Synthese ist auf beiden Seiten keineswegs dieselbe. In *ihren* Berechnungen erreicht die experimentelle Wissenschaft nie *das* Kalkül, weil ihre Einheit nicht das abstrakte Prinzip der ideellen Analyse ist, sondern das konkrete Element. Mehr noch, es gibt keine wissenschaftliche Wahrheit gleich welcher Ordnung, in der diese Dualität nicht vorkommt. Denn jedes mathematische Konstrukt setzt sozusagen eine imaginäre Erfahrung der Synthese als Synthese voraus und jede einzelne Beobachtung erfordert einen Abstraktionsvorgang, der in der konfusen Masse der Sinneswahrnehmung eine Einheit und numerische Verhältnisse festlegt, auf die sich die Qualität nicht reduzieren lässt.

[80 Inkohärenz und Zusammenhalt der positiven Wissenschaften] Wenn man die Schwierigkeit so definiert, besagt es, dass sie de facto gelöst ist. Doch statt in diesem effektiven Erfolg eine Lösung zu erblicken, muss man darin ein Problem sehen.

I. – Die Schwierigkeit ist de facto gelöst. Alle Antinomien, die man im Bereich der Spekulation zu entdecken behauptete, liegen in der Wissenschaft selbst. Wenn man der Sache auf den Grund geht, beziehen die Antinomien sich nicht auf das Sein, und auch die Ontologie steht nicht auf dem Spiel. Unter dem Vorwand, die metaphysische Illusion zu bekämpfen, ist Kant durch die Macht der erworbenen Gewohnheit der metaphysischen Illusion noch erlegen, indem er die Frage transponiert: Kontinuität und Diskontinuität, Determinismus und Kontingenz, Analyse und Synthese, Deduktion und Hervorbringung von Folgen, die sich von ihren Voraussetzungen unterscheiden, sie alle sind die Teile des Konflikts, und der Konflikt erhebt sich im Zentrum der positiven Erkenntnisse.[11] Die Wissenschaft selbst ist somit bloßgestellt. Man ist deswegen jedoch nicht beunruhigt, man nimmt nicht

---

[11] Kant lässt die Metaphysik von der Möglichkeit von synthetischen Urteilen *a priori* abhängen. Mit anderen Worten, es handelt sich um die Übereinstimmung zwischen dem *a priori* der analytischen Synthesen und dem *a posteriori* der synthetischen Analysen. Gerade im inneren Bereich der Wissenschaften findet der Zweikampf und die Versöhnung statt, ohne dass man die Phänomene anders denn als Phänomene betrachten müsste, ohne etwas anderes daneben oder darunter vorauszusetzen. Aus diesem friedlich beigelegten Widerstreit geht nur eine Sache klar hervor, dass nämlich

II · Die Inkohärenz der positiven Wissenschaften

einmal Notiz davon. Warum? Weil das Problem entschieden ist, ehe man das Bedürfnis empfindet, es ins Wort zu fassen. Das Problem ist auf praktische Weise entschieden, was besagt, dass die Tat, aus der die Wissenschaften hervorgehen, sich in ihnen nicht erschöpft, dass sie diese überschreitet und überragt, während sie sie stützt; wenn sie ihr Wachstum und ihren Erfolg ermöglicht, weist die Tat auf, dass sie mehr in sich birgt, als die Wissenschaften erkennen und erreichen.

Auf diese Weise hindern Zenons Spitzfindigkeiten Achill nicht daran, die Schildkröte einzuholen. Alle Inkohärenz der Wissenschaften hindern den Wissenschaftler nicht daran, die Phänomene zu bewältigen und die abstrakten Vorstellungen und Berechnungen des Verstandes zu realisieren, dank der fleißigen Aktivität jenes Menschen, den die Klassifizierungen neuerdings mit dem Namen *Homo industriosus* auszeichnen. Er ist ein Magier auf seine Weise, um sein eigenes Werk in das universelle Werk eindringen zu lassen. Unsere Kraft geht immer weiter als unsere Wissenschaft, denn unsere Wissenschaft, aus unserer Kraft hervorgegangen, braucht diese noch, um dort ihren Halt und ihr Endziel zu finden. Am Endpunkt befindet sich ein Überschuss, weil schon von Anfang an ein Überschuss da war.

[81 Die Vermittlung der Tat] Es ist also unmöglich, dass die Wissenschaft sich auf das beschränkt, was sie weiß, denn sie ist bereits mehr, als sie weiß. Vom Willen her, der sie setzt und instand hält, gibt es in der Wissenschaft das, was man diesseits oder jenseits von ihr auszuschließen meinte. In diesem *Etwas*, das man zunächst ernst genommen hat in der Hoffnung, dass die positive Erkenntnis es ausschöpfen würde, bleibt ein irreduzibles Element bestehen, das vom Gesichtspunkt dieser positiven Wissenschaften her transzendent bleibt, ohne aufzuhören, ihnen immanent zu sein.

Wollen wir die Gegenwart und gleichsam das Stigma jener Tat sehen, die in jedweder Erkenntnis vermittelt? Man erinnere sich, wie eine Tatsache am Anfang der mathematischen Analyse notwendig war, eine Erfahrung, so einfach, wie man will, die bloße Aufeinanderfolge von zwei Bewusstseinszuständen, die bloße Gegebenheit einer effektiven Synthese: eine generative Tat nämlich, die für den ersten Schritt der Wissenschaft notwendig ist und ihr am Ende den abschließenden Erfolg ermöglicht. Man untersuche auch, wie man aus der Kombination der Zahlen die Gesetze der musikalischen Arithmetik

---

die sogenannten positiven Wissenschaften nicht das ganze Phänomen zu erkennen vermögen.

3 · Das Phänomen der Tat

oder der chemischen Proportionen ohne Zuhilfenahme der Erfahrung hervorgehen ließ, oder wie der Ingenieur aus der höheren Algebra völlig *a priori* die Erkenntnis der widerstandsfähigen Materialien ohne die kombinierte Initiative des Denkens und der Beobachtung gewinnen sollte. Überall tut sich die Notwendigkeit einer Tat hervor, die jeder Wissenschaft das verschafft, was ihr von der anderen fehlt. Dieses Einschreiten ist unentbehrlich, damit jede Wissenschaft zu ihrem Ausgangspunkt gelangt und jede sich auf ihren Ankunftspunkt stützt, indem sie sich durch ihren praktischen Erfolg rechtfertigt. Dies besagt, dass jedwede wissenschaftliche Disziplin um ihrer Existenz willen das Postulat der Tat erfordert und dass die Tat selbst Gegenstand einer Wissenschaft für sich werden muss, wenn der Wille der initialen Bewegung des Wissens gegenüber konsequent bleibt. Die Tat löst die Antinomie der positiven Wissenschaften nur, indem sie uns vor ein neues Problem einer anderen Ordnung stellt.

II. – Die Wissenschaft ist ein Erfolg; von diesem Erfolg ist deshalb Rechenschaft abzulegen. Vergebens würde man versuchen, sich damit zufriedenzugeben, sich in ihr einzuschließen, sich in ihr gegen alles Verlangen, gegen alle Wissbegier und jeden höheren Glauben zu verschanzen. Weil in ihr bereits eingeschlossen ist, was man aus ihr ausschließen möchte, weil man weder auf sie verzichten noch es bei ihr bewenden lassen kann, muss man über sie hinausgehen und untersuchen, was sich in der Wissenschaft jenseits der Wissenschaft als solcher befindet.

Hier liegt eine Tatsache vor, die nicht erklärt ist, eine Tatsache, die in den Augen des Wissenschaftlers nie erklärt werden wird. Er kann nicht umhin, diese dennoch sichere und positive Tatsache implizit anzuerkennen und zu wollen, und zwar von dem Augenblick an, in dem er *[82 Sinn und Tragweite der positiven Wissenschaften]* die Wissenschaft anerkennt. Gewiss ist er manchmal davon überzeugt, dass die Erkenntnisse der positiven Wissenschaften, trotz dieser grundsätzlichen Unzulänglichkeit, den Bedürfnissen des individuellen oder sozialen Lebens entgegenkommen. Aber wenn er sie bejaht, dann tut er es im Namen eines eigenmächtigen Glaubens, aufgrund eines Dekrets, das in der Wissenschaft keineswegs seinen Beweggrund und seine Rechtfertigung findet. Er hat nichts dafür getan, das wahre Problem zu lösen. Er hält es genau in dem Augenblick für gelöst, da er unter das allgemeine Gesetz des naiven Bewusstseins zurückfällt. Wird man etwas mehr Klarheit über das Leben gewinnen,

II · Die Inkohärenz der positiven Wissenschaften

weil man die Abelschen Funktionen oder die Kiemen der Gasteropoden kennt? Wenn man also in der Wissenschaft aufrichtig ein Licht sucht, kann man nicht bei den positiven Wissenschaften stehen bleiben, denn in ihnen bleibt der vitale Punkt im Unklaren. Indem man sich mit diesem x befasst, das in seiner Unbestimmtheit all das zusammenfasst, was zu wissen übrig bleibt, muss man im Gegenteil daraus das Objekt einer neuen Wissenschaft machen, die zwar anders, aber dennoch gleichermaßen positiv ist. Das Unbestimmte, so stellt Aristoteles fest, ist die Kategorie der Tat. Nicht, dass es darum ginge, mit einem kühnen Sprung in den umstrittenen Bereich der metaphysischen Spekulation vorzudringen. Unser ganzes Bemühen muss sich im Gegenteil darauf richten, uns an die Tatsache zu halten, die Unbekannte präzise zu bestimmen und deren wissenschaftliche Charakteristik aufzudecken. Dies wird der Gegenstand des nächsten Kapitels sein.

*

Aus den vorhergehenden Analysen ergeben sich beachtliche Konsequenzen:

1° Die positiven Wissenschaften gehen in ihrem ganzen Umfang aus dem ständigen Zusammenschluss von zwei irreduziblen Ordnungen hervor.

2° Aufgrund dieser Inkohärenz und dieses Zusammenhalts bilden sie bloß einen Symbolismus, der in seinem Prinzip unbegründet ist, in seiner kontinuierlichen Entwicklung beständig und zusammengebunden bleibt und dessen Verwendungen ihn verifizieren.

3° Aber weder die Theorien haben einen wesentlichen Bezug zu den experimentellen Auswirkungen, zu denen sie zu gelangen scheinen, noch die Erfahrungsgegebenheiten zum Kalkül, das sich in ihnen zu verwirklichen scheint. Mehr noch, die Theorien einerseits und die Erfahrungsgegebenheiten andererseits haben untereinander keine natürliche Beziehung und sind ebenfalls ohne natürliche Beziehung zu irgendeinem dritten Glied, welches dieses auch sein möge: In der Wissenschaft darf keine Realität als Vermittlung zwischen den beiden funktionalen Reihen ihrer Symbole auftauchen. Jede Reihe findet in der anderen ihre Materie und ihre scheinbare Realität. Jede Reihe, obwohl *[83 Die Grenzen der wissenschaftlichen Erkenntnis]* auf die andere nicht reduzierbar, muss Symbol für die andere sein. Somit gibt es letzten Endes einen zweifachen gegenseitigen Symbolismus, der den positiven Erkenntnissen ihre relative Festigkeit verleiht. Die Rei-

3 · Das Phänomen der Tat

hen sind umso wahrer, je leichter, je genauer, je kohärenter sie sich gegenseitig anpassen. Aber an und für sich sind die einen nicht wahrer als die anderen.

4° Daraus ergibt sich, dass die Wissenschaften sich nicht damit befassen sollen, den Grund der Dinge zu erklären. Sie haben einzig ein System von kohärenten Beziehungen herzustellen, ausgehend von verschiedenen Regeln und in dem Maße, wie jede ihrer verschiedenen Hypothesen de facto kontrolliert wird. Wie es mehrere Weisen gibt, eine erkante Wahrheit zu beweisen und auszudrücken, so gibt es auch mehrere Weisen, eine unbekannte Wahrheit zu erreichen, und mehrere Weisen, sie zu erkennen. Folglich sind der Verschiedenheit, der Fruchtbarkeit und sozusagen der Freiheit der Wissenschaft keine Grenzen gesetzt.

5° So fallen die Beeinträchtigungen weg, die die Wissenschaften der fiktiven Notwendigkeit unterwarfen, eine objektive Welt getreu abzubilden und diese aus allen Teilstücken zu konstruieren; eine Welt, die sie einem Geist bieten könnten, der von der Gewissheit und der Genauigkeit ihrer Ergebnisse fasziniert ist, als handele es sich um die Wirklichkeit selbst; eine Welt wie einen eindrucksvollen Mechanismus, von der man nicht sagen konnte, ob sie nun das Werk der Sinne oder der Vernunft, der Physik oder der Metaphysik wäre. Statt darauf aus zu sein, die Schemata der Kristallographie oder die Konstruktionen der Metageometrie mit Realität zu füllen, muss man sich davor hüten, dem Raum des euklidischen Geometers oder den Atomhypothesen des Chemikers eine substantielle Wahrheit zuzuschreiben.

6° Ebenso fallen die alten Ketten weg, die die Wissenschaft und die Philosophie miteinander zu verbinden schienen. Jedwedes spekulative Konstrukt, das die wissenschaftlichen Symbole und die positiven Wahrheiten für sein Baumaterial hält, ist ruinös. Zur Wissenschaft gehört zwar die Idee der invariablen Reihen und der inkonditionellen Ursächlichkeit, aber aus der von ihr aufgestellten Notwendigkeit von Wahrheiten darf man auf keine Notwendigkeit der Natur schließen. In ihr gibt es keine Natur, sondern nur Verhältnisbestimmungen. Außerdem schränkt der willkürliche Charakter der von Anfang an festgelegten Definitionen und Konventionen die Notwendigkeit der wissenschaftlichen Verhältnisse auf diese Verhältnisse selbst ein.

7° Aber besagt dies nun, dass die Wissenschaften vor dem Abbruch ihrer ganzen Beziehungen zur Philosophie stehen und dass sie keinen integrierenden Bestandteil des Problems des Menschen aus-

II · Die Inkohärenz der positiven Wissenschaften

machen? Keineswegs. Diese Bindungen, die man vom Standpunkt der Erkenntnis aus zerreißen muss, sind hier *[84 Die positive Kritik der Wissenschaften]* vom Standpunkt der Tat aus neu geknüpft. Die Hypothesen, die Symbole, die Erklärungen können sich wandeln und werden sich sogar gewiss wandeln. Was bleiben wird, ist die Vorgehensweise des Geistes bei der Bildung und der gegenseitigen Anpassung solcher Theorien und ebenfalls der Sinn selbst der wissenschaftlichen Forschungen. Die positive Erkenntnis erschöpft sich nicht in ihrem eigenen Werk, und was sie sein lässt, beschränkt sich nicht auf das, was sie tut und weiß. Man kann nicht der Meinung sein, dass die Wissenschaften nicht eine reelle Tragweite hätten. Eine solche haben sie tatsächlich, allerdings anders, als man sie denkt, und in einem umgekehrten Sinn, als man es sich gewöhnlich vorstellt. Denn in dem, was wissenschaftlich und sozusagen objektiv bestimmt ist, liegt der Anteil des Willkürlichen und die Spur des Subjektiven, die das menschliche Eingreifen hinterlässt. Was die Wissenschaften an Realität haben, muss man in dem suchen, was diese bestimmt, nicht jedoch in dem, was diese ihrerseits bestimmen.

8° So wird der Mangel der positivistischen oder evolutionistischen Auffassung offenkundig. »Das *Subjekt*, so sagt man, ist nicht aus sich selbst *Objekt* der Wissenschaft; es ist lediglich durch die anderen wissenschaftlichen Methoden in Bezug auf positive Fakten gekannt. Es ist ein vollständig auf die Außenseite reduzierbares *Epiphänomen*, es ist eine Rückseite.« Ganz gewiss ist dies ein Irrtum. Die Erkenntnis des Subjektiven hat ein eigenes Objekt, weil ihr Existenzgrund genau darin liegt, das zu sein, was die anderen Wissenschaften nicht sind, und ohne das die anderen nicht wären.

9° So wird auch vom positiven Standpunkt aus eines der wesentlichen Probleme gelöst, das die Kritische Philosophie in einem anderen Bereich zurückgelassen hat. Statt die unmittelbare Sinneswahrnehmung zum Ausgangspunkt zu nehmen, warum sollte man dann nicht die glückliche Anstrengung nutzen, die die Wissenschaft unternimmt, um die erste Gegebenheit des Lebens zu klären? Der Nutzen der vorhergehenden Analysen besteht darin, das ganze Werk der Wissenschaft bei der kritischen Erforschung unserer Erkenntnisse hinzuzuziehen und es dort einzuordnen. Auch liegt der Nutzen darin, allein mit Blick auf die Verfahrensweisen und die Ergebnisse der Wissenschaft zu zeigen, dass dieser ganze Teil unseres intellektuellen Reichtums und unserer praktischen Leistungsfähigkeit sich einzig auf die Verhältnisse zwischen den Phänomenen bezieht.

10° Dadurch ist die alte Frage nach der Ursprünglichkeit und dem Angeborensein unseres Denkens auf ihre positive Formulierung zurückgeführt. Was die Sinne oder die Wissenschaften von ihrem Objekt erreichen, ohne den Rest zu erklären, vermag nur im Zusammenhang mit dem Rest zu existieren. Wenn es nützlich gewesen ist, auf die Inkohärenz der Methoden und der Wahrheiten zu insistieren, die am meisten Gewissheit bieten, so deshalb, um gleichzeitig die Gewissheit bezüglich dessen ans Licht zu bringen, was ihren Zusammenhalt wahrt. *[85 Rolle der Wissenschaften im Problem der Tat]* Zwei Schlussfolgerungen, die dem Anschein nach gegensätzlich, in Wirklichkeit jedoch korrelativ sind, sind gemeinsam hervorgetreten: Die Wissenschaften eröffnen uns keine einzige Sicht auf den Grund der Dinge; die Wissenschaften erfordern die Vermittlung einer Handlung, die auf sie nicht zurückgeführt werden kann. Sie gehen nicht in ihrem Objekt auf und leiten die Erkenntnis nie zum Erkannten zurück.

11° Es ist nicht nötig, diesen ganzen subtilen Mechanismus ergründet zu haben, um von der Faszination der positiven Wissenschaften befreit zu sein. Diesem Prestige zu erliegen, ist im Gegenteil der Tatbeweis dessen, dass der Wille, wenn er an einem zu frühen Punkt stehen bleibt, seinen eigenen Forderungen gegenüber inkonsequent ist und sich einer Sache hingibt, die des Willens nicht wert ist.

12° Das Schlussergebnis dieser Untersuchung bringt damit das ans Licht, was dem Unwissenden recht gibt und es ihm erlaubt, das Problem seiner Bestimmung ohne all diesen Luxus an Kenntnissen zu lösen. Die Wissenschaft des Lebens bleibt dem zugänglich, der über keine andere Wissenschaft verfügt.

Man gab vor, den Menschen und seine Handlungen auf bloße, von der positiven Erkenntnis bestimmte Phänomene zu reduzieren, oder, was unter einer anderen Form auf dasselbe hinausläuft, man gab vor, dass das positive Phänomen ohne den Menschen und seine Tat existieren kann. Wir sehen aber hier, dass diese Behauptung unhaltbar ist. Sie ist in sich widersprüchlich, denn das auszuschließen, was die Wissenschaften ermöglicht und ihnen Gültigkeit verschafft, besagt, dass man sie gerade dann verneint, wenn man sie anerkennt und sie sich zunutze macht. Schon durch die Tatsache allein, dass man die Wissenschaften ins Leben ruft, fordert man etwas anderes als sie. Man gibt zu, dass die vollständige Auskunft bezüglich des Rätsels keineswegs in ihnen liegt; sie selbst sind rätselhaft. So wird, zusammen mit der Superstition *der Wissenschaft schlechthin*, die un-

II · Die Inkohärenz der positiven Wissenschaften

würdige Anmaßung eines jeden hinfällig, der schlichten Gemütern gegenüber das Ansehen eines magischen Wortes missbraucht und sich zu ihrem Führer macht, als ob der Wissenschaftler vom Geheimnis des Lebens mehr wüsste als der Geringste unter den kleinen Leuten. Man mag tun, was man will, man wird nie leben aufgrund der wissenschaftlichen Ideen allein. Trotz so vieler neuer Fortschritte hat man auf diesem Weg nicht einen Schritt hin auf den inneren Kern der Seienden und ihr Wirken getan und man wird es auch nicht tun.

Man muss es mit aller Kraft sagen. Dies zu bejahen ist weder eine persönliche Meinung noch eine spekulative Fiktion, sondern eine unumstößliche Wahrheit, κτῆμα εἰς ἀεί [Errungenschaft für immer]. Die Wissenschaften stehen vor einem unermesslichen und zugleich eingeschränkten Aufschwung. In dem, was sie wissen, enthüllt sich ohne Zuhilfenahme irgendeiner metaphysischen Kritik die Gewissheit dessen, was sie nie zu wissen vermögen. Sie werden unbegrenzt wachsen, ohne das Geheimnis, das sie tief in sich tragen, auch nur im Geringsten zu berühren. Die Zeit, in der es so schien, als hätten die Mathematik, die Physik *[86 Die Wissenschaft, die die Wissenschaften überragt]* oder die Biologie eine spezifisch philosophische Tragweite, ist vorbei. Eine gewisse Vermischung der Zuständigkeiten ist ohne Zweifel nützlich gewesen, um die Fragmente der Wissenschaft einander näherzubringen und sie gegenseitig zu befruchten. Doch das ist nun geschehen; die Aufteilung ist für immer vollzogen, eine Epoche des Denkens ist abgeschlossen. Genau von dem Tag an, da die wirkungsvolle Einigung der Wissenschaften ihren Zusammenhalt und ihre Kraft sichtbar macht, ist es möglich, ihre Schwäche und ihre Lücken zu ermessen. Ein unbegrenztes Tätigkeitsfeld liegt vor ihnen, ein unendlicher Bereich entgeht ihnen. Diese beiden Wahrheiten sind miteinander verknüpft. Denn gerade aufgrund des Erfolges beweist die Tat, aus der sie hervorgehen, noch besser, dass sie über die Wissenschaften hinausgeht und von ihnen nicht eine einzige Klarheit mehr erwarten kann. Man könnte dem Denken keinen größeren Dienst erweisen, als diese grenzenlose Stärke in dieser nicht behebbaren Schwäche kenntlich zu machen.

Umsonst würde man also darauf hoffen, das Problem des Lebens von einem *positivistischen* Standpunkt aus zu lösen; es läge dann Inkompetenz vor und es wäre inkonsequent, dies zu tun. Die positiven Wissenschaften sind lediglich der partielle und untergeordnete Ausdruck einer Aktivität, die sie umfasst, sie trägt und sie übersteigt. Bleibt nur ein einziger Ausweg, nämlich der Bewegung zu folgen,

3 · Das Phänomen der Tat

aus der sie hervorgehen, und sozusagen deren Angleichung zu suchen. Deshalb schauen wir, ob in dem, was die Wissenschaften überschreitet und sie zugleich begründet, das Material einer echten Wissenschaft vorliegt, einer Wissenschaft, die sich vielleicht letztendlich selbst genügt.

*

Auf was will das nächste Kapitel hinaus? Es will zeigen, dass die subjektive Erforschung der Tat eine wissenschaftliche Strenge besitzt und die positiven Wissenschaften auf notwendige Weise fortsetzt; sie knüpft an diese an und sie überschreitet sie. Ziel dieser Erforschung ist somit, das Band zu bestimmen, das die wissenschaftliche Kontinuität von der mathematischen oder experimentellen Erkenntnis an bis zu den Tatsachen des Bewusstseins aufrechterhält, außerdem das Eigentümliche dieser subjektiven Tatsachen zu definieren und auf dieser Grundlage eine Wissenschaft des Bewusstseins aufzubauen. – So beginne ich damit, die Abhängigkeit und den Zusammenhalt der subjektiven Phänomene und jener Phänomene, mit denen die positiven Wissenschaften sich befassen, herauszustellen, sodass die Bewegung des Forschungsvorgangs nicht unterbrochen wird. – Danach zeige ich, wie die inneren Tatsachen, statt ein *Epiphänomen* zu sein oder eine bloß äquivalente und sogar inadäquate Übersetzung der sie begleitenden äußeren Tatsachen, all ihre vorhergehenden Bedingungen zusammenfassen und dabei eine eigene Ursprünglichkeit wie eine eigene Wirkungskraft enthalten. – Schließlich ziehe ich einen Vorteil aus der relativen Transzendenz dieser zugleich wissenschaftlich bestimmten und unabhängigen Tatsachen, um die subjektive Erforschung der Tat zu rechtfertigen und die Bedingungen einer Wissenschaft des Bewusstseins zu definieren. – Es handelt sich um eine mit den anderen verknüpfte Wissenschaft, die dennoch eine ganz neue Ordnung von Untersuchungen einführen wird, die man üblicherweise vorschnell mit dem Namen »Wissenschaften der Moral« bezeichnet. Dieses Kapitel führt uns somit von der positiven Wissenschaft des Objekts zu der andersartigen, aber ebenfalls positiven Wissenschaft des Subjekts.

[87]

Kapitel III
Die Elemente des Bewusstseins und die subjektive Wissenschaft der Tat

Die positiven Wissenschaften existieren einzig aufgrund eines ständigen Postulats. Fortwährend haben sie das Bedürfnis, anzunehmen, dass die von ihnen betrachteten erkennbaren oder organischen Systeme sich von den Elementen unterscheiden, aus denen sie gebildet sind, und ebenso, dass die Synthese und die Analyse sich nicht gegenseitig decken. Denn, wie wir gesehen haben, da wir von nichts das Ganze erkennen, würden wir vom Ganzen nichts erkennen, wenn im gegebenen Phänomen bloß ein mechanischer Komplex vorläge, und wenn die *a priori* gebildete oder *a posteriori* festgestellte Synthese nicht ein Ganzes für sich und eine neue Einheit wäre. Dies besagt, dass wir in jeglicher wissenschaftlichen Wahrheit wie in jeder gekannten Realität um der Erkenntnis willen ein inneres Prinzip der Einheit voraussetzen müssen, eine für die Sinne oder die mathematische Vorstellung unfassbare Organisationsmitte, eine den verschiedenen Teilen immanente Wirksamkeit, eine organische Idee, eine ursprüngliche Tat, die der positiven Erkenntnis in dem Augenblick entgeht, in dem sie diese ermöglicht. Um dies alles mit einem Wort zu sagen, das einer eingehenderen Erklärung bedarf: Man muss eine *Subjektivität* voraussetzen.

Wie soll man diese Unbekannte bestimmen, die sich allen Erklärungen der Wissenschaften widersetzt hat, deren Gegenwart aber für sie notwendig und fruchtbar ist? Die Frage ist in doppelter Weise heikel, denn es geht darum, das Subjektive sowohl von außen her zu bestimmen,[1] so wie es im Erkenntnisobjekt erscheint *[88 Bedingun-*

---

[1] Wenn wir in dieser Weise reden, passen wir uns den allgemeinen Sprach- und Denkgewohnheiten an. In Wahrheit aber kann man mit genauso viel Recht sagen, dass entweder die innere Tatsache eine Konzentration und einen Ausdruck des Äußeren im Ganzen darstellt oder dass *[88]* das Phänomen, welches es auch sein möge, dem Bewusstsein ganz innewohnt. Denn wissenschaftliche Wahrheiten, psychologische Tatsachen, metaphysische Aussagen sind allesamt zunächst subjektiver Natur. Statt also die Möglichkeit zu untersuchen, wie aus den positiven Erkenntnissen der Begriff

3 · Das Phänomen der Tat

gen und Elemente des subjektiven Lebens], als auch von innen her durch das Subjekt selbst. Es geht um weit mehr: Wir müssen gerade den Übergang von dieser objektiven Innerlichkeit, wenn man so sagen darf, zu dieser subjektiven Innerlichkeit erforschen, um zugleich herauszustellen, wie von der Wissenschaft des Objekts zur Wissenschaft des Subjekts Kontinuität herrscht und wie die Ursprünglichkeit dieser Wissenschaft des Bewusstseins gänzlich gewahrt bleibt. Das Schwierige liegt somit darin, die Beziehung zwischen diesen beiden Erkenntnisordnungen und ihrer jeweiligen Unabhängigkeit aufrechtzuerhalten, auch wenn wir zeigen, dass die eine der anderen untergeordnet ist, und dass beide zusammen aus einem selben Wollen hervorgehen.

I

Die Formel, mit der die Existenz der positiven Wissenschaften eng zusammenhängt, lautet wie folgt: »Das vielfältig Zusammengesetzte hat als Zusammengesetztes eine innere Einheit, und das Band zwischen den Elementen hat eine Realität, die sich von den Elementen

---

eines Subjekts zu gewinnen ist, könnte man zeigen, wie wir dazu gebracht werden, im Innern als solchem ein Innen und ein Außen zu unterscheiden. Unter dieser zuletzt genannten, vielleicht präziseren, aber auch paradoxaleren Form liefe die jetzt diskutierte Frage auf Folgendes hinaus: Wie soll man in jedem Bewusstseinszustand voneinander trennen, was objektive Vorstellung und was subjektiver Akt ist? Wie ist dieser innere Akt neben den positiven Tatsachen freizulegen und zu umschreiben, den jedes Phänomen umfasst? – Dass man so die zwei Gestalten der Frage, die realistische und die idealistische, ungestraft miteinander vertauschen und vermischen kann, beweist, dass tatsächlich jedes metaphysische oder kritische Vorurteil beseitigt ist. Kant selbst ist auf halbem Weg stehen geblieben. Der transzendentale oder subjektive Idealismus kann immer nur ein gewendeter Realismus sein, denn wegen der von ihm versuchten Revolution des Denkens sucht er stets noch ein Gravitationszentrum. Was er dem einen Glied an Bedeutungswert entzieht, weist er dem anderen zu. Statt sich wegen des notwendigen Durcheinanders zu beunruhigen, in dem dieses Kapitel sich aufhält, müssen wir hier also die einzig richtige und einfache Weise anerkennen, um die zwei Aspekte des universalen Phänomens zu beschreiben und aufeinander abzustimmen, ohne dabei irgendetwas stillschweigend vorauszusetzen. Das Eigentümliche eines organischen Systems ist übrigens, dass die Teile füreinander und sogar die einen aufgrund der anderen sind. Gerade auf solche Weise organisieren sich die Phänomene im Bewusstsein. Das ist alles, was wir zu beweisen behaupten, wenn wir hier aufzeigen, dass die Tat (nicht die Tatsache, sondern die Tat), wissenschaftliche Bedingung der Wissenschaften, selber zum Gegenstand von Wissenschaft wird.

als solchen unterscheidet.« Unter dieser Bedingung allein ist die mathematische Synthese tatsächlich möglich und brauchbar. Unter der gleichen Bedingung gelingt es der experimentellen Erkenntnis, sich mit den aufeinandergeschichteten Formen der Sinneswirklichkeit zu befassen. Unter eben dieser Bedingung schließlich gibt es einen fruchtbaren Austausch zwischen dem Kalkül und der Beobachtung, die die Einheit in der Vielfalt und die Vielfalt in der Einheit finden.

[89 *Das Subjektive in der positiven Erkenntnis*] Die Einheit einer Synthese nun besteht nur in der inneren Beziehung zwischen den Teilen; es ist die ideale Projektion des Ganzen in ein Perzeptionszentrum. Das *vinculum* [Band] ist intelligibler und eigentlich *subjektiver* Natur. Wenn aber diese unteilbare Einheit einer in sich selbst inneren Vielfalt bereits den Bereich der positiven Wissenschaften überschreitet, so ist sie auch in den Augen des Wissenschaftlers dennoch das erste der Postulate. Dies zu erreichen besagt, dass man bis zum Gipfel emporgestiegen ist, von dem aus sich ein anderer Abhang auftut. Man muss also jetzt ins Auge fassen, wie sich die Phänomene *verinnerlichen* und wie man dazu gebracht wird, aus der objektiven Erkenntnis selbst einen immer präziseren Begriff des Subjektiven zu gewinnen.

– Indem die exakten Wissenschaften von ihrem Ausgangspunkt her die Homogenität eines festgefügten Ganzen in den Blick nehmen, um dort die abstrakte Differenzierung und die Beziehungen zwischen den Teilen einzubringen, erkennen sie im Innersten des universellen Zusammenhalts ein Einheitsprinzip und setzen in der diffusen Vielfalt ein unsichtbares Band voraus, denn ohne diese Einheit gäbe es weder ein Ganzes noch Teile noch Beziehung oder mögliche Erkenntnis. Das Ganze, und zwar allein dadurch, dass es als solches in den Blick genommen wird, ist mehr als die Summe seiner Elemente, denn das Ganze erscheint nur als was es erscheint, wenn es auf die Einheit eines Systems zurückgebracht wird. Der Teil, gerade deswegen, weil er ein Teil ist, ist mehr als ein Teil für sich, denn er drückt seinen Bezug auf alles Übrige aus. Wenn wir die Entwicklung der exakten Wissenschaften und die stufenweise Überlagerung ihrer abstrakten Konstruktionen bedenken, werden wir entdecken, dass sie in ihre aufeinanderfolgenden Synthesen den wachsenden Charakter subjektiver Idealität einfließen lassen.

Wenn es, wie die Naturwissenschaften anerkannt haben, andererseits wahr ist, dass von ihrem Standpunkt aus jede reelle Einheit synthetisch und symbolisch ist, so gibt es sogar im winzigsten Ele-

3 · Das Phänomen der Tat

ment, das die experimentelle Analyse erreichen könnte, die implizite Bejahung eines *Innen*, einer inneren Projektionsmitte, auf die sich eine virtuelle Vielfalt bezieht. In der ganzen Hierarchie der organischen Kombinationen und Formen macht sich die systematische Einheit immer mehr bemerkbar, nämlich als das Zeichen eines immanenten Prinzips der Perzeption und der Organisation.

So wird auf beiden Seiten, sowohl auf dem Feld der mathematischen Konstruktionen als auch unter den Lebenserzeugnissen der Natur, das Phänomen je besser erfasst und ist umso mehr erkennbar, es erscheint umso objektiver, als es durch den Aufweis einer komplexeren inneren Organisation eine wachsende Subjektivität enthüllt. Was für uns das Prinzip der Erkenntnis ist, *[90 Bedingungen und Elemente des subjektiven Lebens]* die wir davon haben, scheint im Phänomen selbst das Prinzip seiner synthetischen Realität und seiner inneren Perzeptionen zu sein. In einer Hinsicht wird es in der gleichen Weise erkannt, wie es ist; es scheint in dem Maße in uns zu sein, wie es in sich selber ist. Sieht man von der ganzen Besorgnis der Ontologie ab, dann gehört somit das Phänomen nicht mehr und nicht weniger zum Wahrnehmenden als zum Wahrgenommenen. In dieser Hinsicht trifft die alte Formel des Parmenides genau zu: Die Erkenntnis ist mit ihrem Objekt identisch.

– Aber dies ist nur eine noch äußere Weise, um die Gegenwart eines subjektiven Elements innerhalb jedweder positiven Gegebenheit zu definieren. Man muss noch weiter vordringen, damit es gelingt, im Kontinuum des universellen Phänomens die Beziehung zwischen den äußeren Fakten und den inneren Fakten zu bestimmen, einer Beziehung, die als doppelter Prozess, der nicht reduzierbar ist, sondern dessen beide Seiten eng miteinander verbunden sind, stets wie ein Rätsel erschienen ist. Wenn wir die Konstitution und die Bildung als solche des Phänomens analysieren, so wie die Wissenschaften sich dessen angenommen und dies durchgeführt haben, dann lassen sich die unbewussten Quellen des bewussten Lebens freilegen.

Denn es hat sich herausgestellt, dass die Wissenschaften sich nur bilden und zusammenwachsen, dass ihre Ansätze, ihre Methoden und ihre Ergebnisse nur kohärent und wirkungsvoll sind, dass ferner den Phänomenen als Materie ihrer Erforschungen nur Konsistenz und Realität zukommen, insofern eine vermittelnde Tat sich am Ursprung, im Verlauf und am Ende ihrer Entwicklung einbringt. Somit genügt es nicht, das subjektive Element ans Licht zu bringen, das sich im Detail jeder wissenschaftlichen Wahrheit verbirgt. Wir müssen im

Gesamt der positiven Erkenntnisse wie im ganzen System der Phänomene die Fortentwicklung selbst des subjektiven Lebens in ihrem Vollzug erfassen. Nachdem wir von der äußeren Tatsache und vom Gegenstand der Wissenschaften aus zum Begriff eines Inneren oder eines Innen gegangen sind, werden wir jetzt vom Begriff des Subjektiven aus in das Bewusstsein als solches des Subjektes vordringen, *a vinculo perceptionis ad vinculum percipientis* [vom Band der Wahrnehmung zum Band des Wahrnehmenden].

Ohne mit den positiven Wissenschaften zu brechen, werden wir also das aus ihnen hervorgehen sehen, was sie geneigt schienen zu verneinen oder auszuschließen, nämlich die psychologische Tatsache. – Aufgrund von so etwas wie einer inneren Evolution tritt das Bewusstsein aus dem umgebenden Weltganzen zutage, aus dem es seine Nahrung schöpft. – Es unterscheidet sich aber von diesem All und löst sich davon. Warum eigentlich? – Weil, wenn es zutrifft, dass das Bewusstsein alles andere in sich zusammenfasst, dies dann nicht in der Weise eines produktiven Vorgangs geschieht, sondern als eine ursprüngliche Synthese, die mehr gibt, als sie ihren Bedingungen entnimmt. Hier liegt eine dreifache Beziehung vor. Es ist wichtig, sie näher zu bestimmen, indem wir die Embryogenese des Geistes skizzieren.

II

[91 Die Embryogenese des Geistes] Würde man das Phänomen als eine erste Gegebenheit betrachten, aus der man die Vorstellung eines subjektiven Elementes bloß hervorzuholen brauchte, so hieße dies, die sichersten Beziehungen umzukippen. Das Phänomen ist wahrlich das, was es ist, nur in Bezug auf eine Aktivität, die zu seiner Entstehung beiträgt. Man erfasst es nur im Zuge seiner Hervorbringung; die konstituierende Tat des Subjekts spielt dabei eine wesentliche Rolle.

Wenn schließlich das Phänomen einzig in Beziehung zum universellen Determinismus erfasst wird, wenn die gesamte Wissenschaftserkenntnis sich an einer von ihren elementaren Bedingungen verschiedenen Synthese festmacht, wenn der notwendige Zusammenhang der Wissenschaften eine Vermittlung impliziert, die sie nicht erklären, so fragt man sich, was dies alles heißt. Folgendes: Sogar nachdem man die winzigste Tatsache als Ausdruck und Erzeugnis aller anderen betrachtet hat, bleibt stets ein nicht reduzierbarer Überschuss übrig, eine Art von Virtualität und eine gewiss infinitesimale Kraft, der die bewirkte Synthese es verdankt, dass sie alles, aus dem sie sich bildet, umfasst und übersteigt.

Es gibt also kein Phänomen, das, um als solches Bestand zu haben, nicht ein Unendliches impliziert, das das gesamte Universum in dessen Tatsächlichkeit transzendiert. Ist die Voraussetzung des Unendlichen nicht die Bedingung dafür, dass das Kalkül sich erfolgreich praktisch durchführen ließ? Jedes wissenschaftlich gekannte Objekt ist eine synthetische Einheit; jedes Objekt ist indes mit dem ganzen System verbunden. Wenn also die Synthese etwas mehr ist als die unermessliche Menge ihrer Bedingungen, so muss wohl in ihr etwas sein, das diese genannte Menge in sich enthält und bewältigt: ein Rest, der gewiss so wenig ist wie nichts, den die Wissenschaften nur berücksichtigen, um ihn zu eliminieren. Aber gerade dieses Nichts ist von einem inneren Gesichtspunkt aus alles, weil es das unsichtbare Prinzip der Synthese ist, die Seele der gesamten positiven Erkenntnis und jeder wirkungsvollen Tätigkeit.

Der unbedeutendste Schub stellt ein Problem dar und löst de facto das, von dem keine Abstraktion jemals Rechenschaft geben wird. Auf diese Weise sind die Antinomien ausgeräumt, welche die Analyse der wissenschaftlichen Vorgehensweise offenkundig gemacht hat. In jeder positiven Tatsache liegt eine Komplexität, die jeder Aufzählung trotzt. Zugleich erfordert die wirksame Hervorbringung eines jeden beliebigen Phänomens, dass diese unübersehbare Vielfalt darin tatsächlich enthalten und bewältigt ist. Einerseits ist die Vorstellungskraft überwältigt durch den unendlichen Reichtum der universell miteinander verketteten Phänomene; andererseits ist dieses Unendliche *[92 Bedingungen und Elemente des subjektiven Lebens]* des gesamten Phänomens überwältigt durch den geringsten sich dort eingliedernden Akt, durch den geringsten seiner einzelnen Aspekte. Es gibt ein im Äußerlichen erscheinendes Unendliches, das Projektion und Ausdruck des Unendlichen ist, welches jeder Tätigkeit der Natur und des Denkens innewohnt. Was im Äußeren unermesslich erscheint, ist in Wahrheit begrenzt; in dem, was endlich und als Einzelnes erscheint, wie ein Seiendes oder eine einzelne Tatsache, liegt im Innern ein Unendliches.

Und dieses *Innen*, aus dem alles Positive hervorgeht, hat die Eigenschaft, sich in dem Augenblick der positiven Erkenntnis zu entziehen, da sie ebendiese ermöglicht und ihr einen entsprechenden

Gegenstand liefert. Deshalb hat das infinitesimale Kalkül einzig unter der Bedingung Erfolg, dass es erst die Vermittlung dieses Unendlichen anwendet, ohne das es die tätige Realität nie erreichen würde und keine Wirkung hätte. Aber wenn es dies voraussetzt, dann nur deshalb, um es sofort zu eliminieren, denn das Subjektive hat in der Ordnung des Positiven gar keinen Platz. Oder vielmehr: Der genaue Platz dieses Transzendierenden ist der zweideutige Ort, der noch zur Wissenschaft zu gehören scheint und auch wiederum nicht mehr zu ihr gehört, das heißt, es ist die Spanne zwischen der kleinstmöglichen bestimmbaren Größe und der Null, die die unerreichbare Grenze ist.

Es gibt somit nur dort ein *Innen*, wo sich abzeichnet, dass ein Teil nicht mehr dem Ganzen unterworfen ist, sondern wo ein Punkt das ganze Universum überwindet. Das Subjekt kommt in der Reihe der verketteten Phänomene nicht vor, ist aber dort ständig vertreten. Es erscheint nicht im gesamten Determinismus, ist aber in jeder Einzelheit das Prinzip der Verschiedenheit und der Tat.

Bereits in der abstraktesten, in der zuhöchst mechanischen und wie auch immer äußerlichsten Vorstellung, die man von den Dingen haben kann, zeigt sich in ihnen etwas von einem Subjekt. Es ist eine mathematische und zugleich experimentelle Wahrheit, dass alles mit allem zusammenhängt: ein deduktives Kontinuum, ein kosmischer Zusammenklang, eine kosmische Ligatur. In der bloßen Idee, in der bloßen Tatsache des Zusammenhalts nun tritt eine allgemeine und dem organischen System innewohnende Tat ans Licht. Von dem Augenblick an, da das Universum seine Präsenz in einem Punkt zum Ausdruck bringt, und der Punkt sich dem ganzen Universum einprägt, ereignet sich ein Bruch im Gleichgewicht des Homogenen und eine Disproportion zwischen passio und actio, die zu jedem Teil des allgemeinen Systems gehören. Wenn man so will und um einen Vergleich zu verwenden, ist dies die mittlere Position zwischen empfangenem und zurückgegebenem Schlag und wie ein mechanischer *Reflex*. In diesem Sinn kann man, ohne auf irgendeine Metaphysik zurückzugreifen, jenes Wort deuten, das Leibniz auf die Monaden der bloßen Materie anwendete: »*mentes momentaneae*« [zeitliche Geister]. Denn was im Inneren der Welt, wie die wissenschaftliche Erkenntnis der Phänomene *[93 Die Embryogenese des Geistes]* sie uns zunächst als ein Gefüge von determinierten Bewegungen vorlegt, von einem Teil zum Ganzen zurückkehrt, ist nicht mit dem identisch, was vom Ganzen zum Teil gekommen ist. Diese stets einzigartige Reaktion ist wie ein erster Umriss des Subjekts, eine Art strahlen-

3 · Das Phänomen der Tat

brechender Mittelpunkt, ein mehr oder weniger *Natur gewordenes* Zwischenglied, ein Innen. Und was man so als »Inneres« bezeichnet, ist die Präsenz des Ganzen in Bezug auf das Teil und des Teiles in Bezug auf das Ganze, ohne dass es eine genaue Symmetrie zwischen passio und actio gäbe. So tritt die Kraft in Erscheinung.

Die Kraft impliziert somit eine eigene actio, die auf den universellen Mechanismus reagiert, von dem sie zweifellos abgeleitet ist und wie ein Reich in einem Reich einer Einzelbetrachtung bedarf. Der direkte Einfluss der elementaren Teile aufeinander geht dort einher mit dem Einfluss des Ganzen auf das Teil; die Reaktion eines Teils auf die anderen ist nicht der direkt erlittenen actio gleich. Eine dynamische Spontaneität tritt in Erscheinung: Die neue und sozusagen unvorhergesehene Weise, in der sich die Antwort auf die äußeren Anregungen vollzieht, ist streng genommen das wissenschaftlich erfassbare *Handeln oder Sein* des subjektiven Phänomens.

Aus dieser natürlichen Unterordnung der Teile geht hervor, dass es nicht bloß losgelöste Elemente gibt, und zwar angesichts des Ganzen wie der anderen losgelösten Elemente. Es bilden sich Zentren partiellen Gleichgewichts, mehr oder weniger stabile Gruppierungen, Systeme, die aufgrund ihrer vielfältigen Einheit besser geeignet sind, die Einheit und die Vielfalt des Gesamten darzustellen. Ein jedes dieser Einspeisungs- und Perzeptionszentren drückt, wenn man so sagen kann, von seinem Gesichtspunkt her alle isolierten Teile aus und spiegelt sie wider, ferner alle Gruppen, auch alle Darstellungen dieser einzelnen Systeme, die ihre actio und ihre Perspektiven endlos zurückwerfen, wie hundert sphärische Spiegel das wachsende Ineinander ihrer Abbildungen bis ins Unendliche miteinander kreuzen und einander überlagern würden. Sobald sich nun die universelle Verkettung nicht mehr allein durch das ganze Gefüge zeigt, nicht mehr in jedem Detail, sondern in jenen miteinander zusammenhängenden Gruppierungen, die mit ihrer eigenen und inneren Fortentwicklung wie ein neues Universum innerhalb des umfassenden Systems werden, tritt das Leben zusammen mit der Individualität in Erscheinung.

Das Leben ist somit die Organisation einer kleinen Welt, welche die große widerspiegelt und die sogar durch ihre innerste Anordnung die Dissymmetrie und die Verschiedenheit im Universum ans Licht bringt.[2] Indem das Leben sich wie ein Ganzes *[94 Bedingungen und*

---

[2] Diese Dissymmetrie ist vielleicht nicht immer die notwendige und zureichende Bedingung, die in die Lage versetzt, das Lebende zu definieren, und das objektive Krite-

III · Die Elemente des Bewusstseins

Elemente des subjektiven Lebens] seinen Teilen gegenüber und wie ein Teil im Ganzen verhält, setzt es einen doppelten Austausch von außen nach innen wie von innen nach außen voraus. Wie nun verinnerlicht es das allgemeine System im von ihm gebildeten individuellen System anders als durch das Empfindungsvermögen der Sinne? Es bedeutet, dass es in seiner eigenen Organisation die Widerspiegelung und die Rückwirkung aller Kräfte findet, die auf es einwirken. Auf diese Weise gibt es eine ständige Verdopplung und eine echte Integration des Lebens, das sich, wenn man so sagen darf, erhellt und neu belebt, indem es sich von Fokus zu Fokus widerspiegelt. Es ernährt sich durch das gesamte Universum; jede Perzeption wird von einer Zunahme an Energie begleitet. Jede spontane actio setzt eine innere Organisation von Bewegungen voraus, ebenso vielfältige Beziehungen, Widerhall und Rückwirkung der Kräfte. Überall, wo eine natürliche Spontaneität zutage tritt, gibt es deshalb Zusammensetzung und Organismus: *actiones et passiones sunt compositi* [actiones und passiones gehören zum Zusammengesetzten].

In der diffusen Unendlichkeit seiner bestimmenden Bedingungen erscheint so das Lebende wie ein konzentriertes System von koordinierten Kräften; das Unendliche seines Aktes ist ihm mehr innerlich als äußerlich. Denn die einwirkenden Einflüsse, statt es passiv fortzureißen, sammeln sich in ihm an aufgrund einer fortschreitenden Anpassung des Seienden an seine Umwelt und seiner Teile aneinander und bringen sich in besonderen Funktionen zum Ausdruck. Der Instinkt ist, gleich wie die Organisation, deren inneres Prinzip er ist, eine sehr verdichtete und sehr ausgeklügelte Antwort auf die Menge der äußeren Anregungen, ein Einzelfall des kosmischen Problems und dessen partielle Lösung. Seine genau festgelegte Beschaffenheit hindert nicht daran, dass er von Lebensformen herrührt, die von den Formen, in denen er sich regt, völlig verschieden sind. Man kann dies bezüglich der Schwierigkeiten der Akklimatisierung gut sehen. Was das Tier an psychologischer Aktivität besitzt, ist eine reduzierte Projektion und eine determinierte Konzentration des übrigen Universums. Seine Handlungen sind einzelne Folgerungen, deren allgemeine Prämissen außerhalb von ihm im umfassenden Ordnungsgefüge angesiedelt bleiben. Die Vernunft schließlich ent-

---

rium *[94]* dessen zu bestimmen, was biologisch ist. Nicht weniger zeigt sie, selbst wenn dies reine Körper beträfe, die Abbildung und den einzelnen Einfluss des allgemeinen Ordnungsgefüges in einem geschlossenen System.

wickelt sich in dem Maße, wie sie dem Universum adäquater wird und dazu imstande ist, eine größere Verschiedenheit an Phänomenen zu konzentrieren, zu begreifen und zu verwenden. Auf diese Weise trachtet die Zivilisation danach, der Natur, aus der sie hervorgeht, gleichzukommen, sie zu bereichern und sie zu übertreffen. Das Feld ihres Werdens ist ohne bestimmbare Grenze. Stets werden sich neue Perspektiven zusammen mit neuen Theorien eröffnen, die den zu erkennenden Gegenstand nicht ausschöpfen werden, da sie diesen zum Teil konstituieren.

[95 Die definierte Ursprünglichkeit des Subjekts] Die Behauptung, die zunächst ein Hirngespinst zu sein schien, wird wissenschaftliche Wahrheit: Die äußere Finalität erlangt den Charakter der definierten Gewissheit, den allein die innere Finalität innehatte. Der Mensch ist ein »Mikrokosmos«, *summa mundi et compendium* [Summe und Zusammenfassung der Welt], die Kurzfassung aller Erfahrungen, aller Einfälle und Ingeniositäten der Natur, das Extrakt und das ursprüngliche Produkt des gesamten Gefüges; in ihm sammelt das Universum seine Strahlen. Das subjektive Leben ist Substitut und Synthese aller anderen Phänomene, welche sie auch sein mögen.

So also baut sich die Tatsache des Bewusstseins nach und nach auf. Die Beziehung des Subjekts zu den elementaren Bedingungen, aus denen es sich nährt, ist offenkundig; es vermag alles, was ihm vorausgeht, allerdings nur in sich zu enthalten und zusammenzufassen, wenn es dieses beherrscht. Dies müssen wir jetzt noch richtig verstehen.

III

Wenn es zutrifft, dass die äußeren Phänomene aus keinem anderen Stoff sind als die inneren Phänomene,[3] so besteht trotzdem dieser

---

[3] Wenn man dies aber einsieht, ist es wichtig, sich vor einem dreifachen Irrtum zu hüten. Zum einen darf man nicht vergessen, dass die ontologische Frage ausgeklammert ist und es voreilig wäre, sie hier zu stellen. Man vergisst dies, wenn man aus dem dargestellten Verhältnis zwischen diesen beiden Ordnungen von Phänomenen irgendwelche idealistischen oder materialistischen Schlussfolgerungen zieht. – Zum anderen darf man die Reihenfolge der Beziehungen, so wie die Analyse sie eben bestimmt hat, nicht umkehren. Denn das Subjektive ist als eine höhere Synthese in Erscheinung getreten, sogar als eine vorhergehende Bedingung jener Phänomene,

grundlegende Unterschied, dass die einen bloß ein einzelner Aspekt und gleichsam eine abstrakte Scheibe vom umfassenden Determinismus sind, während die anderen wie eine Konzentration des Universums in einem Punkt sind, aus dem jedwede konkrete Tätigkeit des Denkens oder der Natur hervorgeht. Zwischen ihnen spielt sich ein Unendliches ab, nicht um sie zu trennen, sondern um sie zu verbinden. Die synthetische Einheit jeglicher reellen Tatsache birgt die gesamte Welt in sich und beherrscht sie, denn indem sie in der Welt existiert, trägt sie diese auch in sich. Ebenso stellt sich unsere Erkenntnis, die eine *[96 Bedingungen und Elemente des subjektiven Lebens]* Vielzahl an Vorstellungen zur Voraussetzung hat, durch die von ihr gebildete Einheit über diese Vielzahl. Sie macht sich frei von ihrem Inhalt, da sie ihn enthält. Auf beiden Seiten ist das Band, *vinculum percepti et percipientis* [Band zwischen dem Wahrgenommenen und dem Wahrnehmenden], subjektiver Natur. Es gibt Zusammenhalt und es gibt Unterschied zwischen diesen beiden Ordnungen: eine wechselseitige, aufsteigende und absteigende Beziehung. Es ist angebracht, sie noch einen Augenblick zu betrachten.

Der spärlichste Schimmer von Organisation und subjektivem Leben setzt eine erstaunliche Integration bereits systematisierter und stets mehr *zur Natur gewordener* elementarer Wirkungen und Gegenwirkungen voraus, eine Verflechtung aller Fäden, die die Notwendigkeit webt, um daraus die wachsende Vielschichtigkeit von Formen, Instinkten und Sinnesempfindungen zu bilden. Das Faktum des Bewusstseins ist somit nicht einzig vom letzten Akt hervorgebracht, sondern von allen vorausgehenden, bewussten und unbewussten Akten, die in ihm zusammenlaufen und dort ihre eigene Zusammenfassung bilden. Das Bewusstsein ist deshalb nicht von den anderen Phänomenen isoliert, sondern steht zu den anderen in diesem doppelten Bezug: – Einerseits ist die subjektive Tatsache die Bedingung aller

---

aus denen man es gewonnen hat. – Schließlich würde es nicht ausreichen, das Verhältnis zwischen zwei parallelen Vorgängen als eine »fortschreitende Anpassung des Inneren an das Äußere« gelten zu lassen. Auch würde es nicht ausreichen, mit der neuen Schule der wissenschaftlichen Psychologie hinzuzufügen, dass »die Angleichung des Organismus als Ganzes an seine Umgebung genau das *Psychische* als solches ausmacht«. Denn wenn man aus der sogenannten äußeren Seite einen Gegensatz zur inneren Seite der Wirklichkeit macht, ist man dazu geneigt, ihre Beziehung für die Wissenschaft als unzugänglich zu erklären und die von den positiven Wissenschaften erforschten Phänomene den subjektiven Tatsachen gleichzusetzen. Diese »psychischen« Tatsachen scheinen dann nicht mehr zu sein als ein unerklärlicher Überschuss und ein unnötiger Luxus.

3 · Das Phänomen der Tat

Phänomene, die Gegenstand der positiven Wissenschaften sind, sodass die Erkenntnis dieser Phänomene von ihr abhängt und nur aufgrund ihrer unbemerkten Präsenz in jeder Sinneswahrnehmung wie in jeder wissenschaftlichen Aussage möglich ist. – Andererseits hat die subjektive Tatsache alle diese selben Phänomene zur Bedingung, sodass die Realität dieser Tatsache selbst von ihnen abhängt und auch das blasseste Bewusstsein den ganzen Determinismus seiner vorausgehenden Bedingungen in sich trägt und repräsentiert.

So klärt sich das Gesetz auf, das wir im Laufe jedweder positiven Wissenschaft feststellen mussten, ohne es zu erklären: Jede Synthese bildet eine Ursprünglichkeit, die sich nicht auf ihre Komponenten zurückführen lässt; in der Realität selbst des Subjektiven liegt die überragende Neuheit, die jeder Stufe der Zusammensetzung eigen ist. In dieser Ordnung der Phänomene sind der Fortschritt der Existenz und der der Erkenntnis eng miteinander verbunden. Daher folgende zweifache Formel:

– Die Elemente sind solcher Art, dass das Kompositum aus ihnen seine Realität gewinnt und nur durch sie existiert. Ihnen kommt darin eine notwendige Rolle zu, während sie dabei ihr eigenes Sein behalten und am umfassenden Zusammenhalt teilhaben. *Omnia quanquam diversis gradibus animata sunt* [Alle Dinge sind beseelt, obwohl in verschiedenen Stufen]. Eine komplexere Form, bei der die Innerlichkeit deutlicher hervortritt, ist somit eine Spiegelung der untergeordneten Formen, die ihr als Nahrung dienten. In diesem Sinne ist das Subjektive das konzentrierte Objektive. Kein Leben im Universum kommt ohne die elementaren Bedingungen aus, in denen der Organismus tief eingesenkt ist. Und der Mensch seinerseits bleibt den Gesetzen der rohen Materie unterworfen.

– Die Komposita sind solcher Art, dass jedes ganz anders als seine *[97 Der wissenschaftliche Charakter des Bewussten]* Komponenten ist, gleichsam eine neue Welt bildet, und zwar mit eigenen Gesetzen, mit einer Energie, mit Bedürfnissen, Ressourcen wie mit einem Ziel, und all dies hängt nicht von den Komponenten ab. Im wahrsten Sinne existieren die Komponenten nur für die Komposita und existieren sogar nur durch sie. Denn überall, wo es Synthese gibt, bedarf es eines Perzeptionszentrums, damit die Synthese sich in ihm in der Einheit ihrer Zusammensetzung ausdrückt. Das sinnlich Wahrnehmbare, das Positive, das Objektive oder mit welchem Namen man das, was vom Phänomen des Bewusstseins verschieden ist, auch bezeichnen möge, würde sozusagen in Bruchstücke zerfallen und sich auflösen, wenn es, um den Fortschritt der Existenzformen zu stützen und zu realisieren, nicht eine gleichzeitige Fortentwicklung der Erkenntnis des Subjektiven gäbe.[4]

Was wir darzulegen uns vorgenommen haben, ist somit begründet: Das Subjekt ist im wissenschaftlichen Sinn mit dem Objekt verbunden; es umfasst dies und ragt darüber hinaus. Die Bewusstseinstatsachen sind so reell wie alle anderen Tatsachen, denn alle anderen vermitteln ihnen das, was sie an Wirklichkeit haben, und zugleich entlehnen sie dies von ihnen. Sie bleiben verschieden und hängen eng zusammen. In welcher Weise diese inneren Phänomene einen wissenschaftlichen Charakter haben, bleibt noch zu definieren.

IV

Von außen mit dem Blick des Wissenschaftlers betrachtet, ist das Subjektive genau das, was weder hinsichtlich des Kalküls noch hinsichtlich der sinnlichen Beobachtung erkannt werden kann, weil es ihr Band bildet und innerhalb der Vielfalt die Einheit einbringt. In dem Maße, wie die Wissenschaften die mathematischen Beziehungen *[98 Bedingungen und Elemente des subjektiven Lebens]* und die experimentellen Gesetze mit größerer Genauigkeit bestimmen, definieren sie zugleich das, was sie unerklärt lassen. Von dem Augenblick an,

---

[4] Der Idealismus und der Realismus sind also beide gleichermaßen bedeutungslos, wenn der eine sich ohne den anderen behaupten muss. Zusammen miteinander, wenn man, statt in ihnen zwei unvereinbare metaphysische Grundideen zu sehen, sie als Ausdruck von zwei Ordnungen zusammenhängender Tatsachen betrachtet, sind sie beide gleichermaßen begründet. Auch die Lehre der Evolution, deren allegorische und romaneske Züge, insofern sie sich als die wirkliche Geschichte der *Seienden* ausgibt, wir aufgewiesen haben, gewinnt einen präzisen Sinn und eine neue Richtigkeit: Die komplexesten Formen gehen aufgrund eines kontinuierlichen Determinismus tatsächlich aus den niederen Formen hervor, aber die Diskontinuität der Phänomene fällt nicht weniger unter die Wissenschaft als diese Kontinuität selbst. Jedwede Synthese bildet eine Stufe, die die vorhergehenden zwar voraussetzt, die aber zugleich eine unableitbare Subjektivität in sich birgt. Das Höhergestufte trägt all seine vorhergehenden Stufen in sich und repräsentiert sie aus sich selbst heraus, ohne dass das Niedriggestufte daneben, darunter oder darinnen aufhörte, seine eigene Natur und seinen Platz zu behalten. Auf diese Weise ist der Mensch nach Pascal »die ganze Natur«, aber die Natur ist nicht insgesamt erhoben, noch insgesamt zum Leben und zum Bewusstsein fähig. Das Erkannte ist dem Erkennenden nicht adäquat, denn eine Sache erkennen besagt, diese Sache zu sein, durch diese Sache zu sein und in einem gewissen Sinn mehr als diese Sache zu sein.

3 · Das Phänomen der Tat

da die beiden äußersten Glieder fest verbunden sind, folgt, dass auch das Zwischenglied gleichermaßen eine Bestimmung aufweist; auch wenn die Bestimmung negativ ist, ist sie nicht weniger genau.

Das zweite, jedoch bereits völlig positive Charakteristikum ist folgendes: Wie wir ausgehend von der Sinneswahrnehmung durch einen unvermeidbaren Fortgang zur Wissenschaft geführt worden sind, so tritt aus der Wissenschaft eine neue Tatsache hervor, von der alle anderen abhängen. Wenn das Subjektive in positiver Hinsicht nichts ist, so ist es gleichwohl das, ohne das das Positive selbst nichts wäre, nämlich das unsichtbare und in jedem Erkenntnisobjekt waltende Prinzip.

Nun vermag das, was als vielfältige Einheit gegeben und *alles zugleich* ist, nur durch eine innere Intuition erfasst werden. Wenn man die subjektive Tatsache als Perzeption der unteilbaren Einheit innerhalb der irreduziblen Vielfalt bezeichnet, bedeutet das zugleich, diese Tatsache zu definieren. Auch wenn man weiß, dass es für die Hervorbringung des bewussten Lebens unentbehrliche Bedingungen gibt, bleibt es dennoch unmöglich, diese Elemente jenes Aktes zu bestimmen, der solches Leben konstituiert. Wie Aristoteles bereits vor Leibniz bemerkt hat, kann man die Bestandteile der Tat nicht analysieren: τὰ στοιχεῖα τοῦ ποιεῖν [die Bestandteile des Tuns].

Es steht somit wissenschaftlich fest, dass die subjektive Tatsache, obwohl aufgrund eines strikten Determinismus mit ihren objektiven Bedingungen fest verbunden, nicht durch die vollständige Erkenntnis ihrer vorhergehenden Bedingungen hinreichend definiert werden kann. Denn die subjektive Tatsache bildet in Bezug auf sie eine unbestimmte Synthese und kann einzig von innen her erfasst werden, mehr noch, sie ist dieses Innen selbst. Statt zu behaupten, die Untersuchung der Innenseite der Phänomene durch die der Außenseite zu ersetzen, ist es notwendig, das Phänomen des Bewusstseins in sich selbst zu fassen, es von den objektiven Vorstellungen zu abstrahieren, mit denen es verquickt und deren Seele es ist, und es in seiner Reinheit zu erfassen.

Wie soll dies gelingen? Und was bleibt vom eigentlich Subjektiven im Subjekt selbst noch übrig, wenn man erst einmal die Phänomene aus dem Bewusstsein entfernt hat, die den positiven Wissenschaften zur materiellen Grundlage dienen? Was übrig bleibt, ist das, was das bewusste Subjekt von den Elementen seines Bewusstseins und von den Objekten, die es nähren, unterscheidet, was es ihm gestattet, sie substantiell zu verwandeln und deren Synthese zu be-

III · Die Elemente des Bewusstseins

werkstelligen, schließlich, was es ihm gewährt, mit ursprünglichen Reaktionen auf den Determinismus seiner Bedingungen zu antworten. Wir haben gezeigt, dass von außen betrachtet das Subjektive genau das ist, was unbestimmt und unzugänglich ist für die mathematische Erkenntnis *[99 Der wissenschaftliche Charakter des Bewussten]* wie für die Sinneserkenntnis und was dennoch durch seine präzise Tat die einzelne Realität jedweder Synthese konstituiert. Von innen betrachtet ist das Subjektive also das, was bestimmt ist, wirkungsvoll, aktiv, einzigartig – die treibende Kraft des geistigen Dynamismus. So gesehen könnte die wahre Wissenschaft des Bewusstseins nur eine Wissenschaft der Tat sein.

Man sollte sich allerdings davor hüten, das Phänomen des Bewusstseins in Bezug auf die objektiven Phänomene zu deuten und die *Tat* auf die *Tatsache* oder das *Faktum* zu reduzieren. Das hieße, wie der Müller vorzugehen, der, um seine Mühle und die sie antreibende Kraft besser kennenzulernen, den Fluss stromabwärts betrachtet. In dieser Untersuchung lauert ständig die Gefahr, das Subjektive, wenn man so sagen darf, zu objektivieren und sich vorzustellen, das Bewusste wäre aus abstrakten Elementen zusammengesetzt, aus allgemeinen, den universellen und notwendigen Begriffen ähnlichen Gegebenheiten, von denen die positiven Wissenschaften zehren. Denn im Hinblick auf das Bewusstsein und ebenso an sich betrachtet sind die inneren Tatsachen einzigartig. Sie ergeben sich nicht aus einer *Summe*, sie sind weder eine dauerhafte Möglichkeit noch ein bloßer Extrakt jener Vorstellungen, die den Schauplatz des Bewusstseins ausfüllen. Sie sind nicht einmal das Ergebnis oder der Ausdruck einer Synthese, denn sie sind das, was diese lebendige Synthese aus selbst auch lebendigen Elementen bildet. Es gibt also nichts im eigentlich subjektiven Leben, das nicht wie eine individuelle Initiative und wie ein einmaliger Einzelfall wäre, ἅπαξ λεγόμενον [etwas, das nur ein einziges Mal vorkommt, wie z. B. ein Wort in einer bestimmten Schrift]. Es gibt nichts, das nicht ein Akt im Vollzug wäre.

So fangen wir also an, in die intime Wahrheit der Tat hineinzutreten und sie radikal von dem zu unterscheiden, was repräsentiertes Phänomen ist, nämlich von seiner Ursache losgelöstes Gebilde, erfasste und erfahrene Tatsache. In diesem Sinn hat der geringste *Akt* eine Realität, eine Gewichtigkeit, eine, wenn man so sagen darf, unendlich höhere Dignität als die *Tatsache* des gesamten Universums. Dies erklärt beim jungen Menschen, beim Wissenschaftler und beim Philosophen den ersten Taumel oder den eigensinnigen Dünkel des

Denkens. Wer anfängt, sich von seinen Überlegungen zu ernähren, bildet sich ein, das zu entdecken, was bis dahin nicht bekannt war; eine neue Sonne leuchtet für ihn allein. Dies verursacht bei allen die ungeheuerliche Illusion des Egoismus: Die flüchtigste innere Klarheit zählt mehr und hat mehr Charme als alle Strahlen von außen. Das geringste persönliche Empfinden, das wie durch eine intime Liebkosung uns für uns selbst enthüllt, wirkt mit mehr Zartheit und Kraft als alles, was von der Außenwelt zu uns gelangt.

Was im eigentlichen Sinn subjektiv ist, ist somit nicht nur das, was von innen her bewusst und erkannt wird (wenn wir es richtig verstehen, gilt dies von jedem Phänomen), sondern das, was die Tatsache des Bewusstseins sein lässt. *[100 Bedingungen und Elemente des subjektiven Lebens].* Das eigentlich Subjektive ist der innere und stets einzigartige Akt des Denkens. Eine Wissenschaft des Subjektiven wird unweigerlich eine geistige Dynamik sein.

V

Aber wie soll man eine Wissenschaft von dem bilden, was so einzigartig und unbestimmbar ist, was sich jeder Maßgabe wie jeder Vorstellung entzieht, was im Werden ist? Wie soll man das bestimmen, was weder Quantität noch Qualität hat, da man weder dessen Elemente analysieren, noch dessen komplexes Ganzes als eine feststehende Einheit betrachten kann, da der Charakter eines jeden sich bildet und sich wandelt mit jedem aufeinanderfolgenden Zustand?

Diese schwierige Lage geht vielleicht aus einer Konfusion und einer falschen Verwendung der Analogie hervor. Von der Idee voreingenommen und durchdrungen, die der er sich gewöhnlich von den Methoden der positiven Wissenschaft als dem einzigen Typ einer wirklich wissenschaftlichen Methode macht, ist der Psychologe bestrebt, ihre Vorgehensweisen auf die Wissenschaft des Subjektiven anzuwenden, ohne zu beachten, dass letztere nur insofern eine eigene Wissenschaft ist, als sie über eine eigene Methode verfügt. Wenn er sich an, wie er es nennt, psychologische Analysen heranwagt, wenn er über die Möglichkeit und die Verwendung der Synthese oder des mentalen Experiments redet, dann verdreht er den Sinn der Worte. Es gelingt ihm lediglich der Ansatz einer Pseudowissenschaft, denn in der Handhabe selbst seiner »subjektiven Methode« betrachtet er das Subjektive als Tatsache, nicht jedoch als Akt; er entstellt das Subjektive unter dem Vorwand, es zu untersuchen. Denn in dessen lebendige Wirklichkeit dringt man nur vor, wenn man nicht den statischen Gesichtspunkt des Verstandes einnimmt, sondern den dynamischen des Willens. Man sollte nicht versuchen, sich die Tat vorzustellen, denn sie ist gerade das, was die Symbole und die Vorstellungswelt erst selbst entstehen lässt.

Die wahre Wissenschaft des Subjekts ist dadurch gekennzeichnet, dass sie bereits von ihrem Ansatz her den Akt des Bewusstseins als Akt betrachtet und dessen unausweichliche Expansion anhand eines kontinuierlichen Fortschrittes freilegt. Sie sucht nach der Gleichung der Tat. Dies besagt: Indem sie beabsichtigt, deren gesamten Gehalt zu entwickeln, will sie bestimmen, welches der notwendige Endpunkt der Tat ist, und zwar der Kraft der anfänglichen Bewegung gemäß, aus der der Akt hervorgeht und die sich in jeder Anstrengung ihrer Entwicklung zeigt. Deshalb müssen sich das Gesetz und das Endziel des Wollens im Wirken des Wollens enthüllen. Sogar dort, wo der Mensch vorausgehenden oder nachfolgenden Notwendigkeiten unterworfen zu sein scheint, sind auch diese Bedingungen nur Mittel, die seinem geheimen Wunsch unterstellt sind.

[101 Die Wissenschaft des Bewusstseins] Wohl aufgrund des intimen und stets einzigartigen Charakters des Aktes scheint die subjektive Wissenschaft zunächst gar nicht die abstrakte und überpersönliche Allgemeinheit der anderen Wissenschaften zu besitzen. Denn sie setzt eine Initiative und eine Erfahrung voraus, welche jedem Einzelnen eigen ist, der sie für sich selbst aufs Neue schafft; kein einziger Kunstgriff in der Darlegung dieses Wissens könnte ihm dies ersparen. Und dennoch besitzt diese Wissenschaft einen universellen Charakter und eine Genauigkeit, die die Exaktheit und die Allgemeinheit jeder anderen übertragt. Es gibt wirklich niemanden, der nicht der Notwendigkeit der praktischen Erfahrungen unterworfen wäre. Es gibt keinen Akt, der nicht von einer geheimen Verkettung durchzogen wäre, von einer Strenge und einer Logik, welche die Logik der scharfsinnigsten Gedanken übertragt. Approximativ und wirklich unbestimmt ist somit die Formel oder die Tatsache, die die notwendigerweise partiellen und abstrakten positiven Wissenschaften zu definieren versuchen, während das Vollständige, Systematische, das Präzise und Lebendige die Tat ist; ihre Folgen trägt sie in ihrem Schoß und ist mit ihnen eng verwoben.

Wahre Wissenschaft ist wirklich jene, in der nichts von außen her vermittelt ist, in der alles von innen her wächst, in der man nur

3 · Das Phänomen der Tat

begreift, was man zu sein bewerkstelligt, in der die Folgen sich mit unfehlbarer Gewissheit aus den Prämissen ableiten, die der Arbeit des Lebens anheimgestellt sind, und in der die strenge Notwendigkeit der Schlussfolgerungen nur bewirkt, dass die Frucht der ersten Initiative zur Welt kommt. Denn es geht darum, nicht das zu bestimmen, was sich außerhalb des Willens als ein mehr oder weniger fiktives Objekt befindet, sondern das, was im Willen ist, was er bereits einzig dadurch ist, *dass* er will, und nicht durch das, *was* er will.

Schauen wir auf den Weg, den wir in diesem ersten Teilabschnitt seit dem Punkt zurückgelegt haben, an dem wir gewollt haben, dass es *etwas* gebe. Aus der ersten Sinneswahrnehmung, die nur deswegen als einfach erscheint, weil sie unklar ist und notwendigerweise unbeständig bleibt, ist das Bedürfnis nach Wissenschaft hervorgegangen. Die positive Wissenschaft findet aber nicht in sich selbst die Einheit und den Zusammenhalt, mit denen sie sich brüstet, ohne sie zu erklären. Genauso wie in der bloßen Sinnesempfindung bereits eine Wissbegier erwacht, ohne die es nicht einmal eine Empfindung gegeben hätte, so erfordert jedwede positive Wahrheit die Vermittlung eines Aktes, die Präsenz eines Subjekts, ohne das es keine positive Wahrheit gegeben hätte.

Von diesem Subjekt haben wir gezeigt, wie es aus den Phänomenen hervorgeht, die seine Bedingungen sind, und wie es sich von ihnen völlig unterscheidet. Das Subjektive ist durch ein kontinuierliches Band mit allem verknüpft, was ihm vorausgeht. Und indem wir dieses wissenschaftliche Verhältnis entdecken, erblicken wir zugleich *[102 Bedingungen und Ursprünglichkeit des subjektiven Lebens]* die nicht reduzierbare Ursprünglichkeit des inneren Aktes. Von der noch äußeren Einheit des Erfassten sind wir zu der inneren Einheit des Erfassenden übergegangen und haben dem subjektiven Phänomen seinen wahren Charakter eines Aktes wiedergegeben. Aber indem wir seine Beziehungen zu den anderen Tatsachen definieren und seine relative Unabhängigkeit festhalten, haben wir folgende Schlussfolgerung begründet: Statt ein bloßes *Epiphänomen* oder ein Duplikat der physischen und physiologischen Phänomene zu sein, birgt und konzentriert der Bewusstseinsakt die ganze Umwelt in sich, aus der er seine Nahrung bezogen hat – dies ist eine universelle Empfänglichkeit. Dieser Akt besitzt einen Grad an Realität und an Präzision, die die Objekte der positiven Wissenschaften überragt, welche ohne ihn nicht existieren würden – dies ist eine radikale Ursprünglichkeit. Denn die Tatsache ist nur durch den Akt; ohne das subjektive Phänomen gäbe es gar kein anderes. Wer etwas für gegeben annimmt, fordert somit das Subjekt. Die positiven Wissenschaften laufen auf eine Wissenschaft der Tat zu.

Auf diese Weise zieht das Bewusstsein sämtliche Kräfte der Natur in sich zusammen und konzentriert diese. Durch das, was es darstellt, beherrscht es alles, was in ihm dargestellt ist. Als wir die Bedingungen der subjektiven Erkenntnis erforschten, haben wir zugleich die vorhergehenden Bedingungen der Tat bestimmt. Solches geschah, indem wir sie vom Determinismus der Wissenschaften lösten und zeigten, dass diese Bedingungen selbst in die Abfolge der Mittel eingehen, mit denen der Wille zu Werke geht.

Man werfe der Wissenschaft des Subjektiven nicht mehr vor, ein leeres Gedankenspiel zu sein, ganz und gar ein Hirngespinst, als ob für alles Wesentliche der inneren Phänomene die Hirnforschung zuständig wäre, oder als ob das Denken wirklich mit der Nervenfunktion gleichzusetzen wäre. Wir haben von jetzt an das Recht, den Bewusstseinsakt für eine genauso positive, eine genauso definierte, für eine genauso präzise Realität zu halten wie jedes andere Phänomen, sogar für inhaltsreicher als die anderen. Der Weg in die innere Welt steht der Wissenschaft offen.

[103]

Zweiter Teilabschnitt
Von der Schwelle des Bewusstseins zur Willenstätigkeit

DIE BEWUSSTEN ELEMENTE DER TAT

Es steht wissenschaftlich fest, dass das Bewusstsein existiert. Ebenso steht fest, dass es nicht genügt, das Bewusstsein in Bezug auf die äußeren Zustände zu erforschen, mit denen es wie mit seinen natürlichen Bedingungen verbunden ist, auf die es sich jedoch nicht reduzieren lässt. Das Bewusstsein muss existieren, damit die positiven Wissenschaften bestehen. Es muss existieren, weil, indem man will, dass *etwas* sei, man durch diese Willensbekundung selbst das subjektive Phänomen bereits implizierte. Es ist also keine verbale Spitzfindigkeit mehr, zu sagen, indem man das Objekt erfasst, nimmt man das Subjekt als gegeben an, und indem man das Phänomen bejaht, legt man den Gedanken dort hinein. Der innere Akt ist gewiss, präzise, positiv, wissenschaftlich genauso wie und gar mehr noch als jede Tatsache der Physik, als jede Wahrheit der Mathematik.

Das Bewusstsein schöpft seine Nahrung aus der unermesslichen Umwelt, die es in sich zusammenfasst. Es fasst diese jedoch zusammen und trägt sie in sich, indem es über sie hinausgeht und eine ursprüngliche Synthese bildet, indem es zum *Akt* all dieser Bedingungen und dieser untergeordneten *Potenzen* wird. Sobald das Bewusstsein in der Gestalt des Strebens oder des instinktiven Bedürfnisses in Erscheinung tritt, liegt eine siegreiche Spontaneität des mechanischen Determinismus vor und ein bereits völlig psychologischer Automatismus.

Ohne Zweifel hängen solche inneren Antriebe von tiefer liegenden und gleichsam unterirdischen Ursachen wie von unbewussten Keimen des Bewusstseins ab. Aber von dem Augenblick an, da sie hochkommen und sich im subjektiven Leben entfalten, beherrschen sie durch das, was sie zum Ausdruck bringen, alles, was sie in sich bergen. So ist ein Dynamismus das Prinzip jedweden bewussten Phänomens. Je mehr diese innere Klarheit aufgeht, desto besser konzentriert sie die Kräfte und Ausstrahlungen der Natur. Bedeutet dies, um in der Sprache der wissenschaftlichen Erscheinungsformen zu sprechen, *[104 Der Dynamismus des Bewusstseins]* dass in der Fülle der

3 · Das Phänomen der Tat

Welt, unter dem Druck der physischen Energien und mitten im Räderwerk des universellen Getriebes die Bewegungen nicht den Impulsen des Verlangens folgen? Dass die Vorstellung oder die Strebung vom unbekannten Determinismus herstammt, der dem Erwachen des Bewusstseins vorausgeht oder es vorbereitet, ist möglich und wahr. Aber die Vorstellung oder die Idee findet in dem, was sie anregt und was sie ist, die Kraft, eine eigene Bewegung hervorzubringen. Es gibt also eine antreibende Spontaneität, die von der subjektiven Spontaneität abhängt. Der psychologische Determinismus absorbiert den physischen und ersetzt diesen, allerdings ohne ihn aufzuheben, oder er schichtet sich darüber, indem er ihn benützt. Deshalb müssen wir jetzt im Bewusstsein allein das innere beziehungsweise das bestimmende Prinzip der Tat suchen.

*

Was das erhellte Feld des Bewusstseins betritt, kann dies nur durchqueren, kehrt notwendigerweise wieder, um darüber hinaus zu wirken. Wenn es so durch die Intimität des Subjekts hindurchgeht und sich dort spiegelt, wandelt sich der aus der Natur hervorgegangene Akt. Er schafft die Intention des Willens, die die ganze weitere Geschichte seiner Expansion anregen wird, indem er seiner eigenen ursprünglichen Bedingungen Herr wird, die er gewissermaßen auf eigene Rechnung übernimmt. Hier berühren wir also den zentralen Punkt innerhalb der natürlichen Entwicklung der Tat. Denn auf der einen Seite zeigen wir, dass mit dieser willentlichen Bestimmung des Aktes all seine »vorbewussten« Prämissen verknüpft sind, während wir auf der anderen Seite aufzeigen, wie diese freie Entscheidung sich unvermeidlich in einer Folge von »nachbewussten« Akten verkörpert, die von ihr bleibend impliziert sind und von ihr abhängig bleiben. Vorher haben wir gesehen, dass das Bewusstsein über dem von den Wissenschaften erfassten Determinismus steht. Jetzt werden wir sehen, dass aus dem inneren Determinismus eine neue Initiative hervorgeht, die ihre relative Freiheit übrigens nur dann behalten wird, wenn sie damit aufhört, die Bewegung des Willens auf die rein formelle Intention einzuschränken, und wenn sie jenseits des klaren Bewusstseins einen Endpunkt der Entfaltung sucht. – Um die bewusste Integration der Tat zu erforschen, beschreibe ich den automatischen Dynamismus des inneren Lebens. Ich zeige dort das notwendige Erscheinen der Freiheit innerhalb des psychologischen Determinismus. Ich lege dar, dass diese Freiheit sich selbst nur erhält, wenn sie aus sich selbst heraustritt, um sich einer Heteronomie zu unterwerfen, um für den Willen das zu gewinnen, was sich ihm entzieht, und um sich in die wirksame Tat zu stürzen. Kurz, das Subjektive wird sich nur dann unversehrt, vollständig und lauter aufrechterhalten, wenn es »sich objektiviert«.

Im nächsten Kapitel soll gezeigt werden, wie das Bewusstsein des psychologischen Determinismus auf natürliche Weise dahin gelangt, den Automatismus zu beseitigen und die Zwangsläufigkeit der Tat aufzuheben. – Zuerst erforsche ich den Mechanismus der subjektiven Spontaneität hinsichtlich des Notwendigen in ihm. Dann untersuche ich, auf welche Weise diese zwangsläufige Entwicklung der inneren Aktivität dazu imstande ist, die Idee als solche des Determinismus hervorzubringen. Abschließend weise ich darauf hin, wie die Existenz und die Erkenntnis des inneren Determinismus voraussetzen, dass das subjektive Leben davon radikal gelöst ist. So ist dieser Determinismus selbst einer noch innereren Freiheit untergeordnet.

[105]

Kapitel I
Die Konzipierung der Tat

Das Verlangen oder das Bild ist in Erscheinung getreten. Unnötig, unmöglich herauszufinden, von woher und wie der Stachel des Instinkts oder die Klarheit der Idee zutage getreten sind. Unergründlich bleibt die Geburt dessen, was am meisten Bewunderung verdient, aber diese am wenigsten erhält: das innere Licht. Wie jene Pflanzen, die zehn Jahre lang Düfte und Säfte in sich sammeln, um damit die einzige Blüte zu ernähren, die sie an einem einzigen Tag auszehrt, so sammelt ein verborgenes Wirken alle Lebenskräfte in sich, um damit die Quelle des Bewusstseins zu speisen. Kein Wasser vermag sie anschwellen zu lassen, wenn es nicht diesen unterirdischen Läufen gefolgt ist, in die die rationale Erkenntnis nicht durchdringt. Und wenn die Quelle hervorsprudelt, dann geschieht dies mit einer so völlig jungfräulichen Kraft und Reinheit, als ob sie einzig sich selbst etwas zu verdanken hätte. Welches ist ihre Wirkungskraft? Wohin leitet sie sich weiter?

I

Nichts wirkt auf uns ein, nichts wirkt durch uns, was nicht wirklich subjektiv, was nicht verarbeitet und belebt wäre, was nicht in uns selbst zu einem Zusammenschluss gefunden hätte. Eine abstrakte Vorstellung reicht nicht aus, um den psychologischen Automatismus in Bewegung zu setzen. Das Bewusstsein bildet eine geschlossene Welt. Es öffnet sich nur dank der Vermittlung der unbewussten Einflüsse des Lebens. Deshalb müssen die Suggestionen erfasst werden, damit man ihnen Folge leistet. Deshalb auch wachsen die gleichen Informationen nicht überall dort, wo sie hinfallen, in der gleichen Weise. Denn jeder Gedanke ist autochthon. Es gibt für uns richtige Wahrheiten nur als eingeborene Wahrheiten. *[106 Die Konzipierung der Tat]* All unsere Verlangen sind und bedeuten das, was wir sind

I · Die Konzipierung der Tat

und was wir aus ihnen machen. Die Idee durchschreitet das Gefühl, sonst bleibt sie toter Buchstabe.

Das intellektuelle Licht trägt auf diese Weise die vitale Kraft in sich und benützt diese. Das Motiv ist tatsächlich nur der Niederschlag und die Synthese von tausend lautlosen Aktivitäten; gerade dies ist der Grund seiner natürlichen Wirkkraft. Es tritt nicht plötzlich in Erscheinung, sozusagen aus heiterem Himmel und spontan hervorgebracht. Es ist von einer Menge elementarer Neigungen delegiert worden, wird von ihnen unterstützt und vorangetrieben; es geht aus entfernteren und generelleren Ursachen hervor. Das Motiv bildet den Abschluss eines ganzen vorausgegangenen Systems und dient als Zwischenglied zwischen den ständigen Dispositionen und den einzelnen Umständen, die es veranlassen. Im Augenblick seiner Geburt besitzt es die Blüte des Neuen, eine Frische und eine bezaubernde Anmut, weil es ganz Akt ist, im Verborgenen angeregt und gleichsam durchdrungen von den fruchtbaren Energien, deren erste Vollendung und lebendige Erläuterung es ist. Sein wirkungsvoller Reiz rührt also von dem her, was es ausdrückt, und repräsentiert das, was es bewegt. Die Wirkungskraft, durch die es für das Bewusstsein aufbricht, ist auch genau die, die es dazu befähigt, auf die unbewussten Kräfte einzuwirken, aus denen es entspringt. Diese natürliche Magie, die dem Instinkt des Tieres und dem Traumbild des Nachtwandlers ihre überlegene Faszination verleiht, belebt ebenfalls die abstrakteste Idee mit einem Gefühl, ohne das sie regungslos bliebe. – Ein Motiv ist kein Motiv ohne einen Beweggrund.

– Aber ein Beweggrund ist ebenso wenig ein Beweggrund ohne ein Motiv. Was heißt das? Um ein wirksames Tatprinzip zu werden, müssen die diffusen Energien in einer mentalen Synthese zusammengefasst und in der Einzelform eines zu verwirklichenden Zieles vergegenwärtigt werden. Sie bestätigen sich und stacheln sich an durch eben die Anstrengung, die sie zum Ausdruck bringt, so wie die Aufmerksamkeit wächst, wenn sie die Körperorgane anspannt. Gewiss steigern die Anreize der Sinnesorgane durch sich selbst die Wirkungskraft dessen, der sie erfährt, und erhöhen die Intensität seiner Nervenkraft. Aber dieser Dynamik erzeugende Einfluss wirkt sich nur aus, wenn er in einer klar umrissenen Vorstellung und sogar in einer bestimmten Bewegung Gestalt annimmt. Die Zielursache wird auf diese Weise zur Wirkursache, und die Ideen und Zeichen sind die unentbehrlichen Bedingungen jener Dispositionen, die sie nach außen zeigen.

3 · Das Phänomen der Tat

So weist die Erforschung der mentalen Kombinationen und Kompensationen im hypnotischen Automatismus auf, dass jede Sinneswahrnehmung (so wie eine Tastempfindung), dem Anschein nach zerstört aufgrund der durch Suggestion herbeigeführten Anästhesie, *[107 Anschub der Motive und der Beweggründe]* danach trachtet, sich in einem System von analogen Bildern und Ideen (wie visuellen Vorstellungen) auszudrücken. Sie strebt danach, unter einer Halluzination, die dem ersten Reiz entspricht und ihm zugleich fremd ist, aufgrund von Transposition einen anderen Sinnesapparat anzuregen. Die sich ausweitenden Reflexe gelangen also nur unter der Bedingung hin zur Tat, dass sie in eine ideale Synthese übersetzt werden.

Diese notwendige Transformation vollzieht sich stets ebenfalls im normalen Spiel der psychologischen Funktionen; einige außergewöhnliche Fälle ermöglichen es uns, deren Mechanismus zu analysieren. Die verborgenen Kräfte des Sinneslebens besitzen ihre ganze Wirkungskraft nur von dem Augenblick an, in dem, gleichsam um sie zu erhellen und ihnen ein Ziel zu setzen, eine Vorstellung hervorgeht, die sich von ihnen zu lösen und abzuheben scheint. So ist die Finalität zunächst nur der subjektive Ausdruck von vorhergehenden Notwendigkeiten. Aber sobald die wirren und unzusammenhängenden Impulse des Verlangens im instinktiven Bild oder im klar umrissenen Entwurf eines Aktes Gestalt angenommen haben, verdanken sie der systematischen Einheit der inneren Vorstellung eine Entschlossenheit, Genauigkeit und Wirkkraft, die völlig neu sind. Immer und in jedem Augenblick bilden sich im Bewusstsein miteinander verbundene und in organischen Systemen vereinigte Zustände. Das, was ihre Synthese bewirkt, verleiht dem System eine ursprüngliche Wirkmächtigkeit. Die introspektive Analyse bestätigt also das, was vom Gesichtspunkt der positiven Wissenschaften von jedweder Synthese als wahr bewiesen worden ist: Sie lässt sich auf ihre Elemente nicht zurückführen und sie beherrscht ihre eigenen Bedingungen. – Geltung haben die Beweggründe nur aufgrund des Motivs, das sie vorbereiten und das sie beabsichtigen.

– Aber das Motiv selbst ist kein Motiv mehr, wenn es nicht seinerseits zum Beweggrund wird. Was soll das heißen? Von dem Zeitpunkt an, da die tiefen Ursachen der bewegenden Emotion sich selber das Ziel ihres Strebens gesetzt haben, hören sie auf, im umfassenden Lebensstrom aufzugehen, und bilden ein Ziel für sich. Sie waren *mit uns selbst* identisch; sie werden einfach *uns zugehörig*. Das Motiv bliebe wie ein abstraktes und ideales Ziel, gleichsam bloß der objek-

1 · Die Konzipierung der Tat

tive Ertrag ihrer Tat, wenn es nichts mehr enthielte als die vollständige Zusammenfassung des untergeordneten Determinismus, der es in die Helle des Bewusstseins gebracht hat.

Um leistungsfähig zu sein, um zu existieren, um die Konzentration der verstreuten Energien zu bewerkstelligen und sie zum Angriff anzusetzen, ist es nötig, dass dieses Motiv irgendeine neue Perspektive mit sich bringt und die Verheißung, Unbekanntes zu erobern. Wenn wir handeln, ohne voll und ganz zu wissen warum *[108 Die Konzipierung der Tat]* (und so ist es immer), wenn die Gründe, die wir für uns selbst anführen, weder die einzigen noch die wahrsten sind, dann besteht in dieser ungefähren Erklärung unseres Verhaltens neben den klaren Ideen stets ein unbestimmtes Gefühl, in dem sich die natürlichen Neigungen, die geerbten Gewohnheiten, die allmählich ausgebildeten Wünsche, der gesamte Organismus und das ganze Universum zusammenfassen. Vor allem ist solches der Fall, weil das bekannte Motiv sämtliche vorausgegangene Energien beherrscht und diese dabei für weitere Ziele benützt, die stets über die Erfahrung und sogar über die Erwartungen hinausgehen. Mehr noch, das aktuelle Motiv unseres Aktes ist niemals das gleiche wie am Ursprung der Wahl, die für dieses den Ausschlag gab. Es gibt kein imperatives Mandat, denn der Abgeordnete ist nicht bloß ein Sprachrohr. Wenn er die Macht der Mitgliedschaft besitzt, liegt die Initiative und die Leitung eines Vorgesetzten bei ihm, er hat den Elan des Improvisators. Im entscheidenden Augenblick gewinnt stets etwas Unvorhergesehenes die Oberhand. So ist das innere Licht, das aus der Kraft hervorgegangen ist, auch wiederum ein Ursprung von Kraft; das Bild, das aus Bewegungen folgt, ist auch Ursache von Bewegungen. Und der Gedanke, der immerfort durch die Natur befruchtet wird, befruchtet seinerseits die Natur, wie ein Organismus, der alles, was er aufnimmt, verdaut und neu belebt.

Ausgegangen von einem unergründlichen Ursprung durchquert der konzipierte Akt also das helle Feld des Bewusstseins, um auf ein noch unergründliches Ziel hinzustreben. Man lebt nur von der Hoffnung, so sagt man, man arbeitet nur, wenn Besseres in Sicht ist. Wir gehören zu einer Welt, die über die Sinnesphänomene und das Faktenwissen hinausragt, ob wir davon nun ein klares Wissen haben oder nicht. Nichts von dem, was sich außerhalb von uns befindet, bestimmt uns, und in dem, was wir außerhalb von uns verlangen, suchen wir noch uns selbst. Wenn die Idee nichts ist ohne Gefühl, so vermag sich das Reale bei uns nicht durchzusetzen ohne das Ideale.

3 · Das Phänomen der Tat

Wir handeln nicht, wenn wir den Ansatz zu unserer Tat nicht in uns selbst finden, wenn dieser Ansatz nicht die bisherigen Erfahrungen übertrifft, wenn wir darin nicht etwas anderes ahnen, wenn wir daraus nicht gleichsam eine uns übersteigende Wirklichkeit machen. Man interessiert sich nur für seine eigenen Handlungen, wenn sie von leidenschaftlicher Ideologie durchdrungen sind. Die klare Idee regt uns nicht an. Alles, was in der Weise einer mathematischen Gewissheit bewiesen und festgelegt ist, erweckt gar keine tätige Hingabe. Man stirbt und lebt nur für einen Glauben – wenn man in dem, was man weiß, mehr herbeisehnt als das, was man weiß, wenn man darin sich selbst aufs Spiel gesetzt hat, wenn man jenes geheimnisvolle Bekannte liebt, sowohl um dessentwillen, was es bereits in sich birgt, als auch um dessentwillen, was es verheißt.

[109 Anschub der Motive und der Beweggründe] So scheint auch der Instinkt auf Ziele hinzuarbeiten, die dem Individuum, dessen Leben er zerreibt, fremd sind. So hat auch der Mensch in der augenblicklichen Ungewissheit seiner Bestimmung mitunter das dunkle und heftige Gefühl, dass er in den Händen einer blinden Schicksalsmacht, einer allgewaltigen Schlauheit oder einer unerforschlichen Vorsehung zu dem großen Werk beiträgt, das er nicht kennt. Durch das Spiel des inneren Determinismus hängt die Tat von einer wirkungsvollen Finalität ab.[1] Statt die subjektive Dynamik auf den Mechanismus der Urkräfte zu reduzieren, bleibt festzustellen, dass die unbewusste Aktivität dem werdenden Leben des Bewusstseins dienlich ist, indem sie es unterstützt.

Die Erforschung der mentalen Dynamogenese führt also im Namen des Determinismus zu folgenden zusammenhängenden Schlussfolgerungen: – Das Bewusstsein ergibt sich aus einer Reihe elementarer und unbewusster Akte und nicht aus dem letzten Akt allein. – Es bildet eine Synthese und einen Akt für sich. – Es bereitet eine Reihe

---

[1] Gewiss gelangen nicht alle Bewegungen des Lebens in uns zum Bewusstsein, noch vermag das einmal erweckte Bewusstsein all dem, was ihm vorausgegangen ist, gleich zu werden. Einerseits gibt es reflexartige Reaktionen und eine Zerstreuung der Energien, die unterwegs einen Teil der unbewussten Kraft verbrauchen. Andererseits werden wir sehen, wenn wir den Hindernissen nachgehen, die sich der gewollten Tat entgegenstellen, dass alle zerstreuten Energien auch durch die umfassendste Reflexion nicht systematisiert werden. Hier geht es aber zunächst um den Aufweis, wie die Vermittlung der bewussten Ursache einen integrierenden und vitalen Bestandteil gewisser Taten bildet, auch wenn diese Taten zugleich aus unbekannten Wirkkräften hervorgehen, die dazu beitragen, sie zu bestimmen.

I · Die Konzipierung der Tat

neuer Akte vor und bildet deren Ansatz, ohne ihr Endziel vorauszusehen, das es sich aber als zumindest vorläufiges Ziel setzt. Konzipieren bedeutet, gehandelt zu haben, immer noch zu handeln und darüber hinaus handeln zu müssen. Bevor jedwede Überlegung anfängt, sind diese verschiedenen Bewegkräfte, die die Analyse zu unterscheiden vermag, untereinander vermischt, wie beispielsweise im Instinkt oder in der Leidenschaft. Wenn sich eine Idee plötzlich eines verrückten Gehirns oder eines glühenden Herzens bemächtigt, gibt es dann Widerstände oder Aufschub, gibt es dann überhaupt Bewusstsein? So unmittelbar folgt die Durchführung auf das Vorhaben! Wie schnell hat sich das Werk vom Wirkenden gelöst! Mit welcher Geschwindigkeit verlässt die Tat nach einigen Phänomenen der Brechung und von mentaler Verstärkung das Bewusstsein, in dem sie vielleicht langsam erarbeitet und langsam aufgetaucht ist! Wenn unsere französische Geisteshaltung aktiver als alle anderen ist, mehr den Ideen hingegeben, schneller bereit, aus ihnen zu leben und sie durch die Praxis zu definieren, dann ist dies weder eine besondere noch eine außergewöhnliche Eigenheit, sondern das Gesetz des wahrhaft menschlichen Charakters. Wir denken nur (das ist völlig normal), nachdem wir gehandelt haben und indem wir handeln, und wir denken, um zu handeln.

[110 *Die Konzipierung der Tat*] Die Redewendung bleibt dennoch wahr: Reden und tun, in Gedanken planen und ausführen, sind zweierlei. Warum? Und wie kommt es, dass wir meistens zögern, überlegen, zu wählen scheinen, während es genügen müsste, uns ganz einfach von der unmittelbaren instinktiven Gewissheit mittragen zu lassen, frei von Erschwernissen und Widerständen? Und wenn wir in dieser unerschütterlichen Einheit wie unter der Macht einer Suggestion gehandelt haben, warum meinen wir dann, sobald wir dies merken, dass wir determiniert gewesen sind, während wir im Verlauf der Tat selbst uns frei wähnen konnten?

II

Ein Motiv ist kein Motiv, wenn es alleine ist. Wenn es alleine ist, ist es ein tierisches Verlangen, eine instinktive Vorstellung. Wenn es allein vor dem Bewusstsein erscheint, ist es ein Impuls der Spontaneität oder der mechanischen Gewohnheit, das Delirium eines Kranken oder Geistesgestörten, die Suggestion eines Schlafwandlers, der

3 · Das Phänomen der Tat

Automatismus eines Geistesabwesenden oder Träumers. Allein ist das Motiv eine Zwangsvorstellung, aber keine Idee.

Jede Idee, jeder Zustand des klaren Bewusstseins impliziert einen Kontrast und eine innere Gegenüberstellung. Genau wie das Auge spontan die Komplementärfarbe hervorruft, die zu der passt, deren Anblick es überdrüssig wird, um so die eine Farbe durch die andere aufzufrischen, so ist auch der mentale Organismus derart beschaffen, dass jede Vorstellung das Entgegengesetzte und die Antagonisten hervorruft, so wie viele Harmonien darauf angelegt sind, sie durch eine Begleitung con sordino hervorzuheben. Das Bewusstsein geht aus einer Unterscheidung hervor; wir haben daran erinnert. Es entwickelt sich unter der Herrschaft eines Relativitätsgesetztes. Die Erforschung der so bezeichneten psychischen Polarisierung zeigt, dass sich unter jeder scheinbar einfachen und klaren Wahrnehmung das Bild einer anderen fiktiven Wahrnehmung verbirgt, die ganz bereit ist, die erste zu ersetzen. So lässt sich in der Hysterie das Bedürfnis der Simulation und jener Drang nach Lügen erklären, der übrigens gewisse delikate, aber noch gesunde seelische Konstellationen heimgesucht hat. Denn neben realen Erinnerungen tritt ein wachsendes System von rivalisierenden Assoziationen in Erscheinung. Mitgerissen von einem eigentümlichen Rausch kommt man gegen den eigenen Willen dazu, das Gegenteil von dem zu sagen, was man im Gedanken hatte, das bewusste Leben zu spalten, in die Illusion abzustürzen, als ob die lügnerischen Vorstellungen, gerade weil sie völlig subjektiv sind, mehr Autorität über das Subjekt hätten als jene, deren reellen Eindruck es erfahren hat. Auf gleiche Weise *[111 Hervorbringung und Macht der Reflexion]* setzt der normale Mechanismus der Verneinung ein Paar rivalisierender Bejahungen in Bewegung, von denen es der einen gelingt, die andere auszuschließen, ohne jedoch die andere für immer zu vernichten. Daher rührt der Geist des Widerspruchs, daher auch die Gefahr beim Kind, durch voreiliges Fragen Zweifel und Ungehorsam zu wecken. Daher rührt umgekehrt der Nutzen einer überwundenen Anfechtung, die die Kraft des ethischen Empfindens stärkt. Kurz gefasst heißt dies: Wenn wir einen Akt klar und deutlich ins Auge fassen, stellen wir uns im gleichen Augenblick die zumindest vage Möglichkeit anderer Akte vor, die die Rolle der Kontrastwirkung übernehmen und die dazu dienen, die ursprüngliche Vorstellung durch Ausschluss und Annäherung zu präzisieren. Jede Konzipierung ist gleichsam ein Fragment, das einzig in Bezug auf die umfassende Einheit sinnvoll ist und die Ergänzung durch ein anderes Fragment erfordert.

I · Die Konzipierung der Tat

Folgende Fakten haben sich herausgestellt: Der animalische Automatismus des Menschen und der zugleich physiologische und psychologische Determinismus seines Lebens sind beide von diesem Gesetz der gleichzeitigen oder alternativen Kontraste durchdrungen.[2] Bis ins Innerste unseres noch ungeformten Lebens ist der innere Mechanismus solcherart, dass die monotone und unbeachtete Einheit des organischen Prozesses ständig von inneren Auseinandersetzungen durchkreuzt, gespalten und zerrissen wird. Wenn es schon zutrifft, wie wir gesehen haben, als wir uns mit der subjektiven Spontaneität befassten, dass *jeder Akt des Bewusstseins* eine Synthese von Kräften und eine neue Kraftquelle bildet, so trifft es gleichermaßen zu, dass *jedes Bewusstsein eines Aktes* (eine Idee oder Empfindung) aus einem Konflikt hervorgeht, aus einem Durcheinander und einem Stocken im mentalen Dynamismus, aus einer wenigstens partiellen »Inhibition«. Es ist nötig, die Ursachen und Folgen dieser Gegebenheit zu erforschen.

In dem Maß, wie die Bilder und Ideen stets üppiger auftauchen, tun sich zahlreiche Wege für die Aktivität auf, denn die unbewusste Arbeit des psychologischen Lebens drückt sich spontan in der Gestalt von zu realisierenden Zielen aus. Der Determinismus entwirft das von ihm selbst gesteckte Ziel und bildet mit Hilfe der vorhergehenden Bedingungen das zu verfolgende Ideal. Unter den verschiedenen Strebungen, die aufgrund einer unbekannten Notwendigkeit in uns auftreten, bilden sich so kontrastierende Systeme von bekannten Zielen; *[112 Die Konzipierung der Tat]* jedes Ziel ist in sich dazu fähig, sich zu realisieren. Durch die Anziehungskraft der verschiedenen bewussten Motive schließen die zerstreuten Kräfte des inneren Lebens sich unter einem Gesetz der Finalität zu antagonistischen Synthesen zusammen. Auf welche Weise waltet zwischen diesen verschiedenartigen Gruppen ein Gegensatz? Wie ergibt sich aus dieser inneren Auseinandersetzung eine eindeutigere Erkenntnis und ein neues

---

[2] Auf diese Weise ist das animalische und instinktive Leben des Menschen nicht mit dem des Tieres identisch. Der Verstand tritt nicht dort ans Licht, wo der Automatismus sich im Instinkt fortsetzt, sondern wo die Wahl der Mittel und die Unterscheidung des geeigneten Milieus stattfinden. Die Sicherheit, mit der der Instinkt Probleme löst, die für die intellektuelle Überlegung unlösbar sind, zeigt, dass wenn die unbewussten Vorstellungen ein getreues Bild der Welt sind, die bewussten Vorstellungen ein entstelltes Bild sind, entstellt durch die Forderungen des Kontrastes. Das reflektierende Bewusstsein ist der Zustand des größten Kontrastes zwischen den unbewussten Vorstellungen.

3 · Das Phänomen der Tat

Aufmerksamkeitsvermögen? Wie entsteht aus dem Bewusstsein selbst die Reflexion? Wie führt die Divergenz der sonst ungleichen und nicht aufeinander abgestimmten Strebungen schließlich zu der »Inhibition«? Es geschieht folgendermaßen:

Wenn die antagonistischen Systeme sich im Bewusstsein einander gegenüberstellen, so geschieht dies, weil sie trotz des Antagonismus in der komplexen Einheit eines einzigen Organismus zusammengeschlossen sind; weil sie alle auf gleiche Weise von einer höheren Kraft der Gegensätze abhängen; weil sie gemeinsam die Teile eines Ganzen sind, statt isolierte Fragmente zu sein. Die Vielfalt der Bilder und Motive bereitet gewiss ein Ganzes vor, aber zuerst setzt sie eine Einheit voraus, die dazu imstande ist, alle Bilder und Motive zu umfassen und hervorzubringen. Neben den gegensätzlichen Motiven gibt es gleichsam ein Drittes, das sich einmischt, um sie einander gegenüberzustellen. Von dem Augenblick an, da ein einzelnes Motiv für sich allein erfasst ist, betrachtet man es einzig als eine der möglichen Lösungen, das heißt, in seinem Verhältnis zur Gesamtheit der aktuellen Eindrücke und Strebungen. Diese im Bewusstsein waltende Beziehung zwischen den kontrastierenden Teilen untereinander wie zwischen diesen und dem Ganzen ist genau genommen die Reflexion. Sie ergibt sich zwar aus der partiellen Art der antagonistischen Befindlichkeiten, aber diese Vielzahl der miteinander verbundenen und entgegengesetzten Befindlichkeiten ist nur möglich durch die immanente Tat eines Vermögens, das es vermag, die gesamte Vielfalt der Gegensätze in einer übergeordneten Einheit zu umfassen. Und genau dieses Vermögen müssen wir als Vernunft bezeichnen.

Sobald innere Gegensätze auftreten und Strebungen ins Stocken geraten und das Bewusstsein eine weitere Kraft in sich entdeckt, wird das Bewusstsein Reflexion. Aus dem Konflikt zwischen den Energien und den Verlangen, die allesamt in der Schwebe sind, entstehen affektive Befindlichkeiten, die wiederum neuen intellektuellen Befindlichkeiten zum Stoff und zur Nahrung dienen. Statt verborgen und ohne Zusammenhang zu bleiben, treten die verschiedenen Tatmotive gegeneinander an. Es ist die Vernunft als solche, die in sich selbst das gesamte System der rivalisierenden Vernunftgründe umfasst; sie ist also nicht selbst ein besonders gearteter Vernunftgrund unter allen anderen. Die Vernunft fasst alle in sich, sie unterscheidet sich von allen und wägt sie gegeneinander ab, weil sie sieht, dass jeder von ihnen, Teil innerhalb eines Ganzen, nur ein Motiv unter anderen und wie andere ist, *una e multis* [eines von vielen]. Dies ist der

Grund, weswegen *[113 Hervorbringung und Macht der Reflexion]* die Reflexion sie allesamt lahmlegt, wie ungleich die vorhandenen Kräfte auch sein mögen. Denn sie setzt nicht allein die Kraft eines der einander gegenüberstehenden Teile voraus, sondern die Zusammenballung aller virtuellen Energien. Sie entzieht diesen spontanen Energien alles, was sie an vorwärtstreibender Kraft besitzen, und verwendet sie alle, um sie zum Stillstand zu bringen.

Hier wird nochmals die Weise sichtbar, in der sich das Bewusstsein des Determinismus in uns bildet. Denn wir denken uns die Notwendigkeit einer Handlung unter dem unwiderstehlichen Reiz einer mentalen Vorstellung nur, wenn wir uns einbilden, dass das System der Motive, die die Oberhand haben, jede entgegengesetzte Strebung ausgeschaltet hat und sozusagen zu einem Teil geworden ist, der fürs Ganze steht. Was bedeutet, dass, wenn wir mittels Abstraktionen dieses vorherrschende Motiv als einzig reell und wirksam betrachten, wir ihm gegenüber, um seine bestimmende Kraft zu verstehen, an der Idee festhalten, es könnte nur ein Teil innerhalb eines Ganzen sein. So ist der Determinismus nur erkannt, insofern wir in uns selbst die Möglichkeit finden, über ihn hinauszugehen.

Diese Analyse erlaubt es schließlich zu erklären, warum umgekehrt gewisse Anregungen, die in einer schicksalhaften, unentrinnbaren Lage zur Handlung führen, dem Handelnden die Illusion der Freiheit lassen. Wenn tatsächlich die angeregte Tat mit dem ganzen Anhang von Motiven auftritt, die sie stützen, so hat es die Anregung selbst geschafft, die Hindernisse und die entgegengesetzten Anwandlungen von der Fläche des Bewusstseins zu beseitigen. Ohne dass es eine wirkliche Ausschaltung der antagonistischen Neigungen gibt, ist das Subjekt betäubt. Vorher stellte man sich aufgrund einer Fiktion vor, dass ein Teilmotiv die gesamte Aktivität aufgesaugt hätte; hieraus folgerte man den Determinismus. Jetzt hat der Patient, der die Anregung ausführt, den Eindruck, dass, weil jedes andere Motiv fehlt, sich ihm ein Ziel anbietet, und während er danach strebt, glaubt er frei zu sein, so wie er es wäre, wenn er mit dem gewöhnlichen vollen Urteilsvermögen handelte.

Die Erkenntnis in der Reflexion ist also wie eine Synthese mit zwei Ebenen: Sie bildet eine Vorstellung von Vorstellungen. Was sie ist, fasst das zusammen, was in uns ist, und was in uns ist, fasst alles Übrige zusammen. Aber nachdem man aufgrund eines notwendigen Fortschreitens diese übereinanderliegenden Stufen hinaufgestiegen ist und sich dann umdreht, wie wird man dann erklären, dass das

3 · Das Phänomen der Tat

Mehr aus dem *Weniger* hervorzugehen scheint? Warum diese siegreiche Macht von in sich derivierten Zuständen? Woher kommt es, dass die Reflexion zugleich den Umfang des spontanen Lebens einschränkt, weil sie dort Grenzen und Gegensätze einbringt, während sie die Macht einzelner Motive erweitert, weil sie irgendeines von ihnen dazu befähigt, alle anderen zum Scheitern zu bringen?

[114 *Die Konzipierung der Tat]* Der Grund liegt darin, dass diese aufsteigende Bewegung selbst durch ein verborgenes Streben prädeterminiert ist, das von Anfang an den Keim für solch ein unvorhergesehenes Wachstum gesät hat. Von unten nach oben gesehen, entsprechend der Reihenfolge der Mittel, erscheint alles notwendig, doch Zwang gibt es nur in der Weise, wie alles erscheint. Von oben nach unten gesehen, wenn man so sagen darf, und in der Ordnung der verfolgten Ziele, geht alles aus einer Initiative hervor, welche jede neue Anstrengung besser ans Licht bringt. Deshalb schließt jede weitere Synthese mehr ein als ihre vorhergehenden und bereits determinierten. Aus diesem Grund schafft die Bewusstwerdung der unbewussten Zustände neue Energie, und ebenso verstärkt die Reflexion gewissermaßen das diffuse Licht, indem sie es auf einen Punkt konzentriert. Aus diesem Grund schließlich genügt auch diese gesteigerte Helligkeit bereits nicht mehr, um uns zur Tat schreiten zu lassen, wenn wir darüber hinaus nicht auch noch die Verlockung des Verborgenen und Unbekannten sehen.

Aus der Perspektive ein und desselben Zeitpunkts in unserem inneren Leben kann man das Problem von Freiheit und Determinismus gar nicht auf einmal lösen. Denn was zunächst nötigend ist, wird seinerseits Notwendigkeit. Erst am Endpunkt, falls man ihn erreicht, wird man den wahren Charakter dieser alles umfassenden Bewegung des Lebens entdecken. Es möge also genügen, bei jeder Wachstumsphase der Handlung die zwangsläufige Folge dieser Entwicklung als solcher und den Sieg des neu erreichten Zustandes über seine eigenen Bedingungen aufzuzeigen. Aber man muss sich davor hüten, die Stufen dieses strengen Fortschreitens zu vertauschen oder sie durcheinanderzubringen. Denn sonst würde man den wissenschaftlichen Charakter dieser Verkettung verkennen und Gefahr laufen, die notwendige Hervorbringung der Freiheit[3] (ein gewöhnlich vernachläs-

---

[3] Wie im Vorhergehenden habe ich von objektiven Phänomenen oder von subjektivem Leben gesprochen, ohne diesen Worten irgendeine idealistische, realistische oder phänomenistische Tragweite zu geben. Ich werde mich jetzt mit der Freiheit beschäf-

sigter Aspekt des Problems) so zu betrachten, als wäre die Freiheit selbst von der Notwendigkeit verschlungen worden.

Mit der Genese und der Wirkung der Reflexion verhält es sich folgendermaßen: Sie stammt aus der Spontaneität und macht sich frei von ihr, indem sie diese expliziert. Sie geht hervor aus dem Determinismus und geht wiederum darüber hinaus, um ihn zu kennen. Entstanden aus einer inneren Differenzierung und einer Inhibition, ist sie auch selbst (wie der Positivismus schon richtig bemerkt hat) ein inhibitives und störendes Vermögen. Vom Augenblick ihres Erscheinens an *[115 Hervorbringung und Macht der Reflexion]* wird jedwede Strebung in Schach gehalten. Die Reflexion unterbricht nicht die Erkenntnis, welche sie festhält, sondern die unmittelbare Aktivität, und zwar aufgrund einer Kraft, die sie den verschiedenen antagonistischen Strebungen entlehnt und die jeder einzelnen von ihnen und allen zusammen überlegen ist. Hat man nicht oftmals festgestellt, dass eine allzu zugespitzte Aufmerksamkeit den natürlichen Ablauf durcheinanderbringt und die Leichtigkeit der zur Gewohnheit gewordenen Bewegungen stört, dass die wissbegierige und wissenschaftliche Analyse den Schwung tötet, das naive Glücksgefühl, die Fruchtbarkeit des Lebens und die Liebe selbst? Und sieht man nicht, dass die Instinkte und die traditionellen Lebensgewohnheiten zuweilen angesichts des Fortschritts dieser zersetzenden Kraft der Reflexion in sich zusammenfallen?

Aus dem Determinismus der Beweggründe und Motive steigt also eine Kraft hervor, die ihn in Schach hält. Aufgrund dieser Kraft behält keine einzige natürliche Suggestion den magischen Charme, der ihre Überlegenheit ausmachte. Ihr gegenüber hat nichts einen entscheidenden Einfluss und eine absolute Bedeutung. Nichts mehr verdient es gewissermaßen, getan zu werden: Es gibt Stillstand, Indifferenz. Ist dies nicht der Tod für die Tat? Ist die Tat nicht bloß konzipiert, um zu scheitern?

*

Das zweite Kapitel beabsichtigt zu zeigen, wie das inhibitive Vermögen, das ausreicht, um das ganze Spiel der spontanen Strebungen in Schach zu halten, unumgänglich eine eigene Tat aufweist. Zunächst erforsche ich die notwendige Genese der Freiheit (denn es hängt nicht von uns selbst ab, ob

---

tigen, ohne mich darum zu kümmern, ob ich von einer Realität, einer Idee oder von einer Illusion rede. Die Frage entscheidet sich nicht an dieser Stelle, sondern viel später, als die Deterministen oder ihre Gegner dies gewöhnlich gesehen haben.

wir in unseren eigenen Augen frei sind oder nicht). Ich zeige auf, wie aufgrund dieser weit verbreiteten und unvermeidlichen Überzeugung jedermann, davon überzeugt, gewissermaßen sein eigener Ausgangspunkt zu sein, alle vorhergehenden Bedingungen dieser wenigstens scheinbaren Freiheit bestätigt und sie sich zu eigen macht. Anschließend werde ich von der *notwendigen Idee* aus die *notwendige Betätigung* der Freiheit innerhalb der inneren Phänomene aufweisen und die nicht mehr bloß inhibitive, sondern aktive und vorwärtstreibende Rolle der freisetzenden Reflexion. Ich mache darauf aufmerksam, wie dieser Akt des freien Willens die gesamte Folge sogar der unvorhergesehenen und scheinbar ungewollten Konsequenzen umfasst, die aus ihm hervorgehen müssen. Hier liegt also eine Art Kulminationspunkt vor, an dem sich das heranfließende Wasser des Determinismus und das hinabfließende Wasser der persönlichen Determination teilen. An diesem Punkt sieht man aber auch, dass in der Vergangenheit sowie in der Zukunft diese zweifache Bewegung von Konzentration und Expansion ihren Grund hat im aktuellen Wollen.

[116]

Kapitel II
Der Grund der Tat

Von dem Augenblick an, da die Konzipierung einer Handlung von entgegengesetzten Konzepten begleitet wird und die Reflexion aufgrund des Antagonismus dieser rivalisierenden Kräfte in Erscheinung getreten ist, ist die Einfachheit des ursprünglichen Automatismus verlorengegangen. Durch den Ablauf selbst des inneren Determinismus offenkundig geworden, hält eine neue Kraft die gesamte Bewegung der Spontaneität in der Schwebe. Welches ist nun diese Kraft, die ein System von ergänzenden Ideen erfasst und zugleich dessen unmittelbaren Einfluss stilllegt, um darüber nachzudenken und einen Beschluss zu fassen? Diese Kraft bezeichnet man gemeinhin als Vernunft. Und den Akt, der aus dieser inneren Arbeit hervorgehen wird, nennt man gewöhnlich, ohne allerdings genügend zu unterscheiden, was genau diesen Namen verdient, menschliche Handlung,[1] Vernunftsakt, Willensakt, Freiheitsakt, Handlung oder Tat schlechthin. Aber wie kann es, trotz der tödlichen Wirkung auf die Aktivität, die der Reflexion eigen zu sein scheint, eine wirklich reflektierende Energie geben? Wie ist die Vernunft hervorgebracht? Und *[117 Erzeugung der rationalen Begriffe]* wieso verfügt sie über eine eigene Tat, ohne dass sie deswegen von ihren Bedingungen losgelöst wäre, oder über eine notwendige Tat, ohne dass sie selbst nötigend ist, über eine entscheidende Tat, ohne selbst determiniert zu sein?

---

[1] Die sehr genauen Unterschiede, welche die Scholastiker zwischen *dem Akt des Menschen* und *dem menschlichen Akt* wie zwischen dem *Willentlichen* und dem *Freien* ansetzen, sind bekannt. Auf gleiche Weise trennt ein klarer Unterschied zwischen *Akt* und *Tat*. Der *Akt* ist eher (abgesehen von speziellem Wortgebrauch) die erste Initiative der inneren Anstrengung, sei es, dass alles sich von Natur aus auf diesen geistigen Vollzug beschränken muss, sei es, dass man im Werk selbst den völlig subjektiven Anteil des Handelnden betrachtet. Der Begriff *Tat* weist eher auf den Übergang von der Intention zu der Ausführung hin, von der die Intention verkörpert wird, und infolgedessen oftmals auf das Ergebnis oder das Werk als solches dieses transitiven Vollzugs. Zwischen Akt und Tat besteht also ein analoger, wenn auch entgegengesetzter Unterschied wie zwischen *Werk* und *Vollzug*.

3 · Das Phänomen der Tat

I

In welcher Weise bildet sich die Vernunft im Hinblick auf das Bewusstsein? Und wie liefert sie, zusammen mit den regulativen Begriffen des reflexiven Lebens, die notwendige Idee der Freiheit? Dass diese Idee zwangsläufig in uns erscheint, ist etwas, das sicher ist. Man hat fast nie daran gedacht, dies zu erklären. Dass sie für sich allein die ganze vorhergehende Geschichte des Determinismus zusammenfasst und repräsentiert, ist eine gleicherweise verkannte und wesentliche Wahrheit. Denn aufgrund dieser notwendigen Idee (zu Recht oder zu Unrecht – auf den absoluten Wert der Phänomene kommt es wenig an; hier geht es schlicht darum, ihr wechselseitiges Verhältnis zu erforschen) tritt der Handelnde selbst an die Stelle aller vorhergehenden Bedingungen seiner Tat und nimmt die Urheberschaft für sich in Anspruch.

I. – Wenn die Motive und die Beweggründe in uns den Widerhall der gesamten Welt und den Ausdruck unserer eigenen Natur bilden, dann ist das sie erfassende Bewusstsein, von einem besonderen Gesichtspunkt her, die Perzeption des Universums und des umfassenden Zusammenhalts. Um nun das Universum zu erkennen, ist es nötig, dass ein neues Verhältnis sich gerade durch diese Erkenntnis selbst etabliert. Je mehr wir die erhabene Größe der Welt und diese unermessliche Zeitdauer verstehen, in der wir uns gleichsam verirren, desto mehr ragt unsere Größe über alles hinaus. Erkennen heißt besitzen und beherrschen. *Intellectus fit omnia, sed, ut fiat, superat* [Der Intellekt wird alles, aber um es zu werden, muss er es überragen]. Um ein Objekt zu erfassen, verwandelt der Verstand dies in seine eigene Substanz.

Man kann tatsächlich die Teile nur durch die Idee des Ganzen verstehen; das Ganze kennt man nur, wenn man sich durch die Perzeption des *Universellen* vom *Universum* unterscheidet. Das Bewusstsein eines Einzelmotivs geschah nicht ohne die Gegenwart anderer Motive; das Bewusstsein der vielfältigen Gründe des Handelns erfolgte nicht ohne die wenigstens verschwommene Sicht auf ihre Gegensätze und das System, das sie miteinander bilden. Das Bewusstsein dieser Kontraste innerhalb der organischen Einheit erfolgt nicht ohne den Gedanken von etwas, das dem Verhältnis und der Begrenzung unerreichbar bleibt, ohne die erkannte und zu eigen gemachte Gegenwart eines Absoluten, ohne die regulative Idee des Unendlichen.

II · Der Grund der Tat

Über die Gegenwart solcher rationalen Begriffe im Bewusstsein *[118 Der bestimmende Grund der Tat]*, über die Rolle, die sie in der Weise spielen, wie wir unser persönliches Verhalten betrachten, kann es keinen Zweifel geben. Wenn einige sie verneint haben, so geschah dies aus Scheu vor der absoluten Realität, bei der man versucht sein könnte, sie diesen Begriffen auf Anhieb zuzuschreiben. Hier nun liegt nicht etwas Ähnliches vor. Es geht schlicht darum, die wechselseitige Hervorbringung dieser Ideen zu bestimmen und ihr Erscheinen im Bewusstsein zu erklären. Und so brauchen wir uns wenig damit zu beschäftigen, ihnen einen absoluten Wert zu verschaffen, insofern wir, statt sie ins Absolute zu verlagern, ihre wechselseitigen und hierarchisch gestuften Beziehungen definieren werden. Sie rufen sich gegenseitig hervor und entstehen wie einfache miteinander zusammenhängende Phänomene im Denken des Subjekts. Wie Leibniz bezüglich der Mathematik bemerkt hatte, gibt es im mentalen Dynamismus »mehrere Stufen von Unendlichem«. *Direktive Ideen* der Vernunft und *Freiheit* sind die Bezeichnungen für zwei solcher gestaffelter Stufen. Wenn wir von der Erzeugung dieser rationalen Begriffe Rechenschaft geben, werden wir zugleich die Hervorbringung des Bewusstseins unseres freien Wollens erklären.

In wenigen Worten: Das Bewusstsein der Tat impliziert den Begriff von Unendlichem und dieser Begriff von Unendlichem expliziert das Bewusstsein der freien Tat.

Was heißt handeln, entsprechend der allgemeinen Idee, die man sich davon macht, nun wirklich? Es heißt, in die Unermesslichkeit der Dinge, die überall und immer ein aktuelles Unendliches umfassen, in das Innerste des Determinismus, der die gesamte Komplexität der Phänomene umschließt, etwas von sich einzubringen und hinzuzufügen. Niemand denkt, dass er handelt, wenn er das Prinzip seiner Tat nicht für sich beansprucht und wenn er nicht glaubt, jemand oder etwas zu sein, gleichsam ein Reich in einem Reich.

Diese intime Überzeugung gibt nur die vorherige wissenschaftliche Definition von dem wieder, was im eigentlichen Sinn subjektiv ist, und bestätigt sie auch. Es gibt keine wirkliche Synthese, keinen inneren Akt, keinen Bewusstseinszustand, wie unklar er auch sein möge, der in Bezug auf seine Bedingungen nicht transzendent ist und in dem das Unendliche nicht gegenwärtig ist. – Das Unendliche bedeutet in diesem Zusammenhang das, was jede einzelne Vorstellung und jedes bestimmte Motiv übersteigt, was mit dem Erkenntnisobjekt und den Anreizen der Spontaneität nicht vergleichbar ist. Das

3 · Das Phänomen der Tat

Licht jedweder Idee fasst ein ganzes System von Kräften zusammen und durch die ideale Wirkung, die sie alle aufeinander haben, übernehmen die Motive die Kräfte, welche sie repräsentieren. Auf diese Weise können wir die äußeren Notwendigkeiten der Welt in innere Freiheit umwandeln. Die Reflexion ist nicht steril; *[119 Erzeugung der rationalen Begriffe]* sie ist die Kraft der Kräfte. Wie ein Hebel, der sich auf der Idee des Unendlichen abstützt, vermag sie das Universum emporzuheben. Die Theorie wirkt deswegen auf die Praxis, weil das Denken eine Gestalt der Tat ist, aus der es einen freien Willen macht. Deshalb auch stellen die spekulativen Lehren der Moralisten Ereignisse dar in der Ausbildung der allgemeinen Moral.

Der entscheidende Vernunftgrund eines Aktes scheint uns somit nie in irgendeiner partiellen Strebung zu liegen, die zu seiner Ermöglichung beigetragen hat. Unserer Ansicht nach befindet er sich in jenem Vermögen, das keine der einzelnen Determinierungen ausschöpfen könnte. Indem er alle einzelnen Gründe in sich aufnimmt, scheint er von Natur aus dazu imstande zu sein, das Ganze der bestimmten Kräfte, der physischen Energien, Bedürfnisse, Strebungen und der Motive, das ganze des Determinismus der Natur und des Geistes zu beherrschen. Die bewusste Tat findet ihre Erklärung und ihren umfassenden Vernunftgrund einzig in einem Prinzip, das sich weder auf die Bewusstseinstatsachen noch auf die Sinnesphänomene reduzieren lässt. Sie ist sich ihrer eigenen Initiative nur dann bewusst, wenn sie sich einen unendlichen und transzendenten Charakter zuschreibt.

Die Eigenheit der Reflexion besteht nun darin, für sich selbst über die Ressourcen der Spontaneität zu verfügen. Was der Handelnde instinktiv getan hat, das kann er mit Hilfe von Erfindungsgabe und Kunst erneuern. Was im natürlichen Expandieren seiner Energie enthalten war, das beherrscht er und macht es sich zunutze; was sich aus einer unüberlegten Kraft ergab, vermag er zum Ziel einer neuen Anstrengung zu machen. Und indem er sich selbst nachahmt, benützt er die ganze Kraft der Wirkursachen, die er in sich trägt, im Dienste einer Zielursache. Von dem Augenblick an, da die bewusste Tat ihm als ein Ergebnis erscheint, das auf die bestimmten Bedingungen, aus denen sie hervorgeht, nicht reduziert werden kann, macht er dieses Ergebnis zum Prinzip seiner eventuellen Entscheidungen. Das unendliche Wirkungsvermögen, das die Natur des handelnden Subjekts in sich birgt, wird zum Empfinden des freien Willens.

Weil wir also in unseren Handlungen eine Art von schöpfe-

II · Der Grund der Tat

rischer Überlegenheit finden, sind wir uns unserer selbst bewusst und haben die Vernunft. Weil wir vernunftbegabt und uns unserer selbst bewusst sind, erachten wir uns selbst zu einer Willensinitiative imstande. So erhellt sich in der Intimität der Vernunft jene Wechselseitigkeit von Mittel und Zweck, die sich auf eine noch äußere Weise bereits im Dynamismus der Natur gezeigt hat. Wie dort die übergeordneten Synthesen die niederen Formen erklärt haben, die doch deren vorhergehende Bedingungen sind, so treten hier die Beziehungen zwischen dem immanenten Determinismus und der transzendierenden Finalität wieder in Erscheinung. *[120 Der bestimmende Vernunftgrund der Tat].* Ohne diesen ganzen Rhythmus des unbewussten und spontanen Lebens, dessen notwendigen Gesetzen wir bis hierher nachgegangen sind, wäre die Vernunft nicht in uns und würde sich hier nicht selbst erkennen. Und dieser ganze organische Prozess wäre nicht und würde sich nicht entfalten ohne die verborgene Vermittlung einer Leitidee, denn gerade unter dem geheimen Einfluss dieser Finalität haben alle Motive und Bewusstseinszustände, die sich gegenseitig heraufbeschwören, die sich zusammentun und sich einander entgegensetzen, die Reflexion und mit ihr das Bewusstsein eines Freiheitsvermögens entstehen lassen.

Die Rolle der Tat in der Konstituierung der Vernunft wie bezüglich der Idee von Freiheit ist also genauso wesentlich wie wenig beachtet. Was zeigt denn dem Bewusstsein jenes scheinbar Unendliche eines Vermögens an, das dem Handelnden zu eigen ist? Es ist die Tat selbst, die sich in ihm und durch ihn vollzieht. Und was gibt ihm das Verlangen und das Empfinden eines eigenen Vermögens ein? Es ist die Idee jenes Unendlichen der Tat, die er zum Ursprung seiner Willensentscheidungen macht. Reflexion und Freiheit wären unmöglich bei dem, der, statt selbst zu handeln, nur *Handeln erleiden* würde. Denn Vernunft und reflektiertes Bewusstsein wie Gespür für Unendliches gibt es nur dort, wo es freie Tätigkeit gibt, und freie Tätigkeit gibt es nur dort, wo es das Bewusstsein des Handelns gibt. Nimmt man die Phänomene als das, was sie sind, nicht mehr und nicht weniger, dann herrscht zwischen der Vernunft und der Freiheit, zwischen dem Bewusstsein und dem Vermögen des Unendlichen Zusammengehörigkeit. Die *reelle* Idee wird nur durch diese Vermittlung zur *ideellen* Idee des Idealen und das heißt zu einer reflektierten. Denn das Unendliche ist zwar jedem Subjekt gegenwärtig, aber nicht jedes Subjekt ist dem Unendlichen gegenwärtig und versteht es, davon Gebrauch zu machen.

3 · Das Phänomen der Tat

Der Willensakt geht also vom Unendlichen zum Unendlichen, weil das Unendliche Wirkursache und Zielursache ist. Die Freiheit, statt den Determinismus auszuschließen, stammt von ihm und benutzt ihn. Der Determinismus, statt die Freiheit auszuschließen, bereitet sie vor und erzeugt sie. Die chronologische Ordnung ist hier nicht wichtig. Die Zeit ist nur eine Weise, die subjektive Einheit der Tat in der Vielfalt der untergeordneten Phänomene darzustellen; die Notwendigkeit, die der Verkettung dieser Phänomene innewohnt, ist nur die objektive Projektion und sozusagen der Entwurf der transzendierenden Finalität, von der die Vernunft sich anregen lässt.

Auf diese Weise versteht die Reflexion es, indem sie die Reihe der Wirk- und Zielursachen in allen Richtungen durchläuft und sieht, woraus die Handlung hervorgeht, zur Handlung zurückzukehren und sie wiederum zu erzeugen. Sie steigt die zweifache Abfolge der spontanen Vollzüge hinab und steigt gleicherweise hinauf; abwechselnd ist sie deren Endpunkt und deren Ausgangspunkt. Sie wird in der Natur die Reihe der Ursachen wieder aufgreifen, die zu ihrem Ziel führen; sie bestimmt im Voraus die Verkettung der für ihre Ziele geeigneten Mittel. *[121 Die Notwendigkeit der Freiheit]* Zum Determinismus der reinen Kraft, des tierischen Instinktes oder der mentalen Spontaneität kommt die Willensbestimmung der Handlung hinzu, allerdings nicht, um ihn dann auszuschalten, sondern um ihn zu benutzen.

Kurz, um zu handeln, müssen wir an einer unendlichen Kraft teilhaben; um sich des Handelns bewusst zu sein, müssen wir die Idee dieser unendlichen Macht haben. Im Vernunftakt geschieht die Synthese der Kraft und der Idee des Unendlichen und eben diese Synthese ist das, was man die Freiheit nennt.

II. – Die Freiheit, dieses Ärgernis der Wissenschaft, ist hiermit von der Wissenschaft selbst bestätigt worden, von einer Wissenschaft indes, die vollständiger ist und dem Gesetz ihres Fortschritts besser entspricht. Es gibt sie wirklich, weil die Bewegung der Wissenschaft und des Bewusstseins sich ohne die Freiheit nicht erklären lässt. Es gibt sie wirklich, weil man an dem Punkt, wo man feststellt, was der Determinismus an Wahrem enthält, sich ihm entzieht. Man muss sich aber über Sinn und Tragweite dieser Aussage richtig verständigen. Sie enthält eine dreifache Wahrheit: 1° Nichts im Determinismus der Natur und des Denkens, nichts, weder in den Phänomenen noch in der Wissenschaft der Phänomene widerspricht dem Bewusstsein einer von

II · Der Grund der Tat

der Notwendigkeit ausgenommenen Kraft, *immunitas a necessitate* [Befreiung von Notwendigkeit]. 2° Gerade die Bewegung der Spontaneität und das Fortschreiten des Determinismus bringen das notwendige und unausweichliche Bewusstsein der Freiheit hervor, *necessitas libertatis* [Notwendigkeit der Freiheit]. 3° Das Spiel dieses Determinismus wird durch die Freiheit erklärt und bestätigt, *necessitas a libertate* [Notwendigkeit von der Freiheit her]. Vor allem bezüglich dieses letzten Punktes ist es wichtig, jedem Missverständnis zuvorzukommen.

Unsere ganze eigene Tat scheint zu Anfang auf einer Grundlage aus Passivität zu beruhen, und es wäre absurd, zu behaupten, dass es von uns abhängt, alle Formen des unbewussten Lebens durchschritten zu haben, um schließlich zum Anbruch der Reflexion und zur Klarheit der Vernunft zu kommen. Statt zu beweisen, dass wir selbst Herr darüber sind, vernunftbegabt und frei zu sein, haben wir jetzt im Gegenteil gesehen, warum wir dies unausweichlich sind. Heißt dies nun, dass diese notwendige Freiheit im Determinismus aufgeht? Keineswegs. Beide folgenden Behauptungen muss man gleicherweise festhalten: Einerseits ist der Determinismus notwendigerweise zum Bewusstsein der Freiheit gelangt; andererseits bestätigt die Freiheit, indem sie sich ihrer selbst bewusst wird, all das, was ihr vorausgegangen ist, und sie will alles, was ihr das Wollen ermöglicht.

Von dem Augenblick an, da der mit Vernunft Handelnde für sich eine Kraft in Anspruch nimmt, die den Bedingungen überlegen ist, aus denen sowohl sein Bewusstsein als auch seine Vernunft und seine Freiheit herstammen, kann er, indem er will, diese *[122 Der bestimmende Vernunftgrund der Tat]* Ursprünge des Willens nicht leugnen. Und könnte er ein Motiv entdecken, um das zu verleugnen, was er ist, so würde er dieses Motiv nicht in dem finden, was seiner Handlung vorausgegangen ist. So ist dieser ganze Prozess gerechtfertigt, der dem menschlichen Wollen zunächst fremd zu sein schien. So sieht man ebenfalls, dass die gesamte Bewegung der Wissenschaft auf einem tiefen Willen beruht. Wenn man aufgrund einer Entscheidung, die künstlich und willkürlich scheinen konnte, für dieses *Etwas* optiert hat, für dieses Phänomen, von dem es unmittelbare Wahrnehmung und wissenschaftliche Erkenntnis gibt, dann brachte man auf äußere Weise jene essentielle Wahrheit zum Ausdruck, dass das gesamte System der objektiven und subjektiven Phänomene, das ganze Gefüge der positiven Erkenntnisse dem Phänomen der Freiheit untergeordnet und von ihm abhängig ist.

3 · Das Phänomen der Tat

Man muss tatsächlich vom *Phänomen* der Freiheit sprechen, um nochmals deutlich hervorzuheben, dass hier noch keine weitere Frage im Voraus entschieden ist. Wenn gelegentlich der Determinismus der Natur und des Denkens der Freiheit zu widersprechen schien, so geschah dies einzig, weil man ihm einen ontologischen Stellenwert verlieh; man behandelte die positiven Tatsachen und die Bewusstseinszustände, als wären sie absolute Seiende, auf die das Widerspruchsprinzip anzuwenden wäre. Von nun an ist kein einziger Einwand der Mechanik, der Physik, der Psychophysik, der experimentellen Psychologie gegen den freien Willen noch sinnvoll. Denn die wissenschaftlichen Aussagen, die stets aus verschiedenen Gesichtspunkten gemacht werden, können sich weder berühren noch aufeinanderprallen, denn trotz des überall festgestellten Zusammenhalts herrscht zwischen den Phänomenen Heterogenität. Aufgrund einer dem Geist der Wissenschaft äußerst entgegengesetzten Illusion bildet man sich ein, die Freiheit leugnen zu müssen, wenn man die Wahrheit des Determinismus bejaht. Als ob verschiedene Spielarten von Phänomenen nicht miteinander kompatibel wären, als ob, zum Beispiel, die Gesetze der Schwerkraft die Spontaneität der Lebensfunktionen ausschließen könnten!

Wir müssen hier also das Flechtwerk der unsichtbaren Wurzeln entschieden abkappen, die uns mit den unterirdischen Ursprüngen unserer Verhaltensweisen verbinden. Die Tat hat ihren eigenen Lebenssaft. Sie ist stets ein *Darüber-hinaus*. Wenn es, damit kein Geist sich bei unfruchtbaren Schwierigkeiten aufhält, unerlässlich war, die Vorgeschichte der vernünftigen und freien Entscheidung zu bestimmen, so muss man nunmehr von ihr selbst als wahrem und tragfähigem Ursprung jener Bewegung ausgehen, die den Menschen zu erkannten und gewollten Zielen führt. Wenn er handelt und auch darum weiß und es will, kümmert er sich gewöhnlich gar nicht um die Wirkursachen seiner Entscheidung. Darin hat er recht. Denn er *[123 Die freie Übernahme des vorausgehenden Determinismus]* nimmt wirklich selbst den Platz des gesamten Mechanismus des unbewussten Lebens ein. Das Licht leuchtet nicht weniger hell, wenn er dessen Ursprung nicht erforscht. Er entdeckt den entscheidenden Vernunftgrund seines Entschlusses freilich niemals, wenn er dorthin schaut, wo der Entschluss herkommt, denn er wird sich des Handelns nie bewusst, wenn er nicht die immanente Notwendigkeit in eine transzendierende Finalität umgewandelt hat. Er beherrscht alles, was vorausgeht, ohne dass er dies klar zu erkennen braucht, denn es genügt ihm, zu erkennen, wohin er strebt. In dem, was er weiß, erfasst er, was er auf solche Weise nicht weiß, und geht darüber hinaus. In dem, was er will, bestätigt er, was er noch nicht hatte wollen können.

Genau deshalb ist die analytische Reflexion des Psychologen, die rückwärtsgewandt die Bedingungen der Handlung ins Auge fasst, der Gefahr ausgesetzt, ihren behaupteten Forschungsgegenstand zu verzerren. Wahre Erkenntnis ist jene Überlegung, die den inneren Blick nach vorne auf die Ziele richtet, die den Willen reizen, denn einzig in den Zielen liegt der hinreichende Grund für die freien Bestimmungen. Jeder, der für die Tat geboren ist, schaut nach vorne. Oder wenn er schon erforscht, woher er kommt, dann einzig, um besser zu verstehen, wohin er geht, ohne sich jemals im Grab einer toten Vergangenheit einzuschließen. Vorwärts und aufwärts. Die Tat ist nur auf solche Weise Tat. Wissenschaftlich steht fest, dass die Zielursache mehr ist als die Wirkursache. Um dies aufzuzeigen, war es nötig, den Bezug zu definieren, der sie vereinigt.

So kann es geschehen, dass das Empfinden der Menschen mit den Schlussfolgerungen der subjektiven Wissenschaft übereinstimmt. Der wissenschaftliche Freiheitsbegriff bleibt ganz dicht bei der naiven Vorstellung und der praktischen Erfahrung. Die Willenstat erscheint als eine Schöpfung in der Schöpfung. Sie ist ein Unendliches, das in einem Punkt zusammengeballt ist, das sowohl den universellen Druck besiegt als auch die Welt emporhebt, weil, verglichen mit der Kraft, die dem Subjekt innewohnt, das Gewicht des ganzen Objektes, wie die Erkenntnis dies zum Ausdruck brachte, nicht mehr zählt. Um aus mir selber den kleinen Finger zu bewegen, muss ich die Fülle des Systems der Phänomene in Gang bringen. Gewiss, in dem Augenblick, in dem ich dessen Eindruck erfahre, muss ich stärker sein als alles, was mir bekannt ist: Ich schreite voran unter der Bürde des Unendlichen.

Wenn wir die Einheit des Universums denken und bejahen, dass dieses Universum nicht ein geschlossenes System darstellt, besagt dies nicht, tatsächlich anzuerkennen, dass der Geist in Bezug auf die Welt wie ein Unendliches ist, dazu fähig, alle natürlichen Kräfte zu beherrschen? Spüren wir nicht, haben wir nicht hunderte Male gemerkt, dass wir stärker sind als alles, nicht immer aufgrund der Lebenskraft des Animalischen im Menschen, sondern aufgrund der Führung des Willens, *[124 Der bestimmende Beweggrund der Tat]* durch die innere Energie und die Tat des Geistes als Mittelpunkt? Die Befreiung durch die Wissenschaft wird stets unvollständig sein.

3 · Das Phänomen der Tat

Die Befreiung durch die sittliche Initiative, durch die Geduld bleibt stets möglich, sogar noch durch den Tod, dem man heroisch trotzt oder den man annimmt. Die wissenschaftliche Erkenntnis entbindet uns nie. Im Gegenteil: Durch diese einfache Gewahrwerdung sind wir von der wissenschaftlichen Erkenntnis befreit.

Neben der geheimnisvollen Kraft, die er in sich selbst erfährt, fühlt der Mensch sich zweifellos durch finstere Gewalten angegriffen und oftmals überwältigt. Diese extreme Mischung aus Kraft und Schwäche bildet das große Rätsel seiner Natur. Aber auch wenn er manchmal wie ein Spielzeug in unbekannten Händen ist, so ist seine Lage stets dergestalt, dass nichts vonseiten der positiven Wissenschaften, nichts im Determinismus der Phänomene seine Überlegenheit bedroht. Und wenn es wahr ist, dass seine Anstrengung oftmals an jämmerlichen Klippen scheitert, dann geschieht dies weder wegen Ursachen, die die Wissenschaft definieren könnte, noch im Namen der allgemeinen Gesetze der Natur oder des Denkens. Es war somit von wesentlicher Bedeutung, in der Wirrnis, in die das vage Bewusstsein unserer Kraft und unseres Ausgesetztseins uns hineinstößt, jene erste Freiheit freizulegen und sie gegen die unangebrachten Einwände zu verteidigen, mit denen die positive Wissenschaft oft vorgab, sie zu überhäufen, und dabei das Knäuel unserer wirklichen Bindungen noch begünstigte. Es bleiben tatsächlich genügend Hindernisse für die Ausübung dieser Freiheit. Dies wird sich zeigen, wenn wir die natürliche Entfaltung der Willenstat untersuchen.

Man möge somit folgende miteinander verschränkten Schlussfolgerungen festhalten: Die Freiheit wird durch die Wissenschaft postuliert. Im Bewusstsein tritt sie gerade aufgrund des Spiels des Determinismus in Erscheinung. Ein Bewusstsein des Determinismus gibt es nur aufgrund der Freiheit. Die Freiheit macht sich alle ihre vorausliegenden Bedingungen zu eigen. Dort jedoch findet sie nicht ihren Existenzgrund. Es wird notwendig sein, den wahren Grund für die Tat in einem Ziel zu erblicken, das die Natur und die Wissenschaft transzendiert.

II

Notwendigerweise für das Bewusstsein hervorgegangen, vollzieht sich die Freiheit notwendigerweise. Begreift man das Ausmaß dieses neuen Determinismus, der nicht mehr einzig die ganze Vergangenheit umfasst, sondern auch die ganze Zukunft betrifft? Sobald mit der Reflexion diese befreiende Vernunfteinsicht aufgeleuchtet ist, *[125 Der notwendige Gebrauch der Freiheit]* ist es geschehen für immer. Sie ist aufgeleuchtet. Man sollte jedoch aufpassen: Diese weitere Notwendigkeit ist noch eingehüllt im jetzigen Vorgang des Determinismus. Deshalb müssen wir, indem wir dieses zweifache Verhältnis berücksichtigen, im jetzigen Augenblick untersuchen, wie der Freiheit ein unausweichlicher Einfluss eigen ist und wie sie indessen weder diesen unausweichlichen Vollzug noch das Geringste, das daraus hervorgehen kann, leugnet. Sie entkommt nicht der Notwendigkeit ihres Daseins und nicht der Notwendigkeit, der Grund für die Tat zu bleiben. In ihrer innersten Lauterkeit ist sie damit einverstanden.

I. – Wenn man etwas gesehen hat, lässt sich dies nicht mehr rückgängig machen. Wenn die Reflexion einmal die Empfindung eines freiheitlichen Vermögens in uns geweckt hat und unserem eigenen Gutdünken anheimgestellt hat, dann ist es zu spät: Davon keinen Gebrauch machen zu wollen, heißt, trotzdem davon Gebrauch zu machen. Die Freiheit ist nicht, wie man sich dies allzu oft und fälschlicherweise vorgestellt hat, so etwas wie ein schlichtes Schiedsvermögen, das stets selbst bestimmt, ob die Vermittlung der Vernunft gewährt oder verweigert wird. Sie ist aus dem Dynamismus der spontanen Tat hervorgegangen und gerade deshalb strebt sie notwendigerweise zum Dynamismus der reflektierten Tat. In dieser Hinsicht trägt sie die unauslöschliche Prägung ihres Ursprungs und setzt gewissermaßen die übrigens akzeptierte und legitimierte Bewegung des Determinismus fort.

Nicht wollen zu wollen, heißt also, immer noch zu wollen. Wenn der Wille sich vom für ihn unpassenden Tätigkeitsfeld abwendet, das seine Ruhe stört, indem er sich schwierigen Situationen, in denen er sich zu betätigen hat, scheinbar entzieht, dann hört er nicht auf, an Strebungen mitbeteiligt zu sein, die ihn mitreißen, während er doch vorgibt, neutral zu bleiben. Es würde ihm so passen, sich die Hände von allem reinzuwaschen. Aber was vor ihm ohne sein Zutun geschieht, geschieht trotzdem durch ihn, denn im Bewusstsein, dass der wahre Vernunftgrund der Handlung nur in ihm zu finden ist, siedelt er diesen Grund irgendwo sonst an. *Adversus rationem, non absque ratione velle est* [Gegen die Vernunft zu wollen, besagt nicht, ohne Vernunft zu wollen]. Und wenn man tatsächlich nicht wollen will, dann bedeutet dies, dass man handelnd sich vom Wollen ent-

3 · Das Phänomen der Tat

halten will, was wiederum bedeutet, dass man handeln will. Stets also schöpft die bewusste Tat aus dem Willen zwar gewiss nicht alle Vorbedingungen, aus denen sie ihren Lebenssaft zieht, wohl aber jene »unbedingte« Ursache, ohne die sie nicht wäre.

Um diese Komplexität der Enthaltung besser zu verstehen, denke man an die unüberwindliche Kraft des Widerstandes, denn die Freiheit, untätig zu sein, ist unendlich, allgewaltig und sofort endgültig. Um bei einem Menschen zu erreichen, dass er handle, können weder äußere Macht noch innere Gewalt auf seine intakte Vernunft einwirken. Vielleicht wird man ihn töten, *[126 Der bestimmende Vernunftgrund des Tuns]* aber hier siegt der Wille, nicht zu handeln, denn indem der Tod die Handlungsfreiheit zerstört, besiegelt er die Freiheit, nicht zu handeln.

Was die heroische Freiheit zu sterben für immer der Vergangenheit anvertraut, dies sät die gleichwertige und entgegengesetzte Kraft zu leben und zu handeln für immer in die Zukunft hinein. Sogar wenn der Wille sich an die naheliegenden günstigen Umstände und an die kurzzeitigen Beweggründe zu halten scheint, um sie sich einzuverleiben, ohne sich ihnen hinzugeben, verleibt er sich ihnen ein, und statt sich ihrer zu bedienen, dient er ihnen. Jedes auf uns wirkende Motiv ist mehr als dieses Motiv. Wer zum Beispiel die Wissenschaft zu seinem Lebensziel macht, macht daraus bereits ein Ziel, das über die Wissenschaft als solche hinausgeht, nämlich eine sittliche Realität. In gleicher Weise ist der universelle Determinismus kein Objekt der Wissenschaft; wir könnten uns darauf nicht berufen, um eine Handlung zu entschuldigen, es sei denn auf Grund einer Mutmaßung, und zwar einer unberechtigten Mutmaßung. Die gewollte Handlung übersteigt das Gekannte, das Analysierte und Bestimmte stets unendlich. Über das hinaus, was er begehrt, interessiert der Mensch sich für das, was in ihm begehrt und genießt. Er zieht sich selbst der Welt vor, denn tatsächlich ist er mehr wert als die Welt. Er handelt also nur der Idee entsprechend, die er von der Tat hat, insofern er Ansatz und Ziel seiner Handlungen ist.

II. – Der freie Wille ist notwendig in uns hervorgegangen und hat sich seinen gesamten Ursprung zu eigen gemacht. – Der freie Wille ist in unseren reflektierten Handlungen notwendigerweise beteiligt und bestätigt alle Folgen seines Einschreitens oder seiner Enthaltung. Er ist nicht bloß eine notwendige *Möglichkeit*, er ist vielmehr eine notwendige *Tatsache*.

II · Der Grund der Tat

Es ist eine delikate Aufgabe, zu zeigen, dass die Freiheit, indem sie sich notwendigerweise vollzieht, all das, was sie zwangsläufig enthält, in der den Willen bezeichnenden Eigenart bewahrt, mit dem die Zukunft sie belastet. Der Determinismus scheint ihr vorauszugehen, sie zu begleiten und ihr zu folgen, weil sie zwangsläufig aufkeimt, emporwächst und Früchte trägt. Und wie sie der Notwendigkeit zu wollen und zu handeln zustimmt, so bestätigt sie die neue Notwendigkeit, die sich aus ihr ergibt. Oder dieser doppelte Zwang ist vielmehr nur die Form, in der sie für sich selber zutage tritt und sich ihre eigenen Bedingungen auferlegt. Da sie den hinreichenden Grund ihres Verhaltens nur in sich selber findet, kann sie auch nur sich selbst verantwortlich machen für Folgen, die sich unmittelbar aus dem ergeben, was sie gewollt oder ausgeschlossen hat.

Genau dieser Determinismus allein rechtfertigt die Wissenschaft der freien Tat oder bildet gar deren Gegenstand. Denn innerhalb der unendlichen Verschiedenheit *[127 Die freie Übernahme des nachfolgenden Determinismus]* möglicher Entscheidungen und Handlungen bleibt das Denken wie in einem Chaos verloren; es gibt keine Wissenschaft vom Einzelnen. Aber wenn diese unbestimmte Kraft sich allein dadurch definiert, *dass* sie will, und nicht durch das, *was* sie will, und wenn außerdem im Akt des Wollens allein sich das von ihm angestrebte Ziel und die angewendeten Mittel enthüllen müssen, dann trägt diese strenge Verkettung einen wissenschaftlichen Charakter: Es gibt eine notwendige Logik der Freiheit.

Was nunmehr ansteht, ist, den Inhalt des Willens zu entfalten, der jener Bewegung folgt, die er sich in seinem ersten Aufschwung einprägt. Wenn er eine Regel zu beobachten, eine Tätigkeit hervorzubringen, sittliche und soziale Beziehungen zu begründen hat, dann wird er solche gerade durch diese Expansion selbst entdecken, und zwar dank einer unvergleichlichen Originalität der Methode. Denn die Initiative *a priori* dieser freien Tätigkeit muss, indem sie sich entfaltet, die Notwendigkeit rekonstruieren, der sie sozusagen *a posteriori* unterworfen ist. Auf diese Weise wird die Heteronomie ihres Gesetzes ihrer inneren Autonomie entsprechen. Wenn wir wirklich das tun, was wir in aller Aufrichtigkeit wollen, gehorchen wir so einer Verpflichtung, die für uns ein bindendes Ziel ist und keineswegs eine Selbstverordnung. Darin liegt der einmalige Charakter der praktischen Erfahrung. Die Willenstat ruft gewissermaßen die Antwort und die Weisungen von außen hervor, aber diese Weisungen, die sich dem Willen auferlegen, sind dennoch in diesem Willen selbst enthalten. Was nachher folgt, wird diese Sicht erhellen und rechtfertigen.

Der Vernunftgrund der Handlung kann hinsichtlich des Bewusstseins nur in einer Freiheit bestehen, die dazu fähig ist, den ganzen Determinismus, aus dem sie hervorgegangen ist und den sie aufnimmt, zusammenzufassen, sich zunutze zu machen und darüber hinauszugehen. Und diese Kraft hat nicht die Macht dazu, sich ihrer Rolle zu entziehen; sie kann und will sich nicht davonstehlen. Stets ist es die Freiheit, die der wahre Vernunftgrund der bewussten Handlung bleibt und die deren Gewicht zu Recht trägt. Sieht man nicht jene zweifache Felsenklippe, an der all diese ersten Anzeichen von Freiheit zu zerbrechen drohen? – Wenn notwendigerweise hervorgebracht, wenn notwendigerweise tätig und wirkungsvoll, ist die Freiheit dann nicht eine andere Bezeichnung für den Determinismus, ein bloßer geistiger Automatismus, dessen Schwungkraft statt eine blinde Kraft eine Idee wäre, die stärkste aller Kräfte? – Ist sie in ihrer unausweichlichen Übermacht, in ihrer einzigartigen Fähigkeit, die Handlung auszulösen, sie auszulösen aus sich selbst allein, nicht die Willkür selbst? Zum einen die pure Indifferenz und zum anderen ein Determinismus, der, um weniger *[128 Der bestimmende Vernunftgrund der Tat]* brutal zu erscheinen, nicht weniger absolut ist; so sieht, wie es scheint, die Alternative aus, die mir angeboten ist. Despot oder Sklave, alles oder nichts, je nach Gesichtspunkt, unter dem man diese entstehende Freiheit betrachtet: Ist dies der ganze *Grund* der Tat?

*

Notwendigerweise hervorgebracht und notwendigerweise in uns vollführt, hält die Freiheit sich einzig frei unter der Gestalt einer Bestimmung, einer Verpflichtung und einer Tat. Damit also der Wille aufrichtig bleibt, müssen wir von der Autonomie zur Heteronomie wechseln, vom Formalismus der Intention zur Hervorbringung der Tat, wodurch er über den Bereich des Bewusstseins hinausgeht. Das nächste Kapitel wird sich damit befassen, dies darzulegen. – Zunächst untersuchen wir, wie die Freiheit, statt sich auf alle untergeordneten Motive auf sichere Weise auszuwirken und sie gebieterisch zu beherrschen, sich unter sie mischt und zwischen ihnen sich selbst bestimmen muss. – Hiernach definieren wir den Charakter des Zielpunktes, den das freie Wollen sich vornimmt. Wir zeigen, wie dieses Ziel, das der Wille sich setzt, nicht auf diesen Willen selbst zu reduzieren ist, sondern ihm als ein verpflichtendes Gesetz erscheint. – Schließlich sehen wir, dass diese Konzipierung der Pflicht eine praktische Form annimmt, insofern die

II · Der Grund der Tat

Intention nur in dem Maße aufrichtig und vollendet ist, wie sie zur Tat schreitet. Kurz: Sobald der Wille im reflektierenden Bewusstsein verinnerlicht worden ist, kann er sich dort nicht mehr abkapseln. Von außen kommend, wo er seine Nahrung geschöpft hat, kehrt er nach außen zurück, um dort zu wirken. – So werden wir mit einem Male der gespenstischen Auffassung einer Freiheit als Indifferenz entgehen, und ebenso der entgegengesetzten Illusion eines Determinismus des Guten und dem Irrtum des moralischen Formalismus.

[129]

Kapitel III
Die Bestimmung der Freiheit und die Hervorbringung der Tat

Es hat sich herausgestellt, dass man frei sein muss, um sich des Determinismus bewusst zu sein. Denn das Empfinden jeglichen definierten Zustandes setzt einen übergeordneten Zustand voraus und konstituiert diesen. Muss man nicht, um sich der Freiheit bewusst zu sein, unter eine neue Notwendigkeit geraten? Wird nicht die damit erlangte Erkenntnis die Freiheit selbst neutralisieren? Wird sie nicht der Gefahr des Willkürlichen ausgesetzt sein, dem Taumel der gleichgültigen Unbeweglichkeit oder der Tyrannei eines neuen Determinismus? Sie scheint dazu berufen, das Ganze der Tat zu sein, und dennoch scheint sie aus sich selbst heraus noch nichts zu sein. Ist es also möglich, dass sie sich vollzieht? Wenn sie dies vermag, wird sie dann eine andere Form von Notwendigkeit im Menschen herbeiführen? Wird sie nicht von dem Augenblick an, da sie als eine allem anderen überlegene Kraft aus ihren verborgenen Voraussetzungen hervortritt, tatsächlich stets die stärkste, die notwendigerweise beherrschende und bestimmende Kraft sein? – Nein. Unabwendbar hervorgebracht, erhält die Freiheit sich nur auf freie Weise. Dies müssen wir jetzt aufzeigen.

I

Die Problemlage sieht folgendermaßen aus: Auf der einen Seite sind wir uns eines inneren Vermögens bewusst, das allein unseren wie auch immer gearteten Entscheidungen ihren wahren Grund verleiht. Auf der anderen Seite ist dieses Vermögen nicht bestimmt. Es scheint lediglich eine absolute Indifferenz zu sein, *[130 Die Bestimmung der Freiheit]* eine blinde und willkürliche Kraft, sozusagen eine Unvernunft. Wie soll man also darin ein Prinzip der Unterscheidung und der Wahl entdecken?

III · Die Bestimmung der Freiheit

I. – Der geistige Dynamismus erweckt kontrastierende Bilder und Ideen. Deshalb ist es unmöglich, dass in den Augen des reflektierenden Bewusstseins ein Motiv, welches auch immer, als einmalig und allumfassend erscheint. Genau dies ist die Bedingung unserer Befreiung. Die Freiheit selbst ist nicht, genauso wenig wie jedes andere, ein besonderes oder ganz formelles Motiv. Sie inkarniert sich notwendigerweise in den einzelnen Motiven. Und wenn sie sich von ihnen unterscheidet, so hebt sie diese nicht auf. Wenn es ein universelles Gut gibt, kann es für uns nur unter einer bestimmten Einzelgestalt auftreten, als *portio* [Teil]. Wenn wir *sub specie totius* [unter dem Aspekt des Ganzen] leben müssen, dann wird das ganze Problem darin bestehen, aus dem, was nur ein Fragment zu sein scheint, ein Ganzes zu machen, *unum et totum* [Eines und Ganzes].

Wie wird also der freie Wille zwischen den verschiedenen in uns agierenden Gründen auftreten können, sich einem von ihnen anheimstellen und so der wahre Grund der letztendlichen Entscheidung werden, indem er sozusagen jenen Determinismus auswählt, dem er sich zu überlassen bevorzugt? – In jeder einzelnen Strebung, die um die Beachtung der Aktivität wirbt, steckt ganz die sie alle umfassende Kraft der entgegengesetzten Strebungen. Ohne selbst ein besonderes Erscheinungsbild zu haben, vereinzelt die Freiheit sich in jeder Strebung. Zusammen mit der Anziehung eines Beweggrundes spürt sie also ihre eigene Virtualität. Dies besagt, dass sie aufgrund einer scheinbaren Absurdität sich dessen bewusst ist, nach eigenem Belieben den Sieg des schwächsten Beweggrundes zu bestimmen, und zwar aus keinem anderen Grund als dem Willen, ihren Despotismus zu bekräftigen. In allen Beweggründen findet sie einen Anlass, sich in einen jeden hineinzuversetzen, und zwangsläufig tut sie dies in einen von ihnen.

Die Freiheit, die zunächst irgendeinem Motiv unter anderen ebenfalls bestimmten Motiven notwendigerweise innewohnt, unterscheidet sich so von allen und verleiht dem Objekt ihres Vorzugs den Charakter der Transzendenz. Indem sie sich einer Heteronomie unterwirft, um ihre eigene Mächtigkeit aufrechtzuerhalten, stellt sie die Kräfte der rivalisierenden Strebungen in den Dienst der auserwählten Strebung. Sie tut, was sie tut, mit der Kraft, die sie angewendet hätte, um all das zu tun, was sie nicht tut. Auf diese Weise stellt sie sich *einen Grund* zum Ziel, obwohl sie *der Grund* ihrer Entscheidung selbst sein müsste. Dem, was nicht ausreicht, um sie zu bestimmen, fügt sie ihr eigenes Genügen hinzu, um sich selbst zu bestimmen. Die entschieden freie Handlung *[131 Wie die Freiheit bestimmender Grund ist]* wird so zwangsläufig zum Ausdruck einer anderen Initiative als der Impuls eines sich durchsetzenden Motivs.

Ist in der Synthese, die der Wille zusammen mit dem Motiv bildet, mit dem er sich vereinigt, das Motiv der wahre Grund der Wahl? Wenn solches zutrifft, dann deshalb, weil man nachgibt und weil, indem man will, das will, was die Aufrichtigkeit des Wollens, ihrer eigenen Initiative überlassen und von jeglicher Versuchung befreit, nicht wollen würde. Die freie Freiheit ist also die, die wollen will, die, indem sie erst die natürliche Wirksamkeit der spontanen Strebungen ausschaltet, nur insofern einwilligt, sich der Anziehung einer einzelnen Strebung auszusetzen, als sie dorthin den Grund ihrer Entscheidung legt. Für den Augenblick genügt die Bemerkung, dass das Bewusstsein diese Unterscheidung, deren Einzelheiten als subtil erscheinen können, mit großer Einfachheit und mit großer Kraft vornimmt. Wir alle wissen deutlich um den Unterschied zwischen dem gewollten Nachgeben und der Initiative des Willens, zwischen dem, was uns mitzureißen scheint, und dem, was wir hervorzubringen scheinen. Dieses Erscheinungsbild ist recht deutlich: Die einen Entscheidungen sind in unseren Augen das bejahte Ergebnis einer Bewegung der Leidenschaft und die anderen die genaue und unverstellte Bekundung dessen, was wir *unser Wollen* nennen.

Das reicht schon, um in dieser schwierigen Fahrrinne, in der wir die Klippe der Unbestimmtheit und der Indifferenz meiden, jetzt eine entgegengesetzte Klippe umschiffen, die man den Determinismus der Freiheit oder die moderne Form des sokratischen Paradoxons nennen könnte. Denn wenn wir wissen, was wir wollen, wenn wir wirklich wollen, wenn wir uns dessen bewusst sind, dass nur dort der wirksame Grund unserer Entscheidung liegt, und wenn außerdem diese Überzeugung, die alle Anregungen des psychologischen Automatismus beherrscht, stärker als jedwede andere Strebung ist, warum ist dieser wahre Wille dann nicht auch tatsächlich stets der einzig siegreiche, wie er dies der Möglichkeit nach ist? Wie kommt man dazu, das zu wollen und zu tun, was man im Grunde nicht will, sich selbst zu widersprechen und sich frei unterzuordnen? Es ist wichtig, diesen entscheidenden Punkt zu beachten.

II. – Genau wie jedes andere Motiv, das, wenn es sich der Reflexion zeigt, einen objektiven Charakter annimmt, der es seiner unmittelbaren Energie beraubt, weil nichts auf uns einwirkt, was nicht subjektiv wäre, so gibt es die Freiheit nur, indem sie sich selbst erkennt und dadurch ihre notwendige Wirksamkeit zunichtemacht. Sie stellt sich vor sich selbst hin als Objekt, als Ziel, als einzelne Zielsetzung, *[132 Wie die Freiheit nicht bestimmt ist]* über die anderen Motiven de jure, mitten unter die anderen Motive de facto, *una ex multis* [ein Motiv unter vielen]. Die Freiheit ist meine Freiheit, aber sie ist nicht mehr ich selbst.

Deshalb spürt man, wenn man die Freiheit zum Ziel macht, ein Missverhältnis zwischen dem wollenden Willen, *quod procedit ex voluntate* [was aus dem Willen hervorgeht] und dem gewollten Willen, *quod voluntatis objectum fit* [was zum Willensobjekt wird]. Man fühlt den Schmerz einer Wahl und eines Opfers. Diese unbegrenzte Kraft der Gegensätze, die all unsere Weisen des Seins und des Sehnens umfasste und beherrschte, muss sich eine Bestimmung auferlegen. Es ist nötig, dass sie einige Glieder des Organismus, den sie belebte, abschneidet und beseitigt. *Omnis determinatio negatio est* [jedwede Bestimmung ist eine Verneinung]. Man wollte, so scheint es, die volle Entfaltung aller natürlichen Strebungen. Nun stellt sich aber heraus, dass in der Gegenüberstellung der Motive innerhalb der Reflexion kein einziges Motiv, auch die Freiheit nicht, sie alle vereint und alle befriedigt. Vielmehr scheint vor allem die Freiheit, wenn sie Ziel ist, die meisten Anstrengungen und Beseitigungen von uns zu fordern. Denn durch eine einzigartige Wirkung innerer Optik erscheint sie, die im ersten Aufschwung des Bewusstseins so von sich erfüllt und so verführerisch ist, leer und regungslos, wenn man sie zum Ziel für den Willen machen muss.

So ist die gewollte Tat dem Willen selbst nicht ohne Weiteres adäquat. Es scheint, dass man nie alles auf einmal wollen kann, was man will, und dass der Grund der freien Handlung nie der gesamte mögliche Grund ist. Gewisse Strebungen scheinen scheitern zu müssen, und zwar definitiv durch ein irreparables Opfer. Es gibt eine unvermeidliche Parteilichkeit des Willens in der einzelnen Tat. Der Grund der Handlung ist deshalb vor dem Blick des Bewusstseins niemals ganz klar und unter allen möglichen Gründen nie der unbestrittene Sieger. Genau deshalb wird die Pflicht stets mit den Zügen des Risikos und einer demütigenden Unklarheit in Erscheinung treten.

Statt also in uns wie aufgrund einer unbezwingbaren Gnade zu agieren, begegnet die Idee dessen, was wir am liebsten wollen, in der inneren Auseinandersetzung dem heftigsten Widerstand. Es genügt oftmals, dass die Freiheit innerhalb der Zerrissenheit der feindlichen

3 · Das Phänomen der Tat

Parteien erscheint, welche der geistige Automatismus auslöst, damit alle sich gegen die Freiheit zusammenschließen. So sehr sie von der Intimität des Subjekts aus gesehen als allmächtig erschien, weil sie alle Kräfte des Lebens und des Denkens in sich zusammenballte, so nichtig scheint sie als Objekt und Ziel betrachtet. Es überrascht also nicht, dass man sie nicht findet, wenn man sie unter den positiven Zielen sucht, die unsere Bestimmungen anregen. Denn sie wird nur reell, wenn sie dies sein will. Notwendigerweise *[133 Das notwendige Bewusstsein der Verpflichtung]* hervorgebracht, bleibt sie nur sie selbst, wenn sie sich neu hervorbringt. Niemand ist also dazu gezwungen, frei zu bleiben. Sogar diejenigen, die die Freiheit missbrauchen, wollen das, was sie aus ihr empfangen haben: Der Missbrauch der Freiheit schließt ihren Gebrauch mit ein.

Die Freiheit ist nicht zu trennen vom Gebrauch, den man von ihr macht. Wenn sie aufgibt und sich abhängig macht, ist sie ihrem eigenen Zerfall immanent; wenn sie sich befreit und sich entfaltet, ist sie ihrer eigenen Transzendenz immanent. Auf jeden Fall tritt der reflektierte Wille stets in zweifacher Position auf, denn er ist sowohl ein Prinzip der Tat als auch ein zu erreichendes Ziel. Die ganze Lebenskunst, die ganze Anstrengung der Lauterkeit wird darin bestehen, eine möglichst vollkommene Gleichgestaltung zwischen dem anfänglichen Willen und dem positiven Willen herbeizuführen. Nach den vorausgehenden Bedingungen der notwendigen Freiheit sind also die belebenden Bedingungen der freien Freiheit zu erforschen. Denn so wie sie als Gegebenes dasteht, ist sie sich selbst nicht auferlegt; sie ist der Gefahr ausgesetzt, sich zu verlieren.

Wie leicht ist es doch, die praktischen Schwierigkeiten dieser Aufgabe im Voraus zu spüren! Denn die Strebungen, deren Faszination uns von unserem eigenen Wollen wegziehen, tragen die Kraft der subjektiven Spontaneität in sich, während die Freiheit, die sich als ein zu verwirklichendes Ideal sich selbst anbietet, nur ein regloses Objekt und wie eine abstrakte Fiktion zu sein scheint. Die Aufgabenstellung ist nunmehr ganz klar: Was will man eigentlich, wenn man wirklich all das will, was man will? Wie soll man ein Ziel finden, das der ursprünglichen Bewegung des Willens vollkommen adäquat ist? Wie wahrt der Wille, trotz der Parteilichkeit, zu der er verurteilt zu sein scheint, seine volle Aufrichtigkeit?

III · Die Bestimmung der Freiheit

II

Man muss also das Wollen ausgleichen. Was heißt das? Es besagt, dass man dem scheinbaren Nichts der objektiven Freiheit die Unendlichkeit jener inneren Kraft zurückgeben muss, die die Reflexion uns klar bewusst gemacht hat. Es besagt weiter, dass man das Leben des Subjektes in das Objekt, das man sich zum Ziel setzt, hineinverlegen muss. Was dann bedeutet, dass das, was wir uns an Kraft und Freiheit zuerkennen, nur ein Mittel ist, um zur Fülle dessen zu gelangen, was wir davon wollen. Schließlich besagt dies, dass wir, indem wir noch nicht sind, was wir wollen, uns auf unser wahres Ziel hin in einem Abhängigkeitsverhältnis befinden. Kurz gesagt: Was wir wirklich wollen, ist nicht das bereits Verwirklichte in uns, sondern das, was über uns hinausgeht und uns *[134 Moralische Autonomie und moralische Heteronomie]* gebietet. Was man auch immer will, man will das, was man nicht ist. Tatsächlich drängt sich dem Bewusstsein stets eine Heteronomie auf.

I. – Die wahre subjektive Freiheit kann also, ohne in ihrer Natur entstellt zu werden, nur dann als Ziel genommen werden, wenn man ihr, indem man sie als Objekt betrachtet, einen ideellen, absoluten und bindenden Charakter zuschreibt. Was unser aufrichtigster Wille erfordert und zu dem er sich bekennt, ist ein Gesetz, das von ihm mehr fordert als das, was er jetzt schon ist. Uns die aktuelle Freiheit zum Ziel zu setzen, wie dies der moralische Formalismus tut, und endgültig bei der Autonomie des Wollens stehen zu bleiben, bedeutet folglich, unsere erste Pflicht, und in ihr alle anderen, zu verkennen. Unter dem Vorwand, die Reinheit und Unversehrtheit der Freiheit zu bewahren, schränkt man sie auf die Dürftigkeit ihrer ersten Gestalt ein und behält von ihr nur das leblose Bild.

So ist es die erste Pflicht, zu der Pflicht zu stehen, was wiederum heißt, anzuerkennen, dass sie der intimen Freiheit nicht nur den Respekt und die innere Unterwerfung auferlegt, sondern Anstrengung und echte Opfer. Sie verlangt Vertrauen und Großherzigkeit ab, deren Ursprung nicht nur in der Erkenntnis des Gesetzes liegt, einen positiven Akt, der zwangsläufig die rein formelle Gleichförmigkeit von Absicht und Pflicht übertrifft. Wollen, was man wahrhaft will, heißt, sich einer praktischen Regel zu fügen.

Durch ein und denselben Akt erfassen wir also die wahre Art des moralischen Gesetzes und beginnen, es zu praktizieren. Denn es er-

3 · Das Phänomen der Tat

fordert von der Freiheit mehr, als die Freiheit bereits in uns ist, nämlich eine erste Anstrengung, welche unserem reellen Leben die unendliche Virtualität des Subjektes als dessen Objekt zuweist. Indem sich der freie Wille selbst zum zukünftigen Ziel macht, hört er auf als autonom zu *erscheinen*, weil es zwischen dem, was wir sind, und dem, was wir sein wollen, keine Angleichung gibt. Aber dennoch ist er wirklich autonom, weil er nur er selbst bleibt, indem er nicht das bleibt, was er ist. Indem die Reflexion und der Entschluss die Anfangsbewegung der Vernunft verdoppeln und den ursprünglichen Wunsch des spontanen Wollens bestätigen, verleihen sie dem freien Willen eine neue Beschaffenheit und einen Zuwachs an Realität.

Genau diese neue Wirklichkeit, Synthese des Willentlichen und des Gewollten, ist als Regel eingesetzt. Sie wird das Ziel, das über unsere aktuelle Freiheit hinausgeht, jene Freiheit, die sich nicht ohne Weiteres als ein Absolutes betrachten kann, denn in Bezug auf das ideale Objekt, auf das es alles projiziert, was es sein kann und sein will, ist das Subjekt in seinen eigenen Augen nicht mehr als ein unvollständiges Werden.

[135 Die notwendigen Folgen der erfassten Verpflichtung] Bis hierher stellt die moralische Verpflichtung also nur Beziehungen zwischen Bewusstseinsakten her, ohne dass wir von vornherein berechtigt wären, der Pflicht einen mystischen Charakter zu verleihen. Wir haben jetzt ihren Ursprung erkannt und gesehen, wie sie einen ebenfalls notwendigen Einfluss hat, nachdem sie in der Reihenfolge der Phänomene dem Bewusstsein notwendigerweise zur Erscheinung gekommen ist. Doch statt ihre Geltung einzuschränken, stellt diese Erkenntnis ihre herausragende Bedeutung, ihre wissenschaftliche Gewissheit und ihre sehr große Tragweite heraus. Allein durch die Tatsache, dass das moralische Gesetz in uns zur Erscheinung gekommen ist, umfasst es in sich eine gewisse Realität. Es handelt sich nicht einfach um ein *Sein-Müssen*, das auch nicht sein könnte, sondern das moralische Gesetz *ist* bereits, weil es sein muss. Die Vernunft ist nur unter der Bedingung praktisch, dass sie nicht einzig eine reine Vernunft ist. In dem, was der Wille verletzen kann, nimmt er also das als gegeben an, was er nicht zu beseitigen vermag. Wenn die Heteronomie so definiert wird, steht sie nicht im Gegensatz zum tiefen Verlangen der Freiheit; sie bestätigt es lediglich und entspricht ihm.

Auch hier noch treffen wir also jene Unbeständigkeit an, die uns nicht gestattet hat, bei irgendetwas stehen zu bleiben. Es ist unmöglich, die kontinuierliche Bewegung, die uns durch den ganzen Bereich der Sinne wie der Wissenschaft und des Bewusstseins hindurch trägt, an irgendeinem Punkt zum Stillstand zu bringen. Auf jeder Stufe werden wir entdecken, dass wir sie stets überschreiten müssen, gewiss nicht weiter als wir wollen, aber doch weiter, als wir dies vorhersahen. Auf jeder Stufe gibt es eine neue Synthese, ein höheres Ziel, das noch zu erreichen ist. Auf diese Weise hat sich die sinnliche und die wissenschaftliche Erkenntnis mit den subjektiven Phänomenen verbunden. So haben wir im inneren Dynamismus die Heterogenität des Motivs und des wahren Zieles festgestellt. Denn wenn die Intention zugleich der Zielpunkt ist, den man anstrebt, und die Anstrengung, die man macht, um ihn zu erreichen, wenn die Finalursache der vollständige Ausdruck der Wirkursachen ist, dann ist sie nicht weniger deren ursprüngliche Neuheit. In dieser Weise wird schließlich die Freiheit für sich selbst ein transzendentes Ziel. Wenn sie vorgibt, sich ganz bei sich selbst zu halten und sich in ihrer eigenen Kraft wohlzufühlen, dann fängt schon diese Anmaßung an, sie zu entstellen und sie zu verderben. Die sittliche Heteronomie bildet demnach die notwendige Ergänzung zur Autonomie des Willens. Denn das Entscheidende ist nicht, das zu wollen, was wir sind, sondern das zu sein, was wir wollen, sind wir doch sozusagen durch einen unermesslich großen Abgrund von uns selbst getrennt. Und diesen Abgrund müssen wir überqueren, bevor wir schließlich solche Menschen sind, absolut solche, wie wir dies von uns fordern.

[136 Moralische Autonomie und moralische Heteronomie] II. – Das moralische Gesetz ist für die Freiheit also unentbehrlich. Die Pflicht ist so zur positiven Tatsache, zur wissenschaftlichen Wahrheit erhoben. Sich von ihr unter dem Vorwand freizumachen, dass sie unverständlich ist, schlecht begründet und mühsam zu ertragen, bedeutet, dass man der Wissenschaft und dem Bewusstsein gegenüber radikal inkonsequent ist. Es besagt, nicht mehr das zu wollen, was man will.

Aber löst man sich je so sehr von der Pflicht, dass man sie nicht einmal mehr bedenkt? Ob man sie nun befolgt oder sich ihr entzieht, sobald man sie gedanklich erfasst hat, erfolgt daraus nichts für die weitere Entwicklung des Tuns? Vermag man zu bewerkstelligen, dass sie nicht gewesen wäre? – Keineswegs. Man soll gar nicht glauben, dass man in der Praxis das entstellt, was man schlecht erklärt, oder das unterdrückt, was man leugnet, oder das zerstört, was man schändet. Wenn die sittliche Verpflichtung uns zwangsläufig mit einem

3 · Das Phänomen der Tat

imperativen Charakter behaftet erscheint, hat diese Notwendigkeit, ob erfasst oder missverstanden, gebilligt oder abgelehnt, deswegen nicht weniger eine notwendige Auswirkung auf unser Leben. Tatsächlich legt sich unserem Bewusstsein eine Heteronomie auf. Tatsächlich führt die Unmöglichkeit einer direkten Autonomie uns zur Tat wie zu einer unvermeidlichen Auswanderung. Tatsächlich verleiht das Empfinden einer Verpflichtung, die Notwendigkeit, in der Entscheidung zu wählen, und das Empfinden einer Parteilichkeit in der Tat unserem ganzen Verhalten die unausweichliche Neuheit eines moralischen Charakters. Die Gegenwart der Pflicht in uns ist das Prinzip des inneren Antagonismus; demnach ist sie Ursprung der Kraft und Ausgangspunkt eines neuen Dynamismus. Man mag so tun, als ob man sie vertreibt, man mag versuchen, sie mundtot zu machen oder zu vernichten, es wird für die ganze Folge der Tat nie mehr gleichgültig sein, dass dieser Zeuge zum Vorschein gekommen ist.

Nachdem dieses Bewusstsein der praktischen Verpflichtung hervorgetreten ist, ist es passiert. Was man auch ihr gemäß oder auch gegen sie wollen möge, bereits aus dem Willen allein (abgesehen von dem, was er will) ergibt sich eine immense Verkettung von notwendigen Konsequenzen. Es geht also nunmehr nicht darum, bei aller Verurteilung des moralischen Formalismus, dem Willen einen Gegenstand anzubieten und von außen her einen Inhalt in die Tat hineinzulegen. Auf keinen Fall. Wie die Formulierungen, die Vorschriften oder die Verdrehungen der Moral, die Verirrungen oder die Illusionen des Bewusstseins, die praktischen Defizite oder die Versäumnisse auch sein mögen, es geht darum, das Element zu bestimmen, das jeder Verwendung der Freiheit gemeinsam ist, und das zu erfassen, was im Willkürlichen und im Wandelbaren notwendig und unausweichlich bleibt. In dem, was man frei will, gibt es einen verborgenen Determinismus: eine Notwendigkeit, deren Unbeirrbarkeit allein eine wirkliche Wissenschaft der Tat erlaubt; eine Notwendigkeit, deren *[137 Die notwendigen Folgen der erfassten Verpflichtung]* Entfaltung dem Willen die Reihenfolge der Mittel, die er selbst sich auferlegt, nach und nach enthüllt; eine Notwendigkeit, die allein höchst wichtig für den Menschen ist, denn sie enthüllt ihm das, was er nicht vermeiden kann, früher oder später zu sein. Aufgrund einer unerbittlichen Logik zieht sie all das aus seinen gewollten Taten hervor, was sie je schon enthalten.

Es ist also unmöglich, dass die Intention sich nicht vereinzelt; es ist auch unmöglich, dass die konkrete Entscheidung den ganzen Willen ausdrückt und ihm sofort eine völlige Autonomie sichert; es ist schließlich unmöglich, dass diese Parteilichkeit der Entscheidung nicht in der tatsächlichen Tat die präzise Bestätigung und den angestrebten Fortschritt sucht. Statt also zu glauben, dass die Intention ihren Voraussetzungen gegenüber isoliert ist, und statt sie als eigenständige Domäne zu betrachten, muss man verstehen, auf welche Weise sie dazu beiträgt, das Milieu zu bilden, in dem sie sich zurechtzufinden hat; man muss das bestimmen, was dazu beiträgt, die Intention selbst zu bestimmen. Aus der Tatsache allein, dass der Mensch absichtlich will, wird sich eine ganze Folge von Handlungen und notwendigen Beziehungen ergeben, die allmählich den Rahmen seines Lebens und den natürlichen Schauplatz seiner Moralität bilden wird. Auf diese Weise wird die ganze Natur, noch bevor man der Intention irgendeinen Inhalt geben kann, wieder in der Moral integriert sein.

Nunmehr scheint die Perspektive umgekehrt zu sein. Die Bewegung, die bis jetzt als zentripetal erschien, wird gewissermaßen zentrifugal. Nachdem das Subjekt den
gesamten Erkenntnisgegenstand und den ganzen Dynamismus der Natur in sich aufgenommen und beherrscht hat, ist es jetzt dazu verpflichtet, aus sich herauszugehen und sich einem Gesetz des Loslassens zu unterwerfen, gerade um sich nicht mit einer unvollkommenen Ausformung seiner eigenen Entwicklung zusammenzuschnüren. Offenbar müssen wir jetzt außerhalb von uns die Vervollkommnung des inneren Lebens suchen. Wir sind dazu aufgerufen, in einer höheren Region als dem einzelnen Bewusstsein zu leben und zu wirken. Wir treten in einen noch geheimnisvollen Bereich ein, in jenen nämlich, in dem der Wille sich mit seinem Objekt vereinigen wird. Dort strebt er seine Vollendung an. Er erwartet, gleichsam aufgrund einer *a priori* provozierten Erfahrung, die Klarheit, die er braucht, und die Antwort, von der er seine Ruhe erhofft. Hier tun sich scheinbare Widersprüche hervor: Der Wille strebt nur danach, seinen intimen Elan anzugleichen, und, so scheint es, er sucht und bettelt außerhalb um die Befriedigung, die er allein in sich selbst genießen kann. Er beabsichtigt, sich aller Hindernisse zu entledigen, die seine Expansion hemmen, und er wird sich bloßstellen im Determinismus der äußeren Kräfte. Genau diese Notwendigkeit der Tat müssen wir erklären und *[138 Die Hervorbringung der gewollten Tat]* rechtfertigen. Unter diesem scheinbaren Verhängnis verbirgt

3 · Das Phänomen der Tat

sich instinktiv das Streben eines Willens, der versessen darauf ist, sich auszuweiten.

III

Es ist eine Tatsache, dass jede bildhafte Vorstellung und jede Idee, die ein System von Kräften ausdrücken, danach streben, in eine Handlung überzugehen. Tatsächlich ist die Handlung das allgemein anerkannte Kennzeichen ehrlicher Überzeugungen und empfundener Gefühle. Aber, so wird man sagen, »hat die Anstrengung, mit der wir das moralische Gesetz konzipieren und bejahen, es noch nötig, kundgetan zu werden? Ist sie nicht bereits selbst eine vollständige Handlung, deren Wert sich nur steigert durch die Energie und die Reinheit des inneren Gefühls, ähnlich wie ein Glaube auch ohne die Werke für das Heil notwendig und ausreichend wäre? Genügt es nicht, was auch immer in der menschlichen Maschinerie geschieht, die Intention zu hüten und zu lenken? Und wie sollte übrigens der moralische Wert der Entscheidungen von der materiellen Durchführung einiger Bewegungen abhängen? Und ist es gar verständlich, dass der reine Begriff der Pflicht wirklich durch eine leibhafte Tat wiedergegeben werden kann? Mit einem Wort: Ist der Formalismus nicht doch das Richtige?«

Richtig ist dagegen, dass die Tat selbst einen integrierenden Bestandteil der Intention ausmacht. Sie bringt die Intention zum Leben und zur Klarheit und führt den Willen auf sein Ziel hin, indem sie sein Ideal verwirklicht und es dabei allmählich präzisiert. Um die Motive der niederen Stufen anzuwenden und zu beherrschen, muss man sich dort hinstellen, wo sie sich befinden; man muss sie bis in ihren materiellen Ursprung erringen. Man bekommt keineswegs die Oberhand durch eine ideale Verordnung oder dadurch, dass man ein Motiv schlichtweg bevorzugt. Wollen, was man will, heißt, es aus seiner ganzen Person heraus zu tun. Die Ausführung über die Intention hinaus, die sie verwirklicht, stellt eine ursprüngliche Kraft und eine neue Zielsetzung dar.

– Wir dürfen wirklich nicht vergessen, dass wir uns unserer Freiheit allein durch unser Handeln bewusst geworden sind. Deshalb ist es notwendig, dass wir handeln, um unsere Freiheit zu entwickeln und sie besser kennenzulernen. Denn der unreflektierte Wille ist gleicher Natur wie der, dessen wir uns ganz klar bewusst sind. Und

III · Die Bestimmung der Freiheit

indem die Reflexion uns über das aufklärt, was dem Willen nachgeordnet ist, ermöglicht sie uns, das hervorzubringen, was ihm vorausgeht.

– Ebenfalls dürfen wir nicht vergessen, dass die Freiheit sich im Konflikt der Motive nur enthüllt hat, indem sie die Gestalt eines einzelnen Motivs annimmt und mitten unter ihnen eine effektive Rolle spielt. Es ist deshalb notwendig, dass sie mit Handeln fortfährt, um ihre Unabhängigkeit zu wahren, *[139 Notwendige Definition der Intention durch die Tat]* sonst wird ihr die Grundlage fehlen, auf der sie aufruht.

– Schließlich dürfen wir nicht vergessen, dass diese Freiheit, die aufgrund des Fortschritts der Tat aus dem Determinismus der Natur hergeleitet ist, sich nur in dem Maße erhält und vollendet, wie sie sich in irgendeiner Weise objektiviert und all das in sich hineinlegt, von dem sie will, dass es sich dort befindet. Es ist deshalb notwendig, dass sie durch die Tat bis in die Quellen, aus denen sie selbst hervorgeht, das Wasser einfließen lässt, das reichlicher zu ihr wieder zurückkehrt.

Geboren aus der Tat, instand gehalten durch die Tat, vervollkommnet durch die Tat, strebt das Bewusstsein der Freiheit und der moralischen Verpflichtung zur Tat, ἀεὶ ἐνεργεῖ [stets tätig]. Die Pflicht gewinnt stets in der Form eines Motivs, das heißt, in der Form eines Strebens zur Tat, an Bestand und an konkreter Gestalt. *Bonum semper in actu* [Das Gute liegt stets in der Tat]. Ἐν τῷ ἔργῳ δοκεῖ εἶναι τὸ ἀγαθὸν καὶ τὸ ἕν [dass das Gute und das Eine in der Tat sind, wird allgemein angenommen]. Sich einzubilden, dass es einem gelingt, die Pflicht aufgrund einer Vernunftsdeduktion zu bestimmen, ist eine Illusion. Dem formalen Gesetz führt man gewiss nicht aufgrund einer deduktiven Methode einen Inhalt zu.

Auf diese Weise also erhält die praktische, noch unpräzisierte Verpflichtung eine erste Bestimmung. Wie die Freiheit, die zunächst reine und willkürliche Indifferenz zu sein schien, Gestalt angenommen hatte in der Konzipierung der Pflicht, so enthält jetzt das Bewusstsein der Pflicht bereits eine präzisierte und gerechtfertigte Notwendigkeit: »Wir müssen die Pflicht in die Praxis umsetzen, wir müssen handeln.«

Die Behauptung, die freie Intention wäre vom Determinismus der Taten zu trennen, wäre also ein völliger Irrtum. Denn so wenig wie die Freiheit von ihren notwendigen Voraussetzungen losgelöst ist, so wenig ist sie von ihren notwendigen Folgen losgelöst. Mit diesem Determinismus, der auf die Entscheidung folgt, hat man sich

3 · Das Phänomen der Tat

sonst kaum beschäftigt. Dennoch ist dies für den Menschen die wichtigste Angelegenheit, von der sein persönliches und soziales Leben abhängt. Die vorliegende Untersuchung wird dies im Folgenden zeigen. Für den Augenblick war es von wesentlicher Bedeutung, zu verstehen, wie der Wille seiner Intention nur treu ist, wenn er durch das spontane Leben hindurch, aus dem er hervorkommt, Bedürfnisse, Motive und Kräfte erweckt, die mit seinem Vorhaben, was es auch sein möge, immer mehr verbunden sind und daran mitwirken. Solches vermag der Wille nur, wenn er die Tat nach dem verborgenen Weg fragt, dem entlang die Gedanken, Verlangen und Gewohnheiten entstehen. Durch die Tat dringt die moralische Intention in unsere Glieder ein, sie lässt unser Herz schlagen und ihr eigenes Leben durch unsere Adern fließen. Durch die Tat entfaltet sich die Intention in der unermesslichen Umwelt, in die wir tief eintauchen. Durch die Tat kommt sie voller, klarer und mit ihren Errungenschaften beladen ins Bewusstsein zurück, denn das *[140 Die Hervorbringung der gewollten Tat]* Räderwerk des Determinismus gibt das wieder, was man ihm gibt, jedoch durch welche Umwandlungen und durch welchen Zuwachs hindurch!

Es tritt somit ans Licht, dass das Notwendige in der Verpflichtung zum Handeln dem unverstellten ursprünglichen Wollen entspricht; diese Notwendigkeit trägt dazu bei, die Fülle unserer Freiheit zu verwirklichen. Worum geht es eigentlich? Zu erreichen, dass das, was wir wollen, spontan aus uns selbst hervorgeht, dass es zwischen dem Elan und dem Ergebnis unserer Anstrengung eine möglichst vollkommene Übereinstimmung gibt, eine Gleichheit zwischen dem Umfang der Willensstrebungen und der Größe der gewollten Ziele. Doch scheint die Spanne zwischen dem, was wir sind, und dem, was wir sein wollen, unermesslich zu sein. Und worin besteht dann dieser Abstand von uns selbst zu uns selbst? Was hindert daran, dass unser eigener Wille schlicht, erfüllt und vollendet sei? Es ist die Gegenwart von feindlichen Verlangen in uns, die innere Spaltung unserer vitalsten Strebungen, der innere Streit, den die natürliche Bewegung des Automatismus in uns herbeiführt. Deshalb muss man nach und nach diesen ganzen psychologischen Mechanismus von friedensstiftenden und befreienden Einflüssen ergründen, damit die Keime der Einheit, die bis hinein in die Quellen des unbewussten Lebens gelegt sind, wachsen und Früchte tragen, indem sie so dem reflektierten Willen ein immer getreueres Bild seiner eigenen Natur und ein seinem eigenen Trachten immer entsprechenderes Leben verschaffen.

III · Die Bestimmung der Freiheit

Gewiss ist die lautere Intention bereits an sich ein Akt; in bestimmten Fällen gibt es, so scheint es, keinen materiellen Vollzug, der ihr nach außen hin Ausdruck verleihen könnte. Gleichwohl steht fest, dass jeder Bewusstseinsakt sich mittels einer Tat ausdrückt, das heißt durch einen einzelnen Zustand und ein systematisches Verhalten der Organe. Ebenfalls steht fest, dass dieser innere Akt, wenn er entschieden in den Blick genommen und ausdrücklich gewollt wird, eine organische Spannung bestimmt, die die Intention selbst aufrechterhält und verstärkt. Indem der ausdrückliche Wille sich diesem Akt anschließt, stimmt er ihm zu und verdoppelt ihn gewissermaßen. Nirgendwo vermag man also weder die Freiheit noch die Verpflichtung von dem zu isolieren, was ihnen vorausgeht und was ihnen folgt. Beide sind mit jenen nicht durch ein undurchschaubares Band der Notwendigkeit verknüpft, denn der Wille findet in diesem engen Verhältnis ein Mittel, ja das einzige Mittel, seine freie Entwicklung anzustreben. Die zu erlangende neue Synthese ist hinsichtlich ihrer eigenen Elemente notwendig und transzendent.

So geht die Tat der moralischen Freiheit voraus und folgt ihr. Sie ist eine auf zweifache Weise unentbehrliche Bedingung, damit die Freiheit entsteht und *[141 Der willentliche Ursprung der praktischen Notwendigkeiten]* weiterlebt. Sogar wenn der freie Wille sich selbst zum Ziel setzt, will er etwas anderes als sich selbst. Er will sich selbst objektiv nicht, wie er subjektiv ist. Er wird und er erschafft sich; er ist niemals ohne sich zu wandeln und hält sich nur aufrecht, indem er sich hingibt. Aus dem untergeordneten Determinismus hervorgegangen, ist er darauf angewiesen, von dort fortwährend Nahrung zu beziehen, so wie er auch jene zusammenhangslose Spontaneität, die er an der Einheit wie an der moralischen Aktivität teilhaben lassen muss, zu verarbeiten und unaufhörlich umzuwandeln hat.

Es gibt also einen zweifachen Austausch: den des Objektes mit dem Subjekt und den des Subjektes mit dem Objekt. Dieser Austausch konstituiert die Willenstätigkeit. Nachdem der Wille sich von den animalischen Einwirkungen und vom psychologischen Automatismus losgelöst hat, kehrt er zur Gedankenlosigkeit zurück. Die Intention wirft sich blindlings in die Bewegung, von der sie vollbracht wird, als ob wir in dem Augenblick, da wir anfangen, sie durchzuführen, in die Nacht eines hypnotischen Schlafes hineingehen. Staunt man nicht, wie die Heuschrecke mit aller Kraft ungestüm wegspringt? Wenn man sich der Tat hingibt, weiß man dann jemals klar, wo man ankommen wird? Und wüsste man dies klar, würde man

3 · Das Phänomen der Tat

dann noch handeln? Wenigstens sieht man schon klar, dass und warum man handeln will. Man sieht sogar, dass, indem man handelt, man das Licht in die Dunkelheit hineinträgt, in der man vorwärtsgeht, und verbunden mit jedem Schritt, den man tut, ein Lichtschein einhergeht, *lucerna pedibus et lex lux* [ein Licht für die Füße und das Gesetz ist ein Licht]. Es reicht also schon, dass die Pflicht in dem Maße zu Licht wird, wie wir die Gelegenheit haben und das Bedürfnis empfinden, sie zu kennen. Sie bringt gewissermaßen jene Klarheit hervor, von der sie selbst gelenkt und gerechtfertigt wird. Auf diese Weise vermag der kleine in uns ausgesäte Keim des moralischen Bewusstseins die ganze Masse der anteillosen oder rebellischen Kräfte in Aufregung zu versetzen.

Als engstirnig und unecht hat jede Philosophie und vor allem jede Morallehre zu gelten, die sich auf das beschränkt, was der Blick der inneren Beobachtung unmittelbar erreicht, oder eine solche, die, auch wenn sie zu den Phänomenen im Halbdunkel vorstößt, die der Reflexion vorangegangen sind, dennoch nicht bis in die Dunkelheit vordringt, die jedweder subjektiven Erkenntnis vorausgeht, sie begleitet und ihr folgt. Vorher oder nachher, unterhalb und oberhalb des Bewusstseins der Tat gibt es etwas Wissenswertes, das allerdings nicht gerade wenig Bedeutung für die Tat hat. Das Bewusstsein ist nicht die ganze Wissenschaft, so wie es auch nicht die ganze Person ist. Was wir jetzt wagen müssen, ist nicht mehr die Untersuchung der als Objekte wahrgenommenen Phänomene, auch nicht mehr der völlig subjektiven Realitäten, sondern streng genommen die Untersuchung der Tat, insofern diese das Objekt im Leben des Subjektes zusammenfasst und *[142 Die Hervorbringung der gewollten Tat]* das Subjekt im Objekt selbst leben lässt. Das innere Leben hat nur Bestand aufgrund einer ständigen Expansion und Fruchtbarkeit.

Diese Tat ist genährt von unbewussten Kräften, spontanen Empfindungen und überlegten Wünschen. Sie ist eine konkrete und befruchtende Definition der Idee, die sie verwirklicht, nicht aber eine abstrakte und sie auflösende Analyse. Wir sind dazu gebracht worden, diese Tat wie einen lebendigen Keim zu betrachten, der, mit einer evolutiven Kraft ausgestattet, ein natürliches Wachstum besitzt, sobald er empfangen und im menschlichen Organismus eingepflanzt ist und eine innere Entwicklung und sozusagen Stoffwechsel-, Beziehungs- und Fortpflanzungsfunktionen in sich trägt.

Wir müssen nunmehr dem organischen Prozess dieser Auskeimung nachgehen. Wenn die Tat der Endpunkt einer Welt ist, indem sie die unendliche Umwelt in sich konzentriert, aus der sie ihren Lebenssaft zieht, so ist sie zugleich der Anfang einer neuen Welt. Plötzlich erscheint sie wie ein tiefer Einschnitt, der unwiederbringlich die Vergangenheit von der Zukunft trennt und das Mögliche vom Realen. Durch ihren synthetischen Charakter bildet sie die Verknüpfung des wissenschaftlichen Determinismus mit dem praktischen Determinismus; der eine folgt auf die Willensentscheidung, der andere geht ihr voraus, beide jedoch hängen mit der Initiative des Wollens zusammen. Durch die Tat geben wir der Welt all das zurück, was wir ihr zu entleihen schienen, und mehr noch als das. Denn wenn wir die tätige Kraft der Pflicht tief in unser Inneres hineinnehmen, verleihen wir unserer animalischen Natur eine moralische Qualität. Indem wir handeln, lernen wir, was wir zu tun haben, was heißt, dass es unserem Willen stets besser gelingt, sich selbst zu kennen und sich anzugleichen.

Das System der moralischen Verpflichtungen wird so durch die Entfaltung des Lebens nach und nach Gestalt annehmen. Denn indem die Tat auf ihre wirklich vom Willen gesetzten Ziele zustrebt, durchdringt, regelt und orientiert sie all unsere persönlichen und sozialen Strebungen. Bevor wir uns so wiederfinden, wie wir sein wollen, müssen wir in uns das universelle Leben vereinen, das unser vernunftbegabter Organismus in sich sammelt. Wir müssen in uns sogar gleichsam ein neues Weltganzes bilden, denn die Gewahrwerdung des moralischen Gesetzes, das symbolisch all das zusammenfasst, was tief in uns selbst danach trachtet, zu wachsen, ist die Triebfeder unserer gesamten Entwicklung. Was in der Pflicht unverletzbar ist, organisiert in unserem Bewusstsein das System jener Verpflichtungen, die ihrerseits dennoch verletzt werden können. Durch seine ungeheure Expansion innerhalb der organischen, intellektuellen und moralischen Welt ist es stets der gleiche Wille, der sich selbst sucht und sich allmählich findet.

[143 Der im Willen liegende Ursprung der praktischen Notwendigkeiten] Kurz gesagt: Die Freiheit erhält und entwickelt sich nur, wenn sie über sich hinausgeht; die aktuelle Autonomie wäre wirklich Heteronomie. Es handelt sich also nicht darum, der Freiheit von außen her eine Pflicht vorzuschlagen, sondern die Pflicht in der Freiheit selbst zu entdecken, und in dem, was sie noch nicht ist, das verborgene Verlangen nach dem zu finden, was sie bereits ist. Wie der vorausgehende Determinismus unentbehrlich für die Herausbildung des freien Willens erschien, so ist auch der nachfolgende Determinismus

eine wesentliche Bedingung der Freiheit. Dieser zweifache Aspekt bildet sogar nur eine einzige Wahrheit, denn die Weise, die Dinge innerhalb der Zeit zu trennen und zusammenzuordnen, ist oftmals nur ein Trick der Analyse. Die stets zum Teil blinde Tat hüllt in diesem dunklen Teil, der die eigentliche Tätigkeit ist, die gesamte Reihenfolge ihrer wissenschaftlichen Bedingungen und ihrer moralischen Bezüge ein. Dieses Dunkle der Handlung soll der ganze weitere Verlauf erhellen.

– Die Untersuchungen haben an Boden gewonnen. Indem wir *etwas* bejahten und wollten, dass es davon eine positive Wissenschaft gebe, postulierten wir das subjektive Phänomen. Indem wir die wissenschaftliche Realität des Bewusstseins als Tatsache anerkannten und die Gesetze des psychologischen Automatismus untersuchten, sind wir uns des inneren Determinismus bewusst geworden. Indem wir den Determinismus als gegeben annehmen, holen wir daraus die Freiheit hervor. Indem wir die Freiheit wollen, fordern wir die Pflicht. Indem wir das moralische Gesetz gedanklich erfassen, ist es eine Notwendigkeit, es innerhalb der Tat hervorzubringen, um es auch innerhalb deren praktischer Durchführung zu erkennen und zu bestimmen.

*

Die weitere Untersuchung beabsichtigt Folgendes: den Prozess der Entscheidung des Willens im Schoß des Organismus mitzuverfolgen, in dem sie auskeimt und dessen Einheit in der Weise der Zusammenarbeit sie bildet aufgrund eines verborgenen Wirkens; dieses innere Wachstum von dem Punkt an zu erforschen, da die Handlung anfängt, sich in den Organen auszubreiten und dem System der menschlichen Individualität eine Gestalt zu geben, bis zu dem Augenblick, da das fortschreitende Wirkungsgeschehen nach diesem Ausgetragenwerden zur Welt kommt, um sich vollständiger auszuweiten, indem es unausweichlich die Grenzen des Individuums überschreitet.

[144]

Dritter Teilabschnitt
Von der intentionalen Anstrengung bis zur ersten äußeren Expansion der Tat

Das organische Wachstum der gewollten Tat

Die Tat ist die Intention, die im Organismus lebt und die den verborgenen Kräften Gestalt gibt, aus denen sie hervorgegangen war. Um sich zu erhalten und sich zu entwickeln, muss die Freiheit sich entfalten und sich inkarnieren. Indem sie das Leben des Geistes im ungeformten Determinismus heimisch macht, erlangt sie vom spontanen Leben, dass es Motive und Bewegungen hervorbringt, die immer mehr mit ihrem tiefsten Streben übereinstimmen. Der gesamte Fortgang der Wissenschaft und des Bewusstseins geht aus der Tat hervor, doch nur um wiederum zur Tat zu streben, die allein ihn aufrechterhält und ihn anregt.

Deshalb müssen wir jetzt den lebendigen Inhalt der Willenstätigkeit bestimmen. Denn die gewollte Tat ist nicht bloß etwas, das man im Voraus kennt, als ob die getroffene Entscheidung ausreichen würde, um das Werk bereits vollzogen zu haben. Man hat die Tat gerade um dessentwillen gewollt, was in ihr über den aktuellen Willen hinausgehen muss. Deshalb genügt es nicht, sie anzuordnen, nicht einmal sie hervorzubringen. Wir müssen ihre Hervorbringung durch alle Hindernisse und Widerstände hindurch erforschen, sodann auch das Hervorgebrachte selbst zusammen mit allen Ergebnissen der Tätigkeit πράττειν, πρᾶξιν, πρᾶγμα [tun, Tat, Handlung]. Nachdem man sie durch eine Art von Synthese *a priori* hat sein lassen, ist es nur durch eine Analyse *a posteriori* möglich, sie wahrhaft zu erkennen. Denn sie belehrt und verschafft Zuwachs.

Aber bevor wir dazu übergehen können, tun sich erst zwei Schwierigkeiten hervor. – Wie lässt sich erklären, dass es *[145 Der Determinismus der gewollten Tat]* Belehrungen von außen, organischen Widerstand oder organische Passivität gibt, ohne ein unerklärliches Durcheinander in die freie Initiative des Wollens hineinzuführen und ohne die Methode aufzugeben, die sich bis jetzt als die einzig richtige erwiesen hat? – Wie können wir außerdem in der äußersten Verschiedenheit der möglichen Entscheidungen das variable

3 · Das Phänomen der Tat

Element ausklammern, um die Wissenschaft der Tat durchzuführen? Auf diese zwei Probleme gibt es eine Antwort.

I. – Wenn zwischen dem, was wir sind, und dem, was wir zu sein anstreben, ein Missverhältnis besteht, ergibt sich dann daraus, dass dies endgültig ist? Dass wir einem ständigen und nicht tolerierbaren Dementi unterliegen und dass das Gefühl dieses »Elends des verhinderten Grandseigneurs« den Pessimismus rechtfertigt? Keineswegs. Es weist vielmehr darauf hin, dass es in uns etwas gibt, das noch errungen werden muss, dass wir zum Teil, wohl zum besseren Teil, für uns selber noch fremd sind, dass wir mit uns selbst nicht wie mit einem Ziel umgehen müssen, sondern wie mit einem Werkzeug, um dies zu erringen.

Weil wir jetzt noch lediglich ein Mittel sind, wie ein Objekt angesichts des Subjekts, das wir sein wollen, verhalten wir uns unserer eigenen Aktivität gegenüber im Passiv. Die uns von außen versetzten Stöße, die Hindernisse und sogar das Leid können auf solche Weise in den Lebensentwurf eingehen, der im Willen beschlossen liegt. Was in der Erfahrungserkenntnis *a posteriori* zu sein scheint, verbindet sich mit der Bewegung *a priori* des fundamentalsten Willens; es ist eine ausgelöste und provozierte Antwort. Man handelt tatsächlich nur, weil die Tat stets irgendein neues Element bringt, und zwar über die Erwartungen hinaus oder darunter. Das Ergebnis lässt sich nie aus seiner Ursache ableiten, und auch das, was wir sein werden, nicht aus dem, was wir wollen. Es gibt nicht allein Verluste oder Mehrwerte, mit denen man im Laufe der normalen Ausübung der Aktivität rechnen kann, sondern es begegnen einem ebenso Unordnungen, Regelwidrigkeiten, ein seltsames Durcheinander, Aussetzer im gewöhnlichen Spiel unserer Kräfte, die dazu verurteilt sind, Ergebnisse zu erbringen, verurteilt zu einer Leistung, zu gleichsam unverständlichem Leid, *quod operor non intelligo* [was ich tue, verstehe ich nicht]. Man ist gewöhnlich auf eine spekulative Schwierigkeit gestoßen, wenn es darum geht, die drei Größen *erkennen*, *sein* und *tun* miteinander zu verbinden. Wie belanglos ist diese Verlegenheit verglichen mit der ganz praktischen Schwierigkeit, zu wollen und zu tun, was man erkennt, und zu erkennen und zu tun, was man will. Wenn unser Leben von Prüfungen durchdrungen ist, die uns auf schmerzliche und düstere Weise belehren, wenn das Handeln nicht mehr genügt, sondern man sich abmühen muss, das heißt sich selbst zwingen und mehr leisten, als man kann; sogar wenn wir eine unvorhergese-

Von der intentionalen Anstrengung bis zur ersten äußeren Expansion der Tat

hene Belehrung entgegenzunehmen haben, eine vielleicht verletzende und quälende Entdeckung zu machen und eine Illusion bezüglich unserer Natur meiden müssen, dann ist die Lebenslehre hier am richtigen Ort.

Leiden: Man sieht also, wie dieses Erleidenmüssen, wie dieses *[146 Das organische Wachstum des Willens]* Leid selbst im *Handeln* eingebettet ist. Weil der Wille der Entfaltung und der Ausweitung bedarf, zieht er in einen Bereich aus, in dem er noch fremd zu sein scheint, obwohl er dorthin seine siegesgewisse Intention sowie sein Herrschaftsstreben mitbringt. Beansprucht der Wille nicht, überall heimisch zu sein, und umfassen unsere Verlangen nicht die ganze Welt? Wir müssen diese gewollte Expansion deshalb mitverfolgen, indem wir das *Ich* erforschen, nicht jedoch wie es sich in der inneren Analyse konzentriert darstellt, sondern wie die Tat allein es bildet aufgrund der Mitwirkung seines Entwicklungsziels oder aufgrund seines Widerstreites.

II. – Wie sollen wir aber die unendliche Vielfalt an Belehrungen seitens der Empirie auf die notwendige Einheit der Wissenschaft zurückbringen? Es scheint unmöglich, die Praxis durch die Theorie zu ersetzen. Gestattet es nicht wirklich die moralische Erfahrung allein, in uns das zu erkennen, was noch nicht unseres ist? Dies ist noch gar nicht das ganze Problem. Wenn die Antwort, die wir erhalten, bis ins Unendliche variieren kann, dann deshalb, weil auch die aufgrund der Willensinitiative gestellte Frage unendlich verschieden sein kann, und zwar wegen der unerschöpflichen Vielfalt der freien Entscheidungen. Scheint die Wissenschaft der Tat nicht in Gefahr zu sein, sich im Chaos zu verlieren?

Nein. Hier tritt noch deutlicher die Kraft jener Methode zum Vorschein, die allein zur Lösung des Problems eine wissenschaftliche Strenge besitzt, denn sie gestattet es, die Variable auszuschalten. Ihre Kraft liegt darin, nach der Reihe des vorausgehenden Determinismus auch die Kette des Determinismus aufzugreifen, der auf die gewollten Taten folgt, und dessen notwendige Entfaltung zu erforschen.

Vielleicht sieht es so aus, dass zwischen diesen beiden Reihenfolgen eine Lücke, gleichsam ein Loch klafft. Wenn man von diesem mittleren Bereich abstrahiert, entstellt man dann nicht das Problem, denn die freiheitliche Entscheidung ist ein einmaliger Konvergenzpunkt, in den alles mündet und von dem alles ausgeht? – Man lasse sich nicht irreführen. Zwischen diesen beiden Formen des Determinismus waltet eine sichere Kontinuität. Die Zwischenglieder sind folgende: Es ist eine Notwendigkeit, dass die Reflexion hervorkommt; es ist ebenfalls eine Notwendigkeit, dass die Freiheit sich vollzieht; eine Notwendigkeit ist auch, dass die Freiheit in ihrem Vollzug nicht notwendig ist; eine Notwendigkeit ist schließlich, dass es nicht notwendig ist, bestimmte Handlungen hervorzubringen, und dass diese einmal frei bestimmten Handlungen notwendige Folgen nach sich ziehen. Kurz, sogar in dem, was missachtet werden kann in dem, was es vielleicht tatsächlich ist, gibt es immer etwas, was es nicht ist. Und dies reicht aus, damit die Wissenschaft sich auf diese Unmöglichkeit selbst gründet.

[147 Der Determinismus der gewollten Tat] Im Freiheitsakt und im Bewusstsein des moralischen Gesetzes ist deshalb nicht das zu bestimmen, was veränderlich und gar willkürlich ist, sondern das, dessen endgültiger Triumph früher oder später gesichert ist. Ob man sich der Pflicht entzieht oder ob man sich ihr unterwirft, beide Male gibt es ein gemeinsames Element. An diesem Fixpunkt muss man anknüpfen. Warum soll man sich, wie es gewöhnlich der Fall ist, mit zeitweiligen Abwegen, mit scheinbaren Dementis befassen, mit vorübergehenden und oberflächlichen Beeinträchtigungen, die der Wille den praktischen Verpflichtungen zufügen kann? Sieht man nicht, dass man sich von alledem nie loslöst und stets in einer gewissen Ordnung bleibt, was man sonst auch tun mag? Sogar die selbstsüchtige Wollust kann nicht stets umhin, fruchtbar zu sein. Wenn es in den vorausgehenden Bedingungen der Tat einen Determinismus gibt, der den Willen dazu bringt, sich selbst zu erkennen, so befindet sich in der Folge der Tat ein neuer Determinismus. Er lässt die freie Entscheidung ihre natürlichen Früchte tragen und umreißt den Rahmen, innerhalb dessen sie sich entfaltet. Verdient das, was man einzig dadurch zuwege bringt, dass man will, es nicht, eigens untersucht zu werden? Und vielleicht wird die Analyse, einzig aufgrund der Tatsache, *dass* man will, nach und nach herausarbeiten, *was* man will.

Denn wir dürfen nicht vergessen, dass das beharrliche Streben des Menschen darauf gerichtet ist, mit all seinem Verlangen gleichzuziehen. Von Beginn dieser Untersuchung an war allein vereinbart worden, vom Willen kein Entgegenkommen zu fordern, lediglich an ihm zu beachten, was er selbst von sich kundtut, allein die Ergebnisse seiner eigenen Initiative festzuhalten. Was wäre mehr in Übereinstimmung mit dieser Absicht, als in der moralischen Verpflichtung von alledem zu abstrahieren, was eine Anstrengung und ein Opfer abverlangt, das heißt, von allem, dem man zuwiderhandeln kann? Ist so etwas nicht wirklich eine Moral ohne Verpflichtung, eine wissenschaftliche Moral, die sich nicht mehr um die unbestimmbaren Phantasien der Freiheit zu kümmern braucht und jene Variable ausschließt, von der es doch keine Wissenschaft geben kann. In dem, was frei ist, wird sie stets an das anknüpfen, was notwendig ist. Aus diesem Grund wird sie eine Wissenschaft sein, ohne deswegen aufzuhören, eine Moral zu sein.

Gerade aufgrund ihres Fortschreitens wird die Willenstat auf Widerstände stoßen, Lektionen und Prüfungen ausgesetzt sein. Doch wird davon vorerst nur in dem Maße die Rede sein, wie es uns gelingt, sie zu überwinden, sie zu beheben oder von ihnen zu profitieren. Vielleicht wird der Mensch mit viel Beharrlichkeit, Intelligenz und Güte so weit kommen, sein ursprüngliches Streben zu befriedigen und seine Bestimmung abzuschließen. Vielleicht vermag er allein das zu tun, was er tut, das, woran er leidet, allein zu heilen, oder allein rückgängig zu machen, was er schlecht getan hat. Wer weiß, ob nicht die augenscheinlich grausamsten Widersprüche *[148 Das organische Wachstum des Willens]* ihm den ursprünglichen Sinn und die vollkommene Gestalt seines Willens offenbaren? Wer weiß, ob nicht diese oftmals alles abverlangende Erfahrung für ihn der wahre Weg sein wird, um den vollständigen inneren Zusammenhalt des *Wollens*, des *Seins* und des *Tuns* zu erreichen und zu erringen? Wird die Tat sich aufgrund ihrer eigenen Kraft nicht letztlich vermittelnd und einigend, erlösend und vollendend auswirken? – Und wenn wir die ganze Grandeur und die ganze Großherzigkeit der menschlichen Handlungen, der Werke und des Leids in die offene Kluft des Wollens hineingeworfen haben, wird sie dann nicht ganz ausgefüllt sein? Dies wird die entscheidende Frage sein.

Für den Augenblick möge es ausreichen, sich dem Lauf des Determinismus zu überlassen, denn er trägt die gewollte Tat zu ihren natürlichen Zielen hin. Man möge sich ihm anheimgeben, als gäbe es weder Freiheit zu vollziehen, noch Verpflichtungen zu beachten, noch Sanktionen zu befürchten. So wird sich die Reihenfolge der notwendigen Mittel entfalten, die der Wille hervorruft, der sich selbst sucht und danach verlangt, sich voll zu besitzen. Die Sonne strahlt für die Bösen wie für die Guten, womit ich sagen will, dass das Leben allen Menschen gleichartige Verpflichtungen aufzuerlegen scheint. Wir müssen deshalb schauen, wie diese gemeinsamen Voraussetzungen sich auf natürliche Weise formieren. Die moralischen Verhältnisse

3 · Das Phänomen der Tat

hängen nicht in der Luft. Unsere allerwichtigste Aufgabe wird sein, den Rahmen zu umreißen, in dem sie sich bilden.

Für ihre Verwirklichung ist die Intention auf die Tat angewiesen; die Tat bereichert sie. Die Art und den Prozess dieses Zuwachses müssen wir nunmehr erforschen. Wenn die Freiheit sich im Unbewussten auswirkt, zieht sie gewiss das zu sich herauf, was sie gestaltet, aber zunächst gibt sie sich dem hin. Das subjektive Leben breitet sich nur im Objekt aus, um sich dort zu vervollständigen. Es gibt und es empfängt. *Nemo agit qui non agatur* [Niemand handelt, an dem nicht gehandelt wird]. Die Frage nach dem objektiven Wert unserer Ideen ist damit auf ihren wissenschaftlichen Sinn zurückgebracht. – Von einem ersten Gesichtspunkt aus ist das Phänomen der Idee, eine geistige Synthese freilich, etwas anderes und etwas mehr als das, was es ausdrückt. Weil das Subjektive die positiven Tatsachen, deren allgemeine Gesetze uns die Wissenschaften offenlegen, impliziert und über sie hinausgeht, ist es reeller als sie. – Aber von einem höheren Gesichtspunkt aus durchdringt der Bewusstseinsakt, indem er sich in der Tat verkörpert, das Objekt und lässt diesem seine eigene Wirklichkeit einfließen, um aus dem so entstandenen Ganzen eine ursprüngliche Synthese zu bilden. Hier liegt der Grund für die Unumstößlichkeit der praktischen Erkenntnisse. Nur das, was wir getan haben, kennen wir gut; wir tragen das Licht dorthin, wo wir handeln. Diese Klarheit ist weder in uns allein noch in den Dingen allein; wir müssen *[149 Der Determinismus der gewollten Tat]* voranschreiten, damit es leuchtet. Das innere Leben, das unlängst die ganze Nahrung seiner Erkenntnis zu absorbieren schien, ist unfertig und leblos, wenn es sich nicht verausgabt und sich ausbreitet. Indem es das Gesamt der Tatsachen überschreitet, wird es selbst von einem Unbekannten überschritten; allein die Tat gewährt es ihm, bis dorthin vorzudringen. Unwiderstehlich lässt es sich damit ein. Wenn ein verborgener Instinkt das innere Leben dorthin führt, so deshalb, um jenes Dunkle der Dinge zu erhellen, während es ebenso sich selbst erhellt. *Qui facit veritatem venit ad lucem* [Wer die Wahrheit tut, kommt zum Licht].

*

Der erste Bereich, in dem die Intention sich entfaltet, ist der Organismus. Wie erscheint der Körper im Bewusstsein? Wie tritt auch dieser Widerstand in die Entwicklung des Wollens ein? Wie leiten sich die Passivität, das Leiden und das organische Wirken von subjektiven Ursachen her? Dies ist der dreifache Gegenstand der jetzt anstehenden Untersuchung. Wir werden uns neu mit der Analyse der Muskelanstrengung befassen, um ihre wahre

Von der intentionalen Anstrengung bis zur ersten äußeren Expansion der Tat

Bedeutung zu entdecken. In dem Maße, wie dieses organische Leben sich mit dem Bewusstsein der gewollten und erfüllten Tätigkeit vermischt, werden alle aktiven und passiven Formen des Körperlebens in die Wissenschaft der Tat einbezogen und in die Reihenfolge der Mittel eingebunden, die der Suche nach unserer Bestimmung dienen.

[150]

Kapitel I
Der Körper der Tat und die subjektive Physiologie

Wie wir die Stufen hochgestiegen sind, die zur Klarheit des Bewusstseins hinaufführen, so müssen wir jetzt die Abstufung des reflektierten Denkens und der Willensintention in die organische Tätigkeit mitverfolgen, die deren erster Ausdruck ist. Aber dürfen wir hier von Abstufung sprechen? Keineswegs. Wenn es vor und nach dem erhellten Bereich inneren Lebens Schatten gibt, so deswegen, weil sowohl oberhalb als auch unterhalb jenes Bereichs, in dem das begrenzte Sehvermögen des Geistes deutlich und klar ist, die Tat durchdringt und dabei dem Licht vorausgeht, das sie dort allmählich hinträgt. Das Unbewusste befindet sich nicht bloß unterhalb, sondern auch oberhalb und jenseits der bewussten Entscheidungen.

Auf welche Weise hat die Willensintention es nötig, sich zu inkarnieren, und wie begegnet sie dem organischen Widerstand? Was hat sie zu gewinnen, indem sie leidet? Und was enthüllt uns die Notwendigkeit der Anstrengung und der Mühe innerhalb der Tat? Hier gibt es ein dreifaches Problem zu lösen. Passiv zu werden, Widerspruch und Zwang ausgesetzt zu sein, sich abzumühen, scheint für den Willen eine seltsame Weise zu sein, um zu seinen Zielen zu kommen. Und trotzdem ist dies der einzige Weg, um vorwärtszuschreiten. Dieses Paradox müssen wir jetzt rechtfertigen.

Sobald sie beschlossen ist, eilt die Handlung zum Vollzug; zumindest erscheint der Vollzug als die natürliche Krönung der Intention. Ohne Vollzug keine Tat. Die erste Sorge für den, der die Tat erforscht, muss also sein, jenen materiellen Vorgang zu betrachten, der ihre unmittelbare Voraussetzung ist. Auf welche Weise begegnet man dem *Körper*? Und wie mischt dieses organische Leben, das, obwohl es uns nicht fremd ist, *[151 Die Analyse der Anstrengung und die subjektive Physiologie]* dennoch nicht deckungsgleich mit *uns* ist, der Aktivität das Empfinden einer Passivität bei? Dieses oft diskutierte Problem kann nur von einem Standpunkt aus gelöst werden, der vom allgemein eingenommenen abweicht. Es ist gewiss richtig, zunächst die Ansammlung scheinbar heterogener Gegebenheiten zu analysieren, aus denen das Bewusstsein der Muskelanstrengung gebildet ist. Um jedoch Licht in das Dunkel dieses Labyrinthes zu bringen, müssen wir den Sinn der körperlichen Widerstände erfassen und auch die Rolle verstehen, die sie im Wachstum des Willens spielen. Denn die Tat verlegt gewissermaßen das Gravitationszentrum im Menschen von der ideellen Intention in den gesamten Vollzug. Dieser Aspekt des Problems, wohl der wichtigste, ist auch am meisten vernachlässigt worden. Um die komplizierten Verwicklungen der subjektiven Physiologie zu entflechten, ist es also von wesentlicher Bedeutung, zu sehen, wie das Zugegensein des Körpers an den Fortschritt des Wollens geknüpft ist und worin die Bedeutsamkeit für die Moral besteht.

I

Um die Ursprünge des Empfindens des Organischen und das Bewusstsein der Muskelanstrengung zu beschreiben, um Rechenschaft sowohl über die normalen Eindrücke zu geben als auch über die so verschiedenen pathologischen Fälle, müssen wir folgende sichere Feststellungen in der Weise von drei zusammenhängenden Paaren darstellen und miteinander kombinieren.

1° Es gibt eine erste afferente Tat des Organismus, die in ihrer Vorgehensweise unbewusst, in ihren Ergebnissen jedoch bewusst ist. – Der Automatismus, der die Bilder und die Verlangen spontan bis an die Schwelle des klaren Denkens heranführt, entzieht sich dem Denken, das dessen Hervorbringungen aufnimmt. Die Aktivität des Organischen, von der, wie man heute sagt, die Ideation oder die Ideogenie abhängen, spielt sich ganz im Verborgenen ab. Auch wenn man wissenschaftlich weiß,

woher das empirische Bewusstsein seine Nahrung bezieht und wie es mit den Gehirnfunktionen verknüpft ist, so weiß das Bewusstsein nicht im mindesten, wo seine inneren Bilder entstehen. Bei der Erforschung der wissenschaftlichen Voraussetzungen und der unbewussten Elemente der Tat ist deshalb die Frage nach dem eigenen Körper des Handelnden nicht einmal gestellt worden. Wie Descartes bemerkt, kann man vortäuschen, ohne Körper zu sein, auch wenn man dabei an die Körper denkt. Der physiologische Ursprung des Bewusstseins ist unbewusst.

3 · Das Phänomen der Tat

2° Es gibt eine erste efferente Tat des Denkens, die einzig in ihrer subjektiven Wesensart erfasst wird. – *[152 Die Passivität in der Tat]* Wenn die Schwelle des Bewusstseins einmal überschritten ist, entwickelt sich das innere Leben im Schoß der Reflexion nach einem ursprünglichen Finalitätsgesetz, das nicht auf die schlichte Verkettung der Wirkursachen reduziert werden kann. Die mentalen Synthesen, die sich im Bewusstsein ereignen, weisen eine neue Initiative auf. Durch das, was ihnen an Bewusstem anhaftet, bilden sie eine eigene Kraft. Das Gefühl von Leistungskraft, das den Ideen innewohnt und das die Reflexion vermittelt, ist nicht illusorisch. Nicht alles im inneren Leben ist *Wirkung*, denn der wesentlichste Teil des subjektiven Aktes ist seinerseits *Ursache*; er bestimmt seine eigenen Voraussetzungen. Will man für diese Wahrheit eine bildhafte Übersetzung in der physiologischen Sprache? Es ist allgemein anerkannt, dass die beiden Hirnhälften zugleich ein Instrument mit Endfunktion und auch ein Instrument mit Ausgangsfunktion sind. Dies besagt, dass es in jedem Kreislauf der Willensaktivität nicht bloß wie in den automatischen Reaktionen einen einzigen Bogen gibt, sondern einen reflexiven zweifachen Bogen, von dem der eine in den Hirnhälften endet, während der andere nach einer ursprünglichen Verarbeitung von ihnen ausgeht. Es gibt somit organische Phänomene, die nicht mehr die vorausgehende Bedingung für die Bewusstseinsenergien sind, sondern die begleitende und die nachfolgende Bedingung.

3° Es gibt eine efferente Tat des Willens, die in ihren körperlichen Auswirkungen unerfasst bleibt. – Im zerebralen Mechanismus entspricht der Abfolge der inneren Bestimmungen, die zur Entscheidung führen und zu der Zielstrebigkeit des Willens, eine parallel laufende Abfolge von abhängigen Bewegungen. Von diesen organischen Vorgängen, die eine solche subjektive Aktivität ermöglichen, gelangt keine direkte Erkenntnis zur Reflexion. Die mentale Synthese birgt die elementaren Kräfte, die zu ihrem Hervorgehen beigetragen haben, in sich und sie beherrscht diese aufgrund eines ganz spontanen Übergewichts. Wenn der Wille sich zu etwas bestimmt, zieht er *ipso facto* die Bestimmung all dessen nach sich, was dazu dient, ihn zu unterstützen. In dem Maße auch, wie die Sinnenwelt und der Körper dem reflexiven Leben immanent sind, zieht die Hervorbringung der aktiven Intention alle organischen Voraussetzungen nach sich, die damit verbunden sind. Sie wird nicht erfasst, denn in ihr gibt es keinerlei Widerspruch oder Inhibition. Bis jetzt ist allein der Entschluss bewusster Natur; die erste Wirkung des Willens in den Organen, die

I · Der Körper der Tat und die subjektive Physiologie

diese ermöglichen, entzieht sich dagegen der inneren Wahrnehmung.
– Um im Übrigen die Tat des Denkens bezüglich ihrer eigenen Voraussetzungen zu erkennen, müsste man nicht nur die immense Komplexität der objektiven Phänomene entflechten, sondern außerdem die Art jenes subjektiven und synthetischen Elementes durchschauen, das, *[153 Die Analyse der Anstrengung und der subjektiven Physiologie]* wie wir gesehen haben, all unseren Erkenntnissen als Mörtel dient. Wie Maine de Biran bemerkt hat: Wenn wir wüssten, wie wir unsere Gliedmaßen bewegen, wüssten wir alles. Indem wir die Kräfte des Universums in uns konzentrieren, brauchen wir, um diesen Mikrokosmos zu lenken, eine Tatkraft und eine Tatenvielfalt, welche die Analyse ebenso wenig durch das Bewusstsein wie durch die Sinneswahrnehmung jemals ganz klären wird.

4° Zugleich gibt es eine efferente Willenstat, die in ihrer subjektiven Natur zunächst unbemerkt bleibt, aber einzig in ihren organischen Auswirkungen wahrgenommen wird. – Hier liegt der entscheidende Punkt, an dem der Körper für das Bewusstsein zum Vorschein kommt und die Passivität in die Tat selbst einzieht. An diesem Punkt bricht aus dem inneren Konflikt der Strebungen das Empfinden des Organismus hervor, und hier vollzieht sich die Transkription des Geistigen in das Körperliche.

Der Wille hat seine völlige Vollendung nicht in der Intention allein finden können. Deshalb geht er zur Tat über, denn um sich selber anzugleichen, ist er darauf angewiesen, sich selbst hervorzubringen. Dieser gewollte Akt vollzieht sich also außerhalb und gleichsam jenseits des derzeitigen Willens. Er ist reell, weil er zuvor ideell ist. Aber er ist nicht allein reell, insofern er ideell ist. Weder zwischen der vorangegangenen Erkenntnis und dem tatsächlichen Vollzug noch zwischen dem Wollen und dem Handeln gibt es eine Angleichung. Von dem Augenblick an, wo das Subjekt für sich selbst zum Objekt wird, stellt es eine *Materie* vor sich auf, die es in sich selbst trägt. Von innen her betrachtet ist der Körper eine Folge und gleichsam eine Verlängerung unserer subjektiven Natur; man will, dass der Körper sei. Denn wenn er zunächst wie ein Schleier erscheint, der uns für uns selbst verbirgt oder erscheint wie ein Hindernis, das uns dazu nötigt, uns selbst zu erringen und den Willen von dem trennt, was er will, so ist der Körper zugleich das Mittel, dies zu erringen, der Übergang vom anfänglichen Wollen zum vollendeten Wollen und das Terrain des Sieges.

Ohne aus sich herausgehen zu müssen, trifft das Subjekt tief in

3 · Das Phänomen der Tat

sich eine Passivität an, die für seine Tat gewiss nicht undurchdringlich ist, aber auch nicht unmittelbar mit ihr vereint ist. *Omne agens agendo repatitur* [jeder Handelnde wird, indem er handelt, wieder zu Passivität geführt]. Es gibt in mir etwas, das *meins* ist, das mir immer enger verbunden werden muss und dennoch nicht *ich* ist. Dieses *Mein* erscheint mir zunächst in einer von mir verschiedenen Gestalt, als das Bewusstsein eines materiellen Widerstands oder eines Endpunkts der äußeren Entfaltung. Auf diese Weise also generiert sich die ursprüngliche Vorstellung des dem Handelnden eigenen Körpers. Es gibt das Bewusstsein einer subjektiven Initiative, denn ohne die allererste Gewahrwerdung *[154 Die Passivität in der Tat]* der Hervorbringung würde man sich nie das Ergebnis des wirksamen Vollzugs zuschreiben. Aber innerhalb des Wachstums des Willens kommt das neue, durch die Tat eingebrachte Element dem Bewusstsein wie fremd vor, sogar dann noch, wenn es den Fortschritt des Willens veranlasst, denn dieses jetzige Ziel ist dem Wollen nie ganz gefügig. Was man unter *dem Körper der Tat* verstehen muss, ist all das, was innerhalb von uns und außerhalb von uns, uns noch von uns selbst trennt.

An diese unmittelbare Wahrnehmung des Organismus hängen sich alle abgeleiteten Vorstellungen an, die wir von unserem Körper und von fremden Körpern erwerben. In dem sehr komplexen Gesamtbild, das wir von unseren Organen haben, gibt es gewiss einen Anteil, zwar nicht den wichtigsten, aber den eindeutigsten, den wir ganz von außen kommenden Assoziationen von Wahrnehmungen und Bildern verdanken. Der erfahrungsgemäße Zusammenhalt von im Inneren gekannten Intentionen und im Äußeren wahrgenommenen Bewegungen präzisiert und verstärkt unser Bewusstsein des Organismus und dessen Gefügigkeit auf einzigartige Weise. Aber dieser empirische Zusammenhang ist nicht der Ursprung jener Gewahrwerdung, die jeder Mensch von seinen Gliedern wie von seiner Macht über sie und über die Dinge hat. Am Ursprung der allgemeinen Erfahrung und der Organisation der positiven Erkenntnisse waltet eine wirkungskräftige Tat, denn einzig diese Tat liefert den Wissenschaften ihre Forschungsmaterie und stellt diese vor Augen. Wenn es eine außerhalb der Erkenntnis liegende Gegebenheit gibt, etwas Unbekanntes, das zu durchdringen ist, eine Anstrengung, die getan werden muss, so deshalb, weil stets, seit dem Anfang des Lebens, ein Missverhältnis zwischen dem wollenden Willen und dem gewollten Willen auftritt. Der eine erscheint dem anderen in der Form eines organischen Widerstandes oder einer zu überwindenden Passivität.

5° Es gibt eine efferente Willenstat, die, dargestellt in einer organischen Gestalt, in ihren organischen Auswirkungen unbemerkt bleibt und lediglich in der Darstellung einer Bewegung erfasst wird.

Die Empfindung eines materiellen Hindernisses ist, wie jede andere auch, ein Bewusstseinszustand. Der Organismus erscheint nur in der Gestalt eines subjektiven Aktes; er ist im Gedanken schon da, ehe der Gedanke sich auf ihn einlässt. Der körperliche Widerstand bietet sich uns demnach nicht wie eine ausgedehnte, reglose Masse dar, die als Reaktion auf einen einzelnen und plötzlichen Stoß nachgibt, sondern durch die Vermittlung einer bildhaften Vorstellung, die allmählich durch die verborgene Mitwirkung der Gliedmaßen in uns wirksam wird – der Gliedmaßen, die wir kaum heben könnten, wenn sie abgetrennt wären, und die sich an uns wie von selbst zu bewegen scheinen.

[155 Das Empfinden der Anstrengung und die subjektive Physiologie] Das Bewusstsein des Organismus und die Empfindung oder die Erwartung von materiellem Widerstand ist so eine neue Quelle spontaner Aktivität. Durch die Weise, in der wir die Anstrengung erkennen, bringen wir bereits eine wirksame Tätigkeit hervor. Die afferenten Sinneswahrnehmungen werden somit zur Nahrung für die Bewegungsenergie. Es ist nicht nötig zu wissen, wie die Tätigkeit sich vollzieht, insofern sie dem Gedanken folgt; es ist aber sehr wohl nötig, darum zu wissen, insofern es Missverhältnis und Widerstand gibt. Oftmals sind unsere Bewegungen lediglich ein Mittel fürs Denken und Wollen, wie Zeichen, die statt einfach die Ideen anzuzeigen, die wir bereits haben, neue Ideen erwecken. Das Bewusstsein der ständigen und vielfältigen Anstrengung beruht also auf der stimulierenden Wahrnehmung eines vielfältigen und ständigen Widerstandes. Auf solche Weise wird die organische Wahrnehmung, Vermittlerin aller anderen, zu einer Synthese infinitesimaler Taten zurückgeführt, die, während sie alle eine Stufe des Wollens verwirklichen, durch eine Reihe von partiellen Rückwirkungen und Initiativen hindurch fortschreitenderweise den Vollzug insgesamt bilden. So wird die Vorstellung des Körpers, durch das motorische Bild vermittelt, zu einer spontanen Kraft, die verborgen in den Gliedmaßen wirkt und dazu dient, davon eine innere Topographie aufzustellen, ohne dass wir die Wirkung in jeder Einzelheit erkennen würden.

Daraus lässt sich die allgemeine Vorstellung des Körpers oder gar der Materie überhaupt erklären. Welche unmittelbare Gewahrwerdung von unserem Organismus haben wir eigentlich und was ist unserer Ansicht nach die Materie? Wenn ich verstehe, was ich mit diesem Wort sage, so deshalb, weil ich die Materie in mir selbst antreffe. Gewiss, ich treffe in mir etwas an, das weder von meinem Willen noch von meiner Erkenntnis ganz durchdrungen wird. Ich verstehe es nicht, und es versteht sich selbst noch weniger. Die anderen, sollte es sie geben, verstehen es genauso wenig, denn ohne mit mir identisch zu sein, ist dieses Etwas immerhin meins. Und was unterscheidet das Meine von mir? Genau die ständige Vielfalt eines Widerstandes, der dennoch beweglich ist und zugänglich für meine Tat, obwohl er für meinen inneren Blick undurchdringlich bleibt und sich auf mein aktuelles Wollen nicht zurückführen lässt. So erscheint der Organismus, der soeben noch außerhalb meines Bewusstseins und meiner Reichweite zu liegen schien, gewissermaßen als im Bewusstsein, das ich davon habe, reintegriert. Diese subjektive Physiologie hat eine verborgene Wirksamkeit: Das Bild prägt sich dem Körper ein und bewegt ihn, ohne dass man bezüglich des Wie auch nur die geringste Erkenntnis hätte.

6° Es gibt schließlich auch eine afferente Tat des Organismus, die eigens die hervorgerufene und erwartete Antwort bildet, die Verifikation *[156 Die Passivität in der Tat]* des Willensvorhabens, die Weisung, die man sich vom vollzogenen Akt wünschte, das vorhergesehene Unvorhersehbare. Diese Tat führt das Bewusstsein der Missverhältnisse zwischen dem Wollen und der Tatsache herbei, sie verschafft uns die Vorstellung von den körperlichen Reaktionen und die Belehrung durch die Dementis aus der Erfahrung. Auf der Basis dieser Gegebenheit gruppieren und organisieren sich alle anderen Elemente, die die Analyse gerade in der Gewahrwerdung der Anstrengung aufgegliedert hat. Was diese afferente Tat aber auszeichnet, ist weniger der organische Eindruck als solcher, als vielmehr die Zunahme an subjektivem Licht und an Erfahrung, deren Quelle sie ist. Denn in der bewussten Vorstellung dieses organischen Widerstandes gewinnt das Hindernis körperliche Gestalt; in ihm nimmt das, was für den aktuellen Willen auf dem Spiel steht, feste Form an und die noch ausstehende Errungenschaft zeichnet sich klar ab. Die Klarheit, die Robustheit dieses eindeutigen Hindernisses ist bereits ein erster Gewinn. Wegen der Kraft eines jeden Bildes ist die bestimmte Vorstellung des Widerstandes das Ergebnis einer ersten Entwicklung, aber ebenso das Werkzeug und das Ziel für ein weiteres Wachstum des Wollens.

Das Bewusstsein der organischen Anstrengung ist folglich ein

I · Der Körper der Tat und die subjektive Physiologie

Agglomerat sehr komplexer Gegebenheiten. Durch die Wirkung der Gewohnheit verschmelzen die verschiedenen Beiträge miteinander und bilden nunmehr ein einziges Ganzes, das mit der Initiative der bewussten Tat verknüpft ist. Sogar die Reaktion der Organe, die uns unserer Aktivität gegenüber wirklich passiv sein lässt, ist noch im allerersten Vorhaben der Tat eingeschlossen, wie verwirrend dieses Hindernis auch erscheinen mag. Deshalb, wenn wir ein bekanntes Gewicht heben wollen, scheinen wir vorher die Intensität der Kraft zu messen, die wir fürs Tragen benötigen, während wir uns in Wirklichkeit nur den gewohnten Widerstand vorstellen, dessen genaues Ausmaß uns nur früheres Ausprobieren beibringen konnte.

Der Begriff der Anstrengung, den wir im Voraus haben, ist gleichsam der fertige Rahmen, um alles aufzunehmen, was die Erfahrung uns ganz genau lehrt. Was in der reellen Wahrnehmung afferent ist, wird als solches nur erfasst infolge einer noch unbestimmten Initiative und ebenso dank der Akzeptanz *a priori* für das erwartete *a posteriori*. Ob man nun die Form oder den Inhalt der organischen Sinneswahrnehmung betrachtet, man darf mit gleichem Recht sagen, dass alles darin die Auswirkung einer subjektiven Initiative ist, oder dass alles darin den passiven Eindruck der körperlichen Reaktion zum Ausdruck bringt. So erfassen wir in einem die Anstrengung unmittelbar in ihrem Ursprung und mittelbar in ihrem Vollzug und in ihrer Entwicklung. So wissen wir um unsere Bewegungen besser Bescheid durch die Reaktion der Teile *[157 Bedeutung und Rolle der organischen Anstrengung]* als durch die direkte Innervation. In dieser Weise lassen sich schließlich die verschiedensten Illusionen und die gegensätzlichsten Pathologien durch die Komplexität der Übertragungen verstehen, ebenso durch die Überschneidungen der Aktionen und Reaktionen, durch den Verlauf der Weiterleitung im Nervensystem, durch die Vielfalt in den graduellen Abstufungen, in denen das erste Licht und der erste Wille sich verstreuen. Aufgrund der Projektion all dieser unzähligen Einzelheiten nimmt das reflexive Bewusstsein den Bewegungsvorgang bloß grob wahr; er ist eine Auswirkung von integrierten Auswirkungen. Die Einbildungskraft kann davon keine klare Vorstellung bekommen. Wir vermögen unsere Anstrengung nur durch Gewöhnung einzusetzen, wenn wir durch die wiederholte Übung und die Prüfung dieser elementaren Taten insgesamt die untergeordneten Kräfte trainiert, die Wege gebahnt, die gewohnten Verbindungen festgelegt haben und es uns gelungen ist, die Energie auf den Widerstand abzustimmen.

3 · Das Phänomen der Tat

II

Die Anatomie einer abstrakt isolierten Anstrengung zu betreiben, ist aber nicht alles. Vor allem müssen wir ihre lebendige Komplexität und konkrete Physiologie studieren. Denn in der Bewegung des Lebens liegt ein Kreislauf, der sich fortwährend schließt, um sich jedoch wieder zu öffnen und weiter zu wachsen. Jeder Endpunkt ist lediglich ein Ausgangspunkt. Man kann folgenden drei Aussagen getrennt voneinander beipflichten: Das Bewusstsein der organischen Anstrengung ergibt sich aus dem Antagonismus subjektiver Strebungen. – Dieser innere Antagonismus, dessen Prinzip vorerst unbemerkt bleibt, bietet sich uns in der Gestalt des körperlichen Widerstandes dar. – Der materielle Aspekt des Hindernisses, das dem Willen als ein Endpunkt seiner Entwicklung vorgelegt wird, eröffnet eine neue Umsetzung des Physischen ins Mentale, indem es die Verschiedenheit der Strebungen ans Licht bringt und sich in subjektiven Wirkungen ausdrückt. – Wichtig ist jedoch zu sehen, wie diese Funktionen sich im Vollzug miteinander verbinden.

Wenn man sich hauptsächlich bei der Erforschung der organischen Anstrengung aufhalten würde, als ob dies das Ganze oder das Grundlegende der Tat wäre, müsste man also den wahren Sinn des Willensvollzuges missverstehen und sich dem Verständnis dieser Anstrengung im gleichen Augenblick verschließen, da man vorgab, sie eigens zu erforschen. Das allgemein gängige Empfinden täuscht sich darin nicht. Das Problem der Tat betrifft nicht diese obskure Frage der Muskelempfindung. Dabei stehen zu bleiben hieße, sich einer bereits überschrittenen Erkenntnisebene aufs Neue zuzuwenden. Es hieße, *[158 Die Passivität in der Tat]* die Realität des tätigen Willens in einer positiven Sprache und in sinnfälligen Bildern auszudrücken. Es würde weiter bedeuten, dass die neue Entwicklung jenes Determinismus, der die Oberhand gewonnen hat und der auf die hervorgebrachte Tätigkeit folgt und diese lenkt, auf den überwundenen Determinismus zurückgeführt wird, der der bewussten Entscheidung vorausgeht. Man darf die Untersuchung nicht vom Weg abirren lassen. Sie käme vom Weg ab, sobald man sich hauptsächlich mit den physischen Mitteln beschäftigen würde, die uns gerade deshalb verborgen zu sein scheinen, weil sie moralischen Zielsetzungen untergeordnet sind. Welche physiologischen Wege der Vorgang auch gehen möge, die Weise, in der er die Organe in Bewegung setzt und dem Bewusstsein zugeführt wird, hat keinerlei Einfluss auf das fortschreitende Wachstum unseres Willens. Die große Schwierigkeit bei der Anstrengung liegt nicht in einer mehr oder weniger vollständigen Überwindung der Trägheit der Materie, sondern im Zusammenspiel der Strebungen, in der Harmonie und der errungenen Befriedung der intimen Verlangen. Das organische Hindernis ist nur das Symbol und der Ausdruck von bereits psychologischen Gegenkräften. Das Leid wird einzig insofern erkannt, als zwischen dem Wahrgenommenen und dem Gewollten, zwischen dem Faktischen und dem vorgestellten Ideal ein Missverhältnis auftritt. Dort befindet sich die tiefere Ursache auch für die physiologischen Schmerzen.

Wenn man sieht, wie die Initiative eines unvollständigen und in sich geteilten Willens das Bewusstsein einer organischen Passivität hervorruft, muss man zugleich auch beachten, wie das Empfinden dieses körperlichen Widerstandes eine innere Zwietracht und einen Konflikt zwischen den Strebungen offenbar macht, die beide die Entfaltung unserer Tat durchkreuzen. Denn hat man einmal gehandelt, dann gibt es eine neue Perspektive und gleichsam ein fremdes Leben, das sich dem Handelnden einverleibt hat; der Wille ist anders, als er vorher war, die Erkenntnis hat sich geändert.[1] Hier liegt der Beweis vor, dass der wahre Beitrag des gewollten und durch die Organe vollzogenen Wirkvorgangs die Veränderung selbst ist und weniger die Mittel sind, die sie erwirken. Unter welcher Bedingung hängt diese Erneuerung des inneren Lebens von der organischen Anstrengung und vom materiellen Vollzug der Handlung ab? Dies werden wir jetzt zeigen.

[159 Bedeutung und Rolle der organischen Anstrengung] Im Hinblick auf das Bewusstsein ist der Körper ein erster Entwurf des subjektiven Lebens. Er ist das, was sich der unmittelbaren Expansion und der ideellen Realität des Wollens entgegensetzt, aber er ist auch das, was sich ihr unterwirft und sich ihr zur Verfügung stellt. Der

---

[1] Maine de Biran sagt: »Ich glaube, beweisen zu können, dass es keine intellektuelle Idee gibt, keine deutliche Wahrnehmung, auch keine Erkenntnis im eigentlichen Sinne, die nicht vom Ursprung her mit einer Willenstat verknüpft wäre.« Wenn es aber eine Fehleinschätzung der wahren Bedeutung der Muskelanstrengung ist, sich hauptsächlich mit seinen organischen Merkmalen zu befassen, so würde man deren Sinn auch entstellen, wenn man sie von ihren intellektuellen Ergebnissen abhängig machte. Die Entwicklung, die von der Anstrengung in Gang gesetzt ist, würde man am Punkt des Erkenntniszuwachses, dessen Prinzip sie ja ist, zum Stehen bringen. Wenn die Fassungskraft ein umgewandelter Wille ist, so deshalb, um sich ihrerseits in Tat umzuwandeln und zum Fortschritt des Wollens beizutragen.

3 · Das Phänomen der Tat

Körper würde sich dem Handelnden radikal entziehen, wenn er nicht etwas vom Handelnden enthielte, der dabei ist, sich selbst zu verwirklichen. Aus diesem Grunde ist die Tat aufschlussreich: Sie weist das Subjekt auf ein anderes subjektives Leben als das seine hin, ein Leben, das es stufenweise erringt, ein Leben, das bereits mehr zu ihm gehört, als es weiß, das es aber noch nicht ganz besitzt und das sich ihm oft mehr entzieht, als es meint.

Es liegt deshalb ein ständiger Kreislauf vor. Durch den Willensvollzug schöpfen wir in uns selbst das, wodurch wir uns bewegen und uns bestimmen. Das Empfinden der Anstrengung sowie die organischen Reaktionen (welches auch immer der Anlass, die von außen kommenden Eindrücke oder die in Bewegung setzende Initiative sein mögen) bieten dem bewussten Leben lediglich auf unbewusste Weise Nahrung. Und dieses neue Bewusstsein wirkt seinerseits auf die ihm untergeordneten Bedingungen. Wir verzehren die diffusen Kräfte in uns, um sie zu Ideen und neuen Handlungsmotiven zu verarbeiten. Daher die zweideutige Art dieser passiven Aktivität, denn in dieser Passivität sucht sie eine höhere Form von Aktivität, und in dem Unbewussten ein Mittel, über sich selbst zur Klarheit zu gelangen. Der Kreis dreht sich deswegen nicht in sich selbst, ohne voranzukommen. Durch die Tat, so scheint es, erfassen wir uns selbst vom entferntesten Punkt her wieder neu und, indem wir sogar bei den Fundamenten selbst unseres persönlichen Lebens aufs Neue anfangen, bringen wir uns selbst als Ganzes vorwärts.

Deshalb zehrt die Tat uns auf und kommt uns teuer zu stehen, während sie uns zugleich bereichert. Es handelt sich um eine Art von Digestion, aus der wir nur Nutzen ziehen, wenn wir erst selbst als Nahrung dienen. Genauso überlegen wie die natürliche Magie eines Bildes instinktiv auf die instinktiven Kräfte einwirkt, so begegnet der Wille in der Erwartung und in der Furcht vor der Anstrengung, mit dem Gefühl, sich zu verausgaben und mit dem Unbekannten im Gedanken, auf das die Tat sich einlässt, einem störenden Hindernis, das er nicht ohne Mühe und Kampf überwinden wird. Folgende zwei Aussagen, obwohl einander konträr, sind somit gleichermaßen begründet. – Wir können handeln, die Körperglieder gefügig machen, die Maschine verbiegen, während wir nicht stets unsere Gefühle, unsere Gedanken und unsere Überzeugungen beherrschen können. – Nichts hemmt uns mehr als die Tat. Es ist übermenschlich schwer, unser Verhalten mit unseren standhaftesten Überzeugungen oder unseren festesten Entschlüssen in Einklang zu bringen. Der organische Widerstand hat demnach eine zweifache Bedeutung: *[160 Die Passivität in der Tat]* Das eine Mal erscheint er als das Werkzeug für einen wünschenswerten Gewinn und für einen Zuwachs subjektiven Lebens, das andere Mal als eine Verarmung und Ermüdung. In beiden Fällen überträgt der Widerstand Strebungen und Taten ins Bewusstsein, die, dem Willen gegenüber mehr oder weniger aufsässig, sich ihm anschließen oder sich ihm entziehen. Das schmerzliche Gefühl der Müdigkeit und das Bewusstsein der *mühevollen Arbeit* offenbaren diesen inneren Zwiespalt.

III

Es genügt tatsächlich nicht, den Ursprung unseres Bewusstseins der organischen Passivität aufzudecken. Es genügt nicht einmal darzulegen, wie das Empfinden von körperlichen Widerständen unserer Tat entgegenwirkt oder sie anregt. Hier müssen wir einen Schritt weitergehen. Wir haben keine vollständige Vorstellung von der zum Leben gehörenden Anstrengung und keine richtige Vorstellung von der im eigentlichen Sinn menschlichen Tat, wenn wir darin nicht eine beschwerliche Arbeit sehen.

Machen wir uns nicht anders, als wir alle sind? Wir alle lieben unsere Ruhe, das heißt die Freigabe und die Anarchie unserer Kräfte. Von uns allen verlangt das Arbeiten einiges ab; keine Handlung von einiger Bedeutung führt zu etwas ohne mühevolle Arbeit. Die mühevolle Arbeit ist die Passion in der Aktion, ein Schmerz, ein innerer Widerspruch. Während ich hier meine Gedanken auf das Objekt konzentriere, das ich erforsche, spüre ich gleichsam eine Spannkraft, die sich entspannen will, eine Aufmerksamkeit, die bereit ist, abzuschweifen, eine Bündelung, deren Einzelteile sich der Umklammerung durch die Reflexion widersetzen. So schreien auch die Körperglieder des Arbeiters, die stets den gleichen Bewegungen unterworfen und im gleichen Mechanismus eingezwängt sind, Müdigkeit und Schmerz aus. Falsch und hassenswert, all diese Parolen einer neuen Moral! Sie sind ohne Zweifel darauf ausgerichtet, einem Volk, dem man jede höhere Ermutigung raubt, die harte Arbeit beizubringen. Wenn man diesen Optimisten Glauben schenkt, ist allein die Arbeit angenehm, nur sie ist natürlich. Aber nein. Um unsere Kräfte im Zaum zu halten, reicht ein schlichtes Wollen nicht aus, auch nicht eine einmalige Anstrengung der zentralen Energie. Vielmehr bedarf es der Mühe. Deshalb hat man die Arbeit als Strafe betrachten können, als Sühne, oder als Adelung von jedem, der den Mut hat, darin frei durchzuhalten, ohne wegen irgendwelcher Bedürfnisse dazu gezwungen zu sein. Was man auch gesagt haben mag, es ist keineswegs das universelle Gesetz, sondern es ist ein im eigentlichen Sinn menschliches Gesetz. Einzig der Mensch tut sich Gewalt an, kämpft mit sich selbst, fügt sich Leid zu, tötet sich und arbeitet, wenn er handelt.

[161 Die Arbeit und der innere Antagonismus] Wo liegt die Ursache für dieses Leid in uns, das unsere Tat quält? Sogar das körperliche Leid geht, wenn man so sagen darf, aus bereits moralischen Ursachen hervor. So gerade, schlicht und erfüllt die leitende Intention auch sein mag, sie umfasst nicht die Gesamtheit der möglichen Entscheidungen, sie verwendet nicht das Ganze der aktuellen Strebungen. Dieser innere Zwiespalt der Gedanken und der spontanen Verlangen ist eine Voraussetzung für das reflexive Leben gewesen. Wenn doch wenigstens die Entscheidung mittels der Vernunft in der von ihr angeregten einmaligen Tat diese ganze unzusammenhängende Vielfalt, aus der sie hervorgegangen ist, miteinander vereinigen könnte! Aber nein! Diese Eintracht kommt nicht zustande oder kommt nicht mehr zustande. Weder beherrscht der Wille die gegenläufigen Bewegungen mit ihren exklusiven Ansprüchen und konzentriert sie in einem einzigen Akt, noch machen die einander feindlichen Strebungen bei einem friedvollen Ausgleich mit. Was wir auch tun möchten, indem wir handeln, zermalmen wir gleichsam einen Teil von uns selbst. Und was wir so lädieren, beseitigen wir damit jedoch nicht. Die Mühe geht aus einer partiellen Tat hervor, die lediglich einige der vorhandenen Kräfte gebraucht, und solches oftmals exzessiv, und zugleich aus einem Opfer der verdrängten Strebungen.

Das bewusste Leid setzt also die Gegenwart unbewusster Kräfte in uns voraus, die sich nicht alle ohne Weiteres mit dem Willen verbinden, welcher er auch sein mag. Es sind Kräfte, die einander widersprechen und die versuchen, sich gegenseitig auszuschließen; sie tun der organischen Synthese Abbruch, die die aktuelle Tat bildet. Es schien so, dass der Wille seine Integrität durch den vollzogenen Akt immer mehr sicherstellen müsste, doch es genügt schon, zu wollen und zu handeln, damit unvorhergesehene Widersprüche aufkommen, als ob sich in der Stunde der Not unter unseren Dienern Aufrührer oder Verräter zu erkennen gäben. Hier handelt es sich um auseinandergehende Strebungen, die es uns kaum gestatten, in unseren besten Absichten zu verharren, ohne eine Art von innerem Hin- und Hergerissensein. Die Tatmenschen werden oftmals dafür gehalten, gefühllos und geistig eingeschränkt zu sein. Es sieht so aus, als ob wir, um zuversichtlich und hartnäckig vorwärtszudrängen, ohne hinzuschauen, über eine Menge Gefühle, die sich uns flehend quer über den Weg werfen, hinwegsteigen müssten. Bezeichnet man nicht gerade sie als Praktiker, die nicht dazu imstande sind, den Dingen eine Seele zu verleihen, und sich deshalb an jener harten Kruste der Wahrheit festbeißen, um die sich allein Leute ohne Phantasie und Sympathie bemühen? Als ob es nötig wäre, um Entschlossenheit zu zeigen und zu handeln, diese Bedürfnisse von Kopf und Herz nicht zu beachten. Gewöhnlich *[162 Die Passivität in der Tat]* sind sie die Quelle von Fehltritten und Torheiten, die das Leben heißblütiger und passionierter Personen für die berechnenden und ambitionierten Menschen so undurchschaubar machen.

Dies ist ein irreführendes Vorurteil, das jedoch lediglich eine Erfahrungstatsache unzulänglich ausdrückt. Es gibt in uns eine Unbeständigkeit des Willens und eine Vielfalt von Verlangen, die aus jedem Akt eine innere Zerrissenheit machen. Dieser verborgene Antagonismus ist der Ursprung des Ringens im praktischen Leben und bringt unsere resolutesten Entschlüsse oft zum Scheitern. Denn Wollen und Tun sind zweierlei. Wenn es viel für uns ist, zu erkennen, was wir wirklich wollen, *nosse*; wenn es noch mehr ist, dieses Wollen als solches zu wollen, *velle*, dann ist es unendlich mehr, dies auszuführen, *perficere*. Zwischen der gedanklichen Fassung und der Willensbestimmung lag bereits ein Abstand, aber zwischen der Entscheidung und der Ausführung ist ein Abgrund zu überschreiten. Genau hier liegt der kritische Übergang und der entscheidende Punkt in der Tat. Wenn in den Auseinandersetzungen des asketischen Lebens die Praktiker solches lebhaft gespürt haben, so haben die Theoretiker fast nicht darauf geachtet. Manchmal haben Letztere die Schwierigkeit dort gesehen, wo sie kaum ist, ohne sie da zu sehen, wo sie wirklich liegt. Man soll nicht behaupten, das Problem der menschlichen Freiheit mit einem Mal zu lösen, denn die Hindernisse sind gestuft und auf übereinanderliegenden Ebenen verteilt. Innerhalb dieses Problems muss man sich weder hauptsächlich beim vorausgehenden Determinismus noch beim organischen Widerstand noch bei der Anstrengung des Bewegungsvorgangs aufhalten, sondern eben bei diesen inneren Konflikten des Willens, bei den Über-

3 · Das Phänomen der Tat

raschungen und den oft glücklichen Auflehnungen der untergeordneten Aktivität.

Wird es einem gelingen, diese inneren Widersprüche aufzulösen und diesen Krieg durch den Sieg des integralen Willens im Frieden zu beenden? Man kann es wenigstens versuchen. Wichtig ist bereits, zu verstehen, wie die Widerstände und Leiden, selbst wenn sie unseren lebhaftesten Bestrebungen zuwider sind, unserem tiefen Wollen als Belehrung und als Weg dienen. Auf uns selbst bezogen enthüllen sie die Geheimnisse, die wir vielleicht für uns verschleiern möchten. Sie eröffnen uns bis dahin verschlossene Perspektiven auf das geheimnisvolle Drama des Lebens und zertrümmern das künstliche System unserer einleuchtendsten Vorstellungen. Nichts, sagte man, ist uns mit Sicherheit bekannt, das wir nicht getan haben. Nichts, muss man hinzufügen, geht in uns ein, das wir nicht erlitten haben. Diesen Bereich der Gegensätze, der Leiden, der Auflehnungen innerhalb der Tat müssen wir erkunden, um dort das Wachstum des Willens zu verfolgen.

Drei Punkte scheinen nunmehr gesichert zu sein: – Was bringt das Bewusstsein der organischen Anstrengung hervor? Was ist die subjektive Vorstellung *[163 Die mühevolle Arbeit und der innere Antagonismus]* des Körpers? Es ist die Idee eines zu verwirklichenden Fortschritts des Wollens. – Wie erklären sich die Eigenart des zu überwindenden Widerstandes und die Ursache der körperlichen Passivitäten? Durch das Vorhandensein von Energien, die dem Willen zwar noch fremd, jedoch für ihn zugänglich sind. – Woher kommen die Mühen der Arbeit und die Schwierigkeiten oder das schmerzhafte Scheitern der Tat? Vom Zwiespalt solcher Bestrebungen, deren Antagonismus durch jeden ausdrücklichen Entschluss neu auflebt. Man kann die Muskelanstrengung sowie die physische Müdigkeit nicht hinreichend verstehen, wenn man nicht bereits am Ursprung das Expansionsbedürfnis eines Willens sieht, der in sich selbst geteilt ist und sich selber widerspricht. Es walten Kräfte in uns, die mit uns oder ohne uns oder gegen uns handeln. Was ist das Leid anderes als das untereinander Geteiltsein von lebendigen Dingen, die alle miteinander zusammenhängen? Ist das Leid nicht wie das Eindringen des Fremden in uns? Wir müssen nun die eigenen Strebungen, die Begehrlichkeiten und die Ansprüche dieser Energien erforschen. Andauernd wird das Bewusstsein vor diesen plötzlichen Forderungen oder vor diesen aufrührerischen Regungen gewarnt, die das Werk unserer inneren Einheit bedrohen. Es genügt deswegen nicht, im *Kör-*

I · Der Körper der Tat und die subjektive Physiologie

per der Tat die Intention in den Blick zu nehmen, die dessen Seele ist, oder den Vollzug, durch den die Intention hervorgebracht ist. Wenn wir den Organismus als einen oft anarchischen Zusammenschluss im Kriegszustand betrachten, der elementare Lebensformen umfasst sowie Strebungen, die dazu imstande sind, Systeme oder Gruppierungen zu bilden, dann müssen wir *die Tat des Körpers* erforschen.

*

Es ist also angebracht, die Psychologie des Körpers zu erforschen. Dieses Gesetz der Körperglieder, das sich gerade durch seine Auseinandersetzung mit dem Gesetz des Geistes enthüllt, legt es darauf an, sich mit jenem Gesetz zu verschmelzen und dessen Platz einzunehmen. Das nächste Kapitel beabsichtigt demnach: zu zeigen, dass die wie auch immer ausgerichtete Willenstat in sich selbst auf feindliche Kräfte trifft und solche gegen sich entstehen lässt; darzulegen, dass diese Strebungen den Willen beeinträchtigen, ihn verdrängen und verstellen können; schließlich sehen lassen, dass der gewollte Akt auf alle Fälle ein und denselben rationalen Charakter annimmt. Dadurch wird die ganze mögliche Verschiedenheit beabsichtigter Taten und menschlicher Leidenschaften zu einem gleichen Muster gehören, das einem gleichen Determinismus unterliegt. In allen Fällen läuft die sich vollziehende Wirkung zwangsläufig auf eine Neugruppierung der Kräfte hinaus, und die vollzogene Wirkung ist eine Synthese, die mehr umfasst, als man hier einzubringen meinte. Wenn der Wille sich entfaltet, verlegt er das Zentrum seines Gleichgewichts immer weiter weg von den ersten Perspektiven.

[164]

Kapitel II
Die Tat des Körpers und die Psychologie des Organismus

Wenn das organische Leben die Bedürfnisse und die Wünsche unserer universellen Natur inmitten des reflexiven Bewusstseins vergegenwärtigt hat, indem es sich dort bündelt, und wenn das Fiat ausgesprochen ist, nachdem die Entscheidung im befreienden Licht der Vernunft einmal getroffen ist, könnte es so aussehen, als wäre alles gesagt und als ob die übergeordnete Kraft der Reflexion ganz von selbst die materielle Ausführung der Handlung beherrsche. Wir mussten jedoch anerkennen, dass die Kausalität, die die Idee ausübt, nicht ohne Weiteres eine wirksame Kausalität wird. Nachdem wir gesehen haben, wie der Entschluss seinen freiheitlichen Charakter beibehält und den gesamten vorangegangenen Determinismus beherrscht, sind wir auf neue Hindernisse gestoßen, die weniger beachtet werden, obwohl sie reeller sind als alle anderen. Gegner der Freiheit, indem sie die grundsätzliche Wahrheit zu Unrecht leugnen, haben nicht immer das gesehen, was sie mit gutem Recht hätten sehen müssen, nämlich die praktische Schwierigkeit der Umsetzungen.

Als wir uns mit der Anstrengung befassten, die mit der Ausführung jedweder entschlossenen Handlung notwendig verbunden ist, haben wir bereits die Anwesenheit von Kräften in uns erkannt, die sich welcher Tat auch immer widersetzen, deren Initiative vom Willen ausgeht. Aber solche Kräfte sind weder eine pure Inertie noch eine grobe und blinde Schwere. Es geht um vielfältige Kräfte, die sich in uns durch ein instinktives Streben auf flüchtig wahrgenommene Ziele hin ausdrücken, durch Verlangen und Reize, die in unseren Gedanken widerhallen; Kräfte schließlich, die uns ein subjektives Leben und die ständige Einmischung von tiefen Bewusstseinsschichten unterhalb der Reflexion offenbaren. Es gilt *[165 Defizite und Widerstände in der Tat]* also eine Psychologie des Körpers kennenzulernen, eine vielschichtige Tat des Organismus zu entflechten.

Es geht hier nicht mehr darum, »die Elemente des Geistes« zu analysieren. Einige haben gewiss den Eindruck, dass es sich um eine der neuesten Wahrheiten handelt, aber sie ist ebenso eine der altbekanntesten; sie gehört zu solchen Wahrheiten, die die heutige Psychologie neu ins Bewusstsein gebracht hat, während sie glaubte, solche erst zu entdecken. Wenn unser Organismus aus elementaren Organismen gebildet ist, die als echte Infusorien je auf eigene Weise leben, sterben und sich erneuern; wenn der Körper ein unstetes System unzähliger verschiedenartiger Lebewesen ist, dann bildet er die Komposition als solche des subjektiven Lebens ab. Wie eine scharfsinnige Physiologie den Polyzoismus des Individuums erforscht, so müsste man auch im Bewusstsein den »Polypsychismus« wahrnehmen, der dessen vielfältige Einheit ausmacht. Dies haben wir bereits betrachtet.

Was jetzt ansteht, ist nicht so sehr dieses anonyme Zusammenwirken der untergeordneten Bewusstseinsformen aufzuzeigen, die im zentralen Leben miteinander verschmolzen sind, als vielmehr den Blick auf das zu richten, was sich inmitten dieser konfusen Vielfalt hervortut, wenn man dort eine Tat hineinwirft, wie einen Stein in ein populationsreiches Wasser. Es kommt jetzt weniger darauf an, von woher die Handlung konzipiert, bestimmt und beschlossen worden ist. Interessant ist, dabei zuzusehen, wie die Handlung, wenn sie in das System unserer Gewohnheiten eindringt, das Gleichgewicht stört, eine neue Koalition von Gedanken und Verlangen hervorruft, aus dem psychologischen Organismus eine Antwort auf ihren Appell entspringen lässt, die geheimen Bewegungen enthüllt, die ohne die darin einschlagende Entscheidung im Herzen verborgen geblieben wären. Als würde die Tat Zwietracht säen, so scheint sie gegen sich selbst einen neuen Determinismus entstehen zu lassen, dem gegenüber sie Gefahr läuft, zu unterliegen. Durch seinen eigenen Elan legt der Wille seine Unvollkommenheit frei. Er lädt sich einen inneren Streit auf, der seine Lauterkeit auf die Probe stellt und der die Voraussetzung für seine Entwicklung ist.

I

Überlegen wir doch einmal folgende seltsame Wahrheit aus der allgemeinen Erfahrung: Wenn ich die Hand bewegen will, den Arm, den Kopf oder die anderen Teile, die so schwer sind, dass ich sie kaum tragen könnte, wenn sie abgetrennt wären, dann vollziehen sich die veranlassten Bewegungen *wie* von selbst, ohne dass ich irgendeine der Spannkräfte dieser wunderbaren Maschine kenne. Die Bewegungen vollziehen sich gerade deshalb, weil sich in den Gliedmaßen Energien als Helfershelfer vorfinden und Bewusstseinsformen, die mitwirken. *[166 Die Psychologie des Körpers]* Aber diese Gefügigkeit, die ich von Organen erhalte, die dem Willen unterworfen sind, erhalte ich nicht vom Willen selbst. Ich bewege zwar den Finger, aber es gelingt mir nicht, ein Verlangen zu ändern. Ich lenke meine Glieder wie ein lebendiges und reges Tier, dessen in Zucht gehaltene Kräfte ich beherrsche, aber sobald ich ein Gefühl überwinden muss, eine Gelegenheit meide, mir ein Opfer auferlege, bleibe ich vergesslich, nachlässig und machtlos. Ich will handeln und handle so gut es eben geht. Ich will wollen, doch im Augenblick, da ich das Vorhaben *ausführe* und zur Wirkung übergehe, will ich nicht. Der Geist befiehlt dem Körper und es wird ihm gehorcht; der Geist befiehlt sich selbst und er widersetzt sich. Er befiehlt zu wollen, was er nicht befehlen würde, wenn er nicht wollte, und dennoch geschieht nicht, was er befiehlt. Wir lenken viel leichter das Materielle als das Moralische unserer Handlungen.

I. – Solches geschieht, weil der Wille keineswegs aus einem Stück ist und in sich selbst geteilt bleibt. Angesichts jeder genau bestimmten und entschlossenen Haltung erhebt sich aus Widerspruchsgeist die Partei der Unzufriedenen. Es gibt ein Gesetz der Glieder, dessen ganze Rolle darin besteht, mehr als die Glieder selbst, dem Gesetz des Geistes zu widerstehen. Jede beginnende Anstrengung ist wie eine Kriegserklärung an die Laschheit und die Ausschweifung der lebendigen Kräfte, die auch ihrerseits den Erhaltungs- und Unabhängigkeitsinstinkt besitzen. Mit einem Wort: Wie die wahre Initiative des Willens über den unbewussten Automatismus und die physiologischen Bedingungen der Handlung hinausgeht, so hält der Widerstand des Organismus, der sich keineswegs auf die bloße Passivität beschränkt, vor allem dem Bewusstsein fremde oder feindliche Bewusstseinszustände oder neue Willensregungen in uns in Bereitschaft, die sich gegen den Willen auflehnen. Im Körper hat sich ein bereits psychologisches Leben verbreitet. Gerade dann, wenn die Willensanstrengung die offensiven Kräfte zum Teil bündelt, enthüllen sich die schlummernden Kräfte und die geheimen Verlangen.

Denn angesichts der ausdrücklichen Entscheidung, die unter deren idealer Gestalt alle sich im Bewusstsein abzeichnenden Vorstellungen des Körpers in sich aufnimmt, bleibt die Realität dieser zwar abstrakt unterbundenen, aber immer noch lebendigen und durchaus wirksamen Strebungen weiter bestehen. Sie dämmen sich nicht aus sich selbst ein. Der Zusammenklang der gewollten Zielsetzungen provoziert also ein Bündnis von feindlichen Kräften, die sich nicht mehr darauf beschränken, im allgemeinen Bewusstsein ihre kleine Auswirkung zu haben oder im Zustand der Virtualität zu bleiben. Sie schließen sich zusammen und drängen von der Defensive in die Offensive.

[167 Defizite und Widerstände in der Tat] Indem die Aktivität des Willens das innere Gleichgewicht des Lebens fortwährend zerstört, legt sie das frei, was sich unter der Oberfläche der in Erscheinung getretenen Empfindungen verschwommen regt. Der bereits von einer unklaren Vernunft gelenkte Automatismus genügt gewiss, um jene kontrastierenden Bilder und Verlangen in uns heraufzubeschwören, die den Vollzug der Reflexion ermöglichen. Es ist aber gerade die Initiative des Denkens und die Anstrengung einer bestimmten Tat, die die unbekannten Strebungen dazu zwingen, sich offen zu zeigen, und zwar indem solche Strebungen, die man leugnen oder vernichten wollte, protestieren. Deshalb raten uns die Meister des inneren Lebens, die Leidenschaften, die man kennen und austreiben lernen soll, wie in einem besonderen Kampf herauszufordern. So eröffnet die Tat wie ein schneidendes Schwert dem Blick eine Schneise bis in die dunklen Tiefen, in denen sich die großen Strömungen des inneren Lebens anbahnen. Durch die schmale Öffnung im Bewusstsein enthüllt die Tat uns auf dem Hintergrund dieser komplizierten Welt, die wir sind, unendliche Perspektiven. Ständig erneuert sie, zusammen mit den Kontrasten und den inneren Kämpfen, die Quelle des Denkens und der Freiheit.

Deswegen lässt sich oftmals schwer ausmachen, was wir wirklich wollen. Gelegentlich sogar lässt die Heftigkeit des Willens, gleichsam durch das Phänomen der Interferenz, Unvermögen und Unentschlossenheit entstehen. Wer hat in höchst kritischen Situationen nicht den Schmerz der untätigen Ungewissheit erfahren, der alle möglichen Leiden einer zuversichtlichen Tat wie eine kostbare Erleichterung wünschenswert macht? Man würde sagen, es reiche allein schon zu wollen, damit man sofort nicht mehr will, und ein offenkundiger Entschluss begünstige es, dass sich im Schatten eine düstere Kraft und verkappte Einflüsse entwickeln, die uns geschickt führen, fast ohne dass wir es merken. Ist es uns nicht aufgefallen, wie oft unser Reden und unser Verhalten sich stillschweigend von Absichten anregen lassen, von denen wir uns am wenigsten Rechenschaft geben, als ob der Wille aufgrund einer tückischen Entzweiung und einer Art Ablenkungsmanöver sich selbst irreführt, um neben sich den uneingestandenen Verlangen mehr Freiraum zu lassen? Eine seltsame Orgel ist dieses innere Leben! Die richtigsten Noten scheinen gelegentlich die falschesten Harmonien hervorzurufen. Es gibt Fälle, da wir keinen Schritt tun können, ohne dass vor uns tausende verdeckte Feinde aufstehen und uns angreifen. Und unsere tiefsten Empfindungen sind auch diejenigen, die uns spalten und uns wie Unbekannte am meisten überraschen. Gewisse innere Freuden *[168 Die Psychologie des Körpers]* zerreißen uns und vermischen sich in diesem geheimnisvollen Glück mit dem Übermaß an Schmerz. Was wir am meisten ersehnt haben, flößt uns Angst ein, sobald wir es ergreifen müssen. Wir fürchten uns, unser Elend zu verlassen, so wie sich in der Milde des Frühlings mit den ersten Strahlen, die auf der Flamme des ausgehenden Herdfeuers spielen, Trübsinn einschleicht. Gelegentlich genügt es, dass wir vor einer Handlung zurückschrecken, damit ein plötzlicher Taumel uns dort hineinreißt, wie bei solchen schrecklichen Kindern, denen der würdige Ernst von Orten und Personen die verrücktesten Respektlosigkeiten einflößt.

Es ist doch ein eigenartiger Kreis: Der Wille vermag seine Fülle einzig in der Tat anzutreffen, während die Tat, manchmal sogar der bloße Gedanke daran, den Willen in Teile zersplittert, durcheinanderbringt und zurückdrängt. Die Freiheit schien zu triumphieren und das tat sie auch, aber kaum tritt sie in Erscheinung, dann tut sie dies schon nicht mehr. Als ob der Entschluss die vorhandenen Kräfte ausgeschöpft hätte, leben die unvorhergesehenen und verschärften Schwierigkeiten vor dem sich anbahnenden Vorhaben wieder auf; es geht so weit, dass sie den Willen an sich selbst zweifeln lassen. Um die Absichten, an denen sie am meisten hängen, unversehrt zu bewahren und sie keinem Streit auszusetzen, der sie auszehrt und entstellt, vermeiden empfindsame Geister es, ihre Absichten zu äußern, als ob die Tat solche sieghaften Träume zugrunde richten müsste, als ob sie deren unendliche Anmut einbüßen würden, indem sie sie realisieren. Aus Angst, nicht das zu tun, was sie lieben und wollen, tun sie das, was sie nicht wollen und nicht lieben. – Aber sehen wir nicht vor allem jene große Menge von Menschen, die sich mit den Blüten der Absicht überdecken, aber niemals die Früchte der Handlung tragen, ohne dass sie selbst dieses ewige Scheitern merken! Es lohnt indes die Mühe, darauf unseren Blick zu richten. Denn nachdem man von der

Tat einen Mehrwert erwartete, scheint man jetzt in ihr bloß Defizit und Verlust zu finden.

II. – Jedwede Handlung ist ein System von vereinten Kräften, aber unter diesen Verbündeten gibt es laue, energielose und treulose. Es sind Kräfte, die sich gegenseitig hindern und neutralisieren. Der Mensch ist wie auf einem Bild: Er hält das Schwert immer über dem Feind erhoben, aber schlägt nie auf ihn ein. Wann tut er das, was er will, und verfolgt seine standhaftesten und beharrlichsten Entscheidungen bis zum Ende, ohne Umwege und Verzögerungen? Wir alle könnten jenes Kinderwort auf uns anwenden: »Ich möchte dich stets zufrieden machen, aber sag mir, Mutter, warum kann ich nicht stets brav sein?«. Und wie soll man erklären, dass wir so sehr fürchten, etwas zu tun, wenn wir nicht das tun, was wir so liebend gerne tun, *[169 Defizite und Widerstände in der Tat]* wenn wir es tun? Wissen wir, in welchem Maße wir uns über die gewöhnliche Inkonsequenz der Vorsätze und deren Ergebnisse Illusionen machen? Die Verblendung, der jeder auf seine Weise verhaftet bleibt, ist eine recht seltsame Unwissenheit; die Philosophie gründet darauf, dies wahrgenommen zu haben. Trotz der täglichen Erfahrung unserer Misserfolge sind wir nie imstande, an unsere Machtlosigkeit zu glauben, auch nicht sie vorherzusehen oder sie zu überwinden. Sogar wenn wir dies erkannt haben, gelingt es uns kaum, uns dies durchweg vor Augen zu halten oder ihm in unseren umsichtigen Absichten Rechnung zu tragen. Wir wissen nicht, bis wie weit diese Schwäche reicht; wir wissen nichts vom zur Gewohnheit gewordenen Vergessen, in dem wir von dem Wenigen leben, das wir tun, von dem Wenigen auch, das wir vermögen.

Wie kommt es, dass wir uns an diesen ständigen Bankrott des Lebens gewöhnen, ohne jemals darauf zu achten? Worin liegt das Geheimnis jener Fehlurteile, die wir über uns und über die anderen fällen? Der Grund liegt darin, dass wir höchstens unsere Vorhaben und die daraus abgeleiteten Folgen beachten, als wären unsere Ideen und Absichten bereits das Getane selbst. Die Ergebnisse betrachten wir nur nach den logischen Bedürfnissen unserer intellektuellen Natur oder nach den Illusionen der Eitelkeit. Die Reflexion, trotz allem, was dieses Wort zu bedeuten scheint, richtet sich viel eher auf die Zukunft oder sie bezieht sich in der Vergangenheit eher auf die Fiktionen und die Verlangen, als dass sie zur Wahrheit der Handlungen zurückkehrt. Oftmals glaubt man etwas getan zu haben, was man

3 · Das Phänomen der Tat

noch gar nicht angefangen hat. Die Strenge unserer Urteile über die anderen hängt meistens damit zusammen, dass wir unser Ideal als unsere Praxis betrachten und ihre Praxis als ihr Ideal. Wie viele Menschen unterwerfen die ganze Wirklichkeit ihrem Traum und verwenden ihre Vernunft einzig dazu, noch logischer Unvernünftiges zu reden, um sich selbst dabei gar nicht gewahr zu werden!

Wie sollen wir sonst verstehen, dass wir selbst gerade das tun, was wir soeben an unserem Nachbarn aufrichtig kritisiert haben? Entgegen der allgemein verbreiteten Auffassung sind wir viel unwissender bezüglich unserer offenkundigen und sozusagen handfesten Taten als bezüglich unserer unsichtbaren Gedanken und unserer flüchtigsten Phantasiebilder. Wir vermögen es nicht und wir wollen nicht die Taten auf die Gedanken beziehen, um so die Missverhältnisse zwischen ihnen zu entdecken. Je zahlreicher unsere Entschlüsse sind, je umfassender, je höher und je mehr sie über die geringen Details der brauchbaren Mittel wie der präzisen Reformen hinausgehen, desto gefährlicher sind sie. Denn wir meinen, uns im gleichen Maße zu bessern, und dabei tun wir nichts anderes, als uns in einer zunehmend illusorischen Fiktion zu betrachten. Wenn wir die *[170 Die Psychologie des Körpers]* Grundlage des menschlichen Verhaltens diskutieren, sollten wir deshalb fast immer fragen:»Verstehen Sie dies theoretisch oder abstrakt, oder reden Sie von der gewöhnlichen Praxis und den allgemein üblichen Taten?« Diese Autoren, die über die Moral schreiben, sind doch verrückte Leute: Sie machen sich weder über die ständigen Konsequenzen Sorgen, noch haben sie ein Gespür dafür. Sie gehen stracks voraus und räsonieren dabei über Dinge, die so geschehen sollten, wie sie tatsächlich nicht geschehen.»Du solltest es, also kannst du es.« Das ist falsch. Dies wäre vielleicht nur wahr, wenn wir das täten, was wir zu tun glauben.

In unseren Taten also gibt es eine ständige Unterbietung. Wir tun sozusagen niemals all das, was wir wollen, so wie wir dies wollen. Unvorhergesehene Widerstände, Reibungen und Zusammenstöße nutzen den Willen ab, beeinträchtigen ihn und lassen ihn seine Richtung verlieren. Wir kennen uns zwar im Allgemeinen gut, aber wir kennen uns nicht in jedem einzelnen Augenblick. Und eben dieser Augenblick entscheidet über die Handlungen. Unsere Verlangen verbergen uns oft unsere wahren Verlangen. Im menschlichen Herzen gibt es zwei Herzen; das eine kennt nicht die Gedanken des anderen. Aber durch die Tatsache allein, dass eine Entscheidung getroffen und eine Anstrengung versucht worden ist, hat die innere Situation sich

II · Die Tat des Körpers und die Psychologie des Organismus

geändert; der verhüllte Gast in uns enthüllt sich. Um weiterhin zu wollen, so wie wir wollten, müssen wir gewissermaßen mehr und anders wollen. Nach dem Entschluss sind die beiseitegelassenen Motive und die abgelehnten Strebungen nicht mehr die gleichen wie vorher. In dem Augenblick, in dem wir ihre Vorherrschaft zu zerstören glauben, scheint es, dass wir sie wieder hergestellt haben. Was geht da vor?

II

Nicht nur tun wir nicht alles, was wir wollen, sondern gar oft tun wir, was wir nicht wollen. Außer der parasitischen Aktivität, die außerhalb, am Rande oder innerhalb der Tat selbst bestehen bleibt, gibt es eine direkt entgegengesetzte Aktivität, die oft an die Stelle des Willens selbst tritt und diesen dazu bringt, in sie hinüberzuwandern. Vor jedwedem Einschreiten der Reflexion existieren bereits seltsame Begierden in den Elementen des subjektiven Lebens, deren Ansprüche es sehr wohl verstehen, zutage zu treten. Aber indem die Reflexion einschreitet, verleiht sie den verdrängten Impulsen eine doppelte Wucht. Den Fortgang dieses subtilen Austausches, dieser unmerklichen Auswechslung von Willen gilt es zu beachten.

[171 Die Auswechslung von Willen] Während wir das eine Mal die schönsten allgemeinen Regeln aufstellen, merken wir nie, dass sie für den konkreten Fall gelten, den wir gerade in diesem Augenblick zu lösen haben. Fühlen wir uns ein anderes Mal zu den edelmütigsten Opfern oder zu einer heldenhaften Standhaftigkeit fähig, dann straucheln wir über belanglose Kleinigkeiten. Denn es ist bisweilen leichter in den großen Dingen den Sieg davonzutragen, als sich in den kleinsten zu überwinden, leichter auch den finanziellen Ruin zu ertragen, als einen Taler geduldig zu verlieren. In dem Maße, wie die Verlangen sich läutern und die Sehnsüchte sublimiert zu sein scheinen, profitiert das Tier in uns das eine Mal davon, dass der Engel den Engel spielt, und findet sich im feinfühligen Gewissen mit einer doppelten Buchführung ab, in der der Zusammenhalt von Passiva und Aktiva zerbrochen zu sein scheint. Noch bevor wir es bemerkt haben und ohne zu wissen wie, haben wir ein anderes Mal bereits getan, was wir uns vorgenommen hatten nicht zu tun. Als ob das durch das Wehr aufgestaute Wasser mehr Kräfte hätte, gibt es eine Überflutung, sobald der Damm einmal durchbrochen ist.

3 · Das Phänomen der Tat

Die Überraschungen der niederen Kräfte, die glücklichen Revolten, die umstürzenden Triebe bedrohen also unser intimes Wollen. Bisweilen bleiben wir in uns selber eingekerkert, sind wir eingemauerte Zuschauer unseres eigenen Niedergangs oder gar Helfershelfer jener aufständischen Bewegung, der der Wille sich anschließt, wie der Armeeführer, der hinter seinen Soldaten herläuft. Man muss den Tumult eines Aufruhrs, das Durcheinander und das Geschrei der Menschenmenge gesehen und gehört haben, um in sich selbst das oftmals aufgebrachte Treiben all dieses Volkes wahrzunehmen, das gegen den erklärten Willen anstürmt! Lässt er sich ein Zugeständnis abnötigen? Zögert er, lässt er »das Tau etwas fieren«? Dann ist es um ihn geschehen. Wer nicht kämpft, ist bereits besiegt. Wer nicht handelt, an dem wird gehandelt und er geht zugrunde. Kaum hören wir auf, diese Rebellen im Zaum zu halten, tun sich in uns Aufruhr, Verschwörungen, Ausbruch von Lüsten und Getümmel von Begierden hervor. Wer ist also stark genug, um das entflohene Tier aufzuhalten und wieder einzufangen?

Gerne bilden wir uns ein, dass die Reflexion die Leidenschaft entlarvt und abtötet, wenn sie diese über den Wahnwitz aufklärt, in den sie abstürzt. Und wir reden uns ebenso ein, dass eine Moraltheorie ausreicht, um den Menschen zu lenken, als ob es bloß darum ginge, mit Pappfiguren zu hantieren oder Bilderbögen von Epinal abzumildern. Aber wenn die Schranke nun mal durchbrochen ist, ist der Wille, der vielleicht so tat, als habe er vorher gar nicht eingewilligt, dann nicht versucht, die gleichsam ohne sein Zutun vollendete Tatsache hinzunehmen? Das, was getan ist, als getan zu betrachten, was er nicht verhindern konnte, als neuen Ausgangspunkt zu nehmen und von der nunmehr feststehenden Situation zu profitieren, statt *[172 Die Psychologie des Körpers]* mutig hinter den Punkt zurückzugehen, an dem er abgewichen ist, auch wenn er dadurch das ganze, auf einer anderen Grundlage beruhende Gleichgewicht durcheinanderbringen müsste? Spüren wir nicht im Gegenteil, dass eine praktische Inkonsequenz fast unvermeidlicherweise noch andere nach sich zieht, weil eine Lüge scheinbar nur durch eine nächste Lüge geschützt wird? Reizt das Bewusstsein eines unsinnigen Wutausbruchs uns nicht aufs Äußerste, indem er uns immer mehr ärgert, so wie bei einem grilligen Kind, das sich immer mehr in seine Narretei hineinsteigert, eben weil es deren Irrsinn spürt?

Wie viele Menschen nehmen dort ein grausames Rätsel wahr, wo es nur die wachsende Tyrannei der entfesselten Sinne gibt, weil sie doch, bedingt durch die Illusionen eines egoistischen und eitlen Herzens, von ihrer Natur einzig die klaren Teile an der Oberfläche kennen. Keusch zu bleiben ist viel einfacher, als wieder keusch zu werden. Die Falschheit und die Gefahr der Darstellungen in Romanen ist gerade die abstrakte Einfachheit und die relative Unabhängigkeit der kompliziertesten Entscheidungen und Leidenschaften; sie entfalten sich dort, ohne die ganze Folge ihrer Kompensationen und natürlichen Hindernisse nach sich zu ziehen. Man lässt dort wunderbare Gefühle aufsprießen, aber ohne Erdung und ohne Kultur. Der Heroismus tritt wie auf der Bühne aus der Versenkung hervor. Die reine, naive und neue Liebe ist durch die Wollust angebahnt; der Ehebruch gerät zur Läuterung der Liebe. Der Nutzen des Lasters und der Zauber der Tugend gehen Hand in Hand; man hat sie beide. – Gewiss gibt es im »alten Menschen« entgegengesetzte Leidenschaften, die schließlich miteinander auskommen und sich nachgerade zueinander gesellen. Aber wenn Don Quichotte und Sancho die lebendige Kritik an dieser phantasmagorischen Literatur sind, die der Probe des Lebens entbehrt, welchen neuen Held würde die gewissenhafte Vorgehensweise der zeitgenössischen Romane dann hervorbringen!

Der Wille erreicht also nicht nur nicht alle Kräfte, die er seinen Zielen dienstbar machen möchte, sodass seine Tat stets mehr oder weniger durchkreuzt oder beeinträchtigt ist, sondern darüber hinaus lässt er neben sich und gegen sich solche Kräfte entstehen, die danach streben und denen es so gar nicht gelingt, den Willen zu ersetzen, an seine Stelle zu treten und ihn zu gängeln. Schließlich kommen wir dazu, mit Willenseinsatz gegen unseren Willen zu handeln. Es ist wichtig, den Ursprung dieser Bewegung der Leidenschaften richtig zu erfassen.

III

[173 *Der durch die Leidenschaft vereinnahmte Wille*] Wenn es in der mühsamen Anstrengung Schmerz und Leid gibt, so deswegen, weil, wie vorher dargestellt, dem Organismus selbst ein bereits psychologisches Leben und eine Welt von ungezügelten Strebungen innewohnt. Wenn der Willenstat eine Einbuße und ein durchgängiges Missverhältnis anhaftet, so deswegen, weil, wie auch schon betrachtet, diese untergeordneten Aktivitäten bestehen bleiben und sich sogar dem festesten Entschluss widersetzen. Aber wenn diese rebel-

3 · Das Phänomen der Tat

lischen Kräfte dazu fähig sind, den Willen mit sich zu reißen und ihn zu verführen, so deswegen, weil es in ihnen (das muss noch geklärt werden) eine Energie gibt, die der Willensenergie analog ist, und auch einen sozusagen rationalen Charakter. Obwohl man sich entschieden und gehandelt hat, ist man stets dazu geneigt, dies zu rechtfertigen und es als vernünftig zu betrachten, sogar wenn es im Gegensatz steht zu einer vorherigen Willensregung oder zu einer unparteiischen Beurteilung. Aber eine solche Unparteilichkeit heben wir für andere analoge Fälle auf. In der Praxis begehen wir einen ständigen Sophismus: »Die allgemeinen Regeln lassen sich nie auf meinen speziellen Fall anwenden; mein Fall jedoch, weil er ja ganz außergewöhnlich ist, scheint mir einen universellen Grund für sich zu besitzen.« Wie ist es also möglich, dass, wenn wir im Gegensatz zu dem handeln, was wir wollen, diese Handlung dennoch wirklich gewollt ist und ihren eigenen Grund in sich selber findet?

Solches geschieht deshalb, weil in uns das animalische Leben je schon von einer Art rationaler Virtualität durchdrungen ist. Wenn die spontanen Strebungen einmal zum reflektierten Bewusstsein gelangt sind, finden sie dort zusammen mit einem neuen Licht mehr Kraft und ebenso mehr Ansprüche. Dem Willen gegenüber, der sie abgewogen und ihr Gewicht geprüft, ihnen so eine doppelte Energie verliehen hat, erhalten die spontanen Strebungen, sogar wenn sie erst einmal zurückgedrängt wurden, nunmehr die Prägung der Vernunft, die sich mit ihnen prüfend befasst hat, als ob sie diese notfalls befriedigen und ihr genügen könnten. Sobald man, mitgerissen durch die Bewegung der Leidenschaften, getan hat, was man nicht wollte, als hätte man auch dies wollen können, scheint die vorher als unvernünftig betrachtete Handlung plötzlich einen unvorhergesehenen Sinn zu enthalten, einen Sinn, aus dem vorgeblich ein Teil ihrer Siegeskraft herrühren würde und der dazu fähig wäre, für eine solche Handlung die Einwilligung des versagenden Willens zu gewinnen.

Es mag seltsam erscheinen, dass es unterhalb des reflektierten Lebens und bis in die hintersten Winkel des psychologischen Automatismus eine Art von Vernunft gibt, die *[174 Die Psychologie des Körpers]* die verborgensten Funktionen lenkt und die Aktivität des Willens erst vorbereitet, bevor sie diese scheitern lässt. Und dennoch steht solches außer Zweifel. Zeichnet sich eine reelle Synthese nicht dadurch eigens aus, dass die Elemente, durch die sie gebildet ist, an ihrer genuinen Eigenart partizipieren und dabei ihre eigenen Merkmale dem Anschein nach verlieren? Die höhere Form des Bewusstseins und des Willens spiegelt sich so bis in ihre elementarsten Bedingungen wider.

Deshalb ist es falsch, vom animalischen Leben des Menschen so zu reden, als könnte dies rein animalisch sein. Auch dort, wo die Reflexion nicht einschreitet, wo die freie Entscheidung des Geistes nicht vordringt, gibt es noch eine immanente Dialektik in uns, die unsere Sinnestätigkeiten lenkt, unsere Wahrnehmungen und unsere damit verbundenen direkten Schlussfolgerungen anregt. Die Sinneswahrnehmungen selbst besitzen einen rationalen Charakter und einen logischen Aufbau. Sie ergeben sich aus erworbenem schlussfolgerndem Wissen wie aus ersten Integrierungen, in denen sich die synthetische Kraft zeigt und sogar sozusagen die syllogistische Fähigkeit unserer mentalen Aktivität. Es gibt gleichsam eine implizite Überlegung und eine unbewusste Arithmetik, die all unsere Schritte lenkt. Der Träger, der unter einer schweren Last schneller geht, die Tänzerin und der Musiker, sie alle wissen nicht, dass sie Geometer und Mathematiker sind. Auf diese Weise zeigen Fehler in den Sinneswahrnehmungen noch die logische Initiative eines rationalen Mechanismus auf, der gar arbeitet, ohne dass die Vernunft und das Bewusstsein davon wissen. Man könnte zum Beispiel die Ursachen analysieren, welche die Gestirne am Horizont größer erscheinen lassen oder beim operierten Strabismus falsche visuelle Projektionen und parasitäre Bilder hervorbringen. In unseren geringsten Wahrnehmungen und bedeutungslosesten Akten liegen demnach eine Strenge und eine Verknüpfung, die jegliche noch so wissenschaftliche Reflexion verblüffen, denn im spontanen Vorgehen wird keine der zusammenhängenden Gegebenheiten je vergessen; alle wirken sich kompensatorisch aus. Deshalb soll man auf die in diesen fruchtbaren Boden, durch Zutun des Willens gesäten Keime achten; es findet dort ein natürliches Wachstum und ein Austrieb von Folgen statt, die sich von den späteren Sophismen oder den eigennützigen Linderungsmaßnahmen nicht mehr aufhalten lassen.

Am offenkundigsten und völlig unwiderlegbar tritt diese Ausbreitung einer bis in die organischen Funktionen immanenten Vernunft und die Initiative der sekundären Zentren in Erscheinung in den pathologischen Zuständen, vor allem in den Phänomenen des Hypnotismus und der Suggestion. Dort ereignet sich eine *[175 Der durch die Leidenschaft vereinnahmte Wille]* Dissoziation der Geisteselemente, eine experimentelle Analyse des geistigen Automatis-

3 · Das Phänomen der Tat

mus, die zugleich die relative Unabhängigkeit und die virtuelle Vernunft eines jeden Fragmentes unseres mentalen Organismus ans Licht bringt. Es scheint so, dass dann, aufgrund einer subjektiven Fiktion oder einer unbewussten Simulierung, jedes Teil des Systems die alles beherrschende Hauptrolle spielen könnte, wie in einem Bühnenstück, in dem sich die Darsteller der Nebenrollen je nach Belieben so aufführen, als wären sie der Hauptdarsteller.

Diese untergeordneten Kräfte, die dazu fähig sind, sich der Erziehung durch die Vernunft zu fügen, sind ebenso dazu fähig, diese zu verdrängen und sie nachzuahmen, ähnlich wie Kinder, die einem just die Lektion erteilen, die sie selbst gerade bekommen haben. Wenn der Hypnotisierte seines physiologischen Lebens in der gleichen Weise Herr werden kann, wie wir im Wachzustand über das innere Beziehungsgeflecht unseres Lebens verfügen, so geschieht dies deshalb, weil alle Aktivität sich in ihm in eine einziges Organ zurückzieht und für eine einzige Funktion verwendet wird, so, als ob der Wille sich dorthin verlagert und sich darin zusammengeballt hätte. Hier zeigt sich ein erstaunliches Vermögen, das dennoch nicht anderer Art ist als die normale Aktivität der physiologischen Funktionen. Denn durch dieses Vermögen ist – einer alten Redewendung entsprechend, die man wissenschaftlich deuten muss – »die vernunftbegabte Seele die substanzielle Forma des organisierten Körpers«, sie setzt ihre Prägung auf alle Einzelheiten, findet in ihnen ihren Widerhall und wird in ihnen verstanden und es wird ihr gehorcht.

Auf diese Weise ist in der Hypnose wie auch in der Leidenschaft, obwohl in geringerem Maße, die normale Hierarchie der Lebenskräfte und der elementaren Bewusstseinsregungen durcheinandergebracht, um sich jedoch unter der widerrechtlichen Vorherrschaft einer im Normalfall untergeordneten Kraft künstlich wiederherzustellen. Die Reflexion erweckt den Eindruck, durch eine Art stillschweigenden Verzichts von jeglichem eigenen Inhalt entleert zu sein. Aufgrund dieser partiellen Unterbrechung der vielfältigen Aktivitäten, deren Gegensatz und deren Vereinigung zusammen die Vernunft ausmachen, absorbiert und verwendet diese Spontaneität eines einfachen Zustandes alle vorhandenen Energien. Dies bedeutet nicht, dass das Bewusstsein als Ganzes für eine so kurz angenommene Zeit absolut außer Kraft gesetzt wäre, denn der Hypnotisierte weiß gewöhnlich, dass er nicht weiß. In den meisten Fällen solcher Bewusstseinsspaltung bewahrt das Subjekt einigermaßen eine Vorstellung vom *Ich*, um zu erkennen, dass es nicht mehr es *selbst* ist, was

II · Die Tat des Körpers und die Psychologie des Organismus

dann zeigt, dass die abstrakte Vernunft und das allgemeine Bewusstsein unbemerkt fortbestehen. Von seinem offen gezeigten Nichtwissen hat das Subjekt ein verstecktes Wissen. Und wenn es sich den wiederholten Suggestionen fügt, dann geschieht dies, weil es im verschwommenen Bereich seines getrübten Bewusstseins dem wegweisenden Licht zu folgen vermag, das der Hypnotiseur dort scheinen lässt. Ab und zu gelingt es einem sogar, *[176 Die Psychologie des Körpers]* die Trennwände nach Wunsch zu versetzen, die aus einem einzigen Leben zwei einander fremde Teilstücke zu machen scheinen. Dies ist der Beweis dafür, dass, trotz dieser inneren Risse, eine verborgene Querverbindung bestehen bleibt, gleichsam ein unsichtbares Netz, das mit seinen durchsichtigen Maschen die disparatesten Aktivitätsformen umhüllt, weil all diese Formen auf virtuelle Weise genügen und es in ihnen einen universellen Charakter und eine immanente Vernunft gibt.

Was sich unterhalb der Reflexion ereignet, ereignet sich auch im am meisten erhellten Bereich des inneren Lebens. An die Stelle der Vernunft und des Willens treten andere Kräfte mit allen Merkmalen, allen Ansprüchen, mit der ganzen Leistungsfähigkeit der Vernunft und des Willens. Diese Tat, die gegen unser Wollen aus uns hervorgeht, als wäre sie vom Willen her, diese Tat bar aller Vernunft, die man sich zu einer neuen Vernunft macht, ist strenggenommen die *Leidenschaft*.

An welchen Kennzeichen erkennt man tatsächlich den Vernunftakt und den Willensentschluss? Wohl daran, dass die verschiedenen, dem Bewusstsein spontan angebotenen Motive als die Teile ein und desselben Gesamtsystems aufgefasst werden, und dass die freie Entscheidung wie eine Synthese erscheint, die diese partiellen Strebungen umfasst und die Kräfte von allen anderen verwendet, um damit die eine bevorzugte Strebung zu realisieren. Auf das Ganze also bezieht sich das Urteil und das Ganze wird von der Tat umfasst. Wenn das Bündnis jener Kräfte, denen der Wille den Krieg angesagt hat, indem er sich selbst bestimmt, oder die von seiner Untätigkeit profitieren, um sich zu entfalten, wenn dieses Bündnis die Oberhand gewinnt, wird die trügerische Nachahmung des Willensaktes zum Abschluss gebracht. Man sieht es deutlich genug an dem, was die von ihrer Leidenschaft bestimmten Menschen uns vorführen.

Das Objekt ihrer Leidenschaft ist ihr Ein und Alles. Nur auf das Ein und Alles hin und einzig dafür zu handeln und es zu genießen, das ist, vernünftig, frei und glücklich zu sein. Sie halten sich für vernünftig, frei und glücklich. In ihrer totalen Unterwerfung, in ihrem kompletten Verzicht meinen sie Befreiung und vollkommene Freude zu finden. Es ist nicht nur *ihr* Ein und Alles, sondern sie wollen, dass dies *das* Ein und Alles schlechthin sei. In ihrer Vorstellung gibt es also keine Pflichten mehr, es sei denn hinsichtlich dieses Ein und Alles, keine Freiheit, einzig in dessen Knechtschaft, keine Liebe, Verehrung und Anbetung, einzig in dessen Kultus. Außerhalb dessen ist Alles für sie so viel wie nichts. Ihr Ein und Alles ist Mittelpunkt, sie beziehen alles darauf, den Wert der Dinge und den Sinn der Wörter; für sie ist es Gott, dem sie alles opfern, die ganze Welt und sogar ihr Leben. Aber sie wollen dann auch alles für ihn sein, alles von ihm wissen und alles, was er ist, auf sich beziehen. Sie haben ihre Bande mit der übrigen Welt zerbrochen, die für sie gleichsam zunichte geworden ist. Es bleibt nichts Lebendiges, Menschliches, nichts Heiliges mehr übrig, so scheint es, das *[177 Der durch die Leidenschaft vereinnahmte Wille]* von ihnen Hingabe und Respekt fordern könnte. Außerhalb ihrer Leidenschaft gibt es nichts, um sie zu richten und zu verurteilen. Ganz allein mit einzig dem, was er liebt, mit diesem Ein und Alles eins geworden, fühlt sich der Leidenschaftliche sozusagen absolut, unabhängig, sich selbst genug, unendlich. Wenn er sich noch dessen bewusst ist, dass er außerhalb von sich und in sich selbst das leugnet, was er vorgibt, zunichtezumachen; wenn das Schauspiel von anderen, den seinen ähnlichen Leidenschaften ihn überrascht und verletzt, weil er nicht zulässt, dass es neben seiner Welt noch andere Welten gibt; wenn die Erinnerung vonseiten der Vernunft ihn irritiert und tief kränkt, weil er nicht will, dass es nur *ein* Weltganzes gibt (und er würde lieber die gedankliche Vorstellung einer Aufteilung akzeptieren, als an die eine einzige Vernunft zu glauben, die ihn verurteilt und ausschließt); wenn er so etwas wie ein Schuldgefühl empfindet, dann spricht er sich selbst frei, indem er das, was er als nicht in Ordnung empfindet, außerhalb des Bereichs der gemeinsamen Regeln ansiedelt. Davon überzeugt, dass seitdem er liebt, er ganz anders als vorher ist, gerät er auch noch zu der Überzeugung, dass er nicht mehr ist wie die anderen. Er hält sich selbst für ein höheres Wesen von unterschiedlicher Natur; er glorifiziert sich und rechtfertigt sich selbst aufgrund des Ungeheuerlichen seiner Leidenschaft. Und weil jeder annimmt, genauso viel und mehr Geist zu besitzen als irgendein anderer, so meint auch jeder, dass er der Erste ist, der so liebt, wie er liebt. Isoliert auf nicht bekannten Höhen, der Menschenmasse überlegen und sie verachtend, empfindet er nur noch Zuneigung, Pflichtgefühl, Ehre, Kraft und Leben für das einzig Geliebte, und all dies in einem Höchstmaß, so glaubt er. Er würde sein Idol verletzen, entblößen, vernichten, müsste er es heilen, bereichern und kreieren. Er wird grausam, um seine ganze Macht und seine ganze Güte kundzutun.

So unterscheiden sich die menschlichen Bedürfnisse und Verlangen, auch wenn sie denen des Tieres analog sind, aufs Tiefste. Das Tier hat gar keine Leidenschaft. Was im Menschen an Bestialischem steckt, beansprucht im Gegenteil all das, was die Vernunft und der Wille fordern, nämlich eine unendliche Befriedigung. Die menschliche Sensualität ist nur deshalb unersättlich und vernunftwidrig, weil sie von einer fremden und den Sinnen überlegenen Kraft durchdrungen ist. Und die der Leidenschaft selbst immanente Vernunft gewinnt eine solche Vormacht, dass sie an die Stelle der vernunftkonformen Vernunft rücken kann, deren unendliche Ansprüche vereinnahmt und die unerschöpflichen Ressourcen des Denkens widerrechtlich an sich reißt. Die durch die Leidenschaft beherrschte gewollte Tat vollendet sich nur, wenn sie die Freiheit festnimmt, um sie als Gefangene, Komplizin und Anstifterin mitzuführen.

Wir sind also aufgrund der gängigsten und allgemeinsten Erfahrung zu dem Eingeständnis gezwungen, dass wir nicht all das tun, was wir gewollt haben, und nicht all das gewollt haben, was wir sogar willentlich tun. Wer hat dies nicht *[178 Die Psychologie des Körpers]* das ein oder andere Mal bei sich wahrgenommen und angeschaut? Gibt es trotzdem eine Wahrheit, die mehr in Vergessenheit geraten ist? Ist es überhaupt möglich, dass sie dem Gros der Menschen nicht bekannt ist, die auf die ständige Inkonsequenz in ihren entschiedensten Absichten und in ihrem Alltagsleben nicht achtgeben? Dass sie den Philosophen und Moralisten nicht bekannt ist, die gar nicht bis zum Kern menschlichen Lebens vorgedrungen sind, bis in die Geheimnisse des fleischlichen Willens, bis in jenen befestigten Burgturm, von dem aus die Vernunft als Königin und Gefangene mit den aufrührerischen Mächten der Natur verhandelt. Dass sie sogar auch denen nicht bekannt ist, die, sobald sie diese Schwäche erkannt haben, sie wieder vergessen, ihr erliegen, ohne es zu merken und stets dazu bereit sind, eher die äußeren Hindernisse anzuklagen als diese inneren Rebellionen? Sodass die alte Maxime: »Wir haben keinen größeren Feind als uns selbst« toter Buchstabe bleibt oder als frommes Paradox erscheint?

Drei Stufen markieren die wachsende Vorherrschaft jener Geg-

3 · Das Phänomen der Tat

ner des Willens. – Es sind die eindringenden Fremdlinge oder verdeckte Feinde; – es sind rachesüchtige Besiegte; – es sind Sieger, die man hinnimmt und denen man schmeichelt. All diese Inkonsequenzen der Tat lassen sich auf folgende Weise zusammenfassen: Wir tun fast nie all das, was wir wollen; wir tun oft das, was wir nicht wollen; letzten Endes wollen wir, was wir nicht wollen. Zunächst bahnt sich die dem Willen entgegengesetzte Tat an, fast ohne dass wir dies merken; dann bejaht man deren Erkenntnis; und was man tat, ohne es zu sehen, was man getan hat, ohne es zu wollen, dies will man letzten Endes so, wie man es getan hat. Wie schnell lassen wir uns im Bewusstsein, in der Entscheidung, in der Ausführung selbst auf eine falsche Fährte locken, und zu welcher erfinderischen Vielfalt von Sophismen sind wir schnell bereit! Die Möglichkeiten des Durcheinanders und des Umschwungs in der Tat scheinen unendlich. Aber wird die Wissenschaft, die wir zu betreiben vorgeben, nicht gerade dadurch nochmals kompromittiert?

Seien wir aber unbesorgt. Der Nutzen der vorhergehenden Analysen liegt nicht so sehr darin, gewisse sittliche Schwächen hervorzuheben, deren Umfang man nie genug kennt, als vielmehr darin, festzustellen, wie sich in jedem reflektierten Vollzug das gleiche Merkmal von Rationalität und die gleiche Einheit des Systems wiederfinden. An dieser Stelle geht es weniger um den Sinn oder um die Qualität der Tat. Indem wir zeigen, dass die Tat, auch wenn sie unabsichtlich gewollt ist, die exakte Nachbildung der entgegengesetzten Handlungen ist, ist man darauf vorbereitet, wenigstens vorläufig von der unermesslichen Verschiedenheit der möglichen Verirrungen und Abweichungen zu abstrahieren, denn sowohl im Missbrauch als auch im rechten Gebrauch treffen wir ein und dasselbe Element an. Oder besser gesagt, dieses Wort Missbrauch hat hier noch gar keine Bedeutung. Denn es geht hier lediglich *[179 Der durch die Leidenschaft vereinnahmte Wille]* darum, das notwendige Wachstum der Handlungen zu bestimmen, welche es auch sein mögen. Man muss also gerade auch diejenigen Handlungen unter das allgemeine Gesetz stellen, die sich davon am meisten zu entfernen scheinen, und die disparatesten und anormalsten Formen des menschlichen Verhaltens auf ein und denselben Determinismus zurückführen. Herauszufinden, welche Willensregung im inneren Kampf nun obsiegt, braucht uns nicht zu kümmern. Führt die wollüstige Liederlichkeit nicht auch wie die keusche Liebe zu Zeugung und Nachkommenschaft? Obwohl weniger fruchtbar als jene, vermag diese es nicht, das natürliche Verlangen stets zu hintergehen. So legt das Wollen, ob es versagt oder ob es obsiegt, einen fruchtbaren Samen in den Schoß der Tat. Dieser in jugendlicher Phantasie bisweilen lässig ergossene Keim kann unmerklich den gesamten Lebenssaft des Willens absorbieren, indem er die zukünftigen Handlungen in den Fortgang seines unaufhaltbaren Wachstums verstrickt. Wie viele Menschen, zu Gefangenen ihrer selbst geworden, haben das Verhängnis eines ersten Fehltritts getragen oder sind von einer Rolle eingefordert, die sie lachend zu spielen begannen! Von einer gewollten Handlung kann man nie sagen, dass sie bedeutungslos sein wird.

Der ausdrückliche Wille und die wachsende Anstrengung der sich realisierenden Absicht begegnen in den Trieben, den Rebellionen und den körperlichen Begierden einem neuen Widerstand. All diese agieren nicht mehr so, wie sie sich, unter der Gestalt von Motiven und Versuchungen, aufgrund ihrer idealen Projektion im Bewusstsein gezeigt haben. Nachdem das Urteil getroffen ist, regen sie sich in der reellen Auseinandersetzung der widerstreitenden Verlangen und Strebungen. Denn das, was der Entschluss nicht berücksichtigt oder ausgeschlossen hat, ist deshalb nicht beseitigt. Die Kräfte des spontanen Lebens, welche die Reflexion auf sich gezogen hatten, treten im Augenblick des tatsächlichen Vollzugs mit verändertem Charakter wieder zum Vorschein: Waren sie einst Bittsteller, sind sie jetzt Feinde. Diesem Gegen-Willen, der alle ausgeschlossenen Kräfte in einem System zusammenbindet, gelingt es tatsächlich oft, den Willen selbst zu ersetzen. Aber der Gegen-Wille schafft es nur in dem Maße, die Tat zu lenken, wie er sich selbst zur Vernunft oder zum Willen macht. Genau dies zeigt deutlich, dass alles im Menschen von diesem rationalen Charakter geprägt ist, denn er lässt sich in ihm bis in den Irrsinn der Leidenschaft hinein wiederfinden. Genau dies stellt auch ganz klar heraus, wie sehr die Tat Elemente, die der relativen Einfachheit der ersten Absicht fremd sind, in sich zusammenfasst und versammelt. Sie vermag nur unter der Bedingung zum Erfolg zu gelangen, dass sie alle Widerstände beherrscht, die sie weckt und auch selbst steigert. Das fortwährend unbeständige Gleichgewicht *[180 Die Psychologie des Körpers]* des Willens muss sich stets ganz auf einer Seite einpendeln, und indem es aus Siegern und Besiegten ein einziges System bildet, muss diese Synergie die Person aufbauen.

Wie die Tat so zu einer lebendigen Versöhnung der Gegensätze wird, wie sie in der organischen Synthese und in der bewussten Individualität der Mörtel ist, wie sie den Charakter ausprägt, das werden wir nun besser erfassen müssen.

*

Die Tat ist der Mörtel des organischen Lebens und das Band des individuellen Bewusstseins: In der Handlung steckt mehr als die Handlung selbst. Es findet sich dort die Einheit des Handelnden, die systematische Versöhnung seiner Kräfte, der Zusammenhalt seiner Strebungen. – Zunächst stelle ich fest, wie sich die organische Synergie im Körper selbst bildet. Die Heranbildung der Glieder ist aber nicht getrennt von der Heranbildung des Denkens und der Neigungen, denn gerade die Tat bildet aus dem körperlichen und aus dem geistigen Leben ein einziges natürliches Ganzes. – Anschließend untersuche ich die die Synthese bewirkende Rolle der Tat im Konflikt der Gefühle und in den unzusammenhängenden inneren Dispositionen. Ich zeige, dass die Tat eine Versöhnung der Gegensätze bewirkt und alle von ihr benutzten Kräfte einander zuordnet und unterordnet. – Ich stelle somit heraus, wie die Tat innerhalb der Umgrenzung des Individuums einen geschlossenen Kreislauf bewerkstelligt; wie sie uns Leib und Seele gestaltet und wie sie die innere Homogenität erlangt, indem sie den Willen ausdrückt, ihn bestätigt und vervollständigt. Indes schließt sich dieser in sich bewegende Kreis nur, um sich noch mehr zu öffnen und um Ausgangspunkt einer neuen Expansion zu sein. Auf diese Weise wird der Schwerpunkt des Willens und der Tat, die diesen Willen realisiert, sich jenseits der Individualität als solcher verlagern.

[181]

Kapitel III
Die innere Synergie und der Aufbau des individuellen Lebens durch die Tat

Welche uns innewohnende Kraft auch immer die Initiative ergreift, von dem Augenblick an, in dem eine Handlung Zustimmung erhält und in dem sie sich vollzieht, bindet eine innere Kooperation sogar die entgegengesetzten Strebungen zusammen und stellt zwischen allen Teilen des physischen und mentalen Mechanismus eine wirksame Solidarität her.

Wenn die Tat die zentrale Anstrengung des Denkens und der Freiheit in die Wirrnis des Organismus hinein verbreitet, kann es den Anschein haben, dass sie in irgendeiner Weise die Intention verringert und zerbröckelt, ohne dass diese verborgene Streuung ausgeglichen würde. Das nehmen auch alle jene an, die in ihrem Verhalten einzig die initiierende Entscheidung betrachten, aber sich für die materielle Ausführung wie für die Folgen ihrer Beschlüsse nicht interessieren. Es scheint ihnen, dass der Wille eine ungebührliche Verbindung eingeht und sich in den undurchsichtigen niederen Bewegungen verliert. Es scheint ihnen sogar so, als würde der Wille dabei verarmen und, wenn er in der vollzogenen Tat auf einen Punkt des Stillstandes trifft, sich einer Determination unterwirft, die den unendlichen Reichtum seines ursprünglichen Wirkungsvermögens ausschließt. Wenn wir ihnen Glauben schenken, setzen wir uns herab, machen uns zur Maschine, besudeln uns, wenn wir handeln.

Wie im Gegenteil die Tat die verstreuten Lebenskräfte zu einem Bündel vereinigt, um die organische Synthese zu bilden und als Mittlerin zwischen allen Formen der körperlichen und geistigen Aktivität zu dienen; wie die Tat den Willen reicher macht, indem sie der ersten Bewegung einer zentrifugalen Expansion mit einer zentripetalen Bewegung erwidert, deren Rückwendung den Lebensrhythmus ausmacht und *[182 Bildung des Charakters durch die Tat]* den Kreislauf des individuellen Lebens abschließt, all dies wird aus einer Analyse hervorgehen, bei der wir auch noch sehen werden, wie all diese scheinbaren Erweiterungen des ersten Wollens bereits in ihm impli-

3 · Das Phänomen der Tat

ziert waren, unbeschadet einer noch umfangreicheren Expansion, die die Tat aus der Individualität herausführen wird.

I

In unserem komplexen Organismus gibt es nur Einheit aufgrund von Zusammenhalt und Zusammenhalt nur aufgrund von Zusammenarbeit. Sind die Glieder, wenn sie angespannt sind und energisch gebraucht werden, nicht stärker verbunden und sind die Körper dann nicht weniger verletzbar als im Zustand der Ruhe und der Schlaffheit? Die Tat ist der Mörtel, durch den wir Gestalt erlangen; wir bestehen nur in dem Maße, wie wir handeln. Untätigkeit ist Auflösung, Tod ist Zersetzung. Das *fiat* des Wollens ist nicht nur der entscheidende Hieb, der alle Ungewissheiten des Denkens beendet, der einer noch schwankenden und schemenhaften Vorstellung endgültige Einheit, Festigkeit und Präzision verleiht, der das Gegenwärtige vom Vergangenen, das Reale vom Möglichen radikal trennt. Unter einer besonderen und determinierten Form ist dieses *fiat* außerdem die allgemeine Funktion, sozusagen die generative Funktion des organischen Lebens. Denn in der Tat steckt mehr als diese Tat. In ihr gibt es den Zusammenhalt, die Zusammengehörigkeit, die wirkliche Vereinigung von all dem, was die Tat benützt, und von all dem, was daran mitwirkt. Dadurch erklärt sich die Einheit der Synthese und dadurch zeichnet sich die wahre Individualität aus, welche die positiven Wissenschaften lediglich von außen als Postulat in Betracht ziehen konnten, deren innere Konstitution wir jetzt jedoch durchdringen. Ἐν τῷ ἔργῳ δοκεῖ εἶναι τὸ ἕν [In der Tat scheint das Eine zu sein].

Die reelle Tat kann eben nicht partiell, in sich geteilt oder vielgestaltig sein, wie der Gedanke oder der Traum dies sein können. Was geschieht, geschieht. Ganz oder gar nicht. Während des Vollzugs, der die Organe bewegt, gibt es eine unvermeidliche Verbindung zwischen den Gliedern. Es kommt wenig darauf an, ob ich noch zögere oder mich geschlagen gebe. Wenn ich handle, ziehe ich die ganze Maschine auf eine Seite und alles folgt, aufgrund von Überredung oder durch Gewalt, aber auf jeden Fall aufgrund von Notwendigkeit. Das organische System ist an der geringsten bewussten und gewollten Handlung beteiligt, ohne mögliche Zweideutigkeit im Vollzug als solchem.

Auf ganz natürliche Weise umfasst die Tat so die entgegengesetztesten Strebungen und reißt diese mit sich; sie macht aus ihnen

III · Die innere Synergie und der Aufbau des individuellen Lebens durch die Tat

einen einzigen Körper, sie macht aus ihnen *[183 Die organische und mentale Synthese]* den Körper. Weil sie aus allem in uns, was sie bevorzugt oder opfert, ein konzertiertes System bildet, kann sie nicht auf ein Organ festgelegt, auf eine Funktion beschränkt werden, für ein Glied Partei ergreifen, ohne dabei für die anderen zum Nachteil und ihnen gegenüber ungerecht zu sein. Es gibt also nur ein Mittel, die in uns verstreuten Energien und die rebellischen Triebkräfte der Begierde zu zügeln, zu regulieren und zu benützen, nämlich sie in das System einer umfassenden Aktivität einzubinden und sie durch die Kraftanstrengung auf die Integrität des individuellen Lebens zustreben zu lassen. So erobert das Kind seinen Organismus und bringt den Rhythmus in sein physisches Leben nur durch eine harmonische Übung seiner Glieder. Um seine Sinne zu beherrschen und den Monstrositäten einer unausgewogenen Erziehung vorzubeugen, in der man bisweilen das Gleichgewicht der Nervenfunktionen einfach nur so zerstört, muss es handeln, um seinen jugendlichen Kräften so ihre geordnete Expansion zu gewährleisten, die die Einbindung in ihrer natürlichen Rangordnung wahrt. Auch der Schüler bildet seine Intelligenz und bringt seine mentale Aktivität gerade durch Übung in Gang, und zwar durch systematische Übung seiner Fähigkeiten.

Wichtig ist also, die Tat nicht bloß nach ihrem Nutzen und nach ihrer Notwendigkeit wahrzunehmen, sondern die Einheit zu sehen, die hier waltet und die sie notwendigerweise hervorbringt. Gewiss wirkt die Tat sich nur aus und ist nur normal, wenn sie eine Synthese ist; genau deswegen muss die physische und intellektuelle Erziehung das Ganze betreffen. »Spezialistisch gleich bestialisch«, lautet eine Redensart unter Schülern. Der Mensch ist einzig Mensch aufgrund dessen, was er an universellem Leben in sich trägt. Was wir richtig verstehen müssen, ist, dass wohl oder übel die Tat dieses Merkmal des Universellen hat und dass sie sich, wie eingeschränkt man sie auch annehmen mag, stets *sub specie universi* [unter dem Blickpunkt des Ganzen] vollzieht.

Durch die Verbreitung und die Verknüpfung der Reflexe wirkt die Handlung sich in der gesamten Synergie der Organe aus. Deshalb gibt es keine Spezialgymnastik, ebenso wenig eine Spezialerziehung, und zwar, weil jede gesonderte Aktivität, die man auf einen bestimmten Teil einzuschränken behauptete, zum Zentrum der umfassenden Formierung der Funktionen wird. Dort, wo man einen einzigen Teil im Ganzen zu entfalten hoffte, könnte man geneigt sein, aus diesem Teil das Ganze selbst zu machen. Wenn das »Spezielle« Spezielles bliebe, wäre dies halb so schlimm. Das Missgeschick liegt darin, dass man aus der Nebensache zwangsläufig die Hauptsache macht, indem man das Risiko eingeht, eine Fackel für einen Stern und ein Atom für das Universum zu halten. Sogar wenn man zunächst nur auf das Gleichgewicht der physiologischen Funktionen achtet, ist das alte und banale Adagium »Mens sana in corpore sano« [ein gesunder Geist in einem gesunden Körper] trotz scheinbarer Ausnahmen, *[184 Bildung des Charakters durch die Tat]* für eine echte Beweisführung geeignet. Biologen wie Preyer sind der Ansicht, dass im Neugeborenen verschiedene Prinzipien für die Tat zusammen existieren und gleichsam mehrere Seelen, die »der zerebralen Seele« unterzuordnen sind. Wie sollte die vollkommene Harmonie der Nervenzentren anders zustande kommen als durch die geregelte Übung aller Organe? Ausschließlich mit dem Kopf handeln, wie die »Verkopften«, bringt mit sich, im unteren Bereich das Tier leben und gedeihen zu lassen, und nicht allein das Tier, sondern eine ganze Meute ungesunder Begierden und degenerierter Vorlieben. Je weniger man zu handeln imstande ist, desto zügelloser wird die Maßlosigkeit der Sehnsüchte, denn das Gleichgewicht zwischen Traum und alltäglichem Leben geht stets mehr verloren. Man wird sagen, »was kümmert mich der Körper. Es ist Blödsinn dieses Spielzeug zu befragen. Mit welcher Torheit er mich auch bloßstellen mag, er soll deswegen vor mir erröten!« Eine solche Missachtung ist töricht. Früher oder später stellt sich in dem einen oder dem anderen Sinn die Homogenität ein. Es ist eine gefährliche Wahnvorstellung, zu meinen, man könne in sich selbst Trennwände einziehen.

Genauso wenig wie wir, als wir die Anstrengung und den Widerstand der Organe untersuchten, die materielle Inertie vom psychologischen Widerstand trennen konnten, der dies erst wirklich erklärt, so können wir auch jetzt, wenn wir die Tat und ihre Rolle für die Bildung der Individualität untersuchen, die Synergie der Organe von der Harmonie der psychologischen Funktionen nicht isolieren. Die körperlichen Phänomene, die unsere Entschlüsse begleiten und ausführen, sind in gewissem Sinn mehr als die Zeichen oder Symbole für die entsprechenden, im eigentlichen Sinn subjektiven Zustände. Wenn wir dies richtig interpretieren, können wir sagen, dass sie deren Realität selbst sind.

So wird die Aufmerksamkeit nur intensiver, wenn es tatsächlich eine größere Anspannung der Organe gibt. Während Bilder, Verlangen und zaghafte Bewegungen ihre Strahlen im Bewusstsein ver-

III · Die innere Synergie und der Aufbau des individuellen Lebens durch die Tat

breiten, konzentriert die Tat diese verstreuten Energien oftmals mit Druck und ordnet sie alle einem einzigen System unter. Aufgrund der Unterstützung durch die organischen Vollzüge stellt sie die Konvergenz der Gedanken her, indem sie auf diese Weise jede verfügbare Aktivität zusammenzieht, um aus Körper und Geist ein einziges ausdrucksstarkes Ganzes zu bilden. Warum also ist die Anstrengung des intellektuellen Schaffens bisweilen so schmerzlich, schmerzlicher noch als das Gebären, das den Schoß zerreißt, sodass es aussehen könnte, als wäre das Denken etwas Widernatürliches? Um zu leben und zu wachsen, muss der Gedanke sich allen rebellischen Teilen mitteilen, deren Unterstützung es bedarf, um den Gedanken auszudrücken. *[185 Die organische und mentale Synthese]* Um die Elemente zusammenzuführen und deren ganzes Leben zum Ausdruck zu bringen, müssen wir es aus all unseren Gliedern hervorziehen und durch all unsere Poren hervorbringen.

So wird auch ein Gefühl, eine Leidenschaft nur lebendig, wenn sie umfassender und tiefer für den gesamten moralischen und physischen Organismus wichtig sind. Das Gedächtnis ist mit den Stoffwechselfunktionen verbunden. Der Mechanismus des Denkens ist Motor; er wirkt durch Muskeln und wirkt sich auf Muskeln aus. Die Realität der Bewusstseinszustände liegt in den Handlungen, auf die sie uns aufmerksam machen und die es uns ermöglichen, sie aufzuklären und hervorzubringen.

Deswegen ist der Anspruch absurd, die Erziehung des Leibes von der Erziehung des Willens oder des Geistes zu isolieren. Wie das Denken, das sich von der Ertüchtigungspraxis des Lebens fernhält, leer und schimärisch bleibt, so zerstört der Sport, der nur Sport ist, das natürliche Gleichgewicht und die intakte menschliche Entwicklung. Wie die Gymnastik Monster hervorbringt, wenn sie bloß ein einziges Körperglied trainiert, so würde auch die wissenschaftlichste Ausbildung des Geistes und des Körpers nur zu einem Bankrott für den einen wie für den anderen führen, wenn sie sich mit dem einen oder dem anderen nur getrennt befasst. Im Spiel ist das Spiel heilsamer als die Übung allein und erquickt die erschöpfte Kraft mehr. In der Körperarbeit ist die physische Zähigkeit Zeichen, Preis und Halt für die innere Unverzagtheit eines Willens, der es gewohnt ist, es zu weit zu treiben. Das harte Leben des Landmannes ist der Instandhaltung der Nation nützlicher wegen der Stärke von Temperament und Charakter, die der Umgang mit der Erde dem Menschen verleiht, als wegen der verschafften Nahrungsmittel. Wenn diese aktiven Mitglieder der

3 · Das Phänomen der Tat

Nation zu ehren sind, die sich tapfer den notwendigen Aufgaben widmen, so aus dem Grund, weil sie in der Kraft, der Schönheit und der heilsamen Wirkung der körperlichen Arbeit die moralische Gesundung, die innere Befriedung, die Lebenskraft des Willens zum Ausdruck bringen und zugleich auch bewirken.

Deshalb also halten wir unsere Kräfte am besten instand und profitieren am meisten von ihren Diensten, wenn wir sie nicht schonen. Man sollte über sie nicht urteilen wie über ein Lasttier, das auf die Bewegungen seines Instinkts beschränkt ist, oder wie über ein Stück Land, das sich erschöpft bei der Ernährung der Pflanzen, die es trägt. Im animalischen Leben reibt jeder Kraftaufwand den Organismus gewiss auf und laugt ihn aus; die Erschöpfung der Sinne überreizt ihre Empfindlichkeit und ihre ungesunden Ansprüche. Deswegen regt sich auch Bitterkeit, wenn gespürt wird, dass die Bewegungen des höheren Lebens dem Rhythmus der organischen Funktionen unterworfen bleiben. *[186 Bildung des Charakters durch die Tat]* In dem Maße jedoch, wie die Willensaktivität die körperlichen Kräfte durchdringt und beherrscht, erhält sie mehr von diesen. Sie findet dort einen Widerhall in jener immanenten Vernunft, die die unendlichen Forderungen der Leidenschaft hervorzurufen vermag, die aber auch durch eine unerschöpfliche Freigiebigkeit dem Aufruf zum Heroismus entsprechen kann. Der Weichheit nachzugeben, sich selbst gegenüber nachgiebig zu sein, sich im Leben gemütlich einzurichten, ist die falsche Taktik. Wenn wir unsere Energie verzehren, wenn wir sie dahinzugeben und auszulöschen scheinen, gewinnen wir sie neu und laden sie wieder auf. In diesem Bereich der Willenstat gilt: Je mehr Energie man verströmt, desto mehr besitzt man davon. *Caro operando deficit; spiritus operando proficit* [Der Leib nimmt beim Arbeiten ab; der Geist nimmt beim Arbeiten zu]. So wie der Chirurg, der während der blutigen Operation völlig ungerührt bleibt, eben weil er zugange ist, jedoch als bloß passiver Zuschauer den Anblick manchmal nicht aushalten könnte; wie der Soldat, der in der Hitze des Gefechts nicht spürt, dass er bereits einige Male tödlich getroffen ist; wie der Gelehrte oder der Ekstatiker, der in der Betrachtung versunken ist, die sein ganzes Leben ausmacht, wie ein physiologisches Paradox zu sein scheint, indem er alle animalischen Funktionen in der Einheit eines Gedankens oder einer Empfindung absorbiert, so gibt es keine aufweisbare Grenze für die Mitwirkung des Körpers, für seine Widerstandskraft, für seine moralische Stärke, denn die Tat führt ihn zur Einheit zusammen und hebt ihn empor zu der nie versiegenden

III · Die innere Synergie und der Aufbau des individuellen Lebens durch die Tat

Fruchtbarkeit der Vernunft und der Freiheit. Die beste Hygiene besteht nicht darin, den Körper mit den Mitteln des Körpers allein zu pflegen. Im asketischen Lebenswandel selbst treffen wir eine fundamentale Wirkungskraft der Verjüngung an, der Gesundheit und der Lebenskraft. *Arcum frangit intentio, corpus remissio* [Überspannung bricht den Bogen, Erschlaffung bricht den Körper]

Wie der Entschluss nur vollständig ist und Bestand hat, wenn er uns völlig erfasst und unsere ganze Gestalt formt, so gewinnt die Tat ihrerseits Anteil an der Integrität und an der Kraft der übergeordneten Absicht, von der sie ausgeht, weil der anfängliche Wille sich im Organismus entfaltet. Um hier, ohne jeglichen metaphysischen Anspruch und trotz der von ihr begünstigten künstlichen Unterscheidungen, die gute alte Redewendung zu gebrauchen: Durch die Tat nimmt die Seele Leib an und der Leib Seele. Die Tat ist deren substantielles Band; sie bildet aus ihnen ein natürliches Ganzes. Die Transzendenz impliziert in uns die Immanenz. Die Leute haben also recht, wenn sie ganz naiv von den geistigen Regungen auf körperhafte Weise reden, wenn für sie die Person die ungeteilte Einheit eines körperlichen und eines geistigen Lebens zugleich ist.»Das Herz, der Kopf« sind nicht nur geeignete Metaphern, um die Großmut des Charakters oder die Standfestigkeit des Geistes anzudeuten, sondern der Ausdruck einer täglich erfahrenen Realität. Man braucht sich über die Verehrung nicht zu wundern, die einem liebenden Herzen entgegengebracht wird. Die Inkarnation des Denkens *[187 Die asketische Verhaltensbildung des Willens]* und des Gefühls ist eine menschliche Wahrheit, und die Wahrheit ist nur dann menschlich, wenn sie sich inkarniert.

Kurz gesagt: Die Tat, welche sie auch immer sein möge, bringt die ganze Maschinerie in Gang und reißt diese mit sich. Von dem Augenblick an, da die gewollte Tätigkeit sich in uns vollzieht, gibt es de facto Synergie und Mitwirkung. Es handelt sich um eine lebendige Synthese. Wie viele gedankliche Vorstellungen und Gefühle können wir in eine ganz einfache und ganz rasche Handlung hineinlegen, wie in einen Handschlag! Diese Einheit der Handlungen hat zwangsläufig die sich gegenseitig stützende Verbundenheit des physischen und des geistigen Lebens zur Folge. Die Tat lässt den körperlichen Organismus an der sie beseelenden Intention teilhaben, wie sie auch die körperlichen Gepflogenheiten sich in unseren Bewusstseinszuständen auswirken lässt. Sie beteiligt den Körper aufs Engste an den Vorgängen des Denkens, und zwar in einem solchen Maße, dass sie ihn zu einem immer mehr vibrierenden und gefügigen Instrument für die verborgenen Berührungen des Willens macht. Doch gilt es jetzt zu verstehen, wie dieser auf den ersten Blick rücksichtslose Determinismus, der alle möglichen Handlungen mit Ausnahme der einzig vollbrachten, auszuschließen und den Willen zu einer strikten Unterwerfung zu verurteilen scheint, im Gegenteil für ihn ein Mittel der Zusammenführung und der Befreiung ist.

II

Von dem Augenblick an, da die freie Entscheidung getroffen worden ist, ist sie sofort in ein Räderwerk geraten, das sie allmählich verwandelt hat. Die Intention musste sich, um aufrichtig zu bleiben, in die Ausführung stürzen; die Ausführung hat die Anstrengung gefordert; in der für den Willensvollzug unerlässlichen Anstrengung ist noch eine neue Notwendigkeit in Erscheinung getreten: Die Tat vermag sich nur herbeizuführen, wenn sie einen inneren Streit entfacht und von Anfang an das antagonistische System überwindet, das sich gegen ihre Initiative gebildet hat. Deshalb erstreckt der Vollzug sich auf das organische und mentale Ganze in dem Augenblick, da er sich abspielt. Wenn es zutrifft, das diese ganzheitliche und exklusive Einheit der Handlung zur wechselseitigen Abhängigkeit von »Leib und Seele« beiträgt, geschieht dies dann nicht auf Kosten der reichen Verschiedenheit des Denkens und der unendlichen Macht der Freiheit? Nein. Indem die Tat dem Willen den schmalen Durchgang eines einzigen Auswegs auferlegt, ist sie für ihn der Weg der Expansion und der Bereicherung.

Wenn eine größere Anstrengung zu vollbringen, eine mannhafte Entscheidung aufrechtzuerhalten ist, führt dies zu einem Gefühl von Wachsamkeit und lebhafter Klarheit. Solange wir gar nicht handeln, kennen wir uns nicht. Leben und Denken wie *[188 Die Bildung des Charakters durch die Tat]* in einem Traum, wie in einem kurzen hellen Augenblick, bevor man wieder einschläft, ohne genügend Schwung zu haben, aufzustehen, die Augen zu öffnen und zu gehen – ist nicht genau dies die einzige Haltung, die es von Anfang an entschlossen zu missbilligen galt, weil sie der aufrichtigsten Grundbewegung unserer Natur zuwider ist? Wie also lässt sich all das erkennen, was sich in unserem inneren Universum regt? Wie können wir wissen, ob unsere Aufmerksamkeit ausreichend klar, unsere in-

III · Die innere Synergie und der Aufbau des individuellen Lebens durch die Tat

nere Zielausrichtung präzise und unsere Lebenskraft lebendig genug, unser Wille wahrhaftig ist? Aber genau dies brauchen wir nicht vorher zu wissen. Garantie und Maßstab für die Aufrichtigkeit ist die Handlung; sie räumt die Ungewissheiten aus und bringt die intimsten Geheimnisse ans Licht, von denen wir nichts wissen oder die wir vor uns selber verbergen. Sie enthüllt also unsere tiefste Verfassung. Indem sie das Böse, zu dem wir neigen, offenkundig macht, kann das Versagen selbst zu einer ermutigenden Vorwarnung werden. Jeder Absturz muss ein Aufstieg sein. Die Taten gehen gewöhnlich auf das Gute zu, das sie in uns zu enthüllen scheinen, ohne dass es in uns heimisch geworden wäre. Sie halten nicht Schritt mit dem tief in uns steckenden Bösen, dessen Ausnahmeerscheinung sie zu sein scheinen, selbst dann wenn es zur Gewohnheit geworden ist. Dies ist eine umso wichtigere Entdeckung, als sie im Widerspruch steht zur falschen Idee unseres Verdienstes. Wenn wir unsere Handlungen mehr als unsere Gedanken beobachten, müssen wir deshalb darauf hoffen, uns so zu sehen, wie wir sind, und so zu tun, wie wir wollen. Wie man das Log ins dunkle Wasser wirft, um die Geschwindigkeit des Schiffes zu messen, so müssen die Taten, die aus den Tiefen des unbewussten Lebens heraufsteigen, uns dazu dienen, die Strömungen zu erforschen, die uns bisweilen unbemerkt mitreißen.

Indem die Handlung uns dessen bewusst werden lässt, was wir wollen und was wir sind, ist sie uns ein Zeichen und eine Hilfe, ähnlich wie die geometrischen Figuren durch ihre materielle Darstellung den abstrakten Gedanken unterstützen. Sie bietet uns eine konkrete Umschreibung der Idee, die sie zum Ausdruck bringt. Wie jede einzelne Wahrnehmung eine Art Nahrung ist, die unsere Kraft stärkt, so ist die Wahrnehmung dessen, was wir tun, eine Ermutigung für uns, mitunter ein Antrieb und ein Rausch, wie für Scaevola sein Akt des seltsamen Heroismus. *Prole audatior actus.* [Die Handlung ist beherzter als ihre Nachfahren]. Es gibt, so kann man sagen, eine Tat der Tat. Wenn man auf schüchterne Leute trifft, die allein schon durch den Klang ihrer eigenen Stimme erschüttert sind, so gibt es andere, die nie so gut denken oder überhaupt denken, als wenn sie laut und deutlich sprechen. Zuweilen ist es sogar eine nützliche Hilfe für die, die keine weitere haben, nur um des Handelns selbst willen zu handeln, ähnlich wie bei Aufmerksamkeiten, die für den Sterbenden nicht nötig sind, für die Umringenden jedoch wohltuend.

[189 Die asketische Verhaltensbildung des Willens] Die Tat dient nicht nur dazu, das zu enthüllen, was das Stärkste in uns ist oder was

3 · Das Phänomen der Tat

mitunter stärker ist als wir selbst. Darüber hinaus bildet sie manchmal, in der Gleichgültigkeit wie in der Verwirrung der inneren Zustände, eine feste Mitte, die gleichsam zum Kern des Charakters wird. Wie oft wollen wir erst, nachdem wir gehandelt und weil wir gehandelt haben! Das Kind schwankt hin und her zwischen entgegengesetzten Wünschen und ständig wechselnden Bewegungen; es baut auf und bricht ab und wird schnell von allem müde. Das ist eine Anarchie im lebendigen Leibe. Damit sich in ihm ein System organisiert und seine Kräfte sich zu einem Bündel zusammenschließen, muss es lernen, eine seiner Neigungen entschieden zu verfolgen und dabei die anderen beiseitezulassen. Die Erziehung muss ihm bei dieser Kristallisierung helfen, so wie der in flüssigem kandiertem Zucker eingetauchte Faden. Ihm stets nachzugeben, es in nichts zu stören oder ihm Einhalt zu gebieten, heißt, es unaufhörlich zu zerstören, ihm seine eigenen Wünsche unverständlich zu machen. Das Kind wird schließlich nicht mehr wissen, was es eigentlich will. Es würde wünschen, noch zu wünschen; es ist darüber verärgert, nichts mehr zum Wünschen zu haben und es nicht mehr zu können

Um eine solche innere Einmütigkeit zu erlangen, verfügt die Handlung über eine höchste Wirkungskraft. Um im Wirrwarr der Gefühle den standhaften Entschluss zu erkennen, bei dem der Wille stehen bleibt, sollten wir uns die Frage stellen, ob wir in aller Ruhe der Reflexion eine ganz schlichte Tat vollziehen würden, von der das abhängen würde, was wir beschlossen haben, indem wir uns zum Beispiel dem anheimstellen, dem wir gehorchen und dem wir uns anvertrauen wollen durch das Versprechen, sich ihm unterzuordnen, oder aufgrund eines Freibriefs.

Weil die Tat dem Willen Ausdruck verleiht, ihn festlegt, bestätigt und sogar erzeugt, dient sie den Versprechungen als Gewähr und ist sie gleichsam die Substanz der unabänderlichen Verpflichtungen. Was einen Vertrag besiegelt, das Band der Ehe knüpft, den Diakon weiht, ist eine Unterschrift, ein gesprochenes Wort, ein Schritt. Stets geht es um eine Handlung, die durch ihre entscheidende Einheit jeglichen inneren Zwiespalt beherrscht und alle vielleicht noch unsicheren und zögerlichen Kräfte für immer bindet. Das heißt im eigentlichen Sinn, alle Brücken hinter sich abzubrechen. Handeln kann man immer, und sei es in noch so geringem Maße und fühle man sich noch so am Boden. Dieser kleine Ansatz von Initiative, die, so man will, unbesiegbar ist, wird gleichsam zum Hebel unserer Befreiung. Denn abgestützt auf der Festigkeit dessen, was getan ist, und gleichsam mit

III · Die innere Synergie und der Aufbau des individuellen Lebens durch die Tat

dem Rücken zur übersprungenen Mauer gelehnt, ist man von der Defensive zur Offensive übergegangen. Die Tat ist wirklich eine Eroberung.

Indem man handelt, gelingt es, das zu wollen, was man, so scheint es, erst nicht wollen konnte, was man aus Mangel an Mut und Kraft wirklich nicht wollte, das zu wollen, man wollen würde. Denn *[190 Bildung des Charakters durch die Tat]* wenn wir uns dazu bestimmen, zu wollen, folgen wir nicht immer dem letzten Urteil des Verstandes; wenn wir wollen, werden wir stets von all unseren Neigungen und Gewohnheiten beeinflusst. Um es genau zu sagen: Wollen wollen wir nicht, denn man könnte noch formulieren, dass wir wollen, wollen zu wollen, und das könnte unendlich so weitergehen. Wir wollen handeln und tun, das heißt, dass der Wille sich sich selbst nur anbietet in der Gestalt einer bestimmten Verwendung. Wir müssen also eine List und Geschicklichkeit anwenden. Durch gewollte Taten tragen wir gewöhnlich zu anderen Willenstaten indirekt bei. Obwohl man das, was man will, weder stets zu beurteilen noch zu wollen vermag, ist immer gestattet, dahin zu kommen, dass man im Laufe der Zeit das beurteilt und will, was man wünschen würde, heute wollen und beurteilen zu können. In diesem mühsamen Prozess von Konversion und unbemerkter Perversion legen wir tausend geschickte Zwischenschritte ein, um uns ein dominierendes Tatmotiv so tief zu verinnerlichen, dass wir dies ganz natürlich in uns selbst wiederfinden. Wie für Franziskus Borgia, der, weil er sich das Trinken abgewöhnen wollte, jeden Tag aufs Neue einen Tropfen Wachs in seinen Becher fallen ließ, so kommen auch kindische Tricks, kleine Hilfsmittel, verlockende Versprechungen, Drohungen, Ablenkungen, Fluchtbewegungen allesamt je nach Umständen gerade recht, um das Biest, das Kind, den Menschen in uns zu beherrschen. Wir müssen nicht alle unsere Kräfte mit der gleichen Sprache anreden, genauso wenig wie das Haupt der Familie auf gleiche Weise Tieren, Dienern, Söhnen und der Ehefrau befiehlt. Von allen aber müssen wir die gleiche Mitwirkung fordern, denn in der Tat müssen wir uns auf alle verlassen können.

Handeln zu wollen, bringt zusätzlich mit sich, dass für jene infinitesimalen Kräfte, die uns mehr lenken als wir sie, die Zügel gelockert werden. Wie in den Angelegenheiten der Behörden werden auch in uns manche Aufgaben von Angestellten ohne Unterschriftsberechtigung erledigt. Es ist eine harte Demütigung, wahrzunehmen, dass wir trotz all unserer Umsicht von augenblicklichen Launen geführt werden, mit denen im Voraus unmöglich sicher zu rechnen war. Nach endlos langen Überlegungen ist die Entscheidung stets das Werk eines einzelnen Augenblicks. Ist dieser kritische Punkt einmal überschritten, dann entrollt die Handlung ihre Folgen endlos und irreversibel, welche Schwankungen ihr auch vorausgegangen sein mögen. Wie wichtig ist es demnach, weil der Wille sich nicht vornimmt, zu wollen, sondern zu handeln, dass gerade dieses *Handeln* bereits eine lautere Form des Wollens ist! Deswegen ist es klug, sich im Voraus für den Kampf zu üben, *[191 Die asketische Verhaltensbildung des Willens]* diese versteckten Gegner zur Schlacht herauszufordern, solange sie geschwächt und entlarvt scheinen, und sich vor dem Zeitpunkt der Überraschungen und Illusionen daran zu gewöhnen, sie zu sehen, wie sie sind. Es ist gut, alle Leidenschaften und Laster vorauszusehen, zu analysieren und durchzuspielen – allerdings mit Ausnahme jenes einzigen Lasters, das man zur wichtigsten und einzigen Nahrung der Neugierde macht, zum Stoff der Romane oder Bühnenstücke!

Während man sich so dazu zwingt, großherzige Gefühle zu entwickeln oder sich mit Entschlüssen zu konfrontieren, die der Verzagtheit zuwider sind, bestimmt man sie nach und nach durch eine Art Hypnose oder eindringlicher Suggestion bis in die organische Maschinerie. Sogar wenn man nicht alles empfindet, was man sagt oder tut, wenn man nur das Verlangen nach wahrhaftigen Verlangen hat, wenn die Worte und die Handlungen weniger aus dem überströmenden Herzen als aus einem dürren und widerlichen Zwang hervorgehen, dann hat dies eine Wirkung, steigt nach und nach in die Realität des Bewusstseins hinab und wird unser Leben. Zuweilen scheint es, als sei es ein Mangel an Aufrichtigkeit, wenn wir das wünschen, was wir fürchten, wenn wir das tun, was wir im Augenblick noch verabscheuen. Aber sofern der Wille von seiner hohen und unerschütterlichen Spitzenstellung aus die Äußerung eines Verlangens, das wir nicht empfinden, oder die ganze Härte der Handlung, gegen die er sich sträubt, bestätigt, so reicht dies aus. Es genügt, wenn dieser übergeordnete Wille auf der anderen Seite in dem, was völlig mechanisch und grob ist, ein gefügiges Echo findet, um allen Aufruhr des durchschnittlichen Lebens allmählich einzudämmen und zu verringern. Wir können auf unsere Gliedmaßen Zwang ausüben, auch wenn wir unsere Gedanken und Verlangen nicht festzuhalten vermögen. Wie wenn man einen Ort belagert und ihn mit zusammenlaufenden Gräben einkreist, so wendet der Wille, der die Vollkom-

III · Die innere Synergie und der Aufbau des individuellen Lebens durch die Tat

menheit seiner freien Bewegung durch die angehäuften Widerstände hindurch zu erreichen sucht, eine Taktik des doppelten Anrückens an. Weil es leichter ist, dem Räderwerk des animalischen Mechanismus als den inneren Stimmungen zu befehlen, wird oft über einen materiellen Vorgang dem Herzen die spontane Großherzigkeit des Gefühls eingeflößt, und aus dem aufgerüttelten Leichnam wird das Leben wieder zum Geist aufsteigen.

Zu Unrecht hat man bisweilen zwei Methoden der menschlichen Bildung einander gegenübergestellt: Die eine lässt aus den verborgenen und innersten Gemütsneigungen wie aus der einzigen fruchtbaren Wurzel die Handlungen als deren Frucht hervorsprießen; die andere lässt aus den Taten selbst wie aus einem Samen die inneren Gestimmtheiten aufkeimen. Es handelt sich jedoch nur um eine und dieselbe Methode, auch wenn die Frucht nur das Samenkorn ist. Gewiss muss erst die Intention ihre Lebenskraft aus den tiefsten Winkeln des subjektiven Lebens geschöpft haben. Wir haben jedoch schon gesehen, durch *[192 Die Bildung des Charakters durch die Tat]* welche unterirdischen Kanäle das Wasser strömt, das in die Helle der Reflexion hervorsprudelt; genau dazu, diese entferntesten Quellen mit Wasser zu versorgen, trägt die gewollte Tat bei.

Denn wenn wir erwarten würden, dass die innere Harmonie und der Friede sich von selbst einstellen, liefen wir dem lautersten Wunsch des Willens geradewegs zuwider. Wer nicht tut, ist besiegt. Es genügt also nicht, einfach zu wollen, wenn wir können und wie wir können, denn man würde so nicht lange wollen. Weil jede Tat, die sich vollzieht, notwendigerweise Zwang anwendet, um die verstreuten Kräfte zu bündeln und im Zaum zu halten, weil die Tat das Signal zum Bürgerkrieg wird, in dem es Tote und Verwundete gibt, weil wir nur vorwärtsgehen, wenn wir in uns Legionen von Leben unter unseren Fußstapfen zertreten, ist der Kampf angesagt, was wir auch tun mögen. Wenn wir gegen die Feinde des Willens nicht offensiv werden, sind sie es, die sich gegen den Willen verbünden. Wir müssen kämpfen. Derjenige wird notwendigerweise die Freiheit und das Leben verlieren, der sich vor dem Kampf drückt. Sogar bei den Besten gibt es ganze Speicher voller Bosheit, Unreinheit und schäbiger Leidenschaften.

Man gestatte nicht, dass diese feindlichen Kräfte sich zu Gewohnheiten und Systemen zusammenbündeln; durch Angriff möge man sie spalten; man bemühe sich darum, die zuverlässigen Kräfte gegen die Anarchie zu vereinen, und zwar bevor die Zeit der Zusammenschlüsse, des Zusammenspannens und des Verrats angebrochen ist. Vorweg betrachtet scheint alles so leicht! Man glaubt, man sei gegen die gefährlichen Regungen gewappnet. Aber stößt man je auf das, was man vorausgesehen hatte? Gerade das Unerwartete entscheidet fast immer über alles. Um sich gegen das Schwindelgefühl der letzten Sekunden zu schützen, gegen die Sophismen des verzerrten Gewissens, die aufzeigen, dass jene Handlung erlaubt oder jenes Vergnügen rechtens ist, muss man sich daran gewöhnen, die Offensive zu ergreifen und mehr zu tun, als bloß zu vermeiden, was man nicht tun soll. Man muss in der Lage sein, mit der Kraft zu entgegnen, die man aus der vorangegangen Erfahrung schöpft: »Auch wenn es rechtens ist, will ich darauf verzichten.« Gegen die ungewollten Regungen reicht das Wollen also nicht aus; man wäre überrascht und auch der Wille selbst würde versagen. Widerstand zu leisten, genügt nicht, denn man würde besiegt werden. Ohne auf ihn zu warten, muss man unmittelbar gegen den Widersacher handeln, ihn herausfordern und durch den Kampf neue Bewusstseinszustände heraufbeschwören, um ihn so im Voraus schachmatt zu setzen und sich der Quelle der aufrührerischen Gewalten bis in ihren Ursprung zu bemächtigen. *Agere contra* [dawider handeln]. Die gewollte Tat ist das Prinzip der immer stärker dem Willen entsprechenden und freieren Tat.

Und das Werk ist nie zu Ende gebracht, der Sieg nie dauerhaft gesichert. Dieses lebendige Gefüge ist immerfort unbeständig und gleichsam darauf angelegt, *[193 Scheinbare Opfer und reelle Bereicherungen]* auseinanderzubrechen. So muss man diese Verbündeten, die schnell abtrünnig werden, mit einem neuen Hauch anfeuern und die Glut der Seele gleichsam in einem Brennpunkt konzentrieren, um alle für die Handlung notwendigen Elemente zusammenzuschmelzen, die nur wie aus einem einzigen Block gegossen sein können. Gehandelt zu haben, erspart es einem nicht, weiterhin zu handeln: Im moralischen Leben gibt es überhaupt keine Rentiers.

So verstehen wir, dass wir, indem wir handeln wollen, über einen Umweg den Fortschritt des Willens verfolgen. Wenn wir das harte Korn der kompromisslos befohlenen Tat unter den Mühlstein werfen, erhalten wir die köstliche und gehaltvolle Nahrung der Freiheit.

III · Die innere Synergie und der Aufbau des individuellen Lebens durch die Tat

III

Oberflächlich betrachtet schien es, dass die Notwendigkeit, die Intention im engen Buchstaben einer Handlung einzusperren und so alle anderen Auswege auszuschließen, die der schönen Beweglichkeit des Denkens offenstehen, nur Hindernis und Zwang war. Aber ein tiefer gehender Blick wird in dieser besitzergreifenden Eifersucht der Tat nur eines verborgenen Instinktes des Willens gewahr sowie einer Absicht zum Frieden, zur Eintracht und zur Einheit. Aufgrund einer unmerklichen Infiltration hilft sie uns behutsam, das zu wollen, was wir wollen wollen. Sie stimmt alle Energien aufeinander ab und zügelt sie, bündelt die gegensätzlichen Strebungen zu einer Kraftkomponente und richtet all das auf das gewollte Ziel aus, was sich in uns ihm zuwenden kann. Sie lässt sogar das in die Handlung eingehen, was dem ausdrücklichen Willen entgegengesetzt ist. Weil sie in der von ihr gebildeten Synthese nichts von all den Elementen unseres komplexen Lebens weglässt, umfasst sie diese und schleppt sie mit wie in einem unsichtbaren Netz.

Im Augenblick selbst, in dem die willensbestimmte Handlung den Willen zu materialisieren und einzuschränken scheint, erweitert sie ihn im Gegenteil und lässt ihn gewissermaßen Fett ansetzen: *anima operantium impinguabitur* [die Seele der tätigen Menschen wird fett werden]. Der Praxis gelingt immerfort und prätentionslos jenes Wunder, an dem die abstrakten Spekulationen scheitern: Sie vereint in einer neuen Synthese die entgegengesetzten Strebungen, die, siegreich und unterlegen, allesamt in der vollzogenen Handlung vergegenwärtigt, neu gestaltet und umgestaltet sind. Es gibt nämlich zwischen den Teilen, die nur in einem fantasierten Zustand vollständiger Indifferenz oder in absoluter Ruhe unabhängig sein können, unvermeidliche Solidarität, Solidarität, die dem Wunsch des Willens entspricht. Handeln besagt zweifellos, gewisse Verlangen zu mäßigen, gewisse Organe zu verwunden, um andere dadurch zufriedenzustellen und zu beleben. Aber *[194 Bildung der Individualität durch die Tat]* die unterlegene und zurückgedrängte Bewegung ist deswegen nicht verlorengegangen. Sie dient dazu, die hervorgebrachte Bewegung zu modifizieren und genau zu bestimmen; vor allem trägt sie dazu bei, den siegreichen Willen wie mit einer eroberten Beute zu bereichern. Vorher haben wir auf das scheinbare Opfer hingewiesen, das die Anstrengung, der Kampf und sogar der Sieg erfordern;

schließlich geht es darum, den wirklichen Gewinn dieser Abtötung, sogar für den Unterlegenen, zu verstehen.

Die Tat ist also nicht wie eine logische Analyse der Motive, die aufgrund der ausschließenden Wahl der freien Entscheidung die separaten Ideen in ihrer Reinheit und ihrer unauflöslichen Gegensätzlichkeit betrachtete. Sie ist auch nicht eine abstrakte Versöhnung der Gegensätze im Bereich der Möglichkeiten und noch weniger eine Entfaltung der inkohärenten Kräfte, die auseinanderfallen würden, wenn sie sich im Organismus ausbreiten und tief in das Unbewusste eindringen. Die Tat ist vielmehr eine systematische Konzentrierung des in uns verstreuten Lebens und eine Besitznahme von uns selbst. Indem sie das enthüllt, was sich in den unbekannten Tiefenregionen des Lebens verborgen regt, bringt sie die nicht greifbaren Fäden ans Licht, die zusammen das Geflecht der Individualität bilden, und fügt diese zu einem sichtbaren Bündel zusammen. Wie der Aufschlag des Wurfnetzes mitten auf dem Wasser. Die Maschen des Netzes werden wieder sichtbar, wenn es sich spannt und immer mehr in sich aufnimmt. Durch die Tat erhält sich die Einheit des vitalen Mechanismus aufrecht und zieht sich fester zusammen. Bestehend aus einer Zusammenfügung von Teilen, hat er nur noch Zusammenhalt durch den idealen Gleichklang der Funktionen. Die Verschiedenheit der antagonistischen Strebungen verschmilzt durch die Tat zu einem wenigstens vorübergehenden Akkord, ohne dass sie deswegen verschwunden sind. Durch die Tat vollzieht sich das, was die Naturwissenschaften Ontogenese nennen, das heißt, die jeweilige, sozusagen kreisförmige und in sich geschlossene Herausbildung eines jeden Individuums.

Wie soll man diese Versöhnung der Gegensätze nun verstehen, für die die Tat zum Prinzip wird? Und was sind hier die Gegensätze? Aus den voneinander *verschiedenen* Motiven, die zusammen mit der Reflexion aus dem psychologischen Automatismus hervorgetreten waren, hat die Entscheidung scheinbar unversöhnliche *Gegner* gemacht, weil sie sich nur ein einzelnes Motiv unter Ausschluss der anderen zu eigen macht, und folglich alle dem ausgewählten gegenüber unterliegen müssen. Was nun nimmt der Wille sich vor und was treibt ihn zur Tat? Ihn leitet die Absicht, sich selbst durch die Hindernisse hindurch wiederzufinden, die uns sozusagen von uns selbst trennen und den Willen daran hindern, bereits das zu sein, was er will, und frei auf das zuzugehen, was er wollen und erreichen wollte. Die dem aktuellen Willen entgegengesetzten Strebungen stellen also in

III · Die innere Synergie und der Aufbau des individuellen Lebens durch die Tat

uns jene vorläufige und bewegliche Barriere dar, die wir *[195 Scheinbare Opfer und reelle Bereicherungen]* vor dem Fortschreiten der wachsenden Freiheit nach und nach niederreißen und zurückdrängen möchten. Wenn die Tat in ihrer gewaltsamen Einheit die widerspenstigen Kräfte mit sich reißt, so deshalb, weil es jenem zukünftigen Willen genau um sie geht, nämlich damit sie sich mit ihm unmerklich zusammenschließen. So gibt es in dem, was unserem jetzigen Wollen am meisten entgegengesetzt scheint, ein verborgenes Element der Konformität mit diesem Wollen selbst. Was die beginnende Tat aufhält und ihr widerspricht, wird in der vollendeten Tat eine neue Verwendung finden. Aus dem scheinbaren Opfer, das die natürliche Abtötung der unterdrückten Verlangen erfordert, wird der reelle Gewinn hervorgehen, den die Umkehr der sich auflehnenden Bewegungen dem Willen einbringt.

So wird die zunächst paradoxale Gestalt des Willenswachstums verständlich. Es schien, der Wille müsste, um sich zu vollziehen, sich notwendigerweise einschränken; der Sinn dieses Determinismus ist jetzt aufgedeckt. Beachtenswert ist, dass an dieser Stelle die Ausrichtung der Intentionen, die man als gut oder schlecht bezeichnet, weniger eine Rolle spielt. Denn, ob gut oder schlecht, die Handlung verfolgt ihren Weg in ihrer ganzen Geradlinigkeit. Niemand entgeht den Folgen einer Entscheidung, die sein Gespür fürs Angemessene verletzt. Ob es danach der gleiche Mensch ist, der urteilen wird? Gewiss, der gleiche Mensch, aber verändert durch seine Verhaltensweise, geschickt genug, sich zu verzeihen, gewöhnlich unfähig dazu, sich selbst anzuklagen oder sich selbst wieder ins rechte Lot zu bringen. Es ist wirklich bedauerlich, dass die Folgen unserer Initiative durch Fakten und nicht durch Entschuldigungen bestimmt sind! Wenn das Leben doch wenigstens eine Rechenaufgabe wäre, die man ein zweites Mal aufs Neue machen könnte. Aber dies käme der Auffassung gleich, dass man eine falsche Subtraktion durch eine richtige Addition korrigiert. In der fehlgeschlagenen Tat liegt ein schrecklicher Zwang, der einen anständigen Menschen zunächst in einen Schuft verwandeln und ihn dann mit genau dieser Verwandlung versöhnen kann. Und zwar aus genau dem Grund, dass ein neues Vergehen sich seinem Gewissen als die für ihn nunmehr einzig gute Sache anbietet. – Der gleiche Determinismus liegt sowohl in der Wende zum Schlechten als auch in der Wende zum Guten vor. Mit dieser den Handlungen innewohnenden Notwendigkeit müssen wir uns jetzt befassen.

3 · Das Phänomen der Tat

Die »Gegensätze« sind also der Preis, der dem Willen angeboten wird, wie der Einsatz, der ihm vorgeschlagen wird. Im Handeln siegt der ausdrückliche Wille nicht allein in dem, was er gewollt hat, und er bestätigt sich selbst, indem er sich selbst zeigt, wie er war. Der gleiche Wille obsiegt auch in dem, was er nicht wollte, und gewinnt aus den Widerständen das verborgene Verlangen, das mit ihm konspirierte. Seine Nahrung bezieht er also nicht allein aus seiner eigenen Substanz und in seinem gesicherten Bereich, sondern auch aus der Substanz seiner Gegner und auf dem eroberten Terrain. *[196 Bildung der Individualität durch die Tat]* Indem er dem spontanen Leben bereits verdaute und in Leben verwandelte Nährstoffe bringt, vollzieht er insofern eine Art Transsubstantiation, als durch ihn das Gesetz des Geistes das Gesetz der Glieder durchdringt. Der beste und tiefste Fortschritt bleibt oft am meisten unbemerkt, denn er bildet wirklich einen Leib mit uns. Es ist wichtig, die Richtung der gewöhnlichen Kleinigkeiten und des täglichen Ganges des Lebens sorgfältig abzustecken, denn in den entscheidenden Situationen sind wir, was wir gewesen sind, und tauschen dann das Stück für Stück gesammelte Kleingeld gegen die großen Scheine ein.

Die Individualität des Menschen ist also eine organische und zugleich psychologische Synthese; die Synthese wiederum geht aus einer Synergie hervor. Auf diese Weise bestimmt sich das individuelle Leben, zeichnet sich der Charakter ab, erhält die Person ihre substantielle Form, denn mitunter reicht sogar eine einzige Handlung, um sie umzuformen. Wenn das Subjekt in diese objektive Welt, die es in sich trägt, durch die Tat vordringt, vermittelt es dieser Welt sein eigenes Leben. Indem es sich selbst sozusagen von innen her überarbeitet, wie man den Faden auf die Innenseite zieht, um die Masche an der Außenseite des Gewebes festzuzurren, verknüpft es die noch äußeren und unsteten Phänomene mit der inneren Wirklichkeit des Willens. Das Subjekt gewährt ihnen, an der Festigkeit der Reflexion und der Freiheit teilzuhaben, sodass jede Handlung in ihrem Ursprung eine unteilbare Einheit ist, in der die Initiative des Menschen und der Beitrag des Weltganzen zusammentreffen. So vereinen sich die beiden Formen von Phänomenen, um eine neue Wirklichkeit zu bilden, Phänomene, deren wissenschaftlich begründete Beziehung wir bereits aufgewiesen haben: zum einen die Fakten, die das Bewusstsein sich als objektiv vorstellt, zum anderen die Fakten, deren Webgeflecht das eigentlich subjektive Leben ausmacht. Indem sie sich gegenseitig ergänzen, nimmt der Wille Leib an im Objekt, in dem er wirkt, und

III · Die innere Synergie und der Aufbau des individuellen Lebens durch die Tat

kommt darin zum Wachstum. Die dem inneren Leben noch fremden Phänomene erhalten im Willen, der sie für die Tat einsetzt, Seele und Bewusstsein. Die Freiheit, die ursprünglich nur eine Befreiung von der vorausgehenden Notwendigkeit war, *immunitas a necessitate* [Befreiung von der Notwendigkeit], wird zu einem vollständigen Willen, der Herr seiner selbst ist, zu einem Willen, der zu wollen versteht und zu wollen vermag, zu einem Willen, der nach und nach von dem befreit ist, was ihn daran hindert, zu sehen, zu wollen und zu tun, der zu einer immer freieren Freiheit wird, *immunitas a servitute, liberum consilium* [Befreiung von der Knechtschaft, freier Entschluss].

Im nicht eindeutigen Gefühl dieser bereichernden Versöhnung müssen wir das Geheimnis des Vergnügtseins als Frucht der Tat sehen. Es stellt sich Vergnügen ein, wenn ein fremdes Element sich dem Organismus einverleibt, wenn der Organismus selbst mehr am subjektiven Leben teilhat, *[197 Scheinbare Opfer und reelle Bereicherungen]* wenn durch eine Bewegung der Konzentration von außen nach innen die zentrale Energie und der Wille gewachsen sind, verstanden worden sind und ihnen Gehorsam geleistet ist. Aus diesem Grund kommt das Vergnügen zur Handlung hinzu, nicht jedoch um sie zu vervollkommnen, sondern um zu zeigen, dass sie vollkommen ist. Das heißt, dass ein Kreislauf sich gerade geschlossen hat, dass es Rückkehr oder Hinführung zur Aktivität gibt. Aus diesem Grund dient der Tat das Vergnügen außer als Belohnung zugleich noch als Ermutigung, Kraft und als Verlockung. Denn im Vergnügen, so scheint es, findet der Wille sich selbst wieder; er kommt zu sich selbst durch das Objekt hindurch, das er sich zu eigen macht, als ob er, überall bei sich selbst, das universelle Band sein müsste und sich die ganze Welt, die sich in unserem Leben zusammenfasst, gefügig und immanent zu machen hätte.

Aber gerade an dieser Stelle offenbart sich die notwendige Unbeständigkeit und die unheilbare Unzulänglichkeit dieses individuellen Lebens, wie eng verknüpft seine kreisförmige Entwicklung auch erscheinen mag. Wenn die Tat die noch inkohärenten Strebungen versöhnt und jenes Wohlgefühl verschafft, das aus einer wachsenden Harmonie hervorgeht, dann ist gerade dieses Gefühl Zeichen und Ansatz einer neu auflebenden Bewegung; es stellt ein Ende dar, aber auch einen Neubeginn. Der Determinismus der Tat führt sie stets über sich hinaus. Denn im passiven Zustand, der auf die Initiative des Willens folgt, erscheinen die mitunter schmerzhaften Gegensätze

3 · Das Phänomen der Tat

wieder neu und dazu die Unvereinbarkeit von Verlangen und Neigungen, die bereits vorher die Entscheidung und die Anstrengung hervorgerufen hatten. Nicht auf Anhieb vereinigt, verwandelt, befriedet die Tat alles in uns. Das von ihr hergestellte Gleichgewicht zerstört sie aus sich selbst heraus, und zwar durch das Bewusstsein, das sie davon erlangt. Die abgeschnittenen Wurzeln schlagen wieder aus, die befriedigten Bedürfnisse leben auf, der stärkere und ausgreifendere Wille strebt nicht nur danach, Herr über das gewonnene Terrain zu bleiben, sondern seine Erfolge auszubauen: Wer nicht mehr vorwärtsgeht, geht zurück. Man demontiert eine Maschine nicht, während sie arbeitet. Damit die Einheit des Individuums sich erhält und festigt, muss eine ständige Kooperation seine Kräfte bündeln, und das immerfort bedrohte Gleichgewicht immerfort wiederhergestellt werden, wie beim Vorwärtsgang, der in Wirklichkeit nur ein ständig abgebremster Sturz ist. Man hat ausgiebig über die Idee der Substanz diskutiert. Zurückgeführt auf das, was die Analyse davon hier entdeckt, ist gerade die Tat die Substanz des Menschen; er ist, was er tut. Ἐν τῷ ἔργῳ τὸν ὄν [In der Tat liegt das Sein]. Wir sind, wir erkennen und wir leben nur *sub specie actionis* [unter dem Blickwinkel der Tat]. Die Tat zeigt nicht bloß das, was wir bereits waren, sondern sie lässt uns außerdem wachsen und gleichsam aus uns selbst herausgehen. Folglich müssen wir, nachdem wir den Fortschritt der *[198 Der Fortschritt des gewollten Determinismus]* Tat im Sein und den Fortschritt des Seins durch die Tat erforscht haben, den Schwerpunkt des Willens, der dem Gesetz seines Fortschritts folgt, nach außerhalb des individuellen Lebens verlagern.

*

Innerhalb des Weltganzen, das wir in uns tragen, inmitten des inneren Kampfes der dem vollen Bewusstsein und dem Willen gegenüber aufsässigen Strebungen, ist die Tat ihren umfassenden Bedingungen gegenüber nicht adäquat. Sie ist nicht der vollständige und endgültige Ausdruck des geeinten, verwendeten und völlig in Einklang gebrachten Lebens. Es ist gerade die Disproportion der Tat bezüglich der Wirkursache, die die Zielursache hervortreten und erkennbar werden lässt. Wir gehen nur vorwärts, wenn wir hinter uns oder dort, wo wir stehen, nicht in Sicherheit sind und keine Zufriedenheit verspüren. Deshalb ist es die Fülle unseres ursprünglichen Willens, die für unseren unersättlichen Anspruch verantwortlich ist und uns immer wei-

III · Die innere Synergie und der Aufbau des individuellen Lebens durch die Tat

ter nach vorne orientiert. Ἀνάγκη μὴ στῆναι [die Notwendigkeit, nicht stehen zu bleiben].

Wir handeln ja nicht, um lediglich zu handeln und ohne uns dabei ein Ziel zu setzen. Inmitten der immens verschiedenen Objekte, die der Wille dem Anschein nach als äußeres und höheres Ziel verfolgt, welches er aber in Wirklichkeit in sich umfasst und beherrscht, sucht er stets sich selbst. Wie die formale Freiheit ihre Autonomie nur bewahrt hatte, indem sie sich die Heteronomie einer praktischen Verpflichtung und einer Anstrengung auferlegte, so entsteht, so bildet und erhält sich die Person im Individuum nur, wenn sie sich ein überpersönliches Ziel setzt. Dies ist eine große Wahrheit, die die Menschen spüren. Der Mensch genügt sich selbst nicht; er muss für die anderen, mit den anderen und durch die anderen handeln. Wir können die Angelegenheiten des eigenen Lebens nicht für uns allein regeln. Unsere Leben sind solchermaßen miteinander verbunden, dass es unmöglich ist, sich auch nur eine einzige Tat vorzustellen, die sich nicht in endlosen Wellen ausweiten würde, weit über das Ziel hinaus, das sie anzuvisieren schien. Das Leben ganz unbedeutender Menschen kann weit entfernt ein verborgenes Leben in Unruhe versetzen, einen Unbekannten dazu auffordern, aus seinem Egoismus herauszutreten, Fehler oder Aufopferung auszulösen, die alle zusammen zum menschlichen Drama beitragen. Das individuelle Bewusstsein ist, ob es dies weiß oder nicht, ein Bewusstsein des Universellen.

Nachdem wir gezeigt haben, dass die Pflicht existiert und der Wille handeln muss, ὅτι ἐστίν [dass es ist], tritt allmählich in Erscheinung, was der Wille sein und tun muss, ὅ ἐστιν [was es ist]. Nicht, dass wir uns jetzt auf den *guten* Willen berufen müssten; auch hier beabsichtigen wir noch, lediglich den Determinismus *[199 Das Expansionsbedürfnis des Willens]* der Willenstat aufzudecken. Wenn die Prämissen, wie geschehen, aufgestellt sind, geht es darum, die Willenstat zu ihrem notwendigen Zielpunkt zu bringen. Das Unkraut wächst wie das gute Korn. Egoismus und Selbstlosigkeit folgen dem gleichen Gesetz, obwohl sie es verschieden anwenden. Niemals können wir uns selbst genügen. Damit es gelingt, besser und vollständiger *eins* zu sein, dürfen wir und können wir nicht *allein* bleiben.

Der Wille strebt also normalerweise auf ein Ziel hin, das ihm äußerlich zu sein *scheint;* er weitet sich aus. Aus der Synthese, die er bereits war, wird er zum Element einer größeren Gesellschaft als wir selbst. In uns selbst begegnen wir widersprüchlichen und vielfältigen Verlangen, denen wir nicht allen zu entsprechen vermögen, weil sie,

3 · Das Phänomen der Tat

wie die losen Stücke einer Intarsie, auf die ergänzenden Stücke warten, um zusammenzupassen. Wie sollen wir uns ganz für uns selbst einsetzen, vor allem für das, was sich in uns dem klaren Bewusstsein oder den ausdrücklichen Entscheidungen entzieht, wenn wir uns nicht irgendeinem Werk widmen, dessen Bedeutung zu allgemein ist, um nicht über die wohlerwogenen Berechnungen hinauszugehen? Die uneingeschränkte Selbstliebe muss den Boden verlieren und im Ozean des *Ich* ertrinken. Es gibt in uns ein dunkles und ständiges Gespür für alles Leben, das dem unseren fremd ist, für solches Leben, das sich durch die Erkenntnis dort zusammengeballt hat, um unsere eigene Aktivität zu nähren und zu stärken. Gerne möchten wir glauben, dass aus solchen Tiefen der Nebel aufsteigt, der stets das Bewusstsein halb verschleiert. Wir möchten der Ansicht sein, dass wir, wenn wir jegliche Verbindung mit unseren Ursprüngen abkappen, wir uns selbst noch mehr gehören. Es kommt uns vor, als würden wir dabei gewinnen, wenn wir uns wem auch immer verweigern. Aber nein! Ohne dieses vage wahrgenommene Überpersönliche würden wir uns selbst nicht sehen, so wenig wie in einem Spiegel ohne rückseitigen Belag. Der Egoismus macht uns blind. Wenn wir aus dem individuellen Leben herausgehen, uns anderswo binden als im eigenen Selbst, werden wir uns selbst am besten besitzen. Das kleine Kind lebt noch einzig für sich selbst; deshalb ist es nicht in sich selbst. Es kümmert sich nicht um die Anderen, um ihre Urteile oder ihre Freude. Die Vernunft tritt in ihm zum Vorschein, es wird an dem Tag zur Person, an dem es gegen sich selbst dem Fremden ein eigenes Ich zuzugestehen vermag und, wenn es, und sei es auch auf Kosten von sich selbst, an der Person des Anderen teilhat, sich selbst überwindet, um nicht naiv der Mittelpunkt von allem zu sein. Es gibt tatsächlich einen zentralen Platz in uns, der noch zu besetzen ist. Er kann nicht uns selbst gehören. Wem werden wir ihn abgeben? Die Illusion des Egoismus liegt darin, dass er selbst Anspruch darauf erhebt.

Der Sieg des Willens kann also nicht in einer Art eifersüchtigen Vorbehalts oder frevelhafter Apotheose liegen, sondern vielmehr in einem *[200 Die Notwendigkeit, aus der Individualität herauszugehen]* scheinbaren Verzicht. Er strebt überpersönliche und unbewusste Ziele an. Um zu handeln, müssen wir uns selbst gewissermaßen an die Anderen verlieren, uns Kräften überlassen, die wir nicht mehr beherrschen werden. Kaum schienen wir uns am Ende einer allmählichen Entwicklung zur Reflexion und zur Freiheit zu erheben, da

III · Die innere Synergie und der Aufbau des individuellen Lebens durch die Tat

werden wir aufs Neue von einem Räderwerk erfasst, das dazu imstande ist, die werdende Individualität, so scheint es, zu zerbröckeln. Hier liegt ein wenig beachteter Determinismus vor, der die Handlungen in dem Augenblick erfasst, in dem sie hervorgehen, um sie weit entfernt von unseren Erwartungen und Absichten, mitzuführen. Die großen Männer der Tat jedoch haben dafür ein lebhaftes Gespür gehabt; fast alle waren davon überzeugt, dass der Hauch des Schicksals sie durchwehte und ihre Bestimmung mit sich fortriss.

Auf diese Weise fällt unser Leben in eins mit allem Übrigen. Unsere Person ist identisch mit unserer Expansion und mit unserer Hingabe allen gegenüber; unsere Tat deckt sich mit dem Zusammenwirken vonseiten des Weltganzen und mit dem Sieg des Überpersönlichen. Ob der Wille sich auf seine Bereicherung vorbereitet, indem er sich so entfremdet? Und ist dieser unerbittliche Determinismus noch der Weg der Befreiung und der Eroberung?

*

Im Folgenden beabsichtige ich, den Weg vom einen Bewusstsein zum anderen Bewusstsein zurückzulegen; den Fortschritt der Tat vom innersten Kreis des Individuums aus bis zu dem Punkt zu verfolgen, an dem der Wille, der die Expansionsbewegung immer schon anregt, die intime Mitwirkung des Anderen erwartet und einfordert; das Gleichgewichtszentrum der menschlichen Aktivität jenseits der individuellen Synergie in eine reelle Lebens- und Tatgemeinschaft zu verlagern. – Wenn der Willensvollzug sich in seiner Umgebung ausweitet, bildet er dort ein expressives Phänomen und verfolgt sein Ziel. – In dieser Zielursache als solcher suchen wir eine effektive Antwort und eine Zusammenarbeit. Der Wille versucht nämlich, sich das ihm äußere Weltganze gefügig zu machen und es sich anzugleichen, so wie er bereits versucht hatte, den Organismus zu erobern und zu durchdringen. – Durch dieses Zusammenwirken bereichert der ursprüngliche Wille sich und weitet sich aus. Betrachtet als eine Synthese von zusammenwirkenden Kräften und als ein fruchtbares Geschöpf ihrerseits, wird die Tat so zum Mörtel eines gesellschaftlichen Bündnisses. – Es geht hier nicht bereits um Werke, die aus der inneren Vereinigung von mehreren Willen und aus miteinander verschmolzenen Leben hervorgehen. Es handelt sich vielmehr um Werke, die diese Vereinigung erst hervorbringen und eine engere Zusammenwirkung ermöglichen. Wie kommen wir dazu, zum Selbst anderer zu gelangen und solches zu wollen? Deshalb müssen wir jetzt das Zwischenmenschliche der Taten und des Bewusstseins erforschen.

[201]

Vierter Teilabschnitt
Von der individuellen Tat zur gesellschaftlichen Tat

ERZEUGUNG, BEFRUCHTUNG UND FORTPFLANZUNG DER MENSCHLICHEN TATEN

Die Tat beschränkt sich nicht auf den Innenraum des individuellen Lebens. Es gibt in uns keine Wirkursache, die nicht auf eine Zielursache zuliefe, die nicht ein implizites Geständnis der Unzulänglichkeit und eine Bitte um Hilfe wäre. Nachdem die Tat der Umwelt des Weltganzen das entnommen hat, durch das sie sich hervorbringt, kapselt sie sich nicht in sich selbst ein. Aus der Natur hervorgegangen, scheint sie zur Natur zurückkehren zu müssen und von ihr die notwenige Ergänzung zu erhalten. Wenn am Ursprung unserer eigenen Aktivität eine Art von spontanem Egoismus an den Tag getreten ist, dann offenbart sich im Verlauf ihres persönlichen Wachstums ein Expansionsbedürfnis, eine notwendige Selbstlosigkeit, eine Selbstgabe, die eine gegenseitige Gabe und eine fremde Vermittlung erheischt. Wir sind dazu gezwungen, zu geben, weil wir auch gezwungenermaßen empfangen müssen. In dem Maße, wie das Individuum sich seiner Umwelt mehr anpasst, bereichert es sich. Diese Wahrheit liegt in der Utilitätslehre: Eine klare Sicht auf sein wahres Interesse, ein genaues Gespür für das unendliche und universelle Zusammenwirken hindert den Menschen daran, auf borniete Weise egoistisch zu sein, und bringt ihn dazu, sich von sich selbst loszulösen.

Auf diese Weise vermag kein Entschluss sich in der Intimität der Person zu realisieren, ohne die umgebende Umwelt daran zu beteiligen, ohne dort eine Mitwirkung zu suchen, ohne dort eine entsprechende Tat hervorzurufen. Es ist wichtig, jetzt diese Verflechtung oder diese Bündelung der Handlungen zu untersuchen, bevor wir zur Gesellschaft und zur Vereinigung der Handelnden selbst kommen. Wir werden also sehen, wie der Wille durch die Vermittlung des individuellen Lebens eine Außenwelt organisiert, *[202 Die äußeren Beziehungen der Tat]* die immer mehr seinem Verlangen gemäß ist. Der Wille drückt der Tat seinen Stempel auf, er löst sie wie ein von ihm verschiedenes Geschöpf von sich los und überlässt sie dem Kreislauf, wie bei einem lebendigen Wesen, das in der Pubertät aufblüht, um Verehrer anzuziehen, dann den Bund schließt mit dem Objekt seines Verlangens und die Jungfräulichkeit nur verliert, um seinerseits fruchtbar zu werden.

Bei der Erforschung dieses Zusammenwirkens zeigt sich eine doppelte Bewegung, die es zu beschreiben gilt, eine von einer symmetrischen Ebene ausgehende Konvergenz. Die Wirkung, die aus mir hervorgeht und sich während ihrer materiellen Ausführung und durch die Sinnesphänomene dem noch groben Determinismus der toten Fakten unterwerfen wird, ist, um zum Erfolg zu kommen, darauf angewiesen, einem umgekehrten Weg zu folgen. Sie muss anderen Kräften als Nahrung dienen, solchen, die ihr verborgenes Leben wiederbeleben und ihre Absichten mehr oder weniger unterstützen. So werde ich also nacheinander das Sichausbreiten der Anfangshandlung bis in den Leib des Zeichens erforschen, welches ihr natürlicher Ausdruck ist. Dann untersuche ich den Mechanismus der Phänomene, die das materielle Band jedweden Austauschs und jeglicher Zusammenarbeit sind. Schließlich erforsche ich den Einfluss, welchen die Tat dort ausübt, wo sie sich vollzieht, den Widerhall, den sie außerhalb von sich hervorruft, die Antwort, die sie als Erwiderung auf ihr Vordringen erhält. Aber auch dort, wo wir eine fremde Mitwirkung erbitten und eine von außen kommende Antwort, die eine Bewegung voraussetzt, die von anderswo als von uns selbst ausgegangen ist, wird auch diese gegenläufige Bewegung noch vom ursprünglichen Bestreben des Willens umfasst. Wie weit das Feld unserer Tat auch geworden sein mag, so ist die Initiative der Kräfte außerhalb der Individualität dem ersten Verlangen des Willens immer noch immanent. *Qui agit semper idem est* [wer handelt, ist stets der gleiche].

[203]

Kapitel I
Die unmittelbare Expansion und der sinnfällige Ausdruck der Tat

Im Organismus eingepflanzt, bringt die Handlung sich aufgrund eines natürlichen Wachstumstriebs im Äußeren hervor. Wir müssen hier das Vokabular bezüglich der Sinnesphänomene wieder aufgreifen, denn die Intention gerät durch die Willenstätigkeit und den organischen Vollzug in den Bereich und unter das Gesetz des mechanischen Determinismus. Es gibt keinen einzigen Gedanken, wie frei von jedem Bild wir uns ihn auch vorstellen, der nicht mit einer Veränderung im Gehirn einhergeht; keine elementare Bewegung, die nicht im umfassenden System des Körpers die miteinander zusammenhängenden Organe betrifft; keine physiologische Funktion, die nicht über die Peripherie hinausreicht. Durch unsere Anwesenheit, durch unsere Tat breiten wir uns um uns herum aus. Wir können uns nicht rühren, wir können nicht atmen, leben und denken, ohne uns außerhalb von uns bemerkbar zu machen. Der Dunstkreis der Individualität ist unbegrenzt.

Von dieser offensichtlichen Notwendigkeit müssen wir jetzt Rechenschaft geben. Das individuelle Leben hat eine unvermeidliche Expansion. Was bedeutet dieses Hinausgehen oder, so könnte man sagen, diese *Exergie*? Warum geht die menschliche Person über ihren eigenen inneren Kreis hinaus? Birgt dieser unerbittliche Ausdruck der inneren Aktivität, der die Tätigkeit unseres Denkens in das Gemisch der mechanischen Phänomene hineinwirft, noch ein verborgenes Streben in sich und bewahrt er die Prägung des anfänglichen Willens? Wie unterscheiden sich die *Taten* von irgendwelchen *Fakten* und von allgemeinen Phänomenen, für die diese Bezeichnung nicht zutreffend scheint?

Wir haben es hier mit neuen Fragen zu tun, die es zu lösen gilt und deren *[204 Der notwendige Ausdruck der Tat]* originellen Charakter wir bestimmen müssen, um sie unter einem Gesichtspunkt zu betrachten, der weder physisch noch metaphysisch ist. Es handelt sich hier um die sinnfällige Hervorbringung der *Tat*, nicht des *Phäno-*

mens. Vor jedweder Reflexion, vor jeglichem mit Bedacht verfolgten Ziel gibt es einen unmittelbaren und umfassenden Ausdruck des aktuellen Vollzugs, eine Tat der Tat, die gleichsam deren primäres Zeichen oder deren spontanes Indiz ist. Sie ist das Erste, was sie hervorbringt, ihr erstes Werk, Ursprung und Mittel für alle anderen Taten.

I

Es ist eine Tatsache: Dem Milieu, in dem wir leben, drücken wir ständig unsere Prägung auf. Jeder Eindruck auf unser leibliches Gefüge ruft in den Organen einen Zustand systematischer Reaktionen hervor. Wir sind wie ein vibrierendes Gerät, das beim geringsten Stoß und jedem Windhauch einen Ton von sich gibt. Aber es handelt sich nicht um ein schlichtes Aufnahmegerät. Der Kraftstrom, der durch uns hindurchgeht, kommt nur umgewandelt und geordnet wieder heraus. Solcher inneren Umwandlung sind wir uns mehr oder weniger bewusst. Die Neuordnung und das System von Bewegungen bilden das offensichtliche Faktum der Tat. Deshalb ist es wichtig, nicht mehr die Bewegungen als solche zu erforschen, sondern ihre Koordination und ihren Sinn.

Man achte nicht bloß auf die naheliegendsten Zeichen der Sprache der Tat, noch auf den spontanen oder beabsichtigten Ausdruck der Emotionen und der Gedanken. Es geht um eine allgemeinere, eine präzisere und tiefere Wahrheit. Es gibt keinen mentalen Zustand, der nicht seine bestimmte Spur hätte. Die Griechen unterscheiden zwischen πράττειν und ποιεῖν je nachdem, ob die Handlung eine Materie gestaltet oder einen scheinbar ganz ideellen Charakter behält. Sogar in der »kontemplativeren« Form der Aktivität, θεωρεῖν, gibt es eine gestaltete Materie. Diese Materie, die wir denkend oder wollend meißeln, sind unsere Gliedmaßen und durch sie auch das Milieu, in das sie sich einprägen. Jede vom menschlichen Organismus ausgegangene Handlung ist sogar außerhalb von uns ein Organismus von Zeichen und ein expressives Symbol des subjektiven Lebens.

Nicht nur handelt der Mensch, innerhalb des universellen Determinismus, wie alle rein materiellen Körper durch seine Masse; nicht nur übt er um sich herum den Einfluss einer Wärmequelle aus *[205 Unmittelbare Zeichen des gesamten Vollzugs]* und erzeugt die Wirkung, wie bei allen Wirkkräften üblich, die zu den vielen vitalen Funktionen beitragen; nicht nur strahlt er – einige Beobachter mein-

I · Die unmittelbare Expansion und der sinnfällige Ausdruck der Tat

ten dies bemerkt zu haben – eine Kraft aus, die sich von den bekannten physischen Wirkkräften unterscheidet, sondern darüber hinaus drückt sich die bestimmte Tat eines jeden Individuums noch auf eine ganz bestimmte Weise aus. Unabhängig von den physischen Mitteln, welche dazu dienen, die Tat den Sinnen zu vergegenwärtigen, unabhängig von dem, was sie bewerkstelligt und worin sie sich realisiert, hat die Tat ihren unverwechselbaren Ausdruck und gewissermaßen ihre Spur und ihre eigene Physiognomie. So schreibe ich jetzt diese Worte unter der Führung dessen, was mich beschäftigt, und als Folge eines Vorhabens, das sie kundzutun suchen. Aber die wahrnehmbaren und bewussten Zeichen drücken lediglich einen Teil der Reflexionsarbeit aus und bilden auch nur einen Teil des gesamten und spontanen Zeichens. Außer den Phänomenen, die die Instrumente meiner Entscheidung sind, außer dem materiellen Ergebnis meiner Tätigkeit entsteht in mir eine Synthese von Bildern, inneren Zuständen und von ausdrucksvollen Bewegungen. Die einzelnen Handlungen, die diese Synthese anzeigen, sind davon nur eine mehr oder weniger unmittelbare Ableitung und eine mehr oder weniger partielle und künstliche Umsetzung. In jedem Augenblick drückt sich das gesamte System, das ich bilde und das das aktuelle *Ich* ist, in seiner Gesamtheit aus.

Deshalb müssen wir darauf achtgeben, die Untersuchung nicht auf Abwege geraten zu lassen. Es geht hier nicht darum, die Frage nach der physischen Hervorbringung und der Übermittlung von Zeichen neu aufzuwerfen. Noch weniger geht es darum, das Problem der gegenseitigen Kommunikation auf der Ebene des Bewusstseins auf metaphysischen Wegen anzugehen. Durch die Weise, in der man dies zum Problem gemacht hat, hat man es zu einem imaginären Problem gemacht. Wenn wir jetzt auf die Phänomene zurückkämen, mit denen die positiven Wissenschaften sich befassen, würden wir genau das verkennen, was die Tat und ihre ureigene Physiognomie vom Gros der Fakten und ihrer stets abstrakten Allgemeinheit unterscheidet. Zugespitzt gesagt: Irrtümlicherweise würde man sich dann einbilden, dass das Milieu, in dem die Sinne und die Wissenschaften die Entstehung und die Entwicklung des Zeichens zu verfolgen scheinen, eine Wirklichkeit hat, die mit der Erkenntnis, die wir davon haben, identisch ist. Das hieße dann, den fiktiven Charakter der wissenschaftlichen Symbolik zu ignorieren. Welch überraschendes Wunder, so scheint es wohl, ist diese Erscheinung einer Handlung in der Welt, die wie aus der Höhe heruntersteigt, da sie die Vernunft und die Frei-

3 · Das Phänomen der Tat

heit unmittelbar auszudrücken scheint, ohne dem Weg der Natur zu folgen. – Und dennoch folgt sie diesem Weg. Wenn die Intention, indem sie in die Gliedmaßen eindringt, die Organe in Bewegung gebracht hat, dann ist es geschehen. Was außerhalb der Verkettung der physischen Kräfte zu sein schien, ist in das Räderwerk eingegangen. Der Körper und seine *[206 Der notwenige Ausdruck der Tat]* Zwänge sind das Zwischenstück einer Freiheit, die sich naturalisiert, um mit den Dingen außerhalb ihrer selbst in der Sprache der Dinge zu sprechen.

Wir brauchen uns also nicht um die Weise zu kümmern, in der der Ausdruck einer Handlung sich nach außen hin zeigt, als ob dieses Außen eine feststehende Substanz hätte, oder als ob der wissenschaftliche Determinismus ein Seinsgesetz wäre, das Gesetz einer metaphysischen Physik, die letztendlich ein Trugbild ist. Wir haben gesehen, wie im von den Phänomenen gebildeten System die subjektiven Entscheidungen ihre objektiven Bedingungen nach sich ziehen. Es ist wichtig, dies festzuhalten. Denn die Wissenschaft der positiv festgestellten Beziehungen zwischen den Phänomenen stellt heraus, dass dieser offensichtliche Determinismus durch die Erkenntnis, die wir davon gewinnen, absorbiert wird. Das sinnfällige Zeichen ist eine natürliche Folge des inneren Vollzugs im Handelnden. Am Sinnfälligen oder Materiellen dieses Ausdrucks gibt es nichts weiter zu erklären.

Was noch aufzudecken übrig bleibt, sind folgende Aspekte: der Sinn dieser ständigen Expansion, die den Handelnden zu der offensichtlichen Notwendigkeit führt, sich auszudrücken; sodann die Inspiration, die Rolle und das Ziel sogar der unsichtbaren Zeichen, die das Individuum zu einem Ausstrahlungsmittelpunkt machen; schließlich der Grund dieses wissenschaftlichen Bedürfnisses selbst. Denn in der Entfaltung unserer Handlungen hängt alles mit allem zusammen. Wir müssen verstehen, welchem tiefen Bestreben die Einrichtung der Zeichen, der Sprache und der Symbolik der positiven Wissenschaft entspricht und auf welchem verborgenen Wunsch sie sich gründet.

Wir müssen also eine Wissenschaft entwickeln, die sich mit der Durchführung der empirischen und wissenschaftlichen Erkenntnis befasst. Dies besagt nicht, dass es darum geht, eine Theorie der menschlichen Arbeit oder des technischen Fortschritts aufzustellen, wie die sogenannte *Praxeologie* dies versucht. Denn die Untersuchung der praktischen Verfahrensweisen oder der wissenschaftlichen Methoden setzt eine Forschung voraus, die noch vorausgeht.

I · Die unmittelbare Expansion und der sinnfällige Ausdruck der Tat

Woher kommt es, dass der Mensch sich erfolgreich in die Welt der Phänomene einfügt? Wodurch wirkt seine vermittelnde Tat mit Hilfe der willkürlich gebildeten Symbole, von deren praktischem Nutzen sie Gebrauch macht? Kurzum: Worin liegt der tiefe Grund für seine Entfaltung in einer Welt, die wir als uns äußerlich bezeichnen?

Um diese Frage zu beantworten, müssen wir die Natur und die Tragweite des Zeichens eingehend untersuchen, welches jedem menschlichen Vollzug inhärent ist, wie intim wir uns diesen auch vorstellen. In der Expansion des Willens ist nichts überflüssig; nichts bleibt außerhalb der Reihenfolge der Mittel, die den Willen zu seinen Zielen führen. Es könnte so scheinen, dass der ganz spontane und nicht fassbare Ausdruck des organischen und mentalen Wirkens *[207 Der subjektive Aufbau des spontanen Zeichens]* unerheblich ist. Wenn wir an solche Erforschung herangehen, geraten wir dann nicht in eine Sackgasse, in die nur interessierte Neugierige sich hineinwagen? Es wird sich im Gegenteil gewiss zeigen, dass das Zeichen der natürliche und notwendige Durchgang ist, durch den sich das Wollen im Weltganzen ausweitet und danach trachtet, es zu absorbieren.

II

Würden wir einzig den *materiellen* Aspekt des Zeichens, das die Tat zum Ausdruck bringt, in Betracht ziehen, dann gerieten wir wieder in die Untersuchung der Phänomene, die die positiven Wissenschaften ihren allgemeinen Gesetzen und dem mechanischen Determinismus unterordnen. Aber der genaue Grund, weswegen die Tat, auch wenn sie Faktum und Phänomen ist, nicht mehr ein Phänomen wie jene anderen ist, liegt in ihrem expressiven Wert, dem subjektiven Sinn und dem geordneten System, dem sie ihre stets einmalige Physiognomie verdankt. Wenn sie sich nach außen hin hervorbringt, hält sie den kohärenten und geordneten Charakter der individuellen Synthese aufrecht, deren Verlängerung sie ist. In allem, was wir hervorbringen, bleibt ein Abbild und gleichsam eine Seele des inneren Lebens und des subjektiven Aufbaus fortbestehen. In diesem tiefen Sinn bedeutet hervorbringen, τίκτειν, ein beseeltes Wesen zur Welt bringen und ein neues Geschöpf von sich loszulösen, das ständig wächst wie ein gesonderter Organismus.

Die erste Aufgabe des Menschen ist deshalb, sich selbst wie seine

3 · Das Phänomen der Tat

eigene Materie zu gestalten und durch diese Tätigkeit eine unmittelbare Spur zu schaffen. Meistens ohne sein Wissen gestaltet die Spur außerhalb des Bereichs der Individualität ein Abbild oder besser einen Ausdruck der Handlung, einen Ausdruck nämlich, der das eigene Kennzeichen eines jeden Handelnden und gleichsam seine unnachahmliche Signatur ist. Das Einmalige und Unvergleichliche in jedem Zeichen bildet genau den Punkt, auf den die jetzige Forschung ihre Anstrengungen ausrichten muss. Das Einmalige und das Konkrete, das nämlich, was die positiven Wissenschaften nicht kennen, weil sie notwendigerweise auf das Abstrakte und Allgemeine beschränkt sind, ist immerfort Objekt der Wissenschaft der Tat.

Eine Gebärde zum Beispiel ist die materielle Gestaltung einer Empfindung, deren unendliche Komplexität sich in den unendlichen Details ihrer ursprünglichen Struktur enthüllt. Ein gesprochenes Wort ist ein in rhythmischen und nuancenreichen Klängen gehüllter Gedanke selbst. Ein Gedanke ist ein System von Vibrationen, die, hervorgebracht durch die Hirnarbeit, ohne Zweifel genauso einen eigenen Typ darbieten wie der Klang der Stimme oder der Ausdruck des Gesichts. Man denke hier an die Paradoxie des Phonographen: *[208 Der durch die Tat geschaffene äußere Organismus]* In jedem artikulierten Laut gibt es eine ganz besondere Qualität, deren Eigenheiten als solche aufgenommen, konserviert und wiedergegeben werden können. So geht es auch mit allen sinnfälligen Zeichen, die die Anwesenheit und die absolut einmalige Tat des Individuums wiedergeben. Vielleicht müssen wir in diesen infinitesimalen Spuren der Handlung und des Gedankens das Geheimnis der geistigen Klarheit suchen, die der hypnotischen Hyperästhesie eigen ist: Auf unbewusste Weise hervorgebracht, können die primären Zeichen des Lebens auch auf unbewusste Weise empfangen und gedeutet werden, fast wie bei einem Gehörlosen, der, während er laut denkt, ohne seine eigene Stimme zu hören, sich darüber verwundern würde, dass seine Angehörigen seinen Wünschen folgen und Kenntnis haben von seinen Gefühlen. Ob sie nun wahrnehmbar sind oder nicht, diese Spuren der Tat haben stets ihre originelle Physiognomie. So wie der Hund den Fußspuren seines Herrn unter tausend anderen folgt, oder wie die Hand des Handwerkers und die Vorgehensweise des Künstlers sich mit Gewissheit unterscheiden lassen, so gibt es keine Handlung in uns, die nicht außerhalb von uns ein feines und zartes, aber dennoch strukturiertes und ausdrucksstarkes Netzwerk bildet, ein komplexes System von Bewegungen und gleichsam ein mit Leben erfülltes Geschöpf.

I · Die unmittelbare Expansion und der sinnfällige Ausdruck der Tat

Was bewirkt also die unvergleichliche Originalität einer jeden Handlung im faktischen Geschehen selbst, das sie anzeigt? Es ist die Einheit der erkennbaren Beziehungen, die zusammen die Synthese oder den Organismus des Zeichens bilden. Man sollte nicht meinen, dass im Zeichen nicht mehr stecken würde als im organischen Vollzug und es schlichtweg ein abgeschwächtes Echo davon wäre. Keineswegs. Um das Zeichen zu ermöglichen und zu verwirklichen, gibt es in ihm bereits einen Austausch des Handelnden mit etwas anderem als diesem selbst, nämlich eine neue Synthese des individuellen Lebens und des Milieus, in dem es sich entfaltet. Auf solche Weise sprechen wir nicht ins Leere hinein. Eine fremde Mitwirkung *a parte acti* [von Seiten dessen, an dem gehandelt wird] ermöglicht die rudimentäre Expansion *a parte agentis* [von Seiten dessen, der handelt]. Jedes Zeichen ist bereits ein Werk. Es ist weder bloß der innere Vollzug, wie dieser sich in der Intimität des lebendigen Leibes organisiert hat, noch irgendein Phänomen, ein banales *Faktum*, bei dem es ausreicht, dessen Untersuchungen den positiven Wissenschaften anzuvertrauen. Das Zeichen ist, wenn man so sagen darf, ein sekundäres Subjekt, das scheinbar vom handelnden Subjekt losgelöst ist, gleichsam eine Intention, die Leib angenommen und Leben gewonnen hat. Es ist eine reelle Idee, fast genauso wie die anderen Lebewesen in der Natur.

Aber bevor wir diese fremde Mitwirkung und die Synthese, die sich daraus ergibt, untersuchen, müssen wir noch das schärfer ins Auge fassen, was der Handelnde dazu beiträgt, und ebenso welches das tiefe Bestreben ist, dessen vorläufige Ziele und natürliche Mittel das hervorgebrachte Zeichen und das vollbrachte Werk sind.

III

[*209 Warum drückt die Tat sich zwangsläufig aus?*] Im sinnfälligen Leib der unsichtbaren Handlung waltet eine ideelle Einheit. Diese innere Einheit des expressiven Phänomens ist die Intention, die Intention freilich, die bereits auf dem Weg ist, sich zu realisieren. Vielleicht ist man versucht, das Zeichen für ein nebensächliches Anhängsel zu halten, vor allem dort, wo es unbeabsichtigt und nicht wahrnehmbar ist. Dennoch zeigt es einen echten Fortschritt des Willens an und entspricht einem reellen Bedürfnis. Es stimmt mit der ursprünglichen Intention überein und ist für sie von Nutzen, indem es sie zu ihrer Vollendung führt.

3 · Das Phänomen der Tat

Somit gibt es einen Bezug zwischen dem natürlichen Ausdruck der Handlung und dem mehr oder weniger intentionalen Ziel, das sie sich setzt. Die Sprache der Emotionen ist der spontane Ansatz der Bewegungen, die dazu geeignet sind, die Bedürfnisse zu befriedigen oder die Gefahren abzuwehren; eine Geste deutet oft ein ganzes Drama an, das sich gerade abspielt. Was zutrifft für die Mimik, für das Spiel der Gesichtszüge und eine gesamte Haltung, gilt ebenfalls für die geringsten Spuren der tätigen Aktivität. Der unmittelbare Ausdruck des inneren Lebens ist die materielle Kehrseite und gleichsam die sinnfällige Substanz der unsichtbaren Verlangen und Zustände, die, erfasst von der Reflexion, uns dazu bringen, unterschiedliche Ziele zu verfolgen und einzelne Werke hervorzubringen. Diese notwendige Expansion hat also einen Sinn und dieser Sinn liegt im Vorhaben des Willens, der auf der Suche ist nach seinem Wachstum. Es gibt nichts, das sich nicht in das Willensprogramm unseres Lebens einfügt, das ihm nicht diente, nicht einmal die spontane Äußerung unserer inneren Vollzüge und die expressive Einheit der Handlung.

Von dem Augenblick an, in dem der gewollte und zuwege gebrachte Vollzug im Determinismus der Fakten seine Prägung anbringt, von dem Augenblick an, in dem er danach strebt, das gesamte System seiner eigenen Orientierung gemäß zu determinieren, enthüllt der Wille nach und nach seine Kraft und seine Ambition. Er fängt an, die Welt mit seinen Intentionen zu durchdringen, wie er bereits den Organismus durchdrungen hat. Er trachtet danach, gleichsam die Seele all dessen zu werden, was ihn umgibt und was ihm zu Diensten steht. Er hat vor, das Weltganze für sich zu gewinnen und es dadurch zu beherrschen, dass er es absorbiert. Besteht die natürliche Bewegung des Egoismus nicht darin, sich zum Mittelpunkt zu machen und alles auf sich allein zu beziehen? Verlangt er nicht danach, jedes ihm äußere Objekt als Zusatz und Annex zu seiner gebieterischen Laune zu besitzen? Das Zeichen, das die Bewegung eines Vollzugs nach außen hin ausdrückt, *[210 Die Bedeutung der spontanen Zeichen der Tat]* ist wenigstens im Keim eine besitzergreifende Invasion und eine Absorption des Weltganzen durch den Willen.

Wie das Wollen instinktiv suchte, sich zu bereichern und sich vollendet wiederzufinden, indem es sich im individuellen Organismus ausbreitet, so nimmt es neue Nahrung auf, wenn es in die sogenannte äußere Welt eindringt und sich im Zeichen äußert. Es verausgabt sich nur, um sich zu bündeln und mehr einzusammeln, als ob

I · Die unmittelbare Expansion und der sinnfällige Ausdruck der Tat

letztendlich das gesamte Weltganze ihm immanent werden müsste und nicht mehr wäre als die Verlängerung des dem Denken ganz gefügigen Körpers. Ist das nicht das Wunder, das vom Fortschritt der Wissenschaften jeden Tag besser möglich gemacht wird? Durch die Wissenschaften ist die Welt der Phänomene dem Menschen unterworfen. Sie wird vom Geist durchdrungen und ist offen für das Kreisen des inneren Lebens. Wenn sie wirklich ein Annex des Organismus geworden ist, um das Wort und alle Zeichen der menschlichen Aktivität ohne Furcht vor Zeit und Raum zu übermitteln oder festzuhalten, scheint sie sich innerhalb der Einheit eines Gedankens zusammenzufassen, der sie in sich trägt und ihr überall gegenwärtig ist, so wie in einem lebenden System das Leben, trotz seiner unteilbaren Einheit, überall zugleich ist. Alles steht in der Welt miteinander in Verbindung, alles zirkuliert und tauscht sich aus, ohne dass wir das Wie kennen müssten. Spontan scheinen die Kräfte der Natur zu einem Organ des Wollens geworden zu sein: Was für eine Schönheit der wissenschaftlichen Zivilisation!

Aber wenn das erste Zeichen des inneren Vollzugs unser spontanes Vorhaben vor uns projiziert, bietet es dies zur Kenntnisnahme an; es macht daraus ein partielles Objekt für die Reflexion. Wie sich in der Entscheidungsfindung der Handlung das vorgestellte Ziel stets unter einem besonderen Aspekt näher bestimmt, so hat in der Ausführung das gewollte und verwirklichte Ziel stets einen bestimmten und partiellen Charakter. Am Ursprung der Reflexion und der freien Entscheidung lässt die Disproportion zwischen den elementaren Bedingungen und den Anforderungen der wollenden Aktivität wie der gewollten Aktivität die Idee der Finalität entstehen. Hier geht es nicht mehr um die Idee eines Zieles, sondern es ist das Ziel als solches, das der wirkende Wille ständig verfolgt und das er auf reelle Weise in sich aufzunehmen beginnt, indem er sich nach außen hin zeigt. Der sinnfällige Ausdruck der Handlung deutet also auf ein Willensstreben hin, das auf einen weiteren Zielpunkt zugeht. Genau deshalb erscheint die Tat immer als transitiv, das heißt, sie scheint in einem fortwährenden Werden zu sein. Man kann sie nicht, es sei denn rein abstrakt, als absolut in sich geschlossen betrachten, denn ihre Folgen und ihr Zuwachs sind sowohl im Raum als auch in der Zeit virtuell unbegrenzt. *[211 Wozu dienen die unmittelbaren Spuren der Tat?]* Jedes Ziel, sobald es erreicht scheint, ist weiter nicht mehr als eine Leitersprosse, um darüber hinaus weiterzugehen.

Wenn das Individuum handelt, scheint es aus sich herauszu-

3 · Das Phänomen der Tat

gehen, gerade weil in ihm zwischen der Initiative und den Ergebnissen seines inneren Vollzugs eine Lücke klafft; in ihm herrscht Unerfülltsein und Mangel. Durch diese Expansion gehorcht der Handelnde dem Bedürfnis, das die Entwicklung des Willens entstehen lässt; er ist auf der Suche nach seiner Vollendung und seiner Angleichung. Dieser Exodus zeigt nicht, dass er schon mehr als genug und Überfluss hat. Er zeugt im Gegenteil davon, dass das Leben des Individuums sich nicht auf sich beschränken kann, dass eine Ergänzung unentbehrlich ist und zwischen dem, was ist, und dem, was wir wollen, das Gleichgewicht fehlt. Aus diesem Grund darf die innere Finalität nicht von der äußeren Finalität abgekoppelt werden; das System der Individualität und des organischen Vollzugs, der sie nach außen zeigt, ist ja kein geschlossener Kreislauf. Die Synthese des Lebens erhält sich nur aufrecht, wenn sie sich einem äußeren Zielpunkt ihrer Entfaltung zuwendet, diesen nach eigenen Maßgaben organisiert, während sie selbst sich nach Maßgabe des Zielpunktes organisiert. Die Tat ist nur insofern eine Tat, als sie einen Organismus bildet und indem sie unterschiedliche Phänomene gemeinsam auf ein einziges Ziel hinwirken lässt. Je mehr diese Finalität im komplexen Ganzen so realisiert wird, dass sie wie dessen Seele ist, desto mehr liegt die Tat offenkundig und klar zutage und ist die Handlung mehr Handlung. So sind eine schöne Maschine oder eine Statue reelle Ideen und aktive Intentionen ihrerseits. Sie sind das entfaltete Bild jener ersten Hervorbringung, die die Handlung in das natürliche Zeichen inkarniert.

Um ständig die aufgehobene Übereinstimmung zwischen dem Realisierten und dem Gewollten wiederzugewinnen, müssen wir uns selbst zu der Wirkursache einer Finalursache machen und diese auf uns lenken. Wie wir in der kleinen Welt innen in uns Kräfte gefunden hatten, die unseren Vollzug begünstigten oder sich ihm widersetzten, so müssen auch in der äußeren Welt Kräfte vorhanden sein, die gewiss unseren Vorhaben gegenüber zunächst fremd oder feindlich sind, die aber, ausgestattet mit einer eigenen Energie, dazu fähig sind, sich zur Initiative des Willens hinzuwenden, um sich ihr als gefügige Glieder des gleichen Organismus zu unterwerfen.

Indem wir wollen, handeln, wirken, hervorbringen, werden wir allmählich zu Entwicklungen geführt, die vielleicht unvorhergesehen sind, aber dennoch mit dem tiefen Bestreben des ursprünglichen Wollens gewiss übereinstimmen. Der Ausdruck der Handlung, wie unmerklich er ursprünglich auch sein mag, ist der Keim eines im-

I · Die unmittelbare Expansion und der sinnfällige Ausdruck der Tat

mensen Wachstums. Dieses erste Lebenszeichen, das sich mit der unfehlbaren Leichtigkeit einer unbewussten Spontaneität hervorbringt, *[212 Wie ist der Ausdruck der Tat möglich?]* wird zum Prinzip von mehr oder weniger natürlichen oder gewollten Zeichen, von mehr oder weniger künstlichen und schwierigen Werken, die das Denken des Menschen und seinen Herrschaftsbereich weiter entwickeln. Doch wird man sich fortan, sogar bezüglich dessen, was irgendwo anders her als von uns selbst zu kommen scheint, an jene Initiative erinnern müssen, die alles, was in Zukunft noch dazuwächst, dominiert. Die zweifache Bewegung, zugleich zentripetal und zentrifugal, die den Rhythmus in der Expansion des Lebens bildet, liegt gleichermaßen in ein und demselben Vorhaben beschlossen, alles zu erringen. Die Wirkursache und die Zielursache sind also aufgrund eines alternierenden Fortschreitens die antreibenden Formen ein und desselben Willensstrebens nach einer neuen Ausbreitung seines Herrschaftsbereichs.

Wie jedoch können die fremden Kräfte gewonnen werden, deren Mitwirkung für jede Hervorbringung und für das rudimentäre natürliche Zeichen unentbehrlich erscheint? Wir mussten bereits die inneren Kämpfe des Willensvollzugs gegen die organischen Widerstände erforschen. Mit welchen Schwierigkeiten, aber auch mit welchen Ergebnissen der Wille die zerstreuten und sich widersetzenden Kräfte zusammenbündelt, um daraus das Individuum zu bilden, haben wir nicht vergessen. An diesem Punkt der Untersuchung scheint das Hindernis noch gewachsen zu sein. Denn die Tat setzt nicht mehr einzig den Organismus bis in seine Tiefen in Bewegung, sondern sie ist darauf angewiesen, das sie umringende Weltganze an ihrem Werk zu beteiligen. Aufgrund dessen, was die Erfahrung und die Wissenschaften ihr beibringen, wird es der Tat gewiss gelingen, die sie umringenden geheimnisvollen Kräfte zu beherrschen. Von diesem Erfolg aber müssen wir Rechenschaft geben. Unter welchen Bedingungen ist dieses Gelingen möglich? Was setzt es beim *Handelnden* voraus, der es bewirkt, und zugleich bei dem, an dem *gehandelt wird*, der es möglich macht und begünstigt? – Sind nicht um uns herum wie auch in uns *Subjekte* vorhanden, die unseren Absichten virtuell entsprechen und die für den Einfluss der natürlichen Zeichen unserer Handlungen zugänglich sind? Jedwede Tat ist eine Bitte um Mitwirkung und ein Ergebnis der bereits erlangten Hilfe. Die Fortsetzung des Gedankengangs wird dies zeigen.

Das *Zeichen* verdient deshalb diesen Namen auf zweifache

Weise. Zum einen manifestiert es unter dem System von organisierten Phänomenen, die es bilden, eine Wachstumsabsicht. Zum anderen muss es vom Milieu, in dem es zutage tritt, empfangen, verstanden und wiedergegeben werden, um wirksam zu sein und sich mit Erfolg zu bilden. Die Tat bringt sich in der sie umhüllenden Atmosphäre nur hervor, indem sie an ihrem Erscheinen das beteiligt, was sie nicht kennt und was sie noch nicht erreicht. Wenn wir uns auf den Standpunkt des Individuums stellen, scheint seine spontane Expansion hier zu Ende zu sein. Denn von diesem Punkt an, indem wir von den bloßen Phänomenen, mit denen das Zeichen versehen ist, bis *[213 Wohin strebt die notwendige Expansion der Tat?]* zu den Kräften aufsteigen, die imstande sind, dessen Bedeutung wiederherzustellen, werden wir nach und nach Gehilfen sehen, die bei unserer beginnenden Tat mitmachen. Aber diese Zusammenarbeit, diese aktive Mitwirkung von fremden und scheinbar unabhängigen Verbündeten bleibt einbezogen im ursprünglichen Sinn des Zeichens. Das genügt, um den ideellen Anspruch des Willens auf die ganze Welt verstehen zu lassen. Zu untersuchen bleibt jedoch, wie der Anspruch sich durch eine erlangte tatkräftige Zusammenarbeit verwirklicht.

Es gibt wenige Wahrheiten, die weniger beachtet und doch der Aufmerksamkeit so wert sind, wie die folgenden: – 1° Jedwede Tat beteiligt notwendigerweise das fremde Milieu, in dem sie sich ausdrückt; dieser Ausdruck selbst ist nur möglich aufgrund eines unmittelbaren Entgegenkommens von etwas anderem als dem Handelnden. – 2° Diese natürliche Spur des Vollzugs ist ein erfassbares System von Phänomenen, in dem sich die subjektive Intention abzeichnet und das ihr erstes Wachstum bildet. Sie bezieht sich weniger auf die Wirkursache, deren Ausdruck sie ist, als auf die Zielursache, auf die sie bereits zugeht. – 3° Jedwede Hervorbringung ist auf diese Weise nicht mehr bloß eine Anordnung von sinnfälligen Fakten, sondern ein Zusammenwirken und eine Synthese von Vollzügen, die von fremden Handelnden ausgegangen sind. Aber dennoch sind diese Vollzüge, deren Ursprünge unabhängig oder gar divergierend zu sein scheinen, in ein und demselben Wollen eingeschlossen.

Die Intention, die dabei ist, sich zu realisieren, steigt also auf den Boden der bloßen Phänomene nur herab, um dort Widerhall, Mittäterschaft und Zusammenarbeit zu finden und auch, weil sie dies dort bereits gefunden hat. Es ist eine Tatsache, dass die Tat sich zwangsläufig durch ein Zeichen ausdrückt und im umfassenden Determinismus ihren Platz einnimmt. Diese Tatsache mussten wir ver-

I · Die unmittelbare Expansion und der sinnfällige Ausdruck der Tat

stehen. Und wie soll dies anders gehen, als sie auf die normale und konsequente Entwicklung des Willens zurückzuführen und zu zeigen, dass unter diesem scheinbaren Zwang der Keim seiner gesamten zukünftigen Entfaltung verborgen liegt.

*

Im nächsten Kapitel untersuchen wir die vom Handelnden hervorgerufene Antwort, die erzwungene Mitwirkung als solche, die seine Initiative notwendigerweise vervollständigt, mit einem Wort die *Koaktion* [gemeinsame Tat], sowohl im etymologischen als auch im üblichen Sinn des Wortes. Nach dem, was wir als *Exergie* bezeichnet haben, müssen wir, wenn man so sagen darf, die *Allergie*, »die Tat der Anderen« analysieren, eine Tat freilich, die völlig abhängig bleibt von der Initiative des Handelnden. Die Schlussfolgerung dieser Untersuchung wird der Aufweis sein, dass der Wille dem Werk stets gegenwärtig ist, einem Werk indes, das er dennoch nicht aus sich allein hervorgebracht zu haben scheint, bedarf er doch stets einer größeren Ausweitung und ist er immer auf der Suche nach einer intimeren und gefügigeren Zusammenarbeit.

[214]

Kapitel II
Die Koaktion

Es gibt keine Handlung, wie intim sie auch sein möge, die im steten Zwang sich auszudrücken nicht außerhalb des Individuums an eine Art von Entgegenkommen und Zusammenarbeit appellieren würde. Eine Geste, ein gesprochenes Wort sind nur möglich durch das Milieu, in dem sie zutage treten. Das Phänomen kommt weder allein von uns, noch allein von der umringenden Welt; es kommt von beiden, sozusagen auf unteilbare Weise. Jedwede Handlung kommt vom *Handelnden*, jedoch um unmittelbar zu dem zu gehen, *an dem gehandelt wird*, ohne den sie nicht existiert. Wir können nicht nur nicht etwas aus nichts schaffen oder machen, das heißt, dass eine Materie, welche sie auch sein möge, für die Ausübung unserer Aktivität als vorhergehende Bedingung unerlässlich ist, sondern auch noch unsere Vollzüge und Intentionen werden sich in irgendeiner Weise nach dem Objekt formen, auf das sie hinstreben, um dort ihre Form zu erhalten.

Um zu handeln, muss man sich also wahrhaft seinem Milieu anpassen; dieses Milieu seinerseits trägt ebenso wahrhaft zu der Weise des Seins und des Tuns dessen bei, der sich dort entfaltet. So sind die Formen der Architektur sowohl durch die Bestimmung des Gebäudes geboten als auch durch die Natur der Materialien, das heißt durch die Idee des Handwerkers und durch die antwortende Tat des Objektes, auf das er seine Tätigkeit anwendet. Das Zeichen ist zum Teil durch den Körper gestaltet, in den es sich einprägt, und der Buchstabe des Symbols wirkt auf den Geist, der es inspiriert und anregt. Wenn wir in der Sinneswahrnehmung reagieren, um den empfundenen Eindruck mit unserem subjektiven Charakter zu färben, so empfängt umgekehrt unsere Initiative, während sie sich im Objekt implantiert, eine Prägung, die von diesem Objekt kommt und nicht mehr von uns.

[215 Notwendigkeit, ein fremdes Mitwirken zu erfordern] Unsere Tat ist also nie einzig unsere Tat. Es genügt nicht, dass sie dazu veranlasst wird, aus der inneren Umschlossenheit des Individuums

herauszutreten, sie muss darüber hinaus durch eine Art natürlicher Affinität und durch *Koaktion* uns fremde Kräfte wecken, und ihr Werk oder ihr Phänomen muss sich aus einer Konvergenz und einer Synthese von Tätigkeiten ergeben, die aus verschiedenen Ursprüngen hervorgegangen sind. Auf welche Weise also geht die Tat des Anderen, die »Allergie«, könnte man sagen, in die Bewegung unseres persönlichen Willens ein? Wie erlangen wir diese notwendige Zusammenwirkung? Und welches ist das Ergebnis oder die Folge dieser Koaktion?

I

Die Idee eines zu verfolgenden bestimmten Ziels setzt bereits den unmittelbaren Ausdruck der ideellen Intention im reellen Zeichen voraus, das auch deren erstes Werk ist. Indem die Tat sich hervorbringt und ebenso um sich überhaupt hervorzubringen, bestimmt sie sich ihrem eigenen Streben gemäß und je nach dem Anlass ihrer Expansion.

Worauf wir unsere Aktivität auch ausrichten mögen, stets müssen wir den Endpunkt der Entfaltung beachten, auf den sie angewandt wird, denn die Physiognomie des verfolgten und erwünschten Werkes wird sich zum Teil daraus ergeben. Was als Formursache bezeichnet wird, ist also nicht ausschließlich eine Angelegenheit der Initiative der Wirkursache; sie hängt genauso vom Objekt ab, auf das die Tätigkeit hinstrebt, wie von dem Subjekt, von dem sie ausgeht. Von dem Augenblick an, in dem ein Objekt als nachgeordnete Bedingung der Handlung zum Ziel dient, geschieht dies, weil wir etwas anderes von ihm erwarten, als wir dort selbst einbringen. Für unseren Willen gibt es eigentlich keine andere Zielursache als die, in der wir im Voraus eine Wirkursache sehen, in der wir diese suchen und fordern.

Damit ist es nicht richtig, wenn wir bei der Untersuchung der intentionellen Finalität einzig den Willen betrachten würden, der ein Ziel anvisiert, als ob es ihm im Alleingang gelänge, mit seinen eigenen Mitteln und aufgrund einzelner Anstrengungen das Ziel zu erreichen. Die Zielursache ist zum Teil seine Wirkursache. Sie liefert nicht nur den Endpunkt, sondern darüber hinaus die Begleitung der Tat, die sich auf das Ziel hinbewegt und ihn erheischt. Es ist ebenfalls nicht richtig, wenn wir den Blick auf das vorgesehene und im Voraus

3 · Das Phänomen der Tat

festgelegte Ziel eingrenzen würden. Denn wenn wir uns einbilden, dass wir dieses Endziel einzig um seiner selbst willen wollen, verfolgen wir dennoch und oft, ohne uns dessen bewusst zu sein, noch etwas anderes als das Endziel, nämlich seine Auswirkung, seine Gabe und seine Eingliederung in unser Wollen. Das heißt, *[216 Die Koaktion]* wenn es eine Zielursache zu sein scheint, der gegenüber wir die Rolle der Wirkursache übernehmen, so geschieht es unter der wechselseitigen Bedingung und mit der verborgenen Absicht, dass das Endziel eine Wirkursache wird und wir deren Zielursache werden. So ist das wahre Ziel des Egoisten nicht das, was er will und was er erlangt, sondern sein eigenes Ich. Nur dann streben wir nach dem, was wir nicht haben, wenn dieses Etwas mit oder für uns eine neue Synthese hervorbringen soll, in die das scheinbar begehrte Endziel nur noch als Element oder Mittel eingeht.

Ob ich es nun weiß oder nicht, meine Tat, außerhalb meiner selbst von jenen Kräften angenommen oder fortgeführt, für die ich sie bestimmte und in denen ich eine Vollendung suchte, muss also zutiefst verwandelt werden. Und diese Verwandlung, bisweilen unvorhergesehen und nicht im Verhältnis zu meinen Vorhaben, habe ich gewollt; sie ist implizit enthalten in der freien Entscheidung wie im Vollzug, der ihr Ausgangspunkt gewesen ist. Was hat der Wille eigentlich vor? Alles Übrige an sich selbst anzupassen. Wie das Werkzeug gleichsam ein zusätzliches Organ zu unseren Organen ist, so ist die Tat eine Ausweitung des Wollens außerhalb von uns. Sie tritt nach außen heraus, aber eben um das in sich eingehen zu lassen und es sich anzugleichen, in dem sie sich von sich selbst zu entfremden scheint.[1]

Was wir auch zu tun haben, stets müssen wir Kräfte mitziehen, die unserer Kraft fremd sind. Alle zusammen bilden sie ein Bündnis, das für die Hervorbringung des geringsten Werkes, des kleinsten Zeichens unserer Aktivität notwendig ist. Wir müssen also die alte peripatetische Definition ergänzen und sagen, dass ein Akt mehr ist als der Übergang einer Potentialität zu ihrer Vollendung unter der Wirkung einer bereits zu Akt gewordenen Potentialität. Der Akt oder die

---

[1] Im Unterschied zur Erkenntnis, die ihr Objekt in einen Gedanken umwandelt, transportiert die Tat den Handelnden in das von ihm verfolgte Ziel selbst. Deshalb ist das, was wir außerhalb von uns tun, wenn man so sagen darf, uns wesentlicher und innerlicher als das, was wir im Inneren sammeln. *Non quod intrat, sed quod procedit, hoc coinquinat hominem* [nicht das, was hineingeht, sondern das, was austritt, macht den Menschen unrein].

Handlung ist die Synthese und das Zusammengehen zweier zusammenwirkender Potentialitäten durch die Vermittlung und den gegenseitigen Rollentausch einer Wirkursache und einer Zielursache. Denn jede der beiden sich gegenüberstehenden Ursachen dient der jeweiligen anderen als relatives und vorläufiges Ziel. Beide haben zu geben und zu empfangen, sodass das erlangte Ergebnis für jede als die Frucht des Determinismus oder der Wirksamkeit der anderen erscheint. Was heißt dies anderes, als dass der bereits verwirklichte, aber noch unvollkommene Wille in uns danach strebt, sich in die Welt einzufügen und sich dort zu vervollständigen, so wie er dies bereits im Organismus getan hat? Aufgrund dessen, *[217 Wie sich das Bedürfnis einer Mitwirkung erklärt]* was er bereits ist, ist er nur ein Mittel; aufgrund dessen, was er sein will, ist er die wahre Zielursache. Und zwischen diesen beiden Polen seiner Entwicklung nimmt die fremde Mitwirkung, die »Allergie«, ihren Platz ein; sie ist wie eine Vermittlung, die zunächst ein Ziel zu sein scheint, aber nur ein Mittel ist.

Die Tat von etwas Anderem: Genau dies erfordert unsere persönliche Tat, um unsere eigene expansive Synergie zu ermöglichen und zu vervollkommnen. Aber sie ist auch das, was unsere Tat zutiefst wandelt und das Problem der Leistungsfähigkeit oder des Erfolges unserer Anstrengungen komplizierter macht. Wir bringen nichts hervor, was wir nicht zur gleichen Zeit aus oft widerspenstigen oder heimtückischen Kräften gewinnen. Es ist deshalb normal, wenn wir in der gut vorbereiteten und liebevoll gehegten Tat, Abneigung, Befremden oder Wut verspüren, denn unsere Entschlüsse sind schlecht ausgeführt, unsere Träume enttäuscht, unsere Sorgen im Gegenzug schlecht honoriert. Die undurchschaubare Art, das Ungenügen und der Unverstand bei unseren Verbündeten hintergehen unsere Projekte genauso wie die Feindseligkeit verschworener Hindernisse. Sie machen sich das zu eigen, was wir als unseres wollten. Spüren wir nicht ein Entsetzen, das in uns hochkommt, angesichts des Wenigen, das wir können, jenem Unendlichen gegenüber, dessen wir für unser Handeln bedürfen, mit dem wir tastend umgehen müssen und das unseren schwachen Vollzug stört, ablenkt und stürzen lässt? Steigt in uns dann nicht ein Gefühl des Entsetzens hoch? Was wir zu fürchten haben ist die Machtlosigkeit der zurückgedrängten Anstrengung und zugleich die unvorhergesehene Fruchtbarkeit einer zu sehr fördernden Einmischung. Mal mehr, mal weniger, aber nie genau das, was wir wollten. Dies ist der Grund, weswegen gewöhnlich auf jede

3 · Das Phänomen der Tat

sehnlichst gewünschte Befriedigung eine Enttäuschung folgt. In dem, was wir uns wünschten, hinter dem scheinbaren Ziel des Verlangens, verbarg sich ein unendlich umfangreicherer Wunsch.

Es ist eine dem Menschen natürliche Absicht, möglichst genau und gezwungenermaßen die Mitwirkung der fremden Kräfte zu erlangen. Sich selbst sozusagen zurücknehmend, versucht er mit seiner eigenen Anstrengung sparsam umzugehen, um die fremden Kräfte das hervorbringen zu lassen, was er im Voraus genau bestimmt hat und um ganz allein der Wille dessen zu sein, was diesen Willen nicht hat. Wodurch ist diese Koaktion möglich? Denn dieses Wort muss neben der Idee des Zwangs, die es hervorruft, auch die Bedeutung seiner Etymologie bewahren: Konvergenz und Vereinigung von Aktivitäten. Es handelt sich jetzt nicht mehr darum, Strebungen festzuhalten und Vorhaben zu betrachten, sondern eine wirksame Zusammenarbeit und eine faktische Einmischung zu bestimmen. Wie also gelingt es dem Vollzug des Menschen, um etwas, das außerhalb von ihm zu sein scheint, seinem Bedürfnis und seinem Wunsch entsprechend zu benutzen, es sich zu unterwerfen, es sich anzugleichen und es sich einzuverleiben?

II

[218 Die Koaktion] Wir handeln nie allein. Auf welche Weise vermag unsere Tat die Tat von etwas Anderem hervorzurufen und sogar zu erzwingen? Und was setzt diese Möglichkeit als solche voraus? Diese Frage ist anspruchsvoll. Denn statt das sinnfällige Phänomen zu betrachten oder das hervorgebrachte Werk als Ausdruck des *Handelnden*, müssen wir darin jetzt den Blick auf den Anteil dessen richten, *an dem gehandelt wird*. In diesem Phänomen steht also nicht mehr das Sinnfällige im Vordergrund, sondern das, was das Phänomen sinnfällig macht. Der physische Determinismus war gewiss bereits überschritten und bezwungen. Wir müssen aber noch deutlicher sehen, wie die siegreiche Hervorbringung der Handlung nur aufgrund dessen möglich ist, was außerhalb des Handelnden an *Subjektivem* vorhanden ist.

Um in das universelle System der Phänomene vorzudringen, muss die Tat, während sie sich hervorbringt, wie die Nahrung des Milieus werden, in dem sie in Erscheinung tritt. Um sich zum Objekt zu machen und sich auf sinnlich wahrnehmbare Weise zu zeigen, ruft

II · Die Koaktion

unser subjektives Leben Subjekte hervor, die ihm noch fremd sind. Um das Vorstellungsvermögen mit Hilfe der Analogie zu unterstützen, müssen wir uns an den Punkt zurückversetzen, an dem wir die Grundbedingungen der Tat in uns und deren unbewusste Quellen betrachteten. So werden wir uns leichter vorstellen können, wie unser in den Bereich der reinen Fakten abgestiegener Willensvollzug seinerseits zur unsichtbaren Quelle und zur notwendigen Stimulanz anderer Energien und Taten wird, die von anderswo als von uns ausgegangen sind. Wir treten wieder in den Determinismus der Natur ein, um ihn nach unserem Gutdünken anzustacheln und auf unsere Ziele hinzulenken. Wir stacheln ihn an, wie er uns anstachelt.

Um zu handeln, und damit es uns worin auch immer gelingt, müssen wir also wissen, wie wir dies anzustellen haben. Ob wir mit Granit oder mit Lehm arbeiten oder Menschen führen müssen, stets brauchen wir ein instinktives Feingefühl oder eine unauffällige suggestive Kraft. Indem die Tat sich im Dynamismus ihrer Umgebung verbreitet, bringt sie durch den Mechanismus des Zeichens dort eine Intention oder eine Idee hinein. Sie wahrt dabei einen Sinn und eine individuelle Physiognomie, die in jenem expressiven Symbol, welches sie dank des Zwanges des Determinismus dem gesamten System vorlegt und sogar auferlegt. Die Tat ist eine subjektive Virtualität, die dazu imstande ist, andere Spontaneitäten im Dienste ihrer eigenen Absichten zu organisieren. So enthüllen sich die Finalität und die Wirkung jenes ersten hervorgebrachten Werkes, welches der unmittelbare Ausdruck *[219 Wie kann man eine fremde Mitwirkung wecken?]* des Vollzugs selbst ist, immer besser. Es wird zum Instrument der wachsenden Herrschaft des Willens. Auch dort, wo wir der noch ungestalteten Materie Gewalt anzutun scheinen, ist unsere Intervention lediglich ein Zeichen, und zwar in dem Sinn, dass wir damit nach einer Reaktion rufen und mit einer Hilfe rechnen.

Konfrontiert mit einer Wirkursache, die ihm durch das sinnfällige Phänomen als Träger und unter der Gestalt einer subjektiven Nahrung eine Intention und gleichsam eine bestimmende Einwirkung verschafft, beschafft der Endpunkt der Willensentfaltung also die Mittel. Mit mehr oder weniger Spontaneität, Widerstand oder Einsicht wird er seinerseits zur Wirkursache des gemeinsamen Ziels, das er gewiss ganz allein nicht erlangt hätte und dennoch in sich barg. Jedes getane Werk setzt zwei Wirkursachen voraus, die einander entsprechen und sich ergänzen. Die eine und die andere bilden wechselseitig die notwendige Bedingung ihres gemeinsamen Erfolgs. Und die

3 · Das Phänomen der Tat

Seele dieser Koaktion ist eine Ausgangsintention, ein Wille, der sich nicht nur das zunächst angestrebte Objekt, auch nicht nur die Mitwirkung dieses objektiven Ziels vornimmt, sondern auch eine Tat- und Wirkungsgemeinschaft. Wir beherrschen die Phänomene nur, wenn wir uns ihrer als Zeichen bedienen, um wieder zu dem zurückzugehen, was die Phänomene bestimmt und sie hervorbringt. Dies heißt, dass auch wir ihnen als Zeichen dienen, um so die Kräfte anzuregen, aus denen sie hervorgehen.

Der mechanische Wirkprozess, der sich in der Welt der Phänomene vollzieht, indem er sich nach den sinnfälligen äußeren Erscheinungsweisen richtet, impliziert somit eine verborgenere und wirksamere Tat, die Gegenüberstellung dynamischer Fähigkeiten, den Nachweis oder das gegeneinander Abwägen der tiefen Affinitäten, all das, was die Metaphysiker vorschnell als die Kommunikation der Substanzen bezeichnet hatten. Die Wirksamkeit der Handlung in der Welt der Phänomene beruht letzten Endes auf einem Zusammenwirken von Spontaneitäten, die sich durch ihre Symbole hindurch wahrnehmen lassen. Wenn der Ingenieur mit Hilfe einer Berechnung den Widerstand der verwendeten Materialien bestimmt, oder der Physiker aufgrund seiner Experimente die Leitfähigkeit eines Körpers festlegt, oder der Arzt für seine Prothesen empirische Erkenntnisse verwendet, die es ihm ermöglichen, gutes Werk abzuliefern, dann versuchen alle, gewiss unreflektiert, das *quid proprium* [das Eigene] und, wenn man so sagen darf, die subjektive und aktive Natur der Rohelemente zu durchdringen, von denen sie eine Entsprechung zum vorgenommenen Ziel erwarten.

In Wirklichkeit tun wir nichts, nicht einmal bei der Herrichtung der Materialien; wir lassen durch andere das tun, was das Denken *[220 Die Koaktion]* ausgedacht und der Beschluss entschieden hat. Wie im individuellen Leben das Zusammenwirken der untergeordneten Energien in uns wirksam ist unter der Vermittlung der Anfangsintention, so besteht außerhalb von uns die Rolle des Willens weniger darin, zu handeln, als vielmehr die äußeren Kräfte zu wecken und sie auf ein Ziel auszurichten, indem er diese an die Handlung anpasst. Auch in den Fällen, wo die Herausforderung des Urhebers, der die Initiative zum Werk hat, nötigend erscheint, handelt er nicht, ohne handeln zu lassen. Von außen bringt er die Bedingungen zusammen, von innen reagiert nur die bestimmende und wirkende Ursache. Wie Bacon bereits bemerkte, beschränken wir uns darauf, die natürlichen Kräfte miteinander zu konfrontieren: *natura intus cetera transigit* [die Natur bringt im Inneren das Übrige zum Abschluss]. Sogar um sie miteinander zu konfrontieren, muss ein Zeichen eine schlafende und sterile Energie in ihnen geweckt haben, die für die Anstachelungen des Zeichens empfindlich ist. In dem, was die Magie oder der Okkultismus von sich behaupten, ist nicht alles absurd. Es gibt eine natürliche Bezauberung, die, auch wenn sie unter normalen Bedingungen unwirksam ist, zum Ursprung wunderschöner und wunderbarer Vorgänge werden kann.

Es scheint gewiss seltsam, zu sagen, um auf einen Stein einzuwirken, müsse man durch eine Art Suggestion virtuelle Energien ansprechen, die in ihm schlummern. Es scheint aber auch seltsam, dass der Hypnotisierte in der schlafwandlerischen Hyperästhesie die unwahrnehmbarsten Zeichen und sogar die unbewussten Seelenzustände seines Magnetiseurs wahrnimmt, ohne sich über die Vermittlungen Rechenschaft zu geben. Kann das, was durch eine geistige Aktivität im Verborgenen hervorgebracht ist, nicht auch auf verborgene Weise empfangen und gedeutet werden? So wirkt wohl der gewöhnliche Mechanismus in der Deutung der unterschiedlichsten Zeichen. Die innere Harmonie eines bis in seine winzigsten Teile expressiven und lebendigen Symbols wird immer nur in groben Zügen verspürt; letztendlich ist der arbiträre Charakter des Ausdrucks ausschlaggebend. Aber wenn die konventionelle Verständigung verblasst, hebt sie dieses expressive Gewebe des natürlichen Zeichens nicht auf. Es gibt eine unbewusste Sprache, die unbewusste Sinnesorgane anspricht; wie jede andere Sprache kann sie gelernt und durch den Gebrauch perfektioniert werden. So nimmt der Magnetiseur immer mehr Besitz von seinem Subjekt und macht sich in dem Maße immer mehr verständlich, je öfter er in seiner geheimnisvollen Redeweise zu ihm spricht. Was man Gedankenlesen nennt, ist vielleicht nur die feinsinnige Wahrnehmung und die intime Deutung dieser unmerkbaren Spuren, εἴδωλα [Bilder]. Auf diese Weise stellt man sich ein wenig die Möglichkeit vor, Merkwürdigkeiten der instinktiven Sympathien oder Antipathien zu erklären und auch das Befremdende *[221 Die Tat impliziert einen externen Dynamismus]* jener telepathischen Übermittlungen, mit deren Zeugnissen sich heute einige Psychologen befassen. Es scheint, dass wir, ohne dies zu wissen, in einem ständigen Netzwerk nicht fassbarer Einflüsse leben.

Wenn wir in der Hygiene des animalischen Organismus dazu gebracht werden, die kleinsten Kleinigkeiten im Höchstmaß zu berücksichtigen, so ist es gewiss ebenso notwendig, bezüglich der unbe-

3 · Das Phänomen der Tat

wussten kleinen Bestandteile der mentalen Vorgänge all diesen kaum wahrnehmbaren Elementen eine Rolle zuzuweisen. Sie sind wie Keime, die, verborgen unter dem toten Buchstaben des materiellen Phänomens, nur auf einen geeigneten Boden warten, um innerhalb einer Spontaneität, die ihnen Nahrung geben kann, zu keimen. Überall dort, wo es den Ansatz eines subjektiven Lebens gibt, also überall, ist es möglich, zu wirken. Wir schalten uns in den Determinismus der Phänomene nur unter folgender zweifacher Bedingung ein: nämlich, dass wir unsere eigene Handlung aus einem Vermögen herleiten, das diese Handlung übersteigt, und dass wir unsere nützliche Tat einer Kraft entlehnen, die jenseits dieses Determinismus und hinter den hervorgebrachten Phänomenen liegt.

Wir gründen deshalb unsere Wissenschaft und unsere Vorherrschaft niemals auf die unmittelbar wahrgenommenen Phänomene. Was setzt das Bedürfnis des Tatmenschen nach Lehren aus der Erfahrung voraus? Was die wissenschaftliche Forschung? Und was die Macht der Wissenschaft über die Natur? All das impliziert, dass wir, um wirksam zu handeln, das aufdecken und unseren Zielen zuwenden müssen, was in den wahrgenommenen Phänomenen deren unsichtbares subjektives Phänomen und deren eigene Tat ist. Auf solche Weise wird nach der inneren Subjektivität und der organischen Subjektivität auch die *externe Subjektivität* zu einer Wahrheit im wissenschaftlichen Sinn.

Zwischen der Frage bezüglich der Beziehungen zwischen den Phänomenen untereinander und dem noch zurückgestellten, vielleicht imaginären Problem bezüglich der Kommunikationen der Substanzen ist also noch Raum frei für die Erforschung von Verhältnissen, die weder physisch, noch metaphysisch, sondern die psychologisch sind. Auch wenn es so scheinen mag, unser Handeln wirkt nicht auf die positiven Fakten, die als die einzige Wirklichkeit aufgefasst werden. Um in ihnen zu wirken, müssen wir durch die von ihnen dargestellten Zeichen hindurch die verborgenen Kräfte erreichen, die dazu imstande sind, sie hervorzubringen. Durch die Vermittlung der Phänomene wenden wir uns an die Ursachen. Die erfahrenen Fakten sind sozusagen nur der Widerhall tiefer Schwingungen, wobei wir uns anstrengen, sie richtig zu berühren, allerdings tastend, ohne dabei zu sehen. Es gibt manche Dinge, und darunter sogar ganz wichtige, über die ein Bauernlümmel genauso viel und sogar mehr von Philosophie weiß als Aristoteles.

II · Die Koaktion

[*222 Die Koaktion*] Hier erscheint wieder die Nahtstelle zwischen experimentellen und mathematischen Vorgehensweisen. Welches ist das Objekt der Infinitesimalrechnung und wie ist die paradoxale wechselseitige Anpassung der Zahlen an die Beobachtung und der Erfahrung an das Kalkül zu erklären? Die Infinitesimalrechnung setzt gerade eine lebendige und unendliche Virtualität in der Natur voraus. Sie setzt im Gegenüber zu unserem Denken unter dem so erscheinenden Mechanismus andere Energien voraus, andere Subjekte, Monaden und einen Dynamismus. Gerade deshalb ist sie für die äußere Erscheinung anwendbar und ermöglicht es, diese zu beherrschen. Handeln bedeutet, mit Feingefühl und Gespür in die geschlossene Intimität anderer Subjekte vorzudringen und sie für den Handelnden zu interessieren. Zählen bedeutet, diese Unendlichkeit des Lebens und diese Beziehungen zwischen den zusammenwirkenden Kräften auf symbolische Weise darzustellen. Deswegen setzt der Zählvorgang, wie wir gezeigt haben, die Tat voraus, und deswegen ist die Tat als die natürliche Vermittlung zwischen den Zahlen und der Erfahrung in Erscheinung getreten.[2]

Auf solche Weise lässt sich besser erklären, wie die positiven Wissenschaften einer verborgenen Sehnsucht des Willens entsprechen. Denn dieser noch oberflächliche und sozusagen noch künstliche Wunsch nach Erkenntnis, der bereits als ein triftiger Grund fürs menschliche Wissen zutage getreten war, beruht, wie man sieht, auf einem tieferen Bedürfnis: Die Tat, die außerhalb ihrer selbst andere Handelnde angeht, sucht, um wirksam zu sein, das unsichtbare Weltganze, aus dem die Fakten hervorgehen, die zu erwecken sie behauptet, durch eine zweifache Annäherungsarbeit zu durchdringen, *a priori* und *a posteriori*. Und wie wir, um unsere Gliedmaßen und unsere Wünsche zu beherrschen, die ungelenken Schritte zügelten, um die Aufständischen im Inneren gleichsam von zwei Seiten unter Feuer zu nehmen (vom überlegenen Willen her wie vom passiven Gehorsam der materiellen Handlung her), so verwenden wir auch hier, aufgrund einer analogen Taktik, das empirische Erkennen und die mathematische Deduktion als Schraubstock, um die ungreifbaren Kräfte der Natur in unseren Dienst zu zwingen.

---

[2] Es geht nicht darum, die substantielle Realität dieser dem Handelnden fremden Subjekte zu bejahen, noch die des Handelnden selbst. Es geht schlichtweg darum, die wechselseitigen Beziehungen zwischen der subjektiven und der objektiven Ordnung zu bestimmen oder alle Aspekte des universellen Phänomens untereinander anzugleichen.

3 · Das Phänomen der Tat

Es ist also die Tat, die den Bereich dieser positiven Wissenschaften konstituiert. Denn auf beiden Seiten ist der Inhalt des Wirkvorgangs, das Zusammenwirken unseres Erkennens mit den inneren Bedingungen der Phänomene, die Koaktion im universellen Determinismus Objekt ihrer Forschung. Sie schienen sich deswegen nur in der Tat miteinander zu verknüpfen. Deshalb auch sind sie *[223 Kausalität und Finalität]* als Mittel gewollt, um die reflektierte Intervention des Menschen zu erklären und zu entwickeln, um seine Macht zu mehren und seinen Herrschaftsbereich auszuweiten. Wenn der Gelehrte den entferntesten galaktischen Nebel erforscht oder den Organismus eines Insektes untersucht, wirkt er, für den Verständigen, mit an der Lösung des Problems der menschlichen Bestimmung. Jedwede Frage geht in diese Frage ein. Im Grunde analysieren die Wissenschaften die Vorgehensweisen des Wollens und tragen dazu bei, seinen Intentionen zu dienen. Ihre eigentliche Existenzberechtigung liegt darin, andere Energien an den Willen anzupassen und dem individuellen Leben etwas vom universellen Leben hinzuzufügen.

III

Wenn die Tat sich hervorbringt, verwandelt sie sich. Aber gerade diese Verwandlung suchten wir in unserem Handeln. Der Handelnde siedelt sich in dem an, was er tut, und das, was er tut, gestaltet ihn. Das Gleichgewichtszentrum des individuellen Lebens verschiebt sich und begibt sich also in das Werk, dem der Wille sich widmet. Ἐνεργείᾳ ὁ ποιήσας τὸ ἔργον ἔστι πῶς [durch die Wirksamkeit ist der Handelnde gewissermaßen das Werk].

Dies ist der Standpunkt, den wir einzunehmen haben, um die Beziehung zwischen der äußeren und der inneren Finalität zu verstehen und damit zugleich den Begriff der Kausalität. Um wirksam zu sein, setzt jedwede Ursache eine tatsächlich vorhandene Synthese voraus. Wie können unterschiedliche Teile ein und desselben organischen Systems so zusammenarbeiten, dass sie wechselseitig Mittel und Ziel werden, wenn nicht der eine Teil als Wirkursache im anderen Teil als Zielursache eine Spontaneität findet, die seine eigene unterstützt, in enger Verbundenheit mit ein und derselben Leitidee? Das Gleiche gilt für die Kräfte, die man als einander äußerlich bezeichnet, die aber in Wirklichkeit Teile eines selben Komplexes bilden, in dem alles miteinander zusammenhängt und die Angleichung überall möglich und vervollkommnungsfähig ist.

So ergibt sich das kausale Band sowohl aus einer subjektiven Disposition als auch aus einer empirischen Assoziierung. Seine Originalität liegt darin, analytisch *a priori* und zugleich synthetisch *a posteriori* zu sein, denn in dem, was sie gemeinsam hervorbringen, ist jedes der beitragenden Subjekte ein Haupthandelnder. Die ideelle Intention scheint ganz vom Initiativnehmer zu stammen und die Entsprechung scheint ganz vom Mitwirkenden zu kommen. Faktisch jedoch liegt Gegenseitigkeit zwischen der Form und der Materie vor und im Werk ein zweifacher symmetrischer Vorgang. Jeder für sich glaubt, alles zu tun. Von der Intention her gehört das Ergebnis ganz jedem Einzelnen, obwohl dies *[224 Die Koaktion]* nie nur das ist, was jeder dazu beigetragen hat. Gewiss ist die Wirkung nur aufgrund einer synthetischen Beziehung mit ihren Ursachen verknüpft (daher die Unmöglichkeit, den Determinismus der Natur zur absoluten Wahrheit zu erheben). Aber die Wirkung ist nicht nur ein Phänomen, das sich in der Abfolge nach dem vorhergehenden einreiht. Es setzt die Intervention einer zweiten Ursache voraus, die ihrerseits auch subjektiv ist und, wenn man so sagen darf, *naturiert* (daher die Unmöglichkeit, in der Kausalität eine rein willkürliche Verbindung zu sehen). Zwischen dem Handelnden und seinen Mitwirkenden herrscht eine Beziehung in Analogie zur Finalität, die die Teile ein und desselben Organismus verbindet. Der Wille wird somit gleichsam zur Seele des Determinismus, den er seinen Zielen dienstbar macht. Der Mensch ist wahrhaft »die ganze Natur«, das universelle Band.

Da das vollbrachte Werk stets eine Synthese ist, die sich vom geplanten Werk unterscheidet, kann nichts die tatsächliche Erfahrung ersetzen. Und was die Wissenschaft der Praxis anbelangt, so bedeutet es viel, auf diese Weise die heillose Ohnmacht der reinen Spekulation aufzuweisen. Man setzt sich zum Beispiel in der Forschung der wirtschaftlichen und sozialen Funktionen unvermeidlich einem Irrtum aus, wenn man die Expansion der menschlichen Aktivität betrachtet und ihre Folgen konstruiert, ohne unmittelbar die Gegenbewegung und die natürliche Reaktion ins Auge zu fassen. Wer gibt, der empfängt. Aber das Empfangene, das heißt zugleich, das *Gegebene*, dient dem *Geber* zur Richtschnur. Im erfinderischen Geist gibt es im Hintergrund immer eine Passivität. Eine Entdeckung ereignet sich nicht, ohne dass eine günstige Gelegenheit auf eine wachsame Neugierde

3 · Das Phänomen der Tat

trifft. Wir arbeiten nicht aufs Geratewohl, nicht im Vagen und Unbestimmten, sondern die Ordnung der Dinge lenkt unsere Anstrengung, unterstützt unser Denken, orientiert unsere Tat durch kaum spürbare Widerrede.

Gewiss bleiben unendlich viele Abwege möglich. Aber welche Gewalt man der offensichtlichen Ordnung auch antun mag, stets bleibt sogar in den unordentlichsten Handlungen eine ordnungsgemäße Abfolge im Wachstum des gewollten Wirkvorgangs bestehen. Indem wir von dieser unbestimmbaren Verschiedenheit absehen, müssen wir also fortfahren, die notwendige Entwicklung und die natürliche Geschichte des vollzogenen Werkes zu erforschen.

Die Ergebnisse der vorhergehenden Analyse wollen wir zusammentragen:

Die individuelle Tat behauptet sich im Äußeren, und wäre dies nur aufgrund des natürlichen Ausdrucks und des organischen Systems der Phänomene, die deren Zeichen sind.

[225 Wie die Tat die universelle Zusammengehörigkeit bildet]
Dieses Zeichen nun birgt ein Streben nach einem weiteren gewollten Ziel in sich. Es tritt an die Öffentlichkeit, bildet sich und bewerkstelligt seine Wirkung vor allem nur, wenn es bereits etwas, das dem individuellen Leben fremd ist, an seiner Hervorbringung beteiligt hat. Das Zeichen muss sein, und damit es sei, muss es Koaktion geben.

Diese Koaktion, aus der das Phänomen der Handlung, wie elementar sie auch sein mag, sich ergibt, ist nur möglich, wenn das Milieu, in dem die Handlung sich entfaltet, ihr entspricht. Die mechanische Beständigkeit der determinierten und zusammengehörigen Fakten impliziert einen äußeren Dynamismus. Es ist nicht nötig, zur Metaphysik seine Zuflucht zu nehmen, um die Wahrheit von diesem Dynamismus herauszustellen. Dass es dem Handelnden fremde Subjekte gibt, ist ein Phänomen gleicher Ordnung wie die Existenz des Subjekts selbst, denn der Zusammenhang dieser Phänomene ist notwendig. Man kann diesbezüglich nur Wissenschaft betreiben, wenn man diesen Determinismus anerkennt.

In jeder nach außen gehenden Tätigkeit liegt also eine zweifache Bewegung vor: Durch die erste Bewegung drängt das expressive Zeichen sich dem umgebenden Determinismus auf; durch die zweite Bewegung wird die Reaktion, aus der das gewünschte Werk hervorgehen wird, durch dieses Zeichen verlangt, erfordert und erhalten.

So setzt das Phänomen der Tat die Konvergenz zweier Reihen von Phänomenen voraus. Die eine Reihe geht vom Handelnden aus, die andere wird von anderswo hervorgerufen. Jedwede Hervorbringung erfordert das Zusammenwirken von zwei Akteuren. Die erzwungene Handlung, die vom Handelnden als Initiativnehmer des Werkes durch die Vermittlung des Zeichens ausgeht, kommt auf irgendeine Weise mit dem Zeichen oder dem Phänomen zusammen, dessen Anregung sie erfahren hat. Der nach außen gehende Vollzug des Willens bildet also eine Synthese von Phänomenen, die gemeinsam unter sich eine innere Energie, eine erzwungene Kooperation umfassen.

Auf solche Weise bildet sich der gemeinsame Boden, auf dem der unausweichliche Austausch stattfindet und die universelle Zusammengehörigkeit sich festigt. Es hängt zum Beispiel nicht von mir ab, ein Wort verstanden zu haben, und dennoch gibt es im Klang, der mich getroffen hat, einen Anteil von Spontaneität, eine natürliche Reaktion meiner Sinnesorgane. Meine Rezeptivität ist aktiv. So haben die wahrgenommenen Phänomene einen zweifachen Halt oder sozusagen eine zweifache Wirklichkeit, nämlich in dem, der sie hervorbringt, und in dem, der sich ihnen aussetzt. Was sie an Konsistenz haben, stammt aus einer Zusammenwirkung von Kräften, die zwar in sich getrennt, aber für die Phänomene miteinander verknüpft und vereinigt sind. Wenn die positiven Wissenschaften von der Tat abhängen, dann deswegen, weil die Tat den Phänomenen als Objekt dieser Wissenschaften Kohäsion und *[226 Die Kommunikation des subjektiven Lebens]* Festigkeit verleiht. Dadurch geht der universelle Determinismus, der der Bereich dieser Wissenschaften ist, samt der von ihm ermöglichten Koaktion in die umfassendere Entwicklung des Willens ein.

*

Im nächsten Kapitel beabsichtigen wir aufzuzeigen, wie die Tat auf Handelnde Einfluss zu nehmen vermag, die sich von ihrem Urheber unterscheiden und ihre Mitwirkung anregen kann, indem sie zwar deren eigene Initiative und deren Unabhängigkeit respektiert, aber gleichwohl eine möglichst intime Einigung anstrebt. – Ich zeige zunächst, wie das Ergebnis der Koaktion, indem es sich von seinen Ursachen loslöst, ein Geschöpf für sich bildet, das eine eigene Entwicklung und eine natürliche Wirksamkeit hat. – Ich zeige auf, wie es in jedem Bewusstsein wieder ersteht, das es als Nahrung aufnimmt, und wie es dort mit mehr oder weniger Überlegung gedeutet und angenommen wird. – Ich bestimme, was in der Zusammenarbeit jedem der Verbündeten zukommt. Diese ganze Untersuchung wird von dem Gedanken geleitet, dass die tiefe Intention des Handelnden mehr und mehr darauf gerichtet ist, mit denen, die sie erreicht, eine reelle Gleichförmigkeit zu erlangen, eine tatsächliche Einigung, eine Gemeinschaft im Denken, Leben und im Wirken. Die Erforschung dieses spontanen Proselytismus wird uns dazu bringen, das Bedürfnis zu verstehen nach einer engeren Gemeinsamkeit im Bewusstsein und im Willen.

[227]

Kapitel III
Einflussnahme und Mitwirkung

Wenn die Koaktion ihre Wirkung erbracht hat, scheint das Ergebnis ein sich selbst genügendes Ganzes zu bilden, gleichsam ein neues Geschöpf inmitten der Phänomene. Aber aus diesem Grund hat das Werk einen notwendigen »Einfluss«, es ist ein Rädchen im allgemeinen Determinismus. Unausweichlich ist die Tat mehr als das Werk selbst, und über jedes einzelne Ziel hinaus befindet sich ein allgemeineres Ziel. Was ich aus mir selbst heraus unter der Mitwirkung eines Anderen getan habe, ist nicht mehr für mich und für diesen Anderen allein. Die vollbrachte Handlung hat zwangsläufig eine größere Tragweite. In einem gewissen Sinn existiert sie nunmehr für alle Anderen im gleichen Maße wie für diejenigen, die sie erbracht haben. Was bedeutet diese Notwendigkeit? Verbirgt sich dort ein verborgenes Streben des Wollens? – Ja, gewiss. Um welches Streben geht es dann?

I

Genau in dem Augenblick, in dem das Werk aus dem Zusammenwirken seiner Ursachen hervorgeht, ist es für seine eigenen Urheber noch kein Schauspiel. *In actu, actus nondum est actus* [im Vorgang selbst ist die Handlung noch nicht Handlung]. Wenn man redet, hört man sich nicht reden. Auf dem Phonograph erkennt man den Klang seiner Stimme kaum wieder. Auf dem Papierblatt, auf dem Ihr eigener Gedanke gedruckt zu Ihnen zurückkehrt, sind Sie von diesem Gedanken überrascht. Aber sobald unser Werk erschaffen ist, nach seinem Hervorgang aus dem blinden Vollzug, wird es für uns wie für jeden Anderen zu einem Gegenstand, in dem wir uns selbst sehen lernen. Wir kennen unser Gesicht nicht, solange ein Spiegel uns dies nicht zeigt; *[228 Einflussnahme und Mitwirkung]* die Tat ist ein Spiegel, der uns ein sichtbares Bild unseres Charakters darbietet. Die Tat wird vollzogen, um gesehen zu werden. Das wissentlich verfolgte Ziel

3 · Das Phänomen der Tat

bildet nicht den Abschluss des Verlangens. Was wir tun, tun wir noch für etwas anderes, als wir denken. Es gibt in der Intention einen verborgenen Überschuss; dieses implizite Streben findet sich im Ergebnis des Vollzugs wieder.

Die Tat hat sich erst in einem unmittelbaren Zeichen veräußerlicht. Sodann hat sie ein bestimmtes Ziel verfolgt, um daraus ein Werk zu bilden, das seine Ergänzung zu sein schien. Aber dies ist noch nicht alles. In diesem auf jenes Ziel bezogene Werk besteht ein größeres Bedürfnis weiter, das bereits anfängt, darin seine Erfüllung zu suchen. Indem der Mensch für sich das Ergebnis eines Zusammenwirkens erheischt, ist er dazu geneigt, nicht mehr nur das Werk heraufzubeschwören und zu wollen, sondern das innige Band zwischen dem Wirkenden und dem Mitwirkenden. Was es an Universellem in jedem Subjekt gibt, genau das will er in seine Handlung hineinbringen, und dies will er auch dort wiederfinden.

Wir müssen also nochmals die Vorstellung erweitern, die wir uns von der Finalität zu machen haben. Das Ziel war zunächst das bevorzugte Motiv; dann war es die Entscheidung, die sich anstrengte, die Intention des Willens auszuführen; dann war es das Objekt, auf das sich die Tätigkeit selbst bezog; dann die Zusammenarbeit durch diese Zielursache und schließlich der Ertrag dieser Koaktion, bezogen auf die ursprüngliche Intention des Handelnden. Aber dies beinhaltet noch viel mehr. Dank des Beitrags unseres Handlungspartners, der die Heterogenität von Ursache und Wirkung gewährleistet, löst sich die vollzogene Tat von uns, die sich stets von der geplanten Tat unterscheidet. Sie beginnt, sich unabhängig von uns zu verhalten und sich einer Art überpersönlichen Lebens zu erfreuen. Unsere Idee ist zugleich ebenso *unsere*, wie sie auch *eine* Idee ist. Und in jeder Idee verbirgt sich ein universelles Prinzip. Wenn wir handeln, beabsichtigen wir unaufhaltsam eine gleichsam selbstlose Befriedigung der Eigenliebe. Was wir tun, tun wir (auch wenn dies aus Egoismus geschieht) mit einer Art von Luxus, von Kunst und Überfluss. Sehen wir nicht, wie sich diese Neigung bis hin zum Verbrecher übersteigert, der die Schönheit seines Handstreichs zu würdigen weiß, oder bis hin zum eingebildeten Pinsel, der »genauso töricht ist wie der Hahn, der sich einbildete, dass die Sonne aufgeht, um ihn krähen zu hören«? Wir handeln niemals für uns ganz allein und noch weniger durch uns allein.

Diese Neigung macht sich zunächst in den Werken, die auf die Sinne ausgerichtet sind, überdeutlich bemerkbar durch die Kunst. Die

Kunst tritt schon seit den ersten von Menschenhand bearbeiteten Gegenständen in Erscheinung. Es *[229 Der universelle Charakter der Tat]* scheint, dass das schöne Werk absolut sich selbst genüge, dass es lebt, dass es nicht nur der Abglanz einer Idee, sondern selbst eine wirkliche Idee sei, dass es wirklich die Macht habe, zu sein, zu handeln und zu lieben. Der Schönheit wohnt ein Zauber inne, der weit über den hinausgeht, der sie empfindet, oder der mit ihr ausgestattet ist. Wie die Werke eines Genies eine viel größere Bedeutung in sich bergen, als einem zunächst klar war, so liegt in der Schönheit ein überpersönlicher Ausdruck, den man um so mehr schätzt, je edler die Gesinnung ist. Dies ist ein Gefühl, das wegen seiner Weite und Strahlkraft in Furcht umschlägt und zum Geheimnis wird. Es ist, als ob unsere Bewunderung für das, was wir lieben, einer weit entfernten und mächtigeren Liebe gelten würde, deren wahrgenommene Schönheit ein bloß schwaches Symbol wäre.

In jedem Werk von Menschen keimt also eine Mystik auf. Am Anfang scheint es so, als wäre das Augenmerk in superstitiöser Weise auf die Darstellung der Figuren und Ornamente fixiert, als ob das Bild, indem es vom Innenleben des von ihm dargestellten Objekts Besitz ergreift, aus sich selbst heraus Wirklichkeit hätte. Man möchte meinen, durch Zeichen den Gedanken auszudrücken, von dem das Herz voll ist, würde bedeuten, mehr ans Licht zu bringen als nur diesen Gedanken selbst, und schließlich würde ein Gott daraus werden. Wie durch eine vorweggenommene Schau ist die Kunst darum der mythische Überblick der ganzen zukünftigen Entwicklung des Willens, der auf der Suche nach seiner vollkommenen Vollendung ist. Auf fiktive Weise fügt die Kunst in das den Sinnen zugängliche Werk oder in das Phänomen das Reale ein, das Lebendige, das Menschliche und das Göttliche. Instinktiv wie intuitiv umfasst und entdeckt sie das symbolische Äquivalent aller noch impliziten Bestrebungen des Wollens.

Aus diesem Hang nach Ästhetik in der noch so egoistischen und eigennützigen Tat halten wir Folgendes fest: Das vollendete Werk erlangt eine relative Unabhängigkeit; wenn es reif geworden ist, fällt es wie eine in Duft gehüllte Frucht voller Samen herunter; von dem Augenblick an, in dem man eine Intention und einen Gedanken dort hineingelegt hat, übersteigt das Werk auf sonderbare Weise das individuelle Leben, in dem es Wurzeln geschlagen hatte.

Wenn die Kunst die Natur selbst des Menschen ist, oder mindestens das Symbol der gesamten Entwicklung seiner Aktivität, dann deshalb, weil sie in der Schönheit, die sie ausdrückt, aus dem schönen Werk eine losgelöste und überpersönliche Wahrheit macht. Sie strebt danach, das Werk von Zeit und Raum abzulösen, damit es über der Verschiedenheit des Einzelgeschmacks steht. Wegen dieses überpersönlichen Charakters gehört das Kunstwerk dem Urheber nicht mehr als dem Zuschauer. *[230 Einflussnahme und Mitwirkung].* Um es empfinden und verstehen zu können, müssen wir es in uns selbst neu schaffen. In jeder wirklich menschlichen Tat liegt das, was Kant »eine Zweckmäßigkeit ohne Zweck« nennt, d. h. eine Realität, die unabhängig ist von den unmittelbaren Anlässen, die ihr Grund gewesen sind, und von den Handelnden, die sie hervorgebracht haben, nämlich eine indefinite Virtualität. Durch die überpersönliche Kraft der Vernunft hervorgebracht, ist dieses Werk seinerseits fruchtbar, indem es von seinem Ursprung her ein Bedürfnis nach Expansion und Eigenwerbung bewahrt.

So sehen wir hier, wie, faktisch und ohne die Beziehungen zwischen den Phänomenen zu überschreiten, die Formulierungen von selbst Wirklichkeit werden, in denen die *Kritik der praktischen Vernunft* den reinen Ausdruck der Pflicht suchte. Man kann und man will sein Leben nicht in sich selbst verschließen: Indem man handelt, handelt man gleichsam für alle und in allen. Dies ist der Grund, weswegen wir alle von Natur aus dazu geneigt sind, unsere Lebensweise im großen Format darzustellen. In dem Augenblick, in dem wir uns dessen bewusst werden, ein für uns positiver Sonderfall zu sein, und mit uns als mit einer unvergleichlichen Persönlichkeit außerhalb der allgemeingültigen Gesetze umzugehen, stellen wir uns durch die bloße Kraft der vollendeten Tatsache als ein lebendiges Beispiel dar. Wenn wir dazu veranlasst werden, die Intention einem Werk auf inkarnatorische Weise einzuverleiben, das vor uns und vor den Anderen wie ein neuer Handelnder dasteht, dann geschieht dies deswegen, weil im Entschluss am Anfang jener Wunsch bereits enthalten war, aus der Handlung eine Art Schöpfung zu machen, die sich von ihrem Urheber unterscheidet, die an der gemeinsamen Wirklichkeit teilhat, indem sie vor aller Augen existiert, und die mit jenem Charakter von Universalität ausgestattet ist, den alles in sich birgt, was im objektiven Determinismus der Wissenschaft seinen Platz hat. Müssen der Impuls der Kraft und die von ihr hervorgebrachte Wirkung nicht zueinander im Verhältnis stehen? Wenn die Intention diesen Determinismus hervorgerufen hat, um sich durch ein Zeichen und ein Werk zum Ausdruck zu bringen, dann geschieht dies deutlich, um dem Werk das Siegel ihrer Macht aufzudrücken und daraus eine reelle und allgemeine Wahrheit zu machen, χώρις [allein für sich]. Dieses implizit verfolgte Ziel hat der Anstrengung Kraft gegeben und dem Wollen seine Wirksamkeit verliehen. In der universellen Wirklichkeit aufgrund des Willens zu handeln, gelingt einem nur deshalb, weil die Tat eine virtuell universelle Tragweite haben muss.

Was von der materiellen Erscheinung wahr ist, gilt also zunächst auch für den Sinn, den sie ausdrückt und der vom Zeichen vermittelt wird. Wenn die verwirklichte Handlung einen überpersönlichen Charakter und eine unabhängige Entwicklung hat, dann ist dies die Tatsache im wortwörtlichen Sinn, deren innere Inspiration wir aufspüren müssen. Die Intention, der sie ausführende Vollzug, der sie äußernde natürliche Ausdruck, die das Werk erbauende Koaktion, die Einflussnahme, die daraus durch Anziehung oder Anleitung hervortritt, dies alles *[231 Der spontane Proselytismus der Tat]* folgt aufeinander. Nichts, so sagten die Stoiker, ist ungehörig im Hause des Jupiter, nichts ist willkürlich, unbedeutend, nebensächlich in der Entfaltung des Willens. Wie wir in dem der Intention scheinbar fremden Zeichen den direkten Weg gefunden haben, der zum ersehnten Ziel gelangt, so treten auch hier im gebildeten Werk der verborgene Proselytismus und die versteckte Einflussnahme in Erscheinung, die sein Existenzgrund sind. Jedes hervorgebrachte Werk ist eine in sich tätige Werbung.

Es ist eine eigenartige Illusion zu meinen, dass man die Folgen seiner Tat nach eigenem Gutdünken einschränken oder erweitern kann, dass es einem freisteht, sein Leben in sich selbst einzukapseln, sich selbst Böses anzutun, ohne es zugleich wem auch immer anzutun, je nach Belieben in die umgebende Welt, das universelle Leben und in die Moral einzutreten oder herauszutreten. Man ist dort, man bewegt sich dort, man pflanzt dort seine Handlungen und Gedanken wie unendlich fruchtbare Samen. Als würde man sagen, dass der Verführer dem unschuldigen Mädchen nichts schuldet, dem er den Keim des Leides oder des Todes aufgebürdet hat. Indem die Tat uns aus uns selbst herauszieht, ist sie für die Anderen, damit umgekehrt die Anderen für uns sind. Die Tat gibt ihnen unseren Gedanken. Sie ist der soziale Mörtel, die Seele des Gemeinschaftslebens. Warum genügt es nicht, sich in die Intention zurückzuziehen? Deshalb, weil das Individuum sich nicht isolieren kann. Weil seine Handlungen das Milieu bilden, in dem andere Werke Wurzeln fassen werden. Weil in der alle gemeinsam umgebenden Sphäre des Bewusstseins neue Intentionen

3 · Das Phänomen der Tat

aufblühen werden. Gewiss, es ist ein naiver Irrtum sich einzubilden, dass man versagen kann, ohne dabei den anderen Schaden zuzufügen. Man kann nicht schlecht handeln, ohne mehr Schaden und Leid zu verursachen, als man wahrhaben möchte, wie bei einem schlecht angefangenen Werk, das endlos Ärger bringt. Aber ebenso gilt, dass, was immer man auch tut, ob es nun darum geht, eine Idee gründlich zu analysieren oder ein Mauerwerk zu errichten, es ist ein Dienst an der Allgemeinheit und muss daher gut getan werden.

Wenn also das materielle Werk im Determinismus der Fakten, in dem es seinen Platz einnimmt, einen universellen Charakter hat, dann hat dies seinen Grund darin, dass es bereits vorher im Denken wie in der lauteren Intention eine gleicherweise universelle Tragweite hatte. Gewiss handeln wir zunächst für uns selbst. Und wenn wir das in Anspruch nehmen, was außerhalb von uns ist, so deshalb, weil wir uns selbst nicht kennen, solange wir uns nicht mit der Außenwelt messen. Aber das, was wir tun, um uns zu erkennen, tun wir zugleich, um durch Andere erkannt zu werden. Es ist das Schauspiel *unserer Vernunft*. Es ist ebenso das Schauspiel *der Vernunft* schlechthin. Von dem Augenblick an, in dem die Handlung gewollt ist, richtet sie sich implizit an jeden, der sie verstehen und wollen kann. Ein und dasselbe Wort wird von tausend Zuhörern ganz empfangen. *[232 Einflussnahme und Mitwirkung]* Die Tat ist die Vervielfältigung des inneren Wortes, das sich auf verleibliche Weise, um sich allen Sinneswahrnehmungen darzubieten, in Gemeinschaft mit dem Weltganzen zur Verfügung stellt und dort seine fruchtbare Saat ohne Ende ausstreut. Die Tat ist das Organ der geistigen Fortpflanzung.

So lässt sich erklären, dass alle Zeichen, alle Werke, alles, was der Mensch und die Natur hervorbringen, sich in der Sprache lebendig verdichtet. Die Sprache ist das gefügige, lebhafte und geistig geformte Äquivalent für das gesamte Weltganze. Die Wörter bergen etwas von allen Gegenständen in sich, die sie evozieren, und von allen Gedanken, die sich mit ihnen ernähren und sich ihrer bedienen. Erfüllt von Klarheit und Geheimnis geben sie nie das ganze innere Wort wieder und gehen stets darüber hinaus. Wie die Wolke Dunkel und Licht miteinander vermischt, so entsprechen die Worte nicht dem Unendlichen der Gedanken, und die Gedanken nicht dem Unendlichen der Worte. Sie drücken das Individuelle im Universellen aus und das Universelle im Individuellen. Genau deswegen bilden sie die intellektuelle Atmosphäre des Geistes. Es ist ihnen zu verdanken, dass es nichts gibt, das für das Bewusstsein nicht wie eine bereits verdaute Nahrung

III · Einflussnahme und Mitwirkung

wäre. Wenn jede Tat durch das Wort ausgedrückt und dargelegt werden kann, so deshalb, weil jede Tat zuerst ein implizites Wort ist, das heißt, ein Bedürfnis, sich allen anderen zu offenbaren. Sehen wir nicht, mit welcher täglich zunehmenden Kraft der Mensch versucht, seine Ideen und seine Empfindungen festzuhalten, seine Handlungen oder seine Werke universell und unsterblich zu machen, mit der ganzen Erde und mit allen Zeiten in Austausch zu treten und das gesamte Weltganze an seiner winzigen Person zu beteiligen?

Ein erster Punkt scheint gesichert zu sein: Indem die vom Willen bestimmte Tat ein eigenständiges Werk bildet, bringt sie eine implizite, aber sichere Intention ans Licht. Über die individuelle Handlung und über das einzelne Objekt hinaus, an dem sie Gefallen findet, strebt sie danach, einen universellen Charakter anzunehmen, sich in einer Weise hervorzubringen, die von allen verstanden werden kann, ein Werk zu schaffen, das um seiner selbst willen wertvoll ist und dazu fähig, auch seinerseits eine Tat zu vollbringen. Wie wird eine solche Einflussnahme wirksam?

II

Aufgrund ihres in dieser Weise angenommenen universellen Charakters strebt die Tat danach, an das Bewusstsein anderer heranzukommen und es zu durchdringen. Wenn sie sichtbar wird, dann, so kann man sagen, um gesehen zu werden. Hier liegt ein Sachverhalt vor, der noch wenig Beachtung gefunden hat: Nämlich diese kontinuierliche Fortentwicklung, die uns von der materiellen Bildung des Zeichens oder der wahrnehmbaren Tat zu dem natürlichen Bedürfnis führt, *[233 Wie die Tat für sich wirbt]* wahrgenommen, verstanden, nachgeahmt und unterstützt zu werden. Ohne andere Subjekte zu kennen, erwarten wir ihr Entgegenkommen, um in ihnen auszustrahlen, zu wollen und zu leben. Losgelöst von seinen Erzeugern, deren Prägung es bewahrt und in sich vereinigt, ohne eine identische Reproduktion zu sein, lebt und wächst das Werk wie auch das Kind. Das Werk trägt jenen Funken eines Gedankens in sich, der danach trachtet, sich mitzuteilen. Es ist aktiv und erzeugt seinerseits.

Die Idee der Einflussnahme würde den superstitiösen oder kindischen Charakter behalten, den sie von der Astrologie empfangen hat, und es wäre ein fatalistisches oder materialistisches Vorurteil, wenn man meinte, dass jeder Gedanke auf direkte und eigentliche

3 · Das Phänomen der Tat

Weise durch Koaktion auf jeden anderen einwirken kann, so wie wir einen Stein bewegen. Aber umgekehrt würde man in einen willkürlichen und illusorischen Idealismus geraten, wollte man aufgrund einer Art spirituellen Protestantismus jeden Austausch auf der Ebene des Bewusstseins ausschließen; wollte man behaupten, dass jeder für sich lebt (als ob man in diesem Fall von vornherein wissen könnte, dass es überhaupt andere Geister gibt), meinen, dass jedes Subjekt grundsätzlich ursprünglich »ohne Fenster nach außen« wäre, in das nichts einträte, was nicht aus ihm herausginge, dass der Individualismus und die Diskontinuität das absolute Gesetz der geistigen Welt wie die kontinuierliche Entwicklung ihrerseits das Gesetz der Sinnesphänomene wäre; wollte man sich einbilden, dass wir unbeteiligt bleiben können, oder dass wir mit den Folgen unserer Handlungen, unserer Worte, Beispiele oder unserer Unterweisungen wirklich nichts zu tun haben, als ob nichts in uns und in Andere vordränge, was nicht beim Eingehen oder Ausgehen wohlüberlegt kontrolliert und akzeptiert wäre. Und dennoch, wie wenig hat man sich die Mühe gemacht, bei all diesen so lebenswichtigen Fragen näher hinzusehen?

Man muss im Gegenteil das Werk nicht bloß als Hervorbringung oder Wirkung betrachten, sondern als Instrument und als Band, das das Bewusstsein der Einzelnen, von Natur her solitär und untereinander unbekannt, auf reellere Weise vereinigt. Wie die vollendete Handlung für den, der sie vollzieht, eine Lehre, eine Bestätigung und ein Antrieb ist, so ist das vollendete und in sich stehende Werk für jeden, der seine Gegenwart erfährt und von ihm sogar ohne es zu wollen durchdrungen ist, eine Nahrung und ein Impuls. Gewiss kann diese lebendige Ansprache des Werkes seine Wirkung nicht richtig ausüben durch sklavische Nachahmung oder durch einen brutalen Schub. Nichts ist törichter oder auch gefährlicher als die völlig äußerliche Treue einer ungeschickten Nachbildung oder die routinemäßige Anwendung von Rezepten und Formeln, wie dies der Ridikül *[234 Einflussnahme und Mitwirkung]* in [Molières] Précieuses darstellt. Um fruchtbar zu sein, muss das Werk, losgelöst von seinen Urhebern, wie das Weizenkorn vom Halm, in irgendeiner Weise sterben, bevor es dazu fähig ist, auf einem anderen Boden wieder aufzuleben. Es muss zerfallen wie der Samen in der Erde, um zu keimen und zu wachsen. Um zum Bewusstsein eines Anderen zu gelangen, muss es jenen verborgenen Wegen folgen, die das Durchsickern Tropfen für Tropfen unsichtbar zurücklegt und die Quellen der Erkenntnis und der Tat ernährt.

III · Einflussnahme und Mitwirkung

Zu erklären, wie die Gedanken und die Tatmotive von einem abgeschlossenen Bewusstsein zu einem anderen abgeschlossenen Bewusstsein übertragen werden, ist wirklich eine schwierige Aufgabe. Gewiss, wie wir gesehen haben, gelangt die Tat durch die Vermittlung des universellen Determinismus außerhalb von uns als Nahrung für andere Handelnde. Aber dies ist nur das Symbol für eine intimere Verbreitung. Denn jeder Gedanke ist auch seinerseits ein einzelner Ausdruck des Universellen. Hier liegt der Grund für die reelle Gemeinschaft zwischen den Geistern. In den persönlichsten gedanklichen Vorstellungen und Werken treffen wir das Merkmal des Überpersönlichen an, das diese für alle zugänglich macht und sie in die Gemeinschaft der Geister stellt.

Jede Tat, in die der Mensch etwas von seinen Gedanken hineinlegt, ist also eine Idee voller Leben, ob er nun sein Feld bestellt, einen Stoff webt oder Stein und Marmor behaut. Unter der konkret bestimmten Gestalt, von der sie sich nicht lösen können, ohne dabei zugrunde zu gehen, wahren diese reellen Ideen ihre universelle Gültigkeit; genau dies macht sie kommunikabel. Dem Gemeinsamen und dem Überpersönlichen in ihnen ist zu verdanken, dass die einzigartigsten Anregungen und die exzentrischsten Werke gedeutet werden können. Durch die zweifache Vermittlung des einzelnen Zeichens und der allgemeinen Idee, deren Vereinigung ihr Leben ausmacht, sind sie dazu imstande, im Bewusstsein von Anderen wieder aufzuleben, auf die Entschlüsse einzuwirken und auf einem anderen Boden nach ihrer eigenen Art zu wachsen. So wie die spezifische Sorte sich durch alle Grillen der Natur und Erbveränderungen hindurch erhält, so gibt es auch geistige Familien, eine Abstammungslinie und eine Evolution von Ideen durch Herkunft oder Familienbande. Aufgrund dessen, was es an Artverwandtschaft in jeder menschlichen Handlung gibt, durchdringen wir uns gegenseitig und bringen dabei zusammen mit dem Impuls der allgemeinen Vernunft auch die Gewohnheiten oder die Aberrationen unserer einzelnen Kulturen mit. Lebendes geht aus Lebendem hervor.

Wollte man auf die Einzelheiten dieser Befruchtungswege eingehen, wie viele Wege lägen nicht offen für die ansteckenden Keime? Was ist ein [235 *Die vielfältigen Wege der moralischen Ansteckung*] in einer Tat verwirklichter Gedanke, der uns zum Schauspiel und zur Belehrung wird, wenn nicht ein Beispiel und ein Anreiz? Wissen wir, was ein Skandal ist? Es ist die Formel für die verworrenen Bedürfnisse, die sich in uns regen, ohne es vielleicht zu wagen, sich ihrer klar

3 · Das Phänomen der Tat

bewusst zu werden. Es ist die Steigerung der verborgenen Begierden, die letztendlich ihren offenkundigen Ausdruck finden. Es ist die faktische Rechtfertigung der uneingestandenen Neigungen, ein beseitigtes Hindernis und eine verlorene Scham. Wenn man nach und nach gewisse Gefühle vom Schamhaften befreit, das man verspürt, wenn man meint, der Einzige zu sein, der sie so empfindet, dann bringt das, was die Handlungen lehren, die Tyrannei der Furcht vor der Meinung anderer Menschen hervor. Auf solche Weise bilden sich durch unsichtbare Einflüsse das sittliche Klima und der Zeitgeist. Bereits die völlig materielle Art und Weise, in der die Intention verwirklicht wird, ist ein gebahnter Weg für die Nachahmer. Jede Handlung stellt eine Entdeckung dar. Denn um zu handeln, genügt es nicht, irgendein unbestimmtes Verlangen zu verspüren oder eine abstrakte Vorstellung zu bilden; man muss noch geeignete Mittel und reelle Genugtuungen ersinnen. Das Vorbild bietet dafür die fertige Lösung.

Doch dies ist nicht alles. Tiefer gesehen müssen wir beim von der Tat ausgeübten Einfluss den Gedanken und den Leib, in dem er lebt, auf zweifache Weise berücksichtigen. Nachdem das Werk eines Wortes und eines Schauspiels aufgrund der Koaktion sowohl durch den Darsteller als auch durch den Zeugen hervorgebracht ist, wirkt es nicht nur in dem Maße, wie beim Zuschauer eine nüchterne und äußerliche Darstellung des Phänomens vorhanden ist, dem er durch seine Teilnahme daran ausgesetzt ist. Unter dieser klaren Sicht auf das Werk, die dem Zuschauer die volle Gewalt über seine Entscheidung lässt, ist außerdem eine unbewusste Arbeit am Werk, die den abstrakten Rahmen der kühlen und leeren Erkenntnis mit verborgenen Anreizen und unklaren Gefühlen füllt. In der geräuschlosen Aktivität, die sogar der passive Zeuge spontan entfaltet, um das ihm dargebotene Schauspiel wahrzunehmen, hat er gleichsam zum ersten Mal Fahrt aufgenommen. Empfinden und wahrnehmen heißt, mit dem Tun bereits anzufangen. Denn, wie Plato bemerkt, im Erwerb von Erkenntnissen liegt ein großes Risiko. Man kann sie in kein anderes Gefäß tun als in die Seele, und sobald sie dort hineingelangen, gibt es Gutes oder Böses, das unwiderruflich geschehen ist.

Es gibt noch viel mehr. Denn das fertiggestellte Werk, das mehr umfasst, als die klare Voraussicht dies gedacht hatte, enthält auch mehr, als das klare Bild davon im Bewusstsein wiedergibt. Wenn auf der einen Seite der sinnfällige Ausdruck eines Gefühls niemals all das wiedergibt, was wir im Herzen empfinden, so gibt es auf der anderen Seite auch in der Handlung des Zeichens etwas anderes und mehr als den seelischen Zustand, dem sie *[236 Einflussnahme und Mitwirkung]* entspricht. Die Handlung bringt gerade das ans Licht, was in uns dunkel bleibt und sich uns entzieht. Weil die Tat dem Gedanken und der Intention eine wesentliche Ergänzung hinzufügt, weil der verwirklichte Vollzug eine Synthese darstellt, die noch mit neuen Elementen angereichert ist, so ist es natürlich, dass die mit ihrem sinnfälligen Zuwachs versehene Handlung sich auf das Bewusstsein von Anderen auf zweifache Weise auswirken wird: mit dem, was ihr an Intelligiblem und an Materiellem zugleich eigen ist. Aufgrund dessen, was im Buchstaben dem Geist gegenüber, der sich in diesem inkarniert, untreu, oberflächlich und unangemessen ist, ergänzt ihn der Buchstabe und geht auf irgendeine Weise über ihn hinaus. Was dem wahrgenommenen und gedeuteten Werk seine ganze Wirkung auf den verleiht, der es wahrnimmt, liegt in dem, was im Werk der Deutung bedarf. Das Werk trägt seine Schale oder seine Umhüllung mit sich, wie es auch im Samenkorn um den Keim herum stets einen ersten Nahrungsvorrat gibt.

Die tiefe und beständige Natur der Einflussnahme, welche ein Werk ausübt, hängt also von der Weise selbst ab, wie in ihm die Idee mit ihrer Materie vereint ist. Je enger dieses Band ist, desto kraftvoller und fruchtbarer zeichnet sich das Leben in ihm ab. Es gehört zum Genie, die entfernten Beziehungen zwischen den Dingen aufzudecken und aus mehreren zerstreuten Elementen eine schlichtere und stabilere Synthese zu bilden. Aufgrund des Unklaren, das die Zusammensetzung in sich trägt, existieren in ihr verborgene Virtualitäten, die die Zeit nach und nach in die Handlung übergehen lässt. Es gibt kein großes Werk, an dem nicht eine ganze Menge Menschen mitwirken. Durch die Jahrhunderte nehmen diese ungenannten Mitwirkenden ihren Teil wieder zurück oder sie fügen ihn hinzu. In dem Maße, wie die menschlichen Werke länger fortleben, muss man tiefere Gründe für solch einen Fortbestand finden. Nicht, dass der Urheber sogleich alles gesehen hätte, was die nachfolgenden Zeiten in seinen eigenen Gedanken entdeckten. Das Los der großen Entdecker ist gewöhnlich, etwas anderes und mehr zu finden, als sie selbst wissen, wie, Amerika zu entdecken, während sie glauben in Indien zu landen. Aber sie haben dennoch den fruchtbaren Keim gelegt; was sie zu tun veranlassen, dies tun sie in gewisser Weise noch selbst. Sie bringen die Menschheit auf einen Weg, der sich ohne ihr Zutun vielleicht nicht so aufgetan hätte. Indem sie der Herde menschlicher Schafe zum Anführer dienen, geben sie, manchmal ohne es zu wissen, den Völkern und den Zivilisationen die Richtung vor. In der Entwicklung des Lebens wie auch in der Wissenschaft ist die Verschiedenheit von Mitteln und Zielsetzungen unbegrenzt. Jede Tat ist ein Wendepunkt in der Weltgeschichte. Man muss stets so handeln, als würde man die Welt lenken. Vielleicht werden die Anderen die kleinste Gabe, die ihnen anvertraut wird, empfangen und Frucht tragen lassen. Was wir zu tun veranlassen, dies tun gewiss wir; *[237 Die ursprüngliche Herkunft der Taten]* aber zugleich gilt, dass Andere uns das tun lassen, was wir tun.

Die großen Werke der Wissenschaft, der Kunst und der Tugend, die über das Bewusstsein des Individuums hinausreichen, gehören deswegen allen. Von allen bekommen sie nach und nach Sinn und Deutung; allen ist anheimgestellt, das Urteil darüber unmerklich zu wandeln. Ihr Einfluss ist nicht von vornherein festgelegt. Das Werk wird angereichert mit dem, was die Zeit langsam hinzufügt. Und dennoch bleibt es stets dasselbe, denn man hat dort nur hineingelegt, was eine längere und verschiedenartige Lebenspraxis als seinen tatsächlichen Inhalt ausgewiesen hat. Ist eine Seite Dantes oder eine gotische Kathedrale für uns Menschen des 19. Jahrhunderts das Gleiche, was sie im 13. Jahrhundert waren? Es sieht so aus, als ob der Blick der Menschen, wenn er auf den Worten, den Gedanken oder auf den Steinen ruht, ihre Skulptur vollendet, sie mit Energien durchdringt, die selbst den Ruinen einen Zuwachs an Leben verschaffen. Aber dieser unbegrenzten Hervorbringung kann der erste Urheber seine Vaterschaft nicht ganz verweigern. Das Band, das die Fortdauer seines Einschreitens sichert, wird niemals durchtrennt. Wenn naturgemäß die sich vollziehende Tat wie die Einigung einer Idee und eines Leibes ist, γάμος, [Ehe], ist diese Ehe endlos unauflöslich und fruchtbar.

Gewiss kann es passieren, dass das Werk sozusagen missbraucht und pervertiert, den Witterungen der Meinungen und der Laune verleumderischer Deutungen ausgesetzt ist. Eine Fabel, die für das unverdorbene Kind wohl so harmlos ist, wie sie dies in den Augen des unbekümmerten Mannes war, der sie erzählt hat, erscheint in den Augen des Moralisten voller Egoismus und epikureischer Lust. Die Sentenzen des Theognis, die durch den engstirnigen und erbitterten Hass eines im politischen Kampf besiegten Aristokraten angefeuert und voller schändlicher Leidenschaften sind, werden in der Demokratie späterer Jahrhunderte zu einer Sammlung von Moralsentenzen für Schüler. Gerade weil die Werke stets über die klare Schau ihres Urhebers hinausgehen, weil die am meisten festgefügten biegbar bleiben, weil ihre hervorbringende Kraft von dem herrührt, was sie noch an Unvollendetem in sich tragen, bleibt der initiierende Wille aufgrund eines gewissen Atavismus der ganzen Nachkommenschaft immanent, die bisweilen seine Intentionen zu verraten oder über sie hinauszugehen scheint. Es ist nicht nötig, den ganzen Inhalt einer Tat deutlich vorausgeahnt zu haben, um an die entferntesten Schlussfolgerungen der Prämissen gebunden zu bleiben und gerade die Ansprüche jener verborgenen Logik durchzutragen, welche die Entscheidung mit all ihren Auswirkungen zusammenkettet.

Wie viele liebevolle Vorkehrungen muss man nicht treffen, sobald es sich um Fragen handelt, bei denen der geringste Irrtum sich in einer *[238 Einflussnahme und Mitwirkung]* unendlichen Wellenbewegung von Leid fortpflanzt! Was man gesagt hat, was man anders hätte sagen können, was man nicht gesagt hat, wo man dies sagen musste, wie viele Gelegenheiten zur Verantwortung sind dies nicht für einen jeden, der unterrichtet und handelt! Das Bemühen darum, klar und unmissverständlich zu sein, hat einen moralischen Charakter. Heften sich die falschen Verwendungen eines Gedankens nicht an die dunklen Stellen? Denn die Wahrheit hat immer nur Wert durch die völlige Einheit ihres Ausdrucks, während die Gegenargumente und die Häresien stets mühelos an das Detail herangehen. Wie viel Unglück vermag eine unvollständige Erkenntnis zu verursachen? Solange die Ideen von außen in uns eintreten, drohen sie tödlich zu sein; sie sind nur gut und wahr, wenn sie im Kreislauf des Lebens aus den Tiefen wiederkehren, in denen sich die persönlichen Gewissheiten bilden. Es gibt unausgereifte und unpassende Wahrheiten, die man gar nicht umändern oder verheimlichen soll, sondern den Menschen anbieten, je nachdem wie sie diese tragen können. In der Erziehung ist beides eine grausame Übertreibung: gleichgültigerweise alles zu zeigen oder neutralerweise nichts zu lehren. Für jede Idee, und in jedem Bewusstsein, gibt es ein Pubertätsalter, das man nicht ohne Vergehen überspringen kann. Man möge also auf den Einfluss achten, sogar von dem, was man für die Wahrheit hält. Was man auch tut, was man auch sagt, man muss dabei eine Kunst an den Tag legen, die Kunst nämlich der intellektuellen Impfung.

Die Tat ist sowohl wirkungsvoll durch das, was sie an Vollständigem, als auch durch das, was sie an Unfertigem hat, durch das, was in ihr hell, wie durch das, was düster ist, durch ihre Idee und durch ihren Leib, durch die Notwendigkeit des Determinismus wie durch die Anregungen des spontanen Lebens, durch die Originalität ihrer

Findigkeit wie durch das universelle Prinzip, das jedwede Idee für jedweden Geist zugänglich macht.

– Folgender Art sind die Wege der Einflussnahme und ihr Mechanismus: Erst zeichnet sich die Entscheidung des Willens in einer Handlung ab; sie schafft sich ihren Ausdruck und verkörpert sich in einem Werk. Dieses Werk setzt bereits die Mitwirkung anderer Handelnder voraus und spiegelt sich in ihnen durch die Wirkung des Determinismus der Phänomene wider. Aufgrund des ihm zugeführten Lebens regt es zu einer Deutungs- und Aneignungsarbeit an. Es hängt zum Beispiel nicht von uns ab, ein Wort zu hören; dies ist noch eine reine Notwendigkeit, obwohl wir zum subjektiven Eindruck des Klanges beitragen. Es hängt nicht immer von uns ab, dieses Wort nicht zu verstehen; es handelt sich um eine spontane Verarbeitung, gegen die sich zu wehren bisweilen unmöglich ist. Schon in diese Arbeit der inneren Übersetzung schleicht sich, zusammen mit dem Bild und mit der dem Denken weitergeleiteten Bedeutung, eine Anziehung und ein Impuls ein. Aus dieser Anregung zieht die Erkenntnis zum Teil *[239 Wohin strebt der spontane Proselytismus der Tat?]* ihre Kraft. Denn oft ist sie umso einflussreicher, als die Reflexion sich dort nicht einschaltet und man folglich ihr gegenüber nicht auf der Hut sein kann. Deshalb ist die wahre Tat, die wahre Wirkung, die man auf Andere ausübt, nicht stets jene, deren sie gewahr werden. Deshalb verdankt die Erziehung ihre Kraft vor allem dem unsichtbaren Netz, mit dem sie die erwachenden Fähigkeiten umwickelt, der wortlosen Inspiration, die sie ins Herz des jungen Menschen legt, indem sie ihn davon überzeugt, dass seine Gedanken ganz von ihm selbst stammen, und schließlich verdankt sie sie der leisen Gewohnheit, mit der sie sein Urteilsvermögen und seinen Charakter durchdringt.

III

Zwei Punkte scheinen nunmehr festzustehen. – Die menschliche Tat strebt danach, einen universellen Charakter anzunehmen und zu einer lebendigen Werbung zu werden. – Der Einfluss des vollzogenen Werkes geschieht auf vielfältigen Wegen. Er breitet sich aus; aber um sich auszubreiten und indem er dies tut, verwandelt und erweckt er die erste Intention auf eine stets ursprüngliche Weise. – Deswegen tut sich ein drittes Problem hervor, das zu lösen ist: Geht auch diese fruchtbare Verwandlung unserer Gedanken und unserer Werke, die in anderen Handelnden stattfinden, noch selbst in unser ursprüngliches Bestreben ein? Was wollen wir selbst von dem, was die Anderen durch unsere Anregung tun? Wo hört die Koaktion auf, und wo beginnt die Zustimmung einer freien Mitwirkung? Wie kann man das unterscheiden, was wirklich auf die Initiative des Urhebers zurückgeht, und das, was die eigene Wirksamkeit der Mitwirkenden ist? Wohin strebt das Bedürfnis, gesehen, verstanden und nachgeahmt zu werden?

Die Tat ist eine soziale Funktion schlechthin. Aber gerade weil sie für Andere getan worden ist, empfängt sie von Anderen einen neuen Koeffizienten und sozusagen eine Neugestaltung. Handeln bedeutet, andere Kräfte zu wecken, bedeutet, andere *Ich* herbeizurufen. Liegt auch da noch eine verborgene Absicht des Wollens vor?

Wenn ich auf Naturkräfte einwirke, erwarte ich von ihrer Wirkung gewöhnlich eine tiefgreifende Änderung meiner Handlung. Um die chemische Verbindung zu erlangen, die er braucht, nimmt der Industrielle Energien in Anspruch, deren tiefe Natur er nicht kennt. Er ruft eine Antwort hervor, die völlig verschieden zu sein scheint von seiner persönlichen Initiative. Er merkt nicht einmal, dass, wenn er der gemeinsamen Produktion eine Idee beisteuert, er von außen ebenfalls eine Idee empfängt, und, wenn diese ihm fremden Handelnden ihm eine Materie verschaffen, *[240 Einflussnahme und Mitwirkung]* er auch selbst den Kräften, deren Mitwirken er einfordert, in irgendeiner Weise als Materie dient. Er vergisst leicht, was von ihm selber in seinem Werk vorhanden ist. Er scheint nicht das zu sein, was er tut. – Aber in dem Maße, wie die Kräfte, die beim gemeinsamen Werk mitwirken, mit einer bewussteren Spontaneität begabt sind, scheint sich die Art der Mitwirkung zu wandeln.

Wenn ich durch den Unterricht oder durch eine erteilte Anordnung auf andere Geister einwirke, dann habe ich die Absicht, im Anderen meinen eigenen Gedanken als mein Werk wiederzufinden. Ich will, dass die Tat meines Schülers oder Arbeiters meine Tat nachbildet; ich fordere, dass dessen Initiative sich meiner Wirkung unterwirft und an ihre Stelle tritt. Ich übertrage ihnen alles, wozu ich aus eigener Aktivität imstande bin, damit das, was sie schaffen, mit dem identisch ist, was mir vorschwebt oder was ich selbst erreiche. Von ihnen erwarte ich eine völlige Übereinstimmung mit meiner Absicht, eine vollständige Kopie meines inneren Lebens. Ich erwecke ein anderes Ich. Genau auf dieses Ziel hin strebte meine Tat von Anfang an.

3 · Das Phänomen der Tat

Denn wenn jedes Werk eine verborgene Expansionskraft in sich birgt, was ist dann natürlicher als dieses Bedürfnis, im Anderen zu neuem Leben zu kommen, als dieses Bedürfnis nach Schülern und Gehilfen, die dazu fähig sind, für uns zu wirken, als wären sie wir selbst? – Es sah vorhin so aus, als würde ich von den Naturkräften eine Ursprünglichkeit in ihrem Tun erwarten. Jetzt scheint es so, dass ich von den vernunftbegabten Kräften eine Passivität der Nachahmung und des Gehorsams fordere.

Und dennoch, was ich in beiden Fällen wirklich suche, ist eine Ergänzung meiner selbst, eine Ergänzung indes, die mir immer ähnlicher wird, genauso aktiv und zur Initiative fähig, wie letztendlich ich selbst bin in Bezug auf sie. Die scheinbare Trägheit des Schülers möge nicht täuschen. Der wahre Lehrmeister versteht es, sich passiv zu verhalten und sich klein zu machen, damit das Kind entdeckt, was es lernt. Schüler seines Schülers zu sein, ist die einzige Weise, ihm jenes Leben mitzuteilen, dessen Licht im tiefsten Bewusstsein kein Mensch zu entzünden vermag. *Hominibus non imperatur nisi parendo* [man gebietet Menschen nur, indem man ihnen gehorcht]. Natürlicherweise wünscht man, dass die Anderen sich uns gleichgestalten, und in dieser vollkommenen Gleichgestaltung der Seelen wünscht man sich natürlicherweise, dass ein jeder dabei seine vollständige Initiative bewahrt.

Welchen Kampf zwischen der Heftigkeit einer sich aufzwingenden Überzeugung und dem Respekt vor aller intimen Zurückhaltung muss jeder Gedanken durchstehen, der darauf brennt, sich mitzuteilen. Man wünscht sich, sich so, wie man ist, bei allen einzubringen; man will sich selbst in jedem anders wiederfinden. Man gibt das Kostbarste, was man hat, weiter und liefert sich selbst aus. Von *[241 Unabhängigkeit und Zusammengehörigkeit zwischen Mitwirkenden]* allem ausgesäten Unterricht bleibt nichts Sichtbares übrig. Solches geschieht aber, weil das Samenkorn in der Furche wie verloren gegangen ist, weil niemand es dort mehr wegnehmen kann und sich die Ernte ankündigt. Die menschlichen Wünsche enthalten scheinbare Widersprüche: Wir wollen, dass die Anderen wir seien, und wir wollen, dass sie sie selbst bleiben.

Es ist aber ein und derselbe Wunsch: uns zu verteilen und größer zu wachsen. Diese beiden scheinbar entgegengesetzten Sätze sind gleicherweise gerechtfertigt: – 1° Die Einflussnahme unserer Tat ist virtuell unendlich. Sie umfasst alle einzelnen Wirkungen, die sich aus ihr ergeben. Ob diese Folgen sich nun einstellen oder nicht, sie trägt diese in sich und bleibt voll davon. – 2° Dort, wo die intentionelle Entscheidung getroffen worden ist, bleibt der Mittäter, welchem Einfluss er auch ausgesetzt sein mag, verantwortlich für das, was er deutlich eingesehen und nach seiner Überlegung entschieden hat. Das Gesetz straft ihn als maßgeblichen Urheber, und dies beruht auf Vernunftgründen. Ein jeder tut so, als würde er auf eigene Rechnung handeln; ein jeder tut so, als würde er im Anderen und durch den Anderen handeln.

So wird zum Beispiel ein Schriftsteller, durch dessen Bücher tausende Leser verdorben wurden, für alle Keime verantwortlich gemacht, die, nachdem sie sich verbreitet haben, im Bewusstsein der Leser gewachsen sind oder sich dort hätten entwickeln können. Aber dennoch hört er in seinem innersten Kern und seiner grundlegenden Unabhängigkeit nicht auf, sich selbst zu lenken, sich ändern zu können und seine eigene Bestimmung zu verwirklichen. Die Idee, die man den Anderen mitzuteilen wünscht, wird ihnen unter einer notwendigerweise symbolischen Gestalt angeboten. Dies bedeutet, dass dem Adressaten eine unerlässliche mühevolle Aufarbeitung obliegt, unter die Oberfläche durchzudringen und im Buchstaben den Geist zu finden. Darin liegt zu gleicher Zeit die Aufrechterhaltung unserer Spontaneität und der seinigen. Was ist erstaunlicher als die Undurchdringbarkeit einer Seele, die für die sie belagernden Einflüsse unzugänglich ist, verbunden mit der Fruchtbarkeit der winzigen Samen, sobald sie Wurzeln geschlagen haben! Der Organismus wird von einer Ansteckung nur betroffen, wenn er den Krankheitskeim bereits in sich trägt. Obwohl dieselben Samenkörner in den verschiedenen Geistern nicht auf gleiche Weise wachsen, kann der individuelle Charakter eines Gedankens, eines Verlangens und einer Intention gleichsam aufgepfropft und so durch einen ihm fremden Saft genährt werden, und zwar aufgrund des Überpersönlichen im Werk und aufgrund des Gemeinsamen der voneinander verschiedenen Subjekte. Die von diesem neuen Ableger gepflückten Früchte werden, obwohl sie ihre Nahrung woanders als aus ihrer ursprünglichen Wurzel schöpfen, dennoch deren Geschmack und deren Natur bewahren.

[242 Einflussnahme und Mitwirkung] So lassen sich sowohl die Notwendigkeit der Expansion und die Mittel der Einflussnahme erklären, als auch der Sinn selbst dieser Fruchtbarkeit, die aus den menschlichen Taten gleichsam eine unvergängliche Aussaat macht. Von meinem Willen zum Willen des Anderen, durch die materielle Ausführung und die sinnfälligen Phänomene hindurch, die der spon-

3 · Das Phänomen der Tat

tanen Regeneration meines Gedankens in einem fremden Bewusstsein vorausgehen und sie vorbereiten, läuft ein zweifacher und umgekehrt symmetrischer Prozess ab. Denn nachdem sich die Handlung von meinem Entschluss an bis in den Körper des Zeichens ausgebreitet hat, steigt er in umgekehrter Richtung, aber auf analogem Weg, wieder bis zum reflexiven Leben meines Zeugen empor, um ihn zu einer Initiative zu bewegen und gleichsam zur Mittäterschaft. Meine Intervention, welchen Impuls sie ihm auch verschaffen mag, erscheint ihm wie ein Tatmotiv, aber ohne seine Wahl damit festzulegen. So ist es zugleich wahr, dass ich in ihm handle, und dass allein er in sich handelt.

Aufgrund der universellen Tragweite der Tat ist also die Einflussnahme möglich und gibt es in der dem Bewusstsein eigenen Welt Abstammung und Weitergabe. Die Intention, die ich wohlüberlegt in die Praxis umgesetzt habe, ist faktisch zu universeller Maxime erhoben. Welche unermesslichen Folgen birgt doch der kleine Keim von subjektivem Leben, abgelegt im Herzen der Tat, in sich! Den Gesetzen von Zeit und Raum ist er enthoben, tausend Jahre später oder tausend Meilen entfernt ist er noch genauso lebendig, ansteckend und wohltuend wie am Punkt oder im Augenblick seiner ersten Hervorbringung und schließlich dazu fähig, inmitten seiner Wiedergeburten und Metempsychosen stets die Prägung seines Urhebers und das Merkmal seines Ursprungs zu bewahren.

Indem die Intention in die Tat übergeht, hat sie einen Exodus eingeleitet und gleichsam eine »processio« in alexandrinischem Sinn. Das Werk, das sie bildet, markiert eine neue Stufe in der Expansion, und in dem Phänomen, das sie in den universellen Determinismus einfügt, haben sich das Bedürfnis und der innere Wunsch des Willens offenbart. Denn der Wille strebt danach, sich zu verbreiten, sein eigenes Bild nach außen vorzuzeigen, dem Bewusstsein Anderer zu begegnen, aus seinem äußeren Werk das Schauspiel für die Vernunft und die gemeinsame Nahrung für die Geister zu machen und alles, was sich ihm annähert, mit seiner Inspiration anzuregen. Ist der Feuereifer des jungen Menschen nicht die getreue Spiegelung dieses verborgenen Instinktes, stets dazu bereit, sich allem hinzugeben, sich aufzuopfern, sich zu verschwenden, als koste es ihn nichts, gleichsam aufgrund eines Egoismus, dessen Naivität und Lauterkeit ihn über die Engen seines persönlichen Lebens hinaustragen? Sind jene Aufschwünge von Großherzigkeit *[243 Das Bedürfnis einer wirklichen und umfassenden Einheit]*, jene zuweilen anmaßende Vertraulichkeit oder jene melancholischen Entmutigungen eines jungen Gemüts, das viel zu lieben glaubt, weil es sich danach sehnt, viel geliebt zu werden, und das darunter leidet, nicht genug geliebt zu werden, weil es selbst noch nicht genug liebt, noch nicht selbstlos genug ist, sind also dies nicht alles auch Kennzeichen dieses überwältigenden und besitzergreifenden Strebens?

Aber unter diesen Träumereien des jungen Menschen, die so voller Zärtlichkeit sind, dass er sich darin ausgegossen und hingeschüttet wie fließendes Öl fühlt, sanft für alle Herzen, sehnsüchtig nach Genialität, Ehre und höchster Macht, um noch mitreißender zu strömen; unter der Leidenschaft des Künstlers, der sich wünscht, seinen Ruhm wie ein Lächeln auf den Lippen oder wie das Morgenrot am Himmel sich ausbreiten zu sehen; in dem glühenden Bekehrungseifer einer Seele, die dafür stirbt, die Seelen zu erleuchten – überall dort, wo der Überfluss des Herzens sich zu verströmen sucht, macht sich ein neues und tieferes Bedürfnis bemerkbar. Es scheint, dass wir uns um all das, was die Anderen sind, tun und geben, überhaupt nicht mehr kümmern würden, solange wir nicht diese Anderen selbst besitzen.

Gerade im Werk der Erziehung lassen sich sowohl die Kraft als auch die Ohnmacht der Einfluss nehmenden Tat am besten einschätzen; dort beginnt die Notwendigkeit einer intimeren Mitwirkung in Erscheinung zu treten. Welche zuweilen unverhofften Früchte erntet man nicht, wenn man die Kunst versteht, mit der biegsamen und lebhaften Kinderseele umzugehen, sie zu formen und sie zu üben! Was gäbe man nicht dafür, oftmals ohne dass es gelingt, unsichtbare Widerstände zu überwinden, jene Barrieren zu schleifen, gegen die man nirgends stößt und dennoch überall ahnt, einen Funken zu entzünden, sich ganz in sie hineinzugießen, und die wirklich zu berühren, die man von Angesicht zu Angesicht vor sich hat und von denen man sich unüberwindbar getrennt fühlt! Die Müdigkeit des Lehrmeisters ist nicht zu vergleichen mit seinem Wohlgefühl, wenn seine Zöglinge ihn mehr schätzen, etwas mehr Interesse aufbringen, wenn er in ihnen ein neues Licht aufgehen und eine höhere Auffassung vom Leben emporwachsen lässt. Man meine nicht, dieser proselytische Feuereifer sei der Verbreitung des Wahren fremd. Er ist vielmehr die Seele der Unterweisung, denn die Wahrheit zu lieben und intelligente junge Leute zu lieben, ist ein und dasselbe, ebenso die Wahrheit zu erkennen und sie verbreiten zu wollen, sie in sich selbst zu suchen und im Anderen zu erwecken, selbst daraus zu leben und die Geister daraus leben zu lassen. Auf solche Weise sind Lehrmeister

3 · Das Phänomen der Tat

und Jünger unter dem gleichen aufgehenden Stern und in der wechselseitigen Liebe für die eine und gemeinsame Wahrheit miteinander vereinigt. Weil das Wissen in jedem Einzelnen beheimatet ist und in allen überpersönlich, vermag es durch die Anregung der Worte des Lehrers aufzublühen und Früchte zu tragen. Aber dieses Keimmittel ist auch notwendig, denn die Wahrheit lebt nur, liebt und wird nur geliebt *[244 Einflussnahme und Mitwirkung]* in einem lebendigen Geist. Nur durch die Vermittlung einer Person wird die Wahrheit unsere persönliche Wahrheit. Man würde die Rolle des Lehrmeisters schmälern, wenn man in ihm nur einen sterilen Geburtshelfer von Intelligenzen sähe. Er bringt Leben und Liebe; das Kommunizieren von Gedanken bildet die Vereinigung ab, welche die Körper befruchtet, ἔρως [Eros].

Aber sind diese Anforderungen selbst nicht widersprüchlich? Wenn ich auf blinde Kräfte einwirke, kann ich aufgrund der Koaktion meistens eine völlige Unterwerfung erlangen. Sie gehören mir; noch sind sie Ich selber. In dem Maße, wie diese gefügigen Diener zur Spontaneität erwachen, stehen sie dann nicht auch auf, um den Gehorsam zu verweigern? Und wenn ich mit anderen Ich zu tun haben will, verschwindet dann nicht die Koaktion, um für die unabhängige Ursprünglichkeit der Vernunft und der Freiheit Platz zu machen? Es sind hier seltsame Bedingungen, die es zur Übereinstimmung zu bringen gilt. Ich will, dass mein Partner sich genauso von mir unterscheidet wie ich mich von ihm; ich will auch, dass seine Autonomie mein Gesetz befolgt. Ich muss mit ihm in einer vollen, sicheren und vollkommenen Einigung verbunden sein, ohne dass Einheit, ohne dass Zweiheit füreinander geopfert werden würden.

Wird es möglich sein, diese Schwierigkeiten zu lösen? – Ja, gewiss! Vielleicht werden wir sogar sehen, dass genau da, wo die intime Durchdringung der Willen ein Hirngespinst zu sein scheint, die Einheit reeller und wirkungsvoller wird. Denn es wird nicht mehr einzig um Handlungen gehen, die von getrennten Quellen herkommen, um in einem gemeinsamen Werk zusammenzufließen, auch nicht um Koaktion oder Einflussnahme, sondern um eine aktive Einigung, die als solche fruchtbar ist. Die Handlungen gehen nicht mehr aus voneinander verschiedenen Ursprüngen hervor; sie werden nicht bloß Mittel zu einer Annäherung oder Ergebnisse eines Kooperationsgeschehens sein. Aus einer zweifach-einen Quelle hervorgegangen, werden sie aus den miteinander verschmolzenen Leben und Freiheiten emporsteigen.

III · Einflussnahme und Mitwirkung

*

Die Tat ist nicht am Endpunkt ihrer natürlichen Expansion. Sie wird nunmehr die verschiedenen sozialen Gefüge bilden, deren Mitglied der einzelne Mensch wird, die er im Grunde jedoch mit seinem persönlichen Wollen instand hält und auch umfasst. Es scheint merkwürdig, dass die fruchtbare Einigung von miteinander verbündeten Willen in ein und demselben Wollen enthalten ist. Dennoch ist es genau so. Mehr noch, dieses Bedürfnis nach Zusammengehörigkeit erstreckt sich über das Menschengeschlecht hinaus, bis hin zu einer tatsächlichen Verbundenheit des Menschen mit dem Weltganzen. Dieses Bedürfnis erstreckt sich auch über das Weltganze hinaus, nicht mehr bis zu dem, was ist, sondern bis zu dem, was sein soll, und bis zu dem, von dem man wollen würde, dass es wäre. Und es geht noch weiter bis hin zu den illusorischen Befriedigungen einer verborgenen Autolatrie. Der Wille schöpft alles aus, ersinnt alles, lässt alles bei sich zu, sogar das Unmögliche, nur um sich selbst zu genügen und sich zufriedenzustellen. Aber es gelingt ihm nicht. Und dieser Ehrgeiz selbst steht im Gegensatz zu seinem intimsten Wunsch. Dies zu betrachten steht noch an.

[245]

Fünfter Teilabschnitt
Von der sozialen Tat zur superstitiösen Tat

DIE FRUCHTBARE VEREINIGUNG DER WILLEN UND DIE UNIVERSELLE AUSWEITUNG DER TAT

Das individuelle Leben ist zwangsläufig dazu gebracht, sich zu öffnen und sich auszubreiten; es lässt andere Kräfte auf seine Ziele hin mitwirken; es sucht eine Ergänzung außerhalb seiner selbst; es erhofft eine Bekräftigung und gleichsam eine Verdoppelung seiner eigenen Energie. Weil das Individuum sich weder verschließen kann, noch sich ganz für sich und in sich halten will, strebt es danach, im Anderen aufs Neue zu leben. Es verlagert sozusagen sein Tatzentrum nicht mehr in ein äußeres Werk, nicht einmal mehr in jene Mitwirkung, die es ihm erlaubt, seine Macht und seinen Einfluss auszuweiten, sondern in die intime Vereinigung, die es mit einem anderen Selbst eingeht. Wird es sein eigenes Leben so nicht in irgendeiner Weise vervielfachen und es erfüllen? Es gibt sich also hin, um in dem, was es zurückempfängt, all das wiederzufinden, was es bereits war – was es war, aber ohne die Überfülle seines eigenen Lebens für sich allein behalten zu können. Aufgrund eines Ersatzes für den Egoismus, der ein bedingter und gegenseitiger »Altruismus« zu sein scheint, verbreitet es seinen strahlenden Feuereifer, aber nur, damit dieser ihm umso wärmer und konzentrierter zurückgestrahlt werde.

Wie es in den Klangwellen Knoten gibt, oder sich in der Streuung des Lichtes in bestimmten Fällen virtuelle Brennpunkte bilden, so zerstreut sich die Tat nicht ohne zurückzukehren und ohne eine nachfolgende Konzentration. Durch die gleichzeitigen Aktionen und Reaktionen bildet sich so ein Kreislauf und ein Austausch von Leben mit Leben. Aus zwei Wesen bildet sich eine einzige und selbe Fruchtbarkeit; es bildet sich, wenn man so sagen darf, eine *Koenergie*. Es handelt sich nicht mehr um eine einfache Mitwirkung, darauf beschränkt, ein Werk hervorzubringen, das vielleicht zu leben scheint, *[246 Die fruchtbare Vereinigung der Willen]* aber in Wirklichkeit nicht lebt. Die Koenergie ist wie eine doppelte Substanz, die lebt und Leben hervorbringt; sie ist eine reelle Gemeinschaft und gerade in ihrer Vielfalt eine einzige Existenz, eine Gemeinschaft, die wie ein

3 · Das Phänomen der Tat

sich stark vermehrender Organismus funktioniert und dessen Einheit als solche die Fruchtbarkeit bewirkt. Es handelt sich also nicht mehr darum, eine Intention dem toten Buchstaben eines Zeichens anzuvertrauen. Für den Menschen handelt es sich darum, in seinem Werk aufs Neue zu leben und sich darin zu mehren. Welches ist der Sinn dieses Wunders?

Indem er sich verbreitet, will der Mensch eine Gegenleistung. Wenn er instinktiv in einem geschlossenen System unterschlüpft, gleichsam um die Ausstrahlung seines Lebens durch eine zweifache Bewegung von Gabe und Rücknahme wieder einzusammeln, dann geschieht dies noch, um in sich das zu erlangen, was sich ihm in sich selbst zunächst entzieht. Wenn er im Anderen sucht, so deshalb, um sich noch mehr zu finden. Ob er dies nun wahrnimmt oder nicht, er gehört natürlichen Gruppen an, in denen seine Handlungen sich nicht nur mit anderen Handlungen verbinden, um ein gemeinsames Werk zu bilden, sondern in denen seine Handlungen aus dem sozialen Bündnis selbst hervorgehen; sie sind dessen vitale Funktion. Die Vereinigung ist hier nicht mehr einzig ein Ergebnis, sondern sie ist eine Ursache. Diese wirklich sozialen Handlungen setzen gleichsam eine bereits vollzogene Vermählung zwischen den lebendigen Wesen voraus, deren Willen sie zusammenführt. Sie verwenden also in uns Energien, die nichts sind, wenn sie nicht befruchtet sind. Es gilt, mit allen Formen des Lebens ein Bündnis zu schließen, um in uns die unbekannten Kräfte zu bestimmen, die durch die Tat danach streben, uns dem universellen Leben einzufügen. So wird sich das Zentrum unseres inneren Gleichgewichts nochmals verschieben und bei immer größeren Gemeinschaften haltmachen, bis es sozusagen allerorts ist.

Diese mehr oder weniger umfassenden Gemeinschaften sind tatsächlich fest umrissen und begrenzt, wie jeder Organismus dies ist. Sie bilden eine kollektive Individualität und tragen eine eigene Bezeichnung wie ein lebendiges Wesen: die Familie, das Vaterland, die Menschheit. Aber auch wenn sie umeinander gelagert sind und ineinander geschachtelt, so bleiben sie zugleich offen; sie weiten sich aus, ohne die jeweilige Gestalt zu verlieren. Nicht nur findet jedes Individuum seinen Platz in einer sozialen Gruppierung und spielt dort seine eigene bestimmte Rolle, sondern jeder gehört zu gleicher Zeit diesen verschiedenen Gruppen an, die wachsen und sich ausweiten, ohne aufzuhören, voneinander verschieden zu sein, wie jene Kreisbewegungen, die ein Ball bildet, wenn er in stillstehendes Wasser fällt: πέρας καὶ ἀόριστον [Grenze und Unbegrenztheit zugleich].

Von der sozialen Tat zur superstitiösen Tat

In der spontanen und sogar notwendigen Entwicklung, welche die menschlichen Gemeinschaften als ein Werk der Natur begründet, *[247 Wie ist die zusammengesetzte Tat möglich?]* müssen wir somit die Bewegung der Willen wiederfinden. So als ob jeder Wille für sich sich allen anderen Willen übereignen würde, wenn er sich mit allen anderen vermählt, ohne dabei aufzuhören, das Prinzip des kollektiven Lebens einzig in sich selbst allein zu finden. Es ist eine heikle Aufgabe zu zeigen, wie jede dieser verschiedenen sozialen Gruppen sich bildet, sich schließt, sich öffnet, um zur nächsten Gruppe hinüberzuleiten und sich nochmals zu schließen, während der individuelle Wille sich zur gesamten Entwicklung der gemeinsamen Tat ständig koextensiv verhält. – Eine erste Schwierigkeit liegt darin, herauszufinden, wie wir dazu kommen, andere menschliche Leben zu wollen, zu kennen und zu erreichen: Auf welche Weise also vermag das Subjekt andere Subjekte zu berühren und sich mit ihnen zu verschmelzen?

Es handelt sich allerdings nicht mehr um das, was Fremde und Unbekannte für den individuellen Egoismus leisten können; zur Debatte stehen nicht mehr alle Beiträge, die der Wille einfordert und sich zugunsten seines Werkes zunutze macht. Hier geht es noch um »das Objekt«. Was wir aber jetzt vom Subjekt wollen, ist das Subjekt als solches – nicht das, was es kundtut und was es hervorbringt, sondern sein inneres Leben, das, was es sozusagen an Unendlichem und Nichtmitteilbarem in sich trägt. Bis jetzt hatten wir es nur als Mittel betrachtet. Wir verlangten von ihm nur eine Mitwirkung, und zwar hinsichtlich eines Werkes, das das Hauptziel zu sein schien, für das es bloß ein Instrument war. Von jetzt an betrachten wir das Subjekt als »ein Ziel in sich«. In dem, was wir von ihm fordern und wünschen, geht es um es selbst. Wir erwarten von ihm weniger das, was es tut, als vielmehr das, was es ist. Was wir wollen, ist vor dem Werk an erster Stelle der Wirkende selbst, um uns mit ihm zu verbünden, freilich nicht mehr wie das Ziel sich mit dem Mittel verknüpft oder das Ganze mit dem Teil, sondern wie eine Hauptsache mit einer Hauptsache und ein Teil mit einem Teil, in einem Ganzen, dem die Individualität eines jeden sich in einem wahrlich einzigartigen Leben und in einer reellen Gemeinschaft widmet.

Wie gelingt es dieser Bewegung, die uns zu anderen Willen führt, die verschlossene Schwelle des Bewusstseins zu überschreiten? Wenn wir ganz spontan an die Existenz unseresgleichen glauben, so tun wir dies, weil wir dessen bedürfen und wollen, dass sie sind. Es handelt sich nicht um Zeichen des Sinnenlebens oder der Intelligenz,

3 · Das Phänomen der Tat

die wir um uns herum vorfinden und deuten. Wer dabei stehen bleibt (wenn es überhaupt möglich ist, dabei stehen zu bleiben), kann sich das zutage tretende Leben der Menschen sehr wohl zunutze machen, aber im strengen Sinne des Wortes bleibt er ihnen gegenüber isoliert; er ist nicht in sie eingegangen, er setzt sich nicht an ihren Platz. Er hat nur Instrumente vor sich, mit denen er mit der Geschicklichkeit und dem Egoismus seiner Leidenschaft spielt, wie mit intelligenteren Lasttieren und wertvolleren Geräten, das ist alles. Es ist ein grundlegender Irrtum, zu behaupten, das soziale Leben auf den Austausch zwischen Phänomenen, auf den Kontakt *[248 Das Prinzip allen kollektiven Lebens]* zwischen Sinneswahrnehmungen oder auf den Austausch von Interessen zu gründen. Nein, die menschliche Gesellschaft, wie eingeschränkt oder wie weit umfassend sie auch sein mag, beruht nicht auf einem Spiel von Zeichen, auf einer Berechnung der nützlichen Kräfte, auf einem ausgleichenden Gleichgewicht der Wirtschaftsgesetze, auf der äußeren Erscheinungsform der Fakten. Sie besitzt eine ganz andere Wirklichkeit, weil sie die tatkräftige Vereinigung der Subjekte selbst, die gemeinsam eingebrachten Energien und die verschiedenen Leben impliziert.

Denn das gemeinsame Werk entzieht sich stets mehr oder weniger unserem Zugriff und unserem Vorsorgen. In dem, was wir tun, gibt es stets das, was wir tun lassen, und in dem, was wir tun lassen, bleibt stets eine verborgene Menge an Energie bestehen, die sich unserer Voraussicht und unserer Lenkungsgewalt entzieht. Selbst in den klügsten Berechnungen des praktischen Menschen oder des Wirtschaftlers muss man mit einem unbekannten Faktor rechnen, der gewiss weder für die Sinne noch für den Verstand relevant ist, der aber das Unendliche einer Kraft oder eines Willens in sich birgt. Jenes geheimnisvolle und undefinierbare Subjekt, das sich gegen meine Erkenntnis wie gegen meine Initiative zunächst zu sperren scheint, jenes Unendliche, das meine einsame Tat durcheinanderbringt, indem es diese ständig abwandelt, jenen Egoismus, von dem ich spüre, dass er sich direkt vor meinem Egoismus aufgebaut hat und in seiner Tiefe genauso unzugänglich ist, wie ich es für ihn bin, eben darin wünsche ich einzudringen und ihn mir zur Seite zu stellen; ich bin versucht, ihn mir zu unterwerfen und mich seiner zu erfreuen. Ich will sowohl, dass die unbekannte, mit mir zusammenwirkende Kraft ein mir entsprechendes Subjekt sei, als auch, dass dieses Subjekt mir ein Verbündeter sei, eine Hilfe und ein Freund. Ich will es irgendwie festhalten, es für mich haben; ich will es sein, ohne aufzuhören, ich zu sein, und um noch mehr ich zu sein, will ich es an mich binden, wie ich mich an es binde aufgrund jener gegenseitigen Zuneigung, in der Aristoteles das Fundament und die vornehmste Tugend der Gesellschaft gesehen hat. In meinen Augen existiert das andere Subjekt nur wirklich, wenn es für mich so ist, wie es für sich selber ist.

Um außerhalb von mir ein subjektives Leben zu erkennen, das meinem ähnlich und ebenbürtig ist, muss ich also durch einen impliziten Willensakt unter die sinnfälligen Zeichen und unter die in Erscheinung tretenden Werke die unsichtbare Gegenwart eines anderen Willens legen. Genau deswegen ist die begehrende und bedürftige Liebe ein Erkenntnisorgan. Denn wenn jedes Subjekt zutiefst Reflexion, Vernunft und Freiheit ist, kann es nur als solches erkannt werden, und erkannt ist es tatsächlich nur in dem Maße, wie es gewollt ist. Die einzige Weise, das Subjekt zu verstehen, ist, es zu lieben. Diese Liebe ist noch egoistischer, als es sich die scheinbare Generösität und die angebliche Hingabe des so Liebenden meistens vorstellt. Aber trotzdem tendiert solche Liebe nicht weniger auf die Selbstlosigkeit hin; ist sie lauter, führt sie das Individuum dazu, sich von sich selbst zu lösen. *[249 Notwendiger und vom Willen bedingter Charakter der Gesellschaft]* Lauter und selbstlos: Diese zwei Empfindungen sind nur ein und dasselbe, so sehr verurteilt die erste Reflexion den reinen Egoismus!

»Der Altruismus« ist demnach nicht weniger natürlich, notwendig und vom Willen bedingt als der Egoismus; er bleibt konzentrisch um ihn herum. Der Altruismus entspricht dem innersten Wunsch meines Willens; es scheint, dass ich nur unter der Bedingung ich selbst sein kann, wie ich es ja will, wenn ich mich in einen Anderen hineinversetze. Die Formeln, in denen man den reinen Ausdruck der Pflicht zu sehen vorgab, sind also, was man auch tun mag, faktisch realisiert. Wenn nicht in der Handlung als gewollte Ziele, sind sie faktisch als Naturgesetze realisiert. Denn die Übereinstimmung zwischen der notwendigen Tatsache und dem spontanen Willen erfordert nur noch, um in dem Maße gewollt zu sein, wie sie vom Willen bedingt ist, diese sittliche Anstrengung, deren unendliche Verschiedenheiten die Wissenschaft ausklammert. Wenn das soziale Leben eine Notwendigkeit darstellt, weil die Natur die Sympathien lenkt und die Vernunft die Übereinstimmung zwischen den Kräften und den Interessen befiehlt, dann ist es also, noch tiefer erfasst, ein Werk der Freiheit. Wir wollen, dass es sei. Hier, wie übrigens überall sonst, ist die spontane Gestalt und das unausweichliche Merkmal der Tat nur die

3 · Das Phänomen der Tat

äußere Übersetzung eines grundlegenden und ursprünglichen Willens, der aus dem tiefsten und innersten Grund unserer Person nach außen getreten ist.

Sobald man aufgrund des Willens dazu übergeht, zu handeln, fordert man implizit zugleich, dass die Gesellschaft sei, denn die Gesellschaft ist der Endpunkt der Entwicklung und die Gewähr selbst für die Tat. Wir können uns nur auf die wirksame und herzliche Mitarbeit von anderen Willen verlassen, die dazu fähig sind, uns zu erwidern mit der Freiheit und dem Vertrauen, die wir ihnen gegenüber an den Tag legen. Obwohl es letzten Endes immer noch *ein* Wille ist – mein persönlicher Wille –, der sich selbst sucht, muss er sich, um konsequent zu sein, dagegen wehren, unmittelbar in den Egoismus zurückzufallen. Die gleiche Bewegung, die mich dazu bringt, zu wollen, dass ein Anderer ist wie ich, führt mich auch dazu, zu wollen, dass er für mich anders bleibt, denn ich wünsche von ihm genau das, was sich an ihm nicht mitteilen lässt. Dieses Geheimnis, dieses Unendliche an seinem Leben zieht mich umso mehr an, je weniger ich es durchdringe. Ich bejahe wirklich, dass er in sich ist, wie ich in mir bin, aber nur unter der Bedingung, seine Wirksamkeit, sein Leben, seine Person nicht auf meine Individualität zu beziehen, unter der Bedingung auch, diese in ihrer Integrität zu respektieren, oder besser, mich ihm in dem Maße unterzuordnen, wie ich ihn selbst unserer gemeinsamen Tat unterordne.

Wie sollen wir tatsächlich erreichen, dass sich in diesem gegenseitigen Respekt, der die verschiedenen sich gegenüberstehenden Subjekte zunächst in der Schwebe und in der Defensive zu halten schien, *[250 Die Tat, Prinzip der sozialen Synthese]* eine Vereinigung besiegelt und dass ihre Intimität sie befruchtet? – Auf beiden Seiten muss jeder sich ein Ziel setzen, das jeden von ihnen als Einzelperson übersteigt, ein Ziel, das gut genug ist, um es in einem gemeinsamen Elan zu verfolgen, ein solches Ziel, dass der Eine sich für den Anderen opfern könnte, wie in jenem heroischen Paradox, in dem ein Mensch stirbt, um einen einzigen Menschen zu retten, der ihm ähnlich ist und geringer als er. Man vereinigt sich nicht bloß, um vereinigt zu sein. Man kann diese Flut, die aus dem Willen fließt, nicht zwischen den zwei Personen eindämmen. Die Einheit der miteinander verbundenen Leben muss größer sein als die Summe der einzelnen Leben; dieser Überschuss muss sich ergießen, die Überfülle des in sich vielfältigen Wesens muss ein Werk aus sich hervorbringen, das zu seinem Existenzgrund wird.

So sehen wir noch einmal und stets deutlicher, wie die Synthese die Elemente, die sie begründet und umgestaltet, stets übersteigt. So verstehen wir, dass, wenn der Mensch für den Menschen »ein Ziel in sich« ist, dann geschieht dies hinsichtlich einer Entwicklung, die über ihre wechselseitige Vereinzelung hinausgeht. Ebenfalls ist offensichtlich, dass es im Sozialen eigentlich nichts *Statisches* gibt, denn in den menschlichen Beziehungen weilt alles in der Tat, geht alles aus der Tat hervor, geht alles auf die Tat zu. Hier vor allem gibt es Einheit nur aufgrund von Zusammenwirkung. Die Gerechtigkeit liegt also, trotz aller widersprechender Abstraktionen, nicht in einer unbeweglichen Gegenüberstellung von Rechten, in einem Getrenntsein von Personen, sodass jeder bei sich und für sich bliebe. Sie ist eine vorwärtstreibende Kraft, die in Übereinstimmung mit dem tiefen Willen eines jeden ein Gleichgewicht aufrechterhält, jedoch ein Gleichgewicht in Bewegung. Denn wenn das Bedürfnis, weswegen wir den Anderen brauchen, aus dem Bedürfnis des individuellen Wollens hervorgeht, so wird es seinerseits zu einer Tatursache. Zwischen den Menschen kann es reelle Beziehungen und lebendige Zusammenwirkung nur geben aufgrund eines Fortschritts auf die soziale Synthese hin.

Dadurch ist der zugleich natürliche, notwendige und freie Charakter der Gesellschaft aufgezeigt. Das Einschreiten der Reflexion bewirkt nur, dass die Natur bestätigt und vervollkommnet wird. Zu der langsamen Herausbildung der sozialen Organismen, der traditionellen Institutionen und der spontanen Zusammenschlüsse, die die Menschen ohne ausdrückliche Vereinbarung sowie ohne bewussten Vertrag vereinigt haben, fügt sie die ganze Arbeit eines aufgeklärten Willens hinzu. Handelnd sind sie dazu gezwungen gewesen, sich zu vereinigen, denn sie handelten, um sich zu vereinigen. Und sie handeln im Einklang miteinander nicht nur, um zur Einigung zu gelangen, sondern auch aus Hingabe an die bereits gebildete Einheit. Denn man kann ein gemeinsames Ziel nur verfolgen, wenn man sich ihm unterordnet und wenn man es personalisiert, um ihm *[251 Wissenschaftliche Merkmale der Soziologie]* sich selbst mit dem Anderen hinzugeben. Die Ausdrücke der Umgangssprache »Familiengeist, soziales Bewusstsein, Korpsgeist, nationales Gemeinwesen« haben also nicht eine bloß verbale Bedeutung. Denn ein Ganzes, als lebendige Synthese, ist nicht deckungsgleich mit der Summe der Bestandteile; Letztere sind nicht Teile oder arithmetische Einheiten, sondern zusammengehörige Glieder, die sich gegenseitig beleben.

Die Willenstat ist somit der Mörtel, der das Zusammenleben der

3 · Das Phänomen der Tat

Menschen aufbaut, sie ist die soziale Funktion schlechthin. Die Tat ist auf die Gesellschaft ausgerichtet, und wir halten nur miteinander zusammen durch die Tat. Einzig auf diesem Fundament wird die Sozialwissenschaft sich auf solide Weise errichten. Solche Wissenschaft wäre unvollständig oder gar verfehlt, wenn sie sich damit begnügte, den Mechanismus der äußeren Phänomene und das abstrakte Zusammenspiel des kollektiven Lebens zu erforschen. In dieser Wissenschaft gelingt es nur dann, das Privatrecht, die Zivilgewalt und die politische Organisation in Betracht zu ziehen, wenn man sich vor der unpersönlichen Methode und den Allgemeinheiten der positiven Wissenschaften hütet, damit man die stets konkrete und spezifische Weise in Betracht ziehen kann, in der die Gesellschaft hervorgebracht ist. Denn *Handlungen* zeichnen sich eigens dadurch aus, dass sie nicht als *Fakten* ohne einzigartigen und subjektiven Charakter betrachtet werden können. Wie man nicht erst ein Mensch überhaupt ist und dann dieser Mensch im Besonderen, so existiert auch die Gesellschaft nicht, ohne diese bestimmte Gesellschaft zu sein, ohne gleichsam das gemeinsame Herz jener Menschen zu werden, die sich in ihr und um ihretwillen lieben. Die Soziologie hat nur dann einen wissenschaftlichen Charakter, wenn sie nicht eine Wissenschaft wie die anderen ist.

Die sozialen Phänomene nur vom Gesichtspunkt der positiven Wissenschaften her zu betrachten, bedeutet, dass man sie eigentlich verschwinden lässt, denn man übergeht genau das, was sie von anderen Phänomenen unterscheidet. Für einen jeden von jenen, die am Leben einer Gemeinschaft mitwirken, gibt es Familie oder Vaterland einzig in einer konkreten und einzelnen Gestalt, vor allem ihre eigene Gemeinschaft. Wir müssen deshalb schauen, wie jede dieser Gruppen durch einen je einzelnen und eindeutigen Willen hervorgebracht ist. Auf diese Weise werden wir den Weg abstecken, der Zugang zu den *Sozialwissenschaften* verschafft, indem wir den zweifachen Charakter des *Sozialen* und des *Wissenschaftlichen* aufrechterhalten, den sie ja bewahren müssen. Viele Irrtümer sind daraus hervorgegangen, dass man es nicht verstanden hat, die kontinuierliche und sich klar unterscheidende Hierarchie der verschiedenen menschlichen Zusammenschlüsse stufenweise einzuteilen. Manche sind daraus entstanden, dass man verschieden miteinander vereinbare Phänomene für einander absolut ausschließende Realitäten gehalten und Eigentümlichkeiten der kollektiven Tat als allgemeine Abstraktionen behandelt hat. *[252 Der Fortschritt des Willens durch das soziale Leben]* Man muss die unterschiedlichen Lebensfunktionen nach ihrem Rang einordnen. Obwohl vielleicht ein höher gestufter Individualismus ihn absorbiert, muss man ohne Zweifel einen vorübergehenden Sozialismus durchlaufen. Gewiss ist es unmöglich, hier die Bildung und die Physiologie jeder einzelnen der durch das Zusammenwirken von Personen gegründeten Gesellschaftsformen bis ins Detail zu untersuchen; dies ist Gegenstand der Teildisziplinen. Zumindest ist es von wesentlicher Bedeutung, hier die Kontinuität des wissenschaftlichen Bandes herauszustellen, indem wir die ununterbrochene Entwicklung der Tat bis zu ihrer vollständigen Entfaltung aufzeigen. Untersuchen wir deshalb durch seine soziale Expansion hindurch und im Überpersönlichen seiner fruchtbaren und indefiniten Tat den Willen, der sich immer noch zu vervollständigen sucht, indem er nicht *allein* bleiben will, um besser mit sich *eins* zu sein.

*

Indem jede Gesellschaft ein geschlossenes und ausschließliches System bildet, trachtet sie danach, sich auszuweiten, und öffnet sich, um zu einer umfassenderen Synthese Zugang zu haben. Wir müssen also die Bewegung des Willens verfolgen von der einfachsten und intimsten Vereinigung des Einzelnen mit dem Einzelnen bis zu dem Punkt, an dem diese Koenergie danach strebt, die Grenze des sozialen Lebens selbst zu überschreiten. – Zunächst untersuche ich das Band der Freundschaft und insbesondere das der Liebe. – Alsdann untersuche ich, wie man von der Familie zum Vaterland hinüberschreitet. Ich zeige, dass das Leben der Nation ein spontanes Bedürfnis und ein natürliches Gebilde des Willens ist. – Schließlich lasse ich sehen, wie unsere Tat, indem sie aus der Geschlossenheit der Zivilgesellschaft hinausschreitet, sich mit der gesamten Menschheit solidarisiert, ohne allerdings in dieser neuen Erweiterung das Gleichgewicht und die Genugtuung zu finden, die sie sucht. – Wir müssen wirklich begreifen, dass es stets um die Willenstat geht, deren Fortschreiten diese aufeinanderfolgenden Formen des menschlichen Lebens hervorbringt und rechtfertigt; dass diese Formen sich überlagern und sich wechselseitig ergänzen; dass jede Form der Form, die sie vorbereitet, eine neue Vollkommenheit hinzufügt, aber ohne deswegen die relative Unabhängigkeit und die Beständigkeit der vorhergehenden Formen aufzuheben.

[253]

Kapitel I
Die Einheit des Willens und die fruchtbare Tat des gemeinsamen Lebens

Familie, Vaterland, Menschheit

Wir bedürfen nicht nur der Mitwirkung und der Werke der Anderen. Was bedeuten all ihre Gaben, wenn diese Anderen sich nicht selbst geben und wir ohne sie sein müssten? Das, wonach wir uns sehnen, ist ihre Zuneigung, ihr Willen, ihre hingebungsvolle und liebende Tat. Wir sehnen uns danach wie nach einer Quelle, welche eine Feuersbrunst zu kühlen vermag, die nicht gänzlich in uns konzentriert sein kann; wir verlangen danach wie nach einer Feuerquelle, welche eine Aktivität wieder anstachelt, die in Gefahr ist, ohne Nahrung zu erlöschen.

Genau in diesem Bedürfnis und in diesem Willen liegt das geheimnisvolle Mysterium der Freundschaft. Ein vages und allgemeines Verlangen nach Einigkeit mit den Menschen reicht nicht aus. Es bedarf eines ganz bestimmten Ausgangspunktes und einer ganz konkreten Wahl. Aufgrund einer völlig einzigartigen Liebe ist der Mensch ins Leben getreten und so soll er seinerseits auch wieder in es zurückkehren. Aber wie soll man ein Wesen ganz besonders liebgewinnen, das nichts Besonderes hat? Wie die Zuneigung weiterleben lassen, wenn alle Vorzüge, die uns an den Geliebten gebunden hatten, verloren gegangen sind? Denn zwei Leben sind nicht bloß in dem vereinigt, was sie einzeln voneinander oder gemeinsam von sich kennen, sondern sie sind es bis in den Grundansatz ihrer gemeinsamen Taten und ihrer ungeteilten Gefühle hinein. Deshalb ist nach einem schönen Wort des Aristoteles eine Freundschaft, die zu Ende gehen konnte, nie eine wahre Freundschaft gewesen. Und deshalb gibt es auch in der gemeinsamsten Natur des Menschen stets etwas Einzigartiges, das verdient, auf einzigartige Weise geliebt zu werden.

[254 Die fruchtbare Tat des gemeinsamen Lebens] Sich selbst lieben, indem man aufrichtig einen Anderen liebt; sich hingeben und sich durch diese Gabe verdoppeln; sich in sich selbst anders sehen und im Anderen sich selbst sehen; nicht einsam und doch allein sein; sich vereinigen und einander umarmen, indem man sich unterscheidet;

I · Die Einheit des Willens und die fruchtbare Tat des gemeinsamen Lebens

alles gemeinsam haben, ohne etwas zu vermischen und zwei bleiben, um fortwährend wie in einem einzigen Ganzen und in einem einzigen vollkommeneren und fruchtbareren Wesen aufzugehen; den tausendfachen Strahlenkranz auf die liebevolle Wertschätzung einer einzigen Person zu reduzieren; einen Menschen, der ganz liebt, einer Million vorziehen, die viele lieben: danach schreit das Herz von Natur aus. Scheint es nicht so, als ob wir von diesem Zusammengehen ein neues Leben erwarteten und also ob jede randvolle Zuneigung auf die Absicht ausgerichtet wäre, gleichsam davon abhängig wäre, ein Werk zu erzeugen, das beiden gemeinsam ist, deren Vereinigung es heiligt, rechtfertigt und besiegelt? Jedwede soziale Tat ist also wie eine Zeugung, denn sie geht aus dem empfundenen Bedürfnis hervor, unseren Willen im Anderen zu erweitern und unser Leben zu verdoppeln. Wir wollen, dass aus dieser Gabe etwas anderes folgt als das, was wir bereits waren, eine Bereicherung, nämlich ein Unterpfand, das das Band der gegenseitigen Zuneigung zu bestärken, zu festigen und zu bestätigen vermag.

Diese Bewegung von Expansion und neuem Wachstum macht innerhalb des Menschengeschlechts an drei progressiv aufeinanderfolgenden Hauptzielen halt: der Familie, dem Vaterland und der ganzen Weltgemeinschaft der Menschen. Wie bringt der Wille jede dieser fest umschriebenen Synthesen hervor, in denen sich seine Tat verkörpert, und wie geht er von der einen zur anderen über, indem er sich ausweitet?

I

Alles, was der Mensch anfasst, alles, was er weiß, alles, was er aus dem Zusammenwirken mit dem Anderen erlangt, alle endlichen Ziele, die er im Äußeren verfolgt und erreicht, haben das Verlangen nicht stillen können, das ihn auf der Suche nach einer seinem Appell gemäßen Antwort in die Außenwelt hinausgeworfen hat. Diese Befriedigung kann er in ihrem unermesslichen Ausmaß nur von einem anderen Selbst erwarten – von einem Anderen, der ebenso wenig mitteilbar und genauso undurchdringlich ist wie er selbst. – Diese bietet sich ihm an in der intimen und geschlossenen Einheit eines Lebens, das seinem fremd ist. Es ist ihm fremd. Er will dort eintreten, um mit ihm eine abgetrennte Welt zu bilden und sich wie in einem allumfassenden und unabhängigen Universum einzuschließen. Es ist die Liebe,

3 · Das Phänomen der Tat

die exklusive Liebe, eifersüchtig, leidenschaftlich, oftmals in ihrem Kern egoistisch. Man möge aber ihre Entwicklung verfolgen, ihre verborgenen Verlangen unterscheiden. Man wird *[255 Die Absicht des Willens in der Liebe]* unter den Betörungen der sterilen Wollust die ernste Absicht des fruchtbaren Willens entdecken.

Ist es nicht zunächst eine erste Anziehung und eine lautere Bewegung, die uns dazu treibt, doppelt zu leben: durch den Anderen und für den Anderen? Was der einsame Egoismus sich selbst unmöglich an Zärtlichkeit und Hingabe zu geben vermag, das will und tut die Liebe des Einen für den Anderen. Dieser Egoismus zu zweit ist desto delikater und lohnenswerter, als er sich selbst aus den Augen verliert und sich einbildet, ganz sein Gegenteil geworden zu sein. Wenn man alle Aufmerksamkeiten, Fürsorgen und Großzügigkeiten der gegenseitigen Zuneigung in ihrem Wesenskern betrachten würde, wenn man von den Handlungen aus, dem festen Faden der implizierten Überlegungen entlang, bis zum Ansatz der unbeachteten Gefühle zurückginge, wäre man wie einst die meisten Moralisten gewiss überrascht von der verkappten Eigenliebe, die unter einer Oberfläche von Güte und Selbstverzicht ihr Spiel treibt. Wenn man eine Trennung beweint, beweint man eigentlich sich selbst. Aber die Eigenliebe ist hellsichtiger noch als die Moralisten. Sie ahnt, dass die echte Zuneigung, die man für einen Anderen empfindet, befriedigender ist als ein Egoismus, der es allzu eilig hat, sich selbst zu genießen. Da das bewusst verfolgte Ziel das Verlangen nicht erschöpft, da die Tat für gewöhnlich über die genau bestimmte Intention hinausgeht, so geht daraus hervor, dass die tiefen Ursachen der Handlung wie auch ihre Wirkungen den Anschein erwecken können, dem Gesetz des Eigennutzes zu unterliegen, ohne dass der Handelnde selbst auf seinen eigenen Vorteil aus wäre.

Auf naive Weise liebt man es also, geliebt zu werden, und man liebt es, zu lieben. Denn in der geschenkten Liebe waltet eine aktive Großzügigkeit, die allein das Herz bereit macht, ein gegenseitiges Geschenk zu kosten. In der erlangten und empfangenen Liebe gibt es eine Lobesfülle, ein Vertrauen und einen Überschwang, die all das, was der Liebende dem Geliebten geopfert zu haben schien, zurückgibt und sogar noch darüber hinaus. Wenn ein Kind, das von sich selbst mit argloser Zärtlichkeit spricht, sich darüber wundert, sich selbst nicht küssen zu können, dann ist dies das Bild jenes uneigennützigen Egoismus, der den Kuss von einem anderen Egoismus erwartet und diesen zurückküsst. So hat jeder den Verdienst seines völligen und

I · Die Einheit des Willens und die fruchtbare Tat des gemeinsamen Lebens

zarten Verzichts; zugleich hat jeder auch die Wohltat einer umsichtigen Zärtlichkeit, deren edle Fürsorge der hässlichste Egoismus nie erreichen würde; jeder hat so die großherzige Freude, die Hingabe, von der er profitiert, zu kosten und zu bewundern. Seine eigene Uneigennützigkeit und die des Liebenden zu genießen und zugleich das zu erhalten, was die Raffinesse des geschicktesten und subtilsten Eigennutzes nicht verschaffen könnte: ist all dies nicht das Wunder der Liebe?

Aber was für eine Kunst, man könnte sagen, was für ein Wissen um das Leben in Gemeinschaft muss man nicht erwerben und praktisch anwenden, um diese vollkommene Intimität zu erreichen! *[256 Die fruchtbare Tat des gemeinsamen Lebens]* Wenn schon der Gelehrte oder der Mann der Praxis einer solchen Anstrengung des Denkens und der Energie bedarf, um die Kräfte der Natur zu beeinflussen und zu lenken, welche erfinderische Zärtlichkeit und welche Diplomatie in der gegenseitigen Hingabe sind dann nötig, um in ein Herz einzutreten und darin zu bleiben, um im Bewusstsein die dauerhafte Einmütigkeit von zwei in eins verschmolzenen Menschen wirklich zuwege zu bringen! Um diese Vereinigung zu besiegeln, die das begehrte Ziel zu sein scheint, aber dennoch nur ein vorläufiger Haltepunkt ist, scheint nichts zu teuer zu sein. Um dieses Lebens zu zweit willen scheint jeder bereit zu sein, all das zu opfern, was er an individuellem Leben hat.

Wie sollte man auch nicht wollen, dass diese Intimität für sich allein mehr wäre als das gesamte, außerhalb liegende Weltganze? Wenn für einen jeden von uns der geringste im Inneren aufleuchtende Gedanke reizvoller ist und mehr Wahrheit besitzt als alle Strahlen von außerhalb, wird man sich dann wundern, dass man beim Kosten des inneren Lebens eines anderen Selbst eine Fülle und gleichsam einen Taumel empfindet? Aufgrund einer von der Liebe bewirkten außergewöhnlichen Abstraktion ist das geliebte Wesen ganz von der übrigen Welt abgesondert. In den Augen des Liebenden scheint allein dieses Wesen reelles Leben zu besitzen; für ihn wird es zum Maßstab seiner Eindrücke und seiner Beurteilungen. Wie wir nicht dulden, dass ein Anderer als wir selbst das geliebte Wesen sucht und es besitzt, so lassen wir im aufrichtigen Herzensschwung auch nicht zu, dass wir ein anderes Wesen suchen könnten als dieses. Die Liebenden findet man ziemlich lächerlich, aber dies ist gleichsam eine Gegenwehr. Denn zunächst sind sie es, die die Anderen vor die Tür ihrer Welt zu setzen scheinen, dazu bereit, alles Übrige diesem Nichts zu

3 · Das Phänomen der Tat

opfern, das sie selber sind innerhalb der Unermesslichkeit der Seelenwelt, damit dieses Nichts für sie alles Übrige sei.

Im ganzen Menschen gibt es also nichts Analoges. Sogar der Liebende vermag die Liebe im jeweiligen Anderen nicht zu verstehen. Zwischen beiden Lieben gibt es kein Verhältnis, denn im Grunde gibt es nur eine, und jede Liebe glaubt alles auszuschöpfen, ohne zu glauben, dass sie sich selbst jemals erschöpfen wird. In ihr gibt es nichts Allgemeines und nichts Gemeinsames. Alles ist dort etwas Besonderes, dem eigen, der sie empfindet und der sie inspiriert, unvergleichlich, unendlich. Dies ist der unbegreifliche Nimbus des verliebten Herzens, das schnell dazu bereit ist, die armselige Wirklichkeit zu vergöttlichen, die es allein und ganz zu halten glaubt für alle Ewigkeit, die sich ihm aber noch im Augenblick selbst entzieht. Es ist eine tyrannische und gewollte Verblendung, die das dunkle Idol verklärt, um es zu sehen, um es besser zu sehen, indem das Herz die Augen schließt! Die Körper befinden sich in einer sonderbaren Einsamkeit. Und alles, was man auch von ihrer Vereinigung hat sagen können, ist nichts im Vergleich zu der Trennung, die sie verursachen. Ihr, deren Arme müde sind, bevor Ihr die Herzen vereinigt habt, was Ihr *[257 Die Absicht des Willens in der Liebe]* noch sucht, wenn Ihr denkt, es bereits zu erreichen, ist die vollkommene Einheit, der exklusive und unauflösbare Fortbestand. Genau deshalb, wenn die Vernunft und die Leidenschaft das Wort haben, machen sie gemeinsame Sache, um im Namen der Erhabenheit und der Lauterkeit der Liebe die unteilbare, unvergängliche und vollkommene Vereinigung zu fordern. Die Trennung ist gegen die Natur. Diese Einheit, die die Schwäche der Natur unmöglich zu machen scheint, diese Einheit, die die Anstrengung der gegenseitigen Zärtlichkeit nicht zustande bringt, auch wenn sie durch ihre stets neuen Bekundungen ihr Stocken und ihr Versagen geschickt vertuscht, diese Einheit zwischen den Vermählten muss durch ein unsichtbares und dauerhaftes Band geheiligt werden, um sie nochmals miteinander zu verbinden und sie zu umschließen mit der ganzen Kraft ihres intimen Verlangens.

Gerade weil der Wille ein unermessliches Bedürfnis nach Liebe hat, trachtet er nach der Einheit, der Totalität, nach der Ewigkeit des Knotens, den er von einer Person zur anderen bildet, *toti totus, unus uni* [die ganze Person für die ganze Person, die eine Person für die eine Person]. Wenn er seinem Wunsch gegenüber völlig konsequent ist, strebt er nach der Monogamie; er erwartet gleichsam eine Bestä-

I · Die Einheit des Willens und die fruchtbare Tat des gemeinsamen Lebens

tigung der Unauflöslichkeit der Ehe. Denn was er am geliebten Wesen liebt, ist nicht allein das, was man von ihm sehen, berühren, erkennen und verstehen kann. Dies ist zwar alles, aber der Wille liebt außerdem die dunkle, unbewusste und unergründliche Realität, das fruchtbare Unendliche, das das geliebte Wesen in sich birgt und in seinem ganzen Selbstsein auch kundtut. Welch krankhafte Liebe ist doch dieser seltsame Fetischismus, der sich an eine Einzelheit klammert, um daraus das abstrakte Objekt eines Kultes zu machen. Die wahre Liebe dagegen umfasst die ganze Person, betrachtet sie als eine lebendige Einheit von Teilen, die ihre Schönheit aus ihrem intimen Verhältnis zum Ganzen beziehen. Sie ist, wenn man so sagen darf, monotheistisch. Denn ihr genügt die Aussage ›ein Herz in zwei Körpern‹ nicht. Die wahre Liebe vereinigt nicht nur den liebenden Willen, den Verstand, der einander versteht und sich gegenseitig durchdringt, sondern sie verbindet auch die undurchsichtigen und unbekannten Teile, in denen die Handlungen geboren werden, der Wille sich inkarniert hat und an Reichtum zugenommen hat. Indem sie den Unterschied zwischen dem Bewusstsein eines jeden respektiert, welches weiterhin die Eigenheit und die gewollte und empfundene Einheit jeweils genießt, führt sie beider Substanzen zusammen, verbindet sie die Taten auf intime Weise und bewirkt die Ineinssetzung der Quellen des Seins und des Lebens. Für immer mauert sie die Steine des gemeinsamen Bauwerks bis in seine tiefen Fundamente fest zusammen: *duo in carne una unum sunt* [zwei in einem Fleische sind eins].

Hiermit haben wir den abschließenden Punkt erreicht: Es scheint, also ob die Eheleute, durch die Körper vereinigt, um eine einzige Seele zu bilden, durch die Seelen vereinigt, um nur einen einzigen Körper zu bilden, ihr Ein und Alles gefunden hätten. *Tenui eum nec dimittam* [Ich habe ihn festgehalten und werde nicht loslassen]. Und trotzdem, wenn durch einen geheimnisvollen Austausch zwei Wesen nur *[258 Die fruchtbare Tat des gemeinsamen Lebens]* mehr ein einziges vollkommenes Wesen bilden, schließt dann ihre gegenseitige Gegenwart, ihre gemeinsame Tat den Kreis ihres Willens ab? Ist hier der volle Besitz, das Endziel, an dem der Elan des Verlangens zum Stehen kommt? Nein. Zwei Wesen sind nur mehr eines, und wenn sie eines sind, werden sie drei. Dieses Wunder der Zeugung weist anhand einer Tatsache auf, was der tiefe Willen von denen sein muss und auch ist, die in ihrer unbeständigen Einheit einen Augenblick der Ruhe, der Sättigung, der Genugtuung zu finden hoffen. Wenn man ein geliebtes Ziel verfolgt, liebt man nicht so sehr dieses

3 · Das Phänomen der Tat

Ziel selbst als vielmehr die Frucht, mit dem dies, von der Liebe befruchtet, jene bereichern wird, die sich dafür alle Mühe geben. So scheint der Wille immer über sich selbst hinauszugehen, als ob neue Wellen von der Mitte her die sich stets erweiternden Kreise der Tat ständig vorwärtstrieben – der Tat indes, die in jedem Augenblick das Endziel und die Vollkommenheit einer Welt zu sein scheint, die aber fortwährend der Ursprung einer neuen Welt ist. Sie schließt und verdichtet sich nur, um für das unersättliche Sinnen des Verlangens weiträumigere Horizonte zu eröffnen.

Dieser von der Liebe geforderte Fortbestand, diese unaufhörliche und das Leben überdauernde Einheit liegt also im Kinde. Der Elan der Leidenschaft bricht den magischen Kreis auf, in dem sie vielleicht hoffte, sich für immer einzuschließen. In diesem Absoluten, dieser Erfüllung und in dieser Ewigkeit eines einzelnen Augenblicks, den der Wille endlos suchte, ist er im gleichen Augenblick bereits über sich selbst hinaus; er will die Seele des Geliebten, um einen Leib hervorzubringen. Eine dritte Person tritt zum Vorschein, um gleichsam dem fruchtlosen Versuch, zur Einheit zu gelangen, Abhilfe zu schaffen. Sie ist nicht mehr selbst die Liebe, *osculum* [Kuss], sie ist aus der Liebe hervorgegangen und zeigt ihre Stärke und ihre Schwäche. Sie besiegelt die Liebe in einem Grab – in der Wiege –, das den Eltern nie mehr zurückgibt, was es ihnen genommen hat. Sie sind jetzt zu mehreren, und dies ist der Reichtum. Sie sind zu mehreren, und dies ist auch die Armut, denn sie sind nicht mehr Eines. Ein eigenartiger neuer Tag ist angebrochen: Wenn die Familie wächst, muss sie sich öffnen und auseinandergehen, die gemeinsame Zuneigung muss sich vervielfältigen, indem sie sich aufteilt. Die beiden miteinander Geeinten können und wollen nicht mehr ganz füreinander da sein. Ihre in eine andere Richtung gelenkte Zärtlichkeit kehrt oftmals nur über dem Kopf des Kindes zueinander zurück. In ihrem nunmehr parallel verlaufenden Leben treffen sie mitunter einzig noch auf Gewohnheit, Gleichgültigkeit, sogar Feindseligkeit. Das Endziel der Liebe ist ja auch nicht die Liebe, sondern die Familie, die erste natürliche und notwendige Gruppe, in der wie in einem wärmenden Schoß und geschützt gegen das unermessliche Universum das Leben seinen Anfang nimmt und wächst.

Die Zeugung ist somit das Geschehen, in dem der Mensch sich ausdrücken, sich hingeben, sich selbst *[259 Die Absicht des Willens in der Liebe]* ganz überleben kann, in dem er auf die Vollkommenheit seines Handelns und auf die erste vollendete Antwort trifft, die er

I · Die Einheit des Willens und die fruchtbare Tat des gemeinsamen Lebens

sich wünscht. Sein erstes lebendiges Werk ist das Kind, eine wunderbare Synthese: zwei und eins und drei, *non hi tres unum, sed hoc unum tres sunt* [nicht diese Drei sind eins, sondern dieses Eine ist drei]. Solcherart ist der verborgene Sinn der Anziehung, die zwei Wesen einander überantwortet, Leib und Seele. Denn das, was der Wille verfolgt, befindet sich jenseits der egoistischen und wollüstigen Befriedigungen, sogar jenseits des unergründlichen geliebten Subjektes, das sich dem liebenden Subjekt entzieht: das gemeinsame Werk ihres Vermögens und ihrer fleischgewordenen Liebe nämlich, das sichtbare und reelle Abbild ihres zweifachen und einzigen Lebens, Ausdruck dessen, was in jedem einzelnen nicht auszudrücken und unzugänglich zu sein scheint.

Der Fortschritt in den Strebungen des Wollens liegt klar zutage. Soeben hatte man ein nützliches Werk gewollt, die von außen kommende Mitwirkung eines Anderen; dies war der Egoismus des noch Einzelnen. Dann war es dieser Wirkende selbst, den das Verlangen erfasst hatte; dies war der Egoismus zu zweit. Jetzt ist es das lebendige Werk und darin das, was in jedem Wirkenden undurchdringlich und unendlich ist, was man will und was man zu sein veranlasst; dies ist der Egoismus zu dritt. Das Kind ist die substantielle Tat von Kräften, die nur in ihm richtig umeinander wissen, die nur durch das Kind eins sind und die sich wie ein Feuer von Zärtlichkeit ihm gegenüber verzehren. In das Kind als sein natürliches Ziel verlagert sich nun der Wille, dabei seinem eigenen Gesetz folgend und in Übereinstimmung mit dem aufrichtigen Wunsch der Liebe.

Das Kind begründet also die unauflösliche Einheit und enthüllt die auflösende Schwäche des Ehebandes. – Die auflösende Schwäche, denn man will sich nur überleben, weil man vergeht und stirbt, weil man den unendlichen Elan des Wollens nicht zwischen zweien festhalten kann. – Die unauflösliche Einheit, denn das Kind in seiner Individualität bleibt immer da als Unterpfand der bleibenden und unteilbaren Vereinigung. Es ist das unauslöschliche Zeichen dessen, was die Vernunft in ihrer Liebe für Einheit und Ewigkeit gewollt hat und dies im Einklang mit der lauteren Leidenschaft, die nur exklusiv und von ewiger Dauer zu sein wünscht. Sie hat das gezeugte Werk mit ihrem Siegel versehen. Wie das Kind in sich selbst über das unendliche Entwicklungsvermögen verfügt, das es von denen erhält, für die es eine erste Vollendung ist, so bleibt es für diese das ständige Mittel, aufgrund der Erziehung, die sie ihm geben, sich auf den Weg ihrer Bestimmung zu begeben. Sie haben ihm gegenüber eine unbegrenzte

3 · Das Phänomen der Tat

Pflicht, eine unantastbare Verantwortung, ein unzerstörbares Band, denn es geht darum, seine Vernunft zu bilden und in ihm das Beste, das sie in sich tragen, bis ins Unendliche zu verwirklichen. Sie ziehen sich selbst groß, indem sie das Kind großziehen bis über sich selbst hinaus; sie sind höhergestellt als das Kind und ebenso *[260 Die fruchtbare Tat des gemeinsamen Lebens]* ihm unterstellt; ihm gegenüber wahren sie ihre Autorität, haben ihm gegenüber aber ebenso ihre Pflicht zu erfüllen. Denn von ihnen empfängt es, was in ihm vervollkommnet werden muss, und ihre eigene Vervollkommnung beziehen sie auf das Kind als ihr eigenes Endziel.

Aus dieser Untersuchung ergibt sich, dass die Liebe aus dem individuellen Willen hervorgeht, obwohl sie über das Individuum hinausführt; sie fordert Großherzigkeit und bisweilen heroischen Selbstverzicht, aber sie steht deswegen nicht im Gegensatz zur Absicht dessen, der sich da aufopfert; ihre Begründung und Rechtfertigung liegt in einem Ziel, das höher und weiter entfernt ist als das offensichtliche Ziel des ersten Verlangens, ohne dass deswegen die Anziehungskraft, mit der sie ausgestattet ist, wie eine enttäuschende List und ein grausamer Kunstgriff der Natur wäre. Wenn es bloß »das Genie der Spezies« wäre, das durch die Faszination einer zerbrechlichen Wollust das Individuum täuschen würde, indem es unter der unmittelbaren Erwiderung vonseiten des Lebens und des Glücks die Realität des Schmerzes und des Todes verbirgt, dann hätte der Pessimismus gewiss einen Grund. Alles, was man vom tiefgründigen Kalkül des Rasseninstinktes sagt, ist richtig. Aber diese heftig mitreißende Bewegung kommt von weiter her, um weiter zu gehen, als man wahrgenommen hat. Aus dem intimsten Willen eines jeden Menschen gehen die Fluten der Liebe hervor. Auch wenn dieser Fluss wegen seiner eigenen Schubkraft über das zuerst begehrte Ziel hinweggerissen wird, bleibt stets dieser ursprüngliche Wille koextensiv zu seiner ganzen Entfaltung, sogar zu der unvorhergesehenen. Die Liebe geht über die Person und über die Spezies bis ins Unendliche hinaus. Aber man muss sich nicht, weil sie das individuelle Leben zu weiteren Zielen führt, ohne jemals die Expansion abzuschließen, mit dem Pessimismus gegen die Mystifizierung der Liebe wenden, als wäre die Liebe nur ein Fallstrick.

Es handelt sich also nicht um ein überpersönliches und düsteres Wollen, das denen, die es mit einer instinktiven Unabwendbarkeit bewegt, nicht nur fremd und unbekannt wäre, sondern außerdem ihnen zuwider und tödlich für sie wäre. Es handelt sich vielmehr um

I · Die Einheit des Willens und die fruchtbare Tat des gemeinsamen Lebens

einen zutiefst persönlichen Willen, den die Reflexion erhellen kann, ohne seine Natur zu verändern und ohne seinen Sinn in Abrede zu stellen. Es geht um einen Willen, der sich nicht darauf beschränkt, blind für die Spezies allein zu arbeiten, sondern den Interessen des Individuums und zugleich denen der Spezies dient, weil er an der Grenze der Spezies nicht haltmacht; auf dem Höhepunkt seiner Expansion strebt er danach, seine persönlichen Ziele mit den universellen Zielen zu vereinigen. Auf diese Weise herrscht in seiner Entwicklung Kontinuität und Konsequenz: Der einzelne Wille hat einen anderen Willen umarmt und gründet so die Familie; er will sie, er will, dass sie einig, gefestigt und dauerhaft ist. *[261 Das Erwachen des sozialen Sinnes]* In dieser ersten Gesellschaftsform, Typus und Ursprung von allen anderen, liegt also nichts Künstliches. Jetzt müssen wir noch vor Augen führen, dass die soziale Familie und die Menschheitsfamilie auf gleiche Weise mit der Absicht der Freiheit übereinstimmen und, wie vielumfassend sie als Zusammensetzung sein mögen, auch diese Lebensformen in den ständig erweiterten Plan der Willenstat eingehen.

II

I. – Für das Kind gibt es wirklich nur eine Familie: die seine. Sie scheint ihm unvergleichbar, einzigartig. Die anderen Familien existieren nur insofern, als sie mit ihr allein in Zusammenhang stehen, oder, besser gesagt, sie existieren noch nicht. In diesem engen Kreis also lernt es erst, andere Leben als sein eigenes zu kennen, Leben, die noch zu ihm gehören und die es fast nicht von den Interessen seines naiven Egoismus unterscheidet. Denn es täuscht sich wohl kaum, wenn es sich selbst gleichsam zum Mittelpunkt jener kleinen Welt macht, die es mit seiner Gegenwart belebt. Hier lernt es wirklich das *Unsrige* und das *Wir*. Dadurch gelangt es zum Bewusstsein, zum Willen, zur aufopfernden Liebe für eine größere Gesellschaft. Beachtenswert ist übrigens, dass der Zugang zum sozialen Leben eher die Empfindungen eines Sohnes oder Bruders voraussetzt als die eheliche Liebe. Weil die Familie eine geschlossene und exklusive Gruppe ist, dient sie als Schule, die auf das kollektive Leben vorbereitet, dessen elementare Einheit sie bildet. In ihrer Geschlossenheit verdichtet und vollendet sie die Empfindung der gegenseitigen Zuneigung, bevor diese sich hernach, gewiss ganz anders geworden, in ein weiter ge-

3 · Das Phänomen der Tat

fasstes, aber gleicherweise geschlossenes Milieu verlagert: in das Gemeinwesen der Zivilgesellschaft oder in das Vaterland.

In der Geschichte des Denkens und der Herzensbildung eines Kindes handelt es sich um einen entscheidenden Augenblick, wenn es deutlich gewahr wird, dass es, und das heißt auch seine Familie, nicht alleine auf der Welt ist, dass es noch andere wie sie gibt, und dass nicht alle Interessen der Welt um diesen einzigen Mittelpunkt kreisen. Es entdeckt, dass es noch andere Menschen gibt, die auch ihre Zuneigungen, ihren eigenen Horizont und ihr eigenes abgesondertes Leben haben können. Gewiss weiß es dies schon, ehe es so empfindet. Aber statt die Menschen sozusagen von innen her zu betrachten, indem es ihnen sein eigenes Bedürfnis beimisst, um selbst zentraler Blickpunkt und Mittelpunkt der Tat zu sein, sah es sie erst nur von außen, ohne wirkliches Innenleben. Glückliche Kindheit, die eine reichere Entfaltung des Herzens ermöglicht, indem sie sich für die liebevollen Naturen und in den außergewöhnlichen Familien weiter fortsetzt. In solchen Familien ist die Illusion eher berechtigt, dass niemand *[262 Die fruchtbare Tat des gemeinsamen Lebens]* jenen gleicht, die den häuslichen Herd umgeben, bis zu dem Tag allerdings, an dem sich, durch eine unerwartete Enthüllung, die sich in jedem auf verschiedenem Wege vollzieht, das verwundete, aber gerührte und geweitete Herz über andere Heimstätten ausbreitet und andere Leben umfasst. Das Jugendalter bricht an, wenn man zum ersten Mal sich selbst, wie beim heranwachsenden Tolstoi, diese noch kindlichen Fragen stellen kann: »Womit können all diese Leute wohl beschäftigt sein, da sie uns gar nicht beachten und nicht einmal um unsere Existenz wissen? Wie und wovon leben sie? Wie erziehen sie ihre Kinder? Lassen sie sie lernen, lassen sie sie spielen? Wie nennen sie sie?«

Es wäre ein Irrtum sich vorzustellen, dass der häusliche Kreis, wenn er sich nach und nach erweitert, sich um den Altar des Vaterlandes neugestaltet. Weder in der historischen Entstehung der Völker noch im Erwachen eines jeden individuellen Bewusstseins tritt das Nationalgefühl so in Erscheinung, denn im inneren Kern unserer Zuneigungen ist das Vaterland wirklich etwas anderes als eine angewachsene Familie und diese Bewegung, aus der der sittliche Organismus der Zivilgesellschaft hervorgeht, ist etwas völlig Ursprüngliches. Gewiss erhält die Nation ihre Mitglieder von der Familie. Wie in einer chemischen Verbindung, in der die noch vorhandenen Elemente in die neue Einheit der Zusammensetzung verwandelt werden, so wandeln sich das individuelle Leben, das Familienleben, ohne dabei ihre natürliche Kraft zu verlieren, im Zentrum der Nation, in der sie Aufnahme finden. Um die Gesellschaft zu untersuchen, muss man also nicht von den Elementen ausgehen, sondern von der Gruppe als neuer Einheit. Wie bildet sich ein Volk heraus? Warum werden die Menschen dazu gebracht, ihre Gedanken und ihre Zuneigungen im Schoße der großen sozialen Gemeinschaft zu vereinigen? Weshalb dieser Charakter der unbegrenzten Einheit und diese Umzäunung der Grenzen? Wie bringt der tiefe Willen eines jeden diese eingeschränkte Ausweitung so hervor, dass die Weite und die Enge des nationalen Lebens zugleich bestätigt werden? Hier liegt die eigentliche Frage.

Wenn das Band, das die Glieder ein und desselben Vaterlandes vereinigt, nicht mehr die gleiche Natur aufweist wie das Band, mit dem die Familie umhüllt und zusammengeknüpft ist, dann lässt sich der Zusammenhalt der Bürger nicht durch eine Ausweitung der häuslichen Beziehungen und der Bande des Blutes erklären. Wer weiß nicht, wie schnell sich diese Beziehungen innerhalb der Familie lockern und wie leicht sie sogar, nicht zufrieden damit, abzuflauen, sich in Feindseligkeiten und Verbitterung verkehren! Im Körper der gesamten Nation zirkuliert das gleiche Leben und der gleiche *[263 Was ist eine Nation?]* Wille wie im einzelnen Organismus, dessen Teile alle verbunden zu sein scheinen durch einen wechselseitigen Bezug auf ein Ziel. Solches bedeutet also, dass, wenn auch die Familie das soziale Element bildet, die Nation dennoch nicht eine bloße Ausstrahlung und gleichsam eine Verlängerung der häuslichen Gesellschaft ist. Denn sie bildet eine sozusagen homogene Synthese, vom nächsten Verwandten bis zum entferntesten Mitbürger, sodass sich an den äußersten Teilen, wie an den Grenzen des Körpers, die größte Sensibilität befindet. Was deutlich zeigt, dass das Vaterland ein Organismus für sich ist, dass der Strahl, der vom Willen ausgeht, der darauf versessen ist, sich auszuweiten und, statt sich über die Grenzen des Gemeinwesens hinaus auszubreiten, anfängt, sich dort zu reflektieren und zu sich selbst zurückzukommen, als wäre er auf den Endpunkt gestoßen, auf den er hinstrebte. Die Vaterlandsliebe geht einerseits dem Gefühl für die ganze Menschheit voraus und überschreitet andererseits die Zuneigungen innerhalb der Familie wie eine ursprüngliche und klar abgegrenzte Synthese zwischen diesen beiden. Sie scheint sogar zuweilen einen Gegensatz zu ihnen zu bilden.

Welchem Bedürfnis entspricht dieses Gebilde einer nationalen Einheit, dieser abgeschlossene Bereich des Vaterlandes? – Man könnte sich die Einheit von Herz zu Herz erklären im intimen Austausch von zwei Leben, die sich gegenseitig durchdringen und dabei Anderen in ihrem Heim Wärme geben. Man könnte sich die Einheit von allen mit allen erklären innerhalb der unermesslichen Brüderlichkeit der inmitten der Familie erworbenen Zuneigungen. Aber wie sollten wir zwischen diesen beiden noch Platz und Rechtfertigung finden für jenen bereits allgemeinen, aber noch eingeschränkten Zusammenschluss, welcher eine Nation bildet? Ist dies nur ein künstliches Gebilde? Und, wie es unlängst ein überhandnehmender Kosmopolitismus behauptete, ist dies nur ein Vorurteil, dafür bestimmt, zu verschwinden, eine weltliche Superstition, eine Beschränktheit von Geist und Herz? Oder gründet diese eifersüchtige Liebe zum eigenen Land nicht doch auf einem tiefen Willen, auf einem natürlichen und bleibenden Bedürfnis unseres Menschseins?

Es ist gewiss eine heikle Aufgabe, das zu bestimmen, was das Vaterland zum Vaterland macht. Es ist weder die ausgeweitete Familie allein, die gemeinsame Rasse oder die gemeinsame Menschenart noch die Beschaffenheit eines gleichen Bodens noch der Vorteil des gleichen Klimas, eines gleichen Menschentyps, einer gleichen Sprache, eines gleichen Gesetztes, einer gleichen Tradition. Denn abgesehen davon, dass gewisse Völker diese Mithilfe von günstigen Umständen nicht vorweisen und dennoch nicht aufhören, durch die Sympathie von allen zu allen und ihrer gegenseitigen Hingabe eins zu sein, betreffen diese Bedingungen nur die äußere Art und Weise der menschlichen Aktivität. Das soziale Leben ist nicht bloß ein regulierter Austausch von Interessen; es ist nicht beschränkt auf wirtschaftliche Phänomene; es bleibt der Intimität der Zuneigungen nicht fremd und *[264 Die fruchtbare Tat des gemeinsamen Lebens]* ist in dem dem Gewissen vorbehaltenen Bereich nicht neutral. Solange ein Volk nicht in Gedanken eins ist, ist es nicht ein Volk, sondern ein ausgeglichener Konflikt von Gier und Begehrlichkeiten. Die Unversehrtheit seines Bodens zu bewahren oder wiederzugewinnen, ist nicht alles für ein Volk. Der materielle Zusammenhalt und die äußere Beständigkeit einer Nation sind lediglich eine Wirkung, deren Ursache wir im Willen eines jeden von denen entdecken müssen, die sie zusammen bilden. Denn damit die Nation wirklich eine homogene Synthese und ein lebendiger Organismus ist, muss die individuelle Tat auf gewisse Weise die gemeinsame Tat umfassen. Das ganze Volk muss sich sozusagen im Herzen und in der hingebenden Liebe eines jeden Einzelnen regen; der Bürger, der an der Autorität wie am Ge-

I · Die Einheit des Willens und die fruchtbare Tat des gemeinsamen Lebens

horsam teilhat, muss einen Willen haben, der mit der gemeinsamen Expansion in eins fällt und die nationale Synergie immerfort begründet.

Hier wie überall sonst müssen wir das Geheimnis des sozialen Lebens also in der Intimität des persönlichen Lebens suchen und uns fragen, wie wir dazu kommen, den Raum des Gemeinwesens und die unantastbaren Grenzen des Vaterlandes zu wollen. Warum gibt es solche partiellen Gemeinschaften, die innerhalb des gesamten Menschengeschlechts gleichsam zusammengesetzte Individualitäten bilden, eine jede mit ihrer eigenen Physiognomie und ihrem klar umschriebenen Charakter?

Wie groß die Tat auch geworden sein mag, stets ist es der gleiche Wille, der ihre ganze Entfaltung anregt und der sich nach außen ausweitet, um sich selbst nach jedem neuen Hinausgehen besser als vorher wiederzufinden. Dies besagt, dass die zentrifugale Bewegung ihren Sinn und ihren Grund nur durch die zentripetale Bewegung hat. Diese Bewegung führt dem ersten Wollen das zu, was es zu erlangen wünschte, gerade weil es dies nicht hatte und weil es dies noch nicht war. Die erste Sorge des Willens, so umfassend wir ihn auch voraussetzen, ist, sich nach jeder Eroberung zu verschanzen und gerade das zunächst auszuschließen, was er seiner Bestimmung nach später erlangen wird. Er öffnet sich nur, um in sich aufzunehmen und sich wieder zu schließen. Es scheint, dass wir zunächst nicht alles haben wollten, um besser zu spüren, was wir bereits besitzen und damit wir außerhalb von uns noch etwas haben, womit wir uns bereichern können. Was das Individuum aus sich nicht allein nehmen oder behalten kann, das greift es und hält es fest, das macht es sich zu eigen durch den mächtigen Organismus des Gemeinwesens. Aber um zu wissen, dass es dies festhält, um seine neue Ausweitung zu genießen, muss es, wenigstens vorläufig, das wegdrängen, was es in sein Leben noch nicht aufgenommen hat.

So liegen der Zauber, die Kraft und die unvergleichliche Umschlingung des Ehebandes darin, dass es das ganze Weltall aus der Liebesumarmung ausschließt. *[265 Die eindeutige Ursprünglichkeit jeder sozialen Synthese]* Diese Einigung ist nur wertvoll, wenn sie diejenigen, die sie hineinnimmt, hinsichtlich der vielgestaltigen Umgebung isoliert. Ihre konkrete und lebendige Realität besteht darin, dass sie eine Absonderung ist und gleichsam ein Protest gegenüber der Banalität der Masse. Beim Nationalgefühl ist es ganz ähnlich. Man macht kein Konzert mit einem einzigen Ton. Damit es *eine* menschliche Gesellschaft gebe, muss es deren *mehrere* geben, wobei eine jede ihre individuellen Eigenheiten oder ihren spezifischen Unterschied hat.

Die Vielfalt der Zivilgesellschaften ist der Vielfalt der Personen, der Einzelwiederholung des gleichen Lebens und des gleichen gemeinsamen Willens analog; jeder Einzelne trägt das ganze Leben in sich. Und wie die Natur es liebt, durch Variationen die Musterstücke eines gleichen Typs zu vervielfachen, so ahmen die menschlichen Taten sie diesbezüglich nach. Oder besser: Wie eine aufrichtige Bewegung des Willens uns zu dem Wunsch geführt hat, dass es außerhalb von uns einen oder mehrere Willen gebe, die sich mit unserem Willen vereinen und identifizieren, indem sie verschieden bleiben, so wollen wir sowohl, dass es eine Zivilgesellschaft gebe und dass sie begrenzt sei als auch, dass sich außerhalb ihrer Grenzen eine fremde Welt befindet.

Die Einheit des Vaterlandes unter Ausschluss aller anderen Gesellschaften, ist also kein vorübergehender und künstlicher Zustand. Dieser Stolz des Bürgers, der seinem Land eine Sonderstellung über allen anderen zuschreibt, ist ein natürliches Gefühl. Wie jedes Bewusstsein das Geheimnis dessen in sich trägt, was es einzigartig und unvergleichlich macht, so ist jedes Vaterland, wenn es von innen her gesehen und geliebt wird, mit einem Zauber versehen, der den Fremden fremd bleiben muss. Oder besser gesagt: Für jeden Menschen gibt es nur ein Vaterland, und diese Bezeichnung hat keine Pluralform.

So muss der Wesenszug des Lebens, der stets in vereinzelter Form vorkommt, sich in der sozialen Wissenschaft wiederfinden, damit sie eine Wissenschaft ist. *Omne individuum ineffabile* [Alles Einzelne ist auf allgemeine Weise unsagbar]. Der wahre Existenzgrund der Geschichte liegt darin, die Originalität jeder der lebendigen Synthesen zu bestimmen, die die Bewegung des allgemeinen Lebens hervorgebracht hat. Auf diese Weise gehört sie fest zu allen anderen, bereits besser ausgebildeten Wissenschaften, die die Verkettung der Tatsachen sowie die Verschiedenartigkeit der Wesen bestimmen, die sie erforschen. Die Evolution als Gesamtgeschehen erschafft die Rassen mehr, als die Rassen zur Bildung der Nation beitragen. Wie etablieren sich unterschiedliche Fälle von klar bestimmtem Gleichgewicht? Und welches ist der einmalige Genius, das eigene Werk, die unvergleichliche Organisation, die völlig neue Physiognomie jeder Nation? Dies ist das Problem der Geschichtswissenschaft. Man rede also nicht davon, unter dem Vorwand der wissenschaftlichen Unpar-

I · Die Einheit des Willens und die fruchtbare Tat des gemeinsamen Lebens

teilichkeit, von den Gefühlen zu abstrahieren, die *[266 Die fruchtbare Tat des gemeinsamen Lebens]* das Herz eines Volkes zum Schlagen bringen. Die wahrlich höchstpatriotische Geschichte ist die wahrlich höchstwissenschaftlichste.

Jedes Volk hat also gleichsam eine Idee und ein Gefühl in der Welt zum Leben zu bringen. Darin liegt sein Existenzgrund, seine Sendung, seine Seele. Diese Seele ist sterblich, bisweilen dem Sterben nahe aus Mangel an gemeinsamer Tat; sie ist dazu fähig, wieder aufzustehen. Sie ist unvergänglich, wenn der Gedanke, aus dem sie lebt, zu jenen gehört, die die ständigen Interessen oder das heilige Gewissen der Menschheit berühren. Das eine oder andere Volk, zerstreut und gleichsam zerfallen, bewahrt seine unzerstörbare Vitalität durch die Idee, die bei ihm hinterlegt und ihm zu Fleisch und Blut geworden ist, durch den Glauben, der es beseelt und dessen Glut ihm ins Blut übergegangen ist. Wie sehr es auch mit Wunden übersät sein mag, es trägt in seinem zerfetzten Leib eine unendliche Kraft der Wiedergeburt. Die Grandeur und die Lebensdauer der Völker hängen von der Rolle ab, die sie zu spielen haben. Jedes Volk hat seine Aufgabe. Wie ein Organ im großen Körper der Menschheit nimmt jedes den Gedanken anderer Nationen seinem eigenen Genius entsprechend in sich auf und gibt ihn dann in den Kreislauf zurück wie eine neue Kostbarkeit, in jedem verschieden und allen gemeinsam.

Solches bedeutet nicht, dass die historische Entwicklung der Nationen wie der Rassen sich mit der unfehlbaren Spontaneität des Instinktes vollzögen. Es handelt sich nicht einzig um dieses unbestimmte Leben, das unter den Volksmassen vegetiert. Im strengen Sinne des Wortes ist die Menschheitsgeschichte keine Naturgeschichte. Das heißt, dass neben den ungreifbaren Kräften, die die großen Strömungen der Menschheit vorwärtsbewegen, ebenso die Reflexion und die Freiheit ursprüngliche Kräfte sind, die als wesentliche Faktoren das Schicksal der Völker tief zu durchdringen vermögen. Als störende oder heilsame, als fördernde oder zersetzende Ursachen üben die Gedanken und die bewussten Taten, die Institutionen und die Revolutionen, auch durch das Willkürliche an ihnen, einen ganz bestimmten Einfluss aus auf den Lauf der Gesellschaften. So oberflächlich es ist, zu meinen, dass die Gesten, die Worte und die Dekrete der Hauptakteure die Welt lenken, ohne dabei die Rolle der anonymen Ursachen zu bedenken, so falsch ist es auch, das zu vernachlässigen, was sich im Bereich der Beratungsgremien, der eindeutigen Geschehnisse und sogar der unvorhersehbaren Fügungen abspielt. Eine historische Methode, die unter dem Vorwand, die lebendige Wirklichkeit nicht zu verlassen, die künstlich herbeigeführten Kodifizierungen und die Rechtstheorien als bloße abstrakte Ergebnisse ausschließt, tappt in den gleichen Fehler wie eine Psychologie, für die die bewusste Handlung im Verhältnis zu ihren elementaren Voraussetzungen nur eine überflüssige Zutat ist.

[267 Die tiefen Gründe der Vaterlandsliebe] Das Nationalbewusstsein ist somit eine Kraft, deren Wirkung zunimmt, je mehr man seine tiefen Gründe durchdringt. Es gehört nicht zu jenen Empfindungen, deren Betrachtung man vermeiden müsste, als ob man es verletzte und es einem abhandenkäme, falls man sieht, wie es ist. Gewiss haben die Fortschritte der Reflexion oder die Bedürfnisse einer umfassenderen Entwicklung den Kult der Zivilgesellschaft in ein schlechtes Licht rücken können; für einige scheint diese Form der Liebe, der Hingabe und des Heroismus, die man als Vaterlandsliebe bezeichnet, nur auf einer achtungswerten, aber dennoch überholten Illusion zu beruhen. Aber eine tiefergehende Reflexion stellt diese spontane Empfindung wieder her, indem sie den Instinkt des Herzens rechtfertigt. Sogar nachdem man zu einer umfassenderen Gemeinschaft mit der ganzen Menschheit aufgestiegen ist, zu einem Gefühl universeller Solidarität, das die Antike kaum geahnt hatte und das ziemlich spät in der Geschichte der moralischen Ideen aufgetaucht ist, bleibt es wahr, dass die Grenzen der Nation fortbestehen und fortbestehen müssen. Statt ein freieres Zuneigungsbedürfnis auszuschließen, kündigt die Vaterlandsliebe ein solches vielmehr an, wie die Heimatverbundenheit, das Band mit dem lokalen Milieu und dem eigenen Heim die Liebe fürs große Vaterland vorbereitet und anstachelt.

Hier liegt also nochmals die Gesetzmäßigkeit vor, deren Vorkommen wir in der gesamten Abfolge der Synthesen festgestellt haben, die die Tat in ihrer Entfaltung gebildet hat und deren Sinn sich nach und nach erhellt. Jedes Mal, wenn der Wille sich ein neues Ziel gesetzt hatte, wurde er dazu gebracht, die vorangegangenen Ziele, bei denen er haltgemacht hatte, als unzureichend oder gar als illusorisch zu betrachten. Aber wenn er den ersehnten Zielpunkt erreicht, wird er gewahr, dass auch dieses Ziel vorläufig ist. Er versteht nunmehr besser, wie die vorausgehenden Etappen trotz der dort angetroffenen Unbeständigkeit notwendige Voraussetzungen und relativ feste Punkte waren in seiner fortschreitenden Expansion. So sieht er, dass die aufeinanderfolgenden Synthesen, die meistens einander zu widersprechen scheinen, sich keineswegs ausschließen, sondern sich gegenseitig voraussetzen. Er sieht, dass jede Synthese zu gleicher Zeit Ziel und Mittel ist, und dass es in allen ein festes System, einen ursprünglichen Charakter, eine genaue Determinierung gibt. Auf solche Weise gehen wir nur von einer dieser Synthesen zur anderen, indem wir von einem bestimmten Gleichgewicht zu einem anderen bestimmten Gleichgewicht übergehen. Einen möglichen Fortschritt in der Organisation des Lebens und der Tat gibt es tatsächlich nur, wenn jeder Punkt in der Abfolge eine feste Stütze bietet und auf jeder Stufe der Entwicklung das sich herausgebildete System weniger durch die Addition der Teile als vielmehr durch eine neue Idee des Ganzen bestimmt ist. Daher rührt das Bedürfnis, jede Form des persönlichen oder gemeinsamen Lebens mit dem Anschein *[268 Die fruchtbare Tat des gemeinsame Lebens]* des Absoluten zu versehen. Daher ebenso, dass wir dem Eheband instinktiv einen heiligen Charakter beimessen, gleichsam um uns dessen Festigkeit gewiss zu sein; genauso instinktiv erklären wir das Vaterland für heilig und auch die Fahne. Als ob der innere Raum der Zivilgesellschaft Himmel und Erde umschlössen, den Himmel noch etwas mehr als die Erde. Es liegt also eine Art spontaner Mystizismus vor, der es dem Willen erlaubt, bei aufeinanderfolgenden Etappen innezuhalten, als wäre jede einzelne das Ziel. Denn in jede Etappe legt er, wenigstens vorübergehend, die Illusion des Unendlichen ins Endliche selbst hinein.

Das Gemeinwesen der Zivilgesellschaft hat sich somit nicht herausgebildet wie ein amorpher Körper oder wie ein Übergangsorgan innerhalb der allgemeinen Entwicklung des sozialen Lebens; es besitzt einen relativen Eigenwert, eine notwendige Organisation. Deshalb ist es nicht, wie sich noch klarer zeigen wird, das Ergebnis einer mehr oder weniger beliebigen Gepflogenheit, und es hängt auch nicht ab von der Laune der Mitglieder, die es zusammen bilden; die Autorität in ihm ist unentbehrlich, um dem Bedürfnis zu entsprechen, das zu befriedigen seine Sendung ist. Die Führungsmacht, die sein synthetisches Band und gleichsam seine »substantielle Form« ist, drückt auf bleibende Weise den tiefen Willen aus, der die Nation als solche begründet. Die politische Gestalt, in der die Autorität agiert, lässt die einzelne Tat der Umstände und der menschlichen Freiheit zutage treten innerhalb der Tradition des nationalen Lebens. Eine Gesellschaft ist also nie irgendeine beliebige Gesellschaft, denn sie gründet auf einem ganz spezifischen Empfinden und einem absolut konkreten Willen. Die erste soziale Wahrheit, von der die Soziologie abhängt,

3 · Das Phänomen der Tat

ist, die historische Originalität und den individuellen Charakter jedes nationalen Organismus zu ihrem Grundansatz zu machen. Daher stammen die allgemeinen Gesetze, die die Organisation der menschlichen Gesellschaften lenken und auch die abstrakten Prinzipien des öffentlichen Rechts.

II. – Durch die spontane Entfaltung des kollektiven Lebens bilden sich zwischen dem Individuum und der Gesamtgruppe, deren Teil es ist, ein oder mehrere Systeme ausgleichender Kräfte. Wie es im Körper Organe gibt, so gibt es in der Gesellschaft organisierte und lebendige Zusammenschlüsse. Nichts zeigt besser als diese elementaren Organe, welcher Wesensunterschied zwischen der Familie und dem sozialen Körper existiert, denn diese Elemente des kollektiven Lebens, indem sie sich bisweilen vor unseren Augen bilden, enthüllen uns ein Entstehungsgesetz, das dem des Hauswesens ganz entgegengesetzt ist.

In der Liebe zwischen zwei Einzelpersonen verströmt und vervielfältigt sich die fruchtbare Einheit eines doppelten Lebens. Im Zusammenschluss von allen mit allen, oder im Vaterland, verdichtet sich die Vielfalt in einem jeden, *[269 Die soziale Gerechtigkeit]* inkarniert sich die Synthese des Ganzen im geringsten seiner Elemente und teilt ihm ihre eigene Kraft und ihre ganze Würde mit. Es schien so, als ob die Hingabe an das Vaterland aus dem Individuum ein Mittel machte angesichts eines gemeinsamen und höheren Zieles. Es stellt sich aber heraus, dass das Verhältnis im Grunde umgekehrt verläuft, und das Ganze ein Mittel für jedes seiner Mitglieder ist. Versteht man nunmehr, welchem verborgenen Wunsch des persönlichen Wollens der unermessliche Zuwachs entspricht, den es im sozialen Leben findet, da ja dieses Wollen wird, was das soziale Leben ist. Der Beweis, dass die Gesellschaft kein künstlicher Mechanismus ist, liegt darin, dass der fortschreitende Prozess des sozialen Lebens, statt einen Antagonismus zwischen dem Ganzen und den Teilen herbeizuführen, zugleich die Tat des Staates und die Initiative des Individuums ausdehnen muss. In der Gesellschaft trägt jeder in sich, was alle zusammen sind. Auch hier bestimmt die Idee der Gesamtheit die Art der Elemente. Zugleich aber liegt das Prinzip der Synthese ganz und gar im tiefsten Grund jedes persönlichen Willens; niemand braucht deshalb aus sich herauszugehen, um seine Präsenz und Wirksamkeit zu entdecken. Die Kraft, die die Gesellschaft mit Leben erfüllt und durch sie jeden Bürger, ist in jedem Einzelnen beheimatet.

I · Die Einheit des Willens und die fruchtbare Tat des gemeinsamen Lebens

Aus dieser konkreten Wahrheit ergeben sich als notwendige Folgen die Voraussetzungen selbst für die soziale Gerechtigkeit und die politische Organisation. Gewiss bringt die Freiheit hier wie überall sonst unendlich verschiedene Weisen von Unruhe mit sich. Es ist aber dennoch möglich, die Variable beiseitezulassen, um in dem, was verletzt werden kann, nur das in Betracht zu ziehen, was nicht verletzt ist, und in dem, was verletzt ist, das, was mit der Logik des menschlichen Willens bleibend übereinstimmt. Unter den noch so revolutionärsten Verirrungen bleiben eine verborgene Regel und ein Ordnungsprinzip weiter bestehen. Diesen Determinismus der gewollten Tat müssen wir in der eindeutigen Entwicklung der sozialen Gerechtigkeit und der politischen Gewalt wieder zu fassen bekommen.

– Von dem Augenblick an, in dem ich, um mehr ich selbst zu sein und mehr *eins* zu werden, nicht *allein* bleiben kann, fordere ich, dass ein Friedens- und Harmonieprinzip die soziale Zusammenarbeit lenkt. Wer das Ziel will, will auch die Mittel. Wenn ich die kollektive Tat herbeiführe, setze ich also, wie vage oder klar deren Gestalt auch sein möge, eine zentrale Kraft ein, die imstande ist, die gesamte Gemeinschaft zu repräsentieren, deren Bewusstsein sie gleichsam ist. Weil in der Gesellschaft alle für jeden Einzelnen da sind, brauche ich irgendeinen Ausdruck dieser universellen Fürsorge für mich allein. Die Idee eines strafrechtlichen Schutzes, das Gespür für eine soziale Sanktion und das Bedürfnis einer mit Jurisdiktion und Zwangsgewalt ausgestatteten Macht gehören wesentlich zum Leben in Gemeinschaft. *[270 Die fruchtbare Tat des gemeinsamen Lebens]* Deren Notwendigkeit gründet in den Forderungen des persönlichen Willens. Die Gesellschaft scheint sich unter der Tat eines das Individuum übersteigenden Zieles nur deswegen zu bilden, um dem Individuum die Garantie jener höheren Macht zu verschaffen, die jedem Einzelnen völlig zum Vorteil gereicht.

Wir müssen aber aufpassen, die Natur dieser sozialen Gerechtigkeit nicht zu entstellen und den unvermeidlich relativen Charakter der menschlichen Strafgewalt nicht zu verdrehen. Obwohl es unmöglich ist, dass dies gelingt, ist nichts gefährlicher und weniger gerechtfertigt als zu behaupten, das rechte Maß zwischen der Strafe und dem sittlichen Vergehen festzulegen. Es gibt zum Beispiel eine Weise, die Todesstrafe zu legitimieren, die sie unter dem Vorwand von Gerechtigkeit und Sittlichkeit blutrünstig und barbarisch macht. Um das

3 · Das Phänomen der Tat

Durcheinander der geläufigen Ideen zu entwirren, ist es deshalb wichtig, das Problem nicht ungeschickterweise verwickelter zu machen und jede Betrachtungsweise zu beseitigen, die der Ordnung, in welche die menschliche Gerichtsbarkeit hineingehört, fremd ist.

Gewiss müssen wir neben dem bloßen *Faktum* und dem materiellen Schaden, den das Vergehen verursacht hat, noch ein anderes Element berücksichtigen, das wir im Gegensatz dazu bereits als *moralisch* bezeichnen können. Aber gerade diese Kennzeichnung gibt Anlass zur Zweideutigkeit. Denn es geht nicht darum, den absoluten Wert, weder der Handlung noch der Intention, zu beurteilen. Es handelt sich um die öffentliche Verteidigung, um das allgemeine Interesse und das Leben der Gemeinschaft. Das kollektive Interesse bezieht sich nicht einzig auf die materiellen Fakten, gerade weil die Gesellschaft nicht ein bloßes System wirtschaftlicher und politischer Phänomene darstellt. Wenn wir vom sittlichen Charakter sprechen, den die Strafgerichtsbarkeit annehmen soll, müssen wir dies nur in dem Sinne verstehen, dass die Schuld hier nur eine abhängige Funktion der Gefahr für die Gesellschaft ist. Wir müssen bedenken, dass die mildernden, erschwerenden oder Freispruch bewirkenden Umstände nur vom Gesichtspunkt des Schutzes der Allgemeinheit aus beurteilt werden können. Statt uns über eine absolute Gerechtigkeit Gedanken zu machen, über eine ideale Freiheit oder eine vollumfängliche Verantwortung, müssen wir lediglich bestimmen, in welchem Ausmaß die strafwürdige Tat, die aus einer überlegten Entscheidung hervorgeht und deswegen von dem abhängt, was das Band der Willen untereinander ausmacht, einen für das kollektive Leben ansteckenden, nachahmbaren und zersetzenden Charakter annimmt. Wesentlich und auch legitim ist hier das Bedürfnis der Gesellschaft, sich intakt zu halten. Es nützt nichts, vor dem Richter die Frage nach der metaphysischen Freiheit zu stellen, denn wenn er dazu ermächtigt ist, das Urteil zu verhängen, so geschieht dies nicht im Namen einer höheren Angemessenheit, die er gar nicht walten lassen kann. Vor allem diesbezüglich wäre das Bessere das Schlimmere. Nein. Man beurteilt nicht den inneren Wert des *[271 Die politische Organisation]* Angeklagten. Dies wäre eine kühne und verwerfliche Gerechtigkeit; sie wäre deshalb abscheulich, weil sie sogar bei der aufrichtigsten und läuterndsten Reue nicht verschonen könnte.

Das Absolute in der menschlichen Gerechtigkeit liegt also darin, dass sie sich auf die Forderungen des Gewissens und des Lebens in Gemeinschaft bezieht, und zwar in einer jeweils ganz bestimmten

I · Die Einheit des Willens und die fruchtbare Tat des gemeinsamen Lebens

Zivilisation, in einer jeweils bestimmten Epoche. In jeder Form der gesellschaftlichen Lage bildet sich ein Typus des anständigen Menschen heraus, entstehen besondere Notwendigkeiten der allgemeinen Verteidigung. Dies bildet die lebendige und flexible Norm, die für die ständige Beweglichkeit der sozialen Phänomene anzulegen ist; dort ist sie mehr oder weniger gültig, was man auch täte oder wollte.

– Ganz ähnlich liegt das Absolute in der politischen Organisation darin, dass sie sich auf die historische Entwicklung wie auf die einzelnen, übrigens stets verbesserungsfähigen, Traditionen einer konkreten Gesellschaft bezieht. Welchem tiefen Bedürfnis entspricht die politische Ambition eines Bürgers? Auf welche Weise kann die Zivilgewalt errichtet werden, verloren gehen oder übertragen werden?

Der Wille bringt durch seine notwendige und bejahte Expansion das soziale Leben hervor. Keine Gesellschaft ist möglich ohne eine Autorität, die in dieser großen Maschinerie gleichsam der Motor und die Steuerung ist. Gesellschaft und Autorität liegen somit jenseits der Reichweite der Willkür der Menschen. Aber genau weil sie einem tiefgründigen menschlichen Bestreben entsprechen, bestimmt der Mensch die Ausübung der öffentlichen Gewalt; er bestellt ihren Amtsträger, er akzeptiert ihn oder er wird es selbst. Die politische Investitur ist nationalen Rechts. Just hier liegt der heikle Punkt. Denn wenn für jedwede Gesellschaft die Autorität notwendig ist, ist es auch notwendig, dass eine Führungsmacht errichtet wird. Das Volk kann darüber nicht frei verfügen; eine Regierung muss sich bilden. Und wenn die Errichtung der Führungsmacht auf der Basis der freien Wahl gründet, bleibt zugleich wahr, dass einerseits die Autorität sogar in ihrer willkürlichen Gestalt notwendig bleibt, und andererseits diese Führungsmacht, wenn auch unantastbar in ihrem Kern, stets verbesserungsfähig ist.

Damit sind, trotz scheinbarer Gegensätze, folgende Konsequenzen verknüpft: Die Gesellschaft ist gewollt und notwendig. Die Autorität ist gewollt und notwendig. Sie befinden sich jenseits der Reichweite eines jeden menschlichen Willens. Die Führungsmacht anzuerkennen oder zu bestätigen obliegt der Mitwirkung der Willen der Menschen. Es ist unmöglich, dass diese Mitwirkung eine Führungsmacht nicht anerkennen oder bestätigen würde. Die Führungsmacht überragt die Nation und ist ihr zugleich unterstellt. Sie ist für die Nation geschaffen, nicht die Nation für die Macht. Da die Autorität *[272 Die fruchtbare Tat des gemeinsamen Lebens]* keinen anderen Existenzgrund hat als das Gemeinwohl, kann eine Nation die

Führungsmacht in andere Hände übergeben, wenn diese ihre Verpflichtungen verfehlt hat. Dieses Recht ist theoretisch betrachtet unverrückbar. Da die soziale Unruhe das schlimmste Übel ist, da das Recht, die Autorität zu bestimmen oder zu übertragen, nicht teilweise in jedem Individuum verankert ist, sondern unteilbar in der Einheit des sozialen Körpers; da alle Generationen zusammen eine solidarische Gemeinschaft bilden, ist die Übertragung der Macht ein nationales Erbgut; die schroffen Proteste dagegen und die plötzlichen Entscheidungen sind gefährlich und oftmals niederträchtig. Im öffentlichen wie im privaten Recht ist die Vorschrift zu respektieren. Außerhalb der Wahl, die die unschuldige Weise ist, die Führungsmacht zu errichten, gewinnt sogar die Usurpation einen legitimen Charakter und verliert ihre hässliche Wesensart durch den weiteren Verlauf der Zeit und die Zustimmung der Völker.

Nicht das Gesetz der Zahl schafft das Gesetz und das Recht. Darum ist es ein Irrtum, mit Rousseau zu denken, dass »der Souverän allein dadurch, dass er ist, stets das ist, was er sein soll«. Weil das Bedürfnis nach Autorität einem jeden entspringt, übertrifft sie alle. In einem Körper ist das Haupt für die Glieder gemacht, ohne aufzuhören, das Oberhaupt zu sein. Im politischen Leben steht die Führungsmacht wegen ihres Ursprungs auch über denen, die sie errichtet haben, denn diese Macht ist nicht die Summe der individuellen Willen oder der Ausdruck der gemeinsamen Kräfte; sie ist nicht *ad nutum* [nach Gutdünken] widerrufbar. Sie ist keine bloße Delegierung, sondern eine regulierte und regulierende Gewalt, die jedermanns persönliches Eigentum bleibt, auch wenn sie durch einen Einzelnen ausgeübt wird. Wie ein konsequenter Wille die Einheit und Unverbrüchlichkeit des häuslichen Lebens fordert, so erhält er ebenfalls die stets einzigartige Tatsache der öffentlichen Institutionen aufrecht; diese sind gewiss verbesserungsfähig und ständig in Bewegung, aber sie befinden sich oberhalb der legitimen Reichweite eines jeden von denen, die sie durch ihr Wollen mit Leben erfüllen. So ist die Führungsmacht weder eine Summe der willkürlichen Willen noch eine abstrakte Formel, die ohne Unterschied auf alle Völker anwendbar ist. Stets hat die Macht eine konkrete Form angenommen, stets bleibt sie gegründet auf einem Willen, der den künstlichen und unsteten Abmachungen vorausliegt.

Auf diese Weise verleihen die politische Organisation und die soziale Gerechtigkeit, die zusammen das nationale Leben bilden und sichern, auch ihrerseits einem inneren und ganz persönlichen Wollen

Ausdruck. Denn durch sie steht die gesamte Kraft des öffentlichen Körpers jedem noch so geringen Mitglied zur Verfügung. Hinsichtlich des Individuums ist der Staat nur deswegen zunächst ein Ziel, um *[273 Das jedem Bürger immanente Gemeinwesen]* danach ein Mittel zu sein. Wenn jeder Einzelne leben und handeln muss für alle (grob umrissene Gestalt des Gemeinwesens, die der Sozialismus zu Unrecht als Vollkommenheit des politischen Lebens darbietet), so deswegen, weil jeder will, dass alle sich in jedem Einzelnen einsetzen und sich da konzentrieren. Wie im Leben des gesamten Organismus eine Zelle ein Ziel ist für alles Übrige, bis dahin, dass ein Nadelstich genügt, um die ganze Maschinerie in Erregung zu versetzen, so gibt es in einer geordneten Gesellschaft eine solche Solidarität, dass der einfachste Bürger die ganze Würde, die ganze Macht, den ganzen vielfältigen Egoismus des sozialen Körpers in sich trägt.

Da der soziale Wille ganz in jedem Einzelnen liegt, ergibt sich daraus, dass alle politischen Formen sich gleicherweise organisieren und sich gleicherweise rechtfertigen können. Die Verschiedenheit der Sitten, des Klimas und der Umstände macht die Mannigfaltigkeit unvermeidlich; mit einem einzigen Ton lässt sich kein Konzert machen. Ob die Führungsmacht auf einem Einzelnen, auf mehreren oder auf allen tatsächlich ruht, stets besteht ihre Rolle darin, innerhalb der Nation die Solidarität und die innigste Übereinstimmung zwischen den Teilen zu sichern. Stets soll und kann sie im Einzelnen das sein, was sie in allen ist. Aufgrund dieser mannigfachen Gegenwart des sozialen Prinzips in jedem Willen, treten die lange geheim gebliebenen Bedürfnisse nach und nach zutage. In dem Maße, wie das kollektive Bewusstsein in einem jeden deutlicher erwacht, vollzieht sich in den Volksmassen ein tiefgreifender Wachstumsprozess.

Gewiss tritt das gemeinsame Bewusstsein zuerst am Kopf des politischen Organismus in Erscheinung, bevor es sich im ganzen Körper verbreitet. Was für eine unermessliche Hingabe der Herzen für einen Einzelnen! Was für ein Liebesschauer durchfährt bisweilen die guten Völker unter den Blicken des geliebten Oberhauptes! Wie kostbar scheint das geringste Wort des Zaren zu sein, das auf einen armen Bauer herabfällt! Wie sehr weiten aber auch das Gefühl für die Würde, die Hochschätzung für die Rolle und die Erhabenheit der Macht den Blick, wie weit machen sie die Zuneigung, wie sehr tragen sie bei zur Klarheit des Intellekts und zur Wärme einer Seele, die es versteht, Hirn und Herz eines unermesslichen Volkes zu sein! Und als ob das Oberhaupt ganz allein hochherziger und tiefer als alle zusammen

3 · Das Phänomen der Tat

liebte, scheint von dieser Erhabenheit der schlichteste und leiseste Liebeserweis mit souveräner Kraft niederzugehen.

Aber nicht ein Mensch allein kann zu diesem Gefühl der wechselseitigen Hingabe anregen und es empfangen; dies gilt auch für jeden Bürger, wenn man im einzelnen Glied des sozialen Körpers die gemeinsame Seele zu sehen und zu lieben vermag, die in allen lebt. Das nationale Bewusstsein ist somit nicht eine Summe von Bruchteilen; der Bürger ist *[274 Die willensmäßige Einheit und die fruchtbare Tat des Lebens]* das lebendige Gemeinwesen. In ihm befinden sich auf virtuelle Weise die Macht und die Tat von allen; deswegen strebt jeder wirklich danach, auch selbst Haupt und Herz des großen Körpers zu sein, dessen ganze Substanz er in sich trägt. Wenn die Unterstützung aller Willen ihn zur Obrigkeit erhebt, erhält er kein imperatives Mandat, er ist nicht die abstrakte Gesamtzahl eines arithmetischen Vorgangs. Vielmehr wird er aktuell das, was er bereits potentiell war. Aufgrund einer Art natürlicher Standesgnade und durch die Auswirkung des allgemeinen Lebens in ihm scheint das Oberhaupt über sich selbst hinausgehoben zu sein, im Bewusstsein, der Kulminationspunkt eines ganzen Volkes zu sein. Und dennoch hat seine Autorität stets eine andere Quelle als die Zusammenzählung der Wählerstimmen des Volkes. Seine Rolle besteht darin, eine persönliche Initiative zu ergreifen, zumal der mittelmäßigste Mensch zu einer klaren Sicht, einer aufgeklärten Entscheidung und einer reelleren Beständigkeit der Tat fähig ist als jene Summe der individuellen Willen, aus der man zu Unrecht den Ausdruck des gesellschaftlichen Bewusstseins zu machen beabsichtigte.

So füllt der Wille des Bürgers den ganzen gesellschaftlichen Organismus mit Leben und nimmt ihn in sich auf. Er bestimmt dessen stets konkreten Charakter; er bildet aus ihm eine ursprüngliche Synthese, so wie die lebenden Arten und die unterschiedlichen Rassen in der Tierwelt. Welches auch immer die Einheit des Ursprungs oder die allgemeinen Gesetze der Gesellschaften sein mögen, jede ist eine Nation für sich. Es ist *das* Vaterland, weil es aus einer persönlichen Liebe hervorgeht, die jedem seiner Glieder eigen ist, und weil die Liebe sich stets an das heftet, was einzigartig ist. Gewiss dehnt sich das nationale Leben jenseits der Grenze aus. Wie für jeden Organismus sind die Vorgänge des Aneignens und des Abstoßens ein Prinzip ständiger Erneuerung. Es bleibt gleichwohl eine fest bestimmte Individualität, sogar im Hinblick auf zukünftige Synthesen und neue Ausweitungen der menschlichen Tat.

III

Der Wille des Menschen und seine Tat halten an den Grenzen des Vaterlandes nicht inne. Indem das Gemeinwesen sich ausbreitet, symbolisiert es jenes innere Leben des Willens, das sich ausweitet, ohne dass irgendeine Ringmauer ihn dabei eingrenzt. Das Gesetz des aktiven und in Beschlag nehmenden Egoismus ist, selbst zu widersprechen und dann gewissermaßen seine Meinung zu ändern, um sich danach auf das hin auszustrecken, was er vorher zurückzuweisen schien. Es reicht nicht mehr, *[275 Das Gespür für die Menschheit]* gleichsam eine ganze Nation in sich zu tragen und mit ihr eine Seele zu werden. Der Mensch sehnt sich danach, sich sozusagen mit der ganzen Menschheit zu verschmelzen und mit ihr eines Willens zu werden.

Das individuelle Leben strebt also danach, sich mit dem universellen Leben zu identifizieren, oder vielmehr scheint sich jener allgemeine und überpersönliche Wille in einem jeden Bewusstsein zu verdichten. Die Idee selbst eines Fortschritts und einer Weiterentwicklung ist der Beweis für diese wachsende Solidarität. Solange die Generationen und die Individuen sich für unabhängig gehalten haben, schien es so, als ob die Welt alt und zugrunde gehen würde. Diesen Eindruck erweckt sie immer noch. Wenn wir aber besser verstehen, dass es sich mit der Menschheit verhält wie mit einem einzigen Menschen, der nicht stirbt, bekommen wir auch mehr und mehr ein Gespür für das Wachstum wie für die wirkliche Einheit. Auf solche Weise hat der Fortschritt des gesellschaftlichen Lebens in den Köpfen ein neues Gespür für »die Menschheit« entwickelt, das sich jetzt sozusagen eingebürgert hat. In der Antike war das Gespür fast unbekannt, obwohl gewisse außergewöhnliche Handlungen und einige dichterische Verse davon zeugen. Offiziell in das Konzert der Motive eingegangen, die das Verhalten der Menschen und der Völker beeinflussen, lenkt dieses Gespür die öffentliche Meinung stark genug, um bereits zu einer Form von Hypokrisie oder sogar zu einem Kult angeregt zu haben.

Für die Philosophie der Antike bestand die höchste Anstrengung darin, das zivile Gemeinwesen zu entwerfen, zu definieren und zu wollen: Alles ist ihm untergeordnet, auch Moral und Religion. Die politische Ordnung ist das Symbol oder gar die Realität, die das unendliche Objekt der Hingabe aller umfasst. Trotz gelegentlicher Anzeichen von Herzlichkeit gelten alle als Feinde, die sich vor den Pfor-

3 · Das Phänomen der Tat

ten der Republik befinden, so auch der Sklave innerhalb der Mauern, als Fremder im inneren Bereich. Vielleicht zeigt sich der Unterschied zwischen dem antiken und dem neuen Geist nirgendwo sonst deutlicher. Für Aristoteles selbst bleibt alles in der spekulativen oder praktischen, in der sittlichen oder der religiösen Ordnung der politischen Ordnung als höchstem Ziel untergeordnet. Das Gemeinwesen ist nicht bloß ein Stockwerk im menschlichen Bauwerk, sondern der allumfassende krönende Abschluss. Dort, wo wir nicht mehr als eine Stufe oder ein Mittel sehen, fand Aristoteles den höchsten Endpunkt und die Vollkommenheit der menschlichen Aktivität.

Nur in einem einzigen alten Volk, dem jüdischen Volk nämlich, fiel der Kult des Vaterlandes mit dem Kult der Religion zusammen, allerdings ohne, trotz der sich alles bemächtigenden Eifersucht und des leidenschaftlichen Exklusivismus im Nationalgefühl, das Gott für sich allein beanspruchte, dass dieser große Gott auf das Maß des »auserwählten Volkes« beschränkt oder ihm allein für immer vorbehalten wäre. Aber unter welcher Bedingung war diese einzigartige Einstellung *[276 Die fruchtbare Tat des gemeinsamen Lebens]* möglich? Unter der Bedingung, eine Zukunft universaler Expansion vorwegzunehmen, unter der Bedingung auch, die enge und in sich geschlossene Gegenwart als das Symbol und den Keim einer unermesslichen Bewusstseinserweiterung zu betrachten und in jeder Handlung des nationalen Lebens die Verheißung der gesamten zukünftigen Menschheit zu tragen.

Doch seit diesem frühesten Zeitalter des Lebens und der Geschichte, in dem der Egoismus nur das Individuum sieht, das Individuum nur seine für unvergleichlich und einzigartig gehaltene Familie kennt und die Familie ihren Horizont auf das politische Leben der Zivilgesellschaft begrenzt, haben sich die sittlichen Ideen nach und nach durchgesetzt. Ohne auf die Vaterlandsliebe zu verzichten und um deren Geschmack beizubehalten, musste man lernen, mehr als nur Bürger zu sein, um in den Anderen nicht den Blutsverwandten, den Freund, den Landsmann, den Gast, den Fremden oder den Verbündeten zu genießen und zu lieben, sondern den Menschen, der keine anderen Ehrennamen vorweist, als Mensch zu sein; ein Unbekannter, vielleicht ein Feind, aber letztendlich ein Mensch. Es ist ein großer Akt der Vernunft und ein wunderbarer Vorstoß, gespürt zu haben, dass im Sklaven, im wilden Eingeborenen, im Armen, im Kranken und im Behinderten die Menschheit selbst anwest. Und wie viele sind noch immer unfähig dazu, dies wahrzunehmen! Sie sagen

I · Die Einheit des Willens und die fruchtbare Tat des gemeinsamen Lebens

es zwar, weil man dies so sagt; sie wissen darum auf abstrakte Weise. Sie spüren es vielleicht, aber dieser sich auf die Menschheit erstreckende Wille führt bei ihnen nicht zu den Handlungen, die mit ihrer Erkenntnis wie mit ihren Worten übereinstimmen.

Wer weiß indes, welche Schätze des Friedens und der Einheit die Zukunft bereithält! Es schien unmöglich, dass die gesellschaftliche Notwendigkeit der Sklaverei abgeschafft werden könnte; doch sie ist es. Es schien unmöglich, dass man vor dem Feind auf dem Schlachtfeld irgendwelche Rücksicht genommen hätte; nach und nach etabliert sich ein Menschenrecht, das sich, so sehr es auch verletzt werden mag, dem Urteilsvermögen der Völker auferlegt. Es scheint unmöglich, dass der Krieg verschwindet und die Abrüstung einsetzt. Aber ohne der schönen Verschiedenheit von nationalen Bündnissen innerhalb des Bundes der Menschheit Abbruch zu tun, wer weiß, um es noch einmal zu sagen, welche Schätze des Friedens und der Einheit die Zukunft bereithält!

Unter diesen Entwicklungen der Reflexion und des Bewusstseins müssen wir stets den verborgenen Willen wiederfinden, der sie anregt; sie sind nur eine wachsende Anstrengung, sich ihm anzugleichen. Sogar ohne davon eine klare Vorstellung zu haben, oder ohne dass man die Entscheidung auf das Gespür abstimmen wollte, das man davon haben kann, schließt die menschliche Tat tatsächlich die Solidarität der Menschen ein und bringt die Einheit des Menschengeschlechts zum Ausdruck. Eine Einheit übrigens, welche der geheimnisvollen Kontinuität der Zeugung entspricht, die in allen das gleiche Blut fließen lässt, die *[277 Die Solidarität der Menschheit]* in einem einzigen Leben des Kindes das zweifache Leben der Eltern verwirklicht und die, statt sie voneinander zu trennen, sie fester aneinander bindet, indem sie sie vermehrt und beide unter der gleichen körperlichen Gestalt fortleben lässt.

So hat sich die Tat, zuerst aus der ganz persönlichen Intention des Handelnden hervorgegangen, nach und nach die Familie und das Gemeinwesen einverleibt, um in der gesamten Menschheit ihre Flügel auszubreiten. Indem sie die umfassende Solidarität aller Menschen fordert, wird sie das, was sie sein will. Sie will aufgrund freier Wahl das sein, was sie bereits durch den Impuls ihres ersten Elans ist. Wenn man ihr also wie ein Gesetz die Verpflichtung aufzuerlegen scheint, sich selbst zur universalen Maxime zu machen; wenn man jedem Einzelnen befiehlt, aus der Intention zu handeln, das zu tun, was alle tun müssen; wenn man das Gespür dafür haben soll, dass jeder in seiner je eigenen Tat den Willen und die Tat der Anderen trägt, so ist dies nur die Übersetzung, nicht allein dessen, was für den entschlossenen und gewollten Willen sein soll, sondern dessen, was für den wollenden und sich vollziehenden Willen je schon ist. Was man auch immer tun mag, die Menschheit ist tatsächlich beteiligt an der Tat eines jeden als an einem neuen Element im allgemeinen Gleichgewicht; die Tat, deren Ursprung sich der Mensch zuschreibt, ist eine solche, die im Namen des ganzen Menschengeschlechts geschehen könnte.

Gewiss scheint es seltsam, zu sagen, dass, wenn wir wollen und handeln, wir tatsächlich über die Familie und das Gemeinwesen hinausgehen, um zur Menschheit zu gelangen und diese in unsere Handlungen einzubeziehen. Aber tritt nicht das gewöhnliche Ziel unserer bewussten Entscheidungen im sie bestimmenden Motiv von vornherein in Erscheinung als allen häuslichen und politischen Umständen überlegen, in denen sie sich ereignen? Wenn das erste Empfinden der Freiheit und der Pflicht die Idee eines Zieles impliziert, das alle unbewussten und bewussten Elemente der Tat transzendiert, so deshalb, weil die Tat selbst in ihrer reellen Expansion tatsächlich mehr als ihre individuellen oder gesellschaftlichen Bedingungen umfasst. Ob man es weiß oder nicht, die aus dem Willen hervorgehende Tat hat eine solche Spannweite, dass sie sich vom ersten Flug an den Grenzen der häuslichen und der politischen Gesellschaft entzieht. Wir können nicht und wir wollen nicht einzig für uns selbst leben, einzig für die Unsrigen, einzig für unsere Mitbürger. So wird die Tat durch die Kraft der ständigen Bewegung, die sie fortträgt, auch noch den Umkreis der Menschengemeinschaft überschreiten.

*

[278 Die Fortschritte im Determinismus der Tat] Ich beabsichtige, die Erweiterung der Tat in der gesamten umgebenden Außenwelt zu untersuchen, die sie einbezieht und in der sie die Antworten und die Sanktionen sucht, die sie anstrebt. Ich zeige, wie sie die verschiedenen Bereiche der Moral durchschreitet, in denen man sie nacheinander einzugrenzen vorgab, als ob sie dort auf ihre endgültige Richtlinie und die für sie ausreichende Anwendung träfe. – Zum einen untersuche ich das, was man als naturalistische Moral bezeichnen kann, und zwar mit der Absicht, sie nicht zu widerlegen, sondern um herauszustellen, was sie an Richtigem und an Nichtausreichendem zugleich hat. – Zum anderen zeige ich, wie die Tat, indem sie die Ordnung der Natur überschreitet, einen anderen Bereich und gleichsam eine andere Welt zu fordern scheint, in der sie sich entfaltet und ihre Be-

I · Die Einheit des Willens und die fruchtbare Tat des gemeinsamen Lebens

friedigung findet. – Indem ich zeige, dass diese metaphysische Moral den Forderungen des Willens nicht genügt und der Reichweite der Tat nicht gleichkommt, untersuche ich schließlich »die moralische Moral«, nämlich die, die sich einzig darum zu kümmern scheint, die ausreichenden und notwendigen Bedingungen der dem Willen entspringenden Tat zu bestimmen. Ich suche deswegen danach, welche die unentbehrlichen Postulate und die gleicherweise unentbehrlichen Überzeugungen sind, um das menschliche Verhalten wissenschaftlich zu begründen.

Diese unterschiedlichen Formen der »natürlichen« Moral scheinen zwar vom Standpunkt der Intention her unvereinbar und exklusiv zu sein, aber de facto und vom Standpunkt der Tat her sind sie miteinander vereint und sozusagen stufenweise übereinandergeschichtet. Dies bringt mit sich, dass, wenn wir sie vor dem reflektierenden Bewusstsein ins Wort fassen, wir nichts anderes tun, als den Inhalt des sich vollziehenden Willens stets mehr zu analysieren. So gelangen wir in diesem Kapitel schließlich zu dem Aufweis, dass der Wille die Grenzen dieses Bereichs der Moral überschreitet, so rein, so ausgeweitet und so sublimiert wir uns ihn auch vorstellen. Das Reale übersteigt dort noch das Ideale, und die aktuelle Tatsache geht dort noch über die formale Pflicht hinaus.

[279]

Kapitel II
Die universelle Ausweitung der Tat

Die gestuften Formen der natürlichen Sittlichkeit

In seinem Handeln schränkt der Mensch seinen Blick nicht auf die Familie ein, auch nicht auf die Zivilgesellschaft und die Menschheit. Er entwirft seine Zielvorstellung darüber hinaus. Er fügt sich in das gesamte Universum ein, wie die Stoiker zu Recht bemerken. Die Tat des Willens betrifft wirklich das umfassende System, aus dem sie ihre Nahrung geschöpft hat und in dem sie die Vorherrschaft anstrebt. Es ist deshalb nicht überraschend, in diesem Bedürfnis nach universaler Solidarität zwei dem äußeren Schein nach divergierende Bestrebungen konvergieren zu sehen: auf der einen Seite die ichbezogene Absicht des individuellen Willens, die stets nach Selbsterfüllung und Befriedigung sucht, und auf der anderen Seite die unendlich komplexe Bewegung des Lebens überhaupt, dessen immenses Rädergetriebe alle partiellen Ziele und die Ansprüche des Individuums zu zermalmen scheint.

Dennoch liegt hier nur ein und dieselbe Bewegung vor. Trotz der Schwankungen der menschlichen Freiheit, trotz der Verschiedenheit der Vorstellungen, der Theorien oder der sittlichen Gepflogenheiten entwickelt der aus der gewollten Handlung jeglicher Art herkommende Determinismus hier noch die unausweichlichen Folgen der Prämissen, die von der Tat selbst gesetzt sind. Wie also steigt der Mensch zu einer stets selbstloseren und sittlicheren Grundhaltung auf, ohne dass er, wenn er sich selbst gleichsam aus dem Auge verliert, deswegen aufhört, in der wahren Richtung seiner Bestimmung zu wirken, auf sein sicherstes Anliegen hinzuwirken und durch das Vorhaben wie das Wissen um sein Tun die geheime Absicht zu unterstützen, die seine Willenstaten inspiriert?

II · Die universelle Ausweitung der Tat

I

[280 Die universelle Ausweitung der Tat] Handeln besagt, sich in gewisser Weise dem Weltganzen anzuvertrauen. Wie der Geiz alles verliert, wenn er alles erlangen will, so könnte auch der eifersüchtigste Egoismus alles nur dann festhalten, wenn er sich aufreibt und sich verausgabt, ohne dass es ihm jemals gelingen würde, sich gar nicht hinzugeben. Wohl oder übel ist die Tat auf ihre Weise eine spekulative Angelegenheit. Gerade deswegen gleicht der Tatmensch oft einem Glücksspieler, der anhand umsichtiger Berechnungen ein Spiel riskiert. Wer zu handeln wagt, braucht gleichsam eine Liebe zum Risiko und ein erzwungenes Loslassen, um erst gar nicht von freier Selbstvergessenheit oder aufrichtigem Selbstverzicht zu reden.

Es ist dem notwendigen Gesetz seiner Entwicklung gemäß folgerichtig, dass der Utilitarismus also dazu genötigt ist, sich selbst in gewisser Weise zu überschreiten. Tatsächlich vermag der individuelle Wille sich nur durch eine unendliche Komplexität hindurch zu suchen, in der er sich zu verlieren scheint. Durch das Gefühl, das das Leben uns von der immensen und undurchschaubaren Weite vermittelt, in der es sich abspielt, nimmt die Tat unausweichlich einen Charakter an, den man bereits als *sittlich* bezeichnen kann. Denn es ist nicht hilfreich, es ist nicht möglich, dass unser Verhalten eine reine Berechnung ist; sie umfasst ein viel weiteres Feld als alle durchdachten Gedankenspiele. Der immer mehr erweiterte Wille hat den Mittelpunkt seiner Intention erst in den Vollzug des Gesamtorganismus verlagert, sodann vom Vollzug in das sich außerhalb befindliche Werk, vom Werk in die Intimität des Willens eines Verbündeten, von einem einzig geliebten Herzen in die Liebe zur Familie und zum zivilen Gemeinwesen, von den exklusiven und eifersüchtigen Zuneigungen in die universelle Versammlung der menschlichen Generationen. Nach all diesen Erweiterungen muss der Wille abermals fortschreiten und dieses Gleichgewicht im Gesamtsystem der Welt suchen. Handeln hängt ab vom Ganzen. Es ist nicht mehr die Rede davon, unseren persönlichen Vollzug in den allgemeinen Determinismus einzufügen; es handelt sich im Gegenteil darum, dass wir uns selbst hier einfügen, die Tat dieses Determinismus in uns wollen und zulassen. Es geht darum, das, was unsere Erwartung, unser Verständnis, unsere freie Verfügung übersteigt, anzunehmen und aufzunehmen; im Spiel der Phänomene die unzugänglichen Kräfte anzuerkennen, die solche hervorbringen; darin einzuwilligen, von dieser geheimnisvollen Kraft, die die positiven Wissenschaften eingestehen, ohne in sie vorzudringen, die dunklen Weisungen und Eingebungen der sittlichen Erfahrungen zu empfangen.

Sogar in dem, was willensbezogene Sittlichkeit zu sein scheint, müssen wir *[281 Die notwendige Tatsache der sittlichen Uneigennützigkeit]* noch die notwendige Expansion und die natürliche Folge des anfänglichen Wollens wiederfinden. Das Verdienst der deterministischen und utilitaristischen Doktrin liegt in ihrem Aufweis, dass dort, wo andere nur eine ideelle Pflicht sahen, bereits eine unumstößliche Tatsache vorliegt. Um eine solche naturalistische Moral auf ihren wahren Sinn zurückzuführen, ist es angemessen, sie also unter diesem zweifachen Aspekt zu betrachten. – Einerseits empfängt die Tat *a posteriori* ihre Lehre aus dem Milieu, in dem sie sich entfaltet, und zwar als Folge einer Erfahrung, die durch nichts ersetzt, durch nichts zunichtegemacht oder verhindert wird. Sie ist den Reaktionen des gesamten Milieus ausgesetzt. Durch die Wirkung dieses lebendigen Mechanismus bildet sich nach und nach das Gewissen, festigt sich die jahrhundertealte Tradition der praktischen Regeln, entsteht zwangsläufig die Tatsache der menschlichen Moralität. – Andererseits wird diese Tatsache zum Bewusstsein einer Pflicht; dieses erzwungene Loslassen ist der Weg zu einer bewussten Selbstvergessenheit; diese Notwendigkeit *a posteriori* ergibt sich aus einer Bewegung *a priori* des Willens. Denn die Lehren der Erfahrung deuten wir nur in dem Maße, wie wir sie hervorrufen. Wir müssen also ermitteln, wie die Tatsache des sittlichen Ideals zwangsläufig aus dem praktischen Empirismus unter der Führung eines inneren Strebens hervortritt.

I. – Es ist unmöglich, den Selbstverzicht an das Ende einer eigennützigen Berechnung zu stellen; es ist genauso unmöglich, das Vergnügen und den Profit am Ende einer echten Aufopferung mit Sicherheit zu finden. Diese Welt ist zu kompliziert, um in diesem Labyrinth nicht den Faden unserer praktischen Deduktionen zu verlieren. Die utilitaristische Arithmetik ist ein Hirngespinst, und der Egoist bewegt sich meistens entgegen seiner Absicht. Unsere Tat ist niemals ganz allein unsere Tat. Wir müssen unsere Handlungen wie unseren kostbaren Schatz den Unbekannten, den Undankbaren, den Dieben hinwerfen. Im Chaos des universellen Lebens sind Gutes und Böses miteinander vermischt, es herrschen dort Gleichgültigkeit und offenkundiges Durcheinander. Diese Tatsachen sind unverkennbar; es ist die Sittenwidrigkeit schlechthin.

Und trotzdem zeichnen sich im Bewusstsein der Menschheit, aufgrund eines Systems verborgener Kompensationen und aufgrund der konfusen Reaktion aller miteinander vermischten Kräfte, große Linien ab. Es kommen in uns ein Lebenskonzept und ein Lebenssinn hervor. Es scheint, dass einzig der Anfang unserer Taten in unserer Macht liegt. Und indem diese sich entrollen, umfassen sie im ganzen Gefüge ihrer Folgen sogar den späteren Gebrauch unserer offensichtlichen Freiheit. Aber aus dieser schicksalhaften Verkettung geht allerdings nichts hervor, was nicht schon anfangs im Keim der Handlung ausgesät war. Die Umstände *[282 Die universelle Ausweitung der Tat]* ändern unsere Natur weniger, als dass sie sie aus ihrer ursprünglichen Unbestimmtheit hervorholen. Ohne in uns etwas Neues zu schaffen, enthüllen sie uns das, was wir ohne es zu wissen bereits in uns selbst trugen. Je nachdem der Faden unserer Handlungen länger wird, fasst uns ein strafferer Determinismus immer enger ein. Und auch dieser äußere Zwang geht noch von uns selbst aus, selbst dann, wenn entgegen unseren Absichten die Verantwortung, die tief in den Zugeständnissen oder in dem scheinbar unbedeutendsten Versagen verborgen liegt, uns Unabhängigkeit, Frieden und Ehre raubt als Wucherzahlung für unsere geheimen Schulden.

Auf diese Weise gehen aus den Prüfungen des Lebens Maximen hervor, empirische Gebote, die im Volk gängigen sittlichen Empfindungen, die die Weisheit der Jahrhunderte und der Völker zusammenzufassen scheinen. Gegenstand der Wissenschaft der Sitten ist nunmehr: das Gesetz der notwendigen Auswirkungen und die Folgen der menschlichen Handlungen genauer und strenger zu bestimmen; die Bildung der sittlichen Vorstellungen zu erklären, die während eines Zeitraums und in einem Land gültig sind; deren Bewegung festzulegen und durch das von dieser Wissenschaft erlangte Bewusstsein deren Fortentwicklung zu beschleunigen. Wir haben mit einer wirklich wissenschaftlichen Sittenlehre zu tun, die sich, unabhängig von jeder Bezugnahme auf die Freiheit und von jeglichem Standpunkt einer einzelnen Verpflichtung, auf den Determinismus der gesamten Aktionen und Reaktionen gründet.

Um diesen wissenschaftlichen Charakter zu bewahren, hat die Wissenschaft der Sitten tatsächlich nicht den Standpunkt des Individuums einzunehmen, nicht einmal den des sozialen Lebens, sondern den Standpunkt des Ganzen. Das menschliche Verhalten bildet sich nicht im geschlossenen Raum der klaren Erkenntnis aus; das Leben des einzelnen Menschen richtet sich nicht innerhalb der Grenzen der Individualität aus. Deshalb muss man, indem man die Tat in die Unermesslichkeit der Dinge hineinwirft, von dieser Unermesslichkeit selbst die Antwort erwarten. Die Tat ist ein Anruf und ein Widerhall des Unendlichen: Dort kommt sie her, dort geht sie hin. Die betreffende Wissenschaft kann nur praktisch sein, weil sie auf einer reellen Erfahrung der unergründlichen Komplexität des Lebens aufruht. Die Sitten haben ihre Regel de facto nicht in dem, was wir von uns selbst erkennen, nicht in dem, dessen wir uns klar bewusst sind, dies zu wollen und zu tun, sondern ihre Regel liegt in ihnen selbst.

Man glaube auch nicht, dass dieser universelle Mechanismus genau das zurückgibt, was wir ihm anheimgegeben haben. Der Selbstvergessenheit erwidert nicht die Wohltat einer Natur, die es auf sich nehmen würde, an uns interessiert zu sein. Wie töricht ist die so bezeichnete immanente Gerechtigkeit! Und wie kindisch ist es zu meinen, dass die Welt es auf sich nimmt, *[283 Der sittliche Determinismus des universellen Lebens]* die natürlichen Tugenden zu belohnen, selbst innerhalb der engen Grenzen, in denen der empirische Egoismus sich bewegt! Die Selbstvergessenheit ist zwangsläufig sowohl am Ursprung als auch in den Ergebnissen der Handlung. Sogar wenn man sich davon überzeugt, dass allein die Folgen der Taten wichtig sind, ist nichts »wissenschaftlicher«, als von diesen Folgen selbst Abstand zu nehmen, um den Hinweisen des Gewissens zu folgen, die bereits eine Lehre der Tat sind. Gehen wir also an die Arbeit, ohne uns eitel und habgierig zu fragen, »was bringt das und was ist das wert?« Die Handlungen sind wie die Steine eines noch unbekannten Gebäudes. Da ist es viel schöner, bescheiden der Handlanger zu sein, als hochfliegend den Architekten zu spielen. Denn der Plan des Ganzen entzieht sich unserer Sichtweite und die allgemeinsten Erfahrungen des praktischen Lebens bleiben geheimnisvoll für unseren Verstand, ähnlich wie jene ausgetretenen Bodenplatten, die man gar nicht beachtet, aber auf denen die Schritte sich gleichwohl abstützen.

Wie wichtig ist es also auch, die Wissenschaft der Sitten ebenso vor den empirischen Sanktionen zu schützen wie vor der mäkelnden Vernunft und den Phantasien des Einzelnen! Denn würde man meinen, dass »das Gewissen« dem Recht der Dialektik unterstellt ist, dann wäre es um es geschehen. Nichts ist hier gefährlicher als die logischen Deduktionen, die klaren und genau umschriebenen Ideen, als das Simplifizieren. Die Lebensüberzeugungen des Menschen sind das Ergebnis eines langen Herumtastens, zahlreicher Erprobungen und sozusagen einer langsamen Ablagerung. Dort verdichtet sich mehr Weisheit und Vorsorge als in den Systemen der leuchtendsten Genien oder als in den tiefsinnigsten Gedanken einer ganzen Akademie. Was man als sittliches Ideal bezeichnet, ist in einem gewissen Sinn nur ein Auszug und eine Vorwegnahme der Erfahrung, ein Postulat oder eine notwendige Hypothese für die Deutung der Tatsachen, oder vielmehr eine reelle und fortschreitende Anpassung der Tat und des Gewissens an die Lebensbedingungen. Diese richtige Aneignung ist die empirische Regel der Praxis. Denn solche praktische Vernunft stellt keine Dogmen auf, indem sie von abstrakten Begriffen ausgeht, nach denen sie ein für alle Mal jegliches Gewissen und alle Gesellschaften zu modellieren vorgibt. Sie gestaltet sich nach und nach und erneuert sich auf innere Weise durch die Bewegung der allgemeinen Fortentwicklung. Sodass, unter diesem Aspekt betrachtet, die Moral die Zusammenfassung und die stets vorläufige und sich wandelnde Schlussfolgerung der Geschichte ist, nicht nur der Menschheit, sondern des gesamten Universums.

Die regulativen Ideen des Verhaltens sind demnach nicht eine plötzliche Offenbarung, sondern eine langsame Auskristallisierung der gesamten Erfahrung *[284 Die universelle Ausweitung der Tat]* und gleichsam Ausdruck unseres Gespürs für das Soziale, des Gespürs für das universelle Leben in uns. Nach einer Periode von Herantasten und Instabilität stabilisieren sich die Taten. Sie scheinen durch irgendetwas außerhalb von uns selbst von uns gefordert zu sein, durch das Allgemeininteresse, durch die Wahrheit der reellen Beziehungen, durch das Gesamtsystem der Welt, in das sie sich einfügen. So erklärt sich der verpflichtende Charakter, mit dem sie ausgestattet zu sein scheinen, de facto durch die notwendige Synthese und den spontanen Ausgleich der Taten, die sich zusammenfügen und sich untereinander erwidern. Die Sitten sind keine Verallgemeinerungen von einfachen individuellen Gewohnheiten. Wenn es eine Wirkung des Individuums auf die Gesellschaft gibt und der Gesellschaft auf das Individuum, dann müssen wir vor allem die Einwirkung der Gesellschaft auf die Gesellschaft selbst bedenken. Dies heißt, dass die Sitten die Sitten schaffen; dass ein soziales Faktum auf andere soziale und kollektive Fakten zurückgeht, bei denen das Gefühl mehr beteiligt ist als die klare Idee. Weiter heißt dies, dass die individuelle Tat nicht ausreichen kann, um das Leben des Indivi-

3 · Das Phänomen der Tat

duums einzurichten, denn in der Logik der Praxis liegt stets mehr, als die abstrakte Analyse dort zu entdecken vermag.

Aus diesem Grund ist die Moral nicht nur eine Kunst, eine Frage des Taktes und des Feingefühls, eine Virtuosität des Gewissens bei einigen Privilegierten oder eine Geschmackssache, eine Weisung des eigenen Empfindens. Sie ist vielmehr eine Wissenschaft, die sich mit den Jahren den Gesetzen gemäß in dem Maße entwickelt, wie die reellen Verhältnisse und die Anordnung der für gewöhnlich zusammenhängenden Taten sich tatsächlich herausstellen und durch die Reflexion erkannt werden. Die wahre Rolle der wissenschaftlichen Moral besteht darin, dem Menschen zu zeigen, dass er nicht ein Ganzes ist, sondern der Teil eines Ganzen. Sie hat die Bedingungen des immensen sozialen Gefüges zu erforschen, in das der Mensch sein Leben mischt, und dabei das ins Wort zu fassen, was für die Existenz des Teils des Ganzen und die Existenz des Ganzen nötig ist. Sie bildet die Wissenschaft des sozialen Zusammenhangs, um Wissenschaft des individuellen Zusammenhangs zu sein. Denn im Gesetz des Ganzen wird die Tat das Geheimnis des Rhythmus der Teile suchen: Sie ist die Projektion der komplexen Einheit in einem einzigen Punkt.

Auf solche Weise erklären wir, wie diese wissenschaftliche Moral eine Art von Ideal vorlegt, ohne in irgendeiner Weise das Reale zu verlassen, und, ohne auf die Einmischung durch die Freiheit zurückzugreifen, ihre eigene Existenz wie ihre Brauchbarkeit rechtfertigt, indem sie die positiven Bedingungen des Funktionierens des sozialen Gefüges aufzeigt. Durch diese Erkenntnis als solche wirkt sie auf das individuelle Gewissen ein. So wird einem auch klar, in welchem Maße die wirtschaftliche Organisation sich den bewussten Reformen entzieht oder sich für solche eignet. Die Gesellschaft ist keine Maschine, die man von außen steuert, *[285 Die Ursprünge des sittlichen Ideals]* sondern etwas Lebendiges, das sich von innen her bewegt. Sie ist kein Automat, der anhand von Berechnungen und Überlegungen konstruiert ist, sondern ein Organismus, in dem es gegenseitige Reaktionen zwischen klaren Ideen und unbewussten Einflüssen gibt, Pendelbewegungen zwischen sozialen Funktionen und individuellen Gewohnheiten. Infolgedessen muss man bei der ständigen Aufgabe, die moralischen und sozialen »Tugenden« zu bewahren und zu reformieren, zugleich den Anteil der Vernunft und den Anteil der Natur, den der Sitten und den der Gesetze, den der privaten Initiative und den des öffentlichen Agierens im Auge behalten. Gewiss kann man das, was es im Spiel des menschlichen Lebens an Notwendigem und an Natürlichem gibt, nicht radikal umwandeln. Und dennoch besitzen diese Regeln eine Geschmeidigkeit und sozusagen eine unbegrenzte Elastizität. Und dies in einem solchen Ausmaß, dass man auch bei groben Übertretungen nie auf harte Unmöglichkeiten und auch nicht auf unmittelbare Widerlegungen stößt.

Da die treibenden Kräfte dieses immensen Mechanismus viel zu zahlreich sind, als dass der durchdringendste Blick sie alle unterscheiden und die mächtigste Hand sie alle handhaben könnte; da wir lediglich die unmittelbaren Folgen unserer Taten erfassen und nicht all ihre Verästelungen in den Tiefen des organisch differenzierten Körpers; da es ferner eines wunderbaren Scharfsinns bedürfte, um zum Beispiel bis in die Einzelheiten verständlich zu machen, dass der Egoismus sein eigener Feind ist; da die im universellen Organismus verstreuten und verstärkten Handlungen ins Bewusstsein zurückkehren und dabei mit einem neuen Reichtum beladen sind, dessen vollständige Bestandsaufnahme unmöglich durchzuführen ist. Genau deshalb hat der aufrichtige und beharrliche Wille keine andere Möglichkeit, das von ihm angepeilte verborgene Ziel zu ahnen und zu erreichen, als sich gewissermaßen mit geschlossenen Augen dem großen Strom von Ideen, von Gefühlen zu überlassen, auch von sittlichen Regeln, die sich durch die Kraft der Tradition und die angesammelten Erfahrungen nach und nach in den menschlichen Taten herausgestellt haben. Die Auflehnung des Menschen gegen sein »Gewissen«, bereits im Namen der praktischen Aufrichtigkeit missbilligt, muss deshalb im Namen der Wissenschaft selbst verurteilt werden.

II. – Die Auffassung des Rechts ergibt sich aus der Tatsache selbst. Aber ist es dann die Tatsache, die das Recht hervorbringt? Keineswegs. Wenn die verborgenen Lehren der Erfahrung uns beibringen, dass das Nachjagen egoistischer Belange das schlechteste Kalkül zu sein scheint, und das beste Mittel, zum Glück zu gelangen, darin besteht, ihm nicht nachzulaufen, weil der direkte Weg zu nichts führt, so bleibt die Selbstvergessenheit nicht weniger reell, sobald man sich, was man auch tun mag, dem universellen Räderwerk *[286 Die universelle Ausweitung der Tat]* anheimstellen muss, ohne richtig zu wissen, was es uns zurückgibt. Mag eine mehr oder weniger freie Großherzigkeit hier beabsichtigt sein, stets muss man, um zu handeln, damit anfangen, sich selbst loszulassen. In jedem menschlichen Unternehmen steckt ein Stück erzwungenen Selbstverzichts.

Man möge sich aber nicht täuschen über den notwendigen Her-

3 · Das Phänomen der Tat

vorgang dieser Selbstvergessenheit, die der Handlung einen bereits sittlichen Charakter verleiht; es gibt nichts Empfindlicheres als diesen dünnen, aber unendlich komplexen Faden der sich bildenden Sittlichkeit. Wie an jedem Morgen das Erwachen geheimnisvoll ist, so scheint der Aufgang des Gewissens in jedem von uns genauso unfassbar zu sein wie die Änderungen des Lichts beim Tagesanbruch. Doch wie es möglich gewesen ist, die unumgängliche Entstehung der Freiheit zu erklären, so ist es gleicherweise möglich und notwendig, die unumgängliche Hervorbringung dieses Minimums an Sittlichkeit zu erklären. Trotz aller Missbräuche und trotz allen vorstellbaren Versagens bleibt dies eines der spezifischen Merkmale dessen, was man das Reich des Menschen genannt hat.

Wenn sich im Bewusstsein von der Tat mehr befindet als in der Tat selbst, wenn der Grund des Willensvollzugs nur in der Vorstellung eines von seinen Wirkursachen verschiedenen Zieles anzutreffen ist, dann muss auch dieses Ziel seinerseits den von ihm inspirierten praktischen Erfahrungen gegenüber überlegen erscheinen. Im verwirklichten Ideal entsteht stets ein weiteres Ideal, ähnlich wie die Luftspiegelung von Wasser, die in dem Maße zurückweicht, wie man vorwärtsgeht. Auf diese Weise entwirft die positive Lebenspraxis unaufhörlich eine zugleich ideelle und reelle *Pflicht* voraus. Reell ist die Pflicht, weil sie ihre Wirkungskraft aus der bereits gebildeten Erfahrung schöpft, auf der sie gegründet ist, aber auch wirklich ideell, weil sie gerade in der Tat das freilegt, was sich nie auf eine bloße Tatsache reduzieren lässt.

Es handelt sich demnach um folgende Aspekte des Problems; seine Lösung wird sich allein aus ihrer Zusammenschau ergeben.

1° Indem der Wille handelt, sucht er ganz spontan sich selbst. Darin liegen der Elan seiner primären Aufrichtigkeit und der Grund seiner Expansion.

2° Indem die Tat welches Ziel auch immer verfolgt, ist sie dazu gezwungen, sich der immensen und unergründlichen Macht des gesamten Weltalls zu überlassen. Welche Vorsichtsmaßnahmen der Mensch der Tat auch treffen, über welche Wissenschaft er auch verfügen möge, in einer anonymen Hingabe liefert er sich der großen universellen Erfahrung aus, von der er vielleicht nie Nutzen haben wird.

3° Indem der Wille sich selbst sucht, ist er also dazu gezwungen, mehr oder weniger sich selbst loszulassen. Er kann sich selbst nur dienen und *[287 Beziehungen zwischen dem Realen und dem Idealen in der Tat]* nur herrschen, wenn er zu verzichten scheint, wenn er wirklich verzichtet. Das intensivste Leben ist das, welches die größte Weite besitzt. Die einzige Weise, die individuelle Tat zum Höchstmaß ihrer Kraft und Fruchtbarkeit zu führen, besteht nicht darin, sie ganz in sich selbst einzuschließen, sondern sie zu verbreiten und sie allen hinzuopfern. Eine solche Großherzigkeit ist weder ein blinder und irrsinniger Hang zum Risiko noch ein vorausschauendes Kalkül, sondern sie bringt in einer noch unfertigen Gestalt die tiefste und vernünftigste Absicht des Menschen zum Ausdruck. Der normale Wille ist demnach ein überpersönlicher und universeller Wille, der danach strebt, sich mit dem Leben insgesamt zu identifizieren und ihm seinen uneigennützigen Beitrag zuzuführen, ohne dabei mit einer Rückkehr zu rechnen.

4° Zwischen dem Wollenden und dem Gewollten, zwischen dem Handelnden und dem Getanen tut sich wirklich eine Welt auf. Was von uns ausgeht und was zu uns zurückkehrt, ist deshalb inkommensurabel. Vom Ursprung her betrachtet geht die Bewegung der Tat aus Eigenliebe hervor; vom Standpunkt der Rückkehr aus betrachtet, bietet sie den entgegengesetzten Anblick. Weil der Mensch von Anfang an danach strebt, zu sich selbst zurückzukehren, erkennt er zwangsläufig, in welchem Ausmaß das, was zu ihm zurückkehrt, gar nicht von ihm ausgegangen ist. Das Bewusstsein und die Notwendigkeit der Selbstvergessenheit setzen also einen ersten Impetus der Eigenliebe voraus, ein Bedürfnis zu wachsen, ein naives selbstbezogenes Suchen.

5° Aus alledem geht hervor, dass Eigennutz und Uneigennützigkeit beide auf gleiche Weise reell und beide auf gleiche Weise begründet sind im Determinismus des sittlichen Lebens. Es trifft wirklich zu, dass der Grundbestand jedweder Tat eine Liebe des Handelnden zum Handelnden selbst ist. Es trifft ebenfalls wirklich zu, dass man, um im Zuge dieser Liebe zu handeln, sich exponieren und sich verschenken muss. Vergeblich hat man versucht, alle offensichtlich vom Herzen unternommenen Schritte auf verborgene Findigkeiten des Egoismus zu reduzieren. Aber dies sind Spitzfindigkeiten von Moralisten! Es gelingt einem nicht, diese Reduzierung zum Abschluss zu bringen. Und könnte dies jemals gelingen, dann bliebe es dennoch wahr, dass auch das illusorische Bewusstsein der Uneigennützigkeit eine reelle Uneigennützigkeit bestätigt. Denn in der Unmöglichkeit, den Ankunftspunkt der Tat auf sichere Weise mit ihrem Ausgangspunkt zu verbinden, liegt das Prinzip eines notwendigen Loslassens. Wenn wir

3 · Das Phänomen der Tat

annehmen, man hätte abstrakt und allgemein bewiesen, dass der hingebungsvolle Selbstverzicht mit dem Nutzen übereinstimmt (eine übrigens ebenso trügerische Schlussfolgerung wie der Beweis selbst), dann hätte man deswegen gar nicht dem Gewissen eines jeden überzeugend dargeboten, dass es sich in jeder Begegnung und in jeder einzelnen Begebenheit des Lebens genauso verhält. Faktisch ist die Tat, sogar noch die egoistische, eine Mutmaßung und ein Risiko.

[288 Die universelle Ausweitung der Tat] 6° So kann man erklären, dass die Devisen der Uneigennützigkeit auf den Willen Einfluss haben, dass das Ideal als Motiv eine reelle Wirksamkeit besitzt, dass sich zu diesem scheinbar ganz dürren Motiv ein anziehender Beweggrund hinzufügt, ohne es zu entstellen, dass die Autonomie im Sittlichen eine Heteronomie gelten lässt. Dass die Natur uns irreführt und dass die Tugend kein Betrug ist, stellt sich doch beides zugleich als wahr heraus. Obwohl in den Fakten gegründet, hat die Uneigennützigkeit nichts von den Fakten zu erwarten: Unser geistiger Reichtum bildet sich jenseits der Ordnung der Natur. Es schien unmöglich, zu begreifen, warum und wie ein rein formelles Gebot uns in seiner Allgemeingültigkeit interessieren und bewegen kann. Die Erklärung dafür ist folgende: Unter der absolutesten und aufrichtigsten Uneigennützigkeit liegt stets, nicht um sie kraftlos, sondern um sie möglich und tatkräftig zu machen, das grundlegende Streben des persönlichen Wollens.

7° Deshalb bleibt das Loslassen, obwohl aus einer ursprünglichen Eigenliebe hervorgegangen, nicht weniger wahrhaftig. Obwohl die notwendige Konzipierung eines Ideals mit der Realität der Fakten verbunden ist, bietet sie dem Gewissen nichtsdestoweniger eine Pflicht an, die die Fakten überragt. Wie der Determinismus der Wirkursachen, sobald die Reflexion erwacht, ein zu verfolgendes Ziel vor uns entwirft, so lässt auch der Mechanismus des Lebens mit noch mehr Kraft ein Motiv hervorgehen, das die Fakten selbst überragt, die seine Erkenntnis vorbereiten. Die Tat ist also mit einer wirkmächtigen Finalität verknüpft, ohne die die vorhergehende Verkettung der Mittel nicht einmal erfassbar wäre.

8° Auf diese Weise nimmt der Wille nicht mehr einzig die Erscheinungsformen des universellen Determinismus in sich auf und bestätigt sie, sondern die universelle Wirklichkeit, die deren Quelle ist. Insofern die Wissenschaft die objektive Wahrheit angenommen hat und deren Bereich beherrscht, hatte der Wille sie bereits bejaht. Von jetzt an bejaht er deren intime und unerreichbare Kraft, insofern

II · Die universelle Ausweitung der Tat

dieses Universum das Individuum selbst, seinen Gedanken und seine schwache Tat in eine Form bringt und ausmeißelt. Es handelt sich nicht mehr einfach darum, den elementaren Bedingungen der reflexiven Erkenntnis wie der Freiheit zuzustimmen und auch nicht die Tat anderer mitwirkender Kräfte und die Gegenwart eines Lebensmilieus anzunehmen, dessen Mitwirkung zum Erfolg der persönlichen Initiative beiträgt. Wir müssen selbst gewissermaßen dieser Determinismus und dieses Milieu werden, um uns ganz mit der gesamten Unermesslichkeit des Geheimnisses der Natur zusammenzutun. Der Mittelpunkt der individuellen Tat scheint demnach bis ins Unendliche verlagert. Die Entwicklung des Willens *[289 Die Abstufung der Formen der Moral]* schien trotz seiner wachsenden Reichweite stets konzentrisch zu bleiben. Jetzt wird der Wille sozusagen exzentrisch zu sich selbst, als ob der Kreisumfang, wenn er seine Grenze, nämlich die gerade Linie, überschreitet, sich um einen anderen, unendlich entfernten Mittelpunkt bilden würde.

9° Man braucht sich über das leere Hirngespinst eines »universellen Bewusstseins« keine Illusionen zu machen, und auch nicht dem »großen All« eine Lebens- und Vernunftseele zuzuschreiben. Zu meinen, dass die notwendige Uneigennützigkeit im menschlichen Handeln anderen zugutekommen muss, ist die falsche Interpretation. Gewiss liegt etwas Großes darin, sich den Kräften des Weltalls anheimzustellen, dabei vom Gefühl begleitet, dass dasselbe Gesetz über den Lauf der Sterne und über die verborgene Gestimmtheit des Herzens herrscht. Gewiss ist es edel, sich der verborgenen Vernunft der Natur zu überlassen. Es ist schön, dazu bereit zu sein, ihre offensichtlichen Grausamkeiten zu vergeben und ihr ganzes Wirken zu lieben. Und dies wegen der Großherzigkeit, die für den Menschen darin liegt, ihr sein eigenes Leben zu opfern. Gewiss, der weise Stoiker, bereit für eine Tugend zu sterben, die nicht belohnt werden muss, kann Freude am guten Tod finden, auch wenn er nur einen Lichtblitz lang dauern würde, was der Mediokrität eines lange weilenden und faden Lebens vorzuziehen ist. Gewiss ist, zur Befriedung edler und sanfter und stolzer Herzen, die überhebliche Freude eines neuen Quietismus, der gar keine Billigung will, bereits eine Billigung. Aber dies alles sind Illusionen. Die Freude daran, der Düpierte zu sein, darum zu wissen und es zu wollen, verhindert nicht, dass man es ist. Die moralische Uneigennützigkeit bezieht sich nicht auf all solche schönen, subtilen und selbstherrlichen Wunschträume. Ihren Grund treffen wir nicht außerhalb von uns selbst an. Die immense Synthese, die schließlich zu diesem unumgänglichen Loslassen führt, liegt im persönlichen Willen eines jeden und vollzieht sich auch durch diesen Willen. Doch die Richtung und der Endpunkt dieser selbstlosen Bewegung sind noch gar nicht gefunden.

10° So enthüllt sich nach und nach das tiefe Bestreben des Menschen. So rollt sich auch die serielle Abfolge von Mitteln ab, mit deren Hilfe er sein Endziel sucht. Die gesamte Ordnung der Natur tritt in das Feld seiner Erfahrung ein. Alles, was er davon *a posteriori* empfängt, danach trachtete er bereits *a priori*. Was er sucht, ist die genaue Bestimmung seines ureigenen Interesses. Was müssen wir unter seinem *Interesse* verstehen? Er durchquert das Weltall, ohne auf es zu treffen. Also misst er dem Weltall kein Interesse bei. Die Welt hat einen zweideutigen Charakter. Das Gewissen fühlt sich dort nicht heimisch. Es bedarf etwas, das über sie hinausgeht, um sie zu erklären und ihr einen Sinn beizumessen. Die naturalistische Moral, die sich dazu eignet, die Kontinuität im Voranschreiten des Lebens und das Erwachen des Gewissens herauszustellen, hängt *[290 Die universelle Ausweitung der Tat]* also von einer neuen Form des Denkens und der Tat ab, von einer metaphysischen Moral. Aufgrund einer ursprünglichen Initiative setzt der menschliche Geist ganz natürlich eine andere, eine ideale Welt jenseits der aktuellen Welt voraus.

II

Wie wir im Falle der geringsten Sinneswahrnehmung geneigt sind, über sie hinaus zu suchen, was sie ist, so messen wir auf irgendeine Weise unserem eigenen Leben stets einen höheren Sinn bei. Das, was die Erfahrung nicht hergibt, behaupten wir dort zu finden oder dort hineinzulegen. Es scheint, dass wir allem Wirklichen das entnehmen, was uns sehen lässt, dass es nicht ist, was es sein soll, dass es nicht das ist, von dem wir wollen, dass es dies sei. Dadurch steigt der Mensch zwangsläufig zur Ebene des Rechts auf, auch wenn er das eine mit dem anderen gleichzusetzen oder einander unterzuordnen scheint. Genau diese Entstehung einer wenigstens impliziten Metaphysik müssen wir jetzt erläutern. Sogar in dem, von dem wir eine möglichst vollständige Erfahrung haben, steckt stets etwas, was die Erfahrung selbst überschreitet, wenn es darum geht, die Tat zu erhellen und zu regulieren.

Woher entstehen solche metaphysischen Vorstellungen? Wie

II · Die universelle Ausweitung der Tat

bringen sie sich in den Organismus des menschlichen Lebens ein? Worin besteht ihre Rolle und Tragweite? – Tatsächlich ist es dem Menschen eigen, universelle Vorstellungen zu schaffen, um seine Gefühle und sein Verhalten ihnen gleich zu gestalten, um die Tatsachen ihnen anzupassen. Gewöhnlich beansprucht man, diese Metaphysik zu einer Ordnung für sich zu machen, zu einer alles beherrschenden und absoluten Ordnung, zu einer vielleicht illusorischen Ordnung, aber man muss sie hier, wenn man so sagen darf, dazu zwingen, sich einzuordnen, ihren Platz in der Rangordnung einzunehmen. Die Originalität ihrer Stellung ist wohl, nicht ein mehr oder weniger endgültiger oder fiktiver Endpunkt zu sein, sondern eine Stufe innerhalb der Reihenfolge der verfolgten Ziele. Gerne würde die Idolatrie des Verstandes daraus das Ein und Alles machen, einen Gott. Aber die Metaphysik ist nicht *Alles*, sie ist *ein Etwas* im dynamischen Fortschreiten des Willens. Sie bildet eine Stufe im Determinismus der Tat und gleichsam ein neues Phänomen, das in Verbindung mit den anderen Phänomenen seine eigene Wirkmächtigkeit besitzt. Die Metaphysik ist ein Durchgangsstadium, das die Bewegung des Lebens möglich macht, indem es sich selbst bewegt.

Was an Wahrem, an Ursprünglichem und Wirkmächtigem in der Metaphysik ist, lässt sich also in den folgenden drei Sätzen zusammenfassen, die notwendigerweise einer kurzen Rechtfertigung bedürfen. 1° Die Metaphysik hat ihre Grundlage *[291 Der Dynamismus des metaphysischen Denkens]* in der Erfahrung; sie ist gesättigt vom Gesamt des Wirklichen. 2° Sie ordnet die aktuellen Tatsachen solchen Tatsachen unter, die in jener positiven Bedeutung *nicht sind*, in der die aktuellen *sind*. Die Welt der Natur verlängert sie in eine Welt des Denkens, die zu ihrem Grund und Gesetz wird. 3° Sie bejaht und praktiziert das, was nicht ist, damit es sei; die Handlung siedelt so das Mögliche im Realen an. Die Metaphysik ist also ein Dynamismus. Sie geht von den Tatsachen aus, um zu den Tatsachen zurückzukehren, allerdings zu den Tatsachen einer höheren Ordnung. Sie führt den Menschen zwangsläufig dazu, die Grundlage seines Verhaltens anderswo herzunehmen als aus dem Universum. In den von Tat zu Tat voranschreitenden Rhythmus des Lebens fügt sie den Gedanken ein, der Frucht und Keim eines vollkommeneren Willens ist. Die Ideen, die die Metaphysik in Systemen zusammenbringt, sind auf diese Weise zugleich – reell, denn sie bringen dem Bewusstsein die mannigfaltigen Reaktionen zum Ausdruck, die der Blick bis in die Tiefen des universellen Lebens in uns nicht erreicht; – ideell, denn, indem sie

3 · Das Phänomen der Tat

die aktuelle Erfahrung erläutern und übersteigen, bereiten sie die zukünftigen Entscheidungen vor; – praktisch, denn sie haben einen bestimmten Einfluss auf die Ausrichtung der Willenshandlungen.

1° Es ist nötig, richtig zu verstehen, dass diese metaphysischen Ideen reell und in Tatsachen gegründet sind. Das Denken ist nicht abgesondert von der Welt der Phänomene, in der das Bewusstsein seine Nahrung schöpft. Was für die Vorstellungsbilder und das mannigfache ganz spontane Verlangen galt, dies muss man noch kräftiger und im volleren Sinn für die höchsten Konzeptionen des reflektierenden Denkens wiederholen. Bereichert durch das gesamte Wachstum des organischen, sozialen und universellen Lebens, nimmt es die Unterrichtung dieser immensen Erfahrung in sich auf. Deshalb gibt es im Brennpunkt der aus der Tat geborenen Idee eine Konzentration aller verstreuten Strahlen und gleichsam eine Kurzfassung der ganzen Wirklichkeit. Aber wie sind wir dazu gebracht worden, jenseits der Tatsachen noch etwas anderes zu denken? Woher stammt diese Notwendigkeit, außerhalb von uns selbst und außerhalb der Welt etwas zu projizieren, was darin nicht vorkommt? Und wenn es zutrifft, dass es in der Metaphysik eine experimentelle Wahrheit geben soll, welcher Determinismus hat uns dann dazu geführt, aus dem, was nicht als Tatsache vorliegt, das Prinzip der umfassenden Deutung gerade für die Tatsachen selbst zu entnehmen?

Im spontanen Leben des Bewusstseins bringt der Mechanismus der Wirkursachen, wie wir gesehen haben, eine Zielursache hervor, eine Ursache nämlich, die aufgrund ihres synthetischen Charakters ein Fortschritt ist hinsichtlich der blinden Kräfte, deren sie sich zu ihrem Nutzen bemächtigt. In der reflektierten Entwicklung der Willenstat vollzieht sich *[292 Die universelle Ausweitung der Tat]* noch deutlicher ein ähnlicher Vorgang. Aus dem Spiel des Lebens selbst geht eine Vorstellung hervor, die dem Leben überlegen zu sein scheint, so etwas wie ein objektives Ideal. Wenn es stimmt, dass die Lebenspraxis des Menschen den Gegenstand für eine positive Wissenschaft der Sitten bietet und eine Erfahrung bildet, ohne die die subtilen Deduktionen im Leeren verblieben, dann ist notwendigerweise hinzuzufügen, dass unsere Lebensführung sich nur im Lichte einer umfassenden Idee gestaltet und indem sie den alles umfassenden Grund all dessen, was sie selbst hervorbringt, in Form eines zu erreichenden letzten Zieles entwirft.

Warum dieses Bedürfnis nach Einheit in der umfassenden Erklärung? Warum dieser »objektive« Entwurf des vorgestellten Ideals?

II · Die universelle Ausweitung der Tat

Weil die Tat nicht, wie die Wissenschaft dies sein kann, fragmentarisch, abstrakt oder vorläufig zu sein vermag. Wir handeln wirklich *sub specie totius* [unter dem Aspekt des Ganzen]. Je nachdem wie wir uns also unserer Handlungen deutlicher bewusst werden und sie uns freier zu eigen machen, bringen wir sie mit einem universaleren Prinzip in Verbindung. Die Aktivität und die Soziabilität stehen in einem unmittelbaren Verhältnis zueinander. Ob man das persönliche Leben nun betrachtet als eine Synthese, die die geheimnisvolle Dynamik der Natur in sich trägt, oder ob man das Weltganze als einen weit ausgedehnten, sich heranbildenden Zusammenschluss ansieht, als ein Bündnis von erwachenden Geistern oder ein Zusammentreffen von Einzelwillen, die sich gegenseitig suchen und sich allmählich finden, stets scheint die Tat sich nicht von dem anregen zu lassen und sich darauf zu berufen, was von jedem Einzelnen in allen ist, sondern was von allen in jedem Einzelnen ist. Diese umfassende Einheit einer dem Ganzen eingefügten Tat muss sehr wohl in dem Bewusstsein angetroffen werden, das wir immer klarer davon erlangen. Aus diesem Grund umfasst jede wohlüberdachte Lebensweise zumindest den Ansatz einer Metaphysik. Die Tat ist, wenn man so sagen darf, universalistisch; ebenfalls universalistisch wird das Bewusstsein, das sie zum Ausdruck bringt, und das Denken, das sie zu lenken behauptet.

Weil die Tat dem Denken stets eine neue Nahrung verschafft, so wie das Denken eine neue Klarheit für die Tat, hält diese kreisende Bewegung nicht an und schließt sich auch nicht. Die gedanklichen Überlegungen und die Praxis liegen im Verhältnis zueinander stets zugleich voraus und zurück, jedoch mit dem ständigen Anspruch, sich gegenseitig einzuholen und Gleichheit herzustellen. Es gelingt ihnen nicht. Dieses notwendige Missverhältnis wirkt sich notwendigerweise im System unseres Denkens aus. Wenn das Leben die wahre Schule des Lebens ist, genauso wie das ganze Wasser des Flusses bereits vom Ozean kommt, wohin es immerfort zurückfließt, kann die sich ausgleichende Mitte, an der *[293 Die Metaphysik als spontane Frucht des Lebens]* diese ganze Bewegung des Denkens und der Tat festgemacht ist, nur höher anzutreffen sein, wie es scheint, so, wie auch die Sonne die Meeresflut bis zum Scheitelpunkt emporhebt, von dem die Fruchtbarkeit hinabsteigt. So projiziert der Mensch auf ganz natürliche Weise hoch über sich eine Art »unbeweglichen Beweger«.

Die Vorstellung dieser idealen Finalität zeigt nicht so sehr die Unerfülltheit oder die Kümmerlichkeit eines dürftigen Willens als vielmehr die Überfülle des inneren Lebens, das im reellen Weltganzen keine Möglichkeit findet, sich ganz einzubringen. Diese metaphysische Ordnung liegt nicht wie ein zu erreichendes externes Ziel außerhalb des Wollens; sie befindet sich in ihm als ein Mittel, weiterzugehen. Sie gibt nicht eine bereits faktisch feststehende Wahrheit wieder, sondern sie stellt das, von dem man wollen möchte, es zu wollen, wie einen idealen Gegenstand vor das Denken. Sie drückt nicht eine absolute und universelle Realität aus, sondern das universelle Bestreben eines einzelnen Willens. Jeder menschliche Gedanke ist also eine Metaphysik, und zwar eine einzigartige und einmalige Metaphysik.

Gewiss bilden sich solche das Leben lenkende Ideen nicht in einem jeden und für jeden aus; sie bilden sich im Schoß der Gesellschaft heraus und durch die Gemeinschaft von allen mit allem. Allerdings, weil jede menschliche Person sich durch Bestimmungen organisiert, die immer reflektierter werden, wird die Umsetzung dieser bestimmten und organisierten Taten in eine mindestens implizite Metaphysik immer persönlicher. In dem Maße, wie die Reflexion das System der Handlungen und Gedanken mehr lenkt, scheint es, dass die abstrakten Prinzipien mehr Wirkkraft erlangen, und dass das Leben sich besser einer absoluten Regel fügt. Die Denker sind davon überzeugt. Aber zugleich spiegeln diese Prinzipien umso genauer die spontanen Bestrebungen und die ethischen Grundhaltungen dessen wider, der sie anwendet. Man meint, sich der Wahrheit zu unterwerfen, aber man unterwirft sie dabei auch sich selbst. Man macht sich seine Wahrheit. Je mehr die Ideen sich auf die Lebenspraxis auswirken, desto mehr noch wirkt die Praxis sich auf die Ideen aus.

Im Leben findet jeder, was er dort hineinbringt; die Wirklichkeit ist mehrdeutig. Wer beim einen Anstoß erregt, baut den anderen auf. Durch die gleiche Belehrung geht jenem ein Licht auf, dieser ist verblendet und verhärtet. Um die Geschehnisse zu verstehen, muss jeder in sich selbst die Mittel finden, sie zu deuten. *Omnia sana sanis* [für die Gesunden ist alles gesund]. Weil wir alle dazu neigen, unser Verhalten maximal zu bewerten und was wir getan haben zu rechtfertigen, eben weil wir es getan haben, sind wir in unseren Urteilen über uns selbst und über andere große Idealisten. Was das Gewissen betrifft *[294 Die universelle Ausweitung der Tat]*, gibt es aufgrund des Gefühls und der unmittelbaren Auswirkung der Tat also etwas Wirklicheres als das Wirkliche.

2° Welches auch immer der Ursprung und die konkrete Form der leitenden Gedanken sein mag, die der Mensch über sein Leben stellt, ein jeder von uns hat notwendigerweise seine eigene Metaphysik. Und wie grobschlächtig man sich diese Metaphysik auch vorstellen mag, sie hat einen notwendigen Einfluss und eine eigene Wirkmächtigkeit.

Obwohl unsere dem Anschein nach höchst theoretischen und unpersönlichsten Vorstellungen sich, ohne uns dessen bewusst zu sein, aus verborgenen ethischen Dispositionen herleiten, behält die Spekulation dennoch eine gewisse Unabhängigkeit; sie entwickelt sich autonom. Das System, das die gelehrte Reflexion hervorbringt, entwickelt sich auf ganz eigene Weise, nämlich nach den Gesetzen einer völlig rationalen Dialektik. Dass dieser transzendierende Charakter der Metaphysik ihren Ursprung in den Erfahrungen nicht vergessen lassen sollte, ist gewiss richtig. Denn unter dem Vorwand, sie zu befreien und zu reinigen, würde man sie ihrer Kraft berauben, wenn man das Band mit dem gelebten Leben kappt. So, als würde man hoffen, dass sich der Drachen ohne die stramm gespannte Schnur fest in der sich bewegenden Hand des Kindes besser in der Luft halten würde. Auch wenn die Ideen, mit denen die Metaphysik ihre Synthesen bildet, ihre Wurzeln in der Lebenspraxis haben, so wachsen sie dennoch über dem Boden, aus dem sie hervorkommen. Sie dienen dazu, den Willen von seinen Fesseln zu lösen. Sie bringen seine Initiative und sein Vorwärtskommen zum Ausdruck. Unter der Gestalt regulierender und »objektiver« Begriffe bieten sie ihm die Zusammenfassung der gemachten und das Symbol der noch ausstehenden Eroberungen dessen, was er bereits will, und dessen, was er wollen will, was er zu sein anstrebt und in die wachsende Spontaneität des sittlichen Lebens einzugliedern trachtet. In dieser Hinsicht scheint die Erkenntnis eine Vorstufe zur Wirklichkeit zu sein. Gerade aus diesem Grund werden wir dazu gebracht, oberhalb der gegebenen und erkannten Fakten diese ideale Ordnung zu bilden, welche die Fakten erklärt und die gleichsam die Wahrheit *a priori* aller Dinge ist.

Man sollte sich deshalb der oftmals komplizierten Arbeit der Dialektik gegenüber nicht gleichgültig oder gar feindselig verhalten. Unter ihren abstrakten Formulierungen bewahren solche nachdenklichen Menschen ein tiefes Gespür für das Leben. Sie lassen sich von keiner Subtilität abschrecken, wenn es darum geht, ihre Gründe, das Leben zu bejahen und ihm zu trauen, präziser zu fassen. Sie wissen, dass es keinen bleibenden Einfluss gibt, keine eindringliche Belehrung, keine richtungsweisende Unterweisung, ohne in den unterirdischen Fundamenten zu graben, auf die Gefahr hin, in die Nacht hineinzutauchen. Als müsste man ganz durch die Erde hindurchbohren, um das helle Licht *[295 Die Metaphysik als reflektiertes Prinzip der Tat]* auf der anderen Seite wiederzufinden. Der Mensch liebt die Abstraktionen, er redet sie schlecht, er macht sich lustig über sie, aber er kommt nicht ohne sie aus. Während er sie von sich jagt und sie ausmerzt, beherrschen sie ihn immer noch.

Gewiss gibt es unendlich viele Weisen, diese abstrakte Dialektik durchzuführen. Und was für eine schreckliche zersetzende Macht ist die schlussfolgernde Vernunft, wenn sie nicht zu einer aufbauenden Kraft wird. Weil sie in der Ordnung des Denkens Frucht und Ausdruck eines umfassenden intellektuellen, sittlichen und sozialen Zustandes ist, wird sie gemeinhin von allen Unvollkommenheiten eines unfertigen und schwächlichen Lebens in ihrem Ursprung verdorben; durch diese Art von Ursünde vielleicht bereits beeinträchtigt, bleibt sie auch noch den Gefahren ihres eigenen Wachstums ausgesetzt. Wenn die Menschen schon durch das Leben voneinander getrennt sind, sind sie es durch die Gedanken meistens noch mehr. Es braucht eine praktische Einheit der Überzeugung und der Tat, damit die Geister, trotz der unvermeidlichen Verschiedenheiten und der notwendigen Vielgestaltigkeit dessen, was lebt und frei ist, sich in der intellektuellen Einheit einer »Schule« zusammenschließen und sich miteinander verständigen. Für die, die bereits vereinigt sind, wird der Gedanke daher zu einem vollkommeneren Einheitsprinzip. Aber es geht hier nicht darum, das Chaos der Metaphysiksysteme zu erklären, auch nicht, die Grundlagen einer wahren Dialektik zu bestimmen oder nach den Bedingungen der Eintracht unter den Intellektuellen zu suchen.

Es geht im Gegenteil darum, das gemeinsame Element in jedem metaphysischen Unternehmen auszumachen, welches es auch sein möge, indem wir wie immer den variablen Faktor ausschließen, über den die Wissenschaft sich nicht zu beunruhigen braucht. Was ergibt sich für den Menschen aus der Bildung dieser regulativen Ideen, und welche notwendige Rolle spielen diese Vorstellungen in seinem Leben?

3° Von dem Augenblick an, in dem wir die Einheit einer universellen Erklärung konzipiert haben und hinter das Faktum etwas anderes setzen, und wäre dies in irgendeiner Weise die Verdoppelung des gleichen Faktums durch eine negative Reflexion (wie der Positivismus dies versucht, indem er sich jede Betrachtung der Ursachen und der Fakten untersagt), steht auch unser Leben selbst mit dieser Erklärung der Dinge in Zusammenhang. Wenn es in der Willenstat etwas Grundsätzliches, etwas Zentrales, etwas Umfassendes gibt, das durch die Umsetzung ins Metaphysische der Reflexion des Denkens vermittelt wird, so schließt auch umgekehrt jede Vorstellung mit universellem Charakter die Tat ein und führt schließlich zur Lebenspraxis. Ein vollständiges System wird zur Ethik. In einer Hinsicht bewegt die Tat sich freilich von Gedanke zu Gedanke, aber zugleich ist die spekulative Erkenntnis nur eine Übergangsform im fortschreitenden Prozess des Lebens des Willens, denn das Denken geht von der Tat aus, um zur Tat hinzuführen.

[296 *Die universelle Ausweitung der Tat*] Auf diese Weise dringen wir allmählich in das verborgene Laboratorium ein, in dem der immerzu bereichernde Austausch vom Denken zum Leben und vom Leben zum Denken stattfindet. Jede große Philosophie, die weit mehr als ein bloßes Gedankenkonstrukt ist, gründet in einer Vorstellung der Bestimmung des Menschen und bewegt sich auf dieses Ziel hin: Die Lebenspraxis gibt der Philosophie die Richtung vor, die Philosophie ihrerseits wiederum der Lebenspraxis. Jede Idee, die nicht aus einer reellen Erfahrung des Willens hervorgeht, ist eine tote Idee und bloß ein Buchstabe; ganz und gar tot und fiktiv ist jede Erkenntnis, die nicht zum Handeln führt. Wenn schon jede von Überlegungen geprägte Lebensführung in uns eine Lösung des Problems des Menschen impliziert, so bereitet in einem noch wahrhaftigeren Sinn jede Metaphysik eine Lebenspraxis als ihre Frucht vor und postuliert diese gewissermaßen. Wir werden von unseren Ideen mehr gelenkt, als wir sie lenken. So ist es gerecht, denn sie gehen in den Determinismus ein, den der Wille gewählt hat, und tragen dazu bei, dessen Konsequenzen zu entfalten.

Die Besonderheit der Metaphysik besteht somit darin, die Tat darauf vorzubereiten, dass diese ihren wahren Beweggrund außerhalb von alldem schöpft, was in der Natur oder im Handelnden selbst bereits verwirklicht ist. Sie bietet dem Denken das an, was nichts Positives und Wirkliches an sich hat. Dies bietet sie ihm an als wirklicher als das Wirkliche, denn es ist das, was zu tun ist und was bereits im Streben des menschlichen Wollens einbegriffen ist. Allerdings sollte man daraus nicht schließen, dass die Metaphysik die Kategorie des Irrealen bildet; solches wäre ein völliges Missverständnis. Denn die Metaphysik trägt in sich alles Objektive und alles Subjektive als die notwendigen Elemente der zukünftigen Synthese, die sie bildet.

3 · Das Phänomen der Tat

Sie stellt ein neues Phänomen dar, das jedoch alle anderen in sich umfasst. Sie hebt das hervor, was in uns über all das hinausgeht, was bereits in uns ist. Sie hat also ein zweifaches Fundament: in dem, was getan ist, und in dem, was noch nicht getan ist.

Indem der Mensch in seine Entwicklung die gesamte Ordnung der Natur einbezieht, erhält er daraus, und zwar in der Gestalt eines umfassenderen Gedankens, die Vorstellung einer idealen Ordnung, die einerseits relativ in der universellen Wirklichkeit gegründet ist und diese andererseits absolut zu begründen scheint, indem sie darüber hinausgeht. Weder darf man den Gedanken vom Leben trennen, welches seine Fruchtbarkeit aufrechterhält, noch darf man die Metaphysik darauf verkürzen, bloß eine Verlängerung der empirischen Ordnung zu sein, gleichsam ein überflüssiger Luxus oder eine Sackgasse, abseits des allgemeinen Stroms der Willensaktivität, noch darf man schließlich aus ihr ein substantiviertes Absolutum machen, ein endgültiges und fixiertes Objekt. Die Ideen sind nur deswegen wirkungsvoll, weil sie dort herkommen, wo das Leben auf verborgene Weise arbeitet. Aber zugleich hätten sie keinerlei Wirkung, *[297 Zusammenhang von Metaphysik und Praxis]* wenn sie nicht etwas anderes als das enthielten, dessen Ausdruck sie sind. Aus der Praxis hervorgegangen strebt die spekulative Vernunft danach, eine praktische Vernunft zu werden, indem sie freilich eine Vernunft bleibt, das heißt, indem sie zu den Fakten ein Prinzip hinzufügt, das sie zu erklären und zu lenken vermag. Es ist ein und derselbe Wille, der den Menschen dazu führt, die gesamte Ordnung des Wirklichen an seiner Tat zu beteiligen, über die gegebene Wirklichkeit eine neue zu legen und in dieser neuen Ordnung eine Leitlinie und eine praktische Regel zu suchen.

Dies sind die Rangstufe und die notwendige Rolle der spekulativen Vorstellungen. Sie bilden jeweils eine einzelne Synthese der universellen Wirklichkeit, welche von der Tat verarbeitet und dem Denken einverleibt ist. Sie bringen für das klare Bewusstsein das innere Gespür und die tiefe Ausrichtung des Willens zum Ausdruck. Man soll sie deshalb nicht als eine Welt von fixierten und abgesonderten Entitäten betrachten, χώρις [abgesondert], sondern als die treffliche Wahrheit dessen, was bereits verwirklicht ist, und ebenso als Grund, der in Bewegung hält, was auf dem Wege ist, getan zu werden. Die Metaphysik hat ihren Gehalt im handelnden Willen. Nur vonseiten dieser Erfahrung und Dynamik besitzt sie Wahrheit. Sie ist weniger eine Wissenschaft von dem, was ist, als von dem, was sein und werden lässt: Das Ideale von heute kann das Reale von morgen sein. Doch das Ideal lebt immer weiter; mehr oder weniger verkannt, ist es immer das gleiche Ideal, das sich in dem Maße erhebt, wie die Menschheit größer wird.

Obwohl die Metaphysik in Bewegung bleibt und obwohl sie bloß eine Überleitung ist, wie übrigens alle vorher untersuchten Phänomene des Lebens und des Denkens, kann man dennoch sagen, dass sie das bestimmt, was im Wirklichen bereits über das Faktum hinausgeht, demnach das, was relativ fest, absolut und transzendent ist, was die Willenstat der gegebenen Wirklichkeit notwendigerweise hinzufügt, um sich zu konstituieren. Die Metaphysik bestimmt, in einem Wort, das, was den ständigen Beitrag des Denkens und der Vernunft für die Erkenntnis der Welt und die Organisation des menschlichen Lebens beinhaltet.

III

Ohne Zweifel genügt die Wissenschaft, die die Ideen definiert, ohne welche die Ordnung des Realen weder erkennbar noch möglich wäre, auf ihre eigene Weise und besitzt eine eigene Gewissheit. Sie beschränkt sich jedoch nicht darauf, die regulative Wissenschaft des Verstandes zu sein. Indem die Metaphysik feststellt, dass die gegebene Wirklichkeit *[298 Die universelle Ausweitung der Tat]* sich selbst weder erklärt noch trägt, dass diese de facto von einer die Fakten überragenden Ordnung abhängt und die Bewegung des Denkens nicht zum Stehen bringt, weil sie den Inhalt der menschlichen Tat nicht einholt, wird sie dazu veranlasst, auch ihrerseits eine Wissenschaft zu werden, die die Bewegung vorantreibt; sie fordert eine neue Form der Tat.

Diese Ideen, die deswegen aus der wissenschaftlichen oder praktischen Erfahrung zutage treten, weil sie darin keinen Halt haben können und weil sie das Aktuelle übersteigen, bringen das zum Ausdruck, was in der Willenstat nicht aus der Natur kommt, was der Wille immer noch will, nachdem er sich die ganze Ordnung des Realen angeeignet hat. Sie drücken aus, was er anstrebt zu sein und zu verwirklichen, weil *es nicht ist* und weil *es sein sollte*, damit er werden könnte, was die Bewegung der Lauterkeit ihn eindringlich zu wünschen antreibt. Es geht also darum, diese ideale Ordnung, die das transzendierende Ziel der natürlichen Ordnung ist, der Willenstat

3 · Das Phänomen der Tat

einzuverleiben. Dies besagt, dass der Wille dazu gebracht wird, die Mitte seines Gleichgewichts außerhalb der faktisch gegebenen Realität anzusetzen, gewissermaßen aus eigenen Ressourcen zu leben und den rein formalen Grund seiner Handlung allein in sich selbst zu suchen. Auf diese Weise wird er durch das, was er an Irrealem hat, seine Fruchtbarkeit steigern.

In der Willenstat steckt also viel mehr als die wissenschaftliche Erkenntnis, mehr als das subjektive Leben, wie das Bewusstsein dies offenlegt, mehr als die umfassende Realität, von der die naturalistische Ethik oder die Metaphysik selbst zehren. Genau diesen Überschuss müssen wir jetzt für die Reflexion erringen, indem wir die Bedingungen und die Anforderungen der im eigentlichen Sinn moralischen Tat analysieren.

I. – Wie entsteht im Menschen zwangsläufig ein moralisches Gewissen? Und was ist eigentlich die Moral schlechthin? Die natürliche Wissenschaft der Sitten kann sie vorbereiten, aber diese unabhängige Sittenlehre umreißt sie nicht einmal. Die metaphysischen Vorstellungen können ihre vorausgehenden Bedingungen sein, indem sie ein Ideal festhalten und das Recht über die Tatsache erheben. Aber diese rationale Sittenlehre ist nicht moralisch. Wie wird es dann letztendlich eine *moralische* Moral geben?

Das moralische Faktum, sogar das im allerersten Anfang, ist nicht ein Faktum wie die anderen. Damit die erste Vorstellung von Moralität ein Phänomen des Bewusstseins ist, die Idee des Rechts ein Faktum, damit die Empfindung der praktischen Verpflichtung sich wie ein Imperativ vor dem Willen aufrichtet, sollten wir erst gelernt haben, das wahre Motiv unseres Verhaltens anderswo *[299 Die Bedingungen der eigentlich moralischen Tat]* als in den Fakten anzusiedeln. Aufgrund der Vermittlung einer impliziten Metaphysik tritt nämlich die Pflicht für das Bewusstsein in Erscheinung als eine Realität. Im Phänomen einer bewussten Verpflichtung (ob ihr nachgekommen wird oder nicht, spielt keine Rolle) vollzieht sich eine Synthese des Realen und des Idealen.

Aber diese Synthese wird selbst zu etwas, das anders und unabhängig ist. In der von der Vernunft erhellten Praxis gibt es ein neues Geheimnis, wie es auch im Denken eines gab in seiner Beziehung zur Natur. Zu behaupten, die Metaphysik zerstören zu müssen, um die Moral aufzubauen, ist also falsch. Der Zusammenhalt der Phänomene bleibt genauso unverbrüchlich, wie deren Verschiedenartigkeit gewiss ist. Untereinander haben sie festgelegte und hierarchische Beziehungen. Deshalb hat man recht, die Moral wie eine Gebieterin über die Metaphysik zu stellen. Man tut recht daran, der Auffassung zu sein, dass es nicht nötig ist, die verborgenen Ursprünge dieses praktischen Bewusstseins zu kennen, um von ihm in die Pflicht genommen zu werden. Man hat recht in der Annahme, dass sich unter der Spitzfindigkeit intellektueller Irrungen oft einfache Willensschwächen verbergen. Man hat recht mit der Überzeugung, dass es im Zweifelsfall nicht gerechtfertigt ist, sich zu enthalten, und dass es im klaren Fall des Anstands keinen spekulativen Einwand gibt, der standhält. Man hat recht zu denken, dass die großen, das Leben regulierenden Ideen eher von der Moral gefordert werden als die Moral von ihnen. Man hat recht anzuerkennen, dass das System der praktischen Postulate mehr in sich birgt als das System der metaphysischen Hypothesen, denn die Tat reicht stets viel weiter als die Spekulation.

Wie erhellt das Bewusstsein durch die Belehrung der praktischen Erfahrung auch sein mag, wie reich an empirischen Gegebenheiten oder an metaphysischer Klarheit wir es auch erachten, die Erkenntnis macht früher oder später, aber stets unweigerlich vor einem Geheimnis halt, in das der Blick des Geistes nicht vordringt. Jenseits des weitesten Horizonts des Denkens befindet sich unbekanntes Land; unsere Ideen reichen immer in irgendeiner Weise zu kurz. Statt dass es den bestens geschlossenen Systemen jemals gelingt, die unendliche Wahrheit einzufangen, lassen sie irgendetwas von dem in die Nacht zurückfallen, was sie in ihrem Licht zu umfangen behaupteten. Aber hört dort, wo das Sehen aufhört, auch die Tat auf? Keineswegs. Und wenn der Mensch sich ins Ungewisse hineinwagt, wenn er gerade für das Ungewisse bisweilen sein Leben hingibt, dann tut er dies, um aus der Tat selbst eine neue Gewissheit zu beziehen. Die Tat durchquert stets einen düsteren Landstrich; sie geht in die Wolke ein, um auf der anderen Seite mehr Klarheit zu finden. Im Dunkeln, gar im Unbewussten liegt der Ansatz einer Bewegung. Deshalb *[300 Die universelle Ausweitung der Tat]* sind die großmütigsten aller Menschen, also diejenigen, die vom Unendlichen und vom Geheimnis am meisten ergriffen sind, nicht, wie man für gewöhnlich glaubt, die großen Träumer, sondern diejenigen, die mit völliger Hingabe handeln; sie sind mehr Mystiker als die Mystiker selbst. Um der Moral entsprechend zu handeln, können wir, ohne deswegen etwas Lebenswichtiges zu vernachlässigen, jedwede menschliche Wissenschaft beiseite-

3 · Das Phänomen der Tat

lassen, nur nicht das Bewusstsein. Das Licht ist nicht hinter uns, sondern vor uns. Die Methode, Neues zu entdecken, die Methode, welche die Untersuchung voranbringt, liegt mehr in der Tat als im Denken.

Die Metaphysik dient also dazu, zwischen der Natur und der Moral eine tiefe Kluft zu graben. Denn sobald auf die Initiative des spontanen Lebens die Reflexion sich zu der Vorstellung einer idealen Ordnung aufschwingt; sobald man verstanden hat, dass die menschliche Tat mehr enthält, als die ganze Natur zu bieten vermag; sobald der Wille von dem Besitz ergreift, was in ihm autonom und transzendent ist, sucht der Mensch den Halt und findet das Ziel für sein Verhalten nicht mehr in den reellen Fakten, nicht einmal mehr in den regulativen Ideen des Verstandes: Einzig und allein in der Praxis strebt er danach, mit der Weite seines handelnden Willens gleichzuziehen. Von diesem Augenblick an erscheint ihm die Tat als Bedingung für alles Übrige (statt ihm als Phänomen zu erscheinen, das selbst durch unendlich viele andere vorherige Phänomene bedingt ist, mögen sie nun objektiv oder subjektiv sein). Betrachtet in ihrer ganzen Reinheit, unter Absehung der Fakten und Ideen, steuert die Tat die Ideen wie die Fakten und bringt diese hervor. Sie richtet sich frei ein, sie schafft selbst die Organe für ihre notwendigen Funktionen.

Man sollte also nicht mehr von der Vorherrschaft der Tat wie von der höchsten Autonomie des Willens reden, als müsste man, um dieses Primat der praktischen Vernunft aufrechtzuerhalten, die Willenstat von der Natur isolieren und das Band zwischen dem spekulativen Denken und der moralischen Praxis zerreißen. Das Gegenteil ist wahr. Zwischen dem, was man all zu oft einander entgegengesetzt hat, waltet eine wechselseitige Beziehung. Indem der Wille innerhalb der Natur wirkt und darin sich selbst sucht, wird er dazu gebracht, außerhalb der Ordnung des Realen ein System von metaphysischen Wahrheiten anzusetzen. Und weil diese Vorstellungen noch eine unergründliche Virtualität in sich bergen – unergründlich für das dort stehen bleibende Denken, aber zugänglich für die Bewegung der Tat –, löst der Wille sich, ohne seine Ursprünge zu verneinen, und verfolgt in diesem neuen Bereich frei seine moralischen Synthesen *a priori*.

Auf diese Weise stehen die Verschiedenheit und der Zusammenhalt der Ordnung des Positiven, der Ordnung der Metaphysik und der Ordnung der Moral in einem unmittelbaren Verhältnis zueinander. Wir müssen unsere Pflichten in dem finden, was sich für uns ereignet, *[301 Der Determinismus der praktischen Vernunft]* und nicht in dem, was wir uns ausmalen, dass es hätte sein können. Das Alltägliche des Alltagslebens ist das Feld, das fruchtbar zu machen ist. Hier wie überall sonst ist die wirkungsvolle Tat die große Vermittlerin; es gelingt ihr all das zusammenzubringen, was sich vom statischen Gesichtspunkt des Erkennens her für eine kritische oder idealistische Philosophie formell gegenseitig ausschließt. Einerseits ist es die Tat, die aus der praktizierten und verarbeiteten Natur die Ordnung des Ideellen entnimmt, in der sich der ganze Überschuss des Wollens zum Ausdruck bringt; andererseits ist es auch die Tat, die zwischen den regulativen Ideen des Verstandes und den Wahrheiten der Moral den Verbindungstunnel legt. Von der Natur zum reinen Denken, vom reinen Denken zur Praxis gibt es somit einen ständigen Durchlass. Sie alle sind heterogene, aber eng miteinander verbundene Phänomene. Was könnte uns dabei überraschen? Haben wir sie nicht, als es sich um die metaphysischen Vorstellungen oder um die praktischen Verpflichtungen handelte, wie auch alles Übrige als Phänomene des Willens betrachtet, und zwar im Zusammenhang mit dem Bewusstsein, in dem sie entstehen, wie mit der Tat, die sie im inneren Licht hervorbringt? Die einen drücken vollständiger als die anderen das aus, was wir wollen. Die einen und die anderen sind nur untergeordnete Mittel in Bezug auf ein Ziel, das wir weder klar zu erkennen noch bewusst zu wollen vermögen.

II. – Weil die moralische Tat in sich etwas findet, das weder von der Natur herkommt noch vom Denken, wird sie sich in dem Maße, wie sie sich durch die Praxis aus sich selbst nährt, ihrer relativen Autonomie bewusst. Es geht also nicht mehr darum, das Bewusstsein der Verpflichtung zu erklären, und noch weniger darum, dies auf einem Absoluten zu gründen. Vielmehr geht es darum, das zu sehen, was das Empfinden der Pflicht impliziert und begründet, und den Determinismus der praktischen Vernunft zu entwickeln. Es ist also nicht erstaunlich, dass der Wille, der nunmehr im volleren Besitz seiner selbst ist, in der Gestalt von Postulaten neue und ursprüngliche Phänomene schafft und vor sich her entwirft. Diese werden nicht als integrierende Bestandteile oder als determinierende Ursachen der moralischen Tat gefasst, sondern als Finalursachen und als nachfolgende Bedingungen. Sie sind deren Folge und notwendiger Ertrag.

Die erste dieser von der Willenstat geforderten praktischen Wahrheiten ist eigens die Festlegung der Pflicht. Um sie festzulegen, verlassen wir weder den Determinismus, noch berufen wir uns dabei

3 · Das Phänomen der Tat

auf die wechselhafte Intervention irgendeiner freien Entscheidung. Es besagt vielmehr, die neuen Phänomene anzuerkennen und sie so zu beschreiben, *[302 Die universelle Ausweitung der Tat]* wie sie sich dem Bewusstsein notwendigerweise darbieten. Man kann die praktische Moral aufbauen, ohne die Willensfreiheit, das liberum arbitrium, zu erwähnen. Sie muss praktiziert werden; dies ist notwendig, und das ist alles. Die Frage ist nicht, ob sie praktiziert wird oder nicht, ob sie dieses oder jenes ist, nicht einmal ob sie tatsächlich praktikabel ist. Gewiss sind die Vorstellungen des Guten, den Sitten und Ideen entsprechend, unendlich verschieden; es gibt nichts Relativeres als das moralisch Absolute. Aber dennoch bleibt es etwas Absolutes; stets gilt es nämlich, eine Ordnung zu wahren. Wie bestimmt sich diese Ordnung? Durch die notwendige Verkettung der aufeinanderfolgenden Errungenschaften des Willens. Es gibt natürliche Beziehungen und eine hierarchische Abstufung der Funktionen, deren Gesetz für die aufrichtige und beharrliche Freiheit darin besteht, die Ausrichtung einzuhalten und die Abstufung zu beachten. Weder die Gestalt noch die Materie der moralischen Verpflichtung sind also Ausdruck eines Imperativs oder eines geheimnisvollen und willkürlichen Gebots, welche nicht im reellen Leben verwurzelt sind. Die Pflicht ist keine vorgegebene Tatsache, auch keine Anordnung, die sich blindlings dem Bewusstsein auferlegt. Sie ist ein notwendiges Postulat des Willens, aber nicht mehr bloß so, wie er sich am Ursprung darstellt, sondern so, wie er sich entfaltet und sich allmählich durch seine ständige Expansion angereichert hat. Davon ist die Pflicht ein unumgänglicher Ertrag. Die vielfältige und wachsende Heteronomie der allerersten Freiheit entspricht ganz dem tiefsten Wunsch des Willens und dient nur dazu, seine reelle Autonomie stets mehr zu gewährleisten.

Wenn wir uns nun von diesem bereits kulminierenden Punkt zu dem Vorausgegangenen zurückwenden, was sehen wir alles in allem dann durch diese Umkehr der Blickrichtung? Wir entdecken immer vollständiger, wie der Wille nacheinander alle Formen des Denkens begründet hat, wie er alles untermauert hat, was das Leben hervorbringt. Die moralischen Wahrheiten gehen keineswegs aus positiven Fakten hervor; sie sind Phänomene, die mit der Realität der Tat verknüpft sind und davon abhängen. Was ihre Stringenz ausmacht, ist die Tatsache, dass sie als das Feld gewollt sind, auf dem die Freiheit keimt und Frucht bringt. Die Tat ist das Band, das ständig mit den aufeinanderfolgenden Synthesen einhergeht, die dieses umfangreiche System von Phänomenen begründet haben und dessen Stufen wir jetzt hochgestiegen sind. Was während dieses aufsteigenden Gangs als eine notwendige Entwicklung des Determinismus in Erscheinung getreten ist, erscheint dem absteigenden Blick der Reflexion als eine hierarchische Abstufung von verpflichtenden Beziehungen und von Pflichten, die durch eine praktische Zustimmung zu bestätigen sind. Die moralische Freiheit ist demnach das Ziel der natürlichen Ordnung und die Gestalt, welche sie realisiert.

[303 *Die Postulate der Willenstat*] Durch das Wachsen des Keimes, den die Willenstat gesät hat, vollzieht sich so eine stets vollkommenere Angleichung der Natur an das Denken und des Denkens an den Willen. Aus den Sinnesphänomenen, die die positiven Wissenschaften untersuchen, aus dem inneren Leben des Individuums, aus dem zivilen Gemeinwesen, aus der menschlichen Gesellschaft, der universellen Solidarität, aus dem idealen Zusammenleben der Geister und dem sittlichen Reich der Ziele bildet sich ein Organismus, in dem dieser Wille sich ausgebreitet hat, um dessen Seele zu sein, in dem er auch, um sich anzugleichen an sich selbst, sich so weit ausgedehnt hat, dass er mit allem koexistiert und überall seine Mitte ansetzt. Dies bringt mit sich, dass die Tat des Menschen, statt das Ergebnis oder wenigstens der zusammenfassende Schlusspunkt einer vorhergehenden Notwendigkeit zu sein, unter diesem noch vorläufigen Gesichtspunkt der Grund dieser gesamten schönen Anordnung ist. Das universelle Phänomen scheint nur zu existieren, um Schauplatz der Moralität zu werden, oder, noch besser gesagt, um der Leib schlechthin des Willens zu sein.

Die Willenstat hat also alles Übrige absorbiert, um sich nach und nach Organe zu bilden und sich ihr Universum herzurichten. Sie strebt immer mehr nach der Übereinstimmung von Willentlichem und Gewolltem: *mentis et vitae, intelligentis et agentis, volentis et voliti adaequatio* [die Angleichung von Geist und Leben, von Erkennendem und Handelndem, von Wollendem und Gewolltem]. In diesem Sinn sind die moralischen Wahrheiten viel mehr die Folge als der Ansatz solchen Strebens. Wie wir bereits die Bedingungen der wissenschaftlichen Erkenntnis analytisch bestimmt haben, so sind wir also jetzt dazu geführt, die Bedingungen des moralischen Handelns zu bestimmen. Die Lösungen dieser spontanen oder reflektierten Arbeit sind gewiss unendlich verschieden. Aber gerade diese mannigfaltige Verschiedenheit müssen wir eliminieren, um einzig das gemeinsame Merkmal all dieser Versuche in Betracht zu ziehen. Worin besteht dies alles in allem?

3 · Das Phänomen der Tat

Der Endpunkt, dem gegenüber die reflektierte Tat das zwingende Bedürfnis zu empfinden scheint, sich an ihm festzumachen, ist ein Absolutes, etwas Unabhängiges und Endgültiges, das außerhalb der Verkettung der Phänomene liegt, ist ein Reales außerhalb des Realen, ein Göttliches. Es könnte den Anschein haben, als ließe sich aus den moralischen Phänomenen, wie ja auch aus allem Übrigen, nichts anderes als wiederum Phänomene herleiten. Und dennoch *postulieren* wir etwas anderes. Postulieren ist das richtige Wort. Das Postulat ist eine notwendige Bejahung, die nicht die gleiche Natur aufweist wie die Prämissen. Woher sonst stammt die Aufforderung als aus dem Umstand, dass im allerersten Elan des Willens mehr enthalten ist, als wir bis jetzt davon verwendet haben? Wenn man mit der Wirkung nicht zufrieden ist, gesteht man die Überlegenheit der Ursache ein. Sieht es nicht aus, als ob wir in uns eine erdrückende Last tragen und uns dann beeilen, uns davon freizumachen, indem wir sie auf die erstbeste Stütze abwerfen? Es scheint, dass wir, um vorzutäuschen, *[304 Die universelle Ausweitung der Tat]* nicht aus den Phänomenen herauszugehen und um uns mit ihnen zufriedenzugeben, uns diesen wieder zuwenden, um aus ihnen etwas mehr zu machen, als sie eigentlich sind. Dies ist eine höchste Anstrengung; es ist aufschlussreich, sie zu untersuchen. Denn die Vergeblichkeit dieses illusorischen Versuchs wird die im Willen vorliegende Notwendigkeit einer anderen Befriedigung zeigen.

Wir werden also jetzt schauen, wie der Mensch im Bemühen, sich zu vollenden, versucht ist, schließlich das zu absorbieren, was sich ihm unendlich entzieht, sich einen Gott nach seiner Art zu fabrizieren und ganz aus eigener Kraft von dem Besitz zu ergreifen, was ihn befriedigt sein lässt. Wir müssen *das Phänomen der Superstition* untersuchen. *Das Phänomen*, das heißt, die notwendige Manifestation eines Bedürfnisses, in welcher Form es sich auch zu befriedigen sucht. Die *Superstition*, das heißt die Verwendung eines Restes in der menschlichen Aktivität, außerhalb des Realen. Wenn die Aussage vorhin seltsam erschien, dass der Wille seine ihm untergeordneten Bedingungen bildet, ist dann die Aussage nicht noch seltsamer und scheint sie trotzdem nicht einleuchtender, dass der Wille es letzten Endes darauf anlegt, sich die unendliche Kraft dienstbar zu machen? Bildet er sich nicht gerne ein, die geheimnisvolle Macht, der gegenüber er ein Bedürfnis verspürt, bezwungen und gebändigt zu haben? Und hegt er nicht den Anspruch, aus eigener Kraft das Band zustande zu bringen, das ihn mit dem Göttlichen zusammenbindet und das

II · Die universelle Ausweitung der Tat

dieses Göttliche, gefangengenommen und gefügig gemacht, ihm ausliefert?

*

So umfassend das Phänomen des Willens auch geworden sein mag, stets bleibt ein Rest übrig, dessen Sinn, Verwendung und dessen Ausgleich noch nicht gefunden ist. Daher rühren beim Versuch, die menschliche Tat dem Wollen des Menschen anzugleichen, die vielfältigen Formen superstitiösen Handelns. Der Determinismus der Tat erregt dieses Bedürfnis in unaufhaltsamer Weise. Um herauszufinden, welchen Anforderungen wir gerecht werden müssen, ist es nützlich zu sehen, welche illusorischen Genugtuungen das Bedürfnis zu erfordern scheint. Die Geschichte der zusammenhängenden Umgestaltungen des Objektes, des Ritus und des superstitiösen Empfindens wird es uns ermöglichen, das religiöse Verlangen von jeder Beimischung zu reinigen. Statt hier die Kühnheit der kritischen Analyse zu fürchten, müssen wir eher einzig davor Angst haben, ihre Stiche zu früh zu unterbinden. Als ob der Mensch sich schließlich mit jenem »Etwas« zufriedengeben könnte, das er sich selbst als Idol gegeben hat!

[305]

Kapitel III
Die superstitiöse Tat

Wie der Mensch versucht, seine Tat zu vollenden und sich selbst zu genügen

Bis zu diesem Punkt hat nichts die ursprüngliche Bewegung des Willens zum Stehen gebracht. Er hat alle Ummauerungen nacheinander überwunden, ohne dass er auf einen Endpunkt gestoßen wäre, der widerstandsfähig genug ist, um ihn ganz bis zu seinem Ursprung zurückprallen zu lassen, und zwar mit der Kraft, die der Wille selbst im Laufe seiner Entfaltung entwickelt hat. Und wenn er währenddessen Teilbefriedigungen erhalten hat, so scheint er daraus nur noch mehr Energie und Ansprüche zurückbehalten zu haben. *Aliquid superest* [Etwas bleibt übrig]. Aus der unendlichen Kraft hervorgegangen, die das Subjekt in den Tiefen seines Lebens verbarg, scheint die Tat einzig in einer unendlichen Realität auf Halt und Abschluss zu treffen. Wo ist diese volle Ausnutzung der Kraft zu finden? Wo liegt der vollständige Ausgleich, der für eine ständig fortschreitende Freiheit eine Ausgewogenheit zwischen der notwendigen Expansion und der Rückwendung [zum Ursprung hin] herbeiführen könnte?

Weil in der Willenstat, so wie sie tatsächlich als Gegebenes vorliegt, ein Element bestehen bleibt, dessen geheimnisvolle Fruchtbarkeit durch keine einzige Form des persönlichen, sozialen oder sittlichen Lebens erschöpft wird, und, nachdem man alles Großartige der Wissenschaft, des Bewusstseins, der Gemütsregungen, der Ideen, der Pflichten in diese Kluft des menschlichen Willens hineingebracht hat, eine Leere zurückbleibt, weil der Kreis sich immer noch nicht schließen kann, wie sehr die umrundenden Linien auch verlängert sein mögen, deshalb liegt die Notwendigkeit vor, die Untersuchung weiter voranzutreiben. Tatsächlich birgt die geringste gewollte Handlung mehr in sich, als wir bis jetzt bestimmen konnten. Tatsächlich fügt sich zu allem, was wir bereits zu den *[306 Die superstitiöse Tat]* verschiedenartigen, zusammenpassenden und zusammenhängenden Phänomenen ausgeführt haben, ein Glaube hinzu, der ihnen eine neue Wirklichkeitsgestalt angedeihen lässt und sie alle inkompatibel und exklusiv zu machen scheint. So, als ob zum Beispiel der Determinimus und die Freiheit, die Selbstlosigkeit und die Eigenliebe, die reine Moral und die Metaphysik sich nicht vereinbaren ließen. Tatsächlich zeigt sich unumgänglich ein weiteres Bedürfnis. Auch wenn es nur auf illusorische Weise befriedigt wird, bleibt es doch noch ein reelles Bedürfnis. Auch von dieser Tatsache, von dieser Illusion und von dieser Realität muss die Wissenschaft der Tat Rechenschaft geben.

Indem er sich ausweitet und sich im Äußeren realisiert, vermag der Wille in seinem objektiven Werk nicht all das wiederzufinden, was er im Heiligtum des inneren Lebens enthält. Dieses Unendliche, das das Subjekt auf dunkle Weise in sich spürt und dessen es bedarf, damit es ist, was es sein will und was es seinem Verlangen und seiner Absicht nach immer schon ist, zieht es aus sich selbst hervor. Es bietet sich selbst, in der Gestalt eines Symbols oder eines Idols, sein eigenes Bedürfnis nach Vollendung und Vollkommenheit an. Es verehrt das unsagbare und unerschöpfliche Leben, dessen verborgene Quelle es in sich trägt. Deshalb wohnt dem Kern der Willenstat selbst ein Geheimnis inne; dem Wunsch, sich dessen zu bemächtigen, vermag man sich nicht zu entziehen. Wie das Sonnenspektrum ausgedehnter ist als die farbigen Strahlen, so ist die Tat zugleich Licht und dunkle Wärme. Sie erstreckt sich viel weiter, als unsere Sehkraft reicht.

Dies sind schon befremdliche Verhältnisse! Was der Mensch weder zu ergreifen noch auszudrücken oder selbst hervorzubringen vermag, gerade dies projiziert er nach außen, um daraus den Gegenstand eines Kultes zu machen. Als hoffe er, an das, was er wegen seiner Ohnmacht nicht in sich selbst anfassen kann, besser heranzukommen, wenn er es ins Unendliche verlegt. Und mit einer umgekehrten, aber ebenso überraschenden Bewegung erhebt er den Anspruch, gerade das, was er unendlich weit über sich gestellt hat, zu beherrschen, sich dessen zu bemächtigen, es aufzusaugen. Als ob er es nur deshalb vergöttlicht hätte, um für den kreativen Appell eines begierigen Herzens gebieterisch eine befriedigende Antwort zu fordern. Auf diese Weise will man im Äußeren realisieren, was im Inneren entschwindet, und zwar mit der geheimen Absicht, dieses Unendliche gewissermaßen im Endlichen eines reellen Gegenstandes einzusperren. Tief in sich hofft er, dass dies das richtige Mittel ist, das Unendliche zu erobern und um schließlich in einer vollkommenen Tat den begehrten Abschluss, die Sicherheit und die Ruhe zu besitzen. Ἐν τῳ αὐτῳ πέρας καὶ ἄπειρον [im Selben Begrenztes und Unbegrenztes]. Das endliche Unendliche, das in Besitz gebrachte und benutzte Unendliche, darin liegt der Sinn und die Ambition der rituellen Handlung.

3 · Das Phänomen der Tat

Der Kult scheint also eine äußerste Anstrengung zu sein, um den immensen Zwischenraum zu schließen, der den Willen von dem trennt, was er sein will, und *[307 Welchem Bedürfnis das Idol entspricht]* um die immens ausgebreiteten Arme der vollständigen Tat zusammenzuführen, als würde man die Hände falten im Gebet und in der Anbetung. Wie ein Spiegel, der dem Willen sein volles Bild und seine ganze Wärme wiedergibt, so ist das vor dem Beter gewissermaßen projizierte und kreierte Kultobjekt nur eine Gelegenheit für den Willen, sich besser zu erkennen und zu lernen, sich anzugleichen. Es ist also nicht verwunderlich, dass der Mensch versucht hat, die äußere Vermittlung für das intime Verlangen des Herzens zu beseitigen oder nach und nach zu sublimieren. Genau diesen notwendigen Entwicklungsgang, diese fortschreitende Reinigung der Superstition müssen wir jetzt untersuchen. Jede superstitiöse Handlung scheint drei Elemente zu umfassen: den Gegenstand, den Kult und das Empfinden. Wir werden sehen, dass jedes dieser Elemente sich in dem Maße im nächsten auflöst, wie der Mensch darin einfach ein Abbild seiner Natur erkennt und ein tieferes Bedürfnis seines Bewusstseins. Vielleicht wird am Ende dieser Anstrengung die Angleichung zwischen dem Willentlichen und dem Gewollten, zwischen dem Ursprung der Tat und dem Ziel endlich gefunden sein. Vielleicht genügt der Mensch letzten Endes sich selbst.

I

Es ist eine natürliche Versuchung, diesem Überschuss der menschlichen Handlung, der über die Fakten des Sinnenlebens und über das soziale Leben hinausgeht, diesem Rest an Kraft und Willen, der nicht zu wissen scheint, woran er sich halten soll, einen Gegenstand zuzuweisen. Ein solcher Gegenstand, endlich und ungenügend wie die anderen, wäre aus sich selbst gar nicht dazu fähig, die Ehrerbietung entgegenzunehmen, die man ihm zu erweisen behauptet. Aber gerade wegen dieser Unbedeutendheit befriedigt er das zweifache Bedürfnis des Menschen, seinen Gott sowohl zu schaffen als ihn auch zu beherrschen. Er besitzt den Instinkt, ihn zu fürchten und ihn zu erobern. Er will, dass Gott ihm ähnlich ist und sich von ihm unendlich unterscheidet. Aufgrund einer eigenartigen Benommenheit nimmt er ihn in die Reihenfolge der Dinge auf, um ihm einen Platz außerhalb der Reihenfolge zuzuweisen. Deshalb gibt es diese zweifache Form der primitiven Superstition, von der man nicht sagen kann, welche die ältere ist, aber beide gehen aus der gleichen Initiative hervor: der Kult des *Doppelgängers* und der Kult des *Fetisches*. Doppelgänger ist das, was im Menschen den Menschen überlebt, was dem Menschen unzugänglich bleibt, was über den Menschen gebietet und was ihm auch gehorcht. Der Fetisch ist der sichtbare und geheimnisvolle Gegenstand, unbegreiflich und zugänglich, bedrohend und beschützend, der Gegenstand, der das Göttliche zusammenfasst, als ob das Endliche die Realität selbst des Unendlichen werden könnte.

[308 Die superstitiöse Tat] Weil also das Idol zunächst natürlicherweise nicht mit der Rolle harmoniert, die man ihm auferlegt, eignet es sich für die Illusion und richtet sich nach den Forderungen des Gläubigen. Der Hunger nach dem Göttlichen wirft sich sogar die Steine zum Verzehr hin. Er billigt das, was von der unendlichen Majestät am weitesten entfernt zu sein scheint. Als ob es angebracht wäre, dass »der sakrale Gegenstand« wegen der Absurdität der Auswahl, aus der er sein ganzes Geheimnis bezieht, sehr enigmatisch zu sein hätte und zur gleichen Zeit sehr handlich, um in Reichweite für die Macht des Menschen zu sein. Man will, dass seine wahre Größe für die Sinne nicht in Erscheinung tritt; man will zugleich, dass er etwas Dinghaftes ist, dessen die Sinne sich bemächtigen und an dem sie sich berauschen können. Strebt der Mensch nicht stets danach, das Geheimnis der Dinge aufzubrechen, es wehrlos zu machen und die okkulte Macht zu bezwingen, von der er verspürt, dass seine Handlungen davon durchwoben sind? Wenn er davon überzeugt ist, dass ihm durch seine bloße Initiative in diesem großartigen Unternehmen Erfolg beschieden ist, wenn er sich anheischig macht, die unendlichen Kräfte zu erfassen, die die Natur in sich birgt oder die die Natur überschreiten, wenn er seine Anschauungen und sein Herz nach der Größe des Idols bemessen hat, das er sich selbst zur Verehrung anbietet, gewiss, dann scheint ihm seine Tat vollkommen zu sein, und er glaubt sich in Sicherheit. So gibt es keine Handlung, wie widerlich sie auch sein möge, in die man nicht das Göttliche hineinlegen könnte; so gibt es auch keine Handlung, die nicht eine Idolatrie ausgelöst hätte.

Was also ist aufs Ganze gesehen der Gegenstand des superstitiösen Kultes? Auf uneigentliche Weise (denn hier hat das Bedürfnis das entsprechende Organ geschaffen sowie die Nahrung, die es ernährt) ist er der Ausdruck jenes unerschöpflichen Fundus des inneren Lebens, dem keine einzelne Handlung gleichgekommen ist. Er ist die Verkörperung eines Verlangens, des Verlangens freilich nach

3 · Das Phänomen der Tat

einer unendlichen Entsprechung für ein unendliches Streben. Weil der Mensch so das unergründliche Geheimnis seines individuellen Bewusstseins verehrt, ist er durch den Fortgang seiner Reflexion dazu gebracht worden, sich diesen geheimnisvollen Gegenstand nach dem Bilde seines Menschseins vorzustellen; eines Menschseins jedoch, wie es in ihm nicht realisiert werden kann und das der ständige und sich weiter wegbewegende Vorsprung des Ideals auf seine reelle Entwicklung bleibt. Auf diese Weise erklärt sich die zusammenhängende Entwicklung des Idols, des Kultes und des Mittlers selbst.

Sobald das Idol aufhört, ein bloßes und unverständliches Geheimnis zu sein, ist die rituelle Handlung nicht mehr allein mit dem Merkmal der Superstition versehen. Der Anthropomorphismus, der sich mit dem Fetischismus verbindet, verknüpft die Rolle des Zauberers mit der Figur des Priesters. Das dunkle Gefühl, dass in jeder unserer Handlungen ein subjektives unendliches Subjekt θεῖον τι [etwas Göttliches] anwest, bringt den Menschen dazu, dieses Göttliche in seinem ganzen Leben zu verbreiten. Die superstitiöse Handlung *[309 Zusammenhängende Entwicklung des Idols und des Ritus]* steht nicht mehr für sich alleine mit dem einzigen Grund, superstitiös zu sein; sie strebt danach, alle anderen Handlungen zu umschließen. Zu den Praktiken der Zauberei und der Magie kommen Gebete und Opfer hinzu. Denn sobald das Idol ein Bewusstsein hat, das dem des Menschen analog ist, sobald dieses Bewusstsein, im Menschen und in seinen Handlungen, genau das durchdringt, was sich dem Menschen selbst entzieht, kann und muss er sich dann nicht mit einem vermittelnden Bittgebet an das Idol richten, um diese erhabene Hilfe zu erlangen und all seine Unternehmungen dem Göttlichen zu weihen, von denen sich keine einzige ohne diese Allmacht vollendet?

Auf diese Weise erklärt sich, wie der Kult von dem einzigen Gegenstand, der zunächst die ganze Fülle der Verehrung für sich allein zu beanspruchen schien, auf die anderen Taten zurückwirkt, um sie zu vollenden und sie zu sanktionieren. Dank dieser Ausweitung des Zeremoniells, die mit einem klaren Bewusstsein von dem unergründlichen Charakter jedweder Tat einhergeht, wird die Idee des sakralen Gegenstandes ebenfalls intellektualisiert und vermenschlicht. Im Gefolge der buchstäblichen Praxis verbreitet sich ein neuer Geist, das Gespür nämlich für einen Gott, der nicht allein wie ein egoistischer und grimmiger Tyrann einen Tribut fordert, sondern der von den Taten des Menschen erwartet, dass sie das sind, was sie sein sollen, als ob ihre vollkommene und regeltreue Durchführung notwendig wäre zu seiner eigenen Vollkommenheit.

II

Die superstitiöse Tat beschränkt sich also nicht darauf, eine Form zu bilden, die von jeder anderen sorgfältig abgehoben wäre. Je mehr der sakrale Gegenstand nach dem Bild des Geistes selbst gedacht wird, scheint es, dass seine Transzendenz jeder einzelnen Tat immanent werden könnte, um sie zu heiligen und ihr den Stempel des endlichen Unendlichen aufzudrücken, den das menschliche Bewusstsein verlangt. Wäre es völlig im dinghaften Symbol ansässig, das es zum Ausdruck bringt und es der Verfügung des Menschen anheimstellt, so würde es genügen, die Riten zu vollziehen, die unmittelbar darauf abzielen, ohne dass die Superstition das übrige Leben beträfe. Aber wenn man glaubt, in jeder bedeutenden Tat seine Gegenwart und seine Macht zu spüren, wenn es so scheint, dass es neben jeglicher Anregung des Herzens und an der Quelle jeglicher Wirkkraft so wie jenseits aller Einzelziele einen Platz gibt für diesen unbekannten und verborgenen Gast, dann müssen, wie Platon bemerkt, alle halbwegs verständigen Leute die Gottheit am *[310 Die superstitiöse Tat]* Anfang und am Ende ihrer kleinen oder großen Handlungen anrufen. So bewährt und erklärt sich auch hier jenes Gesetz, dessen Wahrheit die ganze Entwicklung der Wissenschaft und des menschlichen Lebens gezeigt hat: Jede Synthese, wenn sie einmal gebildet ist, übernimmt ihre eigenen Bestandteile auf gewisse Weise, um sie mit ihrem eigenen Stempel zu versehen und sie mit der höheren Idee zu durchdringen, die ihr zugrunde liegt. So umfasst der Ritus letztendlich den ganzen Menschen und seine gesamte Lebensführung von der Geburt bis zum Tod.

So setzt der Durchbruch des superstitiösen Empfindens und der dies verkörpernden Riten in einem gewissen Sinn voraus, dass der Mensch bereits den Prozess der individuellen und sozialen Lebensformen durchschritten hat. Nicht ohne Grund ist man der Auffassung gewesen, dass die Religion vor allem ein Phänomen der Solidarität ist und eine unmittelbare Folge der organisierten Gesellschaft. In einem anderen Sinn jedoch ist der Keim gleich in der rudimentärsten Form des individuellen Lebens grundgelegt. So gering die vom Menschen erreichte Kulturstufe auch sein mag, eine Superstition gibt

3 · Das Phänomen der Tat

es immer, denn stets entdeckt er in seiner Tat gleichsam einen Rest, für den er keine Verwendung findet. Stets auch betrachtet er sein Leben von diesem höheren Standpunkt her, und von dort sucht er, seine Lebensführung anzuregen. Wenn der Grund der Superstition darin liegt, den Kreis der Tat zu schließen und daraus gleichsam ein geschlossenes System zu bilden, wenn die Superstition das menschliche Leben »zuzumachen« sucht und ein vollkommenes Gemeinwesen zu organisieren, in dem hypothetisch ausgedrückt alles wechselseitig Ziel und Mittel wäre, dann müssen die verschiedensten Formen des Handelns zusammenarbeiten, um den Glauben und den Kult vorzubereiten und zu pflegen. Zugleich muss der Gegenstand des Kultes seinerseits, ist er einmal als solcher konzipiert und zum Idol geworden, alles Bruchstückhafte der Tat und alle unfertigen Werke verwandeln und vervollkommnen.

Aus diesem Grund scheint die superstitiöse Handlung ganz unmittelbar aus den kompliziertesten Formen hervorzugehen, die eine Zivilisation erreicht hat, da sie gewissermaßen dort anfängt, wo das Gelände für den Menschen unbegehbar wird. Aber auch wenn sie sich besonders im höchsten Ertrag der Entwicklung zu inkarnieren scheint, geschieht dies deshalb, um ihm das ganze sonstige Gefüge unterzuordnen. So gehen in einem gewissen Sinn alle anderen Handlungen der superstitiösen Tat voraus und bereiten sie vor. In einem tieferen Sinn indes durchdringt und begründet der Ritus alle anderen. Nicht nur sind das Individuum, die Familie, das zivile Gemeinwesen und das Universum gleichsam der Nährboden, aus dem die Superstition wie eine natürliche und zugleich parasitäre Blume aufblüht, sondern auch umgekehrt scheinen all diese Lebensformen von der sakralen Handlung abzuhängen. Sie *[311 Das Bedürfnis nach dem Zeremoniell]* war ja deren Ziel und wird ihr Grund; sie enthält ihren verborgenen Geist und bildet ihr Siegel, ihren Buchstaben und ihren Eckstein. Kein »Ritus« ohne die Familie und das Gemeinwesen; keine solide organisierte Familie und kein Gemeinwesen ohne eine Konsekration, ohne einen mystischen Gedanken.

In jeder menschlichen Handlung liegt deswegen ein Ansatz angehender Mystik. Sobald sie die Monotonie des Alltags durchbricht, sobald man sie als ein abgerundetes Ganzes denken und als ein einzelnes und lebensfähiges Geschöpf vervollständigen will, verleiht man ihr einen sakralen Charakter. Wenn der gewöhnliche Gang der Dinge uns ermattet, weckt die erstbeste Ausnahme, das einfachste Ereignis, das die Kette der Gewohnheiten durchbricht, die Reflexion

III · Die superstitiöse Tat

auf. Und die erste Reflexion, die uns den Blick auf das Geheimnis eröffnet, wirft uns dem Unendlichen zu. Auf solche Weise ruft sogar im privaten Leben jedes wichtige Ereignis nicht nur ein Gefühl und eine gedankliche Beschäftigung mit dem Göttlichen hervor, sondern auch ein Zeremoniell. Es geht hier jetzt nicht mehr um das mystifizierende Verhalten in der Liebe, um die Begeisterung der Inspiration, all die verschiedenen Idolatrien des Kindes, des Verliebten, des Bürgers oder des Denkers. Es geht vielmehr um einen positiven Kult, der den Anspruch erhebt, durch eine Art Umkehrung das dort hineinzulegen, was all diese Lebensformen zunächst in sich selbst nicht hatten finden oder festhalten können. Die Geburt, die feierlichen Lebensentscheidungen, die Gefahren, die ein Gebet oder ein Gelübde hervorbrechen lassen, die vertraglichen Abmachungen, das bindende Wort, der Tod, all dies sind markante Punkte, an denen die Riten sich festmachen. Überall, wo das Individuum dazu gebracht wird, sich über das, was es tut, und über das, was es allein mit seinen eigenen Kräften kann, Gedanken zu machen, will es nicht allein bleiben und kann dies auch nicht. Denn es fühlt sich weder als Herr über all das, was in seinem Vermögen liegt, noch als Herr über die Ergebnisse seiner Anstrengungen.

Das häusliche Leben wird durch rituelle Praktiken gegründet. Ein Kult, der ursprünglich als das exklusive und essentielle Eigentum der Familie gepflegt wird, gewährt ihr Schutz. Von Anfang an ist das politische Leben mit dem traditionellen Respekt vor bis ins Detail festgelegten Ehrerbietungen und deren gesetzlich vorgeschriebener Einhaltung verknüpft. Die Götter des antiken Gemeinwesens gehören ihm, so wie es ihnen gehört; zwischen ihm und den Göttern besteht ein genauer Austausch von Diensten und Garantien. Und auch heute noch findet sich unter weniger drastischen Formen etwas vom gleichen Gefühl in der passionierten Empfindlichkeit des Bürgers, in dessen Augen die Angelegenheiten des Vaterlandes einzigartig, unübertrefflich und heilig sind, eifersüchtig von oben geschützt und geliebt, so wie er es liebt. Das Vaterland symbolisiert den unendlichen Gegenstand der Hingabe. Dies hat seine Richtigkeit. Aber sieht man nicht, dass der Staat selbst für einige *[312 Die superstitiöse Tat]* zu einem Idol wird, dem Feierlichkeiten gebühren, das keinen anderen öffentlichen Kult zulässt als seinen eigenen und statt sich als eine Stufe in der umfassenden Entwicklung des sittlichen und religiösen Lebens zu betrachten, nichts duldet, das außerhalb oder über seiner souveränen Phantasie steht?

3 · Das Phänomen der Tat

Sogar bei denen, die von sich behaupten, von jeglicher Superstition frei zu sein, nimmt man dieses Bedürfnis nach Riten und dieses Imitat von Zeremonien eines echten Kultes wahr. Als ob man mit einer Art liturgischer Feierlichkeit die allzu sichtbare Ärmlichkeit der nackten Taten um jeden Preis sublimieren müsste. Der Mensch bedarf des Wunderbaren und des Okkulten. Man gewährt es ihm, und sei es auch nur durch eine griechische Inschrift über dem Toreingang eines Friedhofs. Sobald im Leben der Gesellschaft oder in den Gewohnheiten der Einzelnen eine Störung eintritt, eine Änderung oder eine teilweise Beeinträchtigung, sobald das Bewusstsein angesichts einer zu treffenden Entscheidung aufwacht, scheint es nicht mehr damit genug zu sein, gerade noch einfach das zu tun, was man zu tun gedenkt. Denn wenn man niemals um dessentwillen handelt, was vollkommen klar ist, ohne dabei vom Vollzug mehr zu erwarten, als in der Idee oder im Plan vorliegt, scheint es dann nicht logisch zu sein, über die einfache Absicht hinaus zu handeln? Um es auch richtig gut zu tun, muss es, so möchte man sagen, etwas Überschüssiges in der Tat geben. Das Absonderliche an den Förmlichkeiten verschafft noch eine Genugtuung für die naiven Gemüter, die sogar nach besonders sinnlosen Längen gerne fragen: »Ist alles schon vorbei?«

So scheint es, dass sich der Mensch bei jedem offensiven Fortschritt der Reflexion von den spontanen Neigungen zu befreien sucht, die ihn in naiver Weise aus sich herausführten. Er ist dazu bereit, zu verbrennen, was er verehrte, sobald er glaubt, sich darüber hinausgehoben zu haben. Das, dem er instinktiv nachzujagen scheint, ist seine eigene Apotheose. Hat er nicht selbst auf dem Altar Platz genommen, um den Gegenstand seines Kultes zu reduzieren und keine anderen religiösen Verpflichtungen zu haben als seine Verpflichtungen des Menschseins? Haben wir nicht, als lehrreiche Vorstufen, den messianischen Einzug der »Raison« gesehen oder den Versuch einer positiven Religion der »Humanité«?

– Die mit keiner anderen vermischte rituelle Handlung war zunächst erschienen als der Kult, der ausschließlich dem zum Idol erhobenen Gegenstand geschuldet war. Der Ritus und das Idol bildeten zugleich die Form und die Materie der Superstition. Dies besagt, dass die superstitiöse Tat als gänzlich überflüssiger und dennoch notwendiger Luxus keinen anderen Grund hatte, als die geheimnisvolle Macht, von der der Mensch abhängig ist, mit ihm zu vereinen. Aber in dem Maße, wie das Idol menschliche Züge annimmt, kommt der Ritus als eine vollkommene Form *[313 Die Superstition der Feinde der Superstition]* zu allen üblichen Taten hinzu, die den Stoff des menschlichen Lebens ausmachen. Nunmehr bleibt aufzudecken, wie die Superstition, statt sich als ein positiver Kult in eine Reihe mit anderen unterschiedlichen Handlungen zu stellen, sich viel subtiler und weniger sichtbar in alle Formen der Lebenspraxis, des Denkens, der Wissenschaft, der Metaphysik, der Künste, der natürlichen Moral einschleicht, sodass sie sogar dort noch ungreifbarer und noch gebietender wieder auflebt, wo sie mangels eines sichtbaren Gegenstandes und eines positiven Kultes tot zu sein scheint.

III

In der Anstrengung, die der menschliche Wille unternimmt, um sich selbst zu vollenden und seinem Werk einen Charakter völliger Genugtuung zu verleihen, sucht er schließlich die von ihm geforderte Ergänzung in der unvollständigen Tat selbst. Statt zu magischen Formeln oder heiligenden Zeremonien seine Zuflucht zu nehmen, beruft er sich unmittelbar auf seine eigene Vollkommenheit, als ob die Handlungen nicht deswegen genügten und vollendet gewesen wären, weil sie religiös sind, sondern sie religiös und göttlich deshalb wären, weil sie vollendet und vollständig, »sittlich oder human« sind.

Auf solche Weise macht man aus diesem Geheimnis, das innen in der Tat, im Innersten des Bewusstseins weiterlebt und über die je vorhandene Realität hinausgeht, ein Ideal, das sich immer mehr mit der menschlichen Tat selbst gleichsetzt. Durch eine Umkehr der Perspektive wird die Religion, statt als Ziel in Erscheinung zu treten, als ein Mittel genommen. Statt die Handlungen nach ihrer Verbindung mit der rituellen Observanz zu bewerten, erhebt man den Anspruch, die religiösen Formen nach dem Wert der Taten zu beurteilen. Statt den Menschen auf einen äußeren und ihm überlegenen Gegenstand auszurichten, versucht man die Religion auf sein Bewusstsein und sein Denken zurückzuführen. Die Folge dieser Umkehrung ist gewissermaßen, die drei Elemente der superstitiösen Tat auf zwei zu reduzieren. Das heißt, den transzendenten Gegenstand des Kultes lässt man weg, um den Menschen dem Geheimnis gegenüberzustellen, das er in seinem eigenen Bewusstsein trägt. Das Ziel der Verehrung wird im Verehrer selbst gesucht, als ob dies der wahre Kult im Geist und in der Wahrheit wäre und der einzige Lösungsweg, das entehrende Etikett der Superstition vom menschlichen Leben zu ent-

3 · Das Phänomen der Tat

fernen. So wird die Tat, dem Anschein nach sich selbst überlassen und auf ihren bloßen Ausdruck reduziert, *[314 Die superstitiöse Tat]* nunmehr vielleicht in ihrer völligen Unabhängigkeit sich selbst genügen. Und war dies nicht der ursprüngliche Wunsch des Wollens? Zu erreichen, dass das Phänomen so umfassend und so reich wäre, dass es alles absorbiert und fortan allein bestehe.

Um der Ordnung der Moral eine solide Grundlage zu verschaffen und daraus ein sich selbst genügendes Ganzes zu machen, kam es da einigen nicht so vor, dass es ausreicht, die Pflichten als in ihrem Ursprung unabhängig von jeder metaphysischen Vorstellung oder von jedem Kompromiss mit den Empfindungen und dennoch mit den Postulaten in einem Zusammenhang zu betrachten? Sie so zu sehen, dass man durch gutes Handeln auf geheimnisvolle, aber dennoch sichere Weise den mutmaßlichen Willen des vollkommenen Gesetzgebers erfüllen würde, letztendlich so, dass die Moral selbst den wahren Kult bildet? Alle Pflichten und allein die Pflichten scheinen religiös zu sein. Indem man behauptet, dass Gott uns deswegen in die Welt gesetzt hat, um seinem Willen gemäß zu handeln und nicht um ihm ausführliche Reden zu halten oder ihm schöne Worte zu machen, folgert man mit Kant: »Alles, was der Mensch glaubt, tun zu können, um Gott zu gefallen, ist reine Superstition, wenn dies nicht darin besteht, sich im Leben anständig zu verhalten.« Was heißt das anderes, als dass die Tat des Menschen sich anmaßt, sich das aus eigenen Kräften restlos anzuzeigen, was der Erkenntnis niemals zu erreichen, noch dem Willen völlig zu umfassen gelingt?

Wenn der Metaphysiker, weil er beansprucht, das unendliche Objekt, dem er nachjagt, in seinem Denken unterzubringen, sich einbildet, dass er mit seinen Gedankengebilden, seinen Geboten, Systemen und seiner natürlichen Religion die Hand auf das transzendente Sein legen wird, es gewissermaßen erobern und beherrschen wird, ist er dann nicht auf seine Weise ein Götzendiener? Als ob er sich der lebendigen Wahrheit in seinem Gedankengeflecht bemächtigen würde, als ob er sich durch die Ehre, die er seinem Gott dadurch erweist, dass er ihn anerkennt und definiert, sich Gott völlig unterwürfe; als ob er selbst, indem er durchdringt in das Innere der unendlichen Macht, der unendlichen Weisheit und der unendlichen Heiligkeit und weil er sich ein Vollkommenheitsideal ausgedacht hat, selbst daran teilhaben würde und in Wirklichkeit genau das werden würde, was er für unzugänglich erklärte, was in seinem Bewusstsein keinen anderen Grund hat, als unsagbar und geheimnisvoll zu sein? Verwandelt er nicht das metaphysische Phänomen, über das er im Inneren verfügt, in eine Substanz, in ein Seiendes, über das er ebenfalls im Äußeren zu verfügen glaubt? Man verfällt hier also stets der befremdlichen Anmaßung, Gott mit den bloßen menschlichen Kräften einzufangen und sich ihn zu Nutze zu machen. Man will, dass dieses Absolute sich einerseits außerhalb der Tat befindet, um deren Endergebnis zu sein, und andererseits innerhalb der Tat, damit diese sich selbst genügt. Der Mensch vermag dieses Göttliche in dem, was er tut, weder anzusiedeln noch es wegzulassen und *[315 Die Idolatrie ohne sichtbare Idole]* dennoch möchte er gerne daran festhalten, dass es darin ist, und zwar aufgrund seiner bloßen Faktizität. Selbst dann, wenn er sich herablässt, besondere Handlungen dem höchsten Seienden gegenüber vorzuschreiben, das seine Vernunft anerkennt, ist er der Meinung, dass das Gebet oder die Verehrung aus seinem Denken allein und aus dem eigenen Willen hervorgehen. Diese Taten, die er als religiös bezeichnet, sind wie alle anderen frei von jeglicher parasitären Form wie von jedem obskuren und sakramentalen Ritus. Seine Superstition ist, so zu tun, als ob er keine Superstition hätte, und zu glauben, dass er aus klaren Ideen und vernunftgemäßen Handlungsweisen lebt. Er triumphiert bei dem Gedanken, dass er die veralteten Dogmen ersetzt hat. Auch dies ist ein Glaube, und was für ein gutgläubiger und drastischer!

Zu Idolen werden auch das Unergründbare, die universelle Solidarität, der gesellschaftliche Organismus, das Vaterland, die Liebe, die Kunst und die Wissenschaft, sobald die Leidenschaft ein Herz in ihren Bann gezogen hat und es davon überzeugt, es finde dann in all dem das Nötige für seine Sättigung, oder wenn sie ihnen alle Kräfte der innigen Liebe und der Hingabe gewidmet hat, so als ob der Mensch dort letztendlich sein Ein und Alles gefunden hätte. Wenn der Evolutionist seine Vorstellungen über individuelle und politische Perspektiven erhebt und der Auffassung ist, das Beste sei für ihn, durch das Wissen um die kosmischen Gesetze im Einklang mit der allumfassenden Natur zu leben; wenn der Sozialist sein als heilbringend angesehenes Denken einem Werk weiht, das er für äußerst wichtig hält; wenn der Wissenschaftler von sich glaubt, auf dem Weg zur vollen Wahrheit vorwärtszuschreiten, und daran arbeitet, der Magier, der Priester und der prophetische Seher einer bereits gegenwärtigen Zukunft zu werden – liegt dann nicht alledem zugrunde, dass all diese Menschen ihrem Lebenswerk und ihrer Anstrengungskraft eine Fülle und eine Vollkommenheit zuschreiben, welche man ebenso als su-

3 · Das Phänomen der Tat

perstitiös bezeichnen muss? Denn in ihrer Geistesverfassung sind zwei der drei Elemente eher die Folge eines Wunsches als Ausdruck einer Realität. Was sie tun, ist gewiss sinnvoll und wichtig. Aber auf dieser reellen Basis fügen sie ihrem Verhalten eine zweifache Fiktion hinzu: Zum einen die eingebildete Überzeugung vom allerhöchsten und sozusagen sakralen Charakter der Sache, der sie sich liebevoll hingeben, und zum anderen die überhebliche Anmaßung, dieser Sache einen angemessenen Kult zu erweisen. So, als ob sowohl das Ziel als auch das Ergebnis ihrer Handlungen es verdienten, dass das Leben gelebt wird, wie sie es tun. Auf diese Weise wird für viele die Wissenschaft selbst zum Fetisch; bisweilen sind sie dazu bereit, vor dem Volk die Rolle des Magiers zu spielen. Indem sie den einfachen Leuten gelehrte Worte bieten, geheimnisvolle Sprüche, wissenschaftliche Symbolsprache, allesamt dafür bestimmt, bei den Unwissenden das lebhafte Bedürfnis nach dem Wunderbaren zu befriedigen, präsentieren sie dort einen *[316 Die superstitiöse Tat]* Glaubensgegenstand, wo sie behaupten, eine völlige Klarheit zu finden, während sie das als dunkel für die Anderen darstellen, was in ihren eigenen Augen hell leuchtet. Zugleich wissen sie aber ganz gut, dass auch sie außerhalb dieses schmalen Lichtkreises der Finsternis und dem Unbekannten begegnen. Sodass sie, vielleicht ohne sich dessen bewusst zu sein, die Gutgläubigen davon überzeugen, dass jedwede Dunkelheit für sie selbst bereits Licht ist, um so ihre Wissenschaft als das entschleierte Geheimnis und das immerwährende Wunder schlechthin verehren zu lassen.

Auf diese Weise bleibt gerade dort ein unermessliches Postulat bestehen, wo die Handlungen am strengsten determiniert zu sein scheinen und das Leben auf trockene geometrische Umrisse verkürzt erscheint, nämlich in der wissenschaftlichsten Vorstellungsweise, die man sich vom menschlichen Leben vortäuschen könnte und in der schließlich jedes Gefühl, jeder Glaubenselan, jeder Anschein von Superstition absichtlich und tatsächlich verbannt ist. Und je positiver, so muss man sagen, solche Vorstellungsweise und solche Handlungen erscheinen, desto mehr Arglosigkeit und Illusionen enthüllen sie bei denen, die so wenig hellsichtig und so sehr von ihrer eigenen Inbrunst erleuchtet sind, dass sie in sich selbst und im Universum einzig noch die Herrlichkeit, die Macht und die Göttlichkeit der Wissenschaft geschrieben sehen. Man findet das Göttliche nirgendwo, wenn man es nicht in sich selber trägt. Aber man kann es nur dann überall unterdrücken, wenn man es in sich selbst konzentriert und den fehlenden Glauben durch eine neue Gläubigkeit ersetzt.

IV

Da jede auch negative Überzeugung und jede Form des freien Denkens noch eine Superstition ist, wundert es nicht, dass sie ihre Kritik immer weiter auf die Spitze treibt. Aus Protest gegen den strengen Kult eines moralischen Imperativs, der verschleiert ist wie Isis, gegen das metaphysische Idol von Systemen, die mit dem Universum deckungsgleich sind, gegen die tyrannische Frömmigkeit einer Wissenschaft, die öfters die Unverschämtheit des Emporkömmlings mit der gutgläubigen Vermessenheit eines Kindes verbindet, erhebt sich in der Seele mancher Zeitgenossen, was man als *den neuen Mystizismus* bezeichnet hat. Er ist neu zu nennen, weil er den Anspruch erhebt, ständig auf der Basis der Wissenschaft selbst aufzuruhen wie auf ausnahmslos allen Verneinungen der modernen Kritik. Neu ist er auch, weil er aller Superstition der Vergangenheit wohlwollend gegenübersteht, sich interessiert für volkstümliche Formen der Religiosität, für Riten und Formen des Sakralen, für buchstabengetreue Praktiken, mit denen er sich sogar bisweilen abgibt und dabei denkt, einmal mehr einen Fortschritt in dem zu markieren, was er *[317 Die Superstition der Tat]* zu Recht die Irreligiosität nennt, während er religiöser bleibt als die orthodoxeste Frömmigkeit. Als ob nunmehr dieses Feingold der wahren laizistischen Frömmigkeit von jedweder Beimischung völlig rein wäre, schmilzt der gottlose Mystiker das Gefühl, den Kult und den Gegenstand seiner Verehrung um zu einem einzigen Streben. Das, was er beweihräuchert, ist das Geheimnis seiner Tat und die Inbrunst seines Herzens. Auf seine eigene Weise ist auch er Pietist.

Wie spielt sich dieses Wunder ab? Und mit welcher Spitzfindigkeit brüstet man sich damit, den Eingang der ständig geöffneten Kapelle zu entdecken, in der jeder zum Altar hinaufsteigt, in der das Rätsel entschleiert und die Willensruhe endlich gefunden ist? Wie ein leichtes Parfum, so scheint die religiöse Disposition der neuen Mystiker aus folgenden zwei Essenzen zu bestehen: Es gibt zum einen keine Handlung, in der man nicht gleichsam einen Rausch und eine wohltuende Erhebung verspürt, wie beim Hauch des Unendlichen, der über die Seele streicht. Es gibt zum anderen keine Handlung, in der man nicht verspürt, dass das Objekt der Hingabe und das Ergebnis der Anstrengung fiktional sind, endlich und nichtig. Und weil zu handeln vergeblich und enttäuschend ist, ist es schön, selbstlos und fromm es dennoch zu tun. Je leerer die Handlung von jedem Objekt ist, so scheint es, desto mehr entwickelt sich das von einer Sättigung und einem subjektiven Erfülltsein befriedigte Bewusstsein. Der naive Gläubige projiziert seine Liebe und sein Ein und Alles nach außen. Kann man mit viel Analyse seinen Kult nicht auf sich selbst beschränken und, um nichts zu verehren, nur sich selbst verehren? Nicht nur will der geistig Anspruchsvolle in seiner göttlichen Erhabenheit sich zu keiner besonderen Handlung welcher natürlichen Religion auch immer zwingen, sondern für ihn gibt es gar keine besondere Regel in welcher Handlung auch immer. Wegen der unendlichen Verschiedenheit der Umstände und der Gefühle, die er durchlebt, gibt es keinen Verhaltensmaßstab, der sich ihm auferlegt. Sodass, wenn das, was er tut, ihm wenig bedeutet, wenigstens das Handeln selbst die große Tugend ist, die unerschöpfliche Quelle des Gefühls, der Kult, der Kult freilich ohne Gegenstand, ohne Glaube, ohne Ritus, ohne Priestertum, ohne irgendetwas sonst, der Kult schlechthin. Ist es nicht das gleiche Gefühl, das in einer weniger subtilen und großherzigen Form jene Apostel des Laizismus, jene Prediger von Erbarmen und Hingabe inspiriert, deren Credo und Dekalog sich in einem Wort zusammenfassen: die Tat schlechthin?

Das Handeln um des Handelns willen wird somit zur Superstition von denen, die keine andere mehr wollen. Worin besteht der Sinn dieser sonderbaren Frömmigkeit? Und stützt sich diese subtile innere Haltung auf die Wahrheit der verspürten Gefühle? – Das Beste der Tat bleibt unzugänglich für jegliche Analyse, welche Anstrengung man auch unternehmen mag, um die Tat auf das zu beschränken, was die Wissenschaft den Menschen *[318 Die superstitiöse Tat]* über sich selbst und das gesamte Universum lehrt. Es ist gelungen, die Eitelkeit von allem zu enthüllen. Aber wie vergeblich die Ziele einer ständig enttäuschten und ständig neu beginnenden Aktivität auch sein mögen, die Tat selbst bleibt wie von einer Weihrauchwolke umgeben, die ihre groben Armseligkeiten und ihre Nichtigkeit verborgen hält. Jede Handlung, jedes Werk ist schwach, misslungen und unvollständig, aber Handeln als solches offenbart jenes Geheimnis der Ohnmacht, welches das unendliche Herzensstreben in sich birgt. Statt also zu versuchen, sich auf die Hinlänglichkeit von was auch immer zu stützen, triumphiert der Wille über die Unzulänglichkeit von allem. Er verehrt das, was sich ihm entzieht und für immer über ihn hinausgeht. Solange er lebt, liebt, hervorbringt, solange er sich verausgabt, auch wenn dies fruchtlos bleibt, ist der Wille göttlich. Nach allen superstitiösen Handlungen, die das Absolute zu umklammern und zu fixieren behaupten, bleibt nur noch die Superstition der Tat übrig und der Glaube an das Werden oder besser noch: die Liebe für das, was weder getan noch berührt werden kann, für das, was nicht reell ist und es nicht sein wird. Man wollte die ganze Wirklichkeit der Dinge in der menschlichen Tat konzentrieren und diese an der Standfestigkeit von all dem teilhaben lassen, was, so scheint es, ohne sie ist. Ist die Tat nicht im Gegenteil der Traum, der die Substanz der Phänomene verzehrt, der Abgrund, in dem jeder Schein von Existenz in der Tiefe verschwindet? Hätten wir dann diesen langen Weg unserer wissenschaftlichen Untersuchung nicht nur zurückgelegt, um wieder zum Ausgangspunkt, zur Leere zu gelangen?

V

Ein großer Dienst, wohl der größte von allen, den wir dem Menschen erweisen, ist, alle Superstitionen nacheinander vor seinen Augen verschwinden zu lassen, jedoch mit dem Ziel, in ihm das reine Gefühl der religiösen Erwartung herbeizuführen. Wie wichtig ist es, diese Wohltat der unnachgiebigen Kritik nicht verlorengehen zu lassen, die große Strömung des heute wieder aufkeimenden Mystizismus nicht ablenken und diese Anstrengung einer gewiss lauteren Großherzigkeit nicht in die Leere illusorischer Befriedigungen zurückfallen zu lassen, die jeglichen Willen zum Stillstand bringen würden und seinen Elan zum Scheitern! In der destruktiven Tätigkeit des Denkens verbirgt sich ein großes Gespür für das Religiöse. Statt diese Bewegung zu unterdrücken, muss man sie deshalb mit aller Macht daran hindern, zu früh haltzumachen. Nichts ist wahrhaftiger, nichts ist notwendiger als wahrzunehmen, wie hochmütig oder fast naiv der von seinen Gedankengebilden besessene Metaphysiker, der in sein Werk verliebte Künstler, der *[319 Die Superstition der Irreligiosität]* dem Ideal der Moral Ergebene oder der Apostel der Tat um der Tat willen sich verhalten, wie ein wilder Fetischist. Überall derselbe Anspruch und dieselbe Anmaßung. Alle bilden sich gleicherweise ein, ihren Gott ohne Gott zu machen. Die Nichtigkeit dieser menschlichen Anstrengung bloßzulegen, das ist das Werk einer gottgefälligen Gottlosigkeit.

Wenn der Gottlose sich an seine negativen Schlussfolgerungen hält, wenn er sich darin wohlfühlt mit der Hoffnung, das Göttliche einkassiert und gleichsam aufgelöst zu haben, wenn er darüber triumphiert, in sich selbst einen Graben ausgehoben zu haben, der tief

3 · Das Phänomen der Tat

genug ist, um darin seine Tat und alle Dinge für immer zu begraben, dann ist er noch nicht gottlos genug. Er hält an der Superstition fest, keine zu haben; er bleibt Götzendiener. Trotz seines Gebarens, Vorbote und Fackelträger zu sein, bleibt er rückständig und in Finsternis gehüllt. Man muss also weiter vordringen und jenes letzte Idol aufbrechen, das einzige, an dem der Mensch sich noch festhalten könnte, um sich selbst einzubilden, dass er sich selbst vollends genügt. Wenn es in der superstitiösen Tat neben der wechselnden und vergänglichen Illusion noch eine lautere und unwiderstehliche Bewegung des Willens gibt, dann möge man bei ihrer Analyse darauf achtgeben, das Illusorische nicht für das Reale und das Reale nicht für das Illusorische zu halten.

Nachdem er das unermessliche Feld des Phänomens durchschritten hat, hat der Mensch nur erreicht, ein Geheimnis deutlicher ans Licht zu bringen, das nach dem scheinbar vollständigen Gebrauch all seiner Kräfte übrig bleibt. Dieser Rest muss nicht der gewollten Tat noch hinzugefügt werden, denn er befindet sich dort bereits. Indem der Wille, aus dem die Handlung hervorgeht, den Rest ans Licht bringt, fordert er auch dessen Verwendung. Vergeblich versucht man ihn zu heiligen durch einen dem fiktiven Gegenstand eines Götzenkultes dargebrachten Ritus. Vergeblich behauptet man, ihn in jede solcher Taten einzuschließen, die man mit einem sakralen Zeichen markiert, oder ihn wie eine unangenehme Last in irgendeinem der Phänomene abzulegen, dessen Nichtigkeit uns dieses verborgene Bedürfnis hat spüren lassen. Vergeblich, insofern das Bewusstsein auf die illusorische Ambition verzichtet hat, den Rest für sich zu beanspruchen, will man einzig das Unerkennbare und das Unzugängliche verehren. Aus all solchen Versuchen ergibt sich nur diese doppelt zwingende Schlussfolgerung: Es ist unmöglich, das Ungenügen der gesamten natürlichen Ordnung nicht anzuerkennen und nicht ein weiteres Bedürfnis zu verspüren; es ist unmöglich, in sich selbst etwas zu finden, um dieses religiöse Bedürfnis zu befriedigen. *Es ist notwendig* und *es ist unpraktikabel.* Dies sind, ganz grob gesagt, die Schlussfolgerungen des Determinismus der menschlichen Tat.

Doch wie leicht ist es, in solcher gleichsam hoffnungslosen Krise diese zweifache unweigerliche Konstatierung durch die vielleicht unbewusste Tücke einer umgekehrt laufenden Deutung zu entstellen! *[320 Die superstitiöse Tat]* Wir müssen zu guter Letzt die ganze krasse Spitzfindigkeit dieses Sophismus bloßlegen, der sich unter allen Formen der Superstition und auch der Gottlosigkeit verbirgt. Statt

III · Die superstitiöse Tat

zuzugeben, dass es nicht in der Macht des Menschen liegt, für sein notwendiges Bedürfnis des Göttlichen selbst irgendeine Befriedigung herbeizubringen, folgert man, dass jegliche religiöse Befriedigung notwendigerweise machtlos ist, dieses imaginäre Bedürfnis zu stillen.

Nachdem er die Unwahrhaftigkeit aller Idole und jeglicher Superstition durchschaut hat, ist es für den Hochmut, der stets danach giert, sich selbst zu genügen, eine subtile Versuchung, sich damit zu brüsten, die eingestandene menschliche Schwachheit auch zu kennen. Aufgrund einer merkwürdigen Illusion gibt man sich schließlich mit einer Schwäche zufrieden, für deren Empfindung man so stark und für deren Wahrnehmung man so hellsichtig sein muss. Man ist nunmehr damit zufrieden, sich in seinem Bedürfnis nicht befriedigen zu können. Während man von oben herab auf all jene schaut, die nicht weiter gesehen und ihr Leben in irgendeine Formel eingesperrt haben, bleibt man auch selbst dabei stehen, um solche Menschen zu betrachten. Von dieser menschlichen Tat, deren Ungenügsamkeit man nur deswegen erfahren hat, weil man wollte, dass sie sich schließlich genügt, will man letztendlich, dass sie nicht genüge, denn man betrachtet dies als den einzigen Weg, an ihr festzuhalten und sich mit ihr zu begnügen. Kann man die Zweideutigkeit entwirren? Bemerkt man den Teufelskreis, in den man sich mit einer eigenmächtigen und irrigen Direktive einsperrt? Spürt man nicht, dass aufgrund einer Inkonsequenz der tödliche Konflikt zweier Willen wieder auflebt? Sieht man nicht, in welche raffinierte Form von Intoleranz man unter dem Vorwand von Gleichgültigkeit und Toleranz zu fallen droht? Wenn die Alleinherrschaft der klaren Ideen und der wissenschaftlichen Gewissheiten auch furchtbar ist, weil sie denen, die sie mit Licht umgibt, wie es scheint, keine Zuflucht im Schatten lässt, so gelingt es ihr dennoch nicht, die Freistätte des Geheimnisses zu schänden, das ringsherum besteht. Die Tyrannei der Finsternis ist noch furchterregender, denn sie lastet in der Nacht auf denen, die sich in Sicherheit wähnen. Sie verbietet ihnen zwar nicht, an der Grenze ihrer Wissenschaft eine schützende Dämmerung zu gewahren, wohl aber aus der Finsternis mit der Hoffnung herauszutreten, dass jemals ein Lichtschein in den Abgrund hineinleuchten wird, aus dem ihr Denken und ihre Tat hervorgehen und in den sie wieder zurückfallen.

Was weiß man eigentlich davon? Und wenn man schon glaubt, dies zu wissen, worin besteht dann der Mechanismus dieses Glaubens an die zwangsläufige Blindheit? Die mystische Irreligiosität ist auch ihrerseits von dem Augenblick an eine Superstition, als sie von dem

3 · Das Phänomen der Tat

reellen Unvermögen des menschlichen Willens und den unsinnigen Frömmigkeitspraktiken des Fetischismus aus, vom falschen Mystizismus der Wissenschaft oder von den Fantasievorstellungen der Theosophie aus auf die Unmöglichkeit jeder weiteren Offenbarung schließt. Ein Unvermögen kann festgestellt werden, nicht jedoch eine Unmöglichkeit. *[321 Die Superstition der natürlichen Religion]* Vielleicht verbirgt sich mehr Leichtgläubigkeit und Intoleranz in der sektiererischen Leugnung als im heftigen Fanatismus. In einem Wort: Das Bewusstsein des Unvermögens gibt es tatsächlich nur aufgrund einer Idee der Möglichkeit. Die Behauptung, die der Mensch aufstellt, sich auf die Phänomene einzuschränken und so sich selbst zu genügen, ist also radikal inkonsequent. Wenn er eine solche Behauptung aufstellt, widerspricht er ihr bereits und geht über sie hinaus. Von der schwachen und unvollständigen Tat auszugehen, um dann die unheilbare Schwäche der Tat anzunehmen, oder aus einer Tatsache die endgültige und alleinige Wahrheit zu machen, besagt, die Tatsache zu entstellen, ohne anscheinend an sie zu rühren. In der Ordnung der Phänomene gibt es weder Widerspruch noch Ausschluss, weder Möglichkeit noch Unmöglichkeit. Es gibt dort einfach nur bestimmte Tatsachen. Sobald man aus diesen Tatsachen auf eine Verneinung zu schließen behauptet, die die Möglichkeit als solche von anderen Tatsachen betrifft, verlässt man die Wissenschaft und die Tatsachen. Noch die Gottlosesten sind der Superstition verhaftet.

Der Determinismus selbst lässt nur eine unausweichliche Schlussfolgerung zu. Sie lautet in ihrer ganzen Härte, ohne etwas hinzuzufügen oder wegzulassen: Aufgrund seiner Willenstat überschreitet der Mensch die Phänomene; er vermag es nicht, seine eigenen Forderungen auszugleichen, er trägt in sich selbst mehr, als er allein einsetzen kann; es gelingt ihm überhaupt nicht, all das, was sich am Ursprung seiner Willensaktivität befindet, mit seinen eigenen Kräften allein in seine gewollte Tat einzubringen. Auch wenn der Mensch behauptet, auf jedwede Religion zu verzichten oder sich selbst eine nach seinem Gutdünken zu fertigen, so überschreitet er nicht weniger sein Recht und befriedigt dadurch weder sein notwendiges Bedürfnis noch die Erfordernisse seines Willens.

Alle Versuche, die menschliche Tat zu vollenden, scheitern. Es ist unmöglich, dass die menschliche Tat sich nicht zu vollenden und sich zu genügen sucht. Sie muss solches tun, aber sie vermag es nicht. Einerseits ist es eine Notwendigkeit, mit allen Einfällen gründlich aufzuräumen, die, ausgehend vom Menschen und hervorgekommen

III · Die superstitiöse Tat

aus dem innersten Heiligtum seines Herzens, auf lächerliche und zugleich rührende Weise darauf abzielen, sich des Göttlichen zu bemächtigen. Andererseits bleibt das Gefühl des Unvermögens wie das vom Menschen empfundene Bedürfnis nach einer unendlichen Vollendung ohne Heilung. Deshalb gilt: So sehr jegliche natürliche Religion artifiziell ist, so ist die Erwartung einer Religion natürlich.

Was für eine unlösbare Schwierigkeit, in die der menschliche Wille sich von sich aus hineinbegeben und worin er sich verfangen hat! Man erinnere sich nämlich an all die Schlussfolgerungen, die ihm bereits jeden Rückzug versperren. Es ist unmöglich, sich dem Problem nicht zu stellen. Es ist unmöglich, im Nichts einen Unterschlupf zu finden; das Nichts gibt es für uns nicht. Es ist unmöglich, sich mit dem *[322 Die Tat übersteigt notwendigerweise die Phänomene]* »Etwas« zufriedenzugeben, in das man sich abzukapseln versucht hat. Wohin soll man gehen? Das Phänomen reicht dem Menschen nicht aus; man kann weder bei ihm stehen bleiben noch es leugnen. Wird man zusammen mit einer Lösung des Problems, die notwendig und trotzdem unzugänglich zu sein scheint, das Heil finden?

*

Aus der vorhergehenden Untersuchung, deren Ergebnis völlig negativ zu sein scheint, wird notwendigerweise die positivste Schlussfolgerung hervorgehen. Wir haben nur deswegen die Wissenschaft der Phänomene von jeder Beimischung gereinigt und von jeder Ontologie freigemacht, um mit einer Art Residualmethode zum Aufweis dessen zu gelangen, was innerhalb der Tat nicht mehr einfach ein Phänomen ist. Es befindet sich dort etwas anderes, das noch zu definieren ist. Und diese Realität der Tat ist nicht nur ein *Faktum*, das man unmittelbar feststellt. Wenn sie wissenschaftlich stichhaltig ist, so deshalb, weil sie eine *Notwendigkeit* ist, die sich aus dem gesamten Determinismus des Denkens und des Lebens ergibt. Diesem Determinismus haben wir eine ganz starke Rolle zugeteilt. Es bedeutet, dass wir die illusorischen Schwierigkeiten beseitigt haben, deren Durcheinander von Fragen die Philosophie oft in eine bedrängende Lage gebracht hat. Außerdem bedeutet dies, dass wir alles auf die allerhöchste Option zulaufen lassen, die des Menschen große und einmalige Angelegenheit ist.

[323]

Vierter Teil
Das notwendige Sein der Tat

Wie die Problematik der menschlichen Bestimmung zwangsläufig und willentlich aufgetreten ist

Vergeblich versucht man die Tat des Willens auf das zu beschränken, was vom Willen selbst abhängt. Die unermessliche Ordnung der Phänomene, in der das Leben des Menschen sich ausbreitet, scheint erschöpft zu sein, nicht aber das menschliche Wollen. Der von ihm gehegte Anspruch, sich zu genügen, scheitert, jedoch nicht aus Mangel. Er scheitert, weil in dem, was wir bis jetzt gewollt und getan haben, das, was will und handelt, dem, was gewollt und getan worden ist, stets überlegen bleibt.

Aber bemerkt man dann nicht, dass gerade aus dieser Feststellung sich ein eigenartiger Konflikt ergibt, gleichsam eine *Antibolie*[1]?

---

[1] Dieses Wort *Antibolie* bedeutet, wenn man so sagen darf, »Aufeinanderprall« und drückt hier die scheinbar zweifache und unvereinbare Bewegung des menschlichen Willens aus. Was aus dem statischen Gesichtspunkt des Verstandes der Begriff Antinomie andeutet, das fasst Antibolie aus dem dynamischen Gesichtspunkt der Tat zusammen. Aber in dieser Analogie zeichnen sich wesentliche Unterschiede ab. Die Antinomien sind de facto gelöst. Weil es sich da nur um verschiedenartige und zusammenhängende Phänomene handelt, sind die Begriffe, die für den Verstand anscheinend unvereinbar sind, in Wirklichkeit korrelativ und gleichzeitig. Im Folgenden wird es nicht mehr um die gleiche Sache gehen. Die Glieder der Alternative, die beide gleichzeitig erkennbar sind, schließen sich de facto gegenseitig aus, weil es sich hier von nun an nicht um das handelt, was erscheint, sondern um das, was ist. Das heißt, dass wir zwangsläufig zu der Bejahung des Seins gebracht werden, zwangsläufig dazu

4 · Das notwendige Sein der Tat

Der Mensch beanspruchte, ganz allein zurechtzukommen und in der Ordnung der Natur sein Genügen wie sein Ein und Alles zu finden. Es gelingt ihm nicht. Es gelingt ihm weder stehen zu bleiben noch *[324 Die Unmöglichkeit, stehen zu bleiben oder weiterzugehen]* darüber hinwegzugehen. Er kann auch nicht mehr zurück, denn das Minimum von dem, was er hat wollen können, ist diese natürliche Ordnung der Phänomene, dieses *Etwas*, in dem er einfach keinen Grund entdeckt, nicht zu wollen, sondern einen zwingenden Grund, noch mehr zu wollen.

Welches ist der Sinn, wie wirkt sich diese Krise notwendigerweise aus, die sich in der einen oder anderen Form in jedem menschlichen Bewusstsein auf verborgene Weise hervortut? – In jedem menschlichen Bewusstsein entsteht zwangsläufig das Gespür dafür, dass der Wille weder sein eigener Ursprung noch sein Maßstab noch sein eigenes Ziel ist. Und es gibt mancherlei Wege, die den Menschen dahin führen, sich dessen gewahr zu werden, und wäre es dieses vorliegende Unvermögen, sich selbst zu genügen und sich der Notwendigkeit des Wollens zu entziehen. Es schien uns so, dass wir nicht ohne unser Zutun sein können. Und dennoch verspürt der Mensch bis zum Angstgefühl, dass er weder sein eigener Urheber noch sein eigener Herr ist. Worauf es für ihn ankommt, ist nicht, das schön geordnete Gefüge des Weltalls anzunehmen oder den Determinismus seiner eigenen Taten gutzuheißen, sondern er muss auch sich selbst annehmen. Er muss nicht mehr das wollen, was er selbst will, nicht mehr das Leben und was er daraus macht, sondern er muss das wollen, was in ihm das Leben hervorbringt, was es beurteilt und es richtet.

Wird es also möglich sein, diese scheinbare Tyrannei zu erklären und zu rechtfertigen, den Konflikt aufzulösen und dem Willen eine notwendige Alternative anzubieten, allerdings solcher Art, dass, auf welche Seite die Option auch fällt, es nie mehr eine Leugnung geben kann?

[325]

---

geführt, angesichts des Seins eine Alternative aufzustellen, zwangsläufig dazu verpflichtet, zwischen zwei Entscheidungen zu optieren, von denen jede die jeweilige andere radikal ausschließt.

I. Der Konflikt

Erster Gedankenschritt

Der in sich widersprüchliche und besiegte Wille

Scheinbares Scheitern der gewollten Tat

Man weiß nicht, ob eine einfache Banalität vorliegt oder ein unzulässiges Paradox, wenn die Meinung vertreten wird, dass der Mensch danach strebt, ganz das zu sein, was er will, und dass er absolut nicht sein kann ohne sein Zutun. – Es wäre eine abgenutzte Wahrheit, wenn man darunter die illusorische Erhabenheit der Ambitionen, die Schmeicheleien und das innere Selbstmitleid einer solitären Eigenliebe versteht, die glaubt, dass ihr alles geschuldet ist. – Es wäre eine merkwürdige Herausforderung für den gesunden Menschenverstand, wenn man damit behauptet, dass der Wille nur in dem Maße, wie er sich selbst vollzieht und irgendwie seine Bestätigung holt, in dem Maße auch, wie er die eigenen Organe, mit denen er sich zum Ausdruck bringt, durchdringt, beherrscht und sogar hervorruft. Und trotzdem ist es genau dieses Paradox, das von der natürlichen Geschichte der Tat gerechtfertigt ist, denn einzig und allein dadurch, dass er will, setzt oder übernimmt der Mensch eine immense Menge notwendiger Voraussetzungen. Es ist im Gegenteil diese banale Wahrheit, die, wenn man ein wenig darüber nachdenkt, die vom Willen gesteuerte Planung unseres Lebens, so scheint es, durcheinanderbringen wird.

Wir wollten uns selbst genügen, aber wir können es nicht. Gegen den Determinismus der gewollten Tat scheint sich ein entgegengesetzter Determinismus zu erheben, der stärker und noch offensichtlicher ist. Um dies einzugestehen, greifen wir auf den gängigen Sprachgebrauch zurück: Der Wille scheint *[326 Der in sich widersprüchliche und besiegte Wille]* sich selbst nicht gewollt zu haben. In dem, was er will, begegnet er fortwährend unüberwindlichen Hinder-

4 · Das notwendige Sein der Tat

nissen oder widerwärtigem Leiden; in dem, was er tut, schleichen sich unheilbare Schwächen ein oder Verfehlungen, deren Folgen er nicht wiedergutmachen kann. Und der Tod fasst in sich allein all diese Belehrungen zusammen. Bevor wir wollen und in all dem, was wir wollen, bleibt also zwangsläufig etwas fortbestehen, das wir, so scheint es, nicht wollen.

Deshalb ist es nicht schlichtweg ein neuer Determinismus, den wir dem Determinismus der gewollten Tat gegenüberstellen müssen. Es geht hier um einen vorausliegenden und tieferen Determinismus, um einen Determinismus, der unserer persönlichen Initiative vorausgeht, sie umfasst und sie übersteigt. Infolgedessen ist die Sache keineswegs abgeschlossen, solange die Schwierigkeit, die sich jetzt hervortut, nicht gelöst ist. Denn es handelt sich um das, was in uns selbst der Ursprung unseres eigenen Willens ist. Es handelt sich ebenso um das, was außerhalb von uns ans Licht bringt, dass dieser Ursprung gar nicht der unsere zu sein scheint, da wir im Leben besiegt sind und besiegt im Tod. Wie also tut sich dieser enttäuschende Widerspruch in unserer Erkenntnis hervor, in der nichts, so schien es, hervortreten konnte, was nicht der Ausdruck eines verborgenen Willens wäre und gleichsam die Abschrift einer inneren Initiative oder der spontanen Tat? – Aber bevor wir diese unumstößliche Tatsache erklären, indem wir sie mit ihren Ursprüngen in Verbindung bringen, ist es unsere erste Aufgabe, sie richtig festzustellen.

I

Nehmen wir an, dass der Mensch alles täte, wie er es will, dass er erlangte, was er begehrt, das Universum nach eigenem Gutdünken beseelte, das geordnete Gesamtgefüge der Lebensbedingungen, wie er es sich wünscht, organisierte und hervorbrächte: Auch dann bleibt noch bestehen, dass er diesen Willen als solchen weder gesetzt noch so bestimmt hat, wie er ist. Und sogar wenn er in der Anwendung des Willens nichts findet, das dem Willen widerspricht, dann entdeckt er dennoch tief in sich selbst diesen ursprünglichen Widerspruch: Er will, aber zu wollen hat er nicht gewollt.

Es genügt tatsächlich gar nicht, dass die Überfahrt gut verlaufen ist. Warum sitze ich überhaupt im Boot? Liegt hier nicht ein unerklärlicher Zwang vor, der jede Tat des Menschen, sogar die glücklichste, bis in die Wurzel korrumpiert? Nimmt ein edles und großmütiges

I · Der in sich widersprüchliche und besiegte Wille

Herz etwas an, und wäre das das höchste Gut, wenn dies aufgezwungen ist? Gewiss haben die meisten Menschen weder genügend Durchblick noch vielleicht genügend Stolz, um dieses Problem in seiner ganzen Befremdlichkeit zu spüren. Alle *[327 Bedrängung am Ursprung der Willenstat]* haben jedoch das lebhafte Gespür, sich nicht selbst zu gehören. Sie wissen, dass sie in sich selbst weder den Ursprung ihrer Tat finden, noch die Grundlage, noch das Ziel. Darüber nachzudenken, bringt sie in Verwirrung.

Es stimmt, dass der bezaubernde Reiz von Kleinigkeiten ziemlich mächtig ist. Es stimmt, dass das Weltganze für das Sinnesurteil oder in den Augen der Wissenschaft genügend umfangreich, genügend ausgefüllt und genügend kurios ist, um in die Irre zu führen, freilich nur jene, die in die Irre geführt sein wollen. Wie oft und wie gerne erliegt man dem Trugschluss des Zusammenzählens. Und nachdem man gespürt hat, dass alle einzelnen Details nicht ausreichen, wie schnell überzeugt man sich davon, dass wenigstens die Endsumme reicht! Dann scheinen hunderttausend Nichtigkeiten zusammen etwas Positives zu ergeben! Gewiss bedarf es eines außergewöhnlichen Scharfsinns des Geistes, um klar und deutlich die armselige Flüchtigkeit der Erkenntnisse, der Freuden und der menschlichen Erfolge wahrzunehmen oder um genau die Grenze von alledem abzustecken, was kindlichen Augen so weit vorkommt. Es braucht aber einen noch größeren Scharfsinn, um sich vorzustellen, dass man sich damit zufriedengibt. Und solches gelingt einem nicht, ohne aus dieser Zufriedenheit selbst und aus diesem ironischen Egoismus ein neues Idol zu machen.

Der Verdienst einer hellsichtigen Kritik bestand darin, die Nichtigkeit der scheinbaren Befriedigungen freizulegen, die die ganze Verschiedenheit der menschlichen Superstition dem begierigen Bewusstsein bietet. Was nutzt es dem Menschen, die ganze Welt zu gewinnen? Alles, was er hat, genügt ihm nicht und scheint ihm nichtig, sobald er es hat, weil er sich selbst gar nicht genügt, weil er sich selbst nicht besitzt. Alles, was er dieser Nahrung, die immer hungriger macht, noch hinzufügt, ist magere Kost. Er wird seiner Idole desto mehr überdrüssig, wenn er sie auf dem Höhepunkt seines Lebens errichtet. Er stellt sie nur auf, um sie zu zertrümmern, als ob er von vornherein spürte, dass seine Hand diese Krone nur aufgrund einer gotteslästerlichen Verwegenheit aufsetzt. Aber wie der Kranke, selbst bar jeder Hoffnung, noch etwas unternehmen will, um gesund zu werden, so willigen manche Menschen ein, betrogen zu werden, und wollen nicht wissen, dass sie es bereits wissen! Diese gewollten

Illusionen, die die einleuchtendsten Enttäuschungen noch überleben, diese oftmals heldenhaften Opfer, die man der Ehrensache, der Kameradschaft, der menschlichen Solidarität, dem Corpsgeist, den Anstandsregeln bringt, während man zugleich weiß, sie nur aus Gewohnheit, aus Langeweile und umsonst zu bringen: all dies ist rührend und albern. Aus alledem ergibt sich letztendlich nur das eine und stets gleiche Eingeständnis: Der menschliche Wille vermag es nicht, sich ganz in sich selbst zurückzuhalten, da er nicht ganz aus sich selbst hervorkommt. Wie groß geworden der Kreis auch sein mag, die Tat lässt ihn immer wieder aufsprengen. Sich einzugrenzen liegt nicht in ihrer Gewalt.

[328 Der in sich widersprüchliche und besiegte Wille] In seiner abstrakten Formulierung, »der Wille ist dazu genötigt, sich selbst zu wollen«, mag das Problem artifiziell oder nichtssagend erscheinen. Im wahren Leben jedoch handelt es sich um die gewaltige Tyrannei, die auf dem Herzen des Menschen zu lasten scheint und die der Grund für seine tiefsten Schmerzen ist. An der Ursprungsquelle unserer Handlungen entzieht sich uns ein geheimnisvolles Unbekanntes; wie ein Keim des Leids, der Beklemmung und des Todes liegt es in unserem Willen selbst eingesät. Wir haben das, was das Wichtigste von uns ist, gar nicht gewollt. Wir haben das unbändige Gefühl, ein Joch zu tragen und uns selbst nicht zu gehören. Wir haben, das ist wahr, für alles Übrige die Verantwortung übernehmen können, aber alles Übrige ist bloß ein Nichts im Vergleich zu dem, was wir wollen. Es ist sogar weniger als nichts, denn es ist so lange Schmerz, bis der Wille sich sich selbst zu eigen gemacht, verstanden und sich gefangen hat.

II

Gewiss ist die Lehre, die die Sättigung erteilt, vielleicht überzeugender als irgendeine andere: Hineingenommen in die Tat, füllt das Weltganze sie nicht aus. Dem Ziel näher zu kommen bedeutet, sich vom Verlangen zu entfernen. Der Wille, der gleichsam mit einer Sprungbewegung alle ihm begegnenden scheinbaren Befriedigungen durchquert, findet sich danach vor einer noch unergründlicheren Leere wieder. Aber nicht alle Menschen sind in der gleichen Weise imstande, diese Lehre zu verstehen. Wie wenige würden klar sehen, wenn sie alles erfahren und alles ergründen müssten, um vom Überdruss und von der Gleichgültigkeit die große Erleuchtung zu empfan-

I · Der in sich widersprüchliche und besiegte Wille

gen! Es ist nicht möglich, aber auch nicht notwendig, die Welt auszuschöpfen, um zu spüren, dass man damit seinen Durst nicht stillt. Eine heftigere Bitterkeit, eine herbere und direktere Mahnung belehrt uns über die uns kränkenden Widersprüche, denen wir ausgesetzt sind. Diese Belehrung ist das Leid, das Leid, das nie versiegend aus unserem armen Menschengeschöpf hervorströmt und das instinktiv so manche Blicke dazu gezwungen hat, sich zu erheben, das so viele Arme dazu gebracht hat, sich nach einem Befreier auszustrecken.

Es stimmt allerdings, dass gewisse Hindernisse überwunden werden können, gewisse Widerstände besiegt, gewisse Schmerzen verstanden, angenommen und als heilsamer Ansporn verwendet werden können für eine Aktivität, der es gelingt, sie in den Plan des Willens für ein glückliches Leben unterzubringen. Aber trotz aller möglichen Energie und der geschicktesten Taktik, wie oft gewinnt der Schmerz in einem solchen Ausmaß die Oberhand, dass er den Menschen dazu nötigt, es zu bedauern, geboren zu sein! Für ein solches Leid, *[329 Beklemmung und Leid im Verlauf der gewollten Tat]* das ein Leben zerbricht, ohne es zu töten, oder das es tötet, ohne es seines Ansehens zu berauben, gibt es weder eine hinreichende Erklärung noch eine mögliche Herleitung. Es bildet das Ärgernis für die Vernunft. Was bedeuten die abstrakten Formeln, mit denen man sich etwas vormacht, oder die allgemeinen Theorien, mit denen man sich wappnet? Welch ein unfassbarer Unterschied zwischen dem, was man weiß, und dem, was man verspürt! Die Strapazen, die Abneigungen gegen die mühselige Arbeit, die Schicksalsschläge und die Treuebrüche des Lebens mag man alle noch so sehr von vornherein akzeptieren, man bleibt doch stets von ihnen überrascht und überwältigt, denn sie schlagen anderswo zu, als man befürchtet hatte, und auf andere Weise, als man erwartete. Dies alles intellektuell zu kennen, bedeutet gar nichts. Das Grausame daran ist, die Enttäuschung und gleichsam die Wunde des ohnmächtigen Willens zu erleben: »Es ist schlichtweg unmöglich. Es lässt sich nichts daran ändern; nie mehr!« – Das Übel, das Leid sind nicht weniger als der Tod weder einfach nur Tatsachen, die sich der positiven Wahrnehmung darbieten, noch Konsequenzen, die sich aus der Vernunft ergeben, noch Hilfsmittel, die vom Menschen heimlich gewollt sind. Sie sind im Gegenteil der bohrende Gegensatz zwischen der Tatsache und der Vernunft, sie bilden den Konflikt der reellen Wirklichkeit mit dem Willen, dessen erste Regung die ist, das Übel zu hassen und sich gegen es aufzulehnen.

Und nicht einzig von außen her, sondern gerade von innen her

4 · Das notwendige Sein der Tat

tun sich diese kränkenden Widersprüche hervor. Was redete man von Freiheit? Schwach gegenüber der Verführung, träge bei der Initiative, ohne Kraft für die Gegenwehr, wenn wir das Gute vom Schlechten unterscheiden wollen, betrügen wir uns. Wir scheitern, wenn wir versuchen, das Gute zu tun; wir werden besiegt, wenn wir Anstalten machen, das Übel zu bekämpfen. Nicht nur müssen wir das erleiden, was wir nicht wollen, sondern darüber hinaus wollen wir nicht wirklich das, was wir wollen. Bevor der Wille anderen die Schuld zuschiebt, soll er diese bei sich selbst suchen! Der Wille fühlt sich verfault bis ins Mark, ohne zu wissen warum. Was ihm fehlt, ist daran zu denken, das zu wollen und zu tun, was er zu tun und zu denken gewollt hat. Während die Entschlüsse sich verflüchtigen, ohne Spuren zu hinterlassen, organisiert sich in uns und gegen uns ein parasitäres Leben, das die persönliche Initiative verdrängt. Wenn das Blatt durch ein Insekt angestochen ist, ist es gezwungen, eine Menge Saft zu liefern, um seinen Feind einzuwickeln und zu ernähren. Dies ist ein Bild für das Leiden, welches das Beste der Seele absorbiert und verschlingt.

Erleiden, was man nicht will, nicht all das zu tun, was man will, das zu tun, was man nicht will und es schließlich dennoch zu wollen, diesem demütigenden und schmerzlichen Verhängnis entgeht man nie voll und ganz. Aufgrund der Tatsachen selbst wie aufgrund unserer eigenen Handlungen enthüllt uns dieses Verhängnis *[330 Der in sich widersprüchliche und besiegte Wille]* das, was wir nicht wollen. Es zwingt uns dazu, das festzustellen, was uns vom Wollen noch übrig bleibt, damit wir alle Phänomene wollen, mehr noch, damit wir den Willen selbst wollen, der diese Phänomene so hervorbringt, wie sie sind, oftmals trotz unserer selbst. Indem der Wille das beseitigt, was unseren intimsten Wünschen zu entsprechen scheint, bringt er das ans Licht, was ihm, für oder gegen die tiefen Bestrebungen des Menschen, ebenfalls auferlegt ist, noch ohne dass er dem zugestimmt hätte.

III

Noch unerbittlicher macht sich diese Unterworfenheit in der Unmöglichkeit bemerkbar, unsere Handlungen ins Reine zu bringen und ihre unvermeidlichen Schmutzflecke abzuwaschen. – »Wie! Wenn ich stark genug gewesen bin, etwas zu tun, bin ich dann nicht auch stark genug, es ungeschehen zu machen?« Nein! – »Wie! Wenn ich so schwach gewesen bin, nicht verhindern zu können, etwas zu verüben, werde ich dann auch außerstande bleiben, es ganz aus der Welt zu schaffen?« Ja, gewiss!

Es wäre wirklich sehr bequem, die Auswirkung einer Handlung durch ein Dekret zu missbilligen, sie durch eine Handlung wettzumachen, so, als ob man, nachdem man den Nutzen davon hatte, nur mehr das durchgekaute Fruchtfleisch auszuspucken bräuchte. – Dies wäre nicht bloß ungerecht, sondern es ist unmöglich. Was ich getan habe, habe ich nie allein getan: Außerhalb von mir und in mir bleibt das Vergangene für immer.

Außerhalb von uns handeln unsere Werke ihrerseits ohne Rücksicht auf uns, wie Kinder, die sich von uns losgelöst haben. Die Kinder sterben, die Handlungen bleiben am Leben, sie sind unverwüstlich. Wir wären froh, uns davon zu überzeugen, dass wir nichts Tadelnswertes oder nichts Schädliches getan haben, darauf hoffen zu können, dass das Gute mit einem leichten Kniff aus dem Schlechten selbst hervorgehen kann und dass ein geschickter Ausgleich oder mutige Bußleistungen die Vollkommenheit aller Dinge wieder herstellen werden. Dieser Wunsch ist eine Fantasievorstellung. Es gibt eine Art von Verschulden, das nicht wiedergutzumachen ist. Das, was einen am meisten erschreckt zu glauben, ist dennoch wahr: Die Tat ist unauslöschlich. Keine einzige Entschädigung ist je ein völliger Schadenersatz, keine Buße, keine Strafe, aufgeschichtet auf der einen Seite der Waage, lässt die andere Seite hochschnellen. Die Konsequenzen setzen sich bis ins Unendliche von Zeit und Raum fort, gleichsam um uns die innere Energie der Tat anhand der sichtbaren Größe ihrer Wirkungen zu enthüllen. Wer hat nicht bis zum Angstgefühl die Widersprüchlichkeit des Vergangenen gespürt, das nur tot zu sein scheint, um wie ein Testament besiegelt und unwiderruflich zu sein!

[331 Unmöglichkeit, die Folgen der Tat zu beheben] Im Inneren lastet auf unserem Verhalten ein Verhängnis, das auch wenn es weniger offensichtlich ist, nur umso schrecklicher ist. Das Schlimmste ist vielleicht nicht, unsere Handlungen nicht ändern zu können, sondern dass unsere Handlungen uns selbst ändern, so sehr, dass wir selbst es nicht mehr vermögen, uns selber zu ändern. – Zuweilen würden wir es wünschen, die vorteilhaften Folgen eines Fehlers nicht als Ausgangspunkt für die Zukunft zu übernehmen. Doch die korrumpierende Wirkung der Tat besteht gerade darin, neue Urteile hervorzurufen und die inneren Perspektiven des Bewusstseins auf den Kopf zu stellen. – Wir möchten öfters wünschen, mit einer lästigen und tyrannischen Vergangenheit zu brechen, die uns aufgrund der

4 · Das notwendige Sein der Tat

Logik der Unordnung unaufhaltsam neuen Kompromissen aussetzt. Aber um umzukehren und zusammen mit der schuldhaften Neigung die ganze Brut der im Dunkeln hervorgeschlüpften schändlichen Verlangen zu beseitigen, bedürfte es wohl etwas mehr als einer egoistischen Angst oder einer Anwandlung von Weisheit und Rechtschaffenheit. Wer also bleibt dieser radikalen Zerrissenheit gewachsen, die die Tiefen des Bewusstseins für die Sonne offenlegt? Es gibt Augenblicke, da die Leidenschaften sprechen und entscheiden, als ob sie dem Menschen einzig das Recht übrig ließen, sich über den frevlerischen Einfluss zu wundern, den sie an den Tag legen. Eine solche Enthüllung ist bisweilen gewalttätig wie ein Staatsstreich und ebenso plötzlich, aber auf welch eine lange gedankliche Vorbereitung und nach wie viel unbemerkter Heimtücke erfolgt sie?

Deshalb gibt es vor, während und nach unseren Handlungen Hörigkeit, Zwang und Versagen. Die Dringlichkeit der Tat zwingt solch eine Ansammlung an Unterworfenheit und Schwachheit dazu, die Verschleierung fallen zu lassen. Was man nicht wollte, was man vielleicht nicht mehr wollen möchte, von dem weiß man, dass man es getan und gewollt hat. Die Beschmutzung bleibt zurück. Und was heißt hier sich zu beschmutzen anderes, als zwei sich feindlich verhaltende Willen miteinander zu vermischen, von denen der eine seinen Elan nur in sich selbst zu schöpfen scheint, während der andere dem Strom der Tat das Unreine eines fremden Wassers zuführt? Wenn das vom Menschen empfundene Unvermögen, das geringste seiner Werke ganz allein zu vollenden, ihn zu allen Formen der Superstition geführt hat, so hat die Unmöglichkeit, in der er steckt, sein Leben in eigener Regie zu lenken und die Beschmutzung selbst zu entfernen, ihn zu den verschiedensten flehentlichen Bitten, Gebeten und Sühneopfern inspiriert.

– Wenn man nicht erst die ganze Macht des menschlichen Willens ermessen und das schön geordnete Gefüge der Phänomene durchlaufen hat, das der Wille erfolgreich organisiert, könnte es vielleicht so aussehen, dass weder diese Bestandsaufnahmen endgültig sind, noch diese Gegensätze unlösbar, noch diese Verurteilungen unwiderruflich. *[332 Das scheinbare Scheitern der gewollten Tat]* Aber nach der Analyse der Tat gibt es keine Ausrede mehr: Es ist eine Tatsache. Und die Kraft dieser Tatsache liegt darin, dass sie durch die wissenschaftliche Methode der Residuen festgestellt ist. Wenn man all das sieht, was man gekonnt hat, sieht man auch genau all das, was man nicht kann. Und wenn man bis zum Paradox seine Kraft erwiesen hat, geschieht dies dann nicht, um die Schwachheit des menschlichen Wollens als offenkundige Tatsache spüren zu lassen? Was man nicht tun kann oder ungeschehen machen kann, wie man es will, beweist, dass man auch das nicht in völliger Unabhängigkeit will, was einem hervorzubringen oder zu heilen gelingt. Ist also die ganze Anstrengung, die der Mensch unternommen hat, um sich auf *etwas* hin emporzustrecken, nicht einzig deshalb scheinbar gelungen, um danach umso erbärmlicher zurückzufallen? Ist der Wille, der sich als siegreicher Eroberer auf den Weg gemacht hat, nicht gerade aufgrund des Ausmaßes seiner Ambitionen zum Scheitern verurteilt?

Diese Enttäuschung, so scheint es, ist desto unheilbarer, als der Wille nicht deswegen so scheitert, weil er gehandelt und in alles, was sich ihm darbot, eingestimmt hat, sondern weil er alles ausgeschöpft hat, auf alle Erfahrungen eingegangen ist, weil er allem Leid und Makel des Lebens getrotzt hat. Handeln ist gut, wenigstens für eine gewisse Zeit. Es ist eine ärztliche Behandlung, gleichsam eine Psychotherapie, die etwas Vertrauen zurückgibt, indem sie dem, der sich ihr unterzieht, die schöne Illusion eines Glaubens oder einer fruchtbaren Liebe schenkt. Aber was danach? Ist leben um zu leben letztendlich nicht absurd und grausam? Der Mensch kann noch so sehr auf der Suche sein, in ihm selbst oder außerhalb seiner selbst, im Unendlichen der Wissenschaft oder des Universums. Er ist immer noch allein und kann doch nicht allein bleiben. Diese empfundene Ohnmacht erfolgt nicht aus seiner Unwissenheit. Ganz im Gegenteil. Je mehr er weiß, je mehr er hat und je mehr er ist, umso schärfer ist das Bewusstsein, dass er das, was er will, gar nicht hat, gar nicht ist. Man möchte sagen, dass er bei aller Befriedigung der Sinne, des Geistes und des Herzens nur einen Abgrund aufreißt. Sowohl aufgrund der Freude als auch des Leids, aufgrund des Erfolges als auch des Scheiterns, sowohl aufgrund des Besitzes als auch der Bedürftigkeit sieht er sich zu folgender schonungsloser Feststellung gezwungen: Was auch immer der Wille aus eigener Kraft gelungenermaßen erreicht haben mag, die Tat ist noch immer nicht dem Wollen angeglichen, aus dem sie hervorgeht. Der Wille hat noch immer nicht sich selbst ganz gewollt. Die scheinbaren Misserfolge der Tat, die Schmerzen oder die Schwächen, die sie durchdringen und belasten, der Schmutz, den abzuwaschen sie unfähig bleibt, der Tod und der ganze Determinismus der praktischen Widersprüche enthüllen nur umso dringlicher diese fundamentale Ohnmacht.

[333]

Zweiter Gedankenschritt

Der bejahte und aufrechterhaltene Wille

Unzerstörbarkeit der Willenstat

Es ist eine Tatsache, dass die Ansprüche des Menschen eigentlich völlig widerlegt sind. Was man auch immer von dem, was man gewollt hat, erlangt haben mag, vom Gesichtspunkt der gewollten Dinge aus betrachtet, ist das Fiasko unumgänglich. Aber diese Tatsache tritt wie jede andere nur als Folge einer tieferen Initiative notwendigerweise für das Bewusstsein in Erscheinung. Sie stellt eine Auswirkung dar, die man anhand eines Bandes der Notwendigkeit an ihre Ursache zurückbinden muss, ehe man sieht, worin ihre Wirksamkeit zwangsläufig besteht, ehe man versteht, wie auch sie in den Determinismus des Willens Eingang findet.

Drei Thesen fassen diese notwendige Verkettung zusammen. – Das Empfinden des scheinbaren Scheiterns unserer Tat ist nur insofern eine Tatsache, als sie in uns einen Willen impliziert, der die Widersprüche des Lebens und die erfahrenen Widerlegungen übersteigt. – Die Gegenwart dessen in uns, was nicht gewollt ist, hebt den wollenden Willen gänzlich klar und deutlich hervor. – Und dieser innere Mechanismus zeigt nur die Notwendigkeit für den Willen auf, sich selbst zu wollen und sich zu bestätigen. Das, was wir an Sein haben, widerfährt uns, aber zugleich können wir nicht umhin, es uns wie aus freien Stücken zu eigen zu machen.

So sind wir durch einen unausweichlichen Fortschritt der Analyse, die lediglich eine bereits in uns lebende Wahrheit ans Licht bringt, dazu geführt worden, nicht mehr das Objekt, nicht mehr die Tatsache, sondern die Handlung als solche oder *[334 Unzerstörbarkeit der Willenstat]* das Sein selbst des Willens zu wollen. Jetzt muss noch geschaut werden, was diese neue Notwendigkeit mit sich bringt und voraussetzt. Werden wir sie uns selbst gegenüber noch rechtfertigen können?

II · Der bejahte und aufrechterhaltene Wille

I

Die Erfahrung des Lebens wie die des Todes, die Erfahrung der eigenen Person und ihrer Macht, die Erfahrung ihrer Tat, ihres Leides und ihres Versagens ist weder völlig empirisch noch rein *a posteriori*. Das Übel, der Schmerz und der Tod sind keine rein positiven Tatsachen. Das heißt solche Tatsachen, die man feststellen kann, ohne zuvor dorthinein eine heimliche Hypothese einzubauen oder ein Verlangen, demgegenüber die Realität, wenn sie damit kollidiert, das Bewusstsein einer bloßen Negation hervorruft. Sie sind Tatsachen nur aufgrund eines Kontrastes, als Folge des inneren Gegensatzes zwischen dem gewollten Willen und dem wollenden Willen. Einzig dieser Konflikt macht in uns die Empfindung einer Abhängigkeit verständlich, einer Privation oder einer »Hemmung«. In einem Wort: Er erklärt das Bewusstsein als solches und die Reflexion. Es handelt sich dabei nicht mehr nur um das Bewusstsein der Phänomene, die sich in mir zutragen, sondern um das Bewusstsein meiner selbst, in dem sich die Phänomene zutragen, um das Bewusstsein des Phänomens als Phänomen, das heißt dessen, was sich selbst weder genügt noch sich allein aufrechterhalten kann.

Wenn wir das Ungenügen jedwedes dem Willen dargebotenen Objekts eingestehen, die Schwachheit der menschlichen Verfassung verspüren, den Tod kennen, dann bekunden wir einen höheren Anspruch. Diese Tatsachen sind nur möglich oder reell oder man ist sich ihrer nur bewusst als Folge einer vorausgegangenen Initiative. Wer das Problem des Seins und der Unsterblichkeit aufwirft, trägt seine Lösung bereits in sich, und zwar aufgrund der verborgenen Kraft einer Art ontologischen Beweises, eines Beweises indes, der nicht auf der Dialektik von Ideen beruht, sondern der schlichtweg die reelle und aktuelle Kraft menschlichen Wollens entfaltet. Also nicht die Unsterblichkeit ist gegen die Natur, sondern der Tod selbst, dessen Begriff der Erklärung bedarf. Nicht wir sind in Zeit und Raum, sondern Raum und Zeit sind in uns. Der Tod möge eine offenkundige Tatsache sein, die Taten selbst sterben nicht. Wir nehmen die Tatsache des Sterbens nur wahr, wir verstehen sie nur, weil wir die implizite Gewissheit besitzen, zu überleben.

Vorher sah es so aus, als ob sich ein von außen kommender und infolgedessen Verwirrung stiftender, unverständlicher Determinismus dem *[335 Das Festhalten des Willens an seiner eigenen Natur]* inneren Determinismus der gewollten Tat entgegenstellte. Man beginnt jetzt zu sehen, wie sich das eine mit dem anderen verbindet. Die dem Willen scheinbar widerwärtigsten Widersprüche dienen einzig dazu, sein unüberwindliches Festhalten an sich selbst ans Licht zu bringen. Durch das, was er ablehnt, bejaht er sich selbst und baut sich unzerstörbar auf. All das zu eliminieren, was gewollt ist, um nur das übrig zu lassen, was nicht gewollt ist: Diese rigorose Methode der Eliminierung enthüllt umso deutlicher das, was will, und überlässt dem Wollen nicht mehr als die Fähigkeit, sich selbst zu wollen. Genau dies gilt es recht zu verstehen.

Man möge jedoch achtgeben, den Sinn dieser notwendigen Feststellungen nicht misszuverstehen! Sie missverstehen bedeutet weder, dass man sie beseitigt, noch dass man ihren Folgen zuvorkommt. Aber eine falsche Deutung kann diese Folgen selbst pervertieren, indem sie den reflektierten Willen bezüglich der höchsten Option irreleitet, zu der er bald zwangsläufig geführt wird. Es ist deshalb wichtig, das scheinbare Scheitern der Tat angemessen zu verstehen und zu zeigen, in welcher Abfolge von Schritten wir dazu gelangen, diese entscheidende Tatsache festzustellen, deren zwangsläufige Folgen noch zu bestimmen sind.

II

Wird der Wille, wie der Pessimismus sich dies vorgestellt hat, ins Nichts zurückfallen, entmutigt wie er ist, zunächst nicht das erreichen zu können, wohin sein inbrünstiges, siegreiches Streben ihn zu tragen schien? Aber dieses Nichts, nach dem er zuweilen zu verlangen und von dem er einen Vorgeschmack zu haben scheint, gibt es nicht. (Um ihm diesen falschen Ausweg zu versperren, war es richtig, von Anfang an die ganze vorgetäuschte Hoffnung der Hoffnungslosen zu zerstreuen.) Kein echtes Streben ersehnt sich dieses Nichts, wie wir gesehen haben. Diesen Weg ins Nichts haben wir endgültig vermauert. Wie ein Hindernis stößt dieses undurchdringbare Mauerwerk den Elan, der auf es prallt, mit einer unendlichen Widerstandsfähigkeit zurück. Während der Wille den Anschein erweckt, im Nichts zu versinken, während er vortäuscht, nachdem das Phänomen ausgeschöpft ist, sich ins Nichts zu stürzen, schießt er aus sich selbst wieder hervor. Dort findet er sein eigentliches und wahres Wesen, ob er dies nun namentlich zu bezeichnen vermag oder nicht. Das unzerstörbare Festhalten des Lebens am Leben selbst folgt, trotz eines Zuges scheinbarer Notwendigkeit, aus dem grundsätzlichen Festhalten des Willens an seiner eigenen Natur: Allein das Wollen ist stark genug, dem Wollen den Weg zu versperren und es daran zu hindern, sich zu zerstören.

[336 *Die Unzerstörbarkeit der Willenstat*] Gewiss ist dies eine Weise, das Vorstellungsvermögen anzusprechen. Während diese Worte dazu dienen, den Geist fest auf etwas auszurichten, scheinen sie durch eine Art künstlicher Präzision die natürliche Vorgehensweise des Denkens zu entstellen. Aber unterhalb von ihnen muss man im Gegenteil einer präziseren, sichereren, direkteren Tat des Willens gewahr werden, eines Willens, der weder komplizierter Vorgänge bedarf, noch gelehrter Dialektik, noch aufeinanderfolgender Gesichtspunkte, um zu folgender Schlussfolgerung zu gelangen: »Ich will. Und wenn nichts von dem, was gewollt ist, mich zufriedenstellt, mehr noch, wenn ich nichts von dem will, was ist oder was ich selber bin, dann besagt dies, dass ich mich selber mehr will als alles, was ist, und als alles, was ich bin.«

Weil wir nicht auf Anhieb zu dem gelangen, was wir wünschen, hören wir dann auf, nach dem zu verlangen, was wir verlangt haben? Keineswegs! Wir werden mehr verlangen, noch mehr verlangen. Dieses ganze schöne Ordnungsgefüge der Phänomene, innerhalb dessen die Wissenschaft sich so wohlfühlt, haben wir nicht als etwas erfahren, das zu viel für uns wäre; wir erfahren es als viel zu wenig. Und wenn schmerzliche Widersprüche unseren Händen entrissen, was wir festzuhalten dachten, nehmen sie uns dann mit der Nahrung auch die Esslust weg? Ob man das dem Verlangen angebotene Objekt nun umklammert oder verschmäht, es ist der gleiche Drang, der diesen Hunger oder diese Abneigung weckt. Die scheinbaren oder vorübergehenden Befriedigungen haben dieses Bedürfnis verdecken können; es war aber schon da. Die Widrigkeiten decken es auf. In dem, was man will, wie in dem, was man nicht will, gibt es etwas, was man über alles will. In der gewollten Tat befindet sich somit ein reeller Inhalt, mit dessen Ausmaß die Reflexion noch nicht gleichgezogen hat.

Es liegen, wie es scheint, ganz negative Schlussfolgerungen vor: die Unmöglichkeit, stehen zu bleiben, und die Unmöglichkeit, sich zufriedenzustellen. Genau deswegen sind sie ganz positiv. Sie deuten auf die Notwendigkeit hin, nicht rückwärtszugehen, sondern vorwärts. Das sicherste Zeugnis ist das, welches, irregeführt durch den äußeren Schein, in Wirklichkeit gegen das aussagt, was es aufzuzeigen glaubt. Dort, wo man von Nichtigkeit des Phänomens, Unge-

4 · Das notwendige Sein der Tat

nügen des Phänomens, von Scheitern und Belanglosigkeit der menschlichen Tat spricht, muss man dies wiedergeben mit: Notwendigkeit und Bedürfnis nach etwas Anderem, demgegenüber das Phänomen nur mehr Nichtigkeit zu sein scheint. Und umgekehrt: In der Sprache der Erscheinungen scheint gerade dieses Etwas Nichtigkeit zu sein, weil es sich jenseits der Phänomene befindet. Ohne dieses Etwas wären die Phänomene nicht, ohne die Phänomene würden wir das Etwas nicht erkennen.

So gehen aus ein und demselben Wollen sowohl die Absicht hervor, das Phänomen auszuprobieren, als auch die Unmöglichkeit, es dabei zu belassen, des Weiteren die Bewegung des Widerspruchs, die die Tat scheitern zu lassen scheint, und schließlich *[337 Der zwangsläufig sich selbst wollende Wille]* die Unzerstörbarkeit all dieser natürlichen Strebungen. Kurzum: Alles, was man bis jetzt gewollt hat, kann nicht mehr nicht sein und kann auch nicht mehr einfach das bleiben, was es ist. Diese zweifache, scheinbar gegensätzliche Notwendigkeit gründet gleichzeitig auf einer einzigen Absicht, die in sich selber völlig konsequent ist. Die Einheit dieses Determinismus macht dies verständlich.

III

In welche Tiefen sind wir geführt worden? Wenn man auch nichts mehr von allem Übrigen wollte, so will man noch immer sich selbst. Und indem wir uns selbst wollen, bestätigen wir das, was bewirkt, dass alles Übrige für uns ist. Alle diese scheinbaren Zwänge, die nacheinander auf uns zu lasten schienen, sind jetzt also gerechtfertigt und gleichsam gutgeheißen. Aber tritt die Notwendigkeit in dem Maße, wie sie vor einem Willen zurückweicht, der sie mit einbezieht, danach nicht noch dominanter in Erscheinung? Weil der Determinismus seine Kette ständig weiter ausbildet, werden wir daher nicht wieder unter die Gewalt eines Despotismus geraten, des tyrannischsten von allen? Es ist uns auferlegt worden, uns selbst zu wollen; es ist uns auferlegt worden, uns uns selbst aufzuerlegen.

Wir entrinnen nicht dem Bedürfnis, uns über diese Notwendigkeit Rechenschaft zu geben. Sie wirkt sich zwangsläufig im Bewusstsein aus und bringt sich dort natürlicherweise zum Ausdruck. Wir müssen also jetzt herausfinden, wie sie sich dem Denken enthüllt. Aus dem Konflikt, der jedes Gewissen aufrüttelt, geht unausweichlich eine äußerste Alternative hervor, und diese Alternative müssen wir gezwungenermaßen entscheiden. Bis zu dieser notwendigen Frage, bis zu dieser notwendigen Lösung muss die Wissenschaft dem Determinismus der Tat folgen.

Gewiss präsentiert sich dieses tragische Problem dem Bewusstsein nicht in dieser abstrakten Form. Aber die Weise, in der wir den in uns aufbrechenden Konflikt darstellen, ist in dem Fall, da er tatsächlich aufbricht, nicht so wichtig. Das Leben ist subtiler als jede Analyse, logischer als jede Dialektik. Was man gleich verspürt, ohne das Bedürfnis zu haben, es ausdrücken zu können, ist der Umstand, dass der Wille sich mit keinem der von ihm gewollten Objekte zufriedengibt. In dem, was getan oder gewünscht ist, steckt stets weniger als in dem, das tut und wünscht. Das Ergebnis scheint wie eine Karikatur oder eine Fälschung seiner wahren Ursache zu sein. Das Problem vom Anfang bleibt in vollem Umfang bestehen: Ist es möglich, sich selbst zu wollen? Worin liegt der wahre Sinn dieses notwendigen Bestrebens? *[338 Notwendige Bedingungen, damit der Wille sich will]* Aufgeteilt zwischen dem, was ich tue, ohne es zu wollen, und dem, was ich will, ohne es zu tun, bin ich gleichsam immer mir selbst gegenüber ausgesperrt. Wie also kann ich in mich hineingehen und in meine Tat das einbringen, was sich dort je schon vorfindet, aber ohne es zu wissen und außerhalb meines Zugriffs? Wie ist das Subjekt dem Subjekt anzugleichen? Um mich selbst voll und ganz zu wollen, muss ich mehr wollen, als ich bis jetzt habe finden können.

Indem ich an die äußerste Notwendigkeit des Willens stoße, muss ich also bestimmen, was ich will, damit ich in vollem Umfang *wollen wollen* kann. Gewiss, ich muss mich selbst wollen. Indes ist es mir nicht möglich, auf unmittelbare Weise zu mir zu gelangen. Zwischen mir und mir klafft ein Abgrund, den nichts auffüllen konnte. Es gibt keinen Ausweg, um mich zu entziehen, keinen Übergang, um allein vorwärtszugehen. Was wird aus dieser Krise hervorgehen?

*

Es ist unmöglich stehen zu bleiben, unmöglich zurückzugehen, unmöglich alleine vorwärtszugehen: Aus diesem in jedem menschlichen Bewusstsein auftretenden Konflikt bricht zwangsläufig das Eingeständnis des »einzig Notwendigen« hervor. Ob man dieses nun zu benennen vermag oder nicht, dies ist der Weg, von dem es unmöglich ist, ihn nicht zu gehen. Infolgedessen handelt es sich hier nicht darum, eine metaphysische Umschreibung dafür zu suchen. Man muss es [das »einzig Notwendige«] zwar untersuchen, aber nicht in dem Maße, wie die Erkenntnis sich anmaßt, dort ein-

4 · Das notwendige Sein der Tat

zudringen, sondern in dem Maße, wie seine Tat unsere Tat durchdringt und vorankommen lässt. Auch das »einzig Notwendige« geht seinerseits in den Dynamismus des Bewusstseins ein. Durch die Gegenwart dieses Gedankens, der auf leise Weise die Seelen bewegt, nimmt das Leben des Willens zwangsläufig einen transzendierenden Zug an. Der Konflikt löst sich in einer Alternative, die angesichts der widersprüchlichen Seiten des Dilemmas eine höchste Option erfordert und allein dem Willen gestattet, sich selbst frei so zu wollen, wie er für immer zu sein wünscht.

[339]

Dritter Gedankenschritt

Das einzig Notwendige

Die unausweichliche Transzendenz der menschlichen Tat

Werfen wir noch einen Blick auf den Weg, den wir unter dem Zwang eines unbeugsamen Determinismus zurückgelegt haben. Es ist unmöglich, das Problem der Tat nicht aufzuwerfen, unmöglich auch, dieses Problem einer negativen Lösung zuzuführen. Es ist unmöglich, sich in sich selbst wie in den Anderen so wiederzufinden, wie man sein will. Kurzum: Es ist unmöglich, stehen zu bleiben, zurückzugehen oder alleine vorwärtszugehen. Es gibt in meiner Tat etwas, das ich noch nicht erfassen und nicht ausgleichen konnte, etwas, das es der Tat verwehrt, ins Nichts zurückzufallen, und das nur etwas ist, insofern es nichts von dem ist, was ich bis jetzt gewollt habe. Was ich aufgrund des Willens poniert habe, vermag weder sich selbst aufzuheben noch sich selbst aufrechtzuerhalten. Genau dieser Konflikt erklärt die zwangsläufige Gegenwart einer neuen Bejahung im Bewusstsein, und die Realität dieser notwendigen Gegenwart ermöglicht in uns das Bewusstsein dieses Konfliktes selbst. Es gibt ein »einzig Notwendiges«. Die gesamte Bewegung des Determinismus führt uns zu diesem Endpunkt, denn von ihm geht der Determinismus aus, dessen ganzer Sinn darin besteht, uns zu ihm zurückzuführen.

Man möge dies aber nicht falsch verstehen. Trotz eines Scheins von Dialektik gibt es in dieser Argumentation nichts, absolut nichts, das eine Deduktion wäre. Was die Stärke der Beweisführung ausmacht, liegt darin, dass sie schlicht und einfach die reelle Expansion des Willens aufzeigt. Der Aufweis hier geht nicht aus einer logischen Konstruktion des Verstandes hervor. Es handelt sich weder darum, sich irgendetwas auszudenken, noch *[340 Das einzig Notwendige]* das in die Willenstat hineinzulegen, was noch nicht darin wäre. Es geht vielmehr darum, genau das zu fassen, was sich dort je schon befindet, was sich folglich dem Bewusstsein gegenüber notwendigerweise zum Ausdruck bringt und dort unter welcher Gestalt auch immer dargestellt ist. Es gilt ein Unbekanntes zu entdecken, allerdings eher aufgrund einer vollständigeren Bestandsaufnahme als

4 · Das notwendige Sein der Tat

aufgrund eines erfindungsreichen Denkprozesses, eher also im Hinblick auf die Bereicherung des aktiven Lebens als um einer sterilen Genugtuung des Geistes willen. Das Problem ist, zu verstehen, nicht ob dieses »einzig Notwendige« der abstrakte Schlusspunkt einer Vernunftargumentation ist, sondern ob es auch seinerseits als eine lebendige Wahrheit in die Entfaltung der gewollten Tat eingehen können wird.

Was bedeuten schließlich all die mehr oder weniger veredelten Idole, die der menschliche Intellekt sich anzubieten vermag? Man wird das *Sein* nicht immer deshalb besser in sich selbst haben, weil man eine exaktere Formulierung bietet. Und vielleicht ist es besser, vielleicht ist es sogar angebracht, stets nach dem Sein zu streben und nicht zu behaupten, es gefunden zu haben, um nicht aufzuhören, es zu erreichen, wenn man aufhören würde, es zu suchen. *Amem non inveniendo invenire potius, quam inveniendo non invenire te!* [Ich bevorzuge es lieber, durch Nichtfinden dich zu finden, als durch Finden dich nicht zu finden]. Die Meister des inneren Lebens stellen fest, dass, »wenn wir die Gegenwart dieses einzig Notwendigen in den Willensakten bedenken, wir unsererseits einen größeren Respekt bekunden müssen, als wenn wir den Verstand verwenden, um nachzudenken«. Wichtiger als der Begriff, mit dem man es definiert, ist die Weise, die einen dazu führt, es notwendigerweise der Willenstat als ein Ziel anzubieten, als ein transzendierendes Ziel, selbst wenn dieses je schon in ihr da ist. Ohne Namen und Natur des einzig Notwendigen zu kennen, kann man sein Herannahen ahnen und gleichsam seine Berührung spüren, genauso wie man in der Stille der Nacht die Schritte eines noch unerkannten Freundes hört und seine Hand berührt.

Gewiss ist die Genauigkeit der metaphysischen Definitionen nicht belanglos. Sie haben, wie wir gesehen haben, ihre eigene Wirksamkeit und gehen ein in die allgemeine Dynamik des Willenslebens. Und dennoch sind es nicht die klaren und angemessenen gedanklichen Vorstellungen, die allein uns handeln, richtig handeln lassen. Die gelehrten Auffassungen und Definitionen sind öfters nur Etiketten oder Namen, die man sich ausleiht, um so über Gewahrwerdungen reden zu können, die man selbst nie gekannt hat. Es gibt Besseres zu tun, als über Ideen zu spekulieren, die auf irgendeine Weise stets zu kurz geraten. Man möge deshalb alles, was im Denkwerk willkürlich, wandelbar und künstlich bleibt, beiseitelassen. In jeder Seelenverfassung, auf jeder Stufe der Zivilisation *[341 Der negative Cha-*

rakter des zwingenden Beweises] bietet sich »ein einziges Notwendiges« dem Bewusstsein des Menschen an und zwingt sich ihm auf. Es ist äußerst wichtig, das Wissen zu bestimmen, das in diesem allseits bekannten Sprachgebrauch steckt.

Dies bedeutet weder, dass man es bei diesem unbestimmten Gefühl für das Geheimnis belassen müsste, noch daran zu verzweifeln, etwas davon gedanklich in den Griff zu bekommen, noch es sich zu untersagen, dafür irgendeinen stichhaltigen Beweis zu suchen. Keinesfalls. Ein Beweis, der nur ein logisches Argument ist, bleibt stets abstrakt und bruchstückhaft. Er führt nicht zum Sein, er treibt das Denken nicht auf notwendige Weise zu der reellen Notwendigkeit. Ein Beweis hingegen, der sich aus der gesamten Bewegung des Lebens ergibt, ein Beweis, welchen die umfassende Tat selbst darstellt, besitzt diese zwingende Kraft. Um mit Hilfe der dialektischen Darlegung diesem Beweis in seiner spontanen Kraft gleichzukommen, darf man also dem Geist keine Ausfluchtmöglichkeit lassen. Das Eigentümliche der Tat besteht tatsächlich darin, ein Ganzes zu bilden. Deshalb werden alle Teilargumente sich durch sie zu einer demonstrativen Synthese vereinen. Als vereinzelte Argumente bleiben sie steril, durch ihre Einheit sind sie beweiskräftig. Einzig unter dieser Bedingung werden sie die Bewegung des Lebens abbilden und zugleich anregen. Aus der Dynamik der Tat hervorgegangen, werden sie zwangsläufig deren Wirkungskraft beibehalten.

I

Im strengen Sinne des Wortes gilt nichts als wissenschaftlich bewiesen, wenn man nicht dessen Notwendigkeit herausgestellt hat. Um eine reelle Wahrheit zu begründen, reicht es nicht, davon auszugehen, dass es sie gibt, und aufzuweisen, dass nichts daran hindert, dass sie ist. Man muss vielmehr davon ausgehen, dass es sie nicht gibt, und aufweisen, dass es unmöglich ist, dass sie nicht ist. Erst nachdem man alle Auswege abgeschnitten hat, drängt sich die Schlussfolgerung auf.

Deswegen ist es von Beginn dieser Untersuchungen an notwendig gewesen, den Weg ins Nichts ein für alle Mal zu versperren. Diese Idee des Nichts gibt es nicht ohne die Idee von etwas Anderem. Und das Argument, das man vielleicht am besten als *ontologisch* bezeichnen könnte, ist jener Gegenbeweis, der die Unmöglichkeit des absoluten Nicht-Seins aufzeigt und sich dabei auf das Unzureichende des relativen Seins stützt.

In welcher Form bietet sich dieser Gedanke des Nichts dem Bewusstsein an? In der Form einer Verneinung. Und was verneint man, um es gleichzeitig zu bejahen? All das, was unmittelbares Objekt von Erkenntnis und von Verlangen ist. Dies besagt, dass die Großartigkeit von allem Übrigen nur dazu dient, die unvergleichliche Erhabenheit dieses angeblichen Nichts hervortreten zu lassen. Wenn *[342 Das einzig Notwendige]* man nach dem Nichts trachtet und sich dazu bekennt, will und bejaht man nicht mehr das, was man tut und denkt, sondern das, was man weder zu tun noch zu denken vermag, und dennoch kann man nicht umhin, es zu wollen und zu bejahen. Unsere Wissenschaft und unsere Tat sind niemals so, wie ein auf die Phänomene allein eingeschränkter Wille sie machen würde. Genau deshalb scheint angesichts der getanen Werke, der eindeutig festgelegten Worte und Gedanken die richtige Bezeichnung für dieses Unbekannte eher »Tod und Nichts« zu sein als Sein und Leben. Um es nicht auf die Bestimmungen und Symbole zu reduzieren, die es gewissermaßen verneinen, deutet man auf das hin, was es nicht ist, und nicht auf das, was es ist, indem man wahrheitsgemäß sagt, dass das Unbekannte nichts ist, nichts ist von alledem, was ist. So sehr ist der Mensch völlig vom Gefühl beherrscht, dass in seiner Tat das Wesentliche über die wahrgenommene und hervorgebrachte Realität hinausgeht!

Hier ist also die Bejahung weniger richtig und die Verneinung wahrheitsgerechter. Die Verneinung dringt tiefer in das Wesen dieses Geheimnisses vor, das unseren Handlungen gegenwärtig ist. Es ist deshalb nicht ohne Grund, dass die Mystiker großartig vom Nichts als von der tiefen Quelle gesprochen haben, aus der das Leben hervorquillt, dass religiöse Menschen vor dem Unaussprechlichen im anbetenden Schweigen verharrt sind, um es nicht durch ihre Worte zu entstellen, denn niemand ist fähig oder würdig, es bei seinem geheimnisvollen Namen zu nennen. Und es ist auch nicht ohne Grund, dass die größten Geister befürchtet haben, diese geheimnisvolle Realität zu leugnen, wenn sie sie durch eine positive Umschreibung einzuschließen versuchen würden, und dass Herzen voller Liebe im Atheismus eine Form der keuschen und tiefen Frömmigkeit – ihrer Meinung nach sogar die ehrfürchtigste – zu sehen geglaubt haben. Unter all diesen Schleiern verbirgt sich eine Huldigung an das Sein; es ist gerade das Nichts, das sich unumgänglich zum Sein bekennt. Zu welcher Seite man sich auch wendet, man begegnet ihm. Auch wenn man vor ihm flüchtet, ist dies noch eine Weise, ihm entgegenzugehen und ihm in die Hände zu fallen. *Solus est qui frustra nunquam quaeri potest, nec cum inveniri non potest* [Es ist das Einzige, das nie vergeblich gesucht werden kann, auch nicht, wenn es nicht gefunden werden kann].

II

Aber dieses notwendige Bekenntnis zum Sein ist nur aufgrund der Ergänzung einer anderen Lehre völlig sinnvoll und zutreffend. Der Beweis des Seins, der zunächst auf der Gesamtheit dessen aufruht, »was nicht zu sein scheint«, ist nur stringent, wenn er sich zugleich auf die Gesamtheit dessen stützt, »was zu sein scheint«. Wie könnte die Fülle des Nichts und die Notwendigkeit des Seins, die sich dahinter verbirgt, anders deutlich herausgestellt werden, *[343 Der Sinn des kosmologischen Arguments]* als durch die Hinzuziehung der Phänomene und durch den Aufweis ihrer Unzulänglichkeit? Indem der Wille sich im Weltganzen entfaltet, wird er sich deutlicher seiner selbst und seiner Ansprüche bewusst. Die Natur, die Wissenschaft, das Bewusstsein, das soziale Leben, das Gebiet der Metaphysik, die Welt der Moral sind für ihn nur eine Reihenfolge von Mitteln gewesen. Er kann weder darauf verzichten noch sich damit zufriedengeben. Er benützt sie als Sprungbrett, um so seinen Schwung zu bekommen: *Per ea quae non sunt et apparent, ad ea quae non apparent et sunt.* [Durch die Dinge, die nicht sind und erscheinen, zu den Dingen, die nicht erscheinen und sind].

Der Aufweis des »einzig Notwendigen« leitet so seine Kraft und seine Stichhaltigkeit aus der gesamten Ordnung der Phänomene her. Ohne es ist alles nichts, und nichts kann nicht sein. Alles, was wir wollen, setzt voraus, dass das »einzig Notwendige« ist; alles, was wir sind, erfordert, dass dies ist. Das Argument, das aus der universellen Kontingenz gezogen wird, kann man also auf tausendfache Weise formulieren. Dieses einzig Notwendige befindet sich am Anfang oder am Ende aller Wege, die der Mensch einschlagen kann. Am Ende der Wissenschaft und der Wissbegier des Geistes, am Ende der lauteren und verwundeten Leidenschaft, am Ende des Leides und des Überdrusses, am Ende der Freude und der Dankbarkeit, überall, ob man nun in die eigene Tiefe hinabsteigt oder zu den Grenzen der metaphysischen Spekulation hinaufsteigt, überall lebt ein und dasselbe

4 · Das notwendige Sein der Tat

Bedürfnis wieder auf. Nichts von dem, was gekannt, besessen oder getan ist, genügt sich selbst oder macht sich selbst zunichte. Es ist unmöglich, dabei stehen zu bleiben, unmöglich auch, dies aufzugeben.

So verstanden hat das Argument *a contingentia* einen ganz anderen Charakter und schlägt einen kraftvolleren Bogen, als man gemeinhin geglaubt hat. Statt das Notwendige außerhalb des Kontingenten als ein weiter gelegenes Ziel zu suchen, weist es dies innerhalb des Kontingenten als eine bereits vorhandene Wirklichkeit auf. Statt aus dem Notwendigen eine transzendente, aber äußerliche Stütze zu machen, entdeckt es, dass dies dem Kern all dessen, was ist, immanent ist. Statt einfach die Unmöglichkeit aufzuweisen, das Kontingente für sich allein zu bejahen, weist es die Unmöglichkeit auf, das Notwendige zu leugnen, das das Kontingente begründet. Statt zu sagen, »wäre zu einem bestimmten Zeitpunkt nichts, dann wird für alle Zeiten nichts sein«, konkludiert es, »von dem Zeitpunkt an, da irgendetwas gewesen ist, ist das einzig Notwendige immerdar«. Statt auf der Fiktion eines notwendigen Ideals aufzuruhen, ruht das Argument gerade auf der Notwendigkeit des Realen auf.

Man darf wirklich nicht behaupten, dass unsere Handlungen nichts sind, und dass die Phänomene völlig leer sind. Dies wäre eine Leugnung der allgemeinen Erfahrung. In dem, was der Mensch tut, im Sinnenleben, in seinen Handlungen und in seinen Freuden, empfindet er zugleich eine merkwürdige Bedürftigkeit und eine noch erstaunlichere Fülle. Sagt ihm also nicht, dass dieses Leben, dass diese Angelegenheiten, die ihn in Beschlag nehmen, dass diese *[344 Das einzig Notwendige]* Wonnen, die ihn fesseln, ohne Konsistenz sind. Wir spüren, dass in all diesen Belanglosigkeiten bereits mehr liegt, als wir selbst wissen. Und wenn in dem Maße, wie man die Phänomene kostet, der Appetit manchmal zu wachsen scheint, ohne dabei jemals gesättigt zu sein, dann geschieht dies deshalb, weil man, indem man will und um dieses Wenige zu wollen, zuerst und noch dazu etwas anderes will.

So ist die gesamte Ordnung der Natur uns zwangsläufig ein Garant für das, was über sie hinausgeht. Die relative Notwendigkeit des Kontingenten enthüllt uns die absolute Notwendigkeit des Notwendigen. Im Bedenken dieser Phänomene, die sozusagen ihren wesentlichen Gehalt anderswo als in sich selber haben, deren Definition man in dieser unvollkommenen Existenzform nicht zum Abschluss bringen kann, bleibt für die Reflexion gewiss eine verwirrende Doppeldeutigkeit bestehen. Es scheint, als besäßen wir genügend Sein, um nicht darauf verzichten zu können, davon zu haben; zu viel Sein, um uns davon zu trennen, zu wenig, um uns damit zufriedenzugeben, mehr oder weniger, als wir wünschen möchten, denn wir haben vom Sein nur, um zu spüren, dass wir davon nicht haben. Aber genau darin liegt die wahre Art des Kontingenten: Das Kontingente partizipiert an der Notwendigkeit des Realen, allerdings ohne an seinem Vorrecht zu partizipieren. Das, was ist, existiert notwendigerweise, solange es ist, obwohl es von Natur aus nichts Notwendiges hat.

Deswegen fordern die sichtbaren Dinge, die Humanwissenschaften, die Phänomene des Bewusstseins, die Künste und ihre Werke, *ea quae nec sunt, nec non esse possunt* [die Dinge, die weder sind noch nicht sein können], fordert alles in uns und alles außerhalb von uns »das einzig Notwendige«. Und wenn diese Schatten von Sein ein solides Fundament bilden, um es zu tragen, dann deswegen, weil das »einzig Notwendige« selbst ihnen einen unsichtbaren Halt bietet.

III

Was ist also dieses geheimnisvolle x, das weder das Nichts noch das Phänomen ist, obwohl man das Phänomen oder das Nichts nicht gedanklich fassen kann, ohne das Geheimnisvolle in dem Gedanken mit zu umfassen, der beides bejaht. Um es zu finden, können wir nicht von ihm ausgehen, wo wir nicht sind. Wir müssen von uns ausgehen, wo es ist.

In unserer Erkenntnis, in unserer Tat besteht eine ständige Ungleichheit zwischen dem Objekt und dem Gedanken, zwischen dem getanen Werk und dem Willen. Immerfort ist das gedachte Ideal vom reellen Vollzug überschritten, und immerfort wird die erlangte Realität von *[345 Der Sinn des teleologischen Arguments]* einem stets neu entstehenden Ideal überschritten. Abwechselnd geht der Gedanke der Praxis voraus, die Praxis dem Gedanken. Das Reale und das Ideale müssen also zusammenfallen, denn diese Identität ist uns faktisch gegeben, um sich uns aber sofort wieder zu entziehen. Dieser gegenseitige und alternierende Antrieb von Idee und Tat ist schon eine eigenartige Beschaffenheit des Lebens! Wie zwei Bewegungen von periodisch ungleicher Geschwindigkeit sich abwechselnd davonlaufen und sich annähern, um in einem Punkt zusammenzufallen, so

4 · Das notwendige Sein der Tat

scheinen all unsere Unternehmungen um einen Punkt herum zu schwingen, in dem sie zusammenfallen, wo sie sich aber nie halten, obwohl sie unaufhörlich dort hindurchgehen.

Aus uns selbst heraus bekommen wir weder das Licht des Denkens noch die Wirkungskraft unserer Tat. Die Energie, die in der Tiefe des Bewusstseins eingehüllt liegt, die Wahrheit, die uns innerlicher ist als unsere eigene Erkenntnis, die Wirkmacht, die zu jedem Zeitpunkt unserer Entwicklung die benötigte Kraft gewährt sowie den Aufstieg und die Klarheit, all das ist in uns, ohne von uns zu sein. Wir werden nur notwendigerweise dazu geführt, dieses reelle Geheimnis zu bedenken, um dort zugleich eine Wirkmacht und eine Weisheit zu entdecken, die unendlich über uns hinausgehen.

Den Umfang dieses Aufweises möge man richtig verstehen. Er vereinigt alles in sich, was wir außerhalb von uns oder in uns selber an Erkennbarkeit und Erkenntnis, an Bewegung und Kraft, an Wahrheit und an Gedanken gefunden haben, um deren gemeinsamen Ursprung ans Licht zu bringen. Die erstaunliche Harmonie des sichtbaren Weltganzen, die vielleicht noch wunderbarere Harmonie der Wissenschaften, der Mechanismus des Bewusstseins und die gesamte schöne Anordnung der menschlichen Werke haben sich mit diesem Schlussstein zusammengefügt, um gleichsam seine Unverrückbarkeit unter Beweis zu stellen. Auch dieses Argument kann also tausendfach verschiedene Formen annehmen. Aber seine Wesensart ist, in all dem, was sich bewegt, sich zu einem Gefüge zusammenschließt und sich erkennt, eine gemeinsame Quelle der Wirkmacht und der Weisheit zu enthüllen. Wenn alles Übrige sich in unserer Tat und in unseren Gedanken verdichtet und begründet, begründen und befruchten sich unser Gedanke und unsere Tat wechselseitig nur dank »des reinen Aktes des vollkommenen Gedankens«.

Der teleologische Aufweis ist, wie das kosmologische Argument, auf solche Weise erneuert und bestärkt durch seine Verbindung mit den anderen. Ihn getrennt darzubieten heißt, dass man ihm das Beste seines Wertes wegnimmt. Jede Beweisführung, die ihrem Objekt nachsteht und weniger beweist, als sie müsste, ist holprig. Ihr eine schwerere Aufgabe aufzuerlegen, besagt keineswegs, dass man sie abschwächt. Um stichhaltig zu sein, soll *[346 Das einzig Notwendige]* sie alles beweisen, was es zu beweisen gilt. Es genügt also nicht, mit Hilfe eines Syllogismus die Harmonie der Mittel, die Erhabenheit der Ziele und die Notwendigkeit einer weisen und klugen Ursache herauszustellen, um das Weltganze und das Denken zu ordnen. Der wahre teleologische Aufweis geht viel weiter. Er zeigt nämlich, dass die Weisheit der Dinge nicht in den Dingen liegt und die Weisheit des Menschen nicht im Menschen. Er beschränkt sich nicht darauf, das Werk und denjenigen, der das Werk hervorbringt, einander gegenüberzustellen, um die Gegenwart und die Pläne des einen anhand der Qualitäten des anderen sich abzeichnen zu sehen, sondern er sucht danach, wie Gedanke und Tat zusammenfallen, und auf welchem Weg sich Weisheit und Wirkmacht vereinigen. Er nimmt nicht nur das zum Ausgangspunkt, was bereits realisiert ist, sondern auch das, was sich fortwährend realisiert und sich vervollkommnet. Er bemisst nicht die bejahte Ursache nach dem Maßstab der Wirkungen, sondern indem er diese in ihnen anerkennt, verlagert er die Ursache außerhalb der Wirkungen und findet in der relativen Schönheit der Dinge das Prinzip jeglicher Schönheit.

In seiner abstrakten Form stellt sich das an verschiedenen Aspekten so reiche Argument auf folgende Weise der Reflexion dar. Weder vermag mein Gedanke es, meiner Tat gleichzukommen, noch meine Tat ihrerseits meinem Gedanken. Es herrscht in mir eine Ungleichheit zwischen Wirkursache und Zielursache. Und dennoch können weder die eine noch die andere das in mir sein, was sie je schon sind, ohne die ständige Vermittlung eines vollkommenen Gedankens und einer vollkommenen Tat. Alles, was es in den Dingen an Schönheit und Leben gibt, alles, was es an Licht und Wirkmacht im Menschen gibt, umhüllt gerade in seiner Unvollkommenheit und Schwäche eine höchste Vollkommenheit. So lässt sich ein dreifaches Verhältnis bestimmen. – In uns selbst, im Realen entdecken wir wie in einem unvollkommenen Spiegel jene unzugängliche Vollkommenheit. Und trotzdem: – Weder können wir uns mit ihr in eins setzen – noch können wir sie in eins setzen mit uns.

– Die Kraft dieses Aufweises liegt darin, dass er seinen Ausgangspunkt in unserer innersten Erfahrung findet. Nicht indem wir unsere winzigen Qualitäten zusammenrechnen, nicht indem wir die Schönheit und die Wirkmacht, die die Dinge zeigen, aus ihnen extrahieren, weder durch Abstrahierung noch durch Kontrast entdecken wir »das einzig Notwendige«, als ob dies ein uns äußeres Ideal ohne Verwurzelung in unserem Leben wäre. Statt eine Projektion und gleichsam eine fiktive Verlängerung meines Denkens und meiner Aktivität zu sein, befindet es sich mitten in dem, was ich denke und tue. Ich umschließe »das einzig Notwendige«. Um vom Gedanken zur Tat überzugehen oder von der Tat zum Gedanken, um von mir zu mir

4 · Das notwendige Sein der Tat

selbst zu gehen, durchschreite ich es ständig. Die Ordnung, die Harmonie *[347 Der Sinn des teleologischen Arguments]*, die Weisheit, die ich in mir selbst wie in den Dingen entdecke, sind so nicht bloß eine Wirkung, von der aus eine Argumentation mich dazu zwingen würde, zu einer von ihrem Werk getrennten Ursache aufzusteigen. Ich kann diese Harmonie und diese Schönheit nicht als in sich selbst konstituiert und in sich selbst existierend betrachten. Ich mache daraus nicht die Prämissen einer Deduktion und berufe mich auf kein einziges Kausalitätsprinzip. Aber in dieser unvollkommenen Weisheit der Dinge und meines Denkens finde ich die Gegenwart und die notwendige Tat eines vollkommenen Gedankens und einer vollkommenen Wirkmacht.

– Und obwohl ich diese Gegenwart und diese Tat in mir selbst finde, kann ich nicht sagen, dass sie mein Eigen sind. Dieses »einzig Notwendige« erweist seinen Sinn nur insofern, als wir uns nicht uns selbst angleichen. Um die Angleichung unserer Willenstat zu erbringen, müssen wir bis dorthin in uns hineinblicken, wo das aufhört, was unser ist. Wie die Klarheit eines Blickes sich selbst sieht im Spiegel eines klaren Blickes, so kennt das Bewusstsein sich selbst nur im Lichte des Lebens, das seinem Leben innewohnt. In der Tiefe meines Bewusstseins gibt es ein *Ich*, das nicht mehr *Ich* ist, darin spiegle ich mein eigenes Bild. Ich sehe mich nur in ihm. Sein undurchdringliches Geheimnis ist wie der Spiegelbelag, der in mir das Licht zurückwirft.

– Aber wenn *es* in mir mehr ist als ich, ist *es* auf jeden Fall nicht mehr ich, als ich *es* bin. Ich gleiche mich mir selbst nicht an, weil ich mich ihm nicht angleiche. Das »einzig Notwendige« ist also nicht die dunkle Seite meines Gedankens, die unsichtbare Kehrseite meines Bewusstseins und meiner Tat, als ob ich es nur in mir sehen müsste, und als ob seine ganze Realität nur in der Idee bestünde, die ich davon habe. Ich bin nur notwendigerweise dazu geführt, es mir gedanklich vorzustellen, weil ich notwendigerweise dazu geführt bin, das anzuerkennen, was mir gerade in dem fehlt, was ich tue. Die absolute Identität des Realen und des Idealen, der Wirkmacht und der Weisheit, des Seins und der Vollkommenheit: Genau dies ist das »einzig Notwendige«, damit ich das bin, was ich bin. Gedanke und Wille, ohne die es in mir weder Gedanke noch Wille gäbe und die zugleich weder mein Gedanke noch mein Wille erfassen können: Dies sind die zusammenhängenden Bezeichnungen des Geheimnisses, das sich meinem Bewusstsein aufdrängt. Ich habe nur Grund, es zu bejahen, weil es für mich notwendig und unzugänglich zugleich ist. Es ist das, was von mir weder gedacht noch getan werden kann, obwohl ich nichts tun oder denken könnte, außer durch dieses Geheimnis. Wenn es mir unzugänglich bleibt, so liegt dies nicht an einem Mangel an Sein und Klarheit in ihm, sondern in mir. Es ist also das, was ich nicht zu sein vermag: ganz Gedanke und ganz Tat. Ich erkenne es nur insofern wirklich, als es mir unfassbar *[348 Das einzig Notwendige]* ist. Ist es nicht so, dass es durch die Überfülle einer Klarheit, deren Strahlen die Umrisse der Gegenstände brechen, zuweilen – wie beim Leuchten des geheimnisvollen Morgenlichtes – mehr undurchdringliche Tiefe gibt als mitten in einer Finsternis, in die hinein man wenigstens das Licht bringen kann?

IV

Auf diese Weise wird ebenfalls das ontologische Argument an Sinn dazugewinnen und seine Überzeugungskraft erneuern. Es ist nicht gleichgültig, in der dialektischen Darlegung der Aufweise die eine oder andere Rangordnung einzuhalten. Sonst sieht man sich der Gefahr ausgesetzt, die Idee der Vollkommenheit als eine willkürlich konstruierte Fiktion ohne reelle Grundlage zu betrachten, während sie in unserem Bewusstsein doch eine ganz lebendige Realität ist und aus unserer umfassend betrachteten Tat all das bezieht, was es an positiver Gewissheit bereits in uns gibt. Sie ist für uns nicht so sehr *Einsicht* als vielmehr *Leben*. Die Idee ergibt sich nicht aus einer Spekulation, sondern ist verknüpft mit der gesamten Bewegung des Denkens und der Tat. So ist sie nicht ein Abstraktum, aus dem man nur ein Abstraktum herleiten könnte, sondern eine Handlung, die handeln lässt. Sie ist auch nicht ein Ideal, aus dem man das Reale abzuleiten vorgibt, sondern ein Reales, in dem man das Ideal antrifft. In ihr muss man nicht eine vom Ideal getrennte Realität suchen, was nur dazu Anlass gäbe, gegen sie einen begründeten Einwand vorzubringen.

Deshalb ist es hier gerechtfertigt, und nur hier, die Idee mit dem Sein zu identifizieren, denn mit dieser abstrakten Identität deuten wir zuallererst die Identität des Gedankens und der Tat an. Wir müssen somit nicht nur sagen, dass wir von der Idee zum Sein gehen; vielmehr müssen wir sagen, dass wir zunächst die Idee im Sein finden und das Sein in der Tat. Wir entdecken in uns die reelle Vollkommenheit und gehen von dort zur idealen Vollkommenheit. Wir gehen,

4 · Das notwendige Sein der Tat

wenn man so sagen darf, von uns selbst zu ihr, um von ihr zu ihr zu gehen. Gewiss hat der ontologische Aufweis für uns nie den gesamten Wert, den er in sich trägt. Er ist nur dort absolut, wo es die vollkommene Idee der Vollkommenheit als solcher gibt, dort nämlich, wo das Wesen reell und die Existenz ideell ist. Es stimmt also, dass wir, um zum »einzig Notwendigen« zu gelangen, es selbst nicht in ihm selbst erfassen, wo wir nicht sind, sondern dass wir von ihm aus in uns übergehen, wo es ist, um besser einzusehen, dass es ist, wenn wir ein wenig verstehen, was es ist. Wir werden in dem Maße dazu gedrängt, es zu bejahen, wie wir eine Idee davon haben, denn eben diese Idee ist eine Realität. *[349 Der Sinn des ontologischen Arguments]* Insofern wir aufgrund einer vollständigeren Erfahrung und einer scharfsinnigeren Reflexion besser für uns selbst feststellen, was wir nicht sind, sehen wir jenes deutlicher, ohne das wir nicht sein würden. Das »einzig Notwendige« immer mehr erkennen und besitzen, ist ein und dasselbe. Das Licht, in dem es mich sieht, ist auch das Licht, in dem ich es sehe und in dem ich mich selbst sehe, denn es ist jenes, in dem es zuerst sich selbst sieht.

Was enthüllt uns tatsächlich jeder unternommene Versuch, um das Geheimnis der Vollkommenheit zu durchdringen? (Denn der ontologische Aufweis ist bloß ein Spiel mit Entitäten, wenn er nicht diesen Mut und diese notwendige Tragweite besitzt.) Wenn die Vollkommenheit für uns ein Geheimnis ist, so nicht deswegen, weil sie uns nicht bekannt ist oder weil sie sich selbst nicht erkennen würde, sondern weil wir notwendigerweise den Gedanken fassen, dass sie uns erkennt und dass sie sich selbst auf absolute Weise erkennt. Ihre Dunkelheit besteht vor unseren Augen aus einem Übermaß an Licht. Während wir in unseren Handlungen eine unlösbare Ungleichheit verspüren, bejahen wir in ihr eine unmittelbare Identität. Aufgrund dessen, was wir von ihr erkennen, erscheint sie uns unergründbar. Ihre unzugängliche Intimität entzieht sich uns nicht, insofern sie uns fremd ist, sondern insofern sie uns innerlicher ist als unser eigenes Innerstes. Was uns in uns selbst verunsichert, ist, dass wir uns nicht angleichen können. Was uns in ihr verunsichert, ist die absolute Gleichheit von *Sein*, von *Erkennen* und von *Handeln*. Sie ist ein Subjekt, in dem alles Subjekt ist, auch das Bewusstsein, das es von sich selbst hat, ebenso der innere Vollzug, in dem es sich verwirklicht, indem es eine Antwort findet, die seinem Ruf gleicht, und eine Liebe, die der seinen entspricht. Und wie das Personhafte nicht solitär sein kann, wie es nur *eins* ist, wenn es nicht *allein* ist, so dürfen wir von dieser geheimnisvollen Vollkommenheit nicht derart reden, als ob es in ihr zwischen Existenz und Erkenntnis, zwischen Erkenntnis und Tat eine Differenz gäbe. Dies würde bedeuten, dass wir sie auf die Unvollkommenheiten herabsetzen, die, als wir sie in uns erkannten, uns dazu aufforderten, den Schritt zu ihr zu tun. Die Vollkommenheit ist ohne Trinität [trinité] unbegreiflicher, als die Trinität [trinité] selbst für den Menschen unbegreiflich ist. Die Trinität [trinité] ist das ins Absolute verlagerte ontologische Argument dort, wo dieser Aufweis kein Aufweis mehr ist, sondern die Wahrheit selbst und das Leben des Seins.

Man macht diese notwendige Wahrheit nicht annehmbarer für das Denken, wenn man sie schmälert oder es vermeidet, sie ganz genau zu definieren: entweder alles oder nichts. Und unmöglich ist es, dass sie *nichts* wäre. Es ist viel einfacher, es ist auch wissenschaftlicher, das Maximum an notwendiger Wahrheit anzuerkennen, als sich mit einem vagen und unbestimmten Minimum zufriedenzugeben. *[350 Die Einheit der Aufweise]* Solches würde bedeuten, sich auf ein Teilargument oder auf eine lückenhafte Schlussfolgerung zu begrenzen, was wiederum superstitiös ist. Der Begriff einer ersten Ursache oder eines sittlichen Ideals, die Idee einer metaphysischen Vollkommenheit oder eines reinen Aktes, all diese Vorstellungen der menschlichen Vernunft sind belanglos, falsch und idolatrisch, wenn man sie isoliert als abstrakte Vorstellungen betrachtet. Sie sind aber wahr, voller Leben und wirkmächtig, sobald sie alle zusammen nicht mehr ein Spiel des Verstandes sind, sondern eine praktische Gewissheit. Was durch die diskursive Arbeit des Denkens langatmig gemacht wird und geistig unfruchtbar bleibt, wird also direkt und praktisch, wenn in den vielen Aufweisen das Mittel gefunden wird, sie alle gebündelt darzustellen. Nimmt man sie alle miteinander zusammen, sind sie einfacher und direkter als jeder einzelne Aufweis für sich; sie gelten nur aufgrund ihrer synthetischen Einheit. Denn dank dieser Verkettung bilden sie die Bewegung des Lebens ab, die sie dadurch aufrechterhalten; auf diese Weise stammen sie wirklich aus den Belehrungen der Tat und kehren zur Tat zurück, um diese aufzuklären und anzuregen.

Die Gewissheit des »einzig Notwendigen« gründet also in der Lebenspraxis selbst. Angesichts der umfassenden Komplexität des Lebens ist einzig die Tat auch ihrerseits vollständig und umfassend. Sie bezieht sich auf das Ganze. Und deshalb geht einzig und allein aus ihr die unwiderlegbare Gegenwart und der zwingende Aufweis des

Seins hervor. Die Spitzfindigkeiten der Dialektik, wie ausführlich und geistreich sie auch sein mögen, reichen nicht weiter als ein Stein, den ein Kind der Sonne zuwirft. In einem Augenblick, in einem einzigen Elan, aufgrund einer unmittelbaren Notwendigkeit zeigt sich in uns *derjenige*, den kein Gedankengang sich hätte ausdenken können, weil keine einzige Deduktion der Fülle des tätigen Lebens gleichkommt; und gerade er ist die Fülle selbst. Einzig die umfassende und konkrete Entfaltung der Tat offenbart ihn in uns, allerdings nicht stets mit Zügen, die ihn für den Geist erkennbar machen, sondern in einer Weise, die aus ihm eine konkrete Wahrheit macht und die ihn für den Willen wirkungsvoll, brauchbar und erfassbar machen wird.

Am schnell erreichten Endpunkt von dem, was endlich ist, befinden wir uns also von der ersten Überlegung an in der Gegenwart dessen, was das Phänomen und das Nichts in gleicher Weise verhüllen und kundtun, im Angesicht dessen, von dem wir nie aus der Erinnerung wie von einem Fremden oder einem Abwesenden reden können, dem gegenüber, den alle Sprachen und jedes Bewusstsein mit einem Wort und einem Gefühl anerkennen: Gott.

V

[351 Die notwendige Tat der Gottesidee] Sobald wir Gott berühren und sobald wir durch eine erste Überlegung, die uns zu ihm als dem stets Gegenwärtigen und dem stets Neuen hinführt, zum klaren Sehen geweckt werden, gibt es so etwas wie ein plötzliches Stocken. Das Leben scheint unterbrochen, und wir gehen nicht weiter. – Aber wir gehen doch weiter. Unter welcher Gestalt sich der Gottesgedanke dem Bewusstsein auch darbietet, er ist durch einen Determinismus dorthin gebracht worden, der ihn uns auferlegt. Notwendigerweise aus der Dynamik des inneren Lebens hervorgegangen, hat er notwendigerweise eine Wirkung; er hat einen unmittelbaren Einfluss auf die Gestaltung unseres Verhaltens. Diese notwendige Tat der notwendigen Gottesidee müssen wir bestimmen. Wir werden im Folgenden sehen, wie der Willensakt unvermeidlich einen transzendierenden Charakter annimmt und wie diese Notwendigkeit der Ausdruck der Freiheit ist. So löst sich durch das Spiel des Determinismus der im Bewusstsein aufgebrochene Konflikt zwangsläufig in eine Alternative auf, die dem Willen des Menschen eine höchste Option anbietet.

I. – Der Gottesgedanke in uns hängt auf zweifache Weise von unserer Tat ab. Weil wir einerseits handelnd ein unendliches Missverhältnis in uns antreffen, sind wir dazu gezwungen, die Angleichung unserer Tat bis ins Unendliche zu suchen. Weil es uns andererseits nie gelingt, uns unserer eigenen Bejahung der absoluten Vollkommenheit anzugleichen, sind wir dazu gezwungen, dafür die Ergänzung und die Erläuterung in der Tat zu suchen. Das Problem, das die Tat aufwirft, vermag einzig die Tat selbst zu lösen.

Sobald man meint, Gott genügend zu kennen, kennt man ihn nicht mehr. Gewiss gleicht der Augenblick seines Erscheinens im Bewusstsein so sehr der Ewigkeit, dass man gleichsam Angst hat, sich ganz darauf einzulassen, den Blick fest auf den Lichtblitz gerichtet, der nur aufgeleuchtet ist, um die Nacht dunkel zu machen. Aber die Mischung von Schatten und Helle bleibt solcher Art, dass die Anmaßung dessen, der zu sehen glaubt, und die Behauptung dessen, der nichts zu wissen vorgibt, gleichermaßen entlarvt werden. Gegen die allzu Hellsichtigen muss man daran festhalten, dass in dem, was wir erkennen und wollen, Gott derjenige bleibt, den wir weder zu erkennen noch zu machen vermögen. Gegen die aus eigenem Willen Blinden muss man daran festhalten, dass Gott ohne dialektische Verwicklungen und ohne langwierige Studien, in einem Augenblick, für alle und *[352 Die notwendige Transzendenz der Tat]* zu jeder Zeit die unmittelbare Gewissheit ist, ohne die es keine andere gibt, die erste Klarheit, die Sprache, die man kennt, ohne dass man sie gelernt hätte. Er ist der Einzige, den man nicht vergeblich suchen kann, ohne dass man ihn je vollständig finden könnte. *Nemo te quaere valet, nisi qui prius invenerit: vis igitur inveniri ut quaeraris, quaeri ut inveniaris; potes quidem quaeri et inveniri, non tamen praeveniri* [Niemand vermag dich zu suchen, es sei denn, er hat zuvor gefunden: du willst also gefunden werden, damit du gesucht wirst; gesucht werden, damit du gefunden wirst; du kannst also gesucht und gefunden werden, aber niemand kann dir zuvorkommen].

In dem Augenblick also, da man Gott mit einem Geistesblitz zu berühren scheint, entflieht er, wenn man ihn nicht festhält und sucht durch die Tat. Seine Unbeweglichkeit kann als feststehendes Ziel nur durch eine ständige Bewegung anvisiert werden. Überall, wo man stehen bleibt, ist er nicht; überall, wo man vorwärtsgeht, ist er. Es ist notwendig, stets weiterzugehen, weil er immer weiter voraus ist. Sobald man sich über ihn nicht mehr verwundert wie über etwas unaussprechlich Neues, sobald man ihn von außen in den Blick nimmt wie

4 · Das notwendige Sein der Tat

einen Erkenntnisgegenstand oder einen bloßen Anlass zu spekulativer Forschung, ohne jugendliches Herz und ohne unruhige Liebe, ist es aus mit ihm; man hält dann nicht mehr in Händen als ein Phantom und ein Idol. Alles, was man von Gott gesehen oder empfunden hat, ist lediglich ein Mittel, weiter vorwärtszugehen. Es ist ein Weg; deshalb soll man dort auch nicht stehen bleiben, sonst ist es kein Weg mehr. An Gott denken ist eine Tat. Aber wir handeln nicht, ohne mit ihm zusammenzuwirken und ohne ihn mit uns zusammenarbeiten zu lassen durch eine Art notwendiger *Theergie*, die den göttlichen Anteil in den menschlichen Vollzug eingliedert, damit die Willenstat im Bewusstsein zur Angleichung gebracht wird. Weil die Tat eine Synthese des Menschen mit Gott ist, ereignet sie sich in einem immerwährenden Werden, gleichsam angestachelt durch den Vorwärtsdrang eines unendlichen Wachstums. Wenn der Gedanke in sich selbst stecken bleibt und selbstgenügsam ist, ist er ein Monstrum. Seine Wesensart ist, in die Entfaltung des Lebens eine vorwärtsbewegende Dynamik hineinzubringen. Er ist nur eine Frucht des Lebens, um ein Keim neuen Lebens zu werden. Genau deshalb erlegt der Gedanke des Transzendenten der Tat unausweichlich einen transzendierenden Charakter auf.

Man stelle sich dies nicht so vor, dass man der Gegenwart Gottes in uns stets gewahr werden oder seine Tat in uns deutlich wahrnehmen müsste, um diesen transzendierenden Charakter in unser Leben einzufügen. Um Gott anzuerkennen, um ihn in Anspruch zu nehmen, ist es nicht unbedingt notwendig, ihm einen Namen zu geben oder ihn zu definieren. Wir können ihn sogar leugnen, ohne unseren Handlungen ihre notwendige Tragweite zu nehmen. Denn wenn man ihn leugnet, verlegt man bloß das Objekt der Bejahung. Die Realität der menschlichen Handlungen ist jedoch in ihrem Grund durch das oberflächliche Spiel der Ideen und Worte gar nicht erschüttert. *[353 Die Tat der Gottesidee im Bewusstsein]*. Es genügt, dass das universelle Gut, sogar getarnt und vermummt, den Willen heimlich angeregt hat, damit das ganze Leben von dieser unauslöschlichen Prägung gezeichnet bleibt. Um seinen Anruf zu hören und seine Berührung zu spüren, ist es nicht nötig, ihn gezielt ins Auge zu fassen. Was in jedem menschlichen Bewusstsein zwangsläufig hervorbricht und in der Lebenspraxis eine unausweichliche Wirksamkeit ausübt, ist nicht die Vorstellung einer noch zu definierenden spekulativen Wahrheit, sondern die vielleicht vage, aber dennoch sichere und gebietende Überzeugung von einer Bestimmung und einem noch zu erlangenden

Ziel. Es handelt sich tatsächlich nicht darum, einige Details des Verhaltens zu klären oder kleinere Entscheidungen zu treffen, sondern es geht um den Gesamtcharakter des gesamten Lebens eines jeden Menschen; jeder Einzelne wird dazu geführt, sich darüber Sorgen zu machen. Eine Sorge, ein natürliches Streben nach dem Besseren, das Gefühl einer zu erfüllenden Aufgabe, die Suche nach dem Sinn des Lebens, all dies versieht das menschliche Verhalten mit einer notwendigen Prägung. Welche Antwort man auch auf das Problem geben mag, das Problem ist deutlich geworden. Stets legt der Mensch in seine Handlungen, so dunkel er darum wissen mag, diesen Charakter der Transzendenz. Was er tut, tut er niemals nur, um es zu tun.

So rühren wir hier an das Prinzip, das die ganze Bewegung des Lebens in uns belebt. Es ist nicht nötig, jedwede metaphysische Frage gelöst zu haben, um, wenn man dies so sagen kann, auf metaphysische Weise zu leben. Das ontologische Argument lässt sich auch auf uns anwenden. Das Denken und die Tat entfalten sich in uns nur, weil die Essenz dort reell wird und die Existenz ideell. Man kann dies nicht leugnen, ohne sich selbst zu belügen. Man kann dies deshalb nicht wirklich leugnen, weil die Lüge nichts am notwendigen Charakter jener Wahrheiten ändert, die sie verhehlt. Ohne also hinfort den spekulativen Unkenntnissen und Irrmeinungen die Bedeutung beizumessen, die sie aus sich selbst nicht haben, müssen wir letztendlich ins Auge fassen, welches die notwendige Auswirkung Gottes ist, der dem Menschen gegenwärtig ist. Unter welcher Gestalt sich die Wahrheit dieser Gegenwart dem Bewusstsein auch enthüllt, ob klar oder verschwommen, angenommen oder verdrängt, ob eingestanden oder anonym, ihre Auswirkung ist dennoch gewiss. Diese höhere Dynamik müssen wir vor allem erforschen.

II. – Durch den Antrieb des Determinismus, aus einem Konflikt innerhalb des menschlichen Bewusstseins hervorgegangen, löst der notwendige Gottesgedanke diesen Konflikt in einer unausweichlichen Alternative aufgrund eines letzten Schrittes des Determinismus.

Weil ich dazu genötigt bin, *[354 Die notwendige Transzendenz der gewollten Tat]* meinem Denken und meiner Tat einen höheren Zielpunkt zuzuweisen und dies gedanklich zu fassen, ist es ebenfalls notwendig, dass ich das Bedürfnis empfinde, mein Denken und mein Leben ihm anzugleichen. Die Gottesidee (ob man Gott nun beim Namen nennen kann oder nicht) ist die unausweichliche Ergänzung der menschlichen Tat. Die menschliche Tat strebt aber auch unausweich-

4 · Das notwendige Sein der Tat

lich danach, diese Idee der Vollkommenheit zu erreichen und zu verwenden, sie zu definieren und sie in sich zu verwirklichen. Das, was wir von Gott erkennen, ist jener Überschuss im inneren Leben, der seine Verwendung erfordert. Wir können also Gott nicht erkennen, ohne zu wollen, auf irgendeine Weise Gott zu werden. Der lebendige Gedanke, den wir von ihm haben, ist und bleibt nur dann lebendig, wenn er sich auf die Lebenspraxis richtet, wenn man aus ihm lebt und damit die Tat nährt. Hier wie überall sonst ist die Erkenntnis immer nur eine Folge und ein Ursprung von Aktivität.

Aber in was für eine schwierige Situation sind wir hineingeraten? Der Mensch verspürt ein unüberwindliches Bedürfnis, Gott zu fassen zu bekommen. Gerade weil er dies nicht vermag, glaubt er an ihn und bejaht er ihn. Er glaubt nur wirklich an ihn und bejaht ihn nur dann wirklich, wenn er in der Lebenspraxis tatsächlich von ihm Gebrauch macht. Gott hat für uns nur deshalb Sinn, weil er das ist, was wir weder selbst sein können noch aus unseren Kräften allein tun können. Und dennoch scheinen wir nur in Bezug darauf über Sein, über Wille und Tat zu verfügen, dass wir Gott wollen und auch selbst Gott werden. Es hat den Anschein, als würde er sich zwischen uns und uns selbst stellen, uns bis tief in die Gelenke spalten, und als müssten wir, wenn man so sagen darf, rücksichtslos über ihn hinwegsteigen. Und dennoch hat unsere Tat keine Auswirkung auf ihn: Unser Wille stirbt dort, wo er in uns entsteht, unser Werk hört auf, wo sein Werk beginnt, und, um es noch deutlicher zu sagen, sein Werk scheint all das aufzusaugen, was in unserem Werk an Wirklichkeit steckt. Was uns also gehört, ist zu sein, ohne zu sein. Und dennoch sind wir dazu gezwungen, das werden zu wollen, was wir aus uns selbst heraus weder erreichen noch besitzen können. Welche sonderbare Forderung! Gerade weil ich danach strebe, auf unendliche Weise zu sein, spüre ich mein Unvermögen. Ich habe mich nicht selbst gemacht, ich vermag nicht, was ich will, ich bin gezwungen, über mich selbst hinauszugehen. Und zugleich kann ich diese grundsätzliche Schwäche nur deshalb anerkennen, weil ich bereits das Mittel erahne, ihr zu entrinnen, nämlich durch das Eingeständnis eines anderen Seins in mir, durch die Einsetzung eines anderen Willens an die Stelle des meinen.

Auf solche Weise sind wir durch den Ablauf des inneren Lebens vor eine Alternative geführt worden, die alle Belehrungen der Lebenspraxis in sich zusammenfasst. Allein aus sich selbst heraus vermag der Mensch nicht das zu sein, was er trotz seiner selbst bereits ist, was er beansprucht, aufgrund seines Willens zu werden. Ja oder nein, wird er leben wollen, bis er daran stirbt, wenn man so sagen darf, dass er damit einverstanden ist, durch Gott ersetzt zu werden? Oder wird er den Anspruch erheben, *[355 Wie der Konflikt sich in eine Alternative auflöst]* sich selbst zu genügen ohne Gott, sich seine notwendige Gegenwart zunutze machen, ohne diese ausdrücklich zu wollen, ihm die Kraft zu entnehmen, um ohne ihn auszukommen und auf unendliche Weise zu wollen, ohne das Unendliche zu wollen? Wollen und nicht können, können und nicht wollen: darin liegt die Option, die sich der Freiheit darbietet: »Sich selbst zu lieben bis zur Gottesverachtung, Gott zu lieben bis zur Selbstverachtung«. Was nicht besagt, dass dieser tragische Gegensatz sich allen mit genau dieser Klarheit und mit dieser unerbittlichen Strenge enthüllt. Aber wenn der Gedanke, dass »aus dem Leben etwas zu machen ist«, allen vor Augen steht, so genügt dies, damit auch die grobschlächtigsten Leute dazu aufgerufen sind, diese große Angelegenheit, das einzig Notwendige, zu lösen.

Der Determinismus der Tat gelangt somit dahin, im menschlichen Bewusstsein eine Alternative hervorzurufen. Der Nutzen aller vorhergehenden Analysen ist der Aufweis dessen, was die Option des Willens notwendigerweise umfasst. Die Unzulänglichkeit dieser Analysen selbst ist kaum von Belang. Die Wichtigkeit der Wahl hängt nicht von der Erklärung ab, die man diesbezüglich versucht. Es genügt, dass man, indem man bewusst handelt, all dessen implizite Bedingungen auf Anhieb verwirklicht. Indem wir dem Determinismus allen Raum gelassen haben, ist es uns auch gelungen, den Anteil der Freiheit genau zu bestimmen; sie lässt sich ganz in dieser Option als solcher zusammenfassen, denn der Wille vollzieht sich nur dort vollständig, wo das, was auf dem Spiel steht, ihm würdig ist. Es ist gut, den ganzen Inhalt der Willenstat analysiert zu haben. Aber diese Analyse soll uns nicht das Prinzip verbergen, welches ihre Synthese bewirkt. Die Reihenfolge der Mittel fügt sich im Bewusstsein nur im Hinblick auf diese entscheidende Frage zusammen. Die gesamte Bewegung des Lebens läuft darauf hinaus. Das einfachste Phänomen wäre nicht das, was es für uns ist, ohne das Band, das es mit der entscheidenden Frage verknüpft. Dies bringt mit sich, dass umgekehrt die Erkenntnis des geringsten Phänomens zur Aufgabe hat, uns anhand der Verkettung des Determinismus wieder zu dieser freien Entscheidung hinaufzuführen, von der die Bestimmung eines jeden abhängt. Der menschliche Wille stellt sich auf diese Weise die

4 · Das notwendige Sein der Tat

Reihenfolge der Mittel vor Augen, die sich dahingehend auswirken, dass sie ihm die Ausübung seiner Macht auferlegen. In eben dieser Notwendigkeit widerfährt dem Willen also nichts, was er nicht gewollt hätte.

Gewiss taucht die Alternative zwangsläufig vor dem Bewusstsein auf; auch ist es genauso notwendig, diesbezüglich Stellung zu beziehen. Man lasse sich aber nicht irreführen. Es ist richtig, dass die Option uns auferlegt ist, aber durch sie werden wir das, was wir wollen. Was daraus auch hervorgehen mag, wir können nur uns selbst dafür verantwortlich machen. So ist es letzten Endes nicht die Freiheit, die im Determinismus aufgeht; vielmehr hängt der umfassende Determinismus *[356 Die Notwendigkeit der Option]* des menschlichen Lebens von dieser höchsten Alternative ab: Entweder schließen wir jeden anderen Willen als den unseren aus uns aus, oder wir geben uns dem Sein, das wir nicht sind, als dem einzig heilsamen hin. Der Mensch trachtet danach, Gott [dieu] zu spielen: Gott [dieu] sein ohne Gott [Dieu] und gegen Gott [Dieu], Gott [dieu] zu sein durch Gott [Dieu] und mit Gott [Dieu], so lautet das Dilemma. Angesichts des Seins und nur des Seins gilt das Widerspruchsgesetz in seiner ganzen Unerbittlichkeit und vollzieht sich die Freiheit in ihrer ganzen Kraft.

*

Die Notwendigkeit für den Menschen, die Option zu treffen, enthüllt nur seinen Willen, zu sein, das zu sein, was er will. Seine Tat besitzt somit ein notwendiges Sein. Aber dieses Sein wendet sich gegen ihn, wenn er behauptet, dies ganz in sich zu finden oder es ganz in sich festzuhalten. Wenn seine Freiheit, angesichts der Alternative, die sich ihm auferlegt, ihn nicht zu einer neuen Form des Lebens führt, bedeutet dies seinen Untergang. Es ist nicht nötig, dieses höhere Leben bereits zu kennen, um zu wissen, dass der Mensch seine Bestimmung verfehlt, wenn seine Handlungen es abwehren. Nicht verwandelt zu sein, bedeutet für den Menschen den Tod der Tat. Er wird also nur leben können, indem er sozusagen durch die Anstrengung eines neuen Geburtsvorgangs neu geboren wird, indem er sich für eine andere Tat als die seine öffnet. Aber auf welche Weise sich der Konflikt auch lösen möge, die Option der Freiheit wird das nicht aufheben, was an notwendigem Sein in der gewollten Tat da ist.

[357]

II. Die Alternative

Es ist unmöglich, dass die Entwicklung der Willenstat nicht auf eine Alternative hinausläuft. Denn die Option ist die notwendige Gestalt, in der ein sich selbst auferlegter Wille sich selbst in Besitz nimmt, um das zu wollen, was er ist, indem er das ist, was er will. Diese Notwendigkeit ist also die Konsequenz einer freien Initiative. Die ganz schlichte Weise, in der sich das Gewissen der einfachen Leute das Problem der Bestimmung als eine persönliche individuelle Wahl zwischen Gutem und Bösem vorstellt, zwischen der Ordnung Gottes und dem Trieb des Egoismus, entspricht dem tiefgründigsten Drama des inneren Lebens.

Aber was dem Bewusstsein der einfachen Leute nicht zu bestimmen gelingt, was die Wissenschaft der Tat geleistet hat, ans Licht zu bringen, ist die genaue Umschreibung der Alternative. Aufgrund seiner unvermeidlichen Expansion hat der menschliche Wille, sogar ohne darum zu wissen, göttliche Anforderungen. Sein Wunsch besteht darin, zu Gott zu gelangen und ihn zu erobern. Er tastet blind herum, um ihn zu berühren. Und dennoch hat Gott in unserem Denken wie in unserer Tat nur insofern einen Existenzgrund, als er, in seinem Geheimnis unzugänglich und unantastbar, außerhalb unseres Zugriffs bleibt. Was ist also zu tun? Wollen wir sterben an uns selbst, um für ihn zu leben? Aber wie? Oder wird es uns nicht gelingen, ohne ihn auszukommen, oder ihn, wenn nötig, in den Dienst des Menschen zu stellen, um ihn für uns zu haben, ohne für ihn zu sein?

Ist es nicht merkwürdig, dass wir uns solche Fragen überhaupt stellen können? Wenn »das einzig Notwendige« in unseren gewollten Taten stets gegenwärtig ist, welcher Spielraum bleibt dem Menschen dann noch, um die Option zu treffen? Und wenn unsere Bestimmung ihren göttlichen Faden abwickelt, was wir auch tun und wissen mögen, was bedeuten dann noch sowohl der äußere Eingriff unserer überholten Entscheidungen als auch die kümmerlichen Versuche einer Wissenschaft, die sich die Mühe gibt, dieses Geheimnis unseres

4 · Das notwendige Sein der Tat

Lebens zu ergründen, als wäre sie dabei, der Offenbarung einer höchst richterlichen Entscheidung zuvorzukommen? – Doch dieser den Menschen verbleibende Spielraum reicht aus, um jeglichem Denken, das mutig genug ist, den vor ihm geöffneten Abgrund zu ermessen, Schrecken einzujagen. – Doch die Entscheidungen, so gering ihre Wirksamkeit auch erscheinen möge, wirken sich immerhin genug aus, um die große und entscheidende Sache endgültig zu lösen. – Doch diese Wissenschaft der Tat, wie anmaßend sie auch sein möge, wenn sie den Schleier vor der gegenwärtigen Verantwortung oder vor der zukünftigen Offenbarung wegzieht, reicht aus, um Überraschungen vorzubeugen und den extremen Charakter der Sanktionen zu rechtfertigen, die den Taten des Menschen bevorstehen.

Es muss also eine Alternative geben und wir müssen Stellung beziehen. Gerade die Notwendigkeit der Tat enthüllt jenen freiheitlichen Zwang. So löst sich in unserer Willenstat wie auch durch sie das Problem unserer Bestimmung. Es ist geradezu unmöglich, dass es sich nicht löst. Auf was für einen schmalen Grad sind wir doch geworfen! Hier können wir uns nicht festhalten. Mag man sich hier zugrunde richten oder heil davonkommen, stets wird es gewollt sein.

[359]

Erste Option

Der Tod der Tat

War es nicht das Bestreben des Menschen, sich selbst in selbstherrlicher Weise zu genügen? Dazu bereit, seine Abhängigkeit gegenüber Gleichrangigen oder Untergeordneten einzugestehen, ist er mit allen natürlichen Bindungen einverstanden, solange er nicht einen Herrn anerkennen oder einen Gott anbeten muss. Zweifellos spürt er, dass seine Taten die Ordnung der Natur überschreiten, dass sich in ihnen mehr befindet als ein System allgemeiner Phänomene und dass sein Leben eine Bedeutung hat, die er ihm nicht abzunehmen vermag. Aber gehört ihm das Geheimnis seiner eigenen Bestimmung nicht schließlich wie alles Übrige? Liegt es nicht in seinem Vermögen, die Tragweite seines Verhaltens nach eigenem Gutdünken einzuschränken und auf die Ehre einer Berufung zu verzichten, die zu hoch ist, um ihm nicht beschwerlich zu sein? Oder, wenn er nicht mehr Herr darüber ist, »das einzig Notwendige« gar nicht zu wollen, wenn er es weder ganz außer Acht lassen noch ganz vergessen könnte, dass es unmöglich ist, es wegzudrängen oder darüber zu verfügen wie über ein lebloses Götzenbild, erhebt der Mensch dann nicht dennoch den Anspruch, es nach eigenem Gutdünken einzusetzen, ihm seinen Platz zuzuweisen, ihm das Wenige zu geben, das zu geben er beliebt, um das Ganze zu haben, das zu haben es ihn drängt?

Ein solches Verlangen und solche Hoffnungen haben das Bewusstsein der Menschen stets umgetrieben. Ganz besonders heutzutage werden viele Geister von ihnen umgetrieben, die sich zwar von jeglichem Glauben, nicht aber von jeglicher religiösen Unruhe gelöst haben. Ist es nicht so, als wollte man alles von Gott, außer Gott selbst? Als wollte man ihn noch für sich, fast ohne auf Gott Rücksicht zu nehmen, nachdem man ihn ausgeschlossen hat, um alles ohne ihn zu genießen? Scheint es nicht so zu sein, dass man, was man auch tun mag, letztlich des Heils sicher sein müsste und des Glückes würdig, ohne das wir *[360 Der Tod der Tat]* uns nicht vorstellen wollen, dass das Sein wirklich sein könnte? Es ist der Mythos des Wagemutigen,

4 · Das notwendige Sein der Tat

der das Feuer des Himmels raubt und zum letzten Sieg gelangt, ohne es bereut zu haben. Wir haben es hier mit der alten Sage von einem Sterblichen zu tun, der ungeachtet der sakralen Verbote eine Unsterbliche liebt und sich zum Gott macht trotz der Götter; er zwingt sie dazu, dieses Gottsein anzuerkennen, dessen er sich den Göttern zum Trotz bemächtigt hat. Es ist »das Ende des Satans«, das ausgerufen wird, um dadurch mit dem gefürchteten Herrn und Richter Schluss zu machen. – All dies sind künstlich herbeigeführte Illusionen, die wir dringend zerstreuen müssen. Es spielt wirklich keine Rolle, dass man die notwendigen Folgen dessen, was man tut, nicht immer ganz genau wahrnimmt; dies hindert sie nicht daran, nacheinander zum Vorschein zu kommen. Es ist nicht nötig, die begangenen Fehler zu benennen und zu umschreiben, um sie zu kennen und zu wollen. Die wahre Wissenschaft ist die, die sich in der Lebenspraxis auswirkt, wie die wahre Freiheit die ist, die den Willen festlegt in der großen und entscheidenden Frage: ohne Gott oder durch Gott.

Was verbirgt sich also in jenem Anspruch des Menschen, sich selbst zu genügen, sich auf das einzugrenzen, was er will und was er kann? Wie kann er Bestand haben, wenn er das Prinzip seines ganzen Bestehens ablehnt? Aber wieso ist es ihm nicht möglich, das in sich selbst zu beseitigen, was er von sich selbst ausschließt? Wieso ist es ihm nicht möglich, in dem, was seine Tat am Sterben hindert, das Prinzip für die Rückkehr ins Leben zu finden? Ein Seiendes ohne das Sein, eine Bestimmung des Willens, die zu wollen man sich weigert, ein Tod, der nicht mehr stirbt: darin liegt die befremdende Lösung, über die wir Rechenschaft ablegen müssen.

I

Die Willenstat wird im Bewusstsein nur insofern zur Angleichung gebracht, als man in ihr die Gegenwart und die Mitwirkung »des einzig Notwendigen« anerkennt. Wenn wir ohne dies nichts sind und nichts können, wenn es für uns nicht möglich ist, dass wir nichts sind, auf welche Weise sollte man dann erklären, dass der Wille sich zum »einzig Notwendigen« bekennen kann, ohne es anzunehmen, oder dass er sich selbst verneinen kann, ohne sich dabei zu vernichten? Was bedeutet diese seltsame Verstümmelung? Oder wie ist es zu verstehen, dass wir das, was wir ohne Gott und gegen Gott tun können, immer nur durch ihn können? Liegt im Willensvorgang also etwas, das nicht gewollt sein kann, liegt im Gewollten etwas, das nicht zum Willensvorgang gehören kann? – Ja gewiss! Und gerade dieser innere Widerspruch ist der Tod der Tat.

[361 Wie die Pervertierung des Willens möglich ist] Diese Haltung, nicht all das zu wollen, was man will, und sich dabei einzureden, dass man es will, mutet in den Worten, die sie für die Reflexion zum Ausdruck bringen, zwar spitzfindig an, aber in der Lebenspraxis, die sie ins Leben einfügt, ist sie ganz einfach und kommt sehr häufig vor. Wie viele Menschen, so scheint es, empfinden nichts für all das, was ihnen nicht präsent ist! Und tendiert die große Anstrengung des modernen Denkens nicht dazu, die Sicherheit des Menschen angesichts seiner Bestimmung zu rechtfertigen? Doch lasst uns diesem Anspruch auf den Grund gehen. Das Bewusstsein mag sich noch so sehr eine Art zweite Aufrichtigkeit zurechtmachen, indem es sich verordnet, in Sicherheit zu sein, ohne Leere und ohne Unruhe. Wenn wir die Weise selbst näher betrachten, wie es sich davon überzeugt, seine Ruhe zu finden, werden wir die innere Triebfeder entdecken, die es daran hindert. Wenn wir herausfinden wollen, wie es möglich ist, dass der Mensch sich seiner Bestimmung verweigert, werden wir entdecken, wie es ihm nicht möglich ist, sich dieser zu entziehen.

Dass die unendliche Macht, die in der Willenstat umhüllt ist, sich für ein endliches Ziel verwenden lässt und sich darin gleichsam erschöpfen kann, ist keineswegs das, was uns verwundern darf. Viel erstaunlicher ist sozusagen, dass sie unter der Symbolgestalt von begrenzten Zielen, die sie anlocken, den unendlichen Zielpunkt wiederfinden kann, nach dem sie verlangt. Wir dürfen nicht vergessen, dass das universelle Gute sich dem Bewusstsein nur mit den Zügen einer besonderen Gestalt anzubieten vermag. In dem Maße, wie seine Gegenwart den Willen als Prinzip und Wirkursache des nach Expansion begierigen Lebens bewegt, behält das Gute wirklich seine Unendlichkeit. In dem Maße, wie es sich dem Denken gegenüber als ein noch zu erlangendes Objekt anbietet und als Zielursache der Tat, ist es nur mehr ein partielles und begrenztes Handlungsmotiv.

Gerade deswegen hat der Sinn jener Bewegung, die den Willen mitreißt, einen ambivalenten Charakter. Das Endliche ist, so scheint es, dieser Gott selbst, zu dem wir streben müssen. Das Unendliche ist das Verlangen des Herzens, etwas, das vom Menschen ausgeht, das Unendliche sind wir selbst. Die Doppeldeutigkeit, deren Klärung die Tat auf sich nimmt, zeigt sich im Folgenden: Wollen wir diesen großen Elan der tätigen Aufrichtigkeit für uns in Beschlag nehmen und

4 · Das notwendige Sein der Tat

ihn auf uns selbst lenken? Oder wollen wir im Gegenteil diesem scheinbaren Endlichen von Gott seine reelle Unendlichkeit durch eine freie Anerkennung zurückgeben und ihm diese Bewegung wieder zuführen, die von uns selbst auszugehen scheint, aber von ihm kommt, um zu ihm wieder zurückzukehren?

Die Option, die unsinnig und unmöglich schien, ist demnach nur allzu einfach. Wie schnell ist der von seiner geborgten Macht so erfüllte Wille durch die Heftigkeit der Leidenschaft oder durch die hochmütige Pervertierung des Geistes dazu geneigt, sich selbst zu gefallen und sich in sich selbst einzuschränken! *[362 Der Tod der Tat]* Wie leicht vergisst man, wer jener ist, der sich in dieser Kraft und Licht schenkenden Anregung verbirgt! Und dennoch ist er da, präsent und verschleiert, im Gespür für das Bessere, das jedes Leben ständig höherhebt, in dieser verborgenen Ordnung der Pflicht, die den Egoismus anstachelt, und ebenfalls im Schuldgefühl, das die Rechte des Ideals gegenüber dem sittlichen Verfall und dem zermürbten Herzen hochhält. Er ist da in jenen fortwährenden Gaben des Gewissens, und zwar noch mehr als in der klarsten Vorstellung, die man sich von seinem Wesen machen könnte. Wenn man diesen ersten Elan der Aufrichtigkeit zugunsten des Menschen und seiner egoistischen Wünsche einfordert, bedeutet dies, dass man, während man zwischen begrenzten Motiven zu wählen scheint, die Unermesslichkeit selbst in die Wahl hineinlegt. Wenn der Wille mit sich umgeht, als wäre er begrenzt, wenn er sich Objekten verschreibt, deren Ungenügen er erkannt hat, und in ihnen die begehrte unendliche Befriedigung sucht, dann objektiviert der Wille sich in sich selbst, wenn man so sagen kann, und subjektiviert sich in solchen Objekten. Wenn er ihre Unzulänglichkeit für ausreichend hält und sie seiner würdig befindet, nimmt er ihre Schwäche in sich auf und legt seine ihm eigene Unendlichkeit in sie hinein. Der Wille selbst geht dabei verloren.

Mag der Mensch, statt Gott in Gott zu verehren, sich selbst in seinen Sinnen und in der Natur verehren; mag er (um hier die Sprache Spinozas zu verwenden), während er in sich das Unendliche der Substanz findet, die ihn sein lässt, diese Form des Unendlichen von der Substanz lösen, um sie für sein eigenes partikulares und begrenztes Sein anzuwenden, stets erklärt sich das Befremdliche dieser inkonsequenten Option einfach von selbst. Es ist nicht nötig, dies für sich selbst erklärt zu haben, um da hineinzugeraten. Unter dem Symbol der alltäglichsten Motive und im einfachsten Gefühlskonflikt entscheidet sich diese große Angelegenheit für einen jeden. Was der Erkenntnis entgeht, ist die abstrakte Formulierung der Wahl, nicht jedoch ihre konkrete Realität und ebenfalls nicht das Gespür dafür, dass sich unter diesen kleinen Frivolitäten, mit denen wir spielen, ein Drama vollzieht, in dem es um uns selbst geht. Auch wenn wir voraussetzen, dass das Übel nur ein weniger Gutes sei, ist es möglich, ohne die innere Wahrheit zu verfälschen, mit Hilfe von nüchternen Zahlen diese dramatische Alternative auszudrücken, deren Lösung kein einziges Menschenleben vermeiden kann.

Stellen wir uns in Gedanken zwei Handlungen vor, die nach meinem Gewissensurteil einen unterschiedlichen Wert besitzen. Ich weiß nicht, welche die wirklich gute ist, aber ich nehme wahr, dass die eine die bessere ist; sie beinhaltet eine Pflicht. Ich halte folgendes Qualitätsverhältnis fest: etwa 7 zu 13. Ich entscheide mich dann für die 7. Vielleicht handelt es sich um etwas, das mir Freude macht, um einen Vorteil, dessen Anziehung es mir leicht macht, die 13 zurückzuweisen. Ich spüre, dass Letztere mehr Mühe abverlangt, zu einer Anstrengung nötigt, ein kleines Opfer fordert, denn die Ausführung des Besseren geht nicht ohne etwas Kampf und etwas *[363 Die Rechensumme der Verantwortung]* Aufopferung. 7 – 13 = –6. Es hat so ausgesehen, als hätte ich etwas, wenn ich die 7 ausprobiere. Deshalb hat das Leben, das am meisten leer und mit Schuld beladen ist, noch gleichsam das vage Gefühl von Erfülltsein und Überfluss. Was ich jedoch in Wirklichkeit habe, ist –6. Darin liegt der fürchterliche, überraschende und gerechte Bankrott einer Tat, die versagt hat! Denen, die nicht haben, wird auch das noch genommen, was sie haben.

Und wirklich, wenn ich mit Bedacht entweder die 13 oder die 7 wähle, kann ich hier noch etwas mehr hineinlegen. Es ist eine gesicherte Erfahrung im Alltag, dass in einer Handlung, die uns als gut und für uns verpflichtend erscheint, noch etwas anderes als das kleine relative Gut steckt. Denn wenn ich dieses Gut liebe und in gebührender Weise will, bin ich bereit, es für ein Besseres hinzugeben. Solches jedoch nicht um des Angenehmen willen, das ich im Besseren finde, denn was in sich besser zu sein scheint, ist oftmals schwieriger und mühevoller für uns. Es ist also nicht *dieses* bestimmte Gut, das ich will und tue. Es ist das, was es repräsentiert, etwas Unbestimmtes, das in der Welt nicht zu verorten ist, das weder über einen natürlichen Einfluss verfügt, noch auf spürbare Weise anzieht. Es ist ein Nichts, das in der Sprache der Mathematiker, wenn man so will, als das Unendliche bezeichnet werden kann (das Unendliche, das kein eigenes Zeichen hat und das sich uns deswegen durch die Vermittlung eines bestimmten endlichen Motivs anbieten muss, von dem der positive oder negative Charakter der Handlung abhängt), etwas, das im Gewissen eines jeden nicht einmal genannt werden muss, um Pflicht zu sein. Ich habe die 7 gewählt. Unter diesem endlichen Symbol habe ich alles, was ich bin, was ich sein müsste, aufs Spiel gesetzt. Indem ich mich auf einen verbotenen Weg gemacht habe, muss ich mich verantworten für das, was ich zu erkennen verweigert habe, was ich auszuprobieren verpasst habe, was praktisch zu verwirklichen ich verschmäht oder gefürchtet habe. Der wollüstige Mensch meint, dass er nicht ohne jeglichen Großmut ist und dass er sich nicht schuldig gemacht hat: $7 - 13 \infty = -\infty$. Man muss ihm sowohl sagen, dass er etwas hat, als auch, dass er alles verliert. Je mehr er das armselige Nichts dessen verspürt, was er liebt, oder je mehr er hier das leidenschaftliche Ungestüm seiner Liebe eingebracht hat, desto mehr missbraucht er das, was er an unzerstörbarer Kraft und an Licht in sich trägt. Denen, die zu haben meinen, wird sogar das genommen, was sie nicht haben.

Die Alternative bietet sich gewiss weder allen an noch bietet sie sich stets mit der gleichen Klarheit oder mit demselben Ernst an. Wenn der Wille im Objekt, das er sich zum Ziel setzt, der Anziehungskraft des ihn mitreißenden Beweggrundes noch mehr unterworfen ist, als er denkt oder als er dem Missbrauch seiner unendlichen Macht zubilligt, dann bleibt sogar die schlechte Option verzeihlich. Die Verfehlung ist aber schwer und das Einsehen tödlich, wenn man gewahr wird, in *diesem* missachteten Einzelgut *[364 Der Tod der Tat]* zugleich das abzulehnen, dessen Ausdruck es lediglich ist, das also, was zu lieben und zu tun *gut* ist. Wenn es schuldhafter erscheint, eine Million zu stehlen statt einen Cent, dann empfinden wir das so, weil wir instinktiv spüren, dass sobald die moralische Einsicht erwacht ist, die Heftigkeit der Versuchung und die natürliche Anziehungskraft des Motivs nichts sind im Vergleich zu der Macht, die die Tat beherrscht.

Es ist richtig, dass der Mensch durch das unmerkliche Fortschreiten des sittlichen Verfalls dahin kommen kann, das, was er als das Böse bezeichnet, um des Bösen selbst willen zu lieben. Indem er in den Spaß an der Aufsässigkeit oder in den störrischen Trotz der durch das Wissen um seine Illusion gesteigerten Leidenschaft den gleichen Wert von all dem hineinlegt, was er wollen müsste, spürt er, was es in der unabhängigen Tat an Falschem und an Gewolltem gibt. Er verhärtet sich umso mehr mit der Halsstarrigkeit eines Hochmütigen,

I · Der Tod der Tat

der weder bereit ist, sich selbst zu widerlegen, noch sich selbst, wenn auch nur verborgen, sein Unrecht einzugestehen. Aber damit die Tat mit dem Tod belegt wird, kommt es nicht oft vor und ist auch nicht notwendig, bis zu diesem abstrakten Wissen um das Böse oder bis zu dieser formalen Liebe zum Bösen zu gehen.

Ist die bloße Hypothese eines sittlichen Bösen, eines unendlichen und unentschuldbaren Bösen, das der unwissende und beschränkte Mensch begeht, nicht ein Ärgernis für das Denken, da er doch zugleich durch die Schwachheit seines Geistes, die Kürze seines Lebens und durch das Versagen seiner Energie so viele Entschuldigungen hat? Was bedeutet es, wenn wir noch hinzufügen, dass der Mensch, wenn er sich weigert, über das rein Menschliche hinauszugehen, eine Schuld auf sich lädt, und zwar eine Schuld, die er unmöglich je begleichen kann? Man beachte trotzdem folgende zweifache Aussage: – Die rein menschliche Tugend, obwohl sie in sich gut ist, hat keinen unendlichen Wert; sie gilt nicht dem gesamten Glück und vollendet nicht die Bestimmung des Menschen. – Das rein menschliche Verfehlen und die bloße Behauptung, die menschliche Ordnung nicht zu überschreiten, schließt ein solches Übel ein, das nicht nur die privatio boni rechtfertigt, sondern auch die Ewigkeit des Verderbens. Wie dringend ist es, dieses Geheimnis aufzuhellen, denn so manche verfinsterten und verwegenen Geister reden sich die zwei Irrtümer ein, die zu diesen zwei Wahrheiten im Gegensatz stehen.

II

Wenn es möglich ist, für ein begrenztes Ziel das unendliche Willensstreben zu verwenden, so bleibt es unmöglich, dabei dieses Merkmal der Unendlichkeit zu zerstören. Ebenfalls ist es unmöglich, die Kraft der Bewegung aufzuheben, auch wenn *[365 Seine Bestimmung zu verfehlen, heißt nicht, sich ihr zu entziehen]* es leicht ist, ihre Sinnrichtung zu verdrehen. Unmöglich auch, sich der Erhabenheit der Bestimmung des Menschen zu entziehen, selbst wenn man sie verfehlt. Obwohl man sich frei auf das Objekt der Begierde stürzt, um ihm gleich zu werden, schränkt man sich nicht auf das Maß des Lieblingsidols ein. Indem der Handelnde das wird, was er tut, werden die Anforderungen, denen er nicht Genüge tut, vollständig in seiner Tat beibehalten.

4 · Das notwendige Sein der Tat

Es handelt sich dabei nicht um einen frei bleibenden Überschuss, auf den man verzichten könnte, indem man die Ehre abweist, um der Mühe aus dem Weg zu gehen, oder dem Gewinn, um keinen Verlust zu riskieren. Man hat nicht wirklich Gewissensruhe, bloß weil man dies so von sich glaubt. Gewiss scheint es aufgrund einer verborgenen und subtilen Logik oft zu gelingen, die Unruhe des Herzens zu beschwichtigen, den Strom göttlicher Wünsche versiegen zu lassen und die natürlichsten Verlangen aus dem Bewusstsein auszuschließen. Aber dazu braucht es Anstrengung und Einübung, so wie man sich halb dem Schauspiel der fernen Perspektiven entzieht, wenn man den Blick sorgfältig auf ein Glasfenster richtet, das mit feinen Zeichnungen bedeckt ist. Und trotzdem dient dieses verschwommene Gesichtsfeld stets als Hintergrund, der diesen durchsichtigen kleinen Figuren Licht verschafft. Wir strengen uns an, nur sie zu sehen, aber wir sähen sie nicht, wenn dahinter nicht Tiefe und Helligkeit wäre.

Nachdem man die Leere jeder einzelnen Erfahrung empfunden hat, in die man, nach jeder Enttäuschung im Leben, sein Ein und Alles gesetzt hat, lebt die unzerstörbare Hoffnung und die beharrliche Illusion gewiss wieder auf. Tatsächlich ist in dieser Leere selbst nicht alles leer. Die vergebliche Tat ist wenigstens eine Gelegenheit für den Willen, seine unzerstörbare Kraft auszuprobieren. Wie viel Einfallsreichtum und Geschick braucht man, um die Langeweile des Lebens zu täuschen und für sich selbst den Leerlauf jener Stunden zu vertuschen, die man verwendet hat, um »zu tun, was man will«! Wenn jede Einzelheit müßig ist, scheint es dann nicht so, dass das Ganze dies nicht ist? Wenn jedes Teil im System falsch oder marode zu sein scheint, wird man dann nicht allzu schnell von einem Teil zum anderen springen, damit das Ganze nicht einstürzt? Wird eine Schlussfolgerung, die rechtmäßig auf einem Grundsatz aufruht, dessen Irrtum bekannt ist, nicht schließlich als begründet und gerechtfertigt erscheinen? – Der Sophismus der Akkumulation oder der Abstraktion betört meistens und beweist nur eines, nämlich dass man unendlich viel mehr will, als man dort findet, wo man sucht, dass man aber nur dort sucht, wo man finden möchte. Wie viele setzen so das, was sie wollten, genau dort an, wo es nicht sein kann!

Ich höre schon, dass man sich über die maßlose Verantwortung empört, die auf dem Menschen zu lasten scheint, über das unendliche Gewicht von Handlungen, die so leichtfertig *[366 Der Tod der Tat]* ausgeführt wurden, dass man oft sogar die nächsten Folgen nicht abgewogen hat. Welche Gerechtigkeit soll in dem liegen, was man nicht weiß, was man tut, fast ohne es gewollt zu haben, was in einem ungleichen Verhältnis steht? Aber gerade diese Klage enthält die Verurteilung. Von woher steigt dieser auflehnende Schrei, dieser entrüstete Zuruf auf, wenn nicht aus einem Herzen, das das Licht über alles liebt, denn es protestiert gegen die Finsternis, das die Angemessenheit liebt, denn es macht sich zum Richter seines Richters? Die Gerechtigkeit so sehr zu lieben, wenn man ungerecht ist! Liegt nicht genau in dieser grenzenlosen Liebe des Menschen für sich selbst, in dieser Liebe zu seiner Vernunft, zu seinem Recht und zu seinem Glück die treibende Kraft seiner Willenshandlungen und das Prinzip ihrer ewigen Strafe?

Wie ist das zu verstehen? Würde der Mensch sich darauf verbindlich festlegen, ohne es zu wollen und ohne darum zu wissen, als könnte er das Unendliche in das Endliche und die Ewigkeit in die Zeit hineinlegen? – Aber gerade eine solche Entschuldigung klagt ihn an, denn das Missverhältnis, über das er sich beklagt, läuft in die umgekehrte Richtung als in die, die er wahrzunehmen meint. Es scheint ihm eine Falle zu sein, obwohl es, wenn man so sagen darf, ein Entgegenkommen in sich verbirgt.

Was redet man über die flüchtige Kürze der Zeit? Je mehr man verspürt, dass sie kurz und ungewiss ist, desto befremdender ist es, so zu handeln, als würde sie nie enden, als wäre sie alles. Es scheint nur so, einverstanden; es ist nur eine Art menschlicher Empfindungen, einverstanden! Deshalb ist man unentschuldbar, wenn man das Verlangen darauf eingrenzt und die Tat dort einschließt. Die Tat steht nicht unter dem Gesetz der Zeitdauer. Wenn die spekulative Kritik den objektiven Wert von Zeit und Raum zerstört hat, so besitzen das moralische Empfinden und die Kritik des Lebens seit langem ihre eigene *Transzendentale Ästhetik*. Entdeckt das rechtschaffene Gewissen jene Schlussfolgerungen nicht mit einem Schwung, zu denen die rationale Analyse mit viel Mühe gelangt? Der Mann der Pflicht ist befreit von den Täuschungen der Sinne und der Illusion der Zeit. Und umgekehrt: Bedeutet die Bekehrung aufzuschieben nicht, zu wollen, dass das, was man jetzt will, für immer dauert?

Das, was man wohlüberlegt will, was man nach eigenem Belieben frei tut, dies will man also und dies tut man, nicht weil die Zeit vergeht, sondern obwohl die Zeit zu vergehen scheint. Die Ewigkeit ist in jedem Zeitpunkt voll gegenwärtig. Wie die Intention eine universelle Tragweite besitzt, so ist auch ihr Streben zeitlos. Zu leben, als müsste man nicht sterben, die Zeit zu lieben, als wäre sie die Ewigkeit, zu wünschen, die vorübergehende Lust endlos zu genießen, nichts anderes bedauern zu wollen, als nicht immer leben zu können, wie man jetzt lebt – gibt es *[367 Die Tat jenseits der Zeit]* in der Haltung des Willens nichts, das seine Unvernunft und seine Inkonsequenz mildert? Weil der Mensch sich einem kläglich kurzen Vergnügen hingibt, bewahrt er nichtsdestoweniger in dieser Hingabe selbst seine ewige Sehnsucht. Was ihm nicht festzuhalten und nicht einmal für die Dauer eines Lebens zu genießen gelingt, dies würde er für immer wollen: *in suo aeterno peccat* [er sündigt in dem, was an ihm ewig ist].

Wie langwierig die Folgen der menschlichen Taten auch erscheinen, im einen und unteilbaren Zeitpunkt, der sie hervorgebracht hat, liegt etwas, das nicht mehr einzig all ihre Folgen innerhalb der Zeitdauer rechtfertigt, sondern auch unendlich darüber hinaus. Wenn diese Handlungen, durch eine plötzliche Entscheidung in das weitläufige Räderwerk des universellen Determinismus hineingebracht, dort ihren Nachhall weiter ausdehnen; wenn sie nicht völlig innerhalb des Punktes von Raum und Zeit bleiben, in dem sie entstehen; wenn sie bisweilen angewachsen zu sein scheinen durch den weiten Widerhall der Welt, dann ist dies nur eine unvollständige Vorstellung ihrer unsichtbaren Ausweitung. Diese überraschende Größe ihrer Nachwirkungen ist gleichsam eine heilsame Mahnung, die durch ein sichtbares Symbol die Reflexion hin und wieder brutal wachruft, indem sie uns enthüllt, was wir schon wissen, aber stets vergessen, nämlich die unermessliche Tragweite der Willenstat. Weil er also unzureichende Güter verwendet, als wären sie zureichend, macht der Mensch sich auf unendliche Weise schuldig. Denn das, was in ihm diese Güter verwendet, ist unendlich. Sein Unglück besteht darin, nicht die Zeit in die Ewigkeit einzubringen, sondern die Ewigkeit in die Zeit. *Non cum tempore transit quod tempora transit: fugit hora, manent opera* [Nicht vergeht mit der Zeit, was die Zeiten überschreitet: die Stunde entflieht, die Taten bleiben].

So bringt die beabsichtigte und gewollte Handlung das Absolute im Relativen unter. Ohne all das, was wir tun, genau zu wissen, tun wir mehr, als wir wissen, und wissen mehr, als wir tun. Und zwar gleichwohl so, dass sich in dieser Mischung von Schatten und Licht, in der unsere Bestimmung eingehüllt ist, noch eine Gnade verbirgt. Wenn der Ernst der Verfehlung schon verhüllt ist, so ist es die Kraft der Hilfe noch mehr. Denn wenn das Böse zunächst nur ein geringeres Gut zu sein scheint, so deshalb, damit *das* Gute selbst ebenso die einzelnen Züge wie auch die anziehende Gestalt eines sinnfälligen

Motivs, einer besseren Handlung, *eines* relativen Guten annimmt. Aber wir sollten aus diesen so an den Tag getretenen Verhältnissen, aus diesen einfachen Gradunterschieden nicht Folgerungen gegen das aufrichtige Bekenntnis des Gewissens ziehen. Es hält sich nur lebendig und feurig, insofern es, wie Carlyle bemerkt, uns mehr oder weniger an das erinnert, was wir alle mehr oder weniger wissen, nämlich dass unter diesen ungefähren Hinweisen der Erkenntnis ein *[368 Der Tod der Tat]* absolut unendlicher Unterschied zwischen einem guten und einem bösen Menschen liegt. Gewiss sind es im Durchschnitt oberflächliche Nuancen, die das Gros der Menschen unterscheiden. Wie soll ich eine maßlose Verantwortung in einer grenzenlosen Schwachheit akzeptieren? Wie soll ich an die unendliche Bosheit jenes Menschen glauben, den ich kenne und liebe, der schwach ist, inkonsequent und unglücklich? Aber dies muss ich nicht glauben, denn die Aufgabe der menschlichen Unwissenheit ist nicht die Gerechtigkeit, sondern die Nachsicht und die Liebe. Und trotzdem, ohne jemanden zu richten – denn das sittliche Gebot »du sollst nicht richten« ist absolut –, gehen wir etwas in die Tiefe, prüfen wir die Herzen. Machen wir uns eine Vorstellung von diesem elenden Menschen, der ohne je darüber nachgedacht zu haben, lieber vor Hunger sterben würde, als eine Schandtat zu begehen; ein solcher Grobian hängt mit der Spitze seiner Seele am ewigen Leben. Schaut den geizigen Reichen, der diesen Armen vielleicht skrupellos benachteiligt. Was muss das am Tag des Urteils für eine Trennung sein, und es wird nichts Willkürliches, nichts rein Äußerliches, nichts Überzogenes geben in der allerletzten Vergeltung!

Nichts ist einfacher, scheint es, nichts natürlicher oder berechtigter, als seinem eigenen Willen zu sagen: »Du gehst nicht weiter. Du nimmst nichts von oben an. Du gibst nichts von dem ab, was du hast. Du gehst nicht aus dir selbst heraus.« Aber diese reservierte und abwartende Haltung schließt eine Verneinung des Willens und einen positiven Verlust ein, στέρησις. Um jegliche vorzügliche Gabe zu verweigern und sich auf sich selbst zu beschränken, nimmt man gerade das in Anspruch, auf das man zu verzichten vorgibt. Von außen betrachtet, *sub specie materiae* [in materieller Hinsicht], erscheint die so abgeschwächte Handlung gewiss begrenzt und brüchig. Die große Verfehlung des Menschen liegt jedoch darin, dass er, um sich einzuschränken, von seiner unendlichen Kraft Gebrauch macht: Allein sein Wille ist stark genug, um seinen Willen anzuhalten. Und wenn der Weg sogar für Gott gesperrt sein kann, wenn der Mensch ihn vernichten kann und bewirken, dass er für den Menschen nicht mehr existiert, so ist dies möglich, weil der Mensch Gott benutzt gegen Gott, indem er von ihm erst das annimmt, was er braucht, um ihn dann von sich zu weisen.

Der Mensch soll also, unter dem Vorwand, nur das zu tun, was kurzlebig und geringfügig ist, nicht behaupten, dass seine Verantwortung gering ist. Gerade nichts zu wollen, nur Geringfügiges zu tun, in seinem Verlangen und seiner Liebe zu versagen, was seine hochmütige Empfindlichkeit nicht aufhebt, zu wollen und nicht zu tun, das macht ihn schuldig. Man beklagt sich nur da, wo man nicht wollte, dass es so ist, wie man weiß, dass es ist. Wer sich selbst eine absolute Wertigkeit zuerkennt, wer eine maßlose Liebe für sein Wohlergehen hegt, belügt sich selbst, *[369 Die sich aus dem Willen selbst ergebende Sanktion]* wenn er sich in kleingeistigen Genüssen abkapselt. Wenn es im unersättlichen Streben des Egoismus einen Antrieb mit unendlicher Kraft gibt, so deshalb, um den Menschen ins Unendliche zu schleudern. Das Ausmaß der Verfehlung bemisst sich mehr nach der Energie der Bewegung als nach dem Ziel, das sie anstrebt. Und die Beleidigung trifft nur deshalb, weil das Göttliche, das beleidigt wird, vom Beleidiger mit der vollen Kraft getroffen wird, die auf das Göttliche zulaufen soll.

Also nicht außerhalb des Menschen, sondern im Menschen müssen wir das verborgene Ewigkeitsgericht suchen. Selbst wenn er zu verurteilen ist, weil er sich angemaßt hat, kein höheres Gesetz als seine eigenen Verfügungen gelten zu lassen, ist er noch sein eigenes Gesetz und sein eigenes Urteil. Verurteilt durch seine eigenen Urteile, ist er sein eigenes Urteilsmaß und nicht seine Gedanken, die bisweilen trotz seiner selbst gut sind, nicht seine Worte, die ein meistens illusorisches Ideal aufweisen, nicht einmal sein Urteil über andere Menschen, obwohl er oft die praktische Anwendung von allgemeinen Gesetzen, deren universelle und notwendige Gültigkeit er anerkennt, gerade in dem Augenblick unvoreingenommen festlegt, da er sich selbst eigenmächtig davon ausnimmt. Was ihn richtet, ist seine Tat selbst. Die innere Kraft seiner Willensbewegung dient für ihn als Maßstab und Sanktion.

III

Wenn der Mensch es aber vermag, die Sinnrichtung seines Willens zu pervertieren und dessen unendliches Streben zu begrenzen, und wenn es ihm unmöglich ist, dessen unermessliche Forderungen in dem Augenblick auszulöschen, da er sie verrät, oder auszuschließen, was er zurückweist, wie soll man dann verstehen, dass er, schließlich eines Besseren belehrt, nicht bekehrt oder vernichtet wird? Ist es vorstellbar, ist es notwendig, dass die vollkommene Enthüllung seiner düsteren Lage ihn nicht ändert und dass sein Unglück für immer darin besteht, nicht verändert zu werden?

Genau dies beweist, in welchem Umfang die Umhüllungen der menschlichen Tat ihre Kraft unberührt und frei lassen. Nehmt sie weg. Dann legt der Wille sich von selbst in seiner Option fest und der Widerspruch, in den er durch die Verweigerung des übermenschlichen Lebens, dessen Bedürfnis er spürte, geraten ist, tritt in Erscheinung als sein Werk für alle Zeit. Es genügt also nicht, wenn man sagt: Welche Gerechtigkeit läge darin, Fehler zu begehen, solange man dies tun konnte, um danach zu wollen, dass diese Fehler ungestraft bleiben, und sich [370 Der Tod der Tat] von ihnen loszusagen, sobald es nicht mehr möglich ist, sie zu begehen. Es genügt auch nicht, die Unmöglichkeit einer freien Rückkehr unter dem Aufblitzen einer dazu zwingenden Erleuchtung zu verstehen. Wer nicht gewollt hat, als er konnte, wird nicht mehr können, wenn er es will. Was wir einsehen müssen, ist, dass tief in sich der Wille selbst sich nicht bekehrt, und dass die Tat, wenn sie sich jenseits der Zeit enthüllt, aus eigenem Antrieb für ewig das bleibt, was sie in der Zeit ist. *In suo temporis aeterno peccat homo: in suo aeternitatis aeterno luit* [In seiner Ewigkeit der Zeit sündigt der Mensch: in seiner Ewigkeit der Ewigkeit büßt er].

Auszunützen, dass die gesamte natürliche Ordnung, auch wenn sie ihrer Vollendung beraubt ist, nicht vernichtet werden kann; in dem, was vorübergeht, eine bleibende Befriedigung zu suchen; von dem zu leben, was stirbt: darin besteht der tödliche Fehler. In die freie Option fließt das Absolute und Unendliche des Willens mit ein, das den Phänomenen Sein verleiht und aus ihnen eine bleibende und unzerstörbare Realität macht. Der Mensch stirbt, weil er die Absicht gehabt hat, sich mit der Zeitdauer zufriedenzugeben und sich auf die Natur zu begrenzen. Nicht als könnte er Raum und Zeit nicht erfüllen und überschreiten. Aber er hat diesen Bereich der Sinne und der Wissenschaft so ausgeweitet, dass er fast vortäuschen kann, sich dort gemütlich zu bewegen und eine endgültige Bleibe zu finden, wenn er diese nicht wohl oder übel stets verlassen müsste aufgrund der unausweichlichen Mahnung des Gewissens, wegen des Ärgernisses durch das Leid, wegen des Todes. Wenn das Sterben an der Zeit ihn lehrt, was leben heißt, dann ist dies deswegen so, weil dieses Leben, das in der Zeit nicht vergeht, dem zweiten Tod ausgesetzt ist, jenem Tod, der für immer Bestand hat. Das Tun ist das Werk von nur einem Augenblick gewesen; getan zu haben und zu wollen, ist dagegen für immer. *Quod factum est, factum non esse non potest* [Was getan ist, kann nicht nicht getan sein]. Diese Notwendigkeit enthüllt die Gegenwart des Seins im Phänomen selbst. Darin liegt der Grund, weswegen das Gesetz des Widerspruchs für die Vergangenheit Anwendung findet. Es ist das Gesetz des Seins; unter den Erscheinungen, die in unserer Erkenntnis aufeinanderfolgen, verbirgt sich die Tat, die ihre bleibende Realität festigt.

Es handelt sich also nicht mehr nur darum, das schlechte Erscheinungsbild, die Unordnung von vergänglichen Phänomenen, das in der Ordnung der Natur begangene Böse wiederherzustellen; nicht diese menschliche Unmöglichkeit steht zur Debatte. Es geht um eine ganz andere Wiederherstellung und sozusagen um eine göttliche Unmöglichkeit. Die Folgen von Handlungen zu beheben, die in ihrem Organismus und im Weltall bis ins Unendliche widerhallen, hat bereits der Mensch nicht vermocht. Aber das Prinzip seiner gewollten Taten zu beheben, deren Sein zu ändern und nicht mehr deren Phänomene, wie lässt es sich vorstellen, dass es überhaupt möglich sein sollte? Schaut doch voller Bewunderung auf solche Aufgeblasene *[371 Die sich aus dem Willen selbst ergebende Sanktion]*, denen ein Funke von Reue genügt, ein Wille zum Besseren, ein selbstgefälliges und sentimentales Almosen von einigen Groschen, etwas verstrichene Zeit, damit die sichtbaren Zeugnisse ihres Vergehens verschwunden sind, um ihrer Meinung nach rein, jungfräulich, voller Verdienste und Schönheit vor Gott und den Menschen dazustehen! Es reicht ihnen, wenn sie selbst es vergessen, eine Art Vergebung, die sie kühn ihrer eigenen Vergangenheit gewähren, als ob sie sich selbst in ihrem Bedauern Gnade erweisen, statt darum zu bitten. Was der Mensch tun kann, das kann er nicht ungeschehen machen, aber das, was er nicht erbauen kann, kann er ganz allein zerstören.

Man möge also ein für alle Mal verstehen, dass sich in der Willenstat ein verborgener Ehebund zwischen dem menschlichen und dem göttlichen Willen vollzieht. Zum Leben der Vernunft und der Freiheit berufen zu sein besagt, an der freien Notwendigkeit Gottes Anteil zu bekommen, die es nicht vermag, sich selbst nicht zu wollen. Auch wir vermögen es nicht, uns selbst nicht zu wollen. Was wir in vollem Eigentum an Sein empfangen, ist solcherart, dass es unmöglich ist, dies nicht gutzuheißen. Diese Gabe kann man nur missbrauchen, nur so tun, als würde man sie verweigern, indem man sie bereits annimmt und sozusagen Gott verwendet gegen Gott. Seine Mitwirkung von sich zu weisen, mit unseren Herzen und mit unseren Werken Scheingüter zu umarmen, ist deshalb ein Ehebruch. Diese uns konstituierende Einheit, dieses Band, das wir von uns aus zu ihm wollen, wie er es von sich zu uns gewollt hat, können wir schänden, ohne es je brechen zu wollen. Diese Erhabenheit des Menschen ist furchterregend! Er will, dass Gott nicht mehr für ihn sei, und Gott ist nicht mehr für ihn. Aber weil er tief in sich den schöpferischen Willen immer behält, ist er dem Willen so fest verbunden, dass dieser ganz sein eigener wird. Sein Sein bleibt ohne das Sein schlechthin [Être]. Und wenn Gott diesen auf sich gestellten Willen bestätigt, bedeutet dies die Verdammung. *Fiat voluntas tua, homo, in aeternum!* [dein Wille, o Mensch, geschehe für ewig]

Die Welt zu missbrauchen und sie zu verderben, stellt also noch nichts dar im Vergleich zu dem Verbrechen, das der pervertierte Wille auf sich lädt: Gott zu missbrauchen und ihn im Menschen zu töten, ihn zu töten, insofern dies vom Menschen abhängt, ihn in göttlicher Weise zu verletzen. Es mag so aussehen, als ob wir das, was wir nicht allein aufbauen können, nicht allein zugrunde richten können. Aber nein! Auch wenn der Grund der menschlichen Verfehlung ganz im schuldhaften Wollen liegt, so ist die tödliche Wirkung nicht völlig auf den Menschen beschränkt. Die Tat ist eine Synthese vom Menschen und von Gott. Weder Gott allein noch der Mensch allein kann sie ändern, sie hervorbringen oder sie zunichtemachen. Um sie wiederherzustellen, reicht ein Dekret der Allmacht nicht aus. Etwas anderes ist nötig. Wenn man es so auszusprechen wagt, muss Gott notwendigerweise sterben, *[372 Der Tod der Tat]* falls das Verbrechen des Menschen wettgemacht werden soll. Gott muss freiwillig sterben, wenn das Verbrechen des Menschen verziehen und vernichtet werden kann. Aber aus sich selbst heraus vermag der Mensch hier nichts. Es ist seine natürliche Verfassung, nicht verändert zu werden. Und nicht verändert zu werden, bedeutet das unwiderrufliche Scheitern seiner Bestimmung.

4 · Das notwendige Sein der Tat

Sieht man nun, was der Anspruch, allein aus seiner eigenen Kraft zu handeln und zu leben, für den Menschen in sich schließt? Alleine und ohne Hilfe zu gehen, emporzusteigen und wieder aufzustehen? Sich selbst genug zu sein in seiner Tugend wie in seiner Reue und in seiner Sühne? Wenn man glaubt, dass man die für sein Gewissen notwendige Wahrheit, die Kraft für seine Tat und den Erfolg für seine Bestimmung in sich findet, dann heißt dies nicht nur, dass man sich einer ungeschuldeten und freiwilligen Gabe beraubt, die, falls abgewiesen und verschmäht, das Glück eines durchschnittlichen Lebens nicht gefährden würde. In Wahrheit heißt dies, dass man seine eigene Sehnsucht belügt und, unter dem Vorwand, nur sich selbst zu lieben, sich selbst hasst und sich selbst verliert. Sich verlieren: Begreift man die Kraft dieses Wortes? Sich verlieren, ohne sich selbst zu entrinnen. Denn wenn der Wille, der sich auf vergängliche Ziele beschränkt hat, das Verlangen nach unvergänglichen Gütern in sich selbst tötet, bleibt er nicht weniger unzerstörbar. Dieser unsterbliche Wille, der sein Ein und Alles in kurzlebige Güter gelegt hat, ist wie tot, sobald er einmal ihre brutale Nichtigkeit erlebt. Seine Sehnsucht vergeht. Er wird für immer das gewollt haben, was niemals sein kann. Was er will, wird ihm ewig entgehen, was er nicht will, wird ihm ewig gegenwärtig sein.

Sein ohne das Sein schlechthin [Être]; seinen Mittelpunkt außerhalb seiner selbst zu haben; zu spüren, dass alle Kräfte des Menschen, indem sie sich gegen ihn wenden, ihm zu Feinden werden, ohne ihm deswegen fremd zu sein: Liegt darin nicht die Folge und die Strafe für das hochmütige Selbstgenügen eines auf sich gestellten Willens, der sein Ein und Alles dorthin verlegt hat, wo es nichts gibt, ihn zu erfüllen? Es ist eine gerechte Notwendigkeit, dass der Mensch, dessen Egoismus mit dem Leben insgesamt und mit dessen Ursprung gebrochen hat, vom gemeinsamen Wurzelstamm losgerissen wird. Bis in die Wurzeln seines Daseins wird er ohne Ende zugrunde gehen, weil alles, was er geliebt hat, durch seine übergroße Sehnsucht gewissermaßen verschlungen und vernichtet sein wird. Wer das Nichts gewollt hat, wird es haben und wird es wissen, aber wer es gewollt hat, wird deshalb nicht selbst ausgelöscht sein. Aber warum werden sie, die sich vom Leben getrennt haben, nicht selbst ganz zunichte geführt? Weil sie das Licht der Vernunft geschaut haben, ihren unauslöschlichen Willen behalten, weil sie nur Menschen sind, insofern sie unzerstörbar sind, sich im Leben herumbewegt und im Sein gehandelt haben. Und dies bleibt für immer. In ihrem Zustand geht nichts aus einem äußeren Zwang hervor; sie beharren auf ihrem Eigenwillen, der Verbrechen und Strafe zugleich ist. Sie *[373 Die sich aus dem Willen selbst ergebende Sanktion]* sind nicht verändert. Sie sind tot und was sie an Sein besitzen, ist ewig. Wie ein Lebender, der mit beiden Armen an einer Leiche festgebunden ist, so sollen sie selbst ihr totes Idol bleiben.

Wenn es nötig wäre, der Vorstellung ein Symbol für die innere Qual zu verschaffen, die, indem sie den Willen gegen sich selbst rüstet, alle verwundeten Leidenschaften der getrennten Seele gegeneinander reibt, wäre es gewiss natürlich, an den Vergleich mit dem verzehrenden Feuer zu denken. Wenn der Schmerz nichts anderes ist, als die Zertrennung von Lebendigen, die ineinander haften, welches Zerreißen wäre dann innerlicher als die Flamme, die, sozusagen im Inneren selbst angezündet, niemals verzehrt, was sie endlos spaltet! So sieht das Bild der qualvollen Anarchie in einem Wesen aus, das in seinen innersten Teilen zersetzt ist, das sich selbst und allem, was ist, zum Feind ist. Und trotz des gegenwärtigen Nichtwissens, das die durchdringende Kraft der Endoffenbarung nicht ahnen lässt, ist der Zorn der vergeltenden Gerechtigkeit bereits im jetzigen Zustand des Schuldigen verborgen. Unter allen Bergen, mit denen er sich bedeckt, will und weiß er doch genug davon, damit es weder Überraschung noch Unbill in den schrecklichen Ereignissen eines Gerichtes gibt, das immer das Werk der ersten Liebe bleiben wird.

*

Indem der Determinismus der Willenstat dem Menschen eine Alternative anbietet und ihm eine Option auferlegt, hat er einen zweifachen Weg erschlossen. Aber zu welcher Seite der Wille sich auch wendet, dieser Determinismus begleitet ihn, um ihn alle seine Konsequenzen hervorbringen zu lassen und ihm sein notwendiges Sein zu enthüllen. Soeben haben wir gesehen, wie der Mensch sich verliert. Wird er den Weg finden, um sich zu retten? Und wo wird er diesen Weg der Rettung einschlagen? Wenn die Wissenschaft ihm dort weder Einlass gewähren noch ihn dort wirksam unterstützen kann, muss sie wenigstens diesem neuen Determinismus folgen, der die notwendigen Bedingungen für das wahre Leben auf logische Weise entwickelt.

[374]

Zweite Option

Das Leben der Tat

*Der Ersatz und die Vorbereitungen
der vollkommenen Tat*

Die Tat vermag sich nicht in der natürlichen Ordnung einzusperren; sie spielt sich nicht gänzlich innerhalb dieser Ordnung ab. Und trotzdem vermag sie es nicht, aus sich selbst heraus über diese hinauszugehen; ihr Leben liegt jenseits ihrer eigenen Kraft. Dem Menschen gelingt es nicht durch seine Kräfte allein, seinen Handlungen all das, was sich spontan in ihnen vorfindet, durch den Willen zurückzugeben. Wenn er sich anmaßt, sich auf das zu beschränken, was er vermag, wenn er sich anmaßt, das, was er tut, aus sich selbst hervorzubringen, dann beraubt er sich der Grundlage seines Lebens. Ist es nicht angebracht, dass er, um in der gewollten Tat die Fülle seiner ursprünglichen Natur herzustellen, die erste Ursache dort den ersten Platz einnehmen lässt? Dem Menschen obliegt es, einen Schritt zurück zu tun. Was er in sich nicht tötet, das tötet ihn; sein Eigenwille hindert ihn daran, zu seinem wahren Willen zu gelangen.

Für den Menschen ist es demnach notwendig, seine Abhängigkeit gegenüber diesem geheimnisvollen Gast einzugestehen und seinen Willen dessen Willen zu unterwerfen. Er muss diesen Weg gehen. Sonst gibt es keine Möglichkeit, das Problem zu lösen, jenes Problem nämlich, das er aufwirft und das er ganz aus freien Stücken billigt. Er will, dass man ihm gegenüber hohe Ansprüche stellt, denn darin liegt das Kennzeichen seiner natürlichen Größe und die Entsprechung zum liebevollen Drängen seines Rufes. Deshalb ist sein Reichtum auch bedürftig, denn nichts von dem, was er gewollt und getan hat, ist für ihn gesicherte Errungenschaft noch hat es Bestand, wenn er nicht dessen Besitz und Bestand in jenem Gott findet, der im Herzen jedweder Willenstat anwesend und verborgen ist. Und was man hier mit Gott bezeichnen muss, ist eine ganz konkrete und praktische Empfindung; *[375 Die notwendige Bedingung des moralisch Guten]* um ihn zu finden, muss man sich gar nicht den Kopf zerbrechen, sondern das Herz. Wie also ist Gott auf freie Weise im menschlichen Leben unterzubringen, damit diese gutgeheißene Immanenz des Transzendenten schließlich den bewussten Vollzug des Willens ergänzt, indem sie das, was will, an das angleicht, was in der Tat gewollt und gesetzt ist?

In dem, was aus ihm selbst mittels der Reflexion herstammt, spürt der menschliche Wille das unheilbare Ungenügen seiner Handlung wie ebenso sehr das unüberwindliche Bedürfnis, sie zu vollenden. Weil er dabei auf seine eigenen Quellen allein beschränkt ist, kann er nur seine Unwissenheit, seine Schwachheit und sein Verlangen bekennen. Denn er ist nur insofern seinem unendlichen Streben treu, als er auch sein unendliches Unvermögen anerkennt. Welches kann die praktische und wirksame Vorgehensweise sein, um letztendlich das zu tun, was wir nicht allein tun können? Und weil die Handlung sich nur zu vollenden vermag, wenn Gott sich uns schenkt, wie soll seine Tat dann in irgendeiner Weise an die Stelle unserer Tat treten? Wie sollten wir an seiner geheimnisvollen Vermittlung teilhaben, ohne überhaupt zu wissen, ob er je gesprochen hat, ohne ihn vielleicht ausdrücklich zu kennen? Wie sollten wir uns bereithalten und uns öffnen für Taten, die der vollkommenen Tat ebenbürtig sind, und wie uns vorbereiten auf eine genauer erkennbare Offenbarung bezüglich der Bestimmung des Menschen, wenn es eine solche Offenbarung überhaupt gibt? Gibt es also ein Sterben, das zum Leben führt?

I

Was man aufgrund persönlicher Einsicht oder wegen empfangener Belehrung als gut betrachtet, dem muss man mit Geist, Herz und Tat beipflichten, um nicht durch sein eigenes Urteil missbilligt zu werden. Alles, was mit dem Gewissen übereinstimmt, auch wenn es unfreiwillig irregeleitet ist, fordert vom Menschen eine tatkräftige Einsatzbereitschaft. Auf diese Weise können barbarische Gebräuche oder superstitiöse Riten Stoff bieten für den guten Willen und ein Medium für die heilsame Inspiration. Jedoch, unter welchem Vorbehalt steht diese Aussage? Dass nämlich in der einzelnen Handlung und im endlichen Symbol die Intention über das Symbol und die Handlung hinausreicht, sodass man, wenn man ausführt, was man mangels besseren Wissens weiß, offen, bereit und gelehrig bleibt für jedwede vollständigere Wahrheit. Die Grundhaltung eines geradlinigen Willens besteht darin, dass man handelt, je nachdem man

4 · Das notwendige Sein der Tat

über Licht und Kraft verfügt, ohne seine aufgeschlossene Bereitwilligkeit und das weit ausgreifende Verlangen einzuschränken.

Deshalb müssen wir auf die praktische Regel zurückkommen, die sich von Beginn an als Hüterin der tätigen Aufrichtigkeit und als Schlüssel zur Bestimmung des Menschen gezeigt hat: sich selbst und die ganze Welt dem *[376 Das Leben der Tat]* hinzugeben, was man als das Gute erachtet. Jetzt aber ist diese Regel gerechtfertigt und erhellt worden. So ist der scheinbare Widerspruch geklärt, der aus der Pflicht zugleich den Sieg und die Opferung des Willens macht. Einerseits haben wir nämlich erkannt, dass die gesamte Hierarchie der natürlichen Güter einfach den innersten Wunsch des menschlichen Wollens ausdrückt und dass, koste es, was es wolle, sich nach der Pflicht zu richten letztendlich das zu tun bedeutet, was man aufrichtig will. Andererseits scheint es eines Opfers und gleichsam einer abtötenden Aufopferung zu bedürfen, um den moralischen Verpflichtungen gegenüber entschieden treu zu sein, selbst wenn dies die natürlichste und wünschenswerteste Sache der Welt ist.

Genau genommen handelt es sich nicht einzig darum, alles Gute zu tun, das man will, insofern man dies wie von selbst aufgrund einer Bewegung des freien Wohlgefallens will, *bona omnino facere* [das Gute überhaupt zu tun]. Das Wesentliche und das Mühevolle daran ist, das, was man tut, gut zu tun, das heißt, es im Geiste der Unterwerfung und des Loslassens zu tun, weil man darin die Weisung eines Willens verspürt, dem es gebührt, ihm unseren Willen unterzuordnen, *bene omnia facere* [alles gut zu tun]. So lässt sich erklären, dass die moralischen Vorschriften uns weniger die Formulierung unseres eigenen Wollens zu sein scheinen (sie sind es aber in einem überaus wahren Sinn), als vielmehr der Ausdruck einer höchsten Autorität, der gegenüber es unsere erste Verpflichtung ist, ihr Recht über uns anzuerkennen. Zu denken gibt uns Folgendes: Je mehr die Wissenschaft der Moral nachweisen wird, dass sie mit den wahren Interessen des Menschen übereinstimmt oder dass sie aus den positiven, durch die Generationen zusammengetragenen Erfahrungen hervorgeht (was richtig ist), desto notwendiger ist es zu klären, wie ausschließlich der Mensch wegen eines Hangs zum Bösen gegen sein eigenes Gut vorgeht, indem er sich von der bewährten Tradition entfernt.

Wenn er also in dem, was das Gute und sein Gutes ist, sein Gutes verkennt und damit das Gute zurückweist, dann geschieht dies, weil er darin in Wirklichkeit zu Recht einen anderen Willen als den seinen sieht und er Selbstverleugnung braucht, um jenen völlig in sich aufzunehmen. Aufgrund eines natürlichen Elans trägt die Vernunft gewiss Sorge für die berechtigten Bedürfnisse und Interessen, zwar weniger, weil es um Interessen geht, als vielmehr weil sie berechtigt sind. Ebenso hört sie auf die edlen Gefühle, zwar weniger, weil sie der Sinnlichkeit schmeicheln, als vielmehr, weil sie edel sind. Die gesamte Hierarchie dieser natürlichen Güter ist wie eine Stufenleiter, die bereitsteht für den Aufstieg des Willens. Und trotzdem: Wenn wir nur das tun, was uns entzückt und uns vorteilhaft erscheint, gehen wir nicht weit auf dem Weg der Pflicht, oder, krasser gesagt, betreten wir ihn eigentlich nicht.

[377 Die notwendige Bedingung des moralisch Guten] Auch jene Menschen und Völker betreten ihn nicht, die die Würde ihres Anstands nur bewahren, indem sie sich dessen bewusst sind, sich selbst ihre eigenen Verpflichtungen aufzuerlegen. Es ist wirklich viel leichter, dem Gesetz zu gehorchen, das man sich selber gemacht hat, und den Willen vor dem Willen allein zu beugen. Aber solches bedeutet, dass man dem sittlichen Leben seine gesamte notwendige Grundlage von Demut und Selbstverleugnung entzieht.

Wenn wir das unmittelbare Zeugnis des Gewissens befragen, ist die Tat gut, wenn der Wille sich, um die Tat zu vollziehen, einer Verpflichtung unterwirft, die von ihm eine Anstrengung und gleichsam eine Selbstüberwindung verlangt. Dieses Zeugnis ist auch begründet, denn wahrhaft Gutes liegt tatsächlich nur da vor, wo wir an die Stelle aller Anreize, aller Interessen, aller natürlichen Vorlieben des Willens ein Gesetz, eine Weisung, eine absolute Autorität setzen, wo wir unserer Handlung eine andere Initiative als unsere eigene zugrunde legen. *Unus est bonus Deus* [einzig Gott ist gut]. Die Pflicht ist nur in dem Maße Pflicht, wie wir in ihr vorsätzlich einem göttlichen Gebot gehorchen; darin vollziehen wir eine praktische Unterwerfung, die nichts mit positiven oder negativen metaphysischen Aussagen zu tun hat. Es gibt eine Weise, Gott zu dienen, die ihn weder nennt noch definiert. Genau dies ist »das Gute« schlechthin.

Die moralische Selbstlosigkeit hat deshalb auch einen absoluten Charakter, selbst für denjenigen, der wissenschaftlich weiß, dass sein höchstes Anliegen im Guten liegt. Denn es ist unmöglich, dass man sich den Verpflichtungen des Gewissens fügt und dabei nicht verspürt, seinem eigenen Willen zu entsagen. Es ist unmöglich, dass wir dem Gesetz gehorchen und dabei nicht merken würden, für immer, unwiderruflich und ersatzlos die verlockenden Wonnen zu

4 · Das notwendige Sein der Tat

opfern. Deren größter Reiz liegt vielleicht in der Illusion, dass, wenn wir sie ablehnen, wir für immer jene unendliche Genusswelt für uns verschließen, in der der Mensch keine andere Schuld zu haben scheint, als nur sich selbst gegenüber. Es ist unmöglich, dass wir, indem wir, koste es, was es wolle, dem Pakt mit Gott treu bleiben, im kritischen Augenblick der Entscheidung und in den Ängsten der Tat, die oftmals so schmerzvoll sind wie das Gebären, nicht das Gefühl verlieren, für uns selbst zu arbeiten und gar für einen aufmerksamen und mitfühlenden Meister, als wären wir, selbst auch taub, dazu gehalten, vor einem Tauben oder für einen Abwesenden zu singen. Für das zu handeln, was hinsichtlich der Sinne und sogar des Geistes nichts ist, darin liegt der scheinbare Wahnsinn, den die Vernunft abverlangt, wenn sie bis dorthin geht, wohin sie gehen muss.

Welches der natürliche Wert des Motivs auch sein mag, das den Willen anregt, man muss es gewissermaßen erst abschwächen, bevor es einen wirklich sittlichen Wert zurückerhält, einen Wert, der nicht mehr auf [378 *Das Leben der Tat*] dem Maß an Übereinstimmung dieses Motivs mit unserem eigenen Wollen gründen wird, sondern auf seinem im eigentlichen Sinn verpflichtenden und gebietenden Charakter. *Sta sine electione et elige* [Stehe da ohne zu wählen und wähle]. Es gibt nur eine einzige Weise, die Gegensätze miteinander zu versöhnen und über den entgegengesetzten Verlangen zu stehen, nämlich die verschiedenen Alternativen zu opfern, sogar die Alternative, die man wählen wird, und auf sie nur durch ein Gefühl zurückzukommen, das der natürlichen Anziehungskraft, die uns anregte, überlegen ist. Andernfalls wäre es für uns viel zu anstrengend, Vorlieben zu haben, mit der Zeit dahinzufließen, zu spüren, dass ein Teil der schönen und guten Wirklichkeit uns zwischen den Fingern zerrinnt. Lasst es unser Verdienst sein, angesichts des unendlichen Guten alles gleich zu behandeln, alles zu lieben, alles für nichts zu erachten, um in allem ausschließlich die Gegenwart jenes Absoluten zu verbreiten. Die wahre und innere Freiheit heißt: sich nie von seiner Leidenschaft bestimmen zu lassen, und wäre es die für das Gute; was man auch verlangt, man muss bereit sein, die gegenteilige Handlung zu vollziehen, um, wenn es gut ist, allein mit einem verwandelten Herzen zur ursprünglichen Neigung zurückzukehren; fast zu wünschen, an allem, was man geopfert hat, Geschmack zu empfinden und Abneigung gegen alles, was man getan hat.

In einem bestimmten Sinn also verbindet das vollkommene und allseitige Loslassen uns in ganz lauterer Weise mit allem, und zwar ohne uns festzubinden und ohne Geringschätzung. Denn es macht uns zugleich sehr indifferent allen einzelnen Formen der Tat gegenüber und sehr aufopferungsbereit für das große und allerhöchste Motiv, das allein allen anderen Motiven und ebenso den allergeringsten ihren unendlichen Wert verleiht. Was bringt ein Gradunterschied in den Augen Gottes, der uns für sich bestimmt hat und demgegenüber alles gut und alles schlecht ist, je nachdem wir es auf ihn beziehen oder es ihm entziehen? Nicht als müssten wir uns dem natürlichen Inhalt der menschlichen Handlungen gegenüber absolut gleichgültig benehmen, denn wenn die endlichen Handlungen das Gute ausdrücken und realisieren müssen, das nur ist, wenn es unendlich ist, dann unter der Bedingung, das Beste zu tun; gerade das Beste dient dem Guten schlechthin als zeitweiliges und stets wechselndes Kleid. Was bedeutet eine Milliarde oder ein Heller im Vergleich zu einer guten Tat? Was bedeutet die ganze Welt? Die Antwort liegt auf der Hand. Müssen wir nicht in allen Dingen so für uns selbst urteilen, als ginge es um einen Anderen, als ginge es um Staatsangelegenheiten von Amenophis, hunderttausende von Jahren zurück oder hunderttausende von Kilometern entfernt, das heißt im Absoluten, im Universalen, als ließen wir die Tat aus den unaufgeregt heiteren Tiefen der Ewigkeit hinabsteigen. Müssen wir nicht urteilen, als seien wir tot?

Die Idee des Unendlichen muss also in uns lebendig werden, sie muss in uns gewollt und in der Praxis umgesetzt werden, sie muss dort wirken und herrschen und gewissermaßen unseren Platz einnehmen. Sie vermag dies immer und wir *[379 Die notwendige Bedingung des moralisch Guten]* sind es ihr schuldig. Spielen wir also unsere Rolle, die beinhaltet, dass wir uns von unserer kleinen individuellen Sicht frei machen, um in uns das Absolute zu realisieren und im Absoluten uns selbst. Das heißt, wir müssen das Universelle in jede Einzelform unseres Lebens einbringen, um so dem Relativen und dem Einzelnen einen unendlichen Wert zu geben. Ist die freie Notwendigkeit, die die göttliche Tat kennzeichnet, nicht auch das Ideal für die menschliche Tat? Die menschliche Tat darf nichts von dem, was den Menschen konstituiert, draußen lassen; sie lässt alles in ihm leben, sie vereint alle seine gegensätzlichen Strebungen und hebt ihn über die kontingenten Gegensätzlichkeiten hinaus, die sein Bewusstsein in Stücke aufteilen. Aber sie vermag diese vollkommene Einfalt nur wiederherzustellen, wenn sie gleichzeitig den Eigenwillen beseitigt, um dem Gut, das sie unter den Zügen einer Einzelgestalt anregt,

4 · Das notwendige Sein der Tat

seinen absoluten und allumfassenden Charakter wiederzugeben. Wer keine Eigenwilligkeit mehr besitzt, tut stets seinen Willen; während man nichts wollte, stellt sich heraus, dass man stets das getan hat, was man gewollt hat.

Die immer wieder aufflammende Versuchung im Herzen des Egoisten ist das hochmütige und sinnliche Murren: »Tu es so, du kannst es, denn du bist einzigartig, denn es liegt eine einmalige Situation vor, denn die allgemeinen Regeln gelten nicht für dich.« Auf ein solches Scheinargument der Leidenschaft hört der eitle Mensch, der stets bereit ist, zu jedem seiner Schritte ein Gedenktäfelchen hinzustellen und die Welt vor jedem seiner Herzschläge niederknien zu lassen. Demgegenüber ist die gute Tat jene, die im Menschen selber den Menschen überschreitet und ihn zum Opfer bringt. Jedes Mal wenn wir eine Pflicht erfüllen, müssen wir spüren, dass sie das Leben mit sich fortreißt, den Eigenwillen ersetzt und in uns ein neues Sein erweckt. Denn lieber müssten wir sterben, als die Pflicht nicht zu erfüllen, und indem wir leben, um unserer Pflicht nachzukommen, lebt bereits ein Anderer in uns. Jede Handlung ist wie ein Testament. Wir müssen gewiss fürs Sterben Zeit nehmen; deshalb müssen wir leben als Sterbende, mit solcher Einfalt, die geradewegs auf das Wesentliche und Wahre zugeht.

Absolut Gutes und Gewolltes ist demnach einzig das, was wir nicht von uns aus wollen, sondern was Gott in uns und von uns will. Wenn jedoch in dem, was wir am liebsten wollen, wenn in der Tat, die mit unserem inneren Verlangen am meisten übereinstimmt, bereits eine Abtötung enthalten ist, was wird dann von dem zu sagen sein, was sich dem Wollen querstellt, es demütigt und verwundet? Wenn wir, um gut zu handeln, es erleiden müssen, von einem Willen verdrängt zu werden, der gewiss unserem Willen entspricht, aber ihm dennoch überlegen ist, ist dann nicht im Erleiden selbst, in allem, was unserer Natur widerstrebt, eine couragierte Tat nötig, um den *[380 Das Leben der Tat]* Schmerz und den Tod, sie ebenfalls, in den Willensplan des Lebens eingehen zu lassen? Aber ist diese Abtötung nicht auch die wahre Probe, der Beweis und die Nahrung für die großherzige Liebe? Wir lieben das Gute eigentlich nicht, wenn wir nicht seinetwegen das weniger Liebenswerte lieben. Dort, wo es weniger von uns gibt, gibt es mehr vom Guten.

II

Wenn bereits am Ursprung der guten Tat das Prinzip der Entsagung, des Leids und des Todes obwaltet, ist es nicht verwunderlich, dass wir in der ganzen Entfaltung des sittlichen Lebens immer wieder dem Leid und dem Opfer begegnen. Wir haben bereits gesehen, wie das Leid dazu dient, die Entwicklung der Person anzuregen, wie es bei der Persönlichkeitsbildung hilft und ein Zeichen wie ein Werkzeug der Wiedergutmachung und des Fortschritts ist. Es hält uns davon ab, das Geringere zu wollen, um uns dazu zu bringen, das Größere zu wollen. Aber das Leid als solches anzunehmen, darin einzuwilligen, es zu suchen und zu lieben, es zum Echtheitszeichen und zur Sache selbst der großherzigen und selbstlosen Liebe zu machen, die vollkommene Tat in das schmerzhafte Leid hineinzustellen, bis ins Sterben aktiv zu sein, jede Handlung zu einem Tod zu machen und den Tod selbst zu der Handlung schlechthin, ist der Triumph des Willens, der noch die Natur in Verwirrung stürzt und im Menschen tatsächlich ein neues und mehr als nur menschliches Leben erzeugt.

Das Herz des Menschen bemisst sich danach, welchen Empfang er dem Leid bereitet, denn das Leid ist in ihm der Abdruck eines Anderen als er selbst. Selbst wenn es aus uns hervorgeht, um mit seiner scharfen Spitze in unser Bewusstsein einzutreten, geschieht das stets gegen den spontanen Wunsch und den ursprünglichen Elan des Wollens. Wie erwartet es auch sein mag, wie ergeben man sich seinen Schlägen schon im Voraus darbietet, wie eingenommen von seinem herben und belebenden Reiz man auch sein kann, das Leid bleibt nichtsdestoweniger etwas Fremdes und Ungelegenes Es ist stets anders, als man es erwartete. Und wer, von ihm heimgesucht, ihm die Stirn bietet, danach verlangt und es liebt, kann zugleich nicht umhin, es zu hassen. Es tötet etwas in uns, um dafür etwas an die Stelle zu setzen, was nicht von uns ist. Gerade deswegen deckt das Leid uns den Skandal für unsere Freiheit und unsere Vernunft auf: Wir sind nicht das, was wir wollen. Um all das zu wollen, was wir sind, all das, was wir sein sollen, müssen wir seine Lehre und seine Wohltat verstehen und annehmen.

[38] Der Weg der Selbstverleugnung des Willens] So ist das Leid in uns wie ein Samenkorn; mit ihm tritt etwas ohne uns und gegen unser Wollen in uns ein. Nehmen wir es darum in uns auf, noch bevor wir wissen, was ist. Der Landmann wirft sein kostbarstes Saatgut in die Erde, er versteckt es dort, er streut es aus, bis nichts mehr

übrig geblieben zu sein scheint. Aber gerade weil das Saatgut so ausgestreut ist, bleibt es liegen, ohne dass jemand es wegnehmen kann; es verfault, um fruchtbar zu werden. Das Leid ist wie diese Verwesung, die nötig ist, um ein reicheres Werk hervorzubringen. Wer an einer Sache nicht gelitten hat, kennt sie nicht und liebt sie nicht. Diese Lehre lässt sich in einem Wort zusammenfassen, aber nur Beherzte können es verstehen: Der Sinn des Schmerzes ist, uns das zu enthüllen, was der Erkenntnis und dem Willen des Egoisten entgeht. Der Schmerz ist der Weg zur wirksamen Liebe, denn er macht uns frei von uns selbst, um uns einem Anderen zu schenken und uns dahin zu drängen, uns einem Anderen zu schenken.

Denn ohne eine aktive Mitwirkung übt der Schmerz in uns nicht seine glückliche Wirkung aus: Er ist eine Prüfung, weil er die verborgenen Tendenzen des Willens dazu zwingt, an den Tag zu treten. Er verdirbt, verbittert und verhärtet jene, die er nicht erweicht und nicht bessert. Indem er das Gleichgewicht im gleichgültigen Leben stört, versetzt er uns in die Lage, uns zu entscheiden: zwischen solchem persönlichen Sentiment, das uns dazu bringt, uns auf uns selbst zurückzuziehen und jedes Eindringen mit Gewalt abzuhalten, und solcher Güte, die sich für die fruchtbar machende Betrübnis und für die Keime öffnet, die die großen Wasser der Prüfung zu uns führen.

Aber das Leid ist nicht nur Prüfung. Es ist ebenso Liebesbeweis und Erneuerung des inneren Lebens, gleichsam ein Verjüngungsbad für die Tat. Es hindert uns daran, in dieser Welt heimisch zu werden, und belässt uns dort mit einem unheilbaren Gefühl des Unwohlseins. Was bedeutet heimisch zu werden tatsächlich, wenn nicht sein Gleichgewicht zu finden innerhalb des engen Rahmens, in dem man fern von Zuhause lebt? Es ist also immer wieder neu, wenn man sagt: Zu welcher Seite man sich auch wendet, es geht einem schlecht. Es ist gut, dies zu spüren. Das Schlimmste wäre, nicht mehr zu leiden, als ob das Gleichgewicht dann gefunden wäre und das Problem schon gelöst. Gewiss scheint oft in der Ruhe eines durchschnittlichen Lebens oder im stillen Nachsinnen spekulativen Denkens das Leben von selbst in Ordnung zu kommen. Aber im Angesicht eines reellen Schmerzes gibt es keine schöne Theorie, die nicht morsch oder absurd scheint. Sobald wir sie mit etwas Lebendem oder Leidendem in Berührung bringen, klingen die Denksysteme hohl, die Gedanken bleiben ohne Wirkung. Das Leid ist das Neue, das Unerklärliche, das Unbekannte, das Unendliche, das das Leben durchfährt wie ein enthüllendes Schwert.

II · Das Leben der Tat

[382 Das Leben der Tat] Es tritt also eine Art Wechselbeziehung oder sozusagen eine Art Identität zwischen der wahren Liebe und dem aktiven Leid zutage. Denn ohne die Erziehung durch den Schmerz gelangen wir nicht zur uneigennützigen und mutigen Tat. Die Liebe wirkt sich in der Seele in der gleichen Weise aus wie der Tod im Leibe. Sie versetzt den Liebenden in das Geliebte und das Geliebte in den Liebenden. Lieben heißt demnach das Leiden lieben, denn es besagt, die Freude und die Tat eines Anderen in uns zu lieben, ein Schmerz, der uns selbst liebenswürdig und lieb ist, mit dem alle, die ihn empfinden, einstimmen und den sie gegen alle Lieblichkeiten der Welt nicht eintauschen würden. Wenn für den Menschen das Leiden gut ist, so nicht aufgrund einer Gepflogenheit, sondern aus einem Grund, der aus den Dingen selbst hervorgeht. Gut zu verstehen, dass der Schmerz die unendliche und wahre Freude bewirkt, bedeutet das nicht, das allerletzte Lebensproblem gelöst und den größten Skandal für das menschliche Bewusstsein ausgeräumt zu haben, weil unser Wille endlich die große Erleichterung erhält, alles gutheißen zu können? Wenn man das Geheimnis kennt, Lieblichkeit in der Bitternis zu finden, dann ist alles lieblich.

Damit ist noch nicht genug gesagt. Wenn das Leid Prüfung und Zeichen des hochherzigen und unverzagten Willens ist, dann ist dies so, weil es die Wirkung und gleichsam der Vollzug selbst der Liebe ist. Denn wenn es stimmt, dass man dort mehr ist, wo man liebt, als wo man faktisch ist, wo der Eigenwille von einem entgegengesetzten Willen überdeckt und verdrängt ist, dann scheint es, dass jede Regung des persönlichen Interesses nicht mehr Gewinn, sondern Verlust ist und dass jede scheinbare Bereicherung zu einer wirklichen Verarmung wird. Der Anblick von Freuden und Festen tut einem trauernden Herzen weh; dem Menschen, der das Gute mehr liebt als sein eigenes Gut, tut eine allzu sehr ausgekostete Befriedigung weh. Man findet Zufriedenheit in der Entsagung, niemals jedoch in der Zufriedenheit selbst.

Die gleiche Unruhe der Menschen in den noch so ungleichen Umständen enthält tatsächlich eine überaus lehrreiche Wahrheit. Sobald in einem Glückszustand oder in einer Gemütsverfassung das Gleichgewicht gefestigt ist, ob auf niederem oder auf höherem Niveau, sieht man nur noch das, was zu wünschen übrig bleibt; der geringste Mangel erscheint wie eine unendliche Leere, und das ist er auch. Wird er Erfüllung finden? Derselbe Eindruck kehrt wieder und ärgert noch mehr. Das beweist, dass alle gegenwärtigen Freuden und

4 · Das notwendige Sein der Tat

aller Besitz in gleicher Weise nichts sind im Vergleich zu dem Gut, das wir wünschen. Wie viel klüger ist es also, unser Streben in die entgegengesetzte Richtung zu lenken, zu denen, die solche enttäuschenden Befriedigungen suchen! Alles lieben, was uns zu unserer unersättlichen Größe mahnt; das Weniger vor dem Mehr bevorzugen und die sättigenden Entsagungen vor dem hungrig machenden Spaß; uns *[383 Der Weg der Selbstverleugnung des Willens]* darin wohlzufühlen, wenn wir einen Mangel empfinden, dies ist gewiss schmerzhaft, aber heilsam. Das Leid ist der Weg, der vorwärtsgeht und hinaufführt; um dort schnell voranzukommen, genügt es, sich tragen lassen zu wollen. Das Glück liegt nicht in dem, was man hat, sondern in dem, worauf man verzichtet und das man sich versagt.

Deshalb müssen wir, selbst wenn wir das Gute tun, es so tun, als käme es nicht von uns. Überall ist das Opfer des Eigenwillens für den Menschen der Weg zum Leben. Das, was uns dazu befähigt, uns etwas zu versagen, ist unendlich mehr wert als das, was wir uns versagen. Diese unnachgiebige Methode der Ausmerzung zu üben, stellt jenen kleinen Überschuss an Kraft deutlich heraus und gibt ihm freien Raum, der in uns alle natürlichen Kräfte übersteigt. Man erwirbt das Unendliche nicht wie ein Ding. Nur durch die Leere und durch die Abtötung gewähren wir ihm Eintritt in uns. Und sofern wir ein großes und begehrliches Herz haben, genießen wir mehr das, was wir nicht haben, als das, was wir haben.

Ein Wille, der lauter ist und beharrlich die Spur seines ersten Großmuts hält, ist also dadurch gekennzeichnet, dass er sich mit nichts Endlichem zufriedengibt. Er nimmt nicht nur das Leiden an, das ihm die Tat eines Anderen als eine schmerzliche und lehrreiche Gabe verursacht, sondern aufgrund seiner eigenen Initiative und indem er alle seine Liebeskräfte weit öffnet, bewirkt er in sich eine Art freiwilliges Leiden und fortdauernden Tod. Statt sich zu ducken, um allzu vielen Berührungen auszuweichen, wenn er sich den Umständen anpasst, dehnt er sich maßlos aus, um überall festgeklemmt zu sitzen wie unter einer Presse. Mit seiner bewussten Absicht entspricht der Mensch der Fülle seines spontanen Strebens nur unter der Bedingung, dass er seinen Eigenwillen ausmerzt, indem er sich mit einem Willen ausstattet, der ihm entgegengesetzt ist und ihn abtötet. Nicht dass er aufhören würde, bis tief ins Fleisch hinein die Wunde seiner Natur zu spüren, die die Unabhängigkeit liebt, denn die verborgenen Wurzeln der Eigenliebe, die stets weggeschnitten werden und stets wieder nachwachsen, können nicht zugrunde gehen. Nicht als ob er seinen inneren Feind mit so etwas wie Wut und heftiger Verbissenheit behandeln müsste, denn das Opfer, statt das Herz zu verhärten, mildert oft die Gefühle, die es zurückdrängt. Nichts von dem zu tun, was er sich gewünscht hätte, und dies mit Anmut und Sanftmut zu tun, das heißt, einen anderen Willen als seinen eigenen in sich zu tragen und tot zu sein, um jedoch bereits zum Leben auferstanden zu sein und für die Lebenskraft der Tat aus ihrer Quelle zu schöpfen.

Die Abtötung ist also die wahrhaftige metaphysische Erfahrung, eine Erfahrung, die das Sein selbst betrifft. Was stirbt, ist das, was zu sehen, zu tun, zu leben hindert, und was am Leben bleibt, ist bereits das, was zum neuen Leben erwacht. Sich zu überleben, das ist die Prüfung des guten *[384 Das Leben der Tat]* Willens. Tot sein wäre bedeutungslos, aber sich zu überleben, zu spüren, seines inneren Wohlgefühls und der Freude an der Unabhängigkeit beraubt zu sein, auf dieser Welt zu sein, als wäre man dort nicht, bei allen menschlichen Aufgaben im Loslassen mehr Begeisterung zu finden, als man je aus der Leidenschaft schöpfen könnte: genau darin besteht die Glanzleistung des Menschen. So viele Menschen leben, als müssten sie nie sterben, aber das ist eine Illusion. Man muss handeln, als wäre man tot, das ist die Realität. Wie ändert sich doch für alles das Vorzeichen, nachdem man jenes Unendliche des Todes in die Betrachtung einbezieht! Und wie wenig ist die Philosophie des Todes vorangekommen! Es ist freilich darauf zurückzuführen, dass nichts diese praktizierte Methode des willentlichen Ausmerzens ersetzt. Und wie wenige haben damit Erfahrung gemacht! Wie viele möchten ihrem Zugriff gerade das entziehen, was man ihr überantworten muss, ohne dabei zu denken, dass der Tod die Tat schlechthin sein kann und sein muss! Da liegt das Geheimnis des heiligen Entsetzens, das das moderne Bewusstsein durchlebt, wie dies auch der antike Geist gespürt hat, wenn er in die Nähe des Göttlichen geriet, wenn bloß der Gedanke des Göttlichen herannahte. Wenn kein Mensch Gott liebt, ohne zu leiden, sieht keiner Gott, ohne zu sterben. Nichts erreicht ihn, was nicht auferstanden ist, denn kein Wille ist gut, wenn er nicht sich selbst verlassen hat, um Platz zu machen für das uneingeschränkte Eindringen des Willens Gottes.

Gewiss ist es nicht nötig und nicht einmal stets nützlich, den Grund und die Wohltat dieses geheimnisvollen Tausches der Plätze zu kennen, die das mutig angenommene Leid bewirkt, die Wohltat, die die Großmut eines Herzens erlangt, dessen Streben von nichts

4 · Das notwendige Sein der Tat

Endlichem eingegrenzt wird und die der Tod vollendet, dem man sich edelmütig stellt und ihn auch so erleidet. Was langwierig zu erklären und schwer zu rechtfertigen ist, erfordert in der Lebenspraxis oftmals nur eine schlichte Anstrengung, die fähig ist, ein ganzes Leben zusammenzufassen und umzugestalten. Wie wenig braucht es doch, um zum Leben Zugang zu finden! Ein winziger Akt der Hingabe, in einer ganz volkstümlichen und bisweilen kindhaften Form, ist vielleicht genug, damit der göttliche Samen in einer Seele empfangen und das Problem der Bestimmung gelöst wird.

III

Um aber die Scham des Gewissens unberührt zu wahren und jene großherzige Aufrichtigkeit, die nichts anderes ist als ein sich selbst gegenüber konsequenter Wille, bleibt eine letzte Haltung unabdingbar. Alles von der Pflicht zu erfüllen, was man weiß und was man kann, und wäre es *[385 Das Eingeständnis menschlichen Ungenügens]* bis zum heroischen Blutvergießen; leiden und sterben, um das zu erlangen, ohne das kein einziges Leben es verdient, gelebt zu werden, das ist gut und doch nicht genug. Nachdem man alles getan hat, als würde man nichts von Gott erwarten, muss man noch alles von Gott erwarten, als hätte man von sich aus nichts getan. Hüten wir uns also vor jener verborgenen Anmaßung, die eine letzte Wiederkehr des Eigenwillens ist: Allzu gern reden wir uns ein, dass es den bloßen menschlichen Kräften gelingt, aufgrund irgendwelcher Notwendigkeit der Natur, das große Heilswerk zu vollenden. Aber nein, sie bringen dieses große Werk nicht zum Abschluss, weil sie es nicht einmal anfangen.

Zu meinen, dass der Verzicht des Menschen auf seinen Eigenwillen sein eigenstes Werk ist; sich schließlich einzubilden, dass die Selbstverleugnung überaus wertvoll, sühneleistend und heilbringend ist, heißt, stets zur ersten Illusion zurückzukehren. Man verliert damit die Wahrheit des lebendigen Gottes aus den Augen und behandelt ihn noch wie einen leblosen Gegenstand, wie ein Werk von Menschenhänden und wie eine Materie, die sich seinem Belieben fügt. Das heißt letztlich: Ich selber gebe mir Gott, statt mich Gott zu geben.

Wir müssen somit (und da liegt die Schwierigkeit des engen Weges, der zum Leben führt) folgende zwei praktische Haltungen miteinander vereinen: Alles tun, was wir können, als hätten wir uns nur

II · Das Leben der Tat

auf uns selbst zu verlassen, aber zugleich davon überzeugt sein, dass alles, was wir tun, obwohl notwendig, radikal ungenügend ist. Was wir an Kraft und Licht besitzen, kann uns nur dann rechtmäßig gehören, wenn wir es erst zu seinem Ursprung in Beziehung setzen. In gewissem Sinn muss die Tat ganz vom Menschen herstammen, aber an erster Stelle muss sie gewollt sein als ganz von Gott herkommend. Bei dieser vollkommenen Synthese des einen mit dem anderen kann man nicht sagen, dass der eine Teil der Handlung vom einen herkommt und der andere Teil vom anderen. Nein, denn jeder muss für das Ganze handeln. Gemeinschaft der beiden Willen gibt es nur unter der Bedingung, dass der eine Wille nichts tun kann ohne den anderen. Und die Tat, ihr gemeinsames Werk, geht dennoch als Ganzes aus jedem hervor.

Es reicht also nicht, gute Wünsche und edle Absichten zu hegen und zugleich für ihre Ausführung darauf zu warten, von einer fremden Inspiration angeregt zu werden. Es genügt nicht, dass der Wille schwanger ist, er muss das Kind geboren haben. Wir sollen nicht in dem leben, was wir gerne tun möchten, denn dies tun wir nicht und dies werden wir nie tun. Wir müssen handeln, selbst dann, wenn der Kleinmut davon überzeugt ist, dass es unmöglich ist. Genauso wenig wie wir uns nicht ohne Weiteres auf die Beständigkeit der vollbrachten Handlungen verlassen sollen, denn was darin vom Menschen stammt, ist immer hinfällig, so wenig sollen wir *[386 Das Leben der Tat]* den zukünftigen Werken misstrauen, denn wir müssen stets eine Hilfe und eine allmächtige Mitwirkung erwarten. Es ist das gleiche Gefühl, das einerseits den Menschen zu dieser vorsichtigen Furcht veranlasst angesichts der Vergangenheit, in der er sich angesiedelt hat, und andererseits zu dieser beherzten Initiative angesichts der Zukunft, wo er in Erwägung ziehen muss, dass ein anderer als er selbst bereits anwesend ist.

Die einzige Haltung angesichts des Problems seiner Bestimmung, die dem Menschen angemessen ist, ist demnach zu handeln, soweit dies möglich ist, in dem Maße, wie er Licht und Kraft hat, aber im Bewusstsein, Ursprung, Mitte und Ende seiner Tat nicht in sich selbst zu finden, nie zu meinen, am Ziel angekommen zu sein, stets aufs Neue anzufangen, schwungvoll wie ein junger Soldat und zaghaft begeistert wie ein Novize. Die Pflicht heißt, suchen, ohne müde zu werden, denn man würde nicht suchen, wenn man nicht das bereits gefunden hätte, was man voll und ganz niemals erreicht, was man verliert, sobald man beansprucht, daran festzuhalten. Wenn

4 · Das notwendige Sein der Tat

man handelt, so gut es geht, muss man noch nach dem Guten verlangen, das man nicht kennt und nicht tut. Man muss leben mit dem Gefühl, dass die Gegenwart nicht eine ständige Bleibe ist, sondern ein Durchgangsort und gleichsam ein fortdauerndes Hinscheiden. Man muss leben mit der Angst, sich allzu sehr mit diesem sterbenden Leben zufriedenzugeben, während man ein gewisses Maß an Frieden genießt, den es den Lauen und den Schlauen gewährt. Dies gleicht sicherlich dem Gewicht eines Jochs, das wir zu tragen haben. Aber diese Bürde des sittlichen Lebens, schwer vorzustellen und schwer zu schultern, wird in dem Maße leichter, wie man vorankommt, und sie erleichtert alles Übrige. *Onus cuncta exonerans* [eine Last, die alles entlastet]. Auf gleiche Weise sind die Federn alles andere als eine Last für den Vogel: Er trägt sie und sie tragen ihn.

Wenn aber der Mensch seine Handlungen über Zeit und Raum hinaus verbreiten muss, außerhalb des Endlichen und außerhalb seiner selbst, so ist dies dennoch kein wankelmütiges Verlangen oder die Esslust eines Kranken, der, stets hungrig, nichts Festes ertragen kann. Diese andauernde Unruhe ist nur insofern gut, als sie die jetzige Aktivität anregt, auch wenn sie es uns niemals gestattet, uns darauf zu beschränken. Die Tat selbst muss uns zusammen mit der sättigenden Nahrung jene neugewonnene Stärke der Gesundheit geben und jenen unersättlichen Hunger, der das Zeichen eines gesunden und lauteren Willens ist. Noch bis zu unserem Verlangen, gute Verlangen zu hegen, müssen wir den Ursprung der Willensbewegung immer wieder außerhalb von uns ansiedeln. Selbst wenn wir nichts anderes tun, als zu bitten, etwas zu haben, das wir wegschenken können, kommt dieses Gebet nicht ganz von uns. Und es ist nur insofern ein Gebet, als dieses Eingeständnis wenigstens darin eingeschlossen ist. An die Stelle der absoluten Initiative des Menschen [387 *Die religiöse Erwartung*] muss notwendigerweise freiwillig, da sie bereits notwendigerweise dort anwesend ist, die absolute Initiative Gottes treten. Es ist nicht meine Sache, mir Gott zu schenken, noch mich mir selbst zu schenken. Meine Aufgabe ist, zu bewirken, dass Gott so ganz in mir ist, wie er bereits von sich aus in mir ist, und am Ursprung meiner Übereinstimmung mit seiner höchsten Tat seine wirksame Gegenwart wiederzufinden. Der wahre Wille des Menschen ist das göttliche Wollen. Das Eingeständnis seiner grundsätzlichen Passivität ist für den Menschen die Vollendung seiner Aktivität. Wer anerkennt, dass Gott alles tut, dem gewährt Gott, alles getan zu haben. Und das ist auch wahr. Von nichts Besitz zu ergreifen, ist der einzige Weg, das

Unendliche zu erwerben. Es ist überall dort, wo man nicht mehr sein eigener Herr ist.

Aber auch hier wieder, und hier vor allem, zeigt sich, wie sehr diese heilsame Einstellung unabhängig ist vom abstrakten Wissen, das man davon haben kann! Damit die Lauterkeit ganz unangetastet bleibt, ist es angebracht und es genügt auch, dass wir uns, wenn wir nach bestem Wissen handeln, wunschgemäß und mit Vorbedacht auf den Bekannten oder Unbekannten stützen, der als einziger den Rohling von Geschöpf, der wir sind, beseelen, fördern und vollenden kann. Weder um eine gute Tat zu vollbringen, noch um ein Willensversagen zu beheben, besitzen wir Tatkraft oder Sühnemöglichkeit. Um in der Wahrheit zu bleiben, müssen wir dies anerkennen. Die Wahrheit ergießt sich nur in leere Gefäße. Wenn die Arbeiter der letzten Stunde fast ohne gearbeitet zu haben zur Lohnauszahlung gerufen werden, dann deshalb, weil sie vorher von niemandem und für keine Arbeit angestellt worden sind. Deshalb ist es nötig, dass im Tiefsten des Herzens eine kleine unangerührte Ecke übrig bleibt, wo der unbekannte und ersehnte Gast die Seele berührt. Er kann sich nur dort schenken, wo man ihm Platz macht. Weil uns jedes klare Wissen von ihm fehlt, wie sehr setzt das Gefühl, sein Wirken zu brauchen, echte Geradheit und wahre Großmut voraus! Um ihn herbeizurufen, noch bevor man ihn kennt, muss man der Lauterkeit des guten Wollens bis zum Letzten treu geblieben sein: eine ganz schlichte Haltung! Ein einziger Augenblick, ein einziger Aufschwung des Herzens reicht vielleicht aus, um sie hervorzubringen, aber sie umfasst das Unendliche.

Es schien so, als ob die allerhöchste Anstrengung des Willens darin bestünde, dass er alles, was er hat, und alles, was er ist, zum Opfer darbringt. Jetzt zeigt sich aber, dass auch diese Anstrengung nicht genügt, wenn wir ihren Verdienst uns selbst zuschreiben würden oder ihre Wirksamkeit für gültig hielten. Gewiss ist es der sichere und gerade Weg, das Unsichtbare zu lieben; das zu wünschen, was über alles hinausgeht und auf dessen Besitz wir gegenwärtig verzichten; alles zu verlieren, um das zu bewahren, was allein zählt und zu sein verdient; [388 Die Vorbereitungen auf die vollkommene Tat] zu sterben, wenn es sein muss, um zu leben, weil es unmöglich erscheint, zum Sein zu gelangen, ohne durch den Tod hindurchzugehen. Das ist das Bekenntnis des Menschen zum Absoluten, die Teilhabe des Nichts, das wir sind, am wirklichen Leben durch die Opferung des Scheinlebens. Und trotzdem bedeutet dies alles nichts,

4 · Das notwendige Sein der Tat

ohne sich des natürlichen Unvermögens, ja sogar der Unmöglichkeit bewusst zu sein, in der der Mensch sich befindet, allein aus seinen eigenen Kräften sein notwendiges Ziel zu erreichen. Aristoteles hatte dies geahnt, als er sagte: Es gibt im Menschen ein Leben, das besser ist als der Mensch. Und dieses Leben vermag nicht der Mensch aufrechtzuerhalten; es muss etwas Göttliches in ihm wohnen.

Absolut unmöglich und absolut notwendig für den Menschen, genau dies ist streng genommen der Begriff des Übernatürlichen. Die Tat des Menschen übersteigt den Menschen, und die ganze Anstrengung der Vernunft besteht darin, einzusehen, dass er dabei weder stehen bleiben kann noch soll. Eine herzliche Erwartung des unbekannten Messias, eine Taufe des Verlangens, die das menschliche Wissen unmöglich auslösen kann, denn auch dieses Verlangen selbst ist eine Gabe. Das Wissen kann die Notwendigkeit der Gabe herausstellen, sie aber nicht bewerkstelligen. Wenn es wirklich angebracht ist, einen reellen Bund mit Gott einzugehen und mit ihm zusammenzuwirken, wie könnten wir uns dann anmaßen, dass solches gelinge, ohne anzuerkennen, dass Gott der absolute Herr über seine Gabe und über sein Wirken bleibt? Ein notwendiges Eingeständnis, dessen Wirkung jedoch aufhört, wenn wir nicht nach dem unbekannten Vermittler rufen oder uns dem offenbarten Heiland verschließen.

*

Ich zeige auf, wie die Idee selbst einer Offenbarung so in die innere Entwicklung des menschlichen Bewusstseins eingeht, dass sie, von außen kommend, im Inneren nur kraft einer vorhergehenden Entsprechung wirken kann. – Ich lasse sehen, welchen Merkmalen diese dem Anschein nach von außen kommende Gegebenheit ihre Autorität und innere Glaubwürdigkeit verdankt. – Ich zeige schließlich auf, welchen Nutzen sie hat. Sie muss einer praktischen Wirkung dienen und eine solche auch haben, wenn wir wollen, dass die geheimnisvolle Erkenntnis des unbegreiflichen Geoffenbarten einen Sinn hat und sich in irgendeiner Weise vermenschlicht. Auch sie wird also einen Platz in der Dynamik der Tat einnehmen. Die menschliche Wissenschaft braucht nicht zu untersuchen, ob solches reell ist, nicht einmal ob es möglich ist. Sie muss zeigen, und zwar auf der Basis des Determinismus, dass es notwendig ist.

[389]

Fünfter Teil
Die Vollendung der Tat

DER ENDPUNKT DER BESTIMMUNG DES MENSCHEN

Die Tat vollendet sich nicht in der Ordnung der Natur. Ist aber nicht bereits die bloße Bezeichnung *Übernatürliches* ein Ärgernis für die Vernunft? Und besteht die einzige Haltung des Philosophen angesichts eines solchen Unbekannten nicht darin, ihm keine Beachtung zu schenken oder es, noch entschiedener und eindeutiger, zu leugnen? – Nein, es zu leugnen oder nicht zu beachten, steht im Gegensatz zur philosophischen Geisteshaltung. Statt in einen vorbehaltenen Bereich einzudringen, müssen wir zeigen, dass jedes wirkliche Eindringen unmöglich ist. Gerade aus dieser Unmöglichkeit ergibt sich ein notwendiges Verhältnis. Es ist noch eine Aufgabe des rationalen Wissens, sowohl die absolute Unabhängigkeit als auch die Notwendigkeit jener höheren Ordnung zu erforschen.

Bezüglich des Übernatürlichen ist es besonders angebracht, die Aussage des Aristoteles zur ersten Philosophie zu wiederholen: »Wenn man nicht philosophieren soll, soll man immer noch philosophieren.« Die Metaphysik kann man nur aufgrund einer metaphysischen Kritik ausschließen. Kann man also behaupten, sich gegen das auszusprechen, was, hypothetisch betrachtet, der Ordnung der Philosophie fremd ist, ohne dass ein solch vordergründiges Urteil die Kompetenz der Philosophie überschreiten würde? Zwei Aussagen überschreiten auf gleiche Weise das strikte Recht der rein menschlichen Wissenschaft: »Es ist nicht.« – »Es ist.« Deshalb gilt: Der Auf-

5 · Die Vollendung der Tat

weis, dass es der Philosophie unmöglich ist, aus eigener Kraft eine Wahrheit, eine Tat, ein Leben jenseits der Natur abzulehnen oder hervorzubringen, ist noch Aufgabe des Philosophen. Und dennoch hat diese dem Anschein nach ganz negative Kritik, die auf der Ebene derer bleibt, *[390 Die Kritik des Begriffs des Übernatürlichen]* die vorgeben, das nicht zu kennen, was sie eigentlich leugnen, notwendigerweise ein ganz positives Ergebnis. Wenn wir herausstellen, dass in dieser Frage eine gültige Verneinung nicht möglich ist, dann halten wir in der Tat daran fest, nicht dass »es ist« (der Glaube ist ja eine hypothetische freie Gabe), sondern, dass »es möglich ist«, denn es ist nicht möglich, zu beweisen, dass es unmöglich ist.

Wir dürfen außerdem die Annahme des Übernatürlichen nicht als rein willkürlich betrachten. Wäre sie dies, dann wäre es uns aus diesem Grunde erlaubt, sie als eine offensichtlich trügerische Fiktion zu vernachlässigen. Aber alle vorherigen Ausführungen haben ergeben, dass wir uns eines unheilbaren Missverhältnisses bewusst geworden sind zwischen dem Elan des Willens und dem menschlichen Endpunkt der Tat. Als wir die Bedingungen der vollkommenen Lauterkeit erforschten und versuchten, das Verhalten des völlig guten und konsequenten Willens zu bestimmen, meinten wir dann nicht zu ahnen, dass es etwas ständig Unausgesprochenes gab? Darin zeigt sich nicht, dass diese Untersuchung einen Hintergedanken oder Nebenabsichten verbarg, sondern es stellt sich heraus, dass sie der verborgenen Bewegung eines Bewusstseins entsprach, das, indem es dem langsamen Gang der Untersuchung voraus war, bereits mehr weiß, als es zu wissen vorgibt und das sich gerne darüber wundern würde, inmitten von Wahrheiten, Dogmen und alten Traditionen zu leben, deren Sinn es verloren hatte und die es jetzt als etwas Neues wiederfindet.

Das ist noch nicht alles. Denn von dieser Haltung, die die aufrichtige Lebenspraxis in der Einsamkeit des Bewusstseins entstehen lässt, treffen wir um uns herum auch noch auf lebendige Zeugnisse. Ja, es gibt noch immer Zeugen, μάρτυρες, vielleicht ungelegen und aufdringlich, deren seelische Verfassung aber etwas von jener sympathisierenden Neugierde verlangt, die wir so vielen anderen Dingen entgegenbringen. Denn weil die Zeugen innerhalb dieser historischen und wissenschaftlichen Zivilisation leben, die man ihnen in diesem Zeitalter der Kritik und des Naturalismus entgegenhält, wissen wenigstens einige, worum es geht. Sie hören die Vorwürfe, sie kennen die Verachtung der Freigeister. Sie sagen auch selbst, was man ihnen sagt: *Stultitia et scandalum* [Torheit und Skandal]. Wenn sie darüber hinweggehen, haben sie vielleicht ihre Gründe, deren Erkenntnis genauso wissenschaftlich ist wie das Wissen um ein buddhistisches Ritual. Man sollte sich nur fragen, ob die vermeintlichen Gründe, die zur Verneinung Anlass zu geben scheinen, nicht genau jene sind, die einen das bejahen und wollen lassen müssten, was man ablehnt und hasst!

Es wäre doch seltsam, wenn es wissenschaftlich zu verantworten wäre, das auszuschließen, was anzunehmen nicht wissenschaftlich ist. Als ob der Negativbeweis in sich nicht schwieriger zu erbringen wäre als der Positivbeweis. *[391 Inkompetente und voreingenommene Einwände]* Denn man müsste sich auf eine faktische Unmöglichkeit berufen, um die bloße logische Möglichkeit des Übernatürlichen zu verneinen. In ihrem Kern verstehen wir nicht das geringste Detail der geringsten gewöhnlichsten Tatsachen. Wir wissen nicht einmal, was wir tun. Und doch maßen wir uns an, zu sagen: Das ist möglich und dies ist es nicht. In einem gewissen Sinn ist alles übernatürlich und nichts ist übernatürlich, denn in jeder Handlung, mehr noch in jedem Phänomen gibt es in dem, was erkannt ist, immer noch ein unlösbares Geheimnis. Die Erfahrung der Sinne ist ein Geheimnis. Und alle verlassen sich darauf; auf der Autorität der Sinne bauen wir eine Wissenschaft auf. Dann wollen wir nicht mehr, dass es ein anderes Geheimnis gibt als jenes. Als ob wir anhand dessen, was wir davon erkennen, bestimmt und eingegrenzt hätten, was wir nicht wissen!

Es wäre seltsam, dass es wissenschaftlich sein sollte, den Buchstaben und den Geist aller Religionen zu erforschen mit Ausnahme einer einzigen. Hat man die Kritik, wie wir sie durchgeführt haben, von allen Formen der Superstition wie von allen Fiktionen, auf die die menschliche Tat kommt, um sich die Illusion zu verschaffen, vollendet zu sein, als Überschreitung der Rechte der Philosophie betrachtet? Gewiss nicht. Warum sollte sie dann nicht dazu berechtigt sein, zu schauen, ob es nicht eine Form von Religion gibt, die sich solcher Kritik entzieht und die die Philosophie nicht mehr in den Griff bekommt? Nicht dass die Behauptung legitim wäre, mit der Vernunft alleine das zu entdecken, was geoffenbart sein muss, um erkannt zu werden. Aber es ist legitim, die Forschungen bis zu dem Punkt voranzutreiben, wo wir spüren, etwas innig verlangen zu müssen, das dem analog ist, was die Dogmen uns von außen her anbieten. Es ist legitim, diese Dogmen zwar nicht an erster Stelle als geoffenbarte zu betrachten, sondern als offenbarende, das heißt, sie den tiefen Anforderungen des Willens gegenüberzustellen und in ihnen, sollte es in ihnen vorhanden sein, das Bild unserer reellen Bedürfnisse und die erwartete Antwort aufzudecken. Es ist legitim, sie als Hypothesen anzunehmen, wie die Geometer dies tun, wenn sie das Problem als gelöst voraussetzen und die fiktive Lösung auf analytischem Wege verifizieren. Wenn man sie so betrachtet, wäre man vielleicht über den menschlichen Sinn einer Lehre überrascht, die viele einer umfassenden Untersuchung nicht für würdig erachten und die man mit einem trockenen Formalismus religiöser Praktiken verwechselt (entgegengesetzte Vorwürfe, deren Widerspruch selbst schon ein wenig zum Nachdenken reizen sollte), mit salbungsvollen mystischen Rührungen, mit einer Routine von sinnlich wahrnehmbaren Zeremonien, mit einer kasuistischen Gerichtshoheit, mit einer mechanisch ausgeführten Disziplin. Man muss ihren Geist mit der gleichen Sorgfalt deuten, die man auch für die Erforschung eines sanskritischen Textes und eines mongolischen Brauchs aufwenden würde.

[392 *Die Kritik des Begriffs des Übernatürlichen*] Es wäre schließlich seltsam, dem Übernatürlichen das entgegenzuhalten, was sein einziger Seinsgrund ist und wodurch es sich definiert. Gäbe es das Übernatürliche, wenn es bloß ein Forschungsgegenstand wäre, eine Errungenschaft der menschlichen Anstrengung, wenn es aus der Philosophie selbst hervorginge? Würde es existieren, wenn es vom Menschen nichts erfordert, was seine Natur übersteigen, diese durcheinanderbringen und verletzen würde? Würde es existieren, wenn die außerordentliche Gabe, die es hypothetisch unserem Bewusstsein bringt, nicht in solchem Ausmaß mit den gebieterischen Forderungen des Willens übereinstimmte, dass diese Gabe als solche, statt jedem freigestellt und entbehrlich zu sein, uns wie eine Pflicht auferlegt wäre?

Hat man überhaupt nachgedacht über folgende sich anhäufende Inkonsequenzen? – Man würde sehr wohl zugeben, dass die natürliche Ordnung dem Menschen nicht ausreicht. Aber zugleich möchte man, dass das Übernatürliche in die natürliche Ordnung selbst einginge. – Man behauptet, dass die bloße Vorstellung einer Offenbarung der rationalen Untersuchung nicht gewachsen ist. Und man erträgt es nicht, dass diese negative Schlussfolgerung weiter diskutiert wird. Unter dem Vorwand des Respekts lehnt die freie Forschung sogar die Forschung ab. – Dem Dogma gegenüber legte man sich einen unausgesprochenen Vorbehalt auf, den das Dogma nicht erfordert, den das Dogma sogar verbietet. Und diese respektvollen

5 · Die Vollendung der Tat

Leute, die nicht wollen, dass man es der Kritik unterzieht, sind gerade die, in deren Augen das Dogma eine völlig menschliche Erfindung ist. – Mit der Hellsichtigkeit einer zugespitzten Kritik gesteht man die absolute Nichtigkeit aller superstitiösen Erfindungen ein, weil sie aus dem Menschen allein hervorkommen lassen, was nicht aus dem Menschen allein hervorkommen kann. Und angesichts einer Doktrin, die alle Superstitionen verurteilt, indem sie sich wie aus einem höheren Ursprung darstellt, wird aus diesem sie einzigartig machenden Anspruch ein neuer Vorwurf. Man wirft dem Dogma vor, das zu sein, was man anderen vorwirft, nicht zu sein. – Man verleiht den Superstitionen selbst etwas vom inneren Wert, den man der Religion wegnimmt, als ob alle Religionen im Grunde gleichwertig wären. Dabei bemerkt man nicht, dass die Menschen, die sich mit keiner einzigen rein natürlichen Form der Tat begnügen, genau dieselben sind, die sich mit dem Glauben zu begnügen und daran festzuhalten wissen. Denn aufgrund des gleichen Gespürs kommt man dazu, das Bedürfnis zu spüren, darin die ersehnte Befriedigung zu finden und deren Anforderungen zu lieben. Sie, die die Wahrheit erwarten und empfangen, sind die, die keine andere mehr erwarten und empfangen. – Man scheint »bereit zu sein, dafür zu sterben, nicht nennen zu können, was man anbetet«. Und wenn dies sich selbst beim Namen nennt, zerreißt man seine Kleider und ruft ›Gotteslästerung‹. Hier zeigt sich eine einzigartige Bulimie, die unter dem Schein einer unersättlichen Esslust einen Überdruss, einen Ekel, ein Fehlen jeglichen *[393 Inkompetente und voreingenommene Einwände]* wirklichen Hungers verbirgt. Wenn man die Wahrheit mehr liebt als sich selbst, fällt es einem dann schwer, sein schwaches Denken zu erniedrigen vor der Unendlichkeit dessen, was es zu glauben gibt? Und genau da liegt der Keim einer noch ernsthafteren Inkonsequenz, die der übliche Ursprung von allen anderen ist. – Es schien so, dass die Expansion des menschlichen Herzens unendlich wäre, dass sein Bedürfnis nach Zärtlichkeit, nach Hingabe und verdientem Glück, dem einzigen, das er genießen könnte, unersättlich wäre; es schien, dass man bereit wäre, aus Liebe zu leiden und zu sterben. Aber angesichts der Opfer für Sinne und Intellekt, die der Egoismus des Hochmuts oder der Wollust dem Bewusstsein erbringen muss, ist man aufgebracht, als handelte es sich um Tyrannei und Intoleranz. Es war das Eingeständnis des rechtschaffenen Willens, dass nur die Schwächung der Sinne uns wie eine Erprobung ein höheres Leben erschließen kann; dass uns nichts Sinnliches in dem, was wir vom Sein wollen, verführen soll;

dass wir, um den zu empfangen, den wir erwarten, in irgendeiner Weise uns selbst vernichten müssen. Und der Mensch kreuzigt den aus Hass, der ihn bittet, aus Liebe gekreuzigt zu werden.

Ist es nicht die Aufgabe der Philosophie, den Willen des Menschen bis zum Schluss in rechten Bahnen zu halten, indem sie in seiner Tat fortwährend nach dem sucht, was ihrer ursprünglichen Zielausrichtung entspricht? Ohne einer im eigentlichen Sinne religiösen Frage vorzugreifen – sie gehört zu einer anderen Ordnung –, ist es auch nötig, mit Hilfe der Philosophie die Hindernisse aus dem Weg zu räumen, die eine feindselige und voreingenommene Philosophie aufwirft, Hindernisse, nicht hinsichtlich des Inhalts dieser oder jener dogmatischen Formel, sondern hinsichtlich der Vorstellung als solcher von Offenbarung und hinsichtlich der Möglichkeit sowie des Nutzens jeglichen definierten Dogmas. Man will, dass die Philosophie ihren eigenen und selbständigen Bereich habe: Die Theologie will dies mit ihr und für sie. Sowohl die eine als auch die andere fordern eine Trennung der Zuständigkeiten. Sie bleiben voneinander unterschieden, aber unterschieden im Hinblick auf eine erfolgreiche Zusammenarbeit: *non adjutrix nisi libera; non libera nisi adjutrix philosophia* [die Philosophie ist keine Helferin, wenn sie nicht frei ist; sie ist nicht frei, wenn sie keine Helferin ist]. Die Fülle der Philosophie liegt nicht in einer anmaßenden Genügsamkeit, sondern in der Erforschung ihres eigenen Unvermögens sowie jener Mittel, die ihr von woandersher angeboten werden, um Abhilfe zu schaffen. Ja oder nein: Entsprechen diese Mittel der Anforderung der Philosophie?

[394]

KAPITEL I
Der Begriff von Dogmen und von geoffenbarten Vorschriften und die philosophische Kritik

Wenn man bedenken müsste, dass die Offenbarung als solche wie eine völlig empirische Gegebenheit ganz von außen kommt, dann wäre allein schon der Begriff eines Dogmas oder einer geoffenbarten Vorschrift gänzlich unverständlich. Denn, hypothetisch und definitionsgemäß, verwendet die Offenbarung sinnfällige und natürliche Vermittlungen nur als Träger für das Übernatürliche, über das die Sinne und die Wissenschaft nicht zu urteilen haben. Auch ohne dass man sich über den Wert dessen, was als *geoffenbart* bezeichnet wird, im Geringsten zu äußern hätte, ist es überaus wichtig, den Mechanismus und die Entstehung dieses Begriffs zu untersuchen, eine Kritik, die die Philosophie noch kaum in Angriff genommen hat.

I

Ob die sinnfälligen Zeichen von ihrem Ansatz her übernatürlich sind oder nicht, den Ursprung unserer Idee von Offenbarung dürfen wir nicht in ihnen selbst erblicken. Aufgrund der Entwicklung der praktischen Aktivität und dank der Anstrengung des Willens, sich seinem eigenen Elan anzugleichen, ist das Bedürfnis nach einer äußeren Entsprechung und einer notwendigen Ergänzung für unsere intime Tat entstanden. Wir haben ja gesehen, wie dies geschah.

Je nach der inneren Disposition des Willens lösen die gleichen Offenbarungszeichen entgegengesetzte Wirkungen aus und geben Anlass zu entgegengesetzten Deutungen. – Für den, der behauptet, sich selbst zu genügen, scheint jede Lehre *[395 Die Entstehung der Idee von Offenbarung]* oder jede Disziplin, die sich als aus einem übernatürlichen Ursprung herstammend darbietet, eine noch hässlichere Ungeheuerlichkeit zu sein als irgendwelche Superstition. Die Superstition ist wenigstens nur eine mehr oder weniger zugegebene Erfindung des Menschen und gleichsam ein Übergriff des Willens auf

5 · Die Vollendung der Tat

das universale Geheimnis. – Für den, der das Verlangen nach dem Unendlichen verspürt hat, der sich der Bedürfnisse des Bewusstseins bewusst ist, ohne den schmalen Weg, der vom Tod zum Leben führt, aufrichtig gegangen zu sein, von dem ja gezeigt worden ist, dass er der einzige Weg für den konsequenten Willen ist, für den bleibt die Offenbarung, obwohl vielleicht erwartet und herbeigerufen, verschlossen, anstoßerregend und verabscheuungswürdig, sobald sie nicht das ist, was man wünschen würde, das sie wäre.

Man muss sich wirklich über die Natur jener expressiven Symbole verständigen, die als einzige dazu fähig sind, dem Menschen von außen die positive Antwort zu verschaffen, die er fordert. Sie können nur doppeldeutige Zeichen sein, gerade weil die übermächtige Ursprünglichkeit inneren Lebens nur das zulässt, was es irgendwie verarbeitet und mit Leben erfüllt hat. Diese Zeichen, wie blendend man sich sie auch vorstellt, werden also nie nötigend wirken können; sie vermögen das Unendliche nur darzubieten unter den Zügen des Endlichen. Und gerade darin liegt für scharfe Geister eines der schwierigsten Hindernisse, die es zu überwinden gilt, denn es könnte fast natürlich erscheinen, das Absolute zu finden, wenn das Relative beseitigt ist, und das übernatürliche Leben, wenn das Sinnfällige getötet ist. Aber das Sein unter sinnfälligen Gestalten zu erfassen, zu akzeptieren, dass eine einzelne, kontingente und begrenzte Handlung das Universelle und das Unendliche enthalten könnte, in der Reihenfolge der Phänomene ein Phänomen zu nehmen, das ganz aufhört, zu der Reihenfolge zu gehören, genau darin verbirgt sich das Wunder. Die Grandeur des Spirituellen hat nichts von einem solchen Eklat, der die Einstimmung erzwingt, indem sie sich den Sinnen aufdrängt, nichts von dieser Eindeutigkeit, die dem Verstand Gewalt antut und die die uneingeschränkte Freiheit des Herzens nicht wahrt. Was davon für die Augen sichtbar und für das Denken klar ist, scheint der unsichtbaren Schönheit zu widersprechen und sie zu verbergen. So wäre es fast leichter, daran ohne das, was in der spirituellen Grandeur sinnfällig und vernunftmäßig ist zu glauben. Diese Mischung von Licht und Schatten stellt eine einzigartige Prüfung des Geistes dar, denn weil die volle Klarheit fehlt, könnte es scheinen, dass nur die vollkommene Nacht möglich wäre.[1] *[396 Die Vorstellung von Dogmen*

---

[1] Pascal hat diesen notwendigen Widerstreit zwischen Licht und Finsternis lebhaft verspürt: »Ich kann die völlige Dunkelheit sehr wohl lieben. Aber wenn Gott mich in einen Zustand des Halbdunkels versetzt, dann missfällt mir dieses Wenige an Dun-

I · Der Begriff von Dogmen und von geoffenbarten Vorschriften

und geoffenbarten Vorschriften] Doch liegt nicht darin das eindeutige Verlangen des Herzens, die dringende Bitte des Willens? Man bittet darum, dass das Unzugängliche sich uns zugänglich macht, und wenn das Wunder sich vollzogen zu haben scheint, weigert man sich, daran zu glauben, als wäre dies ein zu großes Ärgernis für die Vernunft.

Darin liegt der Grund, weshalb das, was die einen fasziniert und erhellt, die anderen verhärtet und verblendet. *Signum contradictionis* [Zeichen des Widerspruchs]. Hier begegnet uns eine solche Mischung von Gegensätzen, dass die Übelgesinnten stets etwas finden, das sie abstößt, und die Gläubigen etwas, worauf sie ihr Verhalten abstimmen und womit sie sich erhellen. Deshalb erscheint zuweilen ein allzu hellsichtiger Mensch für die Allgemeinheit als rätselhaft. Es gibt eine augenscheinliche Verrücktheit wie die des Hamlet, die bloß auf starke und herbe Weise die gewöhnlichen Gepflogenheiten überschreitet und die scharfe Vernunft zum Ausdruck bringt. Die Zeichen also, obwohl sie notwendig sind, reichen niemals aus. Es kommt ganz auf die Deutung an, auf das innere Bedürfnis, denn von dieser Vorbereitung hängt ab, ob das Licht blenden wird, oder ob die Dunkelheit die Klarheit umso lebhafter hervortreten lässt. Denn für den, der alles zu verstehen vermag, ist das Geheimnis selbst eine neue Erleuchtung, weil es das als dunkel darbietet, von dem man gerade will, dass es die Kraft eines begrenzten Blicks überschreitet.

Von den Wundern selbst kann keine Wissenschaft sagen, dass sie unmöglich sind, da die Wissenschaft nur über das Reale, nicht jedoch über das Mögliche Aussagen macht. Können die Wunder je etwas anderes sein als eine Herausforderung für die allgemeine Vernunft, die immer geneigt ist, sich auf ihre Gewohnheiten und Routinen zu beschränken? Sie stellen eine Provokation dar, die die Herzen befriedigt oder reizt, je nach ihrer diesbezüglichen Einstellung. Diese schroffen Schocks wirken nur insofern, als man in ihnen nicht den wahrnehmbaren Wunderaspekt erfasst – was heißt das überhaupt? –, sondern die symbolische Bedeutung. Worin besteht diese eigentlich? Keine Tatsache, so seltsam und verwirrend sie auch sein mag, ist unmöglich. Die Idee unverrückbarer Naturgesetze ist nur ein Idol; jedes Phänomen ist ein Fall für sich und eine einmalige Lösung. Wenn man den Dingen

---

kelheit, das es dort gibt. Und weil ich darin den Vorzug einer völligen Dunkelheit nicht erblicke, habe ich daran kein Gefallen. Das ist ein Fehler und ein Zeichen dafür, dass ich die Dunkelheit, die von der Ordnung Gottes getrennt ist, mir zum Idol mache. Nur Gottes Ordnung soll man verehren.« Pensées, éd. *Havet*, II, S. 116.

5 · Die Vollendung der Tat

auf den Grund geht, liegt im Wunder gewiss nicht mehr verborgen als in der geringsten alltäglichen Tatsache. Aber es liegt auch in der geringsten alltäglichen Tatsache nicht weniger verborgen als im Wunder. Genau darin liegt die Bedeutung solcher außergewöhnlichen schroffen Schocks, die die Reflexion zu allgemeineren Schlussforderungen herausfordern. Was sie offenbaren, ist, dass das Göttliche nicht einzig in dem anwest, was die gewöhnliche Kraft des Menschen und der Natur zu überschreiten scheint, sondern überall anwesend ist, gerade auch dort, wo wir gerne annehmen, dass der Mensch und die Natur sich genügen. Die Wunder sind demnach in den Augen solcher Menschen nur wunderbar, die je schon *[397 Die Unterscheidungsfähigkeit bezüglich der angebotenen Wahrheit]* bereit sind, in den gewöhnlichsten Ereignissen und Handlungen die Tat Gottes wiederzuerkennen. Die Natur ist so vielumfassend und reich an Verschiedenheit, dass sie überall vieldeutig ist; wenn sie die Seelen anschlägt, gibt sie überall den Klang wieder, den man von ihr vernehmen will.

Die Idee von geoffenbarten Vorschriften und Dogmen kann somit weder von der Offenbarung selbst her (hypothetisch vorausgesetzt, dass es sie gibt) zum Menschen gelangen noch von den natürlichen Phänomenen her (hypothetisch vorausgesetzt, dass es die Offenbarung nicht gibt). Diese Vorstellung entspringt einer inneren Initiative. Aber wie könnte diese völlig subjektive Einstellung außerhalb ihrer selbst erkennen, ob es wirklich eine Nahrung gibt, die zubereitet ist, um den Hunger nach dem Göttlichen zu stillen? Und nachdem man die quälende Frage nach dem Unendlichen gespürt hat, Gott dazu aufgefordert hat, die Schleier über der Welt wegzuziehen und sich zu zeigen, wie wäre diese Gegenwart dann wahrzunehmen, wenn sie reell ist? Wie ließe sich diese authentische Antwort erkennen, wenn sie wirklich ausgesprochen ist?

II

Man bittet Gott zwar darum, sich zu offenbaren, aber meistens fängt der Mensch an, hier seine Bedingungen zu stellen, als suchte er nur danach, seinen eigenen Wünschen einen krönenden Abschluss zuzuerkennen. Indem er wünscht, abseits einem bequemeren Pfad zu folgen, fordert er, dass genau dieser Pfad der wahre Weg sei. Immer, wenn man sich dem göttlichen Willen nicht überlässt, will man, dass Gott wolle, was der Mensch will.

I · Der Begriff von Dogmen und von geoffenbarten Vorschriften

Und dennoch hat an Gott zu glauben, nach ihm zu verlangen, ihn anzurufen, dieses ganze notwendige Eingeständnis des Bewusstseins für uns nur einen Sinn, insofern wir von ihm das erwarten, was wir selbst nicht sind, was wir allein weder sein noch tun können. Wenn man ihn nicht da will, wo er ist, dann besagt dies, dass man ihn dort wollen möchte, wo er nicht sein kann. Wo soll man ihn also finden, wenn nicht da, wo der Wille durch eine Art Enteignung über sich selbst hinausgetrieben wird? Und weil diese Selbstverleugnung nicht ohne ein verborgenes Leid geschieht, weil sie, um übernatürlich zu sein, für den Vollzug nötig ist, die Gefälligkeiten der Eigenliebe zu kreuzigen, weil sie, nach dem Wort des heiligen Paulus, abzielt auf die Scheidung von Seele und Geist bis in die innersten Gelenke und ins Knochenmark, handelt es sich um die gleiche Eigenschaft des Göttlichen, die einerseits dazu führt, dass von sich selbst eingenommene oder entmutigte Geister das Göttliche zurückweisen, und die andererseits den hingebungsvollen Seelen das Göttliche offenbart. Von Letzteren kann man sagen, dass sie *[398 Der Begriff von Dogmen und geoffenbarten Vorschriften]* wohl nicht einen Gott wollen würden, der ihnen gegenüber nicht solche eifersüchtigen Ansprüche hätte. Denn die große Anstrengung des Herzens besteht darin, an die Liebe Gottes für den Menschen zu glauben. Und wer verstanden hat, warum der Mensch auf göttliche Weise geliebt sein kann und geliebt sein will, als wäre der Mensch der Gott seines Gottes selbst, wundert sich nicht mehr darüber, dass der Weg der Nichtung und der Abtötung der Weg der vollkommenen Liebe ist. Wer gut ist, fordert, dass man ihm gegenüber fordernd ist.

Einzig in der Leere des Herzens, einzig in den Seelen guten Willens, in denen Stille herrscht, lässt sich eine Offenbarung von außen her erfolgreich vernehmen. Nur aufgrund dessen, was sie für andere Menschen verachtenswert und abscheulich macht, ist sie der Annahme wert. Der Klang der Worte und die Leuchtkraft der Zeichen bedeuten gewiss nichts, wenn nicht im Inneren die Absicht bestünde, das ersehnte Licht zu empfangen, wenn nicht ein Gespür bereits darauf eingestellt wäre, die Göttlichkeit des gehörten Wortes zu ermessen. Stets haben die Menschen die Ohren gespitzt und den Blick geschärft, um das zu empfangen, was Menschen nicht sehen und hören können, ohne zu sterben. Und wenn sie glaubten, dieses tödliche und Leben spendende Wort dort auszumachen, wo es noch nicht erklungen ist, wenn sie ihm den Zugang versperrten, als es beanspruchte widerzuhallen, dann geschah dies vielleicht deswegen, weil sie jenes

5 · Die Vollendung der Tat

in ihnen geläuterte Gespür für ein höheres Leben nicht in sich trugen. Den Menschen der Sehnsucht gibt es selten. Er ist der Einzige, der die gegebene Wahrheit ermisst, der Einzige, der zuständig ist, ihren Ursprung zu unterscheiden. Um die Wahrheit zu erkennen, muss man darauf gefasst sein, dass sie so sein wird, wie sie tatsächlich ist, nicht so, wie man sie haben möchte.

Und was kann sie sein, was muss sie in Wirklichkeit sein, wenn wir versuchen, in völliger Übereinstimmung mit uns selbst, gegen uns selbst das Ultimatum unseres eigenen Willens ins Wort zu fassen?

Wenn es sie gibt, dann muss sich die göttliche Offenbarung als unabhängig von der menschlichen Initiative anbieten. Es ist notwendig, dass sie einen Akt der Unterwerfung erfordert, einen Austausch des Denkens und des Willens, ein Eingeständnis der ohnmächtigen Vernunft, so sehr, dass die Vernunft selbst sie für unecht halten würde, sobald sie von uns nicht jenes unumgängliche Opfer forderte. Aber es ist nicht möglich, diese heilbringende Haltung des Gehorsams einfach auf die Anstrengung des menschlichen Willens zu beziehen, denn die Bewegung des Übernatürlichen kann nicht von uns selbst ausgehen. Deshalb muss sogar der Elan unseres Suchens, der uns zu Gott führt, grundsätzlich eine Gabe sein. Ohne diese unerlässliche Vermittlung sind wir nichts und können wir nichts. Es gibt also Offenbarung, gegeben oder empfangen, nur durch einen Mittler. Dies ist die erste und wesentliche Forderung.

[399 Die Unterscheidungsfähigkeit bezüglich der angebotenen Wahrheit] Was wir nicht alleine ausdenken können, das können wir noch weniger alleine vollenden. Nichts von dem, was der Mensch vollbringt, nichts in der natürlichen Ordnung der Tat gelangt zu seiner Vollkommenheit und erreicht Gott. Um nach dem unabdingbaren Bedürfnis unseres Willens Gott zum Ziel des Menschen zu machen, um sein Mithelfer zu werden, um das gesamte Leben mit seiner Quelle und seiner Bestimmung in Beziehung zu setzen, brauchen wir eine Hilfe, einen Fürsprecher, einen Hohenpriester, der gleichsam der Akt unserer Akte ist, das Gebet unseres Gebets und die Darbringung unserer Gabe. Allein durch ihn vermag unser Wille es, sich selbst anzugleichen und von seinem Ursprung bis zu seinem Ende den ganzen Zwischenraum zu umfassen. Dies ist die zweite und noch wesentlichere Forderung: *via et veritas* [Weg und Wahrheit] – *via* [Weg] an erster Stelle.

Nicht nur, um zu glauben und zu handeln, um die Wahrheit zu

erkennen und sie zu vollziehen, sondern ebenso, um das unvermeidliche Versagen der Tat zu beheben, ist eine Hilfe wesentlich für den Menschen. Was er tut, wirkt sogar in der rein natürlichen Ordnung unendlich nach. Wenn er Schlechtes getan hat, dann schließt sein Fehler immer etwas schlechthin nie Wiedergutzumachendes ein. Um das Schlechte auszumerzen, sind also eine Kraft und eine Aussöhnung nötig, von der wir in uns selbst nie das Geringste antreffen. Die für immer feststehende Vergangenheit tilgen! Der toten Tat und dem verdorbenen Willen das Leben zurückgeben! Einer Verletzung abzuhelfen, die für den Menschen wie für Gott tödlich ist! Das Denken bleibt ratlos stehen vor dem gewaltigen Ausmaß dieser notwendigen Aufgabe. Um das Leben zu geben, zu hüten und es wieder herzurichten, braucht es einen Erretter.

Dies sind höchste Forderungen, denen gerecht zu werden, der Mensch sich außerstande fühlt, deren Notwendigkeit die Vernunft eher einsieht, als sie deren Möglichkeit versteht, und die, um nur schon gedanklich erfasst zu werden, bereits eine Eingebung voraussetzen, die nicht vom Menschen allein kommt. Aber darüber hinaus (und dies ist die letzte Forderung menschlichen Bewusstseins) muss diese Anfangseingebung allen gegeben werden als ein Mindestmaß, das ausreicht. Wenn es die Offenbarung überhaupt gibt, dann muss sie sich, um echt zu sein, auf prophetische Weise an die wenden, die ihr vorausgegangen sind, und auf symbolische und verborgene Weise an die, die sie nicht kennenlernen konnten. Sie muss unabhängig sein von Zeiten und Orten, wahrhaft universal und fortdauernd wirksam, fortbestehend, nicht wie etwas aus der Vergangenheit oder etwas für die Zukunft, sondern als die gegenwärtige Ewigkeit; vielfältig und schrittweise in ihrer Durchführung, ohne deswegen aufzuhören, in ihrem Ursprung eins und unveränderlich zu sein.

III

[400 Der Begriff von Dogmen und geoffenbarten Vorschriften] Bleibt die größte Schwierigkeit nicht doch noch bestehen? Wir haben zeigen können, wie aufgrund einer völlig subjektiven Disposition der Gedanke einer möglichen Offenbarung und das Bedürfnis einer reellen Offenbarung entsteht. Wir haben sehen können, wie die Offenbarung, von außen betrachtet, Eigenschaften aufweisen muss, die den inneren Anforderungen entsprechen. Aber das Wesentliche liegt

5 · Die Vollendung der Tat

darin, zu verstehen, auf welche Weise sie agiert und sich selbst die Garantien für ihre Glaubwürdigkeit verschafft. Denn auch wenn man solche subjektiven Dispositionen und solche objektiven Voraussetzungen theoretisch einsehen würde, auch wenn man erkennen würde, wo und wie die Übereinstimmung zwischen ihnen eintritt, wäre diese spekulative Erkenntnis doch nicht die, die notwendig ist. Um geglaubt zu werden, wie sie geglaubt werden muss, soll die geoffenbarte Lehre die Gründe für ihre Glaubwürdigkeit selber liefern und als eine übernatürliche Gabe ihre eigene Gewissheit auch selbst herbeibringen. Wenn sie aufgenommen werden soll, könnte sie dies nie, insofern sie für uns klar einsichtig ist und von uns selbst herkommt (diese Klarheit ist übrigens nie wirklich völlig transparent); sie vermag nur angenommen zu werden wie es ihr entspricht, insofern sie uns mitgeteilt ist und in ihrem Kern geheimnisvoll bleibt.

Das große und heikle Problem ist demnach folgendes: Wie sollten wir einen anderen Gedanken, ein anderes Leben als das unsere in uns hineinlassen und leben lassen? Und wozu kann es nützlich sein, das zu bejahen, was unergründlich bleibt, welche Wirkung und welches Heilsame liegt darin, uns zum geoffenbarten Unbegreiflichen zu bekennen? Wie sollen wir glauben und wozu ist es gut, an das zu glauben, was wir nicht begreifen können?

Gerade und vor allem an dieser Stelle zeigen sich die übermächtige Wirkung und die vermittelnde Kraft der Tat. Einerseits dringt die geoffenbarte Wahrheit durch den Kanal der Tat bis zum Denken durch, ohne irgendetwas von ihrer übernatürlichen Unversehrtheit zu verlieren. Wenn andererseits das gläubige Denken, obwohl es unter den Strahlen, die der Glaube aus seinem unzugänglichen Lichtkern verströmt, ganz dunkel bleibt, einen Sinn und eine Bedeutung hat, dann aus dem Grund, weil es wieder zur Tat hinführt und in der buchstabengetreuen Lebenspraxis seine Deutung und seine lebendige Wirklichkeit findet. Diese überaus wichtige Erklärung sollten wir einen Augenblick näher betrachten. Für die Untersuchung ist es nicht nötig, die formelle Wahrheit des Dogmas anzunehmen. Es wird genügen, *[401 Die Mittlerrolle der Tat]* die inneren Verhältnisse und die sicheren Übereinstimmungen einer Hypothese *more geometrico* zu untersuchen, deren Notwendigkeit und Kohärenz die Analyse auf der Grundlage des Determinismus der menschlichen Tat aufdeckt.

Das vorliegende Problem lässt sich folgendermaßen beschreiben: Um die Natur zu vollenden und das Streben des Menschen zum Ab-

I · Der Begriff von Dogmen und von geoffenbarten Vorschriften

schluss zu bringen, genügen weder der Mensch noch die Natur. Es ist unmöglich, dass die vollständige Entfaltung der Willenstat uns nicht zu jenem weit aufklaffenden Loch heranführt, das uns von dem trennt, was wir sein wollen. Es ist für uns unmöglich, selbst diesen Abgrund auszufüllen, unmöglich auch, dass wir nicht wollen würden, dass es ausgefüllt werde, unmöglich schließlich, dass wir nicht auf den Gedanken der Notwendigkeit eines göttlichen Beistandes kämen. Und dennoch scheint es undenkbar zu sein, dass dieser Vorgang übernatürlich bleibt, wenn er unser Vorgang wird, oder dass er unser eigener ist, ohne aufzuhören, übernatürlich zu sein. Er müsste, so scheint es wohl, ganz von einer Quelle außerhalb von uns herkommen, und er müsste uns völlig immanent sein. Auf welchem Wege könnte dieses höhere Leben in unser Leben hineingehen, wenn es zutrifft, dass es gar grundsätzlich absolut unabhängig von unserer Initiative wäre. Auf welchem Wege wäre ihm der Zugang zu eröffnen: durch unsere Gedanken? Aber, wir können nicht glauben, ohne zu handeln. Durch unsere Handlungen? Aber wir können nicht handeln, ohne zu glauben. In diesem vollkommen geschlossenen Kreis inneren Lebens ist, so scheint es, keine Türe angebracht für das Eindringen einer uns fremden Wirkung. Wie sollten wir also in diese Leere, die mitten in unserem Leben ganz weit offenbleibt, diese unentbehrliche und unzugängliche Hilfe hinabsteigen lassen?

Diese Zwickmühle hat weder etwas Fiktives an sich, noch ist es nötig, sie genau zu benennen, um sie zu verspüren. Sogar nur dumpf empfunden, hat sie so viele Menschen bis zur Angst in Verwirrung gebracht, die von sich sagen, dazu bereit gewesen zu sein, eilig den Weg nach Damaskus zu gehen, wenn sie ihn gekannt hätten. Aber diesen Weg kennen sie besser, als sie denken. Denn der geregelte Ablauf des inneren Lebens enthüllt ihnen aufgrund einer notwendigen Dialektik die genauen Bedingungen einer vollständigen Lauterkeit. Ohne vielleicht zu wissen, warum, spüren sie, dass sie noch handeln müssen. Und wenn sie nicht handeln wollen, ohne das Warum zu wissen, ist es möglich und notwendig, dass die Wissenschaft der Tat ihnen den tiefen Grund jener praktischen Fügsamkeit aufzeigt, die ihnen auferlegt zu sein scheint.

Sogar nachdem der Mensch das letzte Aufbegehren des Eigensinns zum Schweigen gebracht und sein Unvermögen und sein Bedürfnis eingestanden hat, hat er das Leben nicht in sich. Er kann von der Vortrefflichkeit des Dogmas überzeugt sein; er kann sogar die Möglichkeit und die Notwendigkeit des *[402 Die Vorstellung von*

5 · Die Vollendung der Tat

Dogmen und geoffenbarten Vorschriften] Übernatürlichen eingestehen, ohne deswegen dazu bekehrt zu sein und ohne den Glauben im eigentlichen Sinne zu haben. Er wird ihn so lange nicht haben, als er sich auf seine eigenen Gedanken und seine eigene Initiative stützt, denn sich auf sich selbst zu stützen, würde noch besagen, dass er sich auf das begrenzt, dessen Ungenügen er erkannt hat. Genau an diesem Punkt muss der großherzige Nichtglaubende den entscheidenden Schritt durch die Tat tun, um in seinem gewollten Vollzug all das zu integrieren, was sich am Ursprung seines Willensstrebens befindet. Warum? Weil er einer Gabe bedarf, die er immer noch empfangen muss, und weil die Tat das einzige Gefäß ist, das diese Gabe aufnehmen kann. Wenn es eine Synthese vom Menschen und von Gott geben muss, damit der Wille seine Angleichung findet, dürfen wir nicht vergessen, dass die gemeinsame Handlung, die jedweden Bund besiegelt, in gewisser Weise ganz das Werk eines jeden Beteiligten ist. Es bieten sich dem Menschen Handlungen an, die hypothetisch reine Glaubenssache sind. Es gibt für den Menschen keinen natürlichen Grund, sich solche Handlungen aufzuerlegen; sie widerstreben seinem Eigensinn, weil sie von ihm eine Art von Selbstverlust fordern. Niemals würde der Mensch bloß als Mensch derartige Handlungen für sich allein vollziehen. Deshalb hat er einen neuen Grund, zu handeln: Die Natur und der Mensch als solcher genügen ihm nicht; er wird also aufgrund dessen handeln, was weder zur Natur noch zum Menschen gehört. Ohne den Glauben, das stimmt, könnte er solche befremdliche Taten nur als natürliche Werke hervorbringen. Hat er letzten Endes nicht doch einen natürlichen Grund, es zu versuchen? Gewiss, wenn er konsequent ist, muss er es versuchen. Der Grund zu dieser unerlässlichen Erfahrung liegt darin, in dem gewünschten Vertrag den gesamten Anteil des Menschen einzubringen, indem er aufgrund dessen handelt, was nicht zum Menschen gehört, um dann zu sehen, ob sich dort alles offenbart, was zu Gott gehört. Man kann nur aufgrund einer tatsächlichen Erfahrung wissen, wie es damit steht. Darin liegt ein ausreichendes Tatmotiv, ein menschliches Motiv, das jede hartnäckige Untätigkeit unentschuldbar macht. Wenn man hier schuldig bleibt, bleibt man sich selbst gegenüber schuldig.

»Wie jedoch könnte man vertrauensvoll handeln, ohne Scheinheiligkeit und ohne Unterwürfigkeit, indem man praktiziert, was man nicht glaubt?« – Man möge sich beruhigen und sich eines Besseren belehren lassen. Man hat den Glauben nicht: Mag sein. Aufgrund einer Denkanstrengung wird man ihn niemals haben. Der

Glaube erreicht nicht unmittelbar den Geist, und der Geist noch weniger den Glauben. Wenn aber das Vorausgehende einen Sinn hat, dann genügt diese menschliche Einsicht, dieses menschliche Verlangen nach dem, was richtig und notwendig erscheint, um die Handlung zu rechtfertigen, die beide fordern, nämlich eine ihrer Absicht nach natürliche Handlung. Und in dieser Tat verbirgt sich vielleicht, was in der bloßen Absicht noch nicht vorhanden war: die Gegenwart des übernatürlichen Lebens, *[403 Die Mittlerrolle der Tat]* die, wenn es dies denn gibt, sich dem Menschen offenbaren wird und sich nicht anders als so offenbaren kann. Wenn der Mensch die Hindernisse aus dem Weg räumt, die ihm Ärger bereiten, wenn er bis zum Schluss seiner Lauterkeit folgt, wird er im Willensvollzug die gewollte Gewissheit finden. Welcher Skrupel könnte ihn davon abhalten? – Die Angst, das zu profanieren, woran er nicht glaubt? Aber weil er nicht daran glaubt, bevor er handelt, kann er sich eine natürliche Handlung in dem Augenblick nicht zum Vorwurf machen, in dem er ihre natürliche Angemessenheit eingesteht. – Die Sorge, sich selbst gegenüber nicht lauter genug zu sein? Aber hat man im Bereich des Menschlichen nicht jenes Bedürfnis zu handeln bemerkt, das Wollen eines ernsthaften Willens zu bestätigen und auch hervorzubringen? – Der Schauder vor dem Geheimnis, an das er heranreicht, und vor dem Licht, das ihn vielleicht gleich nach der Tat überwältigen und in seinen Bann schlagen wird? Aber, wenn er vollkommen aufrichtig ist, ist es dann nicht dies, was er sich wünschen muss? Gerade deswegen ist die Handlung gleichsam das Wegegeld und das Einfallstor für den Glauben. Sie setzt den völligen Verzicht auf den Eigensinn voraus; sie drückt die demütige Erwartung einer Wahrheit aus, die nicht vom Denken allein kommt; sie bringt einen anderen Geist als unseren in uns hinein. *Fac et videbis* [tue und du wirst sehen].

Wer (wie befremdlich diese Verhaltensregel auch erscheinen mag) die Notwendigkeit des Glaubens verstanden und das Bedürfnis danach gespürt hat, soll ohne den Glauben zu haben so handeln, als hätte er ihn bereits, damit in seinem Bewusstsein der Glaube aus den Tiefen jener heroischen Tat aufsteigt, die den ganzen Menschen der Großmut seines Elans unterwirft. Denn der Glaube geht nicht vom Gedanken ins Herz über, sondern er bekommt aus der Lebenspraxis ein göttliches Licht für den Geist. Gott handelt in dieser Tat. Gerade deswegen ist der Gedanke, der auf die Handlung folgt, um ein Unendliches reicher als der, der ihr vorausgeht. Das Denken ist in eine neue

5 · Die Vollendung der Tat

Welt eingetreten; keine einzige philosophische Spekulation vermag es dort hinzuführen oder ihm zu folgen.

Wenn wir diese übernatürliche Gegebenheit einklammern, über die der Mensch nicht verfügen kann, weder um daraus eine Wissenschaft zu machen noch um davon in der Lebenspraxis Gebrauch zu machen, bleibt es notwendig, diese Gabe wenigstens hypothetisch als gegeben anzunehmen, um nicht mehr allein ihre abstrakte Möglichkeit und ihre vorhergehenden Bedingungen zu erforschen, sondern um die natürliche Mitwirkung und die konditionalen Folgen zu umschreiben, die die religiöse Tat erfordert und nach sich zieht. Denn (dies können wir nicht genug betonen) auch wenn wir davon ausgehen, dass die *theandrische* Tat ganz im göttlichen Willen begründet ist, bleibt der menschliche Wille ihm doch koextensiv. Es handelt sich um eine Gabe, eine Gabe indes, die man erwirbt, als wäre sie ein Zugewinn.[2]

[404 der Begriff von Dogmen und geoffenbarten Vorschriften]
Aber wenn die Praxis schon zum Glauben zu führen vermag, kann dann auch der Glaube zur Praxis führen? Ergibt sich daraus nicht eine äußerst problematische Situation, und zwar in Gestalt jenes Dilemmas, das den Glauben von der Tat oder die Tat vom Glauben aus-

---

[2] »Gratia liberum excitat arbitrium, cum seminat cogitatum; sanat, cum immutat affectum; roborat, ut perducat ad actum; servat, ne sentiat defectum. *[404]* Sic autem ista cum libero arbitrio operatur, ut tantum illud in primo praeveniat, in ceteris comitetur; ad hoc utique praeveniens, ut jam sibi deinceps cooperetur. Ita tamen quod a sola gratia coeptum est, pariter ab utroque perficitur; ut mixtim, non singillatim; simul, non vicissim, per singulos profectus operentur. Non partim gratia, partim liberum arbitrium, sed totum singula opere individuo peragunt. Totum quidem hoc, et totum illa; sed ut totum in illo, sic totum ex illa.« *Sancti Bernardi abbatis* Tractatus de Gratia et Libero Arbitrio, *cap. XIV, § 47* [Bernhard von Clairvaux: Über die Gnade und den freien Willen, XIV, 47: »Die Gnade erweckt den freien Willen, wenn sie das Samenkorn des Gedankens aussäht. Die Gnade heilt, wenn sie das Streben ändert. Sie stärkt, sodass sie den Willen zur Handlung führt. Sie behütet, sodass ihm nicht ein Versagen unterläuft. So wirkt die Gnade mit dem freien Willen, dass sie ihm nur am Anfang zuvorkommt und ihn im Übrigen begleitet. Sie kommt deswegen dem Willen zuvor, damit er von nun an mit ihr mitwirken kann. Demnach wird das, was von der Gnade allein begonnen wurde, in gleicher Weise von beiden ausgeführt, sodass sie miteinander, nicht einzeln, und gleichzeitig, nicht abwechselnd, das fortschreitende Werk ausführen. Es ist nicht so, dass teilweise die Gnade wirkt, teilweise der freie Wille, sondern beide führen das Ganze im ungeteilten Werk aus. Das Ganze bewirkt der freie Wille, das Ganze die Gnade, aber wie das Ganze in ihm, so auch das Ganze aus ihr.« Übers.: B. Kohout-Berghammer, in: Bernhard von Clairvaux: Sämtliche Werke lateinisch/deutsch. Hrsg. G. B. Winkler. Bd. I. Innsbruck 1990, S. 241–243].

I · Der Begriff von Dogmen und von geoffenbarten Vorschriften

zuschließen scheint? Wenn sich tatsächlich selbst die ohne Überzeugung in Gang gesetzte Handlung im Lichte eines neuen Glaubens vollendet, ist dann nicht dieser Glaube, sobald er empfangen und zu eigen gemacht wird, ein Zustand von Sicherheit und Ruhe, in dem es genügt, in Geist und Wahrheit anzubeten, ohne die Qualen der transitiven Tat mit diesem höheren Leben zu vermischen? Anders gesagt: Wenn dieser Glaube stets geheimnisvoll wie eine ganz von oben gekommene Gabe ist, auf welchem Wege könnte dann das transzendente und unergründliche Dogma Handlungen anregen, die es vermögen, dies auszudrücken, ohne es zu entstellen, und sich im Buchstaben eines Symbols, eines Rituals oder eines Sakramentes einzuhüllen, ohne die Lauterkeit eines inneren Gefühls in Idolatrie zu verkehren?

Solchen Fragen liegt eine weit verbreitete irrige Auffassung zu Grunde, die aus einer nicht zu Ende gedachten Philosophie und aus einem mangelnden religiösen Verständnis hervorgeht, und die die Philosophie aufgrund einer angemesseneren Sicht auf die Würde der menschlichen Tat und auf ihre unendliche Fähigkeit ausräumen muss. Denn (um bloß die regelmäßige Abfolge all dessen zu entwickeln, was in der Natur der Tat selbst begründet und ihr so angemessen ist) im Gegenteil, der Glaube entwickelt und reinigt sich durch die Praxis, wie auch der Glaube das ganze praktische Leben des Menschen anregt und verwandelt. Zwischen Buchstabe und Geist, zwischen Dogma und Vorschrift gibt es einen ständigen Austausch und eine innere Zusammengehörigkeit. Der Buchstabe ist der Geist in Aktion. Wenn die Glaubensgeheimnisse rein spekulative Wahrheiten zu sein scheinen, ergeben sich doch aus dem Zusammenfügen des einen Geheimnisses mit dem anderen ganz praktische Wahrheiten. Die Dogmen sind nicht nur Fakten und Ideen im Vollzug, sondern sie sind außerdem Prinzipien der Tat. Dies werden wir begreifen, wenn wir den Wert der buchstäblichen Praxis und den Sinn der Handlungen aufgrund von Vorschriften untersuchen.

[405]

Kapitel II
Die Bedeutung der buchstäblichen Praxis und die Bedingungen der religiösen Tat

Dass man aufgrund der vollständigen Entfaltung des menschlichen Willens und durch die in der Tat vollführte Großmut bis zur Anerkennung und zum erlebten Bedürfnis einer die Vernunft übersteigenden Wahrheit gelangt ist, dies hat man vielleicht verstehen und dem beipflichten können. Aber dass dieser Glaube seinerseits zum Ursprung von Handlungen werden kann, die im Bereich des Sinnfälligen Gestalt angenommen haben, dass das göttliche Einwirken aufgrund materieller Zeichen bis in die Einzelheiten des praktischen Lebens hinabsteigt, dass das übernatürliche Leben einen natürlichen Ausdruck hat, dies erscheint gewiss zunächst als nicht hinnehmbar und unverständlich. Wenn wir in den menschlichen Handlungen etwas anderes als ein unvollkommenes Symbol des reinen Aktes Gottes suchen, wenn wir behaupten, dass das Göttliche sozusagen ganz und gar im Menschlichen enthalten ist, ohne dies zu sprengen, wenn wir glauben, dass mittels konkret festgelegter Dogmen, Ritualen und Praktiken das Transzendente immanent ist, ohne etwas von seiner Unendlichkeit zu verlieren, liegt hier dann nicht eine Form von Superstition und Idolatrie vor, und zwar die höchst abscheulichste? – Nein! Die einzige Weise, in Geist und Wahrheit anzubeten, ist gerade, sich zu einer buchstäblichen Treue und zu einer praktischen Unterwerfung aufzuschwingen. Wenn der Geist den Buchstaben erfordert und hervorruft, so regt der wahre Buchstabe den Geist an und erfüllt ihn mit Leben.

Gewiss ist es nur legitim, wenn wir von all diesen Dingen auf hypothetische Weise reden. Es ist aber nötig, so vorzugehen, falls es stimmt, dass die hypothetische Gabe zugleich vollständig angeeignet und *[406 Sinn und Wirkung der buchstäblichen Praxis]* in der menschlichen Tat naturalisiert werden muss. Die gleiche Bewegung, die uns zwangläufig dazu bringt, die Idee einer religiösen Tat zu konzipieren, führt uns ebenfalls dazu, aufgrund der Kraft einer Logik, der wir uns nicht entziehen können, die Anforderungen und gleichsam die Erfordernisse dieser unausweichlichen Konzeption zu bestimmen. Hier liegt somit ein neues Kettenglied des Determinismus vor: Das müssen wir jetzt noch aufgreifen. Nachdem das, was wir von der Willenstat wissen, nunmehr feststeht, bleibt noch übrig, daraus die Konsequenzen zu ziehen und folglich die unerlässliche Bedingung ihrer Vollendung zu definieren. Es ist nicht nötig, zu wissen, ob diese Bedingung reell oder möglich ist. Vom Menschen aus betrachtet ist sie dies nicht. Es geht um den Aufweis, dass sie notwendig ist. Die vollständige Erforschung des Determinismus der Tat führt weder zu einer Realität noch zu einer Möglichkeit, sondern zu einer Notwendigkeit. Die Wissenschaft schuldet uns nichts mehr und nichts weniger als das Notwendige. Es ist nicht ihre Aufgabe, zu sagen, ob die von ihr geforderten Bedingungen in Wirklichkeit vorhanden sind. Aber wenn feststeht, dass dies der Fall ist, werden ihre Anforderungen absolut. Einem jeden von uns obliegt nunmehr, mit dieser Notwendigkeit zu rechnen, denn jener unausweichliche Gehalt der Tat, den die wissenschaftliche Analyse bestimmt, ist gerade das, was sich vor der Reflexion in moralische Forderungen und praktische Verpflichtungen wandelt.

Unsere Aufgabe ist somit, ohne falsche Ehrfurcht, aber auch ohne Vermessenheit, die Philosophie bis dort zu führen, wohin sie zu gehen vermag, bis dort, wohin sie gehen muss. Allzu oft hat sie einen Teil, und zwar den ausschlaggebendsten ihres Bereiches links liegen lassen; ihn müssen wir der Philosophie wieder zurückgeben. Trotz der ungewöhnlichen Begrifflichkeit und der vernachlässigten Fragestellungen, die wir ihr unterbreiten werden, möge sich niemand über die genuin philosophische Absicht täuschen, die diese Untersuchung anregt. Es geht dabei stets um den gleichen Gedanken: »Wie ist das konkret gewollte Ziel dem Ursprung des Willensstrebens anzugleichen?« Denn wir können die Menschen nur dann zur Unterwerfung führen, wenn wir ihnen klarmachen, dass darin das Geheimnis der wahren Unabhängigkeit beschlossen liegt. Wir müssen also auf die wahre Unabhängigkeit ausgerichtet sein, um das Geheimnis der notwendigen Unterordnung zu verstehen. Auch wenn es sich um das Übernatürliche handelt, macht sich noch eine durch und durch menschliche Sorge und gleichsam ein Schrei der Natur vernehmbar. Es handelt sich darum, zu sehen, wie dieser Begriff des Übernatürlichen notwendigerweise hervorgebracht wird und wie das Übernatürliche als notwendig für den menschlichen Willen erscheint, damit die Tat im Bewusstsein zur Angleichung gebracht wird. Es

5 · Die Vollendung der Tat

handelt sich keineswegs darum, den Inhalt selbst der göttlichen Offenbarung zu bestimmen. In ihrem Ursprung, in ihrem Gegenstand wie in ihrem Ziel muss die Offenbarung, *[407 Vollständiger Umfang der Zuständigkeit der Philosophie]* um das zu sein, was sie sein soll, wenn es sie gibt, sich der Vernunft entziehen. Keine einzige Anstrengung des Menschen als bloßem Menschen vermag je ihr Wesen zu ergründen.[1] Es hieße also, das gründlich zu missachten, was die Offenbarung zu sein behauptet, sollten wir meinen, in einen

---

[1] Um die Geister zu beruhigen, die schnell geneigt sind, zu befürchten, dass man entweder ihrem freien Denken oder ihrem Glauben Gewalt antut, ist es vielleicht nützlich, darauf hinzuweisen, worin genau diese göttliche Offenbarung ihrem eigenen Anspruch nach besteht. Im gemeinsamen Interesse des Glaubens und der Vernunft weiß man nie genug, wie weit die Vernunft berechtigterweise gehen kann, ohne sich wegen eines angrenzenden Vermögens zu beunruhigen, ohne die Autorität in Unruhe zu versetzen, die das Depositum des Glaubens hütet und deutet. Wenn der Vernunft dieser berechtigte Mut fehlt, schwächt sie sich selbst in dem Augenblick, da sie jede Aufteilung meint ablehnen zu müssen, und beraubt sich ihrer vollen Souveränität. Dank solch einer notwendigen Untersuchung behält der Glaube seine ganze Reinheit, wenn er erhält, was er an natürlicher Vorbereitung und menschlicher Unterstützung braucht. Wenn man einen Machtmissbrauch oder eine Verwechslung der Zuständigkeiten befürchtet, sobald die Philosophie an den einfachen *Begriff* des Übernatürlichen rührt, so geschieht dies deswegen, weil man das *Wesen* dieses Übernatürlichen als solches nicht kennt. Weil dieses Geheimnis über alles erhaben ist, was zu erahnen oder zu wünschen möglich ist, eröffnet es dem Denken, statt Übergriffe zu befürchten, eine unendliche Fundgrube, ohne dass das Denken selbst es vermag, so weit zu kommen. Gewiss ist in dem, was der Glaube uns vorlegt, nicht alles für unsere Anstrengung zugänglich. Und in dem, was die Vernunft aufzudecken vermag, gibt es einen Teil, den die Offenbarung wieder einholt und bestätigt. Aber jenseits aller Fortschritte der Wissenschaft und der menschlichen Tugend befindet sich eine Wahrheit, die für jede philosophische Einsicht unergründlich ist, ein Gut, das alles Trachten des Willens überragt. Und dieses Geheimnis legt der Glaube auf folgende Weise vor. Indem der verborgene Gott uns in das Geheimnis seines inneren Lebens einweiht, offenbart er uns die göttlichen Hervorgänge: die Hervorbringung des Wortes durch den Vater, die Hauchung des Geistes durch den Vater und den Sohn. Aus Liebe lädt er alle Menschen ein, an seiner Natur und seiner Glückseligkeit teilzuhaben. Angenommen vom Vater, wiedergeboren durch den Sohn, gesalbt durch den Geist, ist der Mensch aufgrund von Gnade, was Gott von Natur aus ist, und in der Zeit erneuert sich das Geheimnis der Ewigkeit. Zu Gott sagt er nicht mehr »mein Gebieter«, sondern »mein Vater«. Und aus dieser göttlichen Gnade erwachsen göttliche Fähigkeiten. Der Glaube erleuchtet den Verstand, um das Unbegreifliche zu erkennen, die Liebe weitet den Willen, um das Unendliche zu umfassen. Da sie nicht mehr zu unserer Natur gehören, gehen diese Vollzüge bis auf die Quelle zurück, aus der sie herrühren. Erbe des Vaters, Miterbe des Sohnes, mit dem einen wie mit dem anderen durch den Geist vereint, schaut der Mensch Gott, liebt er ihn und besitzt er ihn. Ohne Vermischung von Natur und Person ist der Mensch Gott. Das Unmittelbare hat sich mitgeteilt.

II · Die Bedeutung der buchstäblichen Praxis

gesperrten Bereich vorzudringen, wenn wir das, was im Begriff des Übernatürlichen noch rational ist, der rationalen Untersuchung unterziehen. Die Aufgabe der Philosophie ist es, herauszustellen, dass wir, unserem geheimen Wunsch völlig konsequent folgend, bis zur buchstäblichen Praxis gehen. Ihre Aufgabe ist, die unausweichlichen Forderungen des Denkens und gleichsam das natürliche Gebet des menschlichen Willens zum Ausdruck zu bringen. Nicht mehr, aber auch nicht weniger.

Hier tut sich eine ebenso ernstzunehmende wie heikle Frage hervor: Zwar scheint es für den Menschen ganz einfach zu sein, seine Rechtfertigung in der Praxis zu leben, aber wie komplex und schwierig ist es, diese heilsame Praxis zu rechtfertigen! Man kann noch gut verstehen, *[408 Sinn und Wirkung der buchstäblichen Praxis]* dass die Praxis dem Glauben vorausgeht und ihn vorbereitet. Dass jedoch der *Glaubensakt* den *Glauben in den Handlungen* anregt, ist für das Bewusstsein einiger, die am stärksten im Göttlichen aufgehen, ein unerträgliches Paradox. Gewiss haben diese frommen Seelen unendlich recht, sich gegen Rezepte und mechanische Durchführungen zu wehren, die ihr unaussprechliches Gefühl profanieren. Aber auch wenn sie über die engherzigen Superstitionen hinausgestiegen sind, verkennen sie dennoch zu Unrecht, dass der Punkt, den sie sich freuen erreicht zu haben, sich nur auf halbem Wege befindet und dass ihnen noch ein weiterer Fortschritt übrig bleibt. Wie sehr wünsche ich, ihnen zu zeigen, dass der großzügigste und tiefste Glaube seine Vollkommenheit in ganz bestimmten Handlungen findet, dass diese winzige und sogar demütigende Praxis allein die ganze Erhabenheit und Reinheit des inneren Kultes bewahrt, dass letztendlich, wenn es einen Buchstaben gibt, in dem nur Tod und Verderb wohnt, es dann auch einen notwendigen Buchstaben gibt, der Leben und Heil in sich trägt.

I

Was man weder erkennen noch vor allem klar und deutlich verstehen kann, dies kann man tun und auf praktische Weise vollziehen. Genau da liegt der Nutzen und der herausragende Grund der Tat. Sie ist nicht nur das zeitweilige Vehiculum, das dem Bewusstsein die be-

---

Sodass, erhoben über jedes geschaffene und denkbare Seiende, der, der nicht war, am ewigen Vorrecht dessen teilhat, der als einziger sagen kann: »Ich bin, der ich bin«.

5 · Die Vollendung der Tat

gehrte Gabe überbringt. Ihre Vermittlung ist nicht vorübergehender, sondern immerwährender Art; sie ist das beständige Mittel für die innere Bekehrung und das Instrument für die Herrschaft des Glaubens. Denn auf unbegreifliche Weise lässt sie den Sinn eines noch dunklen Glaubens bis ins Mark fließen und geht die geheimnisvollen Wege, die die verhüllten Wahrheiten, von denen sie sich genährt hat, ins Licht der Reflexion führen. Dies ist das Geheimnis des Wertes, dies ist das natürliche Prinzip für die Wirkmächtigkeit der buchstäblichen Praxis. Kurz, um die Glieder mit Leben zu erfüllen, ist der Glaube darauf angewiesen, in ihnen zu handeln. Und um sich selbst mit Leben zu erfüllen, ist er darauf angewiesen, dass ihre Glieder sich auf ihn auswirken. Stets gibt die Tat mehr, als sie empfängt, und empfängt mehr, als sie gibt.

So wie keine einzige Absicht vollendet ist ohne den Vollzug, der sie zu bestimmen scheint, sie aber in Wirklichkeit vervollständigt und bereichert, so vervollkommnet sich im Menschen das sittliche und religiöse Leben einzig und allein, wenn es den ganzen Menschen angeht. Hier nicht mehr als anderswo ist das Gefühl nicht vom Organismus unabhängig, in dem es sich zum Ausdruck bringt. Hier *[409 Der Glaube und die Werke]* wie anderswo ist die Tat nicht bloß eine Folge oder eine Bedingung der Absicht, sondern sie fügt ihr einen wesentlichen Überschuss hinzu. Die Tat enthält das, was der Existenzgrund des Gefühls ist oder der Zielpunkt des Strebens. Zu meinen, anzubeten in Geist und Wahrheit bedeute, sich jeglicher festgelegten Praxis zu enthalten, ist ein ganz ähnlicher Irrtum wie die Illusion, der man verfällt, wenn man sich einbildet, dass der reelle Vollzug bloß ein unwesentliches Anhängsel sei oder fast eine Beeinträchtigung des ideellen Entschlusses. Gewiss scheint die Tat die schöne Ausweitung des inneren Lebens einzuengen und den Reichtum des Gefühls zu schmälern, aber dies ist nur Schein. Die Notwendigkeit einer praktischen Festlegung lässt die Großzügigkeit der inneren Gefühlsäußerungen keineswegs versiegen, sondern füllt deren Quelle auf. Wie der Zwang durch die Zeichen und die Formen den Philosophen oder den Künstler daran hindert, sich in wirren Intuitionen zu gefallen, so findet die fromme Seele in der Unterwerfung erfordernden Strenge des Buchstabens eine Hilfe gegen sich selbst; unter diesem Zwang erneuert sie sich. Statt sich in einem vagen und schwammigen Trachten nach dem Unendlichen zu verlieren, vertieft und belebt sie jene Gefühle, die sie zu schänden und zu töten fürchtete, als sie sie hinauswarf in das Körperliche einer Handlung.

II · Die Bedeutung der buchstäblichen Praxis

In den einfachen und meist beliebten religiösen Praktiken gibt es also mehr Unendlichkeit als in den hochfahrendsten Spekulationen oder in den vortrefflichsten Gefühlen. Der schlichte Mensch, der sich buchstäblich den Vorschriften der religiösen Hingabe fügt, welche er für überaus klar erachtet, obwohl er sie nicht versteht, hat viel mehr Gespür für die Wahrheit als alle Theosophen der Welt. Ein solcher Mensch hat den Geist im Buchstaben, ohne dies zu behaupten. Die Theosophen behaupten, ihn ohne den Buchstaben zu haben, und haben ihn nicht. Wer stellt also seine geistliche Fruchtbarkeit unter Beweis, der, der mit Salbung redet, oder der, der gar spröde das zu tun vermag, was er nicht ins Wort fassen kann? Und trotzdem brüstet sich der Dialektiker des inneren Gefühls mit seiner Überfülle an Frömmigkeit, und dem, der sich buchstabengetreu verhält, wird Fassadenfrömmigkeit vorgeworfen. Es sind die Gefühle, die Gedanken, die sich noch im Äußeren abspielen; das, was tief im Inneren ist, was am besten das Leben zum Ausdruck bringt und es verwandelt, sind die Werke. Was bedeuten schon die flüchtigen Wunderwerke der Dialektik oder die verzückten Emotionen im Bewusstsein. Es ist ein Abschluss nötig und dies ist die Tat. *In actu perfectio* [die Vollendung liegt in der Handlung].

Was für jedwede einzelne Absicht zutrifft, die dazu genötigt ist, ihre lebendige Kommentierung im sie verwirklichenden Vollzug zu suchen, gilt also noch mehr für die religiöse Sehnsucht. *[410 Sinn und Wirkung der buchstäblichen Praxis]* Was soll sie sonst anstreben, als den ganzen Menschen in die Handlung einzubringen und in ihm die Fülle eines neuen Lebens hervorzubringen, so als ob, um vollendet zu sein, jede Tat eine Kommunion sein sollte? Diese notwendigerweise ersehnte Kommunion kann sie nur durch die Praxis vollziehen. Denn einzig die Praxis ist dazu fähig, zwei Ordnungen miteinander zu verbinden, die nicht kommunikabel schienen. Einzig in den Handlungen kann Gott mit seiner unermesslichen Gabe in uns Fuß fassen. Das menschliche Denken, das in irgendeiner Hinsicht stets zu kurz gerät, hat, sobald es sich an sich selbst berauscht, nie die Weite, die es dazu fähig macht, alles, was es ersinnt und erfordert, in sich zu umfassen. Aber das, was wegen des Ausmaßes der Wahrheit und wegen der Mannigfaltigkeit des Lebens einem begrenzten Blick entgeht, bleibt praktisch durchführbar. Man kann die mannigfachen Aspekte von allem, was zu erkennen ist, nicht auf Anhieb verstehen; wohl aber kann man auf Anhieb zur Praxis all dessen übergehen, was zu tun ist. Wenn man nur innerhalb der Grenzen der

5 · Die Vollendung der Tat

gegenwärtigen klaren Sicht handelt und sich auf die Gottesvorstellung oder auf das Gespür für das Göttliche beschränkt, so wie man dies empfindet, ohne dafür im Leben selbst eine unmittelbare Verwendung zu suchen, schmälert man sich selbst. Durch seine Tyrannei engt das Denken die Tat ein, durch ihre Unterwerfung weitet die Tat das Denken.

Deshalb soll man nicht von der Knechtschaft des Glaubenden und des Praktizierenden reden. Die Unterworfenheit, in der er zu leben scheint, ist gar kein Hindernis für seine Freiheit; sie ist für ihn der Zwischenschritt, damit es gelingt, all das zu wollen, was er wahrhaftig will. Was in die Knechtschaft führt, ist lediglich, nach der Maßgabe seines eigenen Lichtes zu denken und nur nach seinem eigenen Urteil zu handeln. Jeder Mensch, der nicht mehr das Bedürfnis empfindet, sich zu erneuern und über sich hinauszugehen, hat das Leben nicht; sich an den engen Formen seines eigenen Denkens festzuklammern, heißt, schon tot zu sein. Wir müssen fortwährend bereit bleiben, unsere hirnrissigen und wackeligen Gedankengebäude niederzureißen, um aus den Widersprüchen zu lernen. Gewiss tut es weh, sich losgelöst von Leidenschaft, Nutzen oder Gewohnheit im Geiste stets durch den Buchstaben zu verjüngen, aber es ist der einzige Weg, die ganze Feinfühligkeit des Gewissens und die volle Lauterkeit zu bewahren. Sich weder auf den Zweifel zu verlassen noch auf die Gewissheit, sich niemals an der Wahrheit festzuklammern wie andere an ihren Idolen, in Furcht und in Freiheit zu verharren, selbst wenn man eine unerschütterliche Treue verspricht, stets darum zu bangen, das Licht zu verlieren, und auch stets darauf zu warten, in seinem Herzen das bange Gefühl des Suchenden zu tragen, zusammen mit der Heiterkeit und der vertrauensvollen Gefügigkeit des Kindes: dies ist ohne Zweifel nicht der Weg in die Knechtschaft, sondern in die Befreiung. Die meisten sind eifrig darauf bedacht, zu sehen, wie sehr sie recht haben; man muss eifrig darauf bedacht sein, zu sehen, worin man Unrecht hat. Wie viele Menschen *[411 Belebender und befreiender Buchstabe]* betrachten sich als religiös, entweder weil sie sich an der Überzeugung festgeklammert haben, sie hätten den Geist vom Buchstaben gereinigt, oder weil sie von einigen göttlichen Worten ganz gebannt sind, denen beizupflichten ihnen angenehm ist! Man möchte, dass dem Denken alles klar wäre und dass es eine einzige perspektivische Mitte gäbe. So etwas gibt es nicht, denn diese Mitte befindet sich überall. Aber das, was man nicht klar sehen kann, kann man voll und ganz tun: Die wahre Kommentierung ist die Praxis.

II · Die Bedeutung der buchstäblichen Praxis

Deshalb haben die Menschen keine wirklichen Jünger, denn sie verstehen es nicht, die geheimnisvollen Tiefen anzusprechen, aus denen die Einigkeit der freien Meinungen hervorgeht durch den vielfältigen Vollzug der folgsamen Praxis. Notwendig ist also, auf das bedacht zu sein, was uns widerspricht, und über den Punkt hinauszugehen, wo wir am liebsten stehen bleiben möchten. Im Glauben und in den Geboten gibt es Ansichten, die aufeinanderzuprallen scheinen, Vorschriften, die uns zuwider zu sein scheinen. Dies ist der Grund, weswegen es notwendig und heilsam ist, sich danach zu richten. Wenn das äußere Gesetz noch als äußeres bestehen bleibt, so werden wir darauf hingewiesen, dass wir, solange es uns als äußeres erscheint und in uns einige Bindungen unserer Vernunft oder unseres Herzens durchbricht, noch nicht im Mittelpunkt der Wahrheit und der Liebe sind. Statt uns einzuengen, zwingt es uns dazu, uns zu weiten, einzusehen, worin unser Denken zu kurz reicht und unser Wille zu schwach ist, um die gegensätzlichen Aspekte einer Wahrheit anzunehmen, die größer ist als unser Wissen, und um auf geheimnisvolle Weise unserer Tat die volle Macht dieser vollkommenen Wissenschaft zuzuführen. Der unbegreifliche und uns unterwerfende Buchstabe ist das Mittel, auf göttliche Weise zu denken und zu handeln.

So greifen die Anforderungen der menschlichen Tat und die Bedingungen, die sie erfordert, um sich zu vollenden, ununterbrochen ineinander. Aufgrund der tiefen Bewegung seiner Freiheit wird der Mensch dazu gebracht, den Zusammenschluss mit Gott zu wollen und mit ihm eine einzige Synthese zu bilden: Jedwede Handlung strebt danach, eine Kommunion zu sein. Diese Synthese kann sich nur durch die Tat vollenden, das einzige Gefäß, das die ersehnte Gabe zu fassen vermag. Der Zusammenschluss kann sich nicht allein durch die buchstäbliche Praxis zusammenschnüren, sondern nur in dieser Weise kann er Bestand und Festigkeit haben. Der Glaube ist also nicht allein eine Handlung und die Auswirkung einer Handlung; aufgrund einer natürlichen Notwendigkeit ist er seinerseits auch wiederum eine Grundlage für die Tat. Wie in der Dynamik der Reflexion der Gedanke die Frucht der Lebenserfahrung ist und auch seinerseits zu einem Motiv und zum Ausgangspunkt einer weiteren Erfahrung wird, so ist der Glaube, den wir als die göttliche Erfahrung in uns bezeichnen, der Ursprung einer Aktivität, die den ganzen Menschen angeht und ihn mit all seinen *[412 Sinn und Wirkung der buchstäblichen Praxis]* Gliedern die Glaubensüberzeugung hervorbringen

5 · Die Vollendung der Tat

lässt, aus der er lebt. Denn wenn die Ideen Kräfte sind, sind sie dies nicht allein aufgrund dessen, was sie an Klarheit bereits besitzen, sondern vor allem aufgrund dessen, was sie an Dunklem in sich bewahren. Indem sie in dieses Halbdunkel vordringen, erlangen sie einen Zuwachs an Licht; indem wir unsere Gedanken in das Dunkel der Praxis hineinwerfen, finden wir in der Klarheit der Praxis etwas, um die dunklen Seiten unseres Gedankens zu erhellen. Der Glaube ist also nur aufrichtig und lebendig, wenn er gerade wegen seiner Dunkelheit durch die Tat danach strebt, die Gedanken und die Energien zu gewinnen, die ihm in uns fremd sind und sich ihm widersetzen. Es gilt, eine umfassende Assimilierung zu erreichen, eine Assimilierung des gesamten Organismus an dieses Grundprinzip höheren Lebens.

Wir haben also in unserer kleinen Welt an einer Art Schöpfung mitzuwirken, indem wir erreichen, dass all unsere Kräfte bis in die tiefsten Regionen der Organe glauben. Wie sollten wir anders zu jenen dunklen Energien gelangen, in diesem Chaos das Werk der Vernunft und des Willens durchführen, dort den Menschen hervorbringen und Gott sich ausbreiten lassen, wenn nicht durch die Praxis? Die buchstäbliche Praxis muss wie ein Ferment sein, das aufgrund eines unmerklichen Prozesses allmählich die ganze Schwere der Glieder emporhebt. Sobald wir in uns diese belebende Kraft pflegen, ereignet sich in unserem ganzen Körper, in unseren Verlangen und unseren Strebungen das langsame Werk der Transsubstantiation und der Bekehrung. Jede von einem Glaubensgedanken angeregte Handlung fängt damit an, den neuen Menschen zur Welt zu bringen, weil sie Gott im Menschen erzeugt. Wie der Leib ohne die Seele tot ist, so ist auch der Glaube tot ohne die Werke. Und was kann im Glauben wirklich sterben, wenn nicht seine Gegenwart und seine Leben spendende Wirkung in den Gliedern? Das einzelne Glied lebt nur innerhalb einer engen Abhängigkeit. Es kann sich selbst nicht in den Rang eines Vorgesetzten erheben; seine Aufgabe ist es, so zu handeln, wie der Vorgesetzte es anordnet, denn darin besteht seine Weise, am Leben des Geistes teilzuhaben. Es denkt nicht, es handelt. Das Handeln vermittelt ihm das Wesentliche des Gedankens; darin besteht das ihm eigene Denken und Beten.

Und nicht nur um unser gesamtes Innenleben zusammenzubringen, ist die buchstäbliche Praxis notwendig. Denn unsere Tat trägt das universelle Leben in sich; sie ist nicht eine bloße Tätigkeit des Individuums, sie ist vielmehr eine Tätigkeit des großen sozialen Körpers. Um den Kreislauf und die Einheit in der Gemeinschaft der

Seelen instand zu halten, um das Atmen des universellen Lebens in uns rhythmisch verlaufen zu lassen, bedarf es also der Zusammenwirkung und der Auferbauung. Auferbauung ist ein schönes Wort. Es genügt niemals, für sich allein zu handeln, man kann es auch nicht. Man muss im *[413 Die geistige Einmütigkeit durch die Praxis]* Anderen bauen, sich zu einem Teil des Gesamtwerks machen und sich ins Bauwerk einpassen. Wenn jeder durch die Tat in sich selbst Zugang zu den verborgenen Quellen findet, aus denen die Gefühle und die Glaubensüberzeugungen hervorgehen, so findet auch jeder durch sie im Anderen das Geheimnis der gemeinsamen Gedanken und Strebungen. Dank dieser praktischen Einigkeit verbinden die Menschen, wenn sie aus einer ihnen selbst unbekannten Tiefe ihre Gewissheiten und ihre Gemütsregungen aufsteigen lassen, sich mithilfe eines so kräftigen, so sanften Bandes miteinander, dass sie nur noch einen Geist und einen Leib bilden. Ja gewiss, die Praxis allein bewerkstelligt dieses Wunder, aus der Verschiedenheit der *Geister* einen einzigen *Leib* zu bilden, denn sie verwendet und gestaltet das, wodurch sie untereinander zusammenhalten. Deshalb gibt es Einheit in der Lehre nur als Folge einer gemeinsamen Disziplin und einer gemeinsamen einheitlichen Lebensgestalt. Deshalb auch sind die Dogmen und die Glaubensüberzeugungen nur Belehrungen für das Denken, um Grundlagen der Tat zu werden. Bis zu diesem Punkt müssen wir gehen, um zu verstehen, dass die intellektuelle Einigkeit unter den Menschen unmöglich bleibt, die ihrer gleichwohl bedürfen, und zwar als einer freien und umfassenden Einigkeit, und unmöglich, solange sie vorgibt, von der Disziplin und der Tradition unabhängig zu bleiben. Denn die Tradition und die Disziplin stellen die beständige Auslegung des Gedankens durch die Handlungen dar. In der bestätigten Erfahrung bieten sie einem jeden gleichsam eine vorweggenommene Kontrolle an, eine autorisierte Kommentierung, eine überpersönliche Bestätigung der Wahrheit, die jeder in sich selbst zum Leben erwecken muss, um so seinen Platz in der Versammlung der Geister einzunehmen. Weil wir uns mit uns selbst, mit der Menschheit, mit dem Weltall zusammentun müssen, brauchen wir für diese Eintracht eine buchstäbliche Praxis. Sie ist gleichsam der Gedanke dieses geistigen Organismus und der Beitrag jedes Gliedes dieses großen Leibes für die Funktionen des Geistes.

Wie die Analyse der notwendigen Beziehungen und der natürlichen Anforderungen des Lebens des Willens uns dazu führt, es zu umschreiben, ist in der vom Glauben ausgegangenen Tat ein zweifaches Geheimnis am Werke. Durch die Tat hält das Göttliche sich im Menschen auf, verbirgt dort seine Gegenwart, bringt in ihn ein neues Denken und ein neues Leben ein. Ebenso erheben sich durch die Tat die niederen und unscheinbaren Teile zum Glauben, die die Bedürfnisse des Organismus und die Auswirkung des Weltalls zum Ausdruck bringen, und sie arbeiten am menschlichen und göttlichen Werk mit, das sich in uns vollzieht. Die Synthese vollendet sich nicht ohne die Tat. Damit der gesamte Leib erleuchtet sei, muss das Auge hell sein; damit das Auge hell sei, muss der Leib aktiv und gesund sein.

II

[414 Sinn und Wirkung der buchstäblichen Praxis] Folgende zwei philosophische Einwände scheinen ausgeräumt zu sein. »Die Religion, so sagt man, ist innerlich und kann in keiner Form gefasst werden.« Gewiss doch; der Buchstabe ist für den Geist notwendig. »Der Glaube selbst«, so fügt man hinzu, »taugt nur durch das Gefühl, von dem er sich anregen lässt, nicht aber durch die Formel, die, während sie ihn festlegt, ihn zugleich verformt, und auch nicht durch die Handlungen, die die Unermesslichkeit alles Göttlichen nicht fassen können.« Gewiss doch; die Praxis ist für den Glauben notwendig. Dennoch bergen diese beiden Einwände eine tiefe Wahrheit in sich, die vielleicht sogar diejenigen nicht verstehen, die sich dafür stark machen. Wenn wir diese Wahrheit aufdecken, wird der Irrtum offensichtlich, dem sie verfallen. Und zwar auf folgende Weise.

Man behauptet zu Recht, dass die Werke für das innere Gefühl unerlässlich sind. Sie müssen es zum Leben bringen. Zugleich behauptet man zu Recht, dass die spontan aus dem inneren Gefühl hervorgegangenen Werke dem, was sie zum Ausdruck bringen, nicht entsprechen und dass man wieder zur Superstition zurückkehrt, wenn man in den menschlichen Handlungen die göttliche Nahrung sucht; für das religiöse Gespür sind sie tödlich. Eine Praxis ist einerseits für den Glauben absolut notwendig. Die Praxis andererseits, die auf natürliche Weise aus dem Glauben hervorgeht, insofern der Glaube selbst eine Grundlage für die Tat ist, bleibt radikal ungenügend und leer. Denen, die verfechten, dass es nicht unsere Handlungen sind, die uns heiligen, sondern dass wir es sind, die unsere Handlungen heiligen, muss man entgegenhalten, dass allein die Tat heilbringend sein kann. Denen, die verfechten, dass ihre guten Werke voll und ganz heilbringend sind, muss man entgegenhalten, dass allein der Glaube heiligmachend ist.

Um diesem offensichtlichen Widerspruch zu entkommen, hat man eine Mischlösung als Kompromiss bedacht. Aber gerade diese inkonsequente Halblösung muss man voll und ganz zurückweisen. Sie sieht folgendermaßen aus. Wenn man vom Glauben spricht und von den für den Glauben unerlässlichen Werken, bleibt hinsichtlich der Art dieser notwendigen Beziehung eine Zweideutigkeit bestehen. Mal ist man der Meinung, dass die Praxis eine natürliche Folge des inneren Gefühls ist, das sie anregt; mal gesteht man ein, dass man, um einen lebendigen Glauben zu haben, handeln muss. Im ersten Fall macht man aus der Tat einen unwesentlichen Anhang zum Glauben; im zweiten Fall betrachtet man die Tat als einen integrierenden Bestandteil, als ein wesentliches Ziel, als einen *[415 Notwendigkeit von positiven Vorschriften]* unerlässlichen Zuwachs. Unter *Werke* versteht man somit entweder die natürliche Folge eines inneren Glaubens, der sich durch die unbestimmte Spontaneität praktischer Beweise an den Tag bringt, oder festgelegte Handlungen, die um ihrer selbst willen vollzogen sind und die ihren ursprünglichen Sinn beibehalten. Man gibt sehr wohl zu, dass das innerste Gefühl des Göttlichen es bedarf, sich durch Handlungen auszudrücken. Aber weil keine dem Glauben als solchem adäquat zu sein scheint, möchte man, dass diese Handlungen, im Unterschied zu den anderen, weder ein Ziel für die Absicht noch ein Fortschritt für den Handelnden seien. Man möchte daraus eine gesonderte Kategorie machen, als ob das religiöse Leben sich den allgemeinen Gesetzen des Lebens entziehen müsste. Um jeden Verstoß gegen die Natur zu vermeiden, ist man dazu gebracht worden, so dennoch gegen sie zu verstoßen! Kurz gesagt: Man möchte den Anspruch erheben, an seine Handlungen zu glauben, ohne jemals aus seinem Glauben zu handeln.

Im Laufe dieser ganzen Wissenschaft der Praxis hat sich jedoch immer wieder herausgestellt, dass die Tat in Bezug auf ihre eigenen Voraussetzungen etwas Neues und Heterogenes ist. Diese wissenschaftliche Wahrheit bestätigt sich auch hier noch. Es ist nicht möglich, die religiöse Praxis als einen untergeordneten Anhang und als einen willkürlichen oder akzidentellen Zusatz des Gefühls zu betrachten, das sie anregt. Wenn man meint, dass dieses Gefühl das Ganze der wahren Religion darstellt und dass die Werke aus dem Herzen hervorgehen, je nachdem es dazu Neigung verspürt, wenn

5 · Die Vollendung der Tat

man sich von der Zucht der buchstäblichen Praxis freimacht, verstößt man sowohl gegen die Wissenschaft als auch gegen das Bewusstsein. Vergeblich versucht man diesen falschen Standpunkt aufrechtzuerhalten, als ob man zugleich sagen könnte, dass sowohl der Glaube umso lebendiger ist, je aktiver er ist, als auch, dass, wenn man aus diesen Taten ein Mittel des Glaubensvollzugs macht, man den Glauben abwertet oder zerstört. Die frommen Feinde des Buchstabens verfolgen weder in ihrem Unrecht noch in ihrem Recht ihren Weg bis zum Ende. Indem man die Notwendigkeit der Praxis anerkennt, muss man auch die absolute Nichtigkeit jedweder menschlichen Praxis anerkennen, ohne jemals die eine Aussage für die andere zu opfern. Sie scheinen zwar unvereinbar zu sein, aber zu dieser Feststellung wird man unwiderlegbar geführt. Aus dieser Unvereinbarkeit ergibt sich die unvermeidliche Lösung des Problems.

Einerseits gibt es keine auf natürliche Weise aus dem Glauben hervorgegangene Handlung, die diesen vervollkommnet oder ihm gleich an Würde ist. Andererseits ist der Glaube nur möglich unter der Gestalt eines festgelegten Buchstabens und durch die Wirkung der praktischen Unterwerfung; das wahre Unendliche kann nur in der Tat immanent sein. Es ist also notwendig, dass diese Tat selbst Gegenstand einer positiven Vorschrift ist und nicht mehr von einer Bewegung unserer Natur ausgeht, sondern von der Ordnung *[416 Sinn und Wirkung der buchstäblichen Praxis]* des Göttlichen. Die Bestimmung dieser Tat müssen wir auf eine Autorität zurückführen, die von uns selbst verschieden ist, auch wenn wir uns bewusst sind, dass wir uns damit, um den Preis der Gefügigkeit, eine wahre Autonomie erkaufen. Was unserem Willen entspricht, ist, dass diese Tat uns vorgeschrieben ist. Bis zu diesem Eingeständnis müssen wir gelangen, um den Anforderungen der Geister zu genügen, die mit vollstem Recht den superstitiösen Frömmigkeitspraktiken gegenüber feindselig sind, und um ihren Prinzipien gegenüber konsequenter zu sein als sie selbst. So sind folgende Wahrheiten miteinander im Einklang, da sie nicht mehr gegensätzlich sind, sondern gegenseitig verkettet durch die Logik des aufrichtigsten religiösen Empfindens: Kein Glaube ohne Praxis; keine Praxis, die dem Glauben auf natürliche Weise entspricht; keine geoffenbarte Wahrheit, wenn es nicht vorgeschriebene Handlungen von anderswoher gibt.

Wenn also der Glaube, sowohl durch das, was er an undurchdringlichem Schatten bietet, als auch durch das, was er an Klarheit, die alles andere weit überragt, mit sich bringt, auf natürliche Weise

II · Die Bedeutung der buchstäblichen Praxis

die notwendige Quelle der Praxis ist, genügt diese natürliche Anforderung nicht, um die eigene Natur oder die genaue Gestalt jener Handlungen zu bestimmen, die notwendig sind, um den notwendigen Bund und die vollkommene Einigung zu besiegeln, die der Mensch ersehnt. Damit diese rituellen Handlungen nicht auf eine idolatrische Fiktion reduziert werden können und damit sie dem Glauben entsprechen, dessen belebender Ausdruck sie zu sein haben, ist es erforderlich, dass sie nicht eine Erfindung des Menschen und die stets unvollkommene Folge einer natürlichen Bewegung sind, sondern der Ausdruck von positiven Vorschriften und das originale Abbild des Dogmas, das auf göttliche Weise in genaue Gebote übertragen ist. Es genügt nicht, dass sie zum Träger des Transzendenten werden. Sie müssen dessen reelle Gegenwart enthalten und dessen immanente Wahrheit sein. *Caro Verbum facta* [Fleisch ist Wort geworden]. Aus dem Dogma hergeleitet, werden die Zucht und die Autorität der positiven Vorschriften selber zu genuinen Dogmen. Es bedarf einer Praxis. Jede Praxis, die nicht als übernatürlicher Befehl gegeben ist, ist superstitiös. Sie ist nichts, wenn sie nicht alles ist.

So kann die Tat, die die Gegenwart des religiösen Lebens in sich schließt und dessen Realität vermitteln soll, genauso wenig wie der Glaube von der menschlichen Initiative ausgehen. Wenn der Buchstabe des Dogmas per definitionem der in einem sinnfälligen Zeichen inkarnierte Gedanke Gottes ist, dann muss auch die positive Vorschrift ihrerseits, so willkürlich ihre Formulierung auch scheinen mag, einen anderen Willen enthalten als den des Menschen. Trotz des festgelegten, relativen, wandelbaren Charakters der Handlungen, die dieser praktische Dogmatismus vorschreibt, bietet er jedem, der sich ihm unterwirft, das Mittel, mit dem Urheber der Vorschrift zusammenzuwirken. Und der menschliche Wille *[417 Notwendigkeit von positiven Vorschriften]* ist nur dann sich selbst gegenüber völlig konsequent, wenn er bis zu diesem eingewilligten Bedürfnis einer tatsächlichen Unterwerfung geht. Sich den Handlungen unter dem Vorwand zu entziehen, dass sie ein äußerer und entwürdigender Zwang seien, besagt, dass man gegen den Geist verstößt, der eine solch aufrichtende Unterwerfung auf verborgene Weise fordert.

In der buchstäblichen Praxis ist die menschliche Handlung demnach mit der göttlichen Handlung identisch; unter der Hülle des Buchstabens dringt die Fülle eines neuen Geistes ein. Deshalb soll man nicht sagen, dass gewisse Taten einen *absoluten* Wert annehmen können, und zwar in dem *Maße*, wie sie eine symbolische Darstellung

5 · Die Vollendung der Tat

des Kerns der Dinge bieten und in den Fakten die Beziehungen verwirklichen, die das reelle Geheimnis des Wahren und des Guten am getreuesten ausdrücken. Ist dies nicht eigentlich ein begrifflicher Widerspruch? Es gibt kein ungefähres oder symbolisches Absolutes. Nein, die religiöse Handlung kann nicht ein Symbol sein. Sie ist eine Realität oder sie ist nicht. Damit die wesentlichen Beziehungen des Menschen zum Absoluten sich genau etablieren, müssen sie absolut festgelegt sein und in diesem göttlichen Austausch muss es eine Gabe und Weihe geben, die nicht von uns selbst stammen können. Wenn das unendlich Gute im Menschen nur durch endliche Handlungen realisiert werden kann, muss dieses Endliche selbst, aufgrund einer übernatürlichen Herablassung, wie das Gewand oder, noch besser, wie der Leib des Transzendenten gegeben sein. Wenn Gott sich nicht selbst hier einbringt, damit der Mensch ihn hier findet und sich von ihm ernährt, wird der Mensch ihn hier nicht hineinbringen.

Gewiss wirkt die Praxis weder aufgrund blinder Magie noch aufgrund eines groben Mechanismus. Es gibt tote Handlungen, ohne Geist und ohne Seele, äußerliche Frömmigkeit, die genauso leer oder gar schlimmer ist als jede andere Superstition. Gewiss gibt es, wenn es an jeglicher ritueller Form und erkannter Vorschrift fehlt, Leben spendende Handlungen, die die Unkenntnis einer ausdrücklicheren Offenbarung ausgleichen, Handlungen freilich, die durch nichts Sinnliches, Egoistisches oder Anmaßendes angeregt sind und die die unbekannte Gabe herbeirufen. Aber auch wenn die buchstäbliche Praxis weder eine reine Formalität für jene ist, die sich ihr zu unterwerfen haben, noch eine wesentliche Heilsbedingung für jene, die diesbezüglich nicht unterrichtet werden können, stets verdankt unser Wille der verborgenen Wirkung einer reellen Vermittlung, dass er sich vollenden kann, auch wenn wir uns dessen nicht bewusst sind. Es ist sogar möglich, dass man solche Vermittlung verkennt, ohne deswegen aufzuhören, von ihr zu profitieren, und ohne gegen den Geist zu sündigen. Aber diese wunderbare Weite der Barmherzigkeit jenen gegenüber, die in der Ablehnung der buchstäblichen Praxis eine echte Großherzigkeit bewahren, macht nicht die volle Wahrheit zunichte, an der sie teilhaben, *[418 Sinn und Wirkung der buchstäblichen Praxis]* ohne sie zu sehen. Der Mensch der Sehnsucht findet in den positiven Vorschriften ebenso viele völlig vorbereitete Erfahrungen und noch zu überprüfende Hypothesen, in denen sich die volle Wahrheit bestätigt und sich ihm mitteilt, ihm, der von ihr weder seinen Blick noch seine Hände abgewandt hat. Richtig verstanden ist die Praxis, scheinbar die willkürlichste und die schwerste für die Natur, nur eine vollkommene Übereinstimmung mit den Anforderungen der Freiheit. Deshalb soll man die Konsequenzen, die sich aus der bloßen Voraussetzung ergeben, dass es das Dogma und die Disziplin wirklich gibt, nicht als Einwände gegen sie kehren.

Kurz gesagt: Es gibt ein Unendliches, das all unseren Willenshandlungen gegenwärtig ist, und dieses Unendliche vermögen wir weder aus uns selbst mit unserer Reflexion zu fassen, noch es durch unsere menschliche Anstrengung zu reproduzieren. Um es zu erfassen und es hervorzubringen, wie wir dies wollen, muss dieses verborgene Prinzip jedweder Tat sich uns unter der Gestalt mitteilen, durch die wir mit ihm in Gemeinschaft treten können, es in unserer Geringheit empfangen und besitzen können. Wir brauchen das endliche Unendliche. Es ist aber nicht an uns, es zu begrenzen, sonst würden wir es auf unsere Größe herabmindern. Es gebührt allein ihm, sich unserem Fassungsvermögen anzupassen und zu unserer Kleinheit herabzusteigen, um uns zu erhöhen und uns für seine Unermesslichkeit weit zu machen. Nochmals gesagt: Die Realität dieser Gabe bleibt wahrhaftig außerhalb des Zugriffs des Menschen und der Philosophie. Die wesentliche Aufgabe der Vernunft ist aber, die Notwendigkeit davon einzusehen und die natürlichen Übereinstimmungen zu bestimmen, die die Verkettung der übernatürlichen Wahrheiten selbst ordnen. Wenn die symbolischen Handlungen, die zum Ziel haben, im Menschen das vollkommene Leben zu realisieren und im Bewusstsein den Willen zur Angleichung mit sich selbst zu bringen, vom Menschen allein kämen, könnten sie nur Vermessenheit und Superstition sein. Genau deswegen sind wir stets versucht, uns zu wundern und fast Anstoß zu nehmen beim Anblick eines banalen Zeichens, das beansprucht, die notwendige Realität auszudrücken, beim Anblick einer relativen und vorübergehenden Handlung, die sich als absolut hinstellt, beim Anblick von *etwas*, das das *Ganze* fassen soll. Es wäre viel besser, so scheint es, wenn es *nichts* Sichtbares wäre. Wenn aber die Vorschrift, wie auch die Vernunft selbst dies fordert, aus einer anderen Quelle als dem Willen des Menschen kommt, dann muss die Verwunderung aufhören: Die unendliche Größe kann sich unserer unendlichen Geringheit anpassen. Das Göttliche ist mehr als universell, es ist je besonders in jedem Punkt und in jedem ganz. Wenn es sich uns als das Manna schenkt, das jeden Geschmack in sich trägt, dann geschieht dies unter der zugänglichsten und demütigsten Gestalt, weil in dieser erhabenen Erniedrigung seine

5 · Die Vollendung der Tat

Güte und seine Würde fordern, dass es *[419 Die Bedingungen der religiösen Handlung]* nicht bloß halb zu uns herabsteigt. Je weniger das Symbol in den Augen der Sinne darstellen wird, desto mehr wird es den Anforderungen der Vernunft und des Herzens entsprechen. Sein Aufleuchten kann sich nur punktweise ereignen, einem Stern gleich, dessen Strahl außerhalb eines schmalen Lichtstreifs den Ozean im Dunkel zu lassen scheint und dennoch die unermessliche Weite der Wogen beleuchtet, denn von woher man auch blicken mag, das Auge wird zu seiner Klarheit gelenkt.

So müssen in der religiösen Praxis die normalen Beziehungen zwischen dem Gedanken und der Tat zugleich aufgehoben, vervollständigt und umgewendet werden: – aufgehoben, denn es bleibt wahr, dass es für den Glaube nötig ist, soll er lebendig und aufrichtig sein, um die Glieder zu durchdringen und sich dem Organismus anzugleichen, durch praktische Beweise an den Tag zu treten; – vervollständigt, denn in der positiven Vorschrift, und nur da, gibt es hypothetisch die vollkommene Angleichung zwischen dem Geist und der buchstäblichen Gestalt, in der er sich zum Ausdruck bringt; – sogar umgewendet, denn im Unterschied zu den gewöhnlichen Handlungen, in denen der Gedanke den sinnfälligen Vollzügen vorausgeht und den Organismus, der ihn nach außen hin realisiert, unvollständig durchdringt, ist es hier das sinnfällige Zeichen, das auf verborgene Weise das Licht enthält, dessen unsichtbare Quelle das Denken nach und nach zu entdecken sucht. Es ist wichtig, dies jetzt richtig zu verstehen.

III

Die Tat ist nur vorgeschrieben, wenn sie, in dem, was getan werden muss, die Realität dessen umfasst, was geglaubt werden muss. Heterogen in Bezug auf uns, sind die Praxis und das Dogma in sich identisch. Es ist ihre Aufgabe, in uns die gekannte Wahrheit und das erhaltene Leben identisch zu machen, das heißt, ins Denken und Wollen die Einheit von Idealem und Realem einzubringen. Es besagt, in dem Menschen, der frei seine Persönlichkeit aufbaut, die Integrität der Ursache, die ihn schafft und beseelt, zu reintegrieren. Solche Wiederherstellung ist nur möglich, wenn der menschliche Wille, von dem wie von einer Wirkursache die Bewegung des persönlichen Lebens ausgeht, sich dem gedachten und gewollten Ziel als Endpunkt unserer Bestimmung angleicht.

II · Die Bedeutung der buchstäblichen Praxis

Während also in der natürlichen Ordnung der materielle Vollzug, der die Intention umsetzt, den Bereich des Willens nur erweitert und dem Denken nur insofern von Vorteil ist, als der Vollzug die noch blinden Lebenskräfte mit dem Willen vereinigt, wird hier der Vollzug als solcher für den Geist Nahrung und Licht, denn *[420 Sinn und Wirkung der buchstäblichen Praxis]* durch die Dunkelheit des sinnfälligen Zeichens hindurch leuchtet das göttliche Wollen. Die vollkommene Nahrung, die als Einzige imstande ist, einen vom Glauben beseelten Gedanken und Willen lebendig zu machen, befindet sich also im formellen Gebot, in der rituellen Handlung, in der Materie des Sakraments. Was in der buchstäblichen Praxis sichtbar und materiell ist, wird nicht als solches praktiziert; dort richtet man sich nicht nach den Phänomenen. Unter der wahrnehmbaren Hülle, die dazu dient, der Tat einen Halt zu geben, berühren und besitzen wir die Realität, die die Sinne nicht erreichen. Während die Handlung ihr Aussehen und ihre natürlichen Gesetze bewahrt, vollzieht sie sich voll und ganz im Absoluten. Es scheint, dass wir, indem wir der Vorschrift gehorchen, die überragende Wahrheit in uns hinabsteigen lassen, die sie ausdrückt. Das stimmt auch. Aber zugleich verwandeln wir in dieser Wahrheit die Handlung, die von der Vorschrift vorgeschrieben ist, und lassen sie in ihr aufsteigen. Die buchstäbliche Vorschrift ist, wenn man so sagen darf, lebendiger und geistiger als der Geist, den sie in Besitz nimmt. Wir nehmen sie ganz in uns auf und sie nimmt uns ganz in sich auf.

Der wahre Buchstabe ist also die eigene Wirklichkeit des Geistes. Er zeigt uns ihr Leben, das in seinem Kern unzugänglich ist. Er teilt es uns mit, damit wir es hervorbringen können und es in uns wieder aufleben lassen. Vollzieht sich die Fortpflanzung nicht gerade mittels des Körpers? Da ereignet sich ein für den Verstand unergründliches Geheimnis, das Wunder der Fruchtbarkeit, die durch einen ganz besonderen Vorgang die ganze Wesensart in jeden einzelnen Menschen hineinlegt. Geschieht es nicht durch das Offenbarungswort und die gehorsame Praxis, dass ein Gedanke und ein Leben, die nicht aus uns selbst stammen, sich zwar auf unterschiedliche Weise, aber dennoch als Ganzes in einen jeden von uns einfügen? Haben wir jemals nachgedacht über die wunderliche Kraft eines Pfropfreises? Einige lebende Zellen, gepfropft auf einen Stamm, reichen aus, damit an diesem inneren Übergang eine physiologische Umwälzung den Saft des Wildlings erneuert und aufgrund einer natürlichen Magie die Fruchtbarkeit schlagartig die Unfruchtbarkeit ablöst. Auf solche Weise werden

5 · Die Vollendung der Tat

die Funktionen unserer Natur erneuert und verwandelt, wenn ein Glaubensgedanke und die Wirkung des Sakramentes sich in unser Inneres einfügen. Die menschlichen Lebenssäfte bilden die Nahrung für das übernatürliche Leben. Was jedoch auf fruchtbare Weise wächst und sich in uns entfaltet, um letztendlich reifes Wachstum zu tragen, ist dieses übernatürliche Leben.

Der Vergleich mit dem Pfropfreis hinkt noch, denn der veredelte Saft steigt nicht wieder so zu den Wurzeln hinab, um von dorther die Fruchtbarkeit unmittelbar sprießen zu lassen. Im wunderbaren Vorgang dagegen, der aufgrund einer zweifachen Aneignung aus den beiden unendlich voneinander getrennten Leben eine einzige Synthese und eine einzige Tat bildet, fügt die buchstäbliche Praxis bis in die einfachsten Funktionen des Organismus den göttlichen Keim ein. *[421 Die Bedingungen der religiösen Handlung]* Sie verbindet den Körper mit einem höheren Leben als dem des Geistes. Aus dieser sakramentalen Materie, in der das lebendige Unendliche gleichsam vernichtet und tot erscheint, soll dieses gleicherweise göttliche und menschliche Leben durch die Anstrengung des guten Willens auferstehen. Alle haben wir uns zu gebären, indem wir in uns Gott gebären ϑεοτόκοι [Gottesgeborene]. Als müsste der Mensch Gott sein, um ganz und gar Mensch zu sein, trägt er trotz seiner unbegreiflichen Schwachheit so viel in sich, dass kein anderes Wesen größer sein könnte. Die von der religiösen Tat überbrachte Gabe ist so fest in seiner Substanz einverleibt, dass die menschliche Natur fähig wird, gewissermaßen den hervorzubringen und zu erschaffen, von dem sie alles empfangen hat. Als ob der Geber zugleich alles von dem empfangen wollte, dem er gegeben hat, und als ob der Mensch, der dazu berufen ist, schließlich das unendliche Übermaß seines Willens zu befriedigen, »der Gott seines Gottes« würde, wie eine Aussage des heiligen Thomas lautet.

Um den Determinismus der Anforderungen der menschlichen Tat und die Kette der zur Vollendung unserer Bestimmung notwendigen Beziehungen bis zum Schluss zu verfolgen, muss Gott sich uns also wie vernichtet darbieten, damit wir diesem scheinbaren Nichts seine Fülle zurückgeben. In Bezug auf das, was wir denken und wünschen müssen, macht Gott sich so klein, dass wir ihn festhalten können; so schwach, dass er unsere Arme und unsere Handlungen braucht; so duldsam, dass er sich dem Hin und Her des Sinnenlebens aussetzt; so seiner selbst entledigt, dass wir ihm sich selbst zurückgeben müssen; so tot, dass wir ihn aufs Neue gebären müssen,

II · Die Bedeutung der buchstäblichen Praxis

ähnlich wie in diesem geheimnisvollen Vorgang, der aus lebloser Nahrung lebendige Glieder hervorbringt. Die große Versuchung war, »wie die Götter« zu werden, was ein unmöglicher Traum ist. Und dennoch scheint es dem Menschen gegeben zu sein, ein noch herrlicheres Wunder zu wirken: Um zu sein, müssen und können wir bewerkstelligen, dass Gott für uns und durch uns ist.

So weit müssen wir gehen, damit unser Wille letzten Endes seine Angleichung findet, indem er seinen Zielpunkt in Beziehung setzt zu seiner Grundlage. Die Handlung, auf die alles ankommt, ist eine wahre Kommunion und gleichsam eine gegenseitige Hervorbringung der zwei Willen, die in uns leben. Ist es möglich, dass die Sehnsüchte des Menschen auf diese Weise erfüllt oder übertroffen werden? Wer hat sich nicht gewünscht, Verehrung entgegenzunehmen und Objekt eines Kultes zu sein? Der Vernunft obliegt es, zu sagen, dass wir dies sein wollen, und dem Glauben obliegt es, zu sagen, ob wir es sind. Darüber hinaus wünschen wir noch ein Übermaß an Gutem, das wir nicht näher zu bestimmen vermögen. Und dieses Übermaß als solches muss dem verheißen werden, der die Großherzigkeit besitzt, es zu wollen. Ist es nun verheißen *[422 Sinn und Wirkung der buchstäblichen Praxis]* oder ist es dies nicht? Wenn jede Handlung die Seele befruchten soll wie für eine göttliche Empfängnis, ist der Tod selbst dann nicht die allerletzte, vollständige und ewige Kommunion? Und wird es nicht wirklich der Ewigkeit bedürfen, damit der Mensch Gott empfangen und in sich aufnehmen kann, jenen Gott, den der Mensch, um im vollsten Sinn zu sein und zu leben, hervorzubringen und zu wollen hat, wie auch er von Gott gekannt und gewollt ist? Uns steht es nicht zu, diese Anforderungen zu erfüllen; uns kommt es zu, das Fassungsvermögen der Leere festzustellen, die in uns bereitgestellt ist.

Man möge in den befremdlichen kraftvollen Worten, die wir hier verwenden mussten, nicht irgendeinen symbolischen Sinn suchen, als müsste dies noch genauer oder besser tragbar oder noch tiefer sein. Nein: Hier geht es nicht um Ideen, die zu deuten sind, sondern um Handlungen, die praktisch zu verrichten sind. Das wahre Unendliche ist weniger in der Erkenntnis als im Leben. Es ist weder in den Fakten noch in den Gefühlen oder in den Ideen, sondern es ist in der Tat. Die scheinbare Borniertheit der Praxis ist unermesslich viel weiter als die angebliche Weiträumigkeit des spekulativen Denkens oder als aller Mystizismus des Herzens. Der Geist ist ohne den Buchstaben nicht mehr der Geist. Die Wahrheit lebt keineswegs in der abstrakten und allgemeinen Form des Denkens. Die einzige Kommentierung, die sie ungeschmälert lässt, ist die Praxis. Sie erneuert in jedem Verstand das Geheimnis der Konzeption der Wahrheit und führt diese als Ganzes in jeden ein mit dem Reichtum ihrer gegensätzlichen Aspekte. Wissenschaftlich ist gewiss, dass der Himmel genauso unter unseren Fußstapfen wie über unseren Köpfen ist. Aber weil wir lediglich auf der Erde gehen und nur dort leben, müssen wir den über der Erde ausgespannten Himmel trotz dem, was entgegensteht, erblicken in der erdnahen Handlung. Den Buchstaben müssen wir buchstäblich nehmen, denn nur in ihm und nicht in der Deutung, die man davon geben könnte, verbirgt sich die Realität des Vollzugs, den er vorschreibt. Der Buchstabe ist nicht in erster Linie Denken, sondern er ist vor allem Praxis. Wenn es auch in seiner Dunkelheit Worte gibt, so klar und durchdringend wie ein liebender Blick, dann nur unter der Bedingung, dass sie entschieden und schneidend bleiben wie das Schwert der Tat.

So enthüllt sich allmählich das gesamte Streben des Willens, der sich selbst suchte, ohne sich zunächst ganz zu kennen. Indem er den Anspruch erhebt, sich seiner eigenen Kraft tatsächlich anzugleichen, hört er auf, seine Befriedigung ausschließlich in sich selbst zu finden. Wir wollten, so scheint es, alles aus uns selbst heraus tun, und gerade aufgrund dieser Absicht sind wir zu dem Eingeständnis geführt worden, dass wir nichts tun und dass allein Gott, der in uns wirkt, uns gibt, das zu sein und das zu tun, *[423 Die Bedingungen der religiösen Handlung]* was wir wollen. Wenn wir also voll und ganz wollen, wollen wir ihn, wollen wir seinen Willen. Wir bitten darum, dass er sein möge, dass er all unsere Vollzüge unterstütze, vollende und unterfange. Wir gehören nur uns selbst, um uns von ihm zu erbitten und uns ihm wiederzugeben. Unser wahrer Wille ist, keinen anderen Willen zu haben als seinen. Der Triumph unserer Unabhängigkeit liegt in unserer Unterwerfung. Unterwerfung und Unabhängigkeit sind gleicherweise reell. Denn was wir erlangen müssen, ist, dass unser Wollen sich nach seinem Wollen richtet, nicht aber seines sich nach unserem. Und wenn wir so in Freiheit unser Wollen durch seines ersetzen, gestehen wir ein, dass in uns Gott alles tut, jedoch durch uns und mit uns, und dann verleiht er uns, alles getan zu haben. Wir nehmen frei teil an seiner notwendigen Freiheit. Wenn wir akzeptieren, dass er in uns sei, was er in sich ist, erlangen wir selbst, das zu sein, was er selbst ist, *Ens a se* [seiend von sich aus]. Wir erreichen die Unabhängigkeit nur durch den Selbstverzicht, doch bis dahin müssen wir kommen. Was aus der Sicht des Verstandes und durch die alleinige Anstrengung des Denkens unmöglich ist, wird zur Realität in der Praxis. Es ist die Praxis, die zwei scheinbar unvereinbare Naturen in einer vollkommenen Synthese verbindet. Allein die beiden Willen können sich so zusammentun, dass sie in einer engen Zusammenwirkung nur mehr eine einzige Sache bilden, *ut unum sint* [damit sie eins seien]. Deshalb ist einzig der Tat die Macht verliehen, die Liebe kundzutun und Gott zu erlangen.

*

Alles, was vorausgeht, sind lediglich Voraussetzungen, die der Tat untergeordnet sind. Um bis zum Schlusspunkt dieser praktischen Bedürfnisse zu gehen, bleibt noch übrig, sie auf absolute Weise zu rechtfertigen und ihnen die Tat unterzuordnen. Nachdem wir alles, sogar die Erkenntnis und die Seinsbejahung, als einfache Phänomene betrachtet haben, müssen wir schließlich in den Phänomenen das Sein selbst entdecken. Dies besagt also, die übliche Problemstellung umzukehren und nicht zu suchen, was unter dem, was erscheint, ist, sondern in dem, was erscheint, das, was ist. Der vollständige Überblick über die Forderungen, die die Tat impliziert, enthüllt uns das Geheimnis der Forderungen, denen die Tat ausgesetzt ist. Indem wir all das feststellen, was wir erfordern, verstehen und rechtfertigen wir all das, was von uns gefordert ist.

[424]

Kapitel III
Das Band zwischen der Erkenntnis und der Tat im Sein

Können wir noch weiter vordringen und die Weiterentwicklung der Tat über die vollkommene Form der religiösen Praxis hinaus verfolgen, die den Kreis der Bestimmung des Menschen zu schließen scheint? Gewiss; dies zu tun ist möglich und auch notwendig. Unter der Führung des kontinuierlichen Determinismus, der die Wissenschaft der Tat entwickelt, da er die Forderungen und die reelle Expansion des Willens zum Ausdruck bringt, wird ein letzter Schritt im Denken unvermeidlich, der dazu dienen wird, allen vorhergehenden Schritten eine Gewähr zu sein und sie zu rechtfertigen. Nicht, dass die Stufen, denen entlang man zum vollkommenen Leben emporgestiegen ist, als vorläufige Mittel ausrangiert werden müssen. Indem der Mensch die allumfassende Wirklichkeit, mit der sich die Tat genährt hat, absolut begründet, bringt er seine Aufgabe zum Abschluss. Dieser besteht darin, das reelle Band aller Dinge zu werden und ihnen all das zu gewähren, was sie an Sein beinhalten. Aber bezüglich dessen, was jetzt folgen wird, sollte man sich genauso wenig täuschen wie bezüglich des Vorangegangenen. Es handelt sich fortwährend darum, die notwendige Abfolge der Bedürfnisse der Praxis zu bestimmen, und zwar bis zu jenem Punkt, an dem aufgrund der genauen Feststellung ihrer gesamten Bedingungen die Wahrheit der Beziehungen, die die Tat erfordert, absolut begründet sein wird. Wie bildet sich unausweichlich in uns die Idee der objektiven Existenz? Wie bejahen wir unaufhaltbar die Realität als solche der Objekte unserer Erkenntnis? Welches ist genau der notwendige Sinn dieser objektiven Existenz? Unter welchen Bedingungen ist diese zwangsläufig gedachte und bejahte Realität wirklich reell? Diese Fragen setzen zwar zunächst die Bewegung des praktischen Determinismus fort; *[425 Der objektive Aspekt der Bedingungen der Tat]* sie scheinen nur die inneren Bezüge zu betreffen, die allen Phänomenen ihren Zusammenhalt in unserem Bewusstsein verleihen. Aber am Schluss wird sich herausstellen, dass es diese Phänomene selbst sind, die das Sein der

III · Das Band zwischen der Erkenntnis und der Tat im Sein

Dinge konstituieren. Die praktische Notwendigkeit, uns die ontologische Frage zu stellen, führt notwendigerweise zu der ontologischen Lösung des praktischen Problems. Was bis jetzt in einer rückwärtsschreitenden Analyse als eine Serie von notwendigen Bedingungen und von nacheinander geforderten Mitteln erschienen war, um die Tat nach und nach zu konstituieren, wird sich nunmehr aufgrund einer synthetischen Sicht als ein System von reellen Wahrheiten und gleichzeitig von geordneten Seienden enthüllen. Wir haben all das betrachtet, was unerlässlich ist, um die Tat zu vollenden; jetzt müssen wir betrachten, wie die Tat alles andere vollendet und konstituiert. Das, was einzig die Bedürfnisse unseres Willens zum Ausdruck brachte, muss vor dem Verstand selbst eine absolute Wahrheit erlangen. Was bis jetzt nur faktische Notwendigkeit war, wird in der Vernunft begründet sein. Was dem Denken gegenüber nur als dem Wollen immanente Mittel erschienen war, wird außerhalb des Willens als dem Denken immanente Ziele erscheinen. Und während die Tat als vorrangig erschienen war und das Sein als Derivat, werden jetzt die Wahrheit und das Sein als vorrangig erscheinen, aber ohne dass ihr Bestehen und ihre Natur aufhören, durch die Tat bestimmt zu sein, die dort ihren Maßstab und zugleich ihre Sanktion findet.

Wenn diese notwendige Erneuerung der Perspektive uns dazu bringt, die richtige Bedeutung aller vorhergehenden Aussagen noch präziser zu bestimmen, wird sie deren Tragweite nur begrenzen, um den strengen wissenschaftlichen Charakter besser klarzulegen. Gewöhnlich ist man nicht nur versucht, den Knoten zu früh knüpfen, nämlich noch bevor man den ganzen Inhalt der Tat entfaltet hat, sondern man läuft auch Gefahr, jeder einzelnen der aufeinanderfolgenden Feststellungen eine bereits metaphysische Bedeutung beizumessen, die sie nicht haben. Was auch immer entgegengesetzte geistige Gewohnheiten dem Leser einreden konnten, es ging bis jetzt lediglich um Mittel, die der Tat untergeordnet sind, ohne dass die Rede davon war, aus diesen Bedingungen der Praxis reelle Wahrheiten zu machen. – Auch wenn die Metaphysik zur Sprache kommen musste, hatten wir von ihr nur das Element in Betracht zu ziehen, welches jeder Lebensanschauung und jeder Ansicht der Dinge gemeinsam ist. Indem wir sowohl die Verschiedenheit der Systeme als auch ihre Wertigkeit außer Acht ließen, nahmen wir nur die Notwendigkeit für den Menschen in den Blick, sich eine Idee vom Weltganzen und von seiner eigenen Bestimmung zu bilden, nur die Notwendigkeit für

5 · Die Vollendung der Tat

die Willenstat, aufgrund der Prägung durch diese unausweichliche Gesamtanschauung einen neuen Charakter anzunehmen, nämlich die Grundlage *[426 Die praktische Notwendigkeit des ontologischen Problems]* für eine ursprüngliche Dynamik zu sein. Aus diesem Grund behandelten wir die Metaphysik im Zusammenhang mit den gestuften Formeln der Moral; sie hat ihren Platz in der Abfolge nur eingenommen, um unseren Handlungen eine transzendente Bedeutung zu verleihen. – Auch als wir zu einem weiteren Zeitpunkt in der Entwicklung der Tat auf die Idee Gottes gestoßen sind, mussten wir sie lediglich unter einem ganz praktischen Aspekt betrachten. Indem wir zeigten, dass dieser Gottesgedanke, der im Bewusstsein unausweichlich hervorgegangen ist, uns dazu zwingt, wenigstens implizit die lebendige Realität dieser unendlichen Vollkommenheit zu bejahen, handelte es sich keineswegs darum, daraus das Sein Gottes zu folgern. Es ging einzig um die Feststellung, dass diese notwendige Idee des realexistierenden Gottes uns zur höchsten Alternative führt, von der abhängen wird, ob Gott in Wirklichkeit für uns existiert oder ob er nicht für uns existiert. Zunächst ist uns dies absolut wichtig. Wenn wir die Wirkung Gottes herausstellen, den wir als reell und lebendig denken, heißt dies gewiss nicht, das Urteil über die lebendige Realität des so gedachten Gottes vorwegzunehmen. Als Mittel der Praxis steht auch seine Wahrheit völlig im Zusammenhang mit der menschlichen Tat. Die üblicherweise angeführten Beweise für seine Existenz sind somit erneuert, zwar nicht an erster Stelle durch die Weise der Argumentation, sondern durch den Geist, der sie anregt, und durch die Art der Schlussfolgerung. – Sogar als wir schließlich von der Notwendigkeit eines Übernatürlichen reden mussten, von der Notwendigkeit eines geoffenbarten Dogmas und einer buchstäblichen Praxis, stand uns nur ein natürliches Bedürfnis des Willens vor Augen, ohne dabei wissen zu wollen, ob dieser höchste Anspruch befriedigt wird. – Sogar wenn wir zum Schluss die in uns notwendigerweise hervorgebrachte Idee einer in sich existierenden Realität zu bestimmen, das Sein der Erkenntnisobjekte zu bejahen und die Natur dieser objektiven Existenz zu definieren haben, werden wir vorerst nur die unausweichliche Abfolge von Verhältnissen bedenken, die im Bewusstsein integriert sind. Es geht darum, die Wissenschaft der zusammenhängenden Erscheinungen vollständig auszubauen. Trotz der offensichtlichen Verschiedenheit der einzelnen Glieder, die zusammen die Kette bilden, ist darin alles kontinuierlich miteinander verschränkt, alles gehört zur gleichen Ordnung, überall liegen die

III · Das Band zwischen der Erkenntnis und der Tat im Sein

gleichen wissenschaftlichen Verhältnisse vor, die auf derselben praktischen Notwendigkeit gegründet sind.

Dies ist eine Sichtweise, die unsere intellektuellen Gewohnheiten zu verwirren scheint. Es ist aber nur deshalb schwierig, diesen Standpunkt einzunehmen, weil wir zum ganz schlichten Hinschauen auf miteinander verkettete Fakten zurückkehren müssen, ohne systematische Vorurteile welcher Art auch immer. Wenn es darum geht, die notwendige Hervorbringung des Begriffs einer reellen Existenz zu erklären und zu zeigen, dass wir zwangsläufig dazu gebracht werden, die Realität der Objekte der Erkenntnis und der Ziele der Tat zu bejahen (welchen Wert diese Aussage im Übrigen auch haben mag); wenn es darum geht, vor Augen zu führen, wie aufgrund der Vermittlung durch diese unvermeidliche *[427 Der objektive Aspekt der Bedingungen der Tat]* Idee der objektiven Existenz die Bedürfnisse der Tat sich in für sie regulative Wahrheiten umwandeln; wenn es darum geht, aufzuzeigen, zu welcher genauen Vorstellung des objektiven Seins wir zwangsläufig geführt worden sind und die Bedingungen zu bestimmen, die uns unerlässlich erscheinen, damit diese solchermaßen definierte Existenz auch so verwirklicht werde, wie wir nicht umhin können, sie zu denken: bei all dem verlassen wir trotz der erneuerten Perspektive keineswegs den Determinismus der Phänomene. Vielmehr bringen wir ans Licht, wie einzig aufgrund dessen, dass wir denken und handeln, es für uns notwendig ist, so zu tun, als ob diese universelle Ordnung reell und diese Verpflichtungen begründet wären. Die Aufgabe und die Kraft der Wissenschaft liegen tatsächlich darin, jede Möglichkeit eines gerechtfertigten Zweifels auszuschließen und uns auf dem indirekten Weg der Notwendigkeit zur Anerkennung der Wahrheit zu zwingen, die in uns anwest, bevor sie in der Wissenschaft ist, die die Wissenschaft nur am Schluss erreicht, während wir von Anfang an aus ihr leben.

– Wenn jetzt die Sinnrichtung dieser neuen Untersuchung und die Tragweite der gesuchten Lösung klar umrissen sind, müssen wir schauen, wie die vorliegende Frage sich hervorbringt und sich organisiert. Aus dem allumfassenden Zusammenhang der Phänomene ergibt sich sowohl, dass es unmöglich ist, auf berechtigte Weise zu dem ontologischen Problem zu gelangen, bevor wir all diese miteinander verketteten Glieder durchlaufen haben, als auch, dass es unmöglich ist, nicht dorthin zu gelangen, nachdem wir diesen ganzen Determinismus der Tat entfaltet haben. Um mit wissenschaftlicher Genauigkeit und Kompetenz das Problem der Erkenntnis und des Seins zu

5 · Die Vollendung der Tat

erörtern, müssen wir vorher das vollständige System der Verhältnisse klar bestimmt haben, die zwischen den beiden äußersten Bezugspunkten liegen: Vom Wollenden zum Gewollten, vom gedachten Ideal zum durchgeführten Realen, von der Wirkursache zur Zielursache müssen alle Zwischenstufen durchschritten sein, ehe wir das Recht haben, uns zurückzuwenden und in der perspektivischen Abfolge der Phänomene die Solidität des Seins zu erblicken. Wenn aber einmal das Denken das ganze Gefüge der transitiven Vollzüge umfasst hat, die nach und nach die Zielursache in der Wirkursache immanent sein lassen, ist es auch für das Denken eine Notwendigkeit, die ganze Abfolge seiner Objekte an der Realität des Endpunktes teilhaben zu lassen, welcher vom Ausgangspunkt an bereits gegenwärtig war.

Daraus ergibt sich eine zweifache Konsequenz. – Weil der unausweichliche Determinismus der Tat, indem er die gesamte Abfolge der notwendigen Mittel umfasst, uns zwangsläufig zu diesem Endpunkt hinführt, ergibt sich daraus, dass es in uns eine sichere Erkenntnis des Seins gibt, der wir uns nicht entziehen können. Diese Erkenntnis ist sogar, *[428 Die praktische Notwendigkeit des ontologischen Problems]* ob sie nun explizit ist oder nicht, koextensiv mit ihrem Objekt. Daher kann man sagen, dass es zwischen Sein und Erkennen eine absolute Entsprechung und eine vollkommene Reziprozität gibt. Es ist unmöglich dass der Mensch nicht, wie unklar auch immer, diese Synthese tatsächlich bildet, die die Wissenschaft der Tat gerade analysiert hat. Es ist ebenfalls unmöglich, dass diese Synthese, indem sie in seinen Augen eine objektive Geltung annimmt, nicht wirklich das darstellt, was zu erkennen und zu tun ist. – Weil wir andererseits, um zum Endpunkt zu gelangen, den Weg über die Alternative gehen müssen und das praktische Problem, das sich uns darbietet, als eine Sache auf Leben und Tod zu entscheiden haben, ergibt sich daraus, dass zwischen der Erkenntnis und dem Sein eine radikale Heterogenität besteht, dass zwischen der Anschauung und dem Besitz des Seins der Abstand unendlich bleibt und dass, wenn es ein notwendiges Sein der Tat gibt, die Tat nicht notwendigerweise das Sein in sich trägt. Die universelle Natur der Dinge, die menschliche Person, Gott, das übernatürliche Leben, sie sind gewiss von der Tat geforderte Bedingungen und in ihr gegründet. Aber die Tat gründet nicht notwendigerweise sich selbst in Gott und sie realisiert nicht zwangsläufig alle Bedingungen, die sie selber setzt.

Durch diese Unterscheidung scheint das Problem der Erkenntnis und des Seins einen neuen Sinn zu bekommen: Methode und Lösung

III · Das Band zwischen der Erkenntnis und der Tat im Sein

sind verwandelt. – Man bleibt der Illusion verhaftet, wenn man meint, zum Sein gelangen und jedwede Realität in berechtigter Weise bejahen zu können, ohne den Endpunkt der Abfolge erreicht zu haben, die sich von der ersten Sinnesanschauung bis zur Notwendigkeit Gottes und der religiösen Praxis erstreckt. Man kann nicht auf halbem Wege bei einem Objekt haltmachen, um daraus eine absolute Wahrheit zu machen, ohne in die Idolatrie des Verstandes zu geraten. Jede voreilige Bejahung ist unberechtigt und in den Augen der Wissenschaft auch falsch, selbst wenn wir später darauf zurückkommen müssen, aber auf einem anderen Weg und in einem anderen Sinn. – Ein gleicher Irrtum liegt vor, wenn man hingegen meint, dass das menschliche Verhalten von jeglicher metaphysischer Einsicht unabhängig ist, dass die Praxis sich selbst genüge und dass es möglich sei, zu leben, ohne auf das Sein Wert zu legen. Im Gegensatz zu den Lehren der Antike, nach denen der Wille in Entsprechung zu einem Objekt, κατὰ λόγον, handelt, sodass er eins mit ihm wird, μετὰ λόγου; im Gegensatz zu Lehren der Moderne, nach dem der Wille sich sein eigenes Objekt schafft und nicht auf dem Weg des Wissens, sondern auf dem des Glaubens voranschreitet,[1] *[429 Beziehungen zwischen Erkennen und Sein in der Tat]* müssen wir sagen, dass die Erkenntnis und die Tat wechselseitig autonom sind und sich wechselseitig unterordnen, dass es zwischen der Wahrheit und dem Sein fundamentale Identität und fundamentale Heterogenität gibt und dass, kurz gesagt, im Gedanken eine notwendige Gegenwart der Realität besteht, ohne dass die Realität notwendigerweise dem Gedanken gegenwärtig wäre. Sogar sie, die theoretisch dem Wollen die entscheidende Rolle im Erkennen zugeschrieben haben, haben tatsächlich nicht die Verschiedenheit berücksichtigen können, welche die höchste Option, von der jedes Menschenleben abhängt, in die Erkenntnis einbringt. Auch wenn wir an der Wahrheit des Seins jenseits aller Schwankungen der menschlichen Freiheit festhalten, die als Regel und Sanktion in Erscheinung treten wird, müssen wir zeigen, dass je nachdem, ob wir die Tat dieser Wahrheit in uns empfangen oder ver-

---

[1] Mit der Bemerkung, »der Christ lebe nicht in der Welt des Wissens, sondern in der des Glaubens«, hat man die Behauptung aufgestellt, dass in der Metaphysik der Kantianismus den griechischen Geist definitiv durch den christlichen Geist ersetzt hat. Dies ist ein Irrtum. Das Wort [Gottes] ist nicht weniger Licht als Leben. Und wie das Dogma den Unterschied in der Einheit der göttlichen Wirkvollzüge lehrt, so bleiben im Menschen die gedankliche Vorstellung und der Besitz der reellen Wahrheit, obwohl identisch in gewissem Sinne, voneinander unterschieden und faktisch trennbar.

5 · Die Vollendung der Tat

weigern, unser Sein dadurch völlig anders geworden ist. Das Wort [Gottes] leuchtet in allen, aber nicht alle haben es in sich. Es wäre seltsam, wenn die Frage der Wahrheit und des Seins sich außerhalb der praktischen Entscheidung entscheiden ließe, welche uns die Alternative auferlegt, zu der uns hinzuführen der einzige Sinn der Bewegung der Wissenschaft gewesen ist.

Die Erkenntnis ist somit lebendig oder tot, je nachdem das Sein, dessen notwendige Gegenwart sie in sich trägt, dort nur ein totes Gewicht ist oder dort herrscht infolge einer freien Zustimmung. Deshalb ist es auch wichtig, folgende drei Aspekte der Lösung näher zu betrachten: 1° Wie kommt das Denken unausweichlich zu der Vorstellung der Realität aller Objekte, die als Mittel für den Willen oder als Bedingungen für die Tat in Erscheinung getreten sind? 2° Was kann man in der unausweichlichen Vorstellung des Seins von sich weisen? Und was bleibt von dieser notwendigen Realität übrig im Denken, das sie ausschließt, oder im Willen, der sich ihr entzieht? 3° Was fügt die freie Zustimmung oder ein praktisches Einverständnis dem notwendig gedachten Sein oder der zwangsläufig anerkannten Wahrheit hinzu? Kurz gesagt: Wie vollendet die vollkommene Tat all das, was dazu gedient hat, sie zu konstituieren? Es handelt sich also darum, die absolute Wahrheit aller Beziehungen, die die Tat tatsächlich gesetzt hat, für das Denken festzustellen. Von dem, was die Tat an Bedingungen voraussetzt, um ihren Forderungen zu entsprechen, ist umgekehrt zu zeigen, dass es eine Realität ist, die von der Tat das fordert, was geboten ist, damit sie sich selbst angleicht. So *[430 Was vom Sein notwendig erkannt wird]* müssen wir unter Beibehaltung der völligen Heterogenität die völlige Solidarität der Erkenntnis und des Seins, das ihr Objekt ist, aufrechterhalten. Einerseits legt sich die Wahrheit des Seins ganz von außen her auf; sie führt ein eisernes Zepter. Andererseits ist sie ganz aus der innersten Freiheit hervorgegangen; ihr Joch ist ein völlig freiwilliges. Und diese zwei Aspekte sind, wenn nicht untrennbar, so doch wenigstens korrelativ. Sie sind auf gleiche Weise in jener lebendigen Wahrheit gegründet, die, weil sie alles Wesenhafte der Dinge bildet, auch das konstituiert, was es in der privativen Erkenntnis an Positivem gibt und an Realem im Irrtum, der sie verneint.

III · Das Band zwischen der Erkenntnis und der Tat im Sein

I

Die gesamte Natur der Dinge ist mir als die Abfolge der Mittel in Erscheinung getreten, die ich wollen muss, die ich auch tatsächlich will, um meine Bestimmung zu erfüllen. Aber ich muss noch verstehen, woher es kommt, dass diese Abfolge von Mitteln mir als die reelle Natur der Dinge erscheint. Damit die vermittelnde Rolle der Tat völlig verständlich wird, muss dieser doppelte Aspekt völlig begründet werden.

Es gilt also aufzuzeigen, warum die Abfolge des praktischen Determinismus, wie sie die Wissenschaft der Tat entfaltet hat, den Charakter einer reellen Wahrheit annimmt und auf welche Weise diese Vorstellung einer objektiven Existenz hervorgebracht wird. Auf diesem Weg werden wir das klar umrissen haben, was in der einfachsten jener Aussagen, die die Realität eines Objektes vor den Verstand hinstellen, unausweichlich anwesend und unausweichlich bejaht ist. Denn wenn festgestellt worden ist, dass wir weder die Vorstellung einer wirklichen Existenz haben können noch die Wahrheit irgendeiner Existenz mit Gewissheit aussagen können, ohne dass der vollständige Determinismus der praktischen Bedingungen wenigstens implizit in unserer Erkenntnis mit umfasst ist, dann wird sich daraus sowohl in einem ergeben, dass es unmöglich ist, die gesamte Abfolge dieser Bedingungen nicht zu Objekten für das Denken zu machen, als auch, dass es unmöglich ist, trotz der völligen Heterogenität der Glieder, die die Kette bilden, die Wahrheit einer dieser zusammenhängenden Objekte zu bejahen, ohne in derselben Bejahung alle anderen Objekte mitzufassen.

Wenn wir aufweisen, wie die Idee der objektiven Existenz in uns hervorgeht, wenn wir zeigen, wie diese Idee für jedes einzelne Glied der ganzen Abfolge gilt, und untersuchen, wie der Wert der gesamten Abfolge jedem Glied zugutekommt und wie jedes Glied die ganze Abfolge impliziert, dann werden wir ans Licht bringen, was im Erkennen *[431 Die notwendige Idee der objektiven Existenz]* unabhängig ist von den Bestimmungen des Willens, aber ebenso was den Besitz der Wahrheit und den Sinn des Seins der Lösung jenes praktischen Problems unterordnet, das dieses Minimum an notwendiger Erkenntnis jedem menschlichen Bewusstsein auferlegt.

I. – Was wir auch denken und wollen mögen, aus der Tatsache allein, dass wir denken und wollen, folgt die universelle Ordnung des Determinismus. Vergeblich versuchen wir sie zu verneinen oder sie auseinanderzubrechen. Durch die gemachte Anstrengung, sie zu zerstören oder sich ihr zu entziehen, nehmen wir sie als gegeben an und bestätigen wir sie. Es gibt einen Willen, der jedem Zuwiderhandeln hinsichtlich der praktischen Notwendigkeiten vorausgeht und diesem immanent ist. Es gibt eine Bejahung des Seins, die jedem Versuch einer auch völligen Verneinung vorausliegt und innewohnt. Welche Bedeutung wir nachher gleich mit diesen Worten auch verbinden müssen, die subjektiven Bedingungen des Denkens und der Tat nehmen einen objektiven Aspekt an.

Obwohl der universelle Determinismus in uns ist, insofern jeder Schritt des menschlichen Willens ihn spontan impliziert, tritt er genau deswegen in Erscheinung als unabhängig von unserem positiven Vermögen, von unserem entschiedenen Willen wie von unserem bewussten Denken. Für uns ist er in dem Sinne ein natürliches Gegebenes, als wir, auch wenn wir diese Ordnung durch unsere aktuelle Tat bestätigen, seine notwendige Gegenwart in unserer Tat anerkennen. Obwohl er mit den innersten Hervorbringungen des Subjektes verknüpft ist (sonst würden wir ihn nicht kennen), ist er in unseren Augen nicht weniger *das Objekt* (sonst könnten wir darin nicht ein System von Mitteln und Zielen für den Willen sehen). Und da die Rolle dieses Determinismus genau darin besteht, unserer Freiheit eine Alternative aufzuerlegen, stehen wir etwas gegenüber, indem wir die Alternative gutheißen können oder ihre Anforderungen zurückweisen, das gewiss aufgrund der spontanen Hervorbringung des Denkens bereits zu uns gehört, das aber zugleich auch als Ziel für den gewollten Vollzug außerhalb von uns ist. So entdecken wir die wechselseitige Entstehung und das Verhältnis zwischen den Vorstellungen, die äußerst verschieden zu sein scheinen. Die Natur der Dinge erscheint uns als eine objektive Realität, weil sie sich uns auferlegt durch die Einheit des Determinismus und weil sie uns eine freie Option auferlegt. Diese zwei wirklich zusammenhängenden Aspekte des Problems sind auf gleiche Weise unentbehrlich für die gedankliche Vorstellung der reellen Existenz. Um zu der einfachen *Idee* einer objektiven Subsistenz zu gelangen, muss diese Vorstellung durch den zweifachen Akt des Verstandes und des Willens begründet sein.

Insofern wir nicht imstande sind, diese Kette von Notwendigkeiten nicht zu setzen, die die Bedingung für jedwede praktische Tätigkeit ist, *[432 Das Unausweichliche in der Erkenntnis des Seins]* sind wir unaufhaltsam dazu geführt, dieser allumfassenden Ordnung der

III · Das Band zwischen der Erkenntnis und der Tat im Sein

Dinge eine objektive Existenz zuzuerkennen, denn, wenn wir so sagen dürfen, diese reelle Wahrheit der Objekte des Denkens ist entnommen aus der Substanz des Willens. Die Frage kommt noch vor dem dialektischen Spiel der Ideen zu einer Lösung, eben dort, wo der überzogenste Zweifel nicht durchdringt, unterhalb des Bereiches des Verstandes, vor dem Einschreiten der diskursiven Gedanken, noch tiefer als die intellektuellen Notwendigkeiten ihr Joch drückend spüren lassen, bis in den Grund unseres persönlichen Verhaftetseins mit unserer Natur, bis zu dem Punkt, wo wir uns selbst wollen: Wir sind endgültig, die Dinge sind für uns endgültig.

Wir sollten dabei nie vergessen, dass es hier um die vollständige Abfolge geht. Im System der Dinge gilt alles einzig aufgrund der Kontinuität und der Einheit des allumfassenden Determinismus. Um dem Verstand die geringste Idee des Ganzen vorzulegen, müssen wir dem Willen wenigstens vage die Alternative vorlegen, die das Ganze impliziert. Obwohl beide verschieden sind, ist die spekulative Nutzung des Denkens nie unabhängig vom praktischen Gebrauch des Lebens. Wenn die unermessliche Vielfalt der Objekte zunächst in der abstrakten Idee der objektiven Existenz und im leeren Rahmen des einen Determinismus eingehüllt ist, so deswegen, weil die Bestimmung ganz und gar derselben Frage, nämlich dem einzig Notwendigen, unterworfen ist. Die Abfolge der Wirkursachen, die dem Verstand das Problem des Seins vorlegt, indem sie ihm die erkennbare Verkettung seiner Objekte bereitstellt, ist zugleich korrelativ und nicht reduzierbar bezüglich des Systems der Zielursachen, das uns aufgrund der Hierarchie der dem Willen angebotenen Mittel dazu bringt, das Problem unseres Seins zu lösen. Diese doppelte Einheit von Abfolge und System ist also notwendig für jeden Gedanken, den wir von einem Objekt haben, d. h. sie ist notwendig für das Denken überhaupt. Und umgekehrt impliziert die bloße Idee der objektiven Existenz das doppelte Gesetz, das lediglich ein und denselben Determinismus bildet. Kurz gesagt: Was notwendigerweise den Willen betrifft, ist gedacht als reell und von uns unabhängig, weil dies frei gewollt sein soll. Kausalität und Finalität, verkettete Objekte vor dem Verstand und geordnete Ziele im Willen geben die Weise wieder, in der das Sein und das Denken füreinander da sind. Die Idee des Seins ist deshalb subjektiv, weil wir sie in jeder Willenshandlung bereits implizieren. Die Idee des Seins hat für uns einen objektiven Sinn, weil das, was in uns hervorgebracht ist, für uns als ein System von Mitteln und Zielen erscheint, die unserem Wollen und unserem

5 · Die Vollendung der Tat

Sein noch äußerlich sind, denn ohne *[433 Die Bejahung der Realität der Objekte]* die Aneignung dieser Objekte und ohne die Besitznahme dieser Ziele sind wir nicht, was wir sein wollen. Dies ist nur noch die bloß abstrakte und allgemeine Vorstellung der objektiven Existenz. Aber um ihre notwendige Entstehung im Bewusstsein zu erklären, müssen wir bereits zu der Einsicht gelangen, dass das intellektuelle Problem des Seins zusammen mit dem moralischen Problem unseres Daseins auftritt.

II. – In uns entsteht zwangsläufig die Idee eines zugleich einzigen und allumfassenden Determinismus. Er bildet eine Abfolge und er bildet ein System. Es genügt jedoch nicht, ihn auf diese Weise gedanklich zu fassen. Weil wir die Realität des Systems bejahen, ist es notwendig, die Realität der Objekte zu bejahen, die es bilden und ohne die es nicht ist. Das Phänomen, das in der Abfolge der Ursachen und deren Wirkungen einen Platz einnimmt, existiert nicht auf reelle Weise in unserem Denken, wenn es nicht im System der Mittel und Ziele einen Platz einnimmt. Es ist aber außerdem nicht wirklich für uns, wenn es nicht den leeren Rahmen der bloßen Möglichkeit mit seiner einzigartigen Natur ausfüllt. Die Gesetze, die das Konkrete regieren, und sei es ein Gesetz der Entsprechung und der Harmonie wie das der Finalität, sind bloß noch Abstraktionen. Damit die Vorstellung der objektiven Existenz im Bewusstsein ist, muss diese abstrakte gedankliche Vorstellung sich in konkreten Objekten realisieren. Auf diese Weise hängt die Erkenntnis eng zusammen mit der Bejahung einer bestimmten Realität. Diese Bejahung ist unabhängig von der Bedeutung der Objekte eine Tatsache. Die Vorstellung der objektiven Erkenntnis und die Vorstellung der reellen Existenz sind, obwohl sehr verschieden, eng miteinander verknüpft.

Es genügt somit nicht, im doppelten Band des Determinismus und der Finalität nach dem Geheimnis unseres unausweichlichen Glaubens an eine äußere Realität zu suchen. Die Kette des Determinismus gibt es nur aufgrund dessen, was sie miteinander verkettet und determiniert. Nicht die objektive Gültigkeit des Systems müssen wir begründen, sondern die Gültigkeit für das, was es beinhaltet, das heißt, für jede der ursprünglichen Synthesen, die jede für sich das ganze Gesetz in sich bergen, für die konkrete Natur und die nicht reduzierbare Qualität jedes einzelnen Objekts, das der Anschauung gegeben ist. Sie haben eine objektive Gültigkeit, denn dieser Determinismus selbst muss diese für uns haben. Jedes Glied wird gehalten

III · Das Band zwischen der Erkenntnis und der Tat im Sein

durch die vollständige Abfolge, die Abfolge ihrerseits ist reich durch den Gehalt jedes Gliedes. Jedes mittlere Glied der Kette hat an der Festigkeit des Ganzen Anteil und existiert für sich als eine eigene Welt. Genau deswegen erscheint jede einzelne Synthese im allumfassenden Zusammenhang und in der universellen Kontinuität mit dem Charakter absoluter Heterogenität und völliger Ursprünglichkeit. Deswegen auch kann jedes einzelne Objekt *[434 Die notwendige Erkenntnis des Seins]* für den Willen zur Materie einer Option werden und uns dahin führen, die Alternative aufzulösen, die über unser Leben entscheidet.

Daraus ergibt sich die genaue Vorstellung, die wir von diesem Determinismus haben müssen. Die Einheit, die er zwischen all seinen heterogenen Gliedern stiftet, ist weder ausschließlich die der analytischen Logik noch die einer mathematischen Konstruktion noch die einer experimentellen Synthese. Es ist die Einheit des komplexesten Bandes, nämlich des kausalen Bandes. Von der Kausalität hat man sich zwei extreme Ideen gebildet. – Entweder hat man in der Verkettung der Ursachen und Wirkungen einen rein verstandesmäßigen Bezug und ein Gesetz des Denkens gesehen, das *a priori* deduziert werden kann. Als ob der Determinismus sich auf die notwendige Verbindung zwischen den Bewegungen zurückführen ließe, und als ob die mechanistische Erklärung der Natur, als ob die mathematische Deduktion selbst die Kohärenz und die Hinlänglichkeit hätten, von denen festgestellt worden war, dass sie diese nicht geltend machen können. – Oder man hat in der Folge von unwandelbaren Antezedenten und Konsequenten nur ein willkürliches Verhältnis und eine faktische Aufeinanderfolge gesehen. Diese zwei Auffassungen sind beide Teil einer umfassenderen Lehrmeinung. Es ist richtig, dass der Zusammenhang aller Glieder in der Abfolge für das Denken notwendig ist. Richtig ist auch, dass in Bezug auf alle anderen Glieder, von denen als Bedingungen das einzelne abhängt, jedes einzelne Glied so neu ist, dass es unmöglich ist, es von ihnen zu deduzieren. Wenn diese zwei Auffassungen gleicherweise begründet sind, dann ist dies deswegen so, weil wir statt die universelle Kausalität als eine eigentlich subjektive Wahrheit oder als ein ausschließlich empirisches Verhältnis zu betrachten, aufgrund einer tiefergehenden Untersuchung darin das notwendige Gesetz entdecken müssen, das für das Denken die reelle Verkettung der praktischen Notwendigkeiten auf ideelle Weise ausdrückt, deren Anforderungen der Wille selbst bestätigt. Daher stammt der zweideutige Charakter des kausalen Bandes. Um seine logische Natur näher zu betrachten, müssten wir zu dem Punkt zurückgehen, an dem die Einheit des analytischen Gebrauchs unseres Denkens und des synthetischen Gebrauchs zutage treten würde.

Auf der einen Seite sehen wir die abstrakte Idee einer in sich existierenden Realität, auf der anderen Seite die Vorstellung der einzelnen und konkreten Qualität, die die Idee dieses Determinismus bestimmt: Dies ist also die doppelte Aussage, die in der Idee des kausalen Bandes impliziert ist. Die Elemente dieser Synthese sind in gleicher Weise unentbehrlich für die klare Erkenntnis des geringsten Objekts und demnach auch für den Vollzug der geringsten menschlichen Handlung, denn das Eigentümliche der menschlichen Tat ist stets, sich aufgrund der Wahrnehmung eines Objektes oder eines Ziels zu bestimmen.

So kommen wir folgender Schlussfolgerung immer näher: *[435 Die Erkenntnis, die sich der Alternative unterordnet]* Die notwendige Idee, die wir von der objektiven Realität haben, obwohl in uns unabhängig von dem, was von uns gewollt werden kann, hat zur notwendigen Folge, dass der Besitz dieser Realität dem Gebrauch unseres Willens unterzuordnen ist. Was in der Erkenntnis unausweichlich ist, ist in jedem Willensvorgang impliziert. Deshalb ist es unausweichlich, dass diese notwendige Erkenntnis, weil sie sich nie, wie von ihr angenommen, auf den noch rein subjektiven Charakter beschränkt, uns in die Lage versetzt, zu handeln, und ihre objektive Tragweite von der gewollten Tat abhängen lässt.

III. – Aus dem Vorangegangenen ergibt sich eine dreifache Konsequenz:

1° Jedes der aufeinanderfolgenden Objekte, das uns als eine nicht auf ihre Grundbedingungen reduzierbare Synthese erschienen ist, muss so, wie es ist, in seiner eigenen Ursprünglichkeit, unabhängig von den Beziehungen, die es mit allem Übrigen unterhält, betrachtet werden. Seine Natur und seine Wahrheit ist, das zu sein, was es an Verschiedenartigem und an Eigenem hat: Wie es der Anschauung gegeben ist, so ist es auch. Was vorher oder nachher in ihm noch zu entdecken ist, ist der neue Gegenstand einer nachfolgenden oder einer vorherigen Untersuchung, die die eigene Natur, welche von anderen, ebenfalls nicht reduzierbaren Synthesen verschieden ist, enthüllen wird. Wenn wir zum Beispiel versuchen, uns unter den Sinnesphänomenen andere und wahrere Phänomene als diese vorzustellen, sind wir Opfer einer Täuschung und rennen einem Schat-

III · Das Band zwischen der Erkenntnis und der Tat im Sein

ten hinterher, während wir es versäumen, die gegebene Realität als das anzunehmen, was sie ist. Was hinter der Sinneswahrnehmung liegt, ist nicht mehr Sinneswahrnehmung.

2° Zugleich jedoch ist jedes Glied, ohne aufzuhören, in Bezug auf alle anderen Glieder verschiedenartig zu sein, mit ihnen aufgrund einer solchen Zusammengehörigkeit verbunden, dass wir ein einzelnes von ihnen nicht erkennen und bejahen können, ohne sie alle zu implizieren. Die Objekte, die dieser Determinismus miteinander verkettet, sind demnach an einem Punkt der Abfolge nicht mehr oder weniger reell als an einem Punkt daneben. Weder dürfen wir das Geheimnis des einen Objektes im anderen suchen, noch sollten wir meinen, dass das eine Objekt anerkannt werden kann ohne das andere. Alle, auf gleiche Weise reell, sind auch auf gleiche Weise unbeständig und vieldeutig.

3° Es gibt also kein einziges Objekt, dessen Realität wir bedenken und bejahen könnten, ohne mit einem Denkakt die gesamte Abfolge umfasst zu haben, ohne uns tatsächlich den Anforderungen der Alternative zu unterwerfen, die die Abfolge uns auferlegt, kurzum, ohne durch den Punkt zu gehen, an dem die Wahrheit des Seins erstrahlt, die jede Vernunft erleuchtet und der gegenüber jeder Wille Stellung nehmen muss. Wir haben die Idee der objektiven Realität, wir bejahen die Realität der Objekte, aber um dies zu tun, ist es notwendig, dass wir uns implizit dem Problem unserer Bestimmung stellen und alles, was wir sind, *[436 Die privative Erkenntnis des Seins]* wie alles, was für uns ist, einer Option unterwerfen. Wir gelangen einzig zum Sein und zu den Seienden, wenn wir durch diese Alternative hindurchgehen. Je nach der Weise, in der wir die Alternative entscheiden, ist der Sinn des Seins unausweichlich anders geworden. *Die Erkenntnis des Seins* impliziert die Notwendigkeit der Option; *das Sein in der Erkenntnis* gibt es nicht vor, sondern erst nach der Freiheit der Wahl.

II

Wenn wir denken und handeln, stellen wir ganz spontan ein System von Bedingungen und Objekten vor uns auf, die vom Einschreiten unserer Reflexion unabhängig bleiben und in unseren Augen den Charakter objektiver Realität annehmen. Was auf solche Weise unserer Tat zu entgehen scheint, was wir nicht vermeiden können, zu

5 · Die Vollendung der Tat

denken und zu bejahen, ist das, was dem Anschein nach außerhalb von uns höchst reell und am meisten abgesichert ist. Lassen wir uns jedoch nicht irreführen. Die Idee der objektiven Existenz und der unausweichliche Glaube bezüglich der Objekte der Vorstellung bringen vorerst nur eine innere Notwendigkeit zum Ausdruck. Und in dem, was wir annehmen oder auch ablehnen können, müssen wir die wahre Realität der Objekte sehen, die der Erkenntnis auferlegt sind. Was nicht besagt, um es noch einmal zu betonen, dass wir dieser Aussage eine Tragweite zuschreiben müssten, die sie zunächst nicht hat. Wenn wir behaupten, dass die privative Erkenntnis des Seins eine positive Realität besitzt, tun wir stets nichts anderes, als die Anforderungen des Denkens und der Praxis weiter zu entwickeln: das heißt, wenn wir so sagen dürfen, das universelle τὰ πρὸς δόξαν [das, was nach allgemeiner Überzeugung ist] zu konstituieren.

Folgende Punkte müssen wir jetzt weiter ausführen: Es gilt zu zeigen, wie all das, was die geistige Wahrnehmung an Objektivem bietet, ausgeschlossen werden kann, zwar nicht insofern dies eine subjektive Wahrnehmung des reellen Objektes ist, sondern insofern dies eine reelle Wahrheit für das Subjekt selbst ist. Darzulegen ist, wie deren Ausschluss, statt die Dinge in ihrem Zustand zu belassen, zwar den Besitz unterdrückt, nicht jedoch das Bedürfnis nach der erkannten Realität und deren Erkenntnis. Schließlich müssen wir erklären, auf welche Weise diese privative Erkenntnis aus dem ausgeschlossenen Sein die Sanktion für die es zurückweisende Handlung bezieht.

I. – Die universelle Natur der Dinge drängt sich dem Denken auf als eine Abfolge von Objekten und als System von einzelnen Zielen. Diese intellektuelle Notwendigkeit drückt lediglich die Bedingungen unseres Innenlebens aus. Sie versetzt uns in die Lage, unser Verhalten dem gegenüber zu bestimmen, was spontan in uns ist und sich im Willen hervortut, ohne in uns noch ausdrücklich gewollt zu sein. Die reelle Wahrheit der Objekte, ihr *[437 Die objektive Tragweite der subjektiven Verneinungen]* Sein liegt also nicht in der unausweichlichen Vorstellung, die wir davon haben, sondern sie besteht in dem, was in ihnen zu wollen oder nicht zu wollen von uns abhängt. Um in uns zu sein, müssen wir wollen, dass sie für uns das sind, was sie in sich sind.

Der Grund, weswegen es den allumfassenden Determinismus überhaupt gibt, ist darin gelegen, so haben wir gesehen, uns dazu zu

III · Das Band zwischen der Erkenntnis und der Tat im Sein

bringen, die offensichtlichen Notwendigkeiten, die auf unserem Leben lasten, entweder gutzuheißen, indem wir sie wie ebenso unseren Willen selbst dem göttlichen Willen unterordnen, der ja ihr gemeinsamer Grund ist, oder, zwar gewiss nicht die unausweichliche Erkenntnis dieses Determinismus, sondern die von ihm vorgelegten praktischen Anforderungen zurückzuweisen. Den intellektuellen Notwendigkeiten ausgesetzt zu sein, besagt noch nicht, dass wir aus uns herausgehen. Den praktischen Anforderungen entsprechen oder sie abweisen, heißt, die Realität, aus der diese Notwendigkeiten selbst stammen, entweder in sich empfangen oder sie aus sich ausschließen. Um ihr Zugang zu bieten, müssen wir sie nicht annehmen, insofern sie uns untergeordnet ist, sondern insofern wir von ihr abhängig sind.

Weil es, trotz der Vielfältigkeit der Objekte, nur eine einzige Kette gibt, geht es für uns darum, die reelle Gegenwart des gesamten Systems einzubeziehen oder sie auszuschließen. Alles hängt somit von der Haltung ab, die dem einzig Notwendigen gegenüber eingenommen wird, da dies das Prinzip der gesamten Abfolge ist und da die Reihenfolge des allumfassenden Determinismus zum Ergebnis hat, uns sicher dahin zu führen. Ohne das Sein gibt es in uns keine anderen Seienden; mit dem Sein werden alle gegenwärtig sein.

Indem wir uns den Verpflichtungen verschließen, die als die lebenswichtigen Bedingungen der Willenstat erschienen sind, schließen wir in einem den Zugang zur gekannten Realität ab und berauben uns ihres Besitzes, ohne jedoch deshalb die Erkenntnis der Realität zu tilgen. Genau dies müssen wir richtig verstehen.

II. – Es scheint seltsam, dass die Erkenntnis der Realität, obwohl sie mit der Realität, die ihr gegenwärtig sein muss, koextensiv ist, von ihr radikal verschieden sein kann und dass eine im eigentlichen Sinne intellektuelle Differenz entsteht zwischen der notwendigen Erkenntnis und der ungewollten Erkenntnis einer Wahrheit, deren Objekt ein und dasselbe ist. Dennoch gibt es keinen Unterschied, der besser begründet wäre und mehr Beachtung verdiente.

Was in der Vorstellung, die wir von der objektiven Wahrheit haben, notwendig ist, hat zur sicheren Folge uns eine unausweichliche Alternative vorzulegen. Es ist darum unmöglich, dass die Dinge im gleichen Zustand verharren. Die Erkenntnis, die vor der Option bloß subjektiv und vorwärtstreibend war, wird nach der Option privativ und konstitutiv für das Sein. Ohne das Objekt zu ändern, ändert sich die Art der Erkenntnis. Sie behält *[438 Die privative Erkenntnis des Seins]* all das, was in ihr notwendig ist; sie verliert all das, was hätte gewollt sein sollen. Indem sie sich an das hält, was sie war, pervertiert sie den Sinn der Dynamik, die in ihr war und die sie selbst war, aber sie unterdrückt nicht deren Auswirkungen. Die Dynamik strebte auf das Sein hin, um die Erkenntnis mit der Realität zu erfüllen, die die Erkenntnis einer freien Zustimmung darbot. Die Dynamik strebt noch immer auf das Sein hin, aber um jene Realität aus der Erkenntnis zu entfernen, die sie mit einer notwendigen Forderung auch weiterhin verlangt.

Aus dieser gewollten Privation ergibt sich eine intellektuelle Verschiedenheit zwischen jenen beiden Erkenntnissen, nämlich der positiven und der negativen, die ein erster Blick für identisch halten würde, da sie, vom Vorzeichen abgesehen, in jeder Hinsicht deckungsgleich und von gleichem Umfang sind. Die eine Erkenntnis, nämlich die, die uns notwendigerweise vor das Problem stellt und uns eine vollständige, obwohl oft unklare und beschränkte Sicht auf das universelle Weltgebilde verschafft, ist noch immer lediglich eine Darstellung des Objekts im Subjekt. Oder, besser gesagt (um den Ursprung dieser subjektiven Wahrheit deutlich herauszustellen), sie ist nur die vom Menschen hervorgebrachte Idee, dass die Objekte seines Denkens und die Bedingungen seiner Tat zwangsläufig reell sind. Die andere Erkenntnis, und zwar die, welche auf die frei vollzogene Bestimmung angesichts dieser notwendigerweise gedachten Realität folgt, ist nicht mehr bloß eine subjektive Disposition. Statt sich das praktische Problem zu vergegenwärtigen, überträgt sie dessen Lösung in unser Denken hinein; statt uns dem gegenüberzustellen, was zu tun ist, nimmt sie in dem, was getan ist, das auf, was ist. Sie ist also wirklich eine objektive Erkenntnis, auch wenn sie auf die Feststellung dessen beschränkt ist, was der Tat fehlt. Denn das, was vor der vollzogenen Option nur eine geistige Wahrnehmung ist, wird nach der Option zum Bewusstsein einer reellen Leerstelle, zu einer positiven Privation, wenn man so sagen darf.

III. – So werden wir dessen gewahr, was in unserer Erkenntnis unausweichlich objektiv ist. Selbst wenn wir behaupten, uns an das zu halten, was dem Denken notwendigerweise gegenwärtig und noch rein subjektiv ist, gehört die geleugnete und ausgeschlossene Wahrheit zum Sein. Nachdem wir alles von ihr ausgeklammert haben, was nicht gewollt sein kann, bleibt in ihr doch mehr übrig als das, was einfachhin notwendig war. Die Wahrheit ist für den, der sie von sich

III · Das Band zwischen der Erkenntnis und der Tat im Sein

weist und sich weigert, aus ihr zu leben, gewiss nicht in der gleichen Weise wie für den, der sich von ihr ernährt, aber es ist noch immer die Wahrheit. Obwohl völlig verschieden im einen und im anderen Menschen, ist ihre Macht im einen nicht mehr angetastet als im anderen.

Eben dadurch ist die völlige Unterscheidung und die völlige Zusammengehörigkeit von Erkennen und Sein aufrechterhalten. – Die Unterscheidung ist vollständig. *[439 Die positive Realität der privativen Erkenntnis]* Sie ist durch jene supressive Methode ans Licht gebracht, die die Wahrheit derart neben die Realität zu stellen scheint, dass sie einander entgegengesetzt werden: Denn wenn das Denken uns zwangsläufig das universelle Weltgefüge der Dinge vorlegt, so ist diese Darstellung der Realität unabhängig von der Handlung, von der es abhängen wird, ob die Realität selbst für uns ist und in uns ist, oder nicht. – Die Zusammengehörigkeit ist auch ihrerseits vollständig. Denn wenn das Wollen das Problem entscheidet, das der Verstand vorlegt, dann ist umgekehrt die Art dieser Entscheidung, das heißt, der Sinn als solcher des Seins und die Weise, in der die Wahrheit in uns ist, mit der Option des Willens verknüpft. Man kann somit weder sagen, dass Denken und Tat unabhängig sind, noch, dass sie einander untergeordnet sind. Aufs Engste miteinander vereinigt, sind sie ursprünglich im Bezug aufeinander wie die Wahrheit und die Realität selbst.

Deswegen sind sie wechselseitig Norm und Sanktion füreinander. In dem Menschen, der so handelt, als wären die Seienden ohne das Sein, und der die Mittel annimmt, ohne sie auf sein Ziel auszurichten, bringt der Wille auch weiterhin die Anforderung all dessen hervor, was an Sein für das Erkennen erforderlich ist, und die Erkenntnis zeigt all das auf, was sie für den Willen an notwendigem Sein ausschließt. Die Erkenntnis bestätigt das Unendliche, dessen wir dem gegenüber bedürfen, der es verneint, aber nur um dem Verneiner all das vorzuenthalten, was sie ihm gegenüber bestätigt. Oberhalb der Irrtümer und der Verirrungen aller Art bleibt eine Wahrheit bestehen, die, ihr Licht in sich selbst tragend, ihr eigener Beweis ist, eine Wahrheit, die mit der ganzen Genauigkeit und der ganzen Strenge der Notwendigkeit ihre souveränen Rechte über jede Vernunft und jede Freiheit aufrechterhält.

Auf die Frage, »welches Minimum an Sein in jenem Menschen bleibt, der alles, was nicht gewollt werden kann, davon abgetrennt hat«, müssen wir antworten: In ihm besteht die subjektive Erkenntnis der Wahrheit vollständig und positiv weiter; auch die objektive Er-

5 · Die Vollendung der Tat

kenntnis ist vollständig, jedoch negativ. Die Sanktion liegt in dem, was er vom reellen Sein erkennt, und zugleich in dem, was er davon nicht erkennt. Denn, indem er weiß, was zu wissen ist, weiß er in einem, dass der positive Besitz dessen, was er sich versagt hat, ihm einen unendlichen Zuwachs an Klarheit und Freude gebracht hätte. Als Letztes bleibt uns somit, diesen Zuwachs näher zu bestimmen. Denn die Privation ist nur reell aufgrund des Kontrastes zum wirklichen Besitz. Außerdem ist es der Tat stets eigen, in sich etwas von den Gegensätzen zu bewahren, zwischen denen sie optiert hat, gerade auch von denen, die sie ausgeschlossen hat. Doch stets ist die von ihr gebildete Synthese eine ursprüngliche, und nie *[440 Die Erkenntnis im Besitz des Seins]* ist das Wissen um die Gegensätze das gleiche. Wenn die subjektive Erkenntnis der Wahrheit als völlig verschieden von der privativen Erkenntnis erscheint, obwohl sie beide koexistent sind, wird auch die vollendete Erkenntnis, die den vollständigen Besitz des Realen mit der Wahrnehmung des Wahren vereinigt, von der einen Erkenntnis wie von der anderen verschieden sein, obwohl die eine wie die andere nur existieren, indem sie zu dieser vollkommenen Vollendung im engen Bezug stehen.

III

Damit die Wahrheit wirklich der Erkenntnis innewohnt, die wir davon haben, müssen wir bezüglich dessen, was in ihr notwendig ist, das wollen, was nicht gewollt werden kann, und das, was sie an freier Einstimmung fordert, dem angleichen, was sie uns an unausweichlicher Klarheit auferlegt. Es mag vielleicht so aussehen, als würden wir hier Zuständigkeiten miteinander vermischen, der Erkenntnis eine Eigenschaft zuschreiben, die nicht mehr im eigentlichen Sinne intellektuell ist, da sie einem Willensakt zugeordnet scheint. Man lasse sich hier nicht täuschen. Wenn wir wollen, handelt es sich nicht darum, zu bewerkstelligen, dass die Realität in sich existiert, weil ein willkürliches Dekret sie in uns geschaffen hätte. Wenn wir wollen, geht es darum, zu bewerkstelligen, dass die Realität in uns sei, weil sie ist und wie sie in sich ist. Dieser Willensakt macht sie nicht abhängig von uns; vielmehr macht er uns abhängig von ihr. Die Rolle dieser notwendigen Erkenntnis, die der Option vorausgeht und sie vorbereitet, ist, eine unbeugsame Norm zu sein. Aber von dem Augenblick an, in dem das, was sie an notwendigerweise auf den Willen

III · Das Band zwischen der Erkenntnis und der Tat im Sein

Bezogenem hat, frei gewollt ist, hört sie deswegen nicht auf, eine Erkenntnis zu sein. Ganz im Gegenteil erreicht sie dadurch, das Sein, von dem sie lediglich eine Vorstellung hatte, nun auf reelle Weise gegenwärtig in sich zu tragen. Was bloß Idee des Objektes war, wird wahrlich objektive Gewissheit und reeller Besitz.[2]

Da die Erkenntnis durch eine freie Einstimmung vervollständigt und gleichsam erfüllt sein muss, die, ohne ihre Natur zu ändern, ihre Tragweite ändert, was müssen wir dann in uns gutheißen, um dies in die Erkenntnis einzubringen? Wie dringt diese Fülle des Objektes in uns ein? Wenn wir, um sie wirklich zu erkennen, uns den Anderen hingeben müssen, *[441 Die reelle Gegenwart des Seins im Gedanken]* wieso ist dies der Weg, sie uns zu geben und uns uns selbst zu geben? Woher kommt es, dass die alles umfassende Einigung, statt Ursache von Wirrwarr zu sein, als die Bedingung für den reellen Unterschied zwischen den Seienden erscheint? Wie sollen und können die äußeren Erscheinungsformen, die die Seienden unterscheiden, absolut begründet sein? In welchem Sinn ist der Determinismus der Phänomene subsistent? Wie soll schließlich alles, sogar das, was nur von außen gesehen werden kann, wieder in das Sein integriert werden und dazu dienen, die wahre objektive Existenz zu konstituieren? Wir müssen jetzt dem Sinn dieser Fragen nachgehen. Ihre Lösung liegt im richtigen Verständnis, was bedeutet, dass wir einfach die notwendige Abfolge der Verhältnisse feststellen, durch die sie auseinander hervorgehen, indem sie sie Schritt für Schritt bis zur endgültigen Lösung voranführt. Es handelt sich tatsächlich darum, zu sehen, wie dieser gesamte Determinismus, der einerseits von jedem Willensvollzug spontan hervorgebracht und impliziert ist und der andererseits durch das Innerste in uns gutgeheißen und gewollt werden muss, indessen zwischen diesen beiden subjektiven Bezugspunkten eine eigene Konsistenz und eine wirklich objektive Realität findet, ohne aufzuhören, unser zu sein. Dies ist der einzige Weg, das zu berücksichtigen, was die Erkenntnis zugleich aus sich und aus dem Sein schöpfen muss, und um die notwendige Ursprünglichkeit des Gedankens mit der notwendigen Autorität der Wahrheit zu vereinbaren.

---

[2] Es ist auch hier noch wichtig, vor jedem Missverständnis auf der Hut zu bleiben. Wenn wir vom reellen Besitz des Seins in der Erkenntnis reden, behaupten wir keineswegs, die Tatsachen zu verlassen. Wir stellen einzig fest, dass, wenn wir handeln, als ob es wäre, wir anders kennen, als wenn wir täten, als ob es nicht wäre. Genau diesen positiven Unterschied gilt es jetzt präzise zu definieren, wenn wir bestimmen, was die reell objektive Existenz für uns ist.

5 · Die Vollendung der Tat

I. – Das gesamte Weltgefüge ist in unserer Erkenntnis nur in dem Maße reell, wie wir das Notwendige an ihm ganz und gar gutheißen. Wir können alle Dinge, wir können uns selbst nicht gutheißen, ohne den Weg über »das einzig Notwendige« zu gehen, in dem wir zu Recht das Prinzip des allumfassenden Determinismus gesehen haben. Wenn unser Eigenwille uns daran hindert, zu unserem wahren Willen zu gelangen, vermag nichts auf reelle Weise in uns zu sein, solange wir dieses Alleinsein des Egoismus nicht aufgegeben haben, indem wir die Eigenliebe, die alles verliert, weil sie alles gewinnen will, durch das göttliche Wollen ersetzen. Wir müssen also folgende zweifache Wahrheit verstehen: Wir können nur zu Gott gelangen, ihn wirklich bejahen, wirken, als ob es ihn gäbe, in Wirklichkeit bewirken, dass er sei, ihn nur für uns haben, wenn wir ihm gehören und ihm alles Übrige als Opfer darbringen. Alles Übrige steht nur durch diesen Mittler mit uns in Verbindung; die einzige Weise, zu erlangen, dass alle und alles für alles existiert, ist, damit anzufangen, allein für Gott allein da zu sein. Nein, wir könnten weder uns selbst noch den Anderen gehören, ohne zuerst ihm zu gehören. *Dimitte omnia et invenies omnia* [Verlasse alles und du wirst alles finden].

Gott wirklich erkennen, bedeutet also, seinen Geist, seinen Willen, seine Liebe in sich tragen. *Nequaquam plene cognoscitur nisi cum [442 Die Erkenntnis im Besitz des Seins] perfecte diligitur* [er wird keineswegs völlig gekannt, es sei denn, er wird vollkommen geliebt]. Wenn er sich dem Menschen in der Gestalt der Nichtung darbietet, kann der Mensch sich ihm nur darbieten, wenn auch er sich nichtet, um ihm sein göttliches Vorrecht wiederzugeben. Das Opfer ist die Lösung des metaphysischen Problems auf experimentellem Weg. Wenn die Tat im gesamten Verlauf ihrer Entfaltung eine neue Quelle des Lichtes zu sein schien, muss auch am Ende die Erkenntnis, die auf den vollkommenen Akt der Selbstverleugnung folgt, eine vollständigere Offenbarung des Seins beinhalten. Solche Erkenntnis betrachtet es nicht mehr bloß von außen, sondern sie hat es erfasst, sie besitzt es, sie findet es in sich selbst. Die wahre Philosophie ist die Heiligkeit der Vernunft. Der Wille entfremdet uns von uns selbst und gestaltet uns seinem Ziel gleich, der Verstand gestaltet sein Objekt uns gleich und erwirbt es uns. Aus diesem Grunde können wir Gott, indem wir uns ihm in einer restlosen Hingabe anheimstellen, am besten mit dem Blick durchschauen; die Lauterkeit des inneren Loslassens ist das Organ der vollkommenen Gottesschau. Man kann ihn nicht sehen, ohne ihn zu haben, ihn haben, ohne ihn zu lieben, ihn lieben, ohne ihm Ehre zu erweisen für all das, was er ist, um in allem einzig seinen Willen und einzig seine Gegenwart wiederzufinden. Wir wollen, dass er das sei, was er ist, was es uns auch kosten möge; das, was er in sich ist, wird er auf diese Weise in uns.

Wenn wir den Anspruch erheben, alles, was es auch sein möge, unmittelbar zu erreichen, sind wir auf dem Holzweg. Es ist unmöglich, auf reelle Weise zu einem anderen Seienden zu gelangen, unmöglich auch, zu uns selbst zu gelangen, ohne den Weg über jenes einzig Notwendige zu gehen, das unser einziger Wille werden soll. Wir können unsere innere Festigkeit nur erlangen, wenn wir uns vom einzig Notwendigen nie trennen. Um *eins* zu sein, um zu sein, darf ich nicht *allein* bleiben. Ich brauche alle Anderen. In der Welt gibt es dennoch an dem, was unmittelbar zusammen betrachtet werden muss, ganz streng genommen nur Gott und mich. Allein mit ihm allein; die Anderen spielen hier keine Rolle. Der gesamte Determinismus der Bedingungen, die mein Leben begünstigen oder ihm entgegenwirken, hat wenig Bedeutung. Wichtig ist dagegen, in mir dessen Quelle zu fassen, und nicht mehr dessen äußeren Zwang, sondern dessen innere Wahrheit und Tat in mir zu tragen. Was mir dabei gefällt und was mir nicht gefällt, alles muss auf die erste Ursache von allem bezogen werden. Und nichts stößt mich an, durchdringt und bewegt mich, es sei denn das, was aus ihr hervorgeht. Sogar das, was im Äußeren dem göttlichen Wollen entgegengesetzt sein mag, ist in mir nur von Gott her zugelassen und göttliche Entscheidung. Nur mit Gott stehe ich in Verbindung. Und deswegen lautet das Wort bei der spürbaren Trennung, die anfängt mit der Umarmung von Freunden, die auseinandergehen, einer Umarmung, die stets Ferne in sich birgt, sogar in der engsten Umarmung: Adieu.

[443 *Die reelle Gegenwart der Seienden im Gedanken*] Es gilt aber auch, dass dieses Wort »Adieu« für die wahre und einzige Einheit steht, jene nämlich, die noch von der Abwesenheit bestätigt wird, denn durch den Wegfall der sichtbaren Bindungen lässt es die Festigkeit des reellen Bandes hervortreten. Wenn wir zu Gott nur gelangen, weil wir all das opfern, was nicht Gott ist, finden wir in ihm die wahre Realität von alledem wieder, was nicht Gott ist. Wir erscheinen niemals allein in seiner Gegenwart, denn in dem Bekenntnis, das ihn wirklich anerkennt, schließen wir die Huldigung und die Hingabe des gesamten Weltalls ein. Wir finden ihn jedoch niemals wieder allein vor, denn nachdem wir dem Sein alle Seienden, die ohne es nicht sein könnten, als Opfer dargebracht haben, erlangen wir in ihm alle

Seienden, die sind durch das Sein. Die Illusion, loszulassen ohne Ausgleich, verschafft die Wahrheit und die Freude des Besitzes, der ohne Ausnahme ist. Wir müssen also jetzt verstehen, wie die universelle Einheit sich in uns vollendet, bevor wir sehen, wie wir es dieser umfassenden Gemeinschaft verdanken, wir selbst zu sein und verschieden zu bleiben in der unaussprechlichen Einmaligkeit der menschlichen Person.

II. – Das tiefe Verständnis für die Gefühle eines Anderen hat als seine Ursache oder als seine Wirkung stets eine affektive Bindung. Dies ist eine Wahrheit der allgemeinen Erfahrung, die jedoch den tiefen Kern unserer Natur berührt. Sein ist Liebe. Man erkennt also nichts, wenn man nicht liebt. Deshalb ist die Liebe das Organ der vollkommenen Erkenntnis: Was im Anderen ist, bringt sie in uns hinein. Indem sie die Illusion des Egoismus sozusagen umkehrt, führt sie uns in das Geheimnis jedweden Egoismus ein, der gegen uns gerichtet ist. In dem Maße, wie die Dinge sind, handeln sie und lassen sie uns leiden. In dieses Leid einstimmen, es aktiv aufnehmen, heißt, dass die Dinge in uns sind, was sie in sich selbst sind. Sich durch Selbstverleugnung aus sich selbst ausschließen, heißt also, das universelle Leben in sich hervorbringen. Dies lässt sich leicht erklären: Was sich der Erkenntnis notwendigerweise auferlegt, ist bloß die äußere Erscheinung; jeder bewahrt in seiner inneren Tiefe die intime Wahrheit seines einmaligen Seins. Es gibt in mir etwas, das den Anderen entgeht und mich über die gesamte Ordnung der Phänomene hinaushebt. Es gibt in den Anderen, wenn sie sind wie ich, etwas, das mir entgeht und das nur ist, wenn es mir nicht zugänglich ist. Für sie bin ich nicht, wie ich für mich selbst bin, und sie sind für mich nicht, wie sie für sich selbst sind. Der Egoismus gerät allein schon durch den Gedanken an so viele entgegenwirkende Egoismen durcheinander. Trotz der ganzen Klarheit unseres Wissens bleiben wir in Einsamkeit und Dunkel gehüllt. Allein die Liebe, weil sie sich in alle Herzen versetzt, lebt oberhalb der äußeren Erscheinungen, teilt sich bis in die Intimität der Dinge mit und löst *[444 Die Erkenntnis im Besitz des Seins]* das Problem der Erkenntnis und des Seins voll und ganz. Sie verfügt über jenes wunderbare Vorrecht, dass sie, ohne jemanden dessen zu berauben, was ihm gehört, und indem sie schlichtweg der Intention nach am Gut der Anderen teilnimmt, sich alles, was diese an Leben und Tat haben, zu eigen macht.

Und wie können wir Anderen, die gleich wie wir selbst sind,

III · Das Band zwischen der Erkenntnis und der Tat im Sein

Handeln und Sein geben? Wie werden »der Andere und ich selbst« im Absoluten identisch? Wie sind die Anderen in uns und für uns das, was sie in sich und für sich sind, wenn nicht wir für uns selber das werden, was wir für sie sind, und sie für uns werden, was sie für sich sind? Eine exakte Gerechtigkeit, die in der Person einzig das Überpersönliche an ihr und die abstrakte Menschenwürde sieht, genügt also nicht. Wir müssen, indem wir uns sozusagen zum überpersönlichen Objekt und hingebungsvollen Medium für den Dienst am Anderen machen, bis zu jener Liebe gehen, die die oft verletzende Eigenheit der Einzelperson liebgewinnt. Jeder in allen Anderen, nur nicht in sich selbst: So lautet die Devise jener Liebe, die den Anderen an nachsichtiger Zärtlichkeit gewährt, was sie sich selbst verweigert. Da diese Liebe sich nicht damit zufriedengibt, für die Anderen gut zu sein, nimmt sie gleicherweise sowohl die Undankbarkeit hin als auch dessen Güte, weil die Liebe sich durchsetzt, indem sie gerade dem Gutes tut, der nicht gut ist, und weil sie sich wiederum durchsetzt, indem sie sich ihnen verpflichtet weiß und die Kunst des Empfangens praktisch anwendet, die vielleicht schwieriger und besser ist als das Wissen um das Geben. Denn wir werfen den Anderen nur dann vor, egoistisch zu sein, wenn wir selbst es auch sind; wir leiden in ihnen nur an unseren eigenen Erbärmlichkeiten. Es gibt sogar ein überspanntes Verlangen nach Vollkommenheit im Anderen, das auf eine fehlende Vollkommenheit in uns selbst hinweist. Wir müssen für uns selbst die Anderen vergessen und uns selbst für sie, über uns selbst urteilen wie über einen Anderen und über die Anderen wie über uns selbst. Wie oft, um die Anderen zurechtzuweisen, stellen wir sie an unseren Platz, ohne uns an ihren zu stellen! Alles für alle zu sein bedeutet, dass wir uns so weit gemacht haben, dass wir keine Eigenheiten noch Fehler mehr haben. Die Menschen illusionslos lieben, heißt, ihnen alles geben, ohne dafür etwas zu erbitten, ohne dafür etwas zu erwarten, ohne dafür etwas Gutes zu verweigern. Das universelle Leben ist nicht die abstrakte Summe der überpersönlichen Formen des Denkens und des Seins. Es besteht aus der ganzen Mannigfaltigkeit an Bewusstsein und Empfindungsvermögen. Dieses universelle Leben in sich zu besitzen, heißt also, in allen egoistisch zu sein und das Märtyrertum des Zusammenlebens in Glückseligkeit zu verwandeln. Das vernunftgemäße Glück ist das Glück von Anderen; ihnen gegenüber gut zu handeln, führt auch sie zu gutem Tun.

Die Wahrheit der Liebe erstreckt sich darum bis auf das Sinnenleben, bis auf die Körper, die leiden, bis auf die rohe Materie. *[445 Lie-*

5 · Die Vollendung der Tat

ben, um zu erkennen] Wenn wir es bei einer überheblichen Barmherzigkeit bleiben lassen, die unter dem Vorwand, die Menschen zu ihr aufsteigen zu lassen, nicht zu ihnen herabsteigt, lieben und kennen wir sie nicht. Der Mensch, den wir verstehen und lieben müssen, ist jene physische und moralische Armseligkeit, die aus ihm keinen Menschen mehr zu machen scheint. Wir sollen uns doch nicht einbilden, hier läge bloß ein sentimentales Problem vor. Stets sind wir geneigt, zu vergessen, dass es uns nicht freisteht, im universellen Determinismus eine Art von Auslese zu treffen, davon einen Teil gutzuheißen, um den anderen fallenzulassen. Vom Determinismus können wir in uns nichts verstehen, wenn wir nicht erst all seine Anforderungen durchlaufen. Um einen Menschen zu kennen und ihn so zu lieben, wie er notwendigerweise geliebt werden muss, müssen wir alle Menschen der Intention nach und, wenn nötig, auch de facto lieben. Sie lieben, so wie sie sind, ohne zu erwarten, dass sie so sind, wie sie sein müssten. Um ihnen das Sein in uns zu geben, ist es notwendig, dass wir uns willentlich ihrer reellen Tat geduldig aussetzen. Alles trägt zu dieser Tat bei. Folglich ist in ihr nichts reell oder alles ist reell, sogar das, was im höchsten Maß individuell und sinnfällig ist. Gerade dieses Sinnfällige, so haben wir gesehen, bildet das universelle Band der Zusammengehörigkeit. So ist die weiteste Liebe zugleich die konkreteste. Um im Herzen die gesamte Menschheit zu tragen, müssen wir uns ganz konkret und ganz nahe irgendeinem bescheidenen Werk der Barmherzigkeit widmen. Die Liebe ist nur unter dieser Bedingung wahr und, wenn man so sagen darf, nur dann wissenschaftlich begründet. Sie ist universell und immer auch dem Einmaligen und Einzelnen hingegeben.

Mit welchem Recht und aufgrund welcher Tugend sollte man sonst sein Leben opfern, um ein Leben zu retten, oder einen Menschen verlieren, um einen Menschen am Leben zu erhalten? Im vergänglichen Leben, das wir im Anderen bewahren, indem wir es für uns selbst verlieren, bewahren wir in uns das Leben, das nicht vergeht. In diesem Leib, den wir vor der Vernichtung bewahren, halten wir die unzerstörbare Liebe heilig, die alle Glieder der Menschheit füreinander bestimmt. Vor jeder Gestalt eines vergänglichen Menschen müssen wir das Gefühl haben, dass wir bereit sein sollten, für den Geringsten der Kleinen zu sterben. Der Tod ist der Sieg der Liebe und der Zugang zum Leben. Er wird wie eine Pflicht und die Pflicht ist nur er. Solches Leid wird noch aktiver und großherziger, wenn es durch sittliches Elend verursacht wird. Und wie kann man behaupten,

III · Das Band zwischen der Erkenntnis und der Tat im Sein

dass die Liebe eigennützig und profitgierig sei, wenn sie den Barmherzigen dazu drängt, so schmerzlich die zu lieben, die sich ins Verderben stürzen, wenn sie ihn dazu bringt, für den Verirrten, wenn nötig, zu sterben? Als ob dieser freiwillig auf sich genommene Tod die einzige Weise wäre, die zu erkennen, die sich vom Leben trennen, und denen noch verbunden zu bleiben, *[446 Die Erkenntnis im Besitz des Seins]* die sich selbst aus der Gemeinschaft der Menschen ausschließen. Menschen gehen nur auf solche zu, die unter ihrem Übel leiden, denn einzig von denen werden sie erkannt. Die Liebe zu den Menschen und das Wissen um sie ist ein und dasselbe.

So gilt nach einem schönen Wort von Leibniz: »Alle Menschen lieben und Gott lieben, ist ein und dasselbe«, denn in allem und überall ist nur er liebenswert und man kann keinen Menschen kennen, ohne alle mit ein und derselben Liebe zu umarmen. Sie vereinigen sich nur aufgrund einer Inbrunst untereinander, deren Feuer die ganze Welt niemals entzünden könnte. Dieser Zirkel ist somit gerechtfertigt: Ohne diese gegenseitige tätige Liebe unter den Gliedern der Menschheit, gibt es keinen Gott für den Menschen; wer seinen Bruder nicht liebt, hat das Leben nicht in sich. Aber ebenso ist es vergeblich, würde man versuchen, die Geister wie eine Familie zusammenzuführen, wenn man den Vater der Geister abweist. Vergeblich würde man die Anforderungen der Vernunft hintergehen und durch den Überschwang anderer Gefühle diese große Leere verbergen. Im Kern der Dinge, in der gemeinsamen Lebenspraxis, in der verborgenen Logik eines jeden Bewusstseins ist ohne Gott kein Mensch für den anderen Menschen da. Zwischen diesen Empfindungen, zwischen diesen so verschiedenen Handlungen gibt es eine innige Zusammengehörigkeit: Anzubeten in Geist und Wahrheit im »solus cum Deo solo« und dem Leib der Menschheit in jedem seiner Glieder einen Kult zu erweisen, als wäre er der Leib Gottes, der in jedem Punkt des universellen Organismus lebendig anwest. Und was ist ein Organismus schließlich anderes als die Gleichzeitigkeit von Verschiedenheit und Einheit der vom gleichen Leben belebten Teile, und zwar in einem solchen Ausmaß, dass jede einzelne Zelle die Ehre aller Funktionen besitzt, weil nur die geringsten Funktionen die erhabensten möglich machen? In einer Gesellschaft, die sozusagen nur ein einziges Bewusstsein aufweist, lebt jeder in allen durch die Liebe, und alle sind in einem jeden durch die Erkenntnis und die Tat. Und während in der Ordnung der äußeren Erscheinungsformen die Lichtquellen sich zerstreuen werden und an Helligkeit und Wärme einbüßen,

5 · Die Vollendung der Tat

konzentrieren die Strahlen sich hier zu neuen Lichtquellen. Je mehr man gibt, desto mehr hat man: Welche grenzenlose Hervorbringung von Sein und Güte da, wo die Quelle unendlich ist und wo das verströmende Licht akkumuliert, indem es ausstrahlt! Jeder für sich, jeder für einen Anderen, jeder für alle, jeder für jeden, alle für alle, alle für jeden, alle diese Liebesbeziehungen fügen sich zusammen und verstärken sich gegenseitig, wenn Gott in allen ist. Und die gewonnene Erkenntnis ist von der Realität erfüllt, die sie ausdrückt.

Indem wir aber in dieser Weise die Leben verschmelzen, die am meisten voneinander getrennt sind, setzen wir das persönliche Bewusstsein dann nicht der Gefahr aus, zu zerspringen und in dieser universellen Verschmelzung verloren zu gehen? *[447 Die notwendige Realität der objektiven Erscheinungen]* Sind die Grenzen der gegenwärtigen Erkenntnis und die sinnfälligen Eigenheiten des Individuums nicht die notwendigen Bedingungen für den Unterschied zwischen den Personen? Werden wir nicht, wenn wir die Grenzen des Ichbezugs und das gegenseitig Abstoßende der Gefühle, die füreinander noch undurchdringlicher sind als die Körper selbst, verschwinden lassen, zugleich das zerrinnen lassen, was stets »das Prinzip der Individuation« zu sein schien? Gewiss nicht! Statt eine Ursache der Verschmelzung zu sein, wird dieses universelle Einssein zur einzigen Möglichkeit des Besitzes und des vollkommenen Unterschieds. Es ist die einzige Weise, die menschliche Person zu realisieren und durch sie alles andere zu begründen. Die absolute Wahrheit dieser Mittlerrolle der Tat müssen wir jetzt rechtfertigen.

III. – Es ist wirklich ein sonderbares Problem, das sich uns jetzt aufdrängt. Es reicht nicht aus, die notwendige Erkenntnis und die Idee einer objektiven Realität zu besitzen. Es genügt nicht, weder diese reelle Wahrheit willentlich in uns selbst noch uns durch eine Tat in den anderen eingebracht zu haben, die, indem sie den Anderen alles mitteilt, was wir sind, wieder alles zu uns zurückbringt, was sie sind. Es ist darüber hinaus nötig, dass sie in sich sie selbst sind und wir in uns wir selbst bleiben. Diese Bedingungen hängen eng miteinander zusammen. Denn wenn wir uns selbst nur realisieren durch die Teilhabe an dem, was sie sind, sind wir nur insofern reell und verschieden, als sie dies auch ihrerseits sind. Es ist darum notwendig, die äußere Realität der äußeren Objekte zu begründen, damit die Dinge außerhalb von uns in der Außenbetrachtung eine reelle Konsistenz haben: Die Wahrheit des objektiven Außen ist für die Wahrung des

III · Das Band zwischen der Erkenntnis und der Tat im Sein

subjektiven Innen der Seienden unentbehrlich. So sind wir zwangsläufig dazu gebracht worden, die objektive Realität der Dinge nicht in einem stets zurückweichenden Untergrund zu suchen, nicht in einem der Aspekte, die sie für die Sinnesorgane oder für den Verstand aufweisen, auch nicht in ihrem metaphysischen Wesen oder in der Intimität jenes nicht mitteilbaren Lebens, in das wir vordringen, wenn wir sie lieben, sondern in alledem gleichzeitig. Ihr Sein ist die Einheit selbst dieser vielgestaltigen Erscheinungen und die gleichzeitige Verschiedenheit dieser allseits zusammengehörigen Phänomene. Von den Stationen, die die Wissenschaft der Tat in einem stetigen Fortschreiten durchlaufen hat, ist keine mehr oder weniger fest gegründet, solange die Beziehung, die sie alle vereint, nicht selbst zu einer Realität erhoben ist. Durch die Analyse dieser objektiven Erkenntnis, die uns in den Besitz der Realität zu setzen scheint, werden wir dahin geführt, alles Sichtbare der Dinge wieder in sie zu integrieren und *[448 Die Erkenntnis im Besitz des Seins]* allen Formen der Erkenntnis wie der Tat, den Illusionen und sogar den Irrtümern, die uns das Sein vorzuenthalten scheinen, eine substantielle Wahrheit zu verleihen. Dieses erscheinende Objektive ist das gemeinsame Element, das die Einheit der Zusammenbündelung bildet.

Wir müssen also die eigene Gewissheit des gesamten in Erscheinung tretenden Determinismus der Phänomene begründen, indem wir nicht mehr das betrachten, was er uns an notwendiger Erkenntnis auferlegt, sondern das, was er an Realität in sich enthält. Er muss das sein, als was er erscheint, und was er an Notwendigem, Objektivem, an von außen Kommendem und Autoritärem hat, muss so bleiben. Alles hängt hier miteinander zusammen. Wenn im Determinismus nicht alles reell wäre, würde nichts reell sein. Wir müssen also diesen Anforderungen bis zum Schluss nachgehen, indem wir nicht mehr aufzeigen, dass die vermittelnde Tat für die Konstitution des gesamten Gefüges der Dinge eine notwendige Tatsache ist, sondern, dass die Vermittlung der Tat selbst eine Wahrheit ist und reell ist, unabhängig von den Realitäten, deren Verhältnis zueinander sie in unserer Erkenntnis konstituiert. Aufzuzeigen ist, dass diese Realitäten selbst nur existieren, weil die Vermittlung ihre eigene Realität aus sich selbst hat. Dies alles bedeutet, dass alle vorübergehenden Bedingungen der Tat, deren in Erscheinung getretenen Zwang wir darauf reduziert haben, lediglich eine Form des innersten Wollens zu sein, für den Willen selbst zu einer absoluten Notwendigkeit und zu einer endgültigen Norm werden. Kurz gesagt handelt es sich darum, dem

5 · Die Vollendung der Tat

Phänomen das ganze »Sein in sich selbst« zu gewähren, das es enthält. Es ist notwendig, dass das Phänomen dies besitzt. Wenn nicht, wenn ihm dieses kleine Stückchen fehlt, würde alles, was bis jetzt geschehen ist, wieder zunichtewerden, die gesamte Ordnung der Natur würde auseinanderbrechen, das Personsein selbst sich auflösen und nichts von dem, was wir gedacht haben, wäre noch denkbar. Die Beständigkeit des ganzen Systems steht oder fällt mit der Konsistenz des geringsten Phänomens.

Und wenn, im Blick nach unten auf die letzten Grundbedingungen der Tat schauend, die reelle Wahrheit des Phänomens begründet sein muss, damit alles Übrige dies ist, so stellt sich beim Blick nach oben dieselbe Notwendigkeit noch deutlicher dar. Im ersten Fall wäre alles zunichtegemacht; im zweiten Fall wäre jedes einzelne Seiende in der göttlichen Unermesslichkeit verschlungen. Als ob der kleine Einzelmensch, den das Bewusstsein in uns zeigt, bloß eine vorübergehende Illusion wäre, als ob die engen Grenzen der Person für immer wegfallen sollten, wenn die Hülle des Geheimnisses der Sinnenwelt dereinst durch den Tod zerrissen wäre und die Legende des Christophorus, der unter der so leicht scheinenden Last zu Boden gesunken war, das Symbol für unsere niederdrückende Lebensbestimmung wäre. Aber so ist es nicht. Statt zu behindern und einzuschnüren, ist das individuelle Determiniertsein für den Menschen die Bedingung und das Mittel für seine unermessliche Ausweitung. Wenn er eine göttliche Berufung hat, *[449 Die notwendige Realität der objektiven Erscheinungen]* wenn er im Herzen des Unendlichen selbst eine einzelne Person bleiben soll, dann geschieht dies nicht, indem er aufhört, Einzelmensch zu sein, sondern nur unter der Bedingung, dass er ein solcher bleibt. *Omne individuum ineffabile* [jeder Einzelmensch ist unaussprechlich]. Das wahre Unendliche liegt nicht im abstrakten Universellen, sondern im konkreten Einzelnen. Auf diese Weise tritt in ihrer ganzen Erhabenheit die Rolle dessen zutage, was wir als den Buchstaben und die Materie bezeichnet haben, alles, was den sinnfälligen Vollzug ausmacht, was streng genommen die Tat, den Leib der Tat bildet. Denn mittels dieser Materie teilt die Wahrheit des erdrückenden Unendlichen sich jeder Einzelperson auf intime Weise mit und durch sie ist auch jeder gegen das Erdrückende der unendlichen Wahrheit geschützt. Um zum Menschen zu gelangen, muss Gott die ganze Natur durchschreiten und sich ihm unter der Gestalt von roher Materie darbieten. Um zu Gott zu gelangen, muss der Mensch die ganze Natur durchschreiten und ihn unter der

III · Das Band zwischen der Erkenntnis und der Tat im Sein

Hülle finden, wo er sich nur verbirgt, um zugänglich zu sein. Auf diese Weise ist die gesamte Ordnung der Natur zwischen Gott und dem Menschen wie ein Band und wie ein Hindernis, wie ein notwendiges Mittel zur Einigung und wie ein notwendiges Mittel zur Unterscheidung. Wenn aufgrund einer zweifachen Annäherung, weil jeder dem anderen den ganzen Weg entgegengeht, Gott und Mensch einander begegnet sind, bleibt diese Ordnung der Natur in ihrer gegenseitigen Umarmung umschlossen und wird so für den Menschen zum Siegel seiner intimen Bindung an seinen Urheber und zum Siegel seiner unveräußerlichen Personalität. Wie also kann auch diese vermittelnde Beziehung ihrerseits realisiert werden?

Jetzt, da die Wichtigkeit des Problems offenkundig ist, dürfen wir nicht versäumen, seine ganze Schwierigkeit und sogar seinen seltsamen Charakter aufmerksam zu betrachten. Bereits von der ersten Anschauung her war, so scheint es, die reelle Wahrheit des Sinnesphänomens eine unlösbare Frage. Sobald wir die unmittelbare Wahrnehmung auspressen, kommt etwas anderes zum Vorschein als sie selbst. Was die Wissenschaft ihr entzieht, ist nicht mehr und ist niemals mehr das, was das Sinnesorgan davon wahrnimmt. Die Analyse soll gar nicht versuchen, die Kluft auszuloten, die die gegebene Qualität von der vorausgesetzten Eigenschaft trennt; sie verliert sich darin. Wenn sie an der Gegebenheit der Anschauung festhält, bleibt sie vom subjektiven Phänomen gefangen; wenn sie das rationale Element verfolgt, das sie da zu fassen glaubt, wird es ihr nicht mehr gelingen, zur konkreten Gegebenheit zurückzukehren. Sie muss die äußeren Erscheinungen laufen lassen, χαιρεῖν ἐᾶν [grüßen zum Abschied], und das Sinnfällige existiert nicht mehr als Sinnfälliges. Es scheint sogar als undenkbar, dass es je sein sollte. Was Sein für das Sinnfällige wäre, können wir zunächst nicht verstehen. Und was wir gerade von der sinnfälligen Tatsache gesagt haben, müssen wir für jedes andere Erkenntnisobjekt an jedem Punkt der gesamten Reihenfolge der Dinge wiederholen. *[450 Das Problem der objektiven Existenz]* Die Vorstellungen des Verstandes dulden es genauso wenig wie die Sinnesanschauungen, durch den Verstand selber zu Realitäten erhoben zu werden. Jede Ordnung der Phänomene verlangt eine Kritik, die den Mittelpunkt der Perspektive zurückverlegt. Und doch, wenn dort ein einziger Stein fehlt, ist das ganze Gebäude brüchig. Dieses Relative also, diese äußere Erscheinung des Phänomens müssen wir zu dem erheben, was es an Sein und an Absolutem enthält, um so die umfassende Wiederherstellung des Determinismus der Tat zu vollenden.

5 · Die Vollendung der Tat

IV

Einfach weil wir die Abfolge der im Bewusstsein verketteten Beziehungen unter dem Zwang der praktischen Notwendigkeiten bestimmen, begegnen wir hier, wo wir es kaum erwartet haben, der Definition der objektiven Realität. Statt uns anzumaßen, für einen stets flüchtigen Punkt des Determinismus den willkürlichen und unbestimmten Begriff von reeller Existenz anzuwenden, müssen wir schauen, an welchem genauen Punkt und in welchem definierten Sinn dieser Begriff notwendig anzuwenden ist. Statt die Realität in die Objekte zu verlegen, die immer unfähig sind, sie zu erfassen, müssen wir die Objekte in die Realität verlegen. Statt zu suchen, was außerhalb dessen ist, was erscheint, müssen wir aus dem, was erscheint, das machen, was ist. Der erste Schritt ist also, zu verstehen, was *Sein* ist, wenn wir von objektiver Existenz reden. Wir werden noch sehen müssen, wie es möglich ist, zu denken, dass dieses Sein sei, und welches die notwendigen und ausreichenden Voraussetzungen sind für eine Lösung, die imstande ist, allen Anforderungen des Problems zu genügen.

I. – Einerseits ist die gesamte Ordnung der Phänomene, insofern wir eine notwendige Erkenntnis davon haben, in jeder menschlichen Tat impliziert und die Idee selbst, die wir von ihrer objektiven Existenz haben, ist in uns hervorgebracht. Diese notwendige Erkenntnis ist dadurch subjektiv. – Andererseits ist dieser umfassende Determinismus des Denkens und der Natur, insofern die Tat dort ihre Nahrung und ihre Ziele sucht, wieder in den Willen eingefügt, dessen spontane Hervorbringung er zu sein schien. Diese Erkenntnis und dieser willentliche Besitz des Objektes sind insofern noch subjektiv. Zwischen diesen subjektiven Elementen findet das seinen Ort, was im eigentlichen und reellen Sinn objektiv ist. Wieso?

Was in der ersten Hervorbringung der Erkenntnis subjektiv ist, ist nicht mit dem identisch, was im abschließenden Besitz *[451 Was bedeutet Sein auf objektive Weise?]* der erworbenen Wahrheit subjektiv ist. Auf beiden Seiten enthüllt sich jene Fruchtbarkeit des Denkens und jene Hervorbringungsinitiative, ohne die nichts in uns ist. Aber zwischen der einen und der anderen Seite findet als Mittel und als Hindernis die vollständige Reihenfolge der Dinge ihren Ort, deren unermessliche Verkettung die Wissenschaft der Tat jetzt entrollt hat. Das, was aus dem tiefen Kern unseres Willensstrebens hervorgeht,

III · Das Band zwischen der Erkenntnis und der Tat im Sein

müssen wir uns durch eine praktische Einstimmung aneignen. Indem wir es für uns wollen, deuten wir darauf hin, dass es nicht von uns ist. Und die Tat, wenn sie danach strebt, die Realität, die uns eine erste subjektive Sicht auf das Objekt anbot, subjektiv zu machen, bestimmt das, was in unserer Erkenntnis im eigentlichen Sinn objektiv ist. Der Unterschied zwischen diesen beiden subjektiven Komponenten ist genau das reelle Objekt. Damit dieses Wort einen Sinn hat, muss es sich auf jene verschiedenartigen und zusammengehörenden Synthesen anwenden lassen, die für uns als natürliche Vermittlungen in Erscheinung getreten sind zwischen dem, was wir wollen, weil wir es noch nicht sind, und dem, was wir sein sollen, weil wir es gewollt haben. Von sich aus lassen sich diese beiden Komponenten nicht aufeinander zurückführen; das, was sie verbindet, hat für uns zwangsläufig eine eigene Realität.

Lasst uns also die objektive Existenz in der Form analysieren, in der sie notwendigerweise gedacht wird. Nie werden wir sie anderswo unterbringen können als dort. Für uns ist es eine Notwendigkeit, dass sie ist; so muss sie sein. In der spontanen Überzeugung eines jeden Menschen hat sie keinen anderen Sinn. Die Wahrheit und das Sein können nicht in dem sein, was weder erkannt noch gar erkennbar ist. Das, was erkennbar ist, muss das sein, was ist. Wie existiert das, was als objektiv gekannt ist, auf objektive Weise so, wie es auf subjektive Weise bejaht und gewollt ist? Genau dieser Punkt muss geklärt werden. In jeder Form der Erkenntnis befindet sich folgendes doppelte Element: die innere Hervorbringung des Gedankens, der als ein Objekt erscheint, und das Objekt, das als ein äußerer Grund für die Wahrnehmung und als ein Ziel für die Tat erscheint. In der ganzen Abfolge der Phänomene zeigt sich diese gleiche Dualität von subjektiver Initiative und äußerer Passivität. Überall gibt es eine analoge Mischung von hervorgebrachter Erkenntnis und erlittener Erkenntnis. In dem, was der Untergang jeder objektiven Bejahung zu sein schien, wird sich das Geheimnis jeglicher reellen Existenz der Objekte als Objekte enthüllen.

Es war eine Entdeckung, darauf aufmerksam zu machen, wie Kant dies getan hat, dass sogar die Sinneswahrnehmung, von der man dachte, sie sei völlig *a posteriori*, ein *a priori* voraussetzt, und dass es aufgrund dieser subjektiven Initiative unmöglich ist, den Mechanismus der Natur zu verabsolutieren *[452 Das Problem der objektiven Existenz]* oder ihn außerhalb des Denkens so zu realisieren, wie er im Denken ist. Es ist ebenfalls eine Entdeckung, dieser Schluss-

5 · Die Vollendung der Tat

folgerung die absolute Bedeutung zu versagen, die sie nur aufgrund einer Inkonsequenz hat, als ob es gerechtfertigt wäre, den Verstand gegen die Sinnesvermögen zu gebrauchen, während man doch die Sinnesvermögen gegen den Verstand verwendet. Davon auszugehen, dass es zwischen den verschiedenartigen Phänomenen, aus denen sich die Kette des Determinismus zusammensetzt, Verschiedenheiten des Wesens und des gegenseitigen Zusammenhalts gibt, die verschiedenen Vermögen gegeneinander auszuspielen, zwischen den verschiedenartigen Ergebnissen ihres jeweiligen Vorgehens radikale Unterschiede anzubringen, ist letztlich ein Überrest der Idolatrie. Die Behauptungen des Kantianismus sind insofern begründet, als sie sich gegen jeden Versuch richten, die objektive Realität hier oder dort in ein Glied der Abfolge der menschlichen Erkenntnisse zu legen. Unberechtigt sind sie insofern, als sie, damit zufrieden, sich gegen diesen künstlichen Versuch zu richten, die negative Kritik eines Scheinproblems zur wahren und positiven Lösung eines reellen Problems machen. Der Kritizismus ist somit wahr, in dem, was er verneint, er ist unwahr in dem, was er als wahr aussagt. So sind die Scheinfragen weggefallen, die den Kritizismus stützten, und ebenfalls das System, das sie zunichtegemacht hat. Auch diese Lehre macht gemeinsame Sache mit denen, die sie bekämpft, um anzuerkennen, dass man versuchen muss, die sperrige Idee einer reellen Existenz in ein stets weiter zurückliegendes Glied der Reihenfolge der Dinge zu verlagern. Als ob das Sein, nach und nach aus der sinnlichen Anschauung in die Verstandesbegriffe vertrieben oder aus dem Noumenon in das Geheimnis der sittlichen Wahrheiten, stets anderswo sein müsste, als dort, wo wir selbst sind. Die Dinge sind alle in gleicher Weise nicht zu realisieren, wenn man die Realität als etwas, das von ihnen verschieden ist, in sie legen will; sie sind alle in gleicher Weise reell, wenn man einzusehen vermag, unter welchen Bedingungen sie alle zusammen ins Sein reintegriert sind. Die Wahrheit ist also zugleich reicher und einfacher, als die Philosophen sie sich vorgestellt haben. Dergestalt entspricht sie völlig dem allgemeinen Empfinden.

Alles, was wir Gegebenheiten der Sinne genannt haben, positive Wahrheiten, subjektives Wissen, organisches Wachstum, soziale Expansion, sittliche und metaphysische Vorstellungen, Gewissheit des einzig Notwendigen, unausweichliche Alternative, tötende oder lebenspendende Option, übernatürliche Vollendung der Tat, Bejahung der reellen Existenz der Objekte des Denkens und der Bedingungen der Praxis, allesamt sind sie auf gleiche Weise immer nur Phänomene.

Wenn man sie einzeln und jedes für sich betrachtet, vermag keines realisiert zu werden. Alle erfordern eine Kritik, die uns über das hinausführt, was sie sind, ohne dass wir uns bei ihnen aufhalten können, ohne dass wir auf sie verzichten können. Weder die räumliche Ausdehnung *[453 Was heißt Sein objektiv?]* noch die Dauer, weder der wissenschaftliche Symbolismus, das Leben des Einzelnen oder der soziale Organismus, weder die sittliche Ordnung noch die metaphysischen Gebilde fordern, getrennt voneinander zu subsistierenden Realitäten erhoben zu werden. Auf gleiche Weise könnte man sagen, dass die Gesellschaft ohne die Familie auskommen kann. Was die *Transzendentale Ästhetik* für die Sinnesanschauungen ist, muss eine analoge Kritik für die Symbole der Wissenschaft oder für die Verstandesbegriffe oder für die Gesetze der Ethik sein. Jedwede Ordnung von Phänomenen ist als unterschiedliche Synthese im gleichen Maße ursprünglich, ist transzendent in Bezug auf die Ordnungen, die ihre vorhergehenden Bedingungen sind, ist nicht auf diejenigen rückführbar, denen sie als ihren Folgen untergeordnet scheint, ist mit allen fest verbunden, ohne in irgendeiner Ordnung ihre vollständige Erklärung zu finden; ihre Realität besitzen sie weder in sich selbst noch in irgendeiner anderen Ordnung. Wollte man in einem einzelnen Glied des Determinismus den Zusammenhalt der ganzen Kette aufdecken, weil die anderen Glieder ohne Konsistenz sind, dann hat solches Nachforschen keinen Sinn. Für das allgemeine Empfinden ist das, was ist, nicht dieses oder jenes, sondern jedes ist ganz dieses und jedes ganz jenes. Und die Leute haben recht. Es gibt keine bevorzugten Ordnungen von Phänomenen: Das Sinnesphänomen trägt zum Beispiel alle späteren Erklärungen und Erkenntnisse in sich, die es zunächst auszuschließen scheint, aber in Wirklichkeit impliziert. Jede Ordnung von Wahrheiten scheint ein Ganzes zu bilden, das sich selbst genügt, und einen Determinismus, der jeden anderen ausschließt. Aber diese verschiedenen Determinismen sind alle untereinander verknüpft und machen nur einen einzigen Determinismus aus. Auf diese Weise liegt in der Wahrnehmung der geringsten Tatsache bereits das Problem der Metaphysik oder der Moral beschlossen. Die Realität ist somit in einem der Glieder nicht mehr als in den anderen; auch ist sie nicht in einem, ohne in den anderen zu sein. Sie liegt in der Vielfalt der gegenseitigen Beziehungen, die aus allen Gliedern einen einzigen Zusammenhalt bilden. Die Realität ist dieser Komplexus selbst. Innerhalb der Reihenfolge des Determinismus erleidet unsere Erkenntnis die Dinge und bringt sie als vermittelnde

5 · Die Vollendung der Tat

Instanz hervor. Was sie erleidet, was sie hervorbringt, was sie ist, genau dies konstituiert in jeweiliger Hinsicht die objektive Existenz. Wie merkwürdig dieser Anspruch uns auch vorkommt, die Objekte müssen das sein, als was sie erscheinen, und ihre Realität soll nicht in irgendeinem unzugänglichen Hintergrund bestehen, sondern in dem, was von ihnen präzise bestimmt und genau erkennbar ist. Sie schienen als Mittler zu dienen. Es ist diese Beziehung, diese Vermittlerrolle, die ihr Sein konstituiert und ihre absolute Wahrheit ausmacht. Sein heißt für sie, so zu existieren, wie sie unabhängig von den Mängeln der menschlichen Tat und der Erkenntnis *[454 Das Problem der objektiven Existenz]* von uns gekannt und gewollt sind. Der Determinismus der wissenschaftlichen Erscheinungen muss in Wahrheit die Ordnung der reellen Objekte sein und seine von außen kommende Alleinherrschaft muss im Inneren des Seins begründet sein. Was durch uns ist, muss auch noch ohne uns und trotz uns sein. Was der subjektive Idealismus als den wahren Ausdruck der Existenz darstellt, muss wirklich die Grundlage eines echten objektiven Realismus sein. Die Dinge sind nicht, weil wir bewerkstelligen, dass sie sind, sondern sie sind solcher Art, wie wir bewerkstelligen, dass sie sind, und ebenfalls solcher Art, wie sie bewerkstelligen, dass wir sind. Dieser zweifache Gesichtspunkt der Lösung muss noch geklärt werden.

II. – Bevor wir dazu übergehen, die unerlässlichen Bedingungen für die Existenz der Dinge zu bestimmen, ist es nötig, zu schauen, wieso sie denkbar ist. Ist sie, wie wir sie hier definiert haben, nicht unmöglich? Auch wenn wir zunächst nicht bis zu der Aussage gehen, dass die Dinge ohne uns und trotz uns so sind, wie wir bewerkstelligen, dass sie sind, ist es dann einsichtig, dass sie durch uns und für uns so sind, wie wir sie erkennen? Nehmen wir ein einziges Beispiel aus der Reihenfolge der Dinge: Kann die Realität des Sinnesphänomens das Sinnesphänomen selber sein? Wie ist es dann zu verstehen, dass wir das sind, was wir erkennen, oder dass das, was wir erkennen, ist?

Wenn wir die anstehende Frage mit einem Wort zusammenfassen, das weiterer Erklärung bedarf, ist die Realität des Phänomens zwischen diesen zwei Strahlen eingefasst, deren Konvergenzpunkt sie ist, und diese beide Strahlen, indem sie sich in uns vereinigen, konstituieren die Realität in sich selbst. Die Dinge sind, weil die Sinne und die Vernunft sie sehen und sie gemeinsam sehen, ohne dass dieser zweifache Blick, der jeder für sich genommen die Dinge völlig zu durchdringen scheint, sich in ihnen vermischt. Erkennen heißt, das

III · Das Band zwischen der Erkenntnis und der Tat im Sein

zu sein, was man erkennt, heißt, es hervorzubringen, es zu haben, es in sich selbst zu werden. *Sumus quod videmus* [wir sind, was wir sehen werden]. Die Materie hat nur Sein, wenn das Sein selbst Materie wird, wenn das, was inneres Wort und Leben in sich ist, auf reelle Weise Fleisch ist. So muss also das, was die Abstraktion in der Realität des Sinnfälligen unterscheidet, unauflöslich vereint bleiben. Man kann dessen nicht reduzierbare Aspekte aufzeigen, aber man kann die Einheit der zusammengehörenden Seiten nicht auflösen. Genau deshalb, weil es nicht möglich ist, sie weder voneinander zu trennen noch sie zu vereinen, besteht zwischen diesen beiden erkannten Erscheinungsweisen das, was deren Festigkeit und Band ist, was deren konsistente Wahrheit ausmacht. Wir wirken in ihnen und wirken auf sie ein, sie wirken auf uns ein und wirken in uns. Die aktive und die passive Erkenntnis, die wir von ihnen haben, ist, entsprechend dem, was wir denken müssen, das doppelte Fundament des sinnfälligen und reellen Phänomens.

Deshalb ist es auf gleiche Weise richtig, zu sagen, dass diese Phänomene *[455 Wie ist das objektive Sein denkbar?]* in dem bestehen, was unmittelbar durch die Wahrnehmung erfasst ist, und dass sie in dem bestehen, was unsere Sinne davon nicht wahrnehmen. Einerseits ist die Wissenschaft ein bewundernswertes Werk, das der Welt ihre sinnfälligen Masken abnimmt, insofern sie von Abstrahierung zu Abstrahierung bis zu den einfachsten Verhältnissen und zu der allgemeingültigsten Einheit der Naturgesetze hinabsteigt. In der Materie als solcher weist sie das auf, was erkennbar ist, für die Eroberungen des Denkens zugänglich, was unabhängig von Ort und Zeitdauer ist, was dem Geist unterworfen ist, was letztendlich und in der vollkommenen Erkenntnis nur mehr schöpferischer Gedanke ist. Sie strebt danach, das Weltganze auf die göttliche Intuition seines Urhebers zurückzuführen. Andererseits ist die Wissenschaft ein bewundernswertes Werk, insofern sie die jeweilige ursprüngliche Eigenart der unmittelbar erfassten Synthesen exakter bestimmt, die fest umschriebene Realität der sinnfälligen Eigenschaften und Arten bis zu dem Punkt deutlicher herausstellt, an dem man sagen kann, dass die Erfahrungstatsachen das sind, was uns die experimentelle Wissenschaft enthüllt; dass sie in dieser Sinneserkenntnis eine rationale Wahrheit haben; dass die Phänomene gerade als Phänomene eine sichere Konsistenz besitzen und dass, mit einem Wort, die Dinge tiefer sind, als wir es auf den zweiten Blick wissen, weil sie zugleich auf reelle Weise so sind, wie wir sie auf synthetische Weise aufgrund

5 · Die Vollendung der Tat

eines ersten Blickes erkennen. Diese beiden Aspekte sind nur in dem Maße jeweils reell, wie sie, nicht reduzierbar aufeinander, in der Einheit ein und desselben Willensaktes, in der Wahrnehmung ein und desselben Sinnesvermögens wie auch ein und derselben Vernunft miteinander verknüpft sind.

Weil also die Vernunft dem Sinnfälligen immanent ist und das Sinnfällige der Vernunft, haben diese Phänomene eine eigene Subsistenz. Sie sind, weil die Vernunft sie sieht und das Geheimnis ihrer Hervorbringung durchdringt. Sie sind, weil die Sinnesorgane sie erleiden und ihrer Tat gegenüber passiv werden. Ihr Sein besteht genau in dem, was die synthetische Einheit dieser ihrer zweifachen Existenz bewirkt. So ist zum Beispiel eine Landschaft nur ein Gemütszustand und die objektive Harmonie der Linien und Farben ist gewiss. Der Schmerz ist so nur das Bewusstsein, der Schmerz zu sein, und er ist der Zustand selbst, dessen Wahrnehmung das bewusst gewordene Leid verursacht. So ist das Weltganze nur meine Vorstellung und es ist die vorhergehende Bedingung und die wissenschaftliche Wahrheit für die Sinneserkenntnis, die ich davon habe. Das Phänomen besitzt also in dem, der es wahrnimmt, die Realität selbst jenes substantiellen Bandes, das die Synthese der Elemente konstituiert. Denn die Dinge, die nicht für sich existieren und nur *in sich* für andere sind, *[456 Das Problem der objektiven Existenz]* die dazu fähig sind, sie wahrzunehmen, haben die Eigenschaft, zugleich erkannt und empfunden zu sein. Ihnen ist Folgendes eigen: Wir sind in ihnen aufgrund der rationalen Erkenntnis, die dank ihres universellen Charakters sie alle umfasst und deren Verhältnisse definiert entsprechend der erkennbaren Ordnung ihrer Hervorbringung. Sie sind in uns aufgrund der Sinneswahrnehmung, die sie dank ihres auf das Einzelne bezogenen Charakters individualisiert und qualifiziert. Wir haben somit eine absolute Erkenntnis des Relativen als Relatives; gerade deswegen *ist* dieses Relative. Es ist, ohne dass wir hinter dem Phänomen eine Erklärung suchen müssten, die dessen Natur entstellen würde. Es ist das, was in der gesamten Abfolge seiner verschiedenartigen, aber eng miteinander verbundenen Darstellungen erscheint. Durch die Verschiedenheit seiner Aspekte ist es ambigue, und diese Ambiguität bildet seine reelle Wahrheit. Sein mannigfaltiges Phänomen ist sein Sein selbst.

Es genügt also nicht zu sagen, das Sein der Sinnesdinge ist wahrgenommen zu sein, wenn man nicht hinzufügt, dass der Wahrnehmende auch seinerseits ist durch das Wahrgenommene. Objektiv sein heißt also, durch ein Subjekt hervorgebracht und erlitten zu sein, denn durch eine reelle Tat auf ein reelles Sein hin tätig zu sein, ist reell sein. Damit also die Dinge wahrhaft sind, müssen sie tätig sein; damit sie tätig sind, müssen sie wahrgenommen und erkannt sein. Und wirklich: Weil die Dinge nicht unmittelbar sich selbst wahrnehmen, da sie nicht Ursache ihrer selbst sind, müssen sie durch den wahrgenommen sein, der imstande ist, auf sie hin tätig zu sein. Hervorgebracht und erlitten, ist es ihr Sein, *in uno* [in einem] und, auf mittelbare Weise, *in se* [in sich selbst] aktiv und passiv zu sein. Als ein notwendiges Glied in der Reihenfolge eingefügt, muss der Gedanke, von dem die Dinge abhängig sind, in einem gewissen Sinne auch von ihnen abhängig sein, damit sie nicht auf den Gedanken reduzierbar sind. Wir müssen demnach verstehen, wieso die objektive Erkenntnis, obwohl sie für die objektive Existenz unentbehrlich und mit ihr identisch ist, sich von ihr bleibend unterscheidet, und wieso der Gedanke selbst, auf den bezogen wir soeben die Realität des Übrigen ausgedrückt haben, auch seinerseits nur ein Mittelglied ist, das in Bezug auf die übrigen Glieder ausgedrückt sein kann.

III. – So enthüllt sich also die ungewohnte, aber notwenige Rangfolge der Fragen, eine Rangfolge, die den unmittelbaren Überzeugungen und dem natürlichen Vorgehen des Denkens entspricht: Wir denken, wir bejahen unausweichlich eine objektive Existenz; sodann müssen wir bestimmen, worin sie bestehen kann und wieso es möglich ist, dass sie realisiert ist und wieso sie dies in unseren Augen notwendigerweise ist, denn sie muss dies für uns sein. Das bedeutet, was auch stimmt, dass wir die sonst übliche Formulierung des Problems umkehren. Aber die Frage des Seins ist nicht vorweg zu stellen, sondern sie kommt zum Schluss. Vielleicht ist es *[457 Die notwendigen Bedingungen der objektiven Realität]* gut, vor dem Suchen zu wissen, was wir eigentlich suchen, ohne zu behaupten, die Realität außerhalb des Realen zu finden. Statt sich also vergeblich zu mühen, einzusehen, wieso das, was ist, gegeben sein kann, müssen wir zeigen, wieso das, was gegeben ist, ist. Wenn der Kritizismus behauptet, die Objekte um den Gedanken kreisen zu lassen, hat er sich außerhalb des Mittelpunktes gestellt, um dieses Schauspiel gleichsam von außen zu betrachten. Und wenn er seine Aufmerksamkeit vor allem auf die zentripetale Bewegung gerichtet hatte, die alle Dinge auf das Subjekt zurückführt, so geschah dies deshalb, weil es noch im Äußeren geblieben war, um gleichsam den Nutzen seiner Anstrengung und die

5 · Die Vollendung der Tat

Neuheit seiner Sichtweise zu rechtfertigen. Jede subjektivistische Lehre geht von einem realistischen Vorurteil aus, sind doch die Gegensätze stets nur die Äußersten innerhalb der gleichen Gattung. Ein völlig konsequenter Idealismus lässt alle Unterschiede, die ihn vom Realismus trennen, verschwinden und beseitigt alles Künstliche in der falsch gestellten Frage, die er zu lösen vorgibt.

Die wahre Schwierigkeit ist somit, zu verstehen, wieso das, was wir erkennen, so reell ist, wie wir es erkennen, ohne dass unsere Einzelerkenntnis absolut notwendig wäre für die Beziehungen, die gleichwohl nur in Bezug auf sie zu existieren scheinen. Wenn es für uns notwendig ist, die objektive Existenz zu denken und zu bejahen, dann ruft dieses Bedürfnis unausweichlich seinen Ausdruck hervor. Deshalb müssen wir schauen, was notwendig ist, damit den Anforderungen unseres Gedankens gemäß diese Existenz notwendigerweise realisiert ist, sogar ohne unseren Gedanken. Denn dieser Gedanke bedarf, um wahrhaft zu sein, dass jene Bedingungen, mit denen er eng verknüpft ist, auch ihrerseits existieren. Es handelt sich also nicht mehr einzig um das Sinnesphänomen, sondern um alle Phänomene, um die positiven oder die metaphysischen, die sittlichen oder die religiösen Wahrheiten. Es handelt sich um jede Form der Realität, die innerhalb der vielfältigen Einheit ein und desselben Determinismus gedacht ist.

Gewiss haben wir bereits damit angefangen, zu verstehen, wie es möglich ist, dass ein Objekt ein Objekt ist. Sein, Sein an sich, Sein durch einen Anderen, darin liegt wohl das Geheimnis der objektiven Existenz, das Geheimnis jedweder entlehnten Existenz, die ihre Quelle nicht in sich selbst hat und dennoch nicht aufhört, zu subsistieren. Aber es ist nicht mehr genug, die Möglichkeit dieser Existenz zu denken; wir müssen schauen, wie sie reell ist und notwendigerweise reell ist. Unter welchen Bedingungen können die Erkenntnis und der Wille Schöpfer ihres Objektes sein? Woher kommt es, dass wir die Glieder des Verhältnisses umkehren und sagen müssen, dass die Dinge, die so sind, wie wir sie erkennen, so erkannt sind, wie sie sind? Wieso ist das, was in uns erscheint, *[458 Problem der objektiven Existenz]* in den Dingen selbst Realität, und zwar solcherart, dass die objektive Wahrheit, ohne dass wir sie jemals dessen bezichtigen können, uns von außen auferlegt zu sein, über uns ihre Herrschaft ausüben und uns von außen beherrschen muss?

Es ist zuerst eine Notwendigkeit, dass die ganze Ordnung der Dinge, so wie die Wissenschaft der Tat sie nach und nach vor der reflektierenden Erkenntnis entfaltet hat, in ihrer Gesamtheit den gleichen objektiven Wert hat. Ein Glied könnte da nicht weniger fest gegründet, nicht weniger notwendig, nicht weniger reell als ein anderes sein. Trotz der äußersten Verschiedenheit der Elemente, die zusammen die Reihenfolge bilden, partizipieren sie alle, sowohl die Sinneswahrnehmung und die positiven Wahrheiten als auch die Bedingungen des individuellen, sozialen oder religiösen Lebens, an ein und derselben hypothetischen Notwendigkeit. Alle, sowohl die Bejahung des lebendigen Gottes als auch das schlichteste physikalische Phänomen, sind immer noch nur Formen eines selben inneren Bedürfnisses. Für alle ist es infolgedessen nötig, von Rechts wegen absolut begründet zu sein; keines kann dies ohne das andere sein. Auch die Erkenntnis selbst, die sie zu enthalten und die sie alle in uns hervorzubringen scheint, ist ihrerseits lediglich ein untergeordnetes und für die anderen notwendiges Glied. Deswegen beseitigen wir die Idee des Bewusstseins nicht, wenn wir so tun, als ob wir unser individuelles Bewusstsein beseitigen, denn während es alles Übrige zu tragen scheint, wird es selbst von allem Übrigen getragen. Es gelingt mir nicht, durch mein Denken das Denken aufzuheben, nicht einmal, mir gedanklich vorzustellen, dass es aufgehoben sei. Ich kann noch so sehr die Abwesenheit meiner Person annehmen, unabwendbar lasse ich das Überpersönliche in mir fortbestehen, die Notwendigkeit wenigstens einer Person außer mir, die alles, was ist, oder alles, was sein kann, mit ihrem Denken und ihrem Willen trägt. So existiert eine notwendige und überpersönliche Wahrheit in uns, die in dem Augenblick unsere Wahrheit ist, da wir sie als unabhängig von uns erachten, und die in dem Augenblick unabhängig von uns ist, da wir anerkennen, dass wir nur aufgrund ihrer Gegenwart in uns eigenes Denken haben. Verleihen wir dem Determinismus der Objekte, die nur insofern Existenz hatten, als sie durch die Tat erfordert sind, eine objektive Gültigkeit, dann erkennen wir jeder einzelnen Synthese, die zusammen den Determinismus bilden, eine eigene Realität zu. Dies zu tun ist nur möglich, wenn wir keines der zusammenhängenden Teile des Ganzen davon ausnehmen und auch unsere Gedanken genauso wie jedes andere kontingente Phänomen in die Reihenfolge einordnen. Die Dinge sind ohne mich, wie sie durch mich sind und wie ich durch sie bin. Von dem Augenblick an also, da die ganze Reihenfolge diesen objektiven Charakter angenommen hat, hört die Notwendigkeit dieses äußeren Determinismus auf, konditional zu sein *[459 Die notwendigen Bedingungen der objektiven Realität]*

5 · Die Vollendung der Tat

und wird absolut. Die Rollen sind gleichsam vertauscht. War die objektive Wahrheit durch die Entwicklung des Willens erst gefordert, so wird sie jetzt fordernd und gebieterisch. Damit diese Vielfalt von Objekten wirklich existiert, ist es also noch notwendig, dass ihre unbegrenzt unterschiedlichen Aspekte durch ebenso viele perspektivische Zentren wahrgenommen sind, die unter einem besonderen Gesichtspunkt diese Verschiedenheit zur Einheit führen. Daher die Wiederholung und die Vermehrung der überall verstreuten Sinneswahrnehmungen, die das notwendige Werk der letztendlichen Bündelung vorbereiten, indem jede ihren besonderen Teil zum unendlichen Reichtum der Natur und zum freien Spiel der göttlichen Weisheit in der Gestaltung der universellen Geschichte beiträgt. Denn damit die Dinge, die wahrgenommen werden, so wahrgenommen werden, wie sie sind, genügt nicht eine wahrnehmende und passive Erkenntnis; es bedarf einer rationalen und hervorbringenden Erkenntnis. Die hervorbringende und rationale Erkenntnis genügt ebenso wenig; es bedarf einer wahrnehmenden und passiven Erkenntnis. Die Realität der Dinge besteht darin, dass sie zwischen diesen beiden Aspekten Vermittler sind. Die Dinge sind demnach unter der Bedingung, dass ihre vielfältige Verschiedenartigkeit handelnd auf den einwirkt, der sie wahrnimmt und sie erleidet. Sie sind unter der Bedingung, dass diese vielfältigen und passiven Wahrnehmungen – zur Einheit eines Gedankens geführt, der imstande ist, sie alle zu umfassen – auf einem Willen gründen, der, indem er sie so hervorbringt, wie sie sind, sie so bejaht, wie sie erscheinen. Was man passiv erleidet, wird man nur und bewirkt man nur, dass es ist, wenn man dieses Erleiden zu einem aktiven Willensvollzug macht.

Die objektive Realität der Seienden ist also mit der Tat eines Seienden verknüpft, das, indem es sieht, bewirkt, dass ist, was es sieht, und das, indem es will, es selbst das wird, was es erkennt. Wenn die Dinge sind, weil Gott sie sieht, sind sie seiner schöpferischen Tat gegenüber zunächst nur passiv und gleichsam in sich inexistent. Aber wenn die Dinge aktiv sind und wirklich reell, wenn sie unter ihrem objektiven Aspekt existieren, kurz gesagt, wenn sie sind, so deshalb, weil der göttliche Blick sie durch den Blick des Geschöpfes sieht, und zwar nicht mehr, insofern er sie erschafft, sondern insofern sie geschaffen sind und ihr Urheber sich ihrer eigenen Tat gegenüber passiv macht. Die Dinge bestehen nicht in einer abstrakten und nichterkennbaren Wahrnehmungsmöglichkeit. Ihre lebendige Realität hängt damit zusammen, dass es, verbunden mit dem All-Wissen und der All-Gegenwart Gottes, eine das Ganze und zugleich das Einzelne erfassende Erkenntnis von allen partiellen Synthesen gibt, die durch alle verstreuten Sinneswahrnehmungen und durch eine jede Vernunft zusammengetragen sind. Die Dinge sind also das, was sie sind, *[460 Das Problem der objektiven Existenz]* als Phänomen und Realität, nur insofern, als sie passiv und aktiv ihrer Ursache selbst gegenüber Initiative übernehmen und auf sie Macht ausüben. Auf solche Weise begegnen sie ihrem Ursprung und ihrem Endziel der Entfaltung im gleichen Mittelpunkt, aus dem sie die ursprüngliche Einheit ihrer entlehnten Tat beziehen und in dem sie die abschließende Einheit der synthetischen Wahrnehmungen finden, deren vorausgehende Bedingung sie sind.

So hat der umfassende Determinismus für jede abgeleitete Existenz eine wesentliche Bedeutung. Für diesen umfassenden Determinismus wiederum ist der zustimmende Gedanke wesentlich, der den Determinismus im Gesamt und im Einzelnen umfasst in der Einheit einer Aktion und einer Passion des Willens. Das cartesianische Kriterium für die göttliche Wahrhaftigkeit verschafft der reellen Wahrheit nur eine Scheinbegründung. Es reicht nicht aus, dass ein reelles Seiendes erkennt, damit das, was erkannt ist, auch sei. Das reelle Seiende muss das sein, was zu erkennen ist, damit dieses Erkannte Sein hat. Die Seienden sind, doch nicht ohne das Sein dessen, der sie sieht und der bewirkt, dass sie sind. Genauso wenig schaffen sie es, sich selbst zu sehen ohne dessen Licht und Gegenwart. Wir gehen somit viel weiter als jeder Realismus und jeder Idealismus. Denn dort, wo man behauptete, unter der Bezeichnung von Metaphysik und von Ontologie bereits die Wahrheit der objektiven Existenz zu finden, müssen wir lediglich bestimmte und zusammengehörende Phänomene sehen. Dort, wo wir nur nicht zu verwirklichende Phänomene anzutreffen glaubten, müssen wir bereits die Festigkeit des Seienden wiederfinden, das sie sieht und alles bewirkt, was sie alle sind, von den reichsten Formen des Denkens und des Lebens bis hin zu den schlichtesten Fakten. Auch das angebliche *Ding an sich* ist noch ein Phänomen und es ist das Phänomen, das wahrhaftes *Ding an sich* wird. Wir haben so den zweifachen Vorteil, das, was der Ordnung der positiven Fakten fremd schien, der Wissenschaft zuzuführen, und das, was der Ordnung der absoluten Realität fremd schien, zum Sein zu bringen.

Die Realität des Phänomens, und mit ihr das ganze System und die Gemeinschaft der Geister, würde sich ohne diese zweifache Bindung des Relativen mit dem Absoluten und des Absoluten mit dem

5 · Die Vollendung der Tat

Relativen auflösen. Nicht, dass das Relative am wenigsten notwendig wäre. Es ist nur insofern reell, als es vom Absoluten die Gabe empfängt, im Absoluten Ursache zu sein. Diese bedingende Notwendigkeit tut der souveränen Unabhängigkeit der ersten Ursache keineswegs Abbruch, sondern sie zeigt einfach nur, welcher Kondeszendenz ihrerseits die Existenz der Zweitursachen unterstellt ist. *Quod sciebat ab aeterno per divinitatem, aliter temporali didicit experimento per carnem* [Was er von Ewigkeit her aufgrund seines Gottseins wusste, hat er anders durch die Erfahrung in der Zeit aufgrund des Fleisches gelernt]. So weit muss man gehen, um, wenn nicht den ganzen Grund und das wahre Ziel, *[461 Die notwendige Grundlage der reellen Ordnung]* so doch wenigstens die Mittel der schöpferischen Liebe zu sehen in der freien Seinsgabe an andere als das Sein selbst. Ohne diese Sicht wird es einem niemals gelingen, die Existenz von was auch immer zu begründen. In ihrem Wesenskern passiv, muss die Natur, um zu sein, eine echte Tat besitzen, und diese Tat muss ihre vollkommene Konsistenz in der Passion des Willens eines Seienden finden, das imstande ist, ihrer Erkenntnis einen absoluten Charakter zu verleihen. Vielleicht hätte der Mensch, dazu bestimmt, in sich das Leben Gottes zu empfangen, diese Rolle des universellen Bandes spielen und für diese schöpferische Vermittlung genügen können, denn diese Immanenz Gottes in uns wäre wie das magnetische Zentrum, das alle Dinge zusammenbinden würde, wie ein Bündel von Nadeln, die durch einen starken Magneten unsichtbar zusammengehalten sind. Damit aber trotz allem die Vermittlung allumfassend, ständig und willentlich wäre, sodass sie mit einem Wort die Realität von all dem sichern würde, was gewiss auch nicht sein könnte, das aber, weil es ist, wie es ist, einen göttlichen Zeugen erfordert, vielleicht brauchte es dann einen Mittler schlechthin, der, wie patiens in Bezug auf agens, sich der gesamten Realität einräumen würde und der wie das *Amen* auf das Weltganze wäre, »*testis verus et fidelis qui est principium creaturae Dei*« [wahrhaftiger und getreuer Zeuge, der Ursprung und Grundlage für Gottes Schöpfung ist]. Vielleicht wäre es nötig, dass er, selbst Fleisch geworden, durch eine notwendige und zugleich willentliche Passion die Realität dessen bewerkstelligen würde, was in Erscheinung tretender Determinismus der Natur und zwangsläufige Erkenntnis der objektiven Phänomene ist, die Realität auch des Versagens des Willens und, als dessen Sanktion, der privativen Erkenntnis, die Realität der religiösen Tat und der erhabenen Bestimmung, die dem Menschen vorbehalten ist, der seinem eigenen Wollen gegenüber völlig konsequent ist. Er ist es, der das Maß aller Dinge ist.

V

Alles, was hier vorausgeht, bringt lediglich die unausweichlichen Forderungen des Denkens und der Praxis zum Ausdruck. Deshalb ist dies erst ein System wissenschaftlicher Verhältnisse, bevor es als Kette von reellen Wahrheiten erscheint. Indem wir denken und handeln, implizieren wir darin diesen unermesslichen Organismus von notwendigen Bezügen. Sie der Reflexion zu unterbreiten, bedeutet, das schlichtweg zu enthüllen, was wir nicht verhindern können anzunehmen, um zu denken und es anzuerkennen, um zu handeln. Ohne es immer als solches wahrzunehmen, sind wir stets zwangsläufig dazu gebracht, die Idee der objektiven Existenz zu denken, die Realität der gedachten Objekte und der verfolgten Ziele anzunehmen, die Bedingungen vorauszusetzen, die erforderlich sind, damit diese Realität existiert. Denn *[462 Die ontologische Lösung des praktischen Problems]* weil wir nicht so tun können, als ob dies nicht wäre, können wir nicht die unerlässlichen Bedingungen von was auch immer nicht in unsere Tat einschließen. Und umgekehrt können wir nicht nicht danach trachten, das, was dem Gedanken nicht nicht immanent sein kann, uns immanent zu machen durch die Praxis. Der Kreis ist geschlossen. Von diesem letzten Glied müssen wir noch die Festigkeit aufzeigen, gerade weil es aufgrund seiner einzigartigen Lage zwischen den beiden Enden der Kette, die es fest miteinander verbindet, eine besondere Rolle spielt. Denn, wenn wir so sagen dürfen, während dieses Glied durch die Praxis bedingt ist, bedingt es seinerseits zugleich die Praxis. Aufgrund einer subjektiven Notwendigkeit sind wir dazu gezwungen, seine reelle Wahrheit zu begründen. Und dieser Wahrheit wird tatsächlich die ganze objektive Realität verliehen werden, die das vertrauensvolle Denken bejahen konnte, eine solche Realität, die die misstrauischsten Forderungen des kritischen Geistes weder erschüttern noch entkräften können.

Die vollständige Darlegung der subjektiven Notwendigkeiten lässt außerhalb dieser keinerlei Anhaltspunkt für den Zweifel oder die Verneinung übrig. Wenn alle Bedingungen des Denkens und der Tat bestimmt sind, wenn der gesamte Inhalt des Lebens ins Bewusstsein reintegriert ist, dann *müssen wir*, ob wir nun wollen oder nicht, denken, dass es ist; deshalb *sollen wir* so tun, als ob es wäre. Die Aufgabe der Wissenschaft scheint ganz negativ zu sein und in der Ordnung des spekulativen Denkens ist sie dies auch. In der Ordnung der Praxis jedoch ist sie ganz positiv. Daher rühren die charakteristische Ambiguität und das unbehagliche Gefühl, die im Laufe dieser Untersuchung bei jeder nächsten Stufe wieder neu aufgetreten sind. Es ist unmöglich, jede neue Stufe nicht zu berücksichtigen, als ob sie definitiv wäre. Für die Tat ist ihre Wahrheit gewiss. Es ist unmöglich, dabei stehen zu bleiben, denn sie ist bloß ein vorübergehender Haltepunkt und für das Denken bloß eine partielle Beziehung. Somit können wir die Festigkeit und die Unbeständigkeit nie genug zugleich betonen, die Wichtigkeit und zugleich die Unzulänglichkeit von jeder dieser fortschreitenden Synthesen, die wir unaufhörlich zu bilden und zu überschreiten haben. So ist es unmöglich, dass die natürliche Ordnung ist, und unmöglich, dass sie nicht ist. Darin liegt die große Bewährungsprobe für den Menschen, der, während er auf unendliche Weise will, oftmals wollen möchte, dass das Unendliche nicht wäre. So ist es auf der anderen Seite unmöglich, dass die übernatürliche Ordnung ist ohne die natürliche Ordnung, für die sie notwendig ist, und unmöglich, dass sie nicht ist, denn die gesamte natürliche Ordnung bürgt für sie, indem sie diese erfordert. Hier liegt der enge Zusammenhang der wissenschaftlich geklärten Voraussetzungen vor, der sich in ein System von reellen Wahrheiten überträgt.

Die theoretische Unmöglichkeit des Zweifels zieht also die praktische Anerkennung *[463 Die absolute Rechtfertigung der Rolle der Tat]* der Realität in dem Augenblick nach sich, da die Möglichkeit der praktischen Verneinung die theoretische Unmöglichkeit der Gewissheit nach sich zu ziehen scheint. Die moralischen Verpflichtungen sind aber nur eine scheinbar ausgesetzte Notwendigkeit. Früher oder später wird das, was sein soll, sein, denn es ist das, was bereits ist. Die Irrwege, die Fehler und die illusorischen Phänomene werden für immer in der Wahrheit begründet bleiben, die deren Irrtum und gegenwärtiges Versagen enthüllen wird. Die Erkenntnis des Unausweichlichen weist uns also auf das hin, was es zu vermeiden gilt. Indem wir sogar das verstehen, was nicht sein sollte, ohne dass jemals die Lüge und das Böse zu existieren aufhören, bezeichnet die Wahrnehmung dessen, was ist, das, was sein soll. Die Pflicht ist das, was ist. Aber das, was ist, umfasst auch jede Verletzung der Pflicht. Auf diese Weise ist der radikale Unterschied zwischen Gut und Böse ohne Dualismus gerechtfertigt und die umfassende Reintegration vom Falschen und vom Wahren ins Sein ohne Monismus. Was die Wissenschaft betrifft, welchen Unterschied könnten wir zwischen dem entdecken, was für immer zu sein scheint, und dem, was ist? Und wie ist die Realität selbst zu unterscheiden von einer unüberwindlichen und ständigen Illusion, oder sozusagen von einem ewigen Schein? Was die Praxis betrifft, verhält es sich anders: Indem sie so tut, als ob es wäre, besitzt allein sie das, was ist, wenn es wirklich ist. Man sollte also nie behaupten, dafür in einer noch so vollkommenen Theorie einen trügerischen Ersatz zu finden. Wir lösen das Problem des Lebens nicht ohne zu leben; niemals dispensiert das Reden oder das Beweisen vom Tun und vom Sein. So sehen wir also, dass die Rolle der Tat durch die Wissenschaft selbst absolut gerechtfertigt ist. Die Wissenschaft der Praxis stellt heraus, dass es für die Praxis keinen Ersatz gibt.

Auf diese Weise ist es eine Notwendigkeit, die Wahrheit der natürlichen Ordnung, der übernatürlichen Ordnung und des göttlichen Vermittlers, der deren Band und Subsistenz ausmacht, vorauszusetzen. Es ist ebenso eine Notwendigkeit, ihre Bestätigung weder anderswo als in der tätigen Praxis suchen zu können, noch sie dort zu verpassen. Setzen wir voraus, dass die Tat diese Bestätigung gebracht hat. Das Glied, das die Kette abschließt, ist dann vollkommen festgemacht. Die beiden Enden mussten zusammengefügt sein und sie sind es. Die Notwendigkeit des umfassenden Determinismus musste in einem freien Willensakt übernommen sein und sie ist es ganz und gar. Die vermittelnde Rolle der Tat musste absolut gerechtfertigt und begründet sein und sie ist es. Die Vermittlung musste das Prinzip von Einheit und Unterschied sein und sie ist es: Wir sind Seiende im Sein. Statt aus der Welt geschafft zu sein, partizipieren die Erscheinungsformen selbst, die Zeitdauer, alle unbeständigen Formen des individuellen Lebens an der absoluten Wahrheit *[464 Die ontologische Lösung des praktischen Problems]* der göttlichen Erkenntnis des Vermittlers. Die Zeit ist nur das, was sie ist, wenn sie vergangen ist, wenn sie eingeht in die Ewigkeit. Sie ist aber, denn es bleibt ewiglich wahr, dass ihre bewegliche und flüchtige Erscheinung unter der Form der Aufeinanderfolge gekannt ist. Die menschliche Person scheint vorüberzugehen, aber ihre Handlungen sind jenseits dessen, was vorübergeht. Ohne aufzuhören, die Ufer der Zeit zu berühren, macht der Mensch mit Freude von der Ewigkeit Gebrauch und zugleich von der ständigen Erneuerung der Zeitdauer. Von dem Standpunkt aus, in dem er eingegrenzt scheint, um ein Individuum zu bleiben, das sich

5 · Die Vollendung der Tat

unterscheidet, macht der Mensch mit Freude von der Universalität Gebrauch und zugleich von der Singularität seines Lebens als Person. Dazu berufen, durch die Augen des Mittlers alle Dinge in der Einheit des göttlichen Plans zu sehen, dazu berufen, sich selbst zu sehen im fortdauernden Akt der göttlichen Freigiebigkeit und sich selbst zu lieben, indem er die immerwährende Liebe liebt, von der er das Sein erhält, ist er dieser Akt seines Urhebers und bringt ihn so in sich hervor, wie dieser im Urheber ist. Durch sein Wollen, das nicht immer gewesen ist, macht er sich eins mit dem Willen, der immer gewesen ist. Er selber hat begonnen; diese Grenze bleibt für immer sein Unterscheidungsmerkmal. Aber wenn die Erscheinungen sich einmal öffnen, ohne sich zu verflüchtigen, um ihm alle Dinge in ihrem universellen Sinn zu enthüllen, dann partizipiert er an der Wahrheit der schöpferischen Liebe. Er ist nichts anderes als unsterblich; er hat das ewige Leben.

Indem wir bloß die Abfolge der Anforderungen der menschlichen Tat feststellen und das erfordern, was die Tat an Realität voraussetzt, um sich zu bilden, befinden wir uns nun dem unausweichlichen Endpunkt gegenüber, von dem, ob wir es nun wissen oder nicht, die gesamte Entwicklung des Lebens und des Denkens abhängt. Dieses letzte Glied der Kette aber hängt nur von allen anderen ab, um alle von sich abhängen zu lassen. Was wir fordern, um zu handeln, ist zuerst von uns gefordert. Gewiss, das, was unserer eigenen Entscheidung vorausgeht, was sie begleitet und ihr folgt, entspricht der tiefen Bewegung der Freiheit. Aber auch alle sinnfälligen, wissenschaftlichen, intellektuellen, moralischen und religiösen Bedingungen menschlichen Lebens finden oberhalb von uns ihren Ursprung und ihre Autorität. Deshalb müssen wir sie durch eine freiheitliche Anstrengung anerkennen, obwohl sie auf spontane Weise in uns impliziert sind. Und deshalb hören sie nicht auf, sich in uns zu realisieren, obwohl wir uns gegen sie auflehnen könnten. Um diese dem Menschen äußere Existenz der ihm inneren Wahrheit zu rechtfertigen, bedarf es einer Art Metaphysik in der zweiten Potenz. Sie begründet nicht allein das, *[465 Die notwendige Grundlage der reellen Ordnung]* was eine erste, noch ganz subjektive Metaphysik uns zu Unrecht als die Realität selbst des Seins darstellte, während es eine bloße Anschauung des Geistes oder ein spekulatives Phänomen war, sondern sie begründet den gesamten Determinismus der Natur, des Lebens und des Denkens. Solange die Wissenschaft sich noch aufbaut, hat sie nur das Unausweichliche zu beschreiben und festzuhalten; sie

III · Das Band zwischen der Erkenntnis und der Tat im Sein

hat nichts Gebieterisches an sich. Wenn sie aber fertiggestellt ist, übernimmt sie die Führung und waltet ihres Richteramtes einzig aufgrund des Übergewichts dessen, was ist. Sobald die Kette zusammengeknüpft ist, tritt der ganze Determinismus, der im Verstand als das Phänomen des menschlichen Willens erschienen war, nunmehr zugleich als eine absolute Realität in Erscheinung, welche der Verstand dem Willen auferlegt. Demzufolge entspricht der Wahrheit des Primats der Tat, *Im Anfang war die That* [deutsch im Original mit französischer Übersetzung, allerdings *Action* mit Majuskel] die große Anerkennung des ebenbürtigen Primats der Wahrheit: »[In] Principio erat Verbum« [Im Anfang war das Wort]. Diese Herrschaft der Wahrheit ist ganz außerhalb von uns; ihr eisernes Zepter wird ihr niemals aus der Hand genommen. Aber diese Herrschaft der Wahrheit ist auch ganz in uns, denn wir bringen in uns selbst alle ihre despotischen Forderungen hervor. In der Bestimmung des Menschen gibt es nichts Tyrannisches, im Sein nichts Willkürliches, in der wahrhaft objektiven Erkenntnis gibt es nichts, das nicht aus dem tiefen Kern des Denkens hervortritt. Darin liegt die Lösung des Problems der Tat und da ist der gemeinsame Knotenpunkt der Wissenschaft, der Metaphysik und der Moral zusammengeschnürt. Es reicht, aus der geringsten unserer Handlungen, aus der geringsten der Tatsachen das herauszuholen, was sich dort befindet, um nicht bloß der unausweichlichen Gegenwart einer abstrakten ersten Ursache zu begegnen, sondern der Gegenwart des einzigen Urhebers und des wahren Vollenders der gesamten konkreten Realität. Bis in die letzte Einzelheit der letzten der nicht wahrnehmbaren Phänomene bewerkstelligt die vermittelnde Tat die Wahrheit und das Sein von allem, was ist. Es wäre doch wirklich seltsam, dass man irgendetwas erklären könnte, losgelöst von dem, ohne den nichts gemacht worden ist, ohne den alles, was gemacht worden ist, wieder zu nichts wird.
[467]

Schluss

Es ist das Bedürfnis des Menschen, sich selbst anzugleichen, sodass nichts von dem, was er ist, seinem Wollen fremd und entgegengesetzt bleibt und nichts von dem, was er will, seinem Sein unerreichbar oder verwehrt bleibt. Handeln heißt, diese Übereinstimmung des Erkennens, des Wollens und des Seins zu suchen und dazu beizutragen, sie hervorzubringen oder ihr zu schaden. Die Tat ist die zweifache Bewegung, die das Sein zu dem Ziel bringt, auf das es zustrebt als auf eine neue Vollkommenheit, und die die Zielursache in die Wirkursache reintegriert. In der Fülle ihrer Mittlerrolle ist die Tat eine Rückkehr des Absoluten zum Absoluten; dem Relativen, das sie zwischen beiden Punkten umfasst und trägt, vergibt sie. Vergeben heißt, das Wahre und das Sein dem geben, der es nicht von sich aus hat.

Die Rolle der Tat ist also, das Sein zu entfalten und es zu konstituieren. Gewiss bestimmt sie das Sein und scheint es sogar auszulaugen, als ob die Anstrengung eine Verarmung des Lebens wäre und als ob die Ausführung die Absicht herabminderte, ohne jemals das Reale dem Ideal anzugleichen. Doch über diesen Schein müssen wir uns hinwegsetzen. Es ist wahr, dass in dem Maße, wie der Handelnde seinem eigenen Wirken und der Aktivität der Kräfte gegenüber, die er an seinem Werk mitwirken lässt, passiv ist, er in seiner Tat selbst eine Art von Verschlechterung erleidet. Die Absicht birgt etwas in sich, das die Ausführung zunächst nicht hervorbringt. Indessen bringt die vollzogene Tat dem Seienden, das sie konzipiert und gewollt hat, einen neuen Reichtum, der weder in ihrem Entwurf noch in ihrem Entschluss da war. Alles, was in der Absicht einfach ideal war, entgeht der Tat nicht. Wenigstens ein Teil *[468 Die Definition der Tat]* davon wird realisiert, und dieses Reale hat im Vergleich zu jenem Ideal eine andere Qualität. Deshalb sind wir anders, nachdem wir gehandelt haben, erkennen wir anders, wollen wir auf eine andere Weise als vorher. Und deshalb verdient es dieser ursprüngliche Zuwachs, untersucht zu werden, und zwar mehr als das Streben selbst, das ihn doch vorzubereiten und ihn bereits ganz zu enthalten schien. Die Tat ist das Zwischenglied und gleichsam der Durchgang, durch den die Wirkursache, die nur eine Idee der Zielursache hat, *intellectu et appetitu* [im Erkennen und im Streben], zur Zielursache gelangt, die sich allmählich der Wirkursache einverleibt, um ihr die Vollkommenheit mitzuteilen, nach der sie strebte, *re* [in Realität]. Die Tat scheint uns zu erschöpfen; sie erfüllt uns. Sie scheint aus uns nach außen zu treten, aber was so von unserem innersten Kern ausgeht, führt das zu uns, was außerhalb ist wie ein zu erreichendes Ziel und macht uns die gesamte Reihenfolge von Mitteln immanent, durch die wir von unserem Ursprung zu unserem Zielpunkt streben. Von sich geben, besagt also, mehr gewinnen, als man gibt. Das Leben, das sich am meisten geopfert hat und am extensivsten ist, ist auch das intensivste Leben.

Es ist auch richtig, dass die Ergebnisse der Tat unendlich verschieden sind und sogar entgegengesetzt, je nachdem wie der Mensch von seiner Freiheit angesichts der Alternative Gebrauch macht, von der wir sagen können, dass sie die größte Angelegenheit seines Lebens und das einzig Notwendige ist. Aber es geht zunächst nicht darum, die Tat zu regulieren oder zu beurteilen. Es geht darum, festzustellen, was sie ist, und, wenn wir so sagen dürfen, ihre Spannweite vom einen bis zum anderen Ende ihrer reellen Entwicklung zu ermessen. Diese vollständige Sicht auf das, was sie ist, genügt, um herauszustellen, was sie sein muss. Die Autorität des Gesetzes, das sich der Tat auferlegt, geht gerade daraus hervor, dass die Wissenschaft nicht vom Gesetz selbst ausgeht, sondern dass die Wissenschaft, ohne es gesucht zu haben, aufgrund der unausweichlichen Macht dessen, was ist, zu ihm gelangt. Auch indem wir uns dieser Regel entziehen, räumen wir sie trotzdem ein; diese Regel ist nicht bloß ein Ideal, sondern bereits eine Wahrheit, sie ist die Wahrheit selbst. Denn aufgrund dessen, was sie an Realität in sich tragen, folgen die Irrtümer aufeinander; und wenn wir sie alle durchlaufen, gelangen wir zur vollen Realität, die sie alle umfasst und über sie urteilt.

Die Erforschung der Tat hat deshalb als notwendiges Ergebnis, die Formulierung des Problems zu rechtfertigen, das sich allen stellt, wenn sie das ursprüngliche Streben des Menschen vollständig entfaltet, und ebenso hat sie zum Ergebnis, das Gesetz des menschlichen Lebens zu bestimmen, indem sie schlicht feststellt, was ist. *Veritas norma sui* [die Wahrheit ist ihre eigene Norm]. Keine Ermahnungen oder Unterweisungen könnten diese Sicht auf das Unausweichliche aufwiegen. Um dem Menschen die große und heilsame Unruhe wegen seiner Bestimmung zu übermitteln, hat die Wissenschaft ihm nur das aufzudecken, was er tut; sie braucht lediglich *[469 Rolle und Folgen der Tat]* den weiten Abstand zwischen den beiden Enden unerschütterlich auszumessen, zwischen denen der Mensch pendelt. Ohne ontologisch oder deontologisch voreingenommen zu sein, ohne überzeugen zu wollen, mit der ruhigen Sicherheit der Liebe, die je beherrschter umso dringlicher ist, brauchen wir diese Wahrheit sich trotz aller Widerstände nur entwickeln zu lassen. Wir müssen genug Vertrauen in sie haben, um nichts außer ihrer Gegenwart allein zu erwarten. Statt zu versuchen, sie mit einer Lehre abzustützen, müssen wir ihr alle Lehren entgegenstellen, die sie ablehnen, damit sie trotz aller in allen herrscht und sogar jene beherrscht und mit einbezieht, die sie zu ignorieren oder auszuschließen scheinen. Das, was ist, ist das, was sein soll, und ist das, was sein wird.

Die Wissenschaft der Praxis betreiben und dabei die Angleichung der Tat herausfinden, besagt also nicht nur, dass wir vor dem reflexiven Denken den ganzen Inhalt des spontanen Bewusstseins entfalten. Es heißt vielmehr, dass wir auf das Mittel hinweisen, um all das in den gewollten Vollzug zu reintegrieren, was am Ursprung des Willensvollzugs überhaupt liegt. Es handelt sich nicht um eine partielle Erkenntnis oder eine moralische Überlegung, die gewiss geeignet ist, den guten Willen aufzuklären, allerdings ohne demonstrativen Charakter. Es geht hier um eine allumfassende Wissenschaft, die dazu imstande ist, den universellen Determinismus der Tat zu umfassen und seiner kontinuierlichen Entfaltung nachzugehen, die die notwendigen Konsequenzen der Tat bis ins Unendliche führt. Der Kreis vom Denken zur Praxis und von der Praxis zum Denken muss in der Wissenschaft geschlossen werden, weil er dies auch im Leben ist. Auf diese Weise ist dieses zweifache Verhältnis zwischen der Erkenntnis und der Tat mit einer neuen Genauigkeit bestimmt. Einerseits entfalten die menschlichen Handlungen ihre Folgen und legen sie uns zu Recht auf, ohne dass wir, um dafür verantwortlich zu sein, ihren gesamten Inhalt deutlich erkennen müssten, ohne dass die Klarstellung ihrer oft vergessenen und verkannten Tragweite sie wesentlich ändert, ohne dass irgendeine spätere Erkenntnis durch ihre Bekräftigung deren Bedeutung abwandelt. Andererseits genügt das Wenige an innerer Klarheit, das auf die Tat folgt, sie begleitet und vorbereitet, um sie zu lenken und ihren unermesslichen Organismus in Gang zu setzen, so wie das Ruder, das, so klein es auch ist und im Achterschiff angebracht, das Schiff in seiner Fahrt nach vorne lenkt.

Deshalb gibt es zur Lösung des Problems anscheinend zwei Methoden, eine indirekte und eine direkte, eine wissenschaftliche und eine praktische, aber diese zwei Methoden müssen zusammenkommen. Deshalb hat das Wort *Bestimmung* selbst zwei Bedeutungen, aber diese beiden sind in gleicher Weise berechtigt. Dieses zweideutige Wort bezeichnet die *[470 Die praktische Dialektik]* notwendige Entwicklung des Lebens, unabhängig von jeglichem Eingriff des Menschen in den Fortgang der Geschehnisse, die sich in ihm und außerhalb von ihm abspielen. Zu gleicher Zeit bezeichnet das Wort die persönliche Weise, in der wir zu unserem letzten Ziel gelangen, je nachdem wie wir das Leben verwenden und unseren Willen gebrauchen. – Es ist unerlässlich aufzuzeigen, dass es eine Logik der Tat gibt und dass die Verkettung der Willensvollzüge einem strengen Determinismus unterworfen ist. – Es ist ebenfalls unerlässlich, aufzuzeigen, dass die praktische Erfahrung eine hinreichende Klarheit enthält, dass diese die Wissenschaft ersetzt, ohne dass die Wissenschaft sie ersetzt, dass sie eine auf ihre Art wissenschaftliche Genauigkeit bietet, auch wenn diese moralische Disziplin jeder theoretischen Rechtfertigung entbehrt. Diesen doppelten Aspekt des Problems ins Auge zu fassen, dabei die Einheit der Lösung sehen zu lassen, ist Gegenstand dieses Schlussteils.

I

Weil wir im Leben selbst das Gesetz des Lebens finden müssen und weil es genügt, der Tat all das zu zeigen, was sie ist, um sie zu beurteilen, wird folgende zweifache Wahrheit ihre Bestätigung finden. Einerseits sind alle möglichen Formen der Tat faktisch miteinander vereinbar; die Wissenschaft der Praxis trägt sie alle zusammen. Im Realen gibt es keine Widersprüche; dort gibt es nur Gegensätze, deren entgegengesetzte Entwicklungen ein und derselbe Determinismus verkettet. Andererseits wird unter diesen verschiedenen miteinander vereinbaren Formen der Tat ein Widerspruchsprinzip sichtbar, das im Faktischen selbst seine Berechtigung aufrechterhält und über den Sinn des Seins auf absolute Weise entscheidet. Vereinbarkeit und Ausschluss: Diese tiefe Bedeutung des Widerspruchsgesetzes gilt es zu erklären. Das Gesetz lässt die Wahrheit im Irrtum herrschen, ohne

Schluss

den Irrtum aufzuheben; es führt das Absolute des Seins in das Phänomen ein, ohne das Relative des Phänomens aufzuheben.

Überall in der natürlichen Geschichte der Tat ist es möglich gewesen, den variablen Faktor auszuschalten, um nur den allgemeinen Charakter und jenen Zug zu betrachten, der für jedwede Entwicklung der menschlichen Aktivität wesentlich ist. Während wir die voreiligen Bewertungen und die oftmals vermessenen Urteile beiseitelassen, die man über die Qualität der Handlungen fällt, mussten wir diese alle untersuchen, ohne irgendeine zu bewerten. Das heißt, dass es unter den kontingenten und willkürlichen Formen des Lebens stets eine notwendige Abfolge und gleichsam ein starres Gerüst gibt, worauf die *[471 Die Logik der Tat]* geschmeidigsten und unterschiedlichsten Bewegungen sich stützen. Vielleicht hatte es so ausgesehen, dass mehrere Kapitel dieses Buches, vor allem die am Schluss, über die Ordnung der Vernunft hinausgehen oder dass sie weder die überpersönliche und universelle Gültigkeit noch die zwingende Notwendigkeit der Wissenschaft haben. Gewiss kann man sich dem Schein nach den Konsequenzen dieses Determinismus der Praxis entziehen. Aber im Kern der Sache entrinnen wir ihm nicht. Die Kraft der wahren Kritik des Lebens muss darin liegen, dass unter allen oberflächlichen und zeitweiligen Abweichungen jene verborgene Logik der Tat gefunden wird, deren Gesetze nicht weniger streng sind als die der abstrakten Wissenschaften.

Dies reicht noch nicht. Denn alle Gesetze des Denkens, alle einzelnen Formen der Logik gehen in diesen konkreten Determinismus der Praxis ein, von dem sie lediglich ein losgelöster Aspekt sind. Die Logik der Tat ist keineswegs eine Teildisziplin. Sie bildet wirklich die *allgemeine Logik*, die nämlich, in der alle anderen wissenschaftlichen Disziplinen ihr Fundament und ihren Zusammenhalt finden. Um ihren ganzen Inhalt zu entfalten, müssten wir durch eine tiefgehende Analyse der Bedingungen, die der Wille sich selbst auferlegt, die treibenden Kräfte der menschlichen Bestimmung ermitteln. Von diesem Unternehmen, das eine eigene Abhandlung erfordern würde, kann hier nur mit einigen wenigen Worten die Rede sein, insofern die Erkenntnis dieser der Tat innewohnenden Notwendigkeit einen praktischen Nutzen hat.

Wenn es wahr ist, dass der Wille nichts erleidet, was er nicht gutheißt, und es nichts gibt, was er nicht auch will, ist es nicht weniger wahr, dass die Bedingungen, die er braucht, um das zu sein, was er will, streng miteinander verkettet sind aufgrund der verborgenen

Anregung seiner eigenen Absicht. Es ist ebenfalls nicht weniger wahr, dass diese Notwendigkeit, die ihren Ausgangspunkt in uns hat, nicht von uns abhängt und ihren Ursprung außerhalb von uns in der reellen Wahrheit hat. Auch wenn die Gesetze des Denkens und des Lebens bereits von ihrem Ursprung her zum Willen gehören, sind sie in ihrer Anwendung wie in ihrer ersten Einführung nicht weniger notwendig und auferlegt. – Aber gerade weil sie die unausweichliche Wahrheit ausdrücken und gerade weil ihnen eine verborgene Initiative des Willens zugrunde liegt, bewahren sie in ihrer Notwendigkeit eine Eigenart, die ans Licht zu bringen von wesentlicher Bedeutung ist. Die einzelnen Formen der Logik haben das Recht, das, was sich ihrem Zugriff entzieht, auszuschließen, oder das Recht, es zu ignorieren. Die Logik der Tat, eben weil sie allumfassend ist, muss in gewissem Sinn sogar das enthalten und aufnehmen, was sie verdammt und ausschließt.

[472 Der Mechanismus der Bestimmung des Menschen] Im Unterschied zur abstrakten Wissenschaft des Denkens, die die Ideen isoliert und durch Einschluss oder vollständigen Ausschluss verfährt, bringt die konkrete Realität des Lebens die Gegensätze fortwährend zusammen. Was unter spekulativem Gesichtspunkt unvereinbar und formell genommen widersprüchlich ist, verbindet sich tatsächlich so, dass es neue Synthesen bildet, die sich von ihren Elementen unterscheiden; und wie im Mechanismus von zusammengefügten Teilen bringen alle Bewegungen ihre ausgleichende Wirkung hervor. In der ganzen Untersuchung der menschlichen Tat ist nichts wichtiger als dieser Zusammenhalt dessen, was wir tun, mit dem, was wir nicht tun. Es gibt keine Handlung, die nicht die gegenläufigen Strebungen zusammenfasst und nicht sowohl mit deren Besiegten als auch mit den Siegern ein System bildet. Die Motive, die für das Denken widersprüchlich sind, bleiben in der Tat zusammengehörig. – Umgekehrt gibt es in der Ordnung der Phänomene niemals formelle Widersprüche, denn die einzelnen Aussagen, die gegebene Fakten ausdrücken, sind niemals widersprüchlich. Und dennoch gilt das Widerspruchsgesetz für die reelle Vergangenheit. Während also vom formalen Gesichtspunkt her das Zusammengehen unmöglich ist, ist vom Gesichtspunkt der Realität her der Widerspruch unmöglich. Während alles kontingente Zukünftige miteinander im Gedanken vereinbar ist, sind in der Realität die vergangenen Handlungen miteinander unvereinbar. Mehr noch, wir können immer nur Gegensätzliches realisieren und dennoch herrscht das Widerspruchsgesetz über unsere voll-

Schluss

brachten Handlungen. Niemals sind die Widersprüche faktisch gegeben. Und dennoch, wenn wir handeln, implizieren wir in unseren Handlungen, die sich lediglich auf Gegensätzliches zu beziehen scheinen, das Widersprüchliche, das wir nicht realisieren. Auf welchem Weg können wir dieser Zwickmühle entkommen?

Es ist die Tat, die das Widerspruchsgesetz in den Kern der Dinge einbringt, indem sie als Bindeglied zwischen diesen gegensätzlichen Formen des Denkens und des Lebens dient und fortwährend eine experimentelle Synthese des Gegensätzlichen bewirkt. Wie gelingt ihr das? Die Phänomene, wenn wir sie schlichtweg für das nehmen, was sie sind, widersprechen sich nie, weil sie stets verschiedenartig und zusammengehörig sind. Wenn das Widerspruchsgesetz also für das Vergangene gilt, so aus dem Grund, dass die *Handlung*, die unter der in Erscheinung tretenden *Tatsache* liegt, in das Phänomen etwas anderes als das Phänomen hineingebracht hat, auch etwas anderes als das Mögliche. Die ganze Bewegung des inneren Lebens läuft auf die notwendige Seinsbejahung zu, weil diese Bewegung auf dieser Notwendigkeit selbst gegründet ist. Die Alternative, die sich jedem menschlichen Bewusstsein auferlegt und die uns als Einzige in der Praxis vor Widersprüche stellt, *[473 Die Logik der Tat]* enthüllt lediglich das Spiel dieser inneren Dynamik. Auf der anderen Seite, weil der Wille, indem er sich den Bedingungen gemäß entscheidet, die er seiner eigenen Entwicklung auferlegt, das Glied der Alternative, das er ablehnt, nicht beseitigt, geht daraus hervor, dass, was er auch gewählt haben mag, er in sich die Gegenwart des ausgeschlossenen Glieds bewahrt als Element der von ihm gebildeten Synthese. Das, auf das der Wille verzichtet, στέρησις [Beraubung, »privatio«], ist nicht auf absolute Weise außerhalb von ihm. Darum ist das Opfer der Phänomene durch die Abtötung nur scheinbar; darum hingegen verliert er sich, aber ohne sich deswegen zu vernichten, wenn er das Ungelegene der Pflicht oder die Forderungen »des einzig Notwendigen« beiseitedrängt. Niemals entkommen wir der Notwendigkeit, die Widersprüche zu implizieren, und immer realisieren wir eins davon nur, wenn wir das andere eliminieren. Durch den Verzicht gewinnen wir doppelt; durch den Genuss, der anderes ausschließt, verlieren wir doppelt. Das Phänomen, obwohl es dem Widerspruchsgesetz fremd ist, ist solcher Art, dass wir in ihm zwischen denen zu entscheiden haben, die sich widersprechen: entweder das zu erlangen, was wir großzügig zu opfern scheinen, oder uns das entgehen zu lassen, was wir geizig festzuhalten scheinen.

Schluss

Das Problem der Logik ist also nur ein Aspekt des Problems der Tat. Die Praxis ruht nicht nur auf einer Dialektik auf, deren strenge Genauigkeit aufgewiesen werden kann, sondern auch die abstraktesten Gesetze des Verstandes haben ihre volle Bedeutung nur in Bezug auf die konkrete Entwicklung des Lebens. Deshalb würde die vollständige Untersuchung des Mechanismus des Denkens und der Praxis uns dazu führen, die verschiedenen Einzelformen der noch bruchstückhaften Logik miteinander zu verknüpfen und zugleich die innere Triebkraft herauszustellen, die zu allem in uns den Anstoß gibt und auf unsere Bestimmung hinwirkt. Eine solche Untersuchung hätte einen zweifachen Nutzen. Denn sie würde schließlich jenen allgemeinen *Kanon* für den menschlichen Geist bilden, von dem die formale Logik und die Methodologie der verschiedenen Wissenschaften bloß Stichproben bieten. Zugleich würde sie die Lösung des moralischen Problems von der ganzen Strenge profitieren lassen, die zu der abstraktesten und exaktesten der Wissenschaften gehört. Die Rolle der Logik der Tat besteht also darin, die Kette der Notwendigkeiten zu bestimmen, die das Drama des Lebens ausmachen, und es zwangsläufig zur Lösung führen. Indem sie den wissenschaftlichen Charakter dieser Verkettung aufzeigt, muss sie gerade deswegen eine sichere Wirkungskraft haben. Sie stellt heraus, dass die Lösung unausweichlich ist und notwendigerweise aufs Ganze geht. Sie weist auf, dass jegliche Praxis, die auf einer unvollständigen Theorie aufruht, waghalsig ist, dass aber *[474 Die Methodenlehre der Moral]* die vollständige Theorie zwangsläufig zur Praxis führt, denn das Problem, das sich uns mit der Tat gestellt hat, vermag einzig die Tat zu lösen. Die Logik der Tat zeigt die äußersten Zielpunkte an, zu denen der Elan des menschlichen Willens gelangen kann. Zwischen die erste Gegebenheit und jene letzten Lösungen des Problems fügt sie die gesamte Abfolge der notwendigen Zwischenglieder ein. Sie behauptet aber nicht, durch bloßes Betrachten die Lösung zu realisieren, die allein der tatkräftigen Praxis zusteht. Im Gegenteil: Die Spekulation muss die Gefahren der Spekulation beheben, indem sie aufweist, dass sie dem Bewusstsein eine Klarheit gibt, die nicht bloß zum Leuchten da ist, sondern um darin vorwärtszugehen. Erkennen stellt nicht frei vom Tun; Tun kann vom Erkennen freistellen. Wenn das Leben selbst für gescheite Leute ein Rätsel ist, so genügt ein voller guter Wille, damit selbst die einfachen Leute es fließend lesen. Es spielt schließlich keine große Rolle, ob sie wissen, was sie tun, insofern sie tun, was sie wissen. Die Lauterkeit des Gewissens und die Gewahrwerdung der

Schluss

lebendigen Wahrheiten hängen mehr von den Handlungen ab als von den Gedanken. Denn niemals genügt es ganz, das zu tun, was man für gut erachtet; es muss auch gut sein, zu erachten, dass man es tun muss. Die Logik der Tat sucht einzig eine Wegstrecke zu entdecken, die es dem Verstand der Klugen erlaubt, langsam und sicher die Gipfel der einfachen und kleinen Leute zu erreichen; sie führt sie zu einem Ausgangspunkt. Aber das Licht, mit dem die Logik der Tat den Weg ausleuchtet, befreit niemanden von der Anstrengung, die notwendig bleibt, um dorthin aufzusteigen.

II

Es mag so ausgesehen haben, dass eine *Wissenschaft der Praxis* Verhaltensregeln formulieren müsste, das Gewissen zum Guten anspornen und uns wirkungsvoll zu lehren, was wir zu tun haben. Aber gerade dieser Anspruch jeglicher Moral, die sich anmaßt, das Problem des Lebens zu lösen, ohne über das biedere Mittelmaß erbaulicher Belehrungen hinauszukommen, musste bekämpft werden. Eine echte Wissenschaft der Bestimmung des Menschen kommt nicht so billig zustande, und die Tat ist zu komplex, um sich auf diese Weise lenken zu lassen. Zwischen der Geradlinigkeit des Menschen, der, ohne zu diskutieren und ohne sich mit seinem Gewissen durchzuschlängeln, um diesen Preis das Vorrecht der unfehlbaren Einfachheit bewahrt, und der vollständigen Erkenntnis der von der Tat geforderten notwendigen und hinreichenden Bedingungen gibt es gewiss Raum für die delikate Kunst heilsamer Ermahnungen oder für die Überlegungen des *[475 Wissenschaft der Praxis und praktische Wissenschaft]* Moralisten. Keinen Raum gibt es da für eine wirklich wissenschaftliche Lösung des Problems der Moral. Mit Absicht mussten wir auf jede moralisierende Belehrung verzichten, um von der Verschiedenheit zu abstrahieren, die im Leben von der freien Gewissensinitiative herbeigeführt wird, und um einfach das zu bestimmen, was in der umfassenden Entfaltung der menschlichen Tat unausweichlich und notwendig ist. Verglichen mit der abschließenden Belehrung, die diese Methode vorbereitet, ist alles Übrige von zweitrangiger Bedeutung. Der Schluss einer solchen Untersuchung besteht darin, den illusorischen und superstitiösen Charakter jedweden Versuchs aufzuweisen, um auf unmittelbare Weise eine Morallehre zu gründen, die imstande ist, sich selbst zu genügen und eine autonome Wissenschaft zu bilden. Es gibt keinen in sich abgeschlossenen Begriff der Pflicht, der aus sich heraus Gültigkeit hätte und der mittels ganz formaler Vorschriften das Gute bilden würde. Ebenso wenig gibt es eine spekulative Wahrheit, deren adäquate Wahrnehmung das vollkommene Leben bewerkstelligen könnte. Weder das Problem der Ethik noch das Problem der Metaphysik könnten je für sich allein gelöst werden. Es gibt keine Morallehre außerhalb der Wahrheit, aber die verstandene Wahrheit ist aus sich selbst allein keine Morallehre. Das Geheimnis des Lebens ist tiefer, als Kant oder Spinoza es gesehen haben.

Vielleicht scheint folgendes Ergebnis ganz negativ: »Die Tat genügt sich nicht; der Mensch findet seine Regel und sein Endziel nicht in sich selbst«. Aber gerade deswegen ist das Ergebnis äußerst wichtig. Es beseitigt Illusionen, die, wie großmütig, durchdacht und zäh sie oft sein mögen, gleichwohl Illusionen sind. Ist es wirklich nutzlos, herauszustellen, dass wir uns im Weg irren, wenn wir hoffen, dass die Morallehre als Wissenschaft begründet werden kann, ohne dass wir über die natürliche Ordnung oder das Phänomen der Pflicht oder gar über die metaphysischen Begriffsvorstellungen hinausgehen? Ist es nutzlos, aufzuzeigen, dass jede vom Menschen unternommene Anstrengung, sich auf diese Weise im Denken und im Leben zu beschränken, superstitiös ist? Ist es nutzlos, zu bestimmen, unter welchen Bedingungen die Praxis des Lebens gesichert und im eigentlichen Sinn wissenschaftlich werden kann? Dies sind nur Prolegomena zu einer Morallehre, denn es handelt sich nicht darum, den Inhalt irgendeiner Vorschrift zu bestimmen. Wenigstens hat diese Untersuchung eine Bedeutung, die die schönsten und genauesten Formulierungen unserer Pflichten nicht bieten. Sie zeigt nämlich auf den einzigen Weg, den wir zu gehen haben, damit das Gute das Gute sei. Sie zeigt die notwendigen Voraussetzungen, damit die Erkenntnis der Pflicht etwas anderes als eine eitle Theorie ist, und die erforderlichen Bedingungen, damit die Praxis der natürlichen Tugenden wirkungsvoll und völlig heilsam wird. Es mag hart scheinen, den Pflichtgetreuen wie [476 Die Methodologie der Morallehre] den wilden Fetischisten im gleichen Vorwurf der Superstition zusammenzubringen, aber dies wäre für den Erstgenannten nur insofern ungerecht, als er selbst für Letzteren ungerecht wäre. Beide können der Wahrheit gleich nahe sein oder gleich weit davon entfernt, denn auch arg derbe Handlungen können noch zum Guten führen. Doch wenn wir beanspruchen, mit dem Teil der Erkenntnis zufrieden zu sein, zu dem wir gelangt

Schluss

sind, und, von dem wenigen Licht profitierend, das wir bereits haben, uns vor jeder neuen Klarheit und jeder neuen Anforderung verschließen, dann liegt Anmaßung eines untauglichen Denkens und Perversion der Wahrhaftigkeit vor. Voller Bewunderung und zärtlicher Zuneigung für all die großherzigen Menschen, woher sie auch kommen mögen, die vorangehen und sich einem Werk des persönlichen und gesellschaftlichen Wohls widmen, könnten wir all die anmaßenden Menschen mit unnachgiebiger Strenge nicht genügend gegen sich selbst wappnen (ohne jemals jemanden zu verdächtigen, denn das Geheimnis des Gewissens entzieht sich uns), die auf jenem Weg stehen bleiben und die anderen anhalten, auf dem wir aber stets weiterschreiten müssen, ohne uns je dessen zu rühmen, angekommen zu sein. Um sich vom wilden Fetischisten zu unterscheiden, steigern die Anmaßenden nur ihren Hochmut. Und wenn sie meinen, selber das erste und letzte Heilswort zu entdecken und dies zu verbreiten, sind sie, statt zu handeln, bloß in Aufregung.

Es gibt also keine Vermittlung, zwischen der *Wissenschaft der Praxis* und jener *praktischen Wissenschaft*, die aufruht, nicht auf theoretischen Überlegungen, sondern auf einer Kultur des praktischen Sinnes, die von der Praxis selbst gebildet wird. Die Rolle der erstgenannten Wissenschaft besteht darin, zu verhindern, dass man die zweite verdrängt oder verstümmelt. Wir brauchen nicht zu wissen, was wir tun, um es wissentlich zu tun. Der Gedanke, der sich auswirkt, ist nicht notwendigerweise ein vollständiges System analytischer Abstraktionen, πρᾶξις μετὰ λόγου [Praxis nach dem Wissen]. Er ist vielmehr eine konkrete Synthese, die in jeder inneren Haltung das ganze Werk des Lebens für das Bewusstsein zusammenfassen kann, λόγος μετὰ πράξεως [das Wissen nach der Praxis]. Auch ohne von theoretischer Rechtfertigung begleitet zu sein, trägt die Tat eine hinreichende Gewissheit in sich. Sie bildet eine schlüssige Methode. Sie ist eine Erfahrung im wissenschaftlichsten Sinn des Wortes, das heißt eine unerbittliche und demonstrative Erfahrung, die die spekulative Forschung ersetzt und selbst durch nichts ersetzt werden kann. Der Verstand bestätigt die praktische Methode, indem er zeigt, dass sie eine Bestätigung gar nicht nötig hat. Die Schlussfolgerung einer Wissenschaft der Tat muss also nicht sein: »Dies ist es, was wir denken oder glauben oder tun müssen«. Was heißt das? Sie muss sein: tatsächlich zu handeln. Darauf kommt alles an.

So gibt es einen direkten Weg, der von dem Punkt ausgeht, zu dem die indirekte Methode *[477 Wissenschaft der Praxis und prakti-*

sche Wissenschaft] der Wissenschaft uns als ihr Ergebnis hinführt. Denn es handelt sich nicht um ein Problem, das zu lösen ist, wenn wir dies können, sondern um ein Projekt, das zu realisieren ist, wenn wir dies wollen. Eine Lösung ist stets unausweichlich; deshalb ist es dringender, sie vorzubereiten, als sie vorher zu bedenken. Im Hinblick auf dieses notwendige Endziel ist das Bedenken im Voraus jedem freigestellt, aber die Vorbereitung darauf ist verbindlich. Sich darauf vorzubereiten, indem man den Weg erschließt, der nicht von vornherein gebahnt ist, indem man die Wahrheit tut, noch bevor man sie klar sieht, indem man sich mit Wirklichkeit erfüllt, um das Licht zu verdienen, darin besteht die stets zugängliche und einzig unentbehrliche Wissenschaft für den, der keine andere hat. Die asketische Lebensweise ist eine wahre Wissenschaft, die einzige für die Gewissensführung. Sie erleuchtet die, die sich darin üben, und gewährt ihnen, anderen Menschen ein Licht zu sein durch ein vollkommenes Feingefühl, das jenem inneren Tastsinn der Praxis die ganze Genauigkeit des Sehens verleiht. Aufgrund einer Umkehr der Perspektive müssten wir deshalb die Reihenfolge der praktischen Notwendigkeiten jetzt als ein System von moralischen Verpflichtungen betrachten und die Schlussfolgerungen der Logik der Tat in die Anordnungen des Gewissens übertragen. Solches wäre Gegenstand einer eigenen Untersuchung. Es möge genügen, zusammen mit der Verschiedenheit der Standpunkte auf die Konvergenz dieser beiden Methoden, der spekulativen und der empirischen, hinzuweisen. Denn in diesem Empirismus der Pflicht liegen alle Elemente der wahren Wissenschaft der Praxis beschlossen.

Die vollständige Theorie der Tat schloss mit der Praxis ab. – Die Praxis ihrerseits muss zu der vollständigen Erkenntnis der tiefen Gründe führen, die sie rechtfertigen oder verurteilen. Die Vorschriften sind gleichsam Hypothesen, deren Wahrheit wir zu überprüfen haben. Die dunkle Klarheit des Gewissens ist dazu bestimmt, durch die getreue Praxis das volle Licht der Wissenschaft zu werden.

Vor dem abwärts gerichteten Blick der analytischen Reflexion war der Determinismus der Tat als eine Reihenfolge notwendiger Mittel und zwingender Verhältnisse erschienen. – Vor dem Blick des sittlichen Gewissens erscheint er als eine Stufenleiter von Zielen, die den guten Willen herausfordern und die Ausübung der Freiheit innerhalb der Alternative ermöglichen, von der die ganze Bestimmung des Menschen abhängt.

Mittels einer spekulativen Vorwegnahme hatte die Wissenschaft der Tat versucht, die Konsequenzen der Praxis im Voraus zu betrachten und der jetzigen Erkenntnis die künftige Enthüllung ihres unermesslichen Inhalts zu unterbreiten. – Mit einer praktischen Anstrengung bereitet die sittliche Erfahrung das vor, was sie im Voraus nicht erblickt, und während sie damit beschäftigt ist, *[478 Die Methodologie der Morallehre]* das aktuelle Leben mit der gesamten möglichen Realität zu erfüllen, sät sie das Zukünftige im Gegenwärtigen

Die Logik der Tat hatte die fortwährende Versöhnung der Gegensätze innerhalb der Ordnung der Phänomene bis zum letzten Widerspruch aufgezeigt, der dem Willen eine zwangsläufige Option auferlegt. – Was in der Praxis Versöhnung von Gegensätzen war, wird Opfer und Abtötung, was Alternative und notwendiger Widerspruch war, wird totaler Gewinn oder frei vollzogener Verlust. Denn wenn wir die scheinbaren Güter opfern, gewinnen wir das reelle Gut und wir haben sogar das gerettet, was abgetötet schien. Indem wir uns aber an das vorübergehende Leben klammern, verlieren wir dies zusammen mit dem Leben, das nicht vorübergeht.

Die spekulative Wissenschaft, so vollkommen wir diese auch annehmen, beschränkte sich auch darauf, die Zusammengehörigkeit der verschiedenartigen Phänomene und die relative Ursprünglichkeit der aufeinanderfolgenden Synthesen zu zeigen, die sie untersucht, aber ohne die Kraft hervorzubringen und konsequenterweise ohne sie zu kennen, die wie ein Funke Leben die Zusammensetzung der Elemente bewirkt. – Die Praxis ihrerseits bewirkt dieses Wunder ständig. Sie ist somit die Substanz dessen, was erkannt wird, und die realisierende Wahrheit der universellen Ordnung. In der Praxis haben alle Formen der Wissenschaft und des Lebens ihren gemeinsamen Existenzgrund: die Gegebenheiten des Sinnenlebens trotz ihrer Unbeständigkeit, die wissenschaftliche Symbolik trotz ihrer Inkohärenz, die Dynamik des subjektiven Lebens trotz der Instabilität, die fortwährend sein Gleichgewicht stört, die organischen und gesellschaftlichen Phänomene trotz des Determinismus, der eine Synthese immer nur bildet, um daraus ein Element von späteren Synthesen zu machen. Das Sein ist niemals in der von der Tat getrennten Idee. Und sogar die Metaphysik, wenn wir sie zunächst unter ihrem spekulativen Aspekt betrachten, ist nur dann wahr, wenn sie, als Stufe im System der Phänomene, eingeht in die allgemeine Dynamik des Lebens. Die Tat begründet die Realität der idealen und sittlichen Ordnung. Sie enthält die reelle Gegenwart dessen, was ohne sie die Erkenntnis sich bloß vorstellen kann, was aber mit der Tat und durch die Tat lebendige Wahrheit ist.

Schluss

So trägt die Praxis ihre eigene Gewissheit und ihr eigenes wahres Licht in sich. Gewiss ist dieses Licht nicht anderer Natur als jenes des spekulativen Schauens, aber dennoch unterscheidet es sich davon, wie sich zwei Aspekte der gleichen Landschaft unterscheiden, je nachdem die Sonne sich vor oder hinter dem Betrachter befindet. Die Sicht ist dort klarer, wo das Licht weniger strahlt; der Widerschein weist uns den Weg besser als der Brennpunkt des Lichtes. So wie der Lichtschein des Bewusstseins aus der Tat hervorgeht, *[479 Wissenschaft der Praxis und praktische Wissenschaft]* um dorthin zu scheinen, wohin wir gehen müssen, leuchtet er dem Wanderer, der seinen Weg geht, besser, wenn dieser sich nicht zu der Quelle umwendet, von der das Licht herkommt. Schauen wir in die Richtung, aus der das Licht scheint, dann sehen wir es zwar viel besser, aber es führt dazu, dass man seinen eigenen Weg möglicherweise weniger sieht. Die Wissenschaft ist gut, allerdings um uns jenseits dessen zu führen, was sie bereits weiß. Welche theoretische Erkenntnis wir von den sittlichen Verpflichtungen auch haben mögen, sie zu praktizieren ist stets neu und lehrreich, niemals einzig wissenschaftlich. Die Vollkommenheit der Wissenschaft, obwohl mit der Vollkommenheit des Lebens identisch, ersetzt diese niemals. Die Praxis ist nicht ein bloßer, vorläufiger und grober Ersatz für jene, die von ihren Gedanken nicht leben können, weil sie sich nicht einmal denkend mit ihrem Leben befassen können. Weder ist die Praxis eine Gefühlsangelegenheit oder ein Fall von großherziger Eingebung ohne logische Strenge, noch ist sie bloß ein aktiv angewandtes Theorem. Was sie in sich trägt, ist, obwohl für die Erkenntnis völlig durchschaubar, unendlich mehr als die Erkenntnis.

– Man hat bisweilen behauptet, dass die wahre Erfahrung darin besteht, alles auszuprobieren. Das ist ein Irrtum. Es gibt eine Erfahrung, die das Leben ärmer macht und die die Erkenntnis des Seins in uns verringert. Die Unterwerfung unter die abtötende Pflicht gewährt dem opferbereiten Menschen dagegen eine umfassende Kompetenz und einen inneren Reichtum, der sich nicht anders erwerben lässt. – Man hat behauptet, dass allein der Gedanke das wahrhaft Unendliche in sich trägt, dass die Tat ihn eingrenzt, indem sie ihn bestimmt, und dass die Franzosen zum Beispiel zu sehr Talent für die Tat hätten und zu sehr Liebe zur Klarheit, um einen philosophischen Kopf zu haben. Auch dies ist ein Irrtum. Es gibt in der schlichtesten Praxis wie in den Handlungen, die der Enge einer strengen Regel unterworfen sind, ein reicheres Gespür für das Leben, eine größere

Schluss

Weite des Denkens und mehr Gespür für das Mysterium als in sämtlichen Epen der Metaphysik. – Man hat auch behauptet, dass der Buchstabe für den Geist letztendlich todbringend ist, dass jedes definierte Dogma für die Freiheit des Denkens tödlich ist, dass die buchstäbliche Praxis das Gespür für den lebenden Gott tötet. Dies ist ein Irrtum. Der Geist wird nur durch den Buchstaben zum Leben erweckt; der positive Kult und die Wirkung des ganz eindeutigen Gebotes sind selbst die Funktionen des göttlichen Lebens in uns. Dieses Gespür für Religion, dieses Bewusstsein des Genies der französischen Nation, dieser Charakter der Großmut und der tatkräftigen Hingabe, diese Liebe zur Klarheit und Entschiedenheit wie auch dieses große Gespür für das Mysterium sind untrennbar. Nichts von diesem Erbe sollte man aufgeben, um nicht alles zu verlieren.

Die praktische Wissenschaft vermag so bei aller Verschiedenheit von der *[480 Der gemeinsame Knotenpunkt der positiven Wissenschaft]* Wissenschaft der Praxis deren Mitwirkung anzunehmen und zugleich ohne sie auszukommen. Ihre Zusammengehörigkeit ist solcherart, dass die vollständige Erkenntnis unserer Handlungen diese selbst sanktionieren wird und dass die völlige Aufdeckung dessen, was wir gewollt und getan haben, den Willen für immer festlegen muss. Ihre Unabhängigkeit ist solcherart, dass diese völlige Aufdeckung die Art der im dunklen Licht des Bewusstseins vollzogenen Handlungen in keinerlei Hinsicht ändern könnte und dass das gesamte Wissen bezüglich der Werke des Willens und ihrer Konsequenzen den Willen intakt lassen muss, der in ihnen fortdauert. Wir wollen diese Handlungen so, wie wir sie erkennen; wir werden sie so erkennen, wie wir sie wollen. Wenn das Verhältnis sich umkehrt, wird es nicht anders; die Wechselseitigkeit ist vollkommen. Aber wenn es die Erkenntnis ist, die die zukünftige Sanktion mit sich bringen wird, dann ist die Praxis die gegenwärtige Verpflichtung.

III

Um das Problem des Menschen zu lösen, kann die Kritik des Lebens das universelle Problem nicht nicht lösen. Sie bestimmt den gemeinsamen Knotenpunkt der Wissenschaft, der Morallehre und der Metaphysik. Sie legt die Beziehungen zwischen der Erkenntnis und der Realität fest. Sie definiert den Sinn des Seins. Diesen lebenswichtigen Punkt der Tat entdeckt sie im Schnittpunkt des Erkennens und des

Wollens. Statt das Sein hinter dem zu suchen, was erkannt und gewollt ist, in einem Mittelglied oder in einem fiktiven Substrat, beseitigt sie jegliche obskure Realität, um in der Vermittlung, die die zwei Seiten ausgleicht, ohne sie zu vermischen, die reelle Wahrheit zu finden von allem, was ist. Die Dinge sind so erkannt, wie sie sind, und sie sind so, wie sie erkannt sind. Es ist die Einheit dieser beiden Aspekte, die ihr wahres Sein ausmacht. Dies ist die einzige Weise, die objektive Existenz und die Realität der Objekte der Erfahrung zu vereinbaren mit dem Primat des Geistes und der völligen Ursprünglichkeit des inneren Lebens. Es ist die Aufgabe der vollständigen Wissenschaft, den umfassenden Determinismus der Erkenntnis und die gesamte Ordnung der Phänomene zu untersuchen. Die Aufgabe der Metaphysik ist, zu zeigen, dass diese notwendige Erkenntnis eine absolute Wahrheit besitzt, und herauszufinden, in welchem Sinn und unter welchen Bedingungen die erkannte Existenz auf reelle Weise objektiv ist. Die Aufgabe der Morallehre ist, für den Aufstieg des Willens den Weg zu skizzieren, der vom ersten Streben und von der notwendigen Erkenntnis bis zum willensmäßigen Besitz des Seins führt, indem sie das System der Notwendigkeiten in eine Hierarchie von Verpflichtungen umwandelt. *[481 Über die Metaphysik und über die Morallehre]* Die Kritik der Tat dient als Prolegomena dieser dreifachen Untersuchung. Wenn jede von ihnen ihren Standort findet, erlangen sie die Unabhängigkeit ihrer Entfaltung wieder. – Ohne zu behaupten, hier diese drei Wege zurückzulegen, die sich vor uns öffnen, möge es ausreichen, auf den Nutzen hinzuweisen, am Konvergenzpunkt angekommen zu sein, wo wir, wenn wir uns zurückwenden, die Wege auseinandergehen sehen.

I. – Weil man die Wirklichkeit dessen, was erkannt ist, nicht in einem Substrat hinter jedem Phänomen suchen muss, geht daraus hervor, dass jede ontologische Frage von der Untersuchung der Dinge zunächst ferngehalten werden muss und dass es zwischen den Objekten der Erkenntnis keinen Widerspruch geben kann. Es gibt dort keinen Widerspruch, wo es gar kein Sein gibt, um in irgendeiner Weise als Widerstandskern oder als undurchdringliche Tiefe zu dienen. Wenn man im Gegenteil in den Phänomenen einen von ihnen verschiedenen Hintergrund voraussetzen müsste oder wenn man behauptete, dass sie die einzige und wahre Realität sind, dann wäre es unmöglich, ihre unbestrittene Verschiedenheit nicht in einen formalen Gegensatz umzuwandeln und den Determinismus, durch den sie zusam-

Schluss

mengehörig sind, nicht absolut zu setzen. Unlösbare Schwierigkeiten ergeben sich daraus, weil sie künstlich sind. Gibt es tatsächlich eine einzige Doktrin, die bei der Erforschung der Phänomene als solcher der ontologischen Versuchung entronnen wäre? Gibt es überhaupt eine Doktrin, die nicht voreilige, inkompetente und unangebrachte Bejahungen oder Verneinungen erhoben hätte? Der Beweis dafür ist, dass man, statt diese Objekte der Erkenntnis so zu betrachten, wie sie erscheinen, das heißt als verschieden und zusammengehörig, gemeint hat, sie würden sich gegenseitig ausschließen, unvereinbar miteinander sind und voller Antinomien stecken. Wie kann man so urteilen, es sei denn, man bringt ein heimliches Widerspruchsprinzip in sie ein, das ihnen nur insofern zukommt, als man ihnen das Sein zuerkennt? Selbst der Phänomenismus unterliegt dieser Versuchung, indem er behauptet, sich an die Phänomene zu halten, als gäbe es nur sie, und indem er der Meinung ist, dass sie jede andere Realität ausschließen. Auch der Kritizismus erleidet diesen metaphysischen Rausch, wenn er unlösbare Gegensätze wahrnimmt, wo es bloß Verschiedenheit gibt. Sogar der Positivismus ist seinem Grundsatz gegenüber inkonsequent, wenn er im Namen einiger Wissenschaften, denen er aufgrund dieses Anspruchs eine objektive Bedeutung beimisst, einen erheblichen Teil unserer Erkenntnisse ausschließt, die nicht weniger positiv als die anderen sind, da wir gesehen haben, dass sie alle in ein und denselben Determinismus eingehen. Indem all diese Doktrinen auf ähnliche Illusionen sowohl hinsichtlich des Phänomens als auch hinsichtlich des reellen Seins hereinfallen *[482 Die Einheit des Problems der Philosophie]* und die Welt des Intellektes mit Idolen bevölkern, haben sie die Schwierigkeit dort gesehen, wo sie nicht liegt, weil sie es versäumt haben, sie zu sehen, wo sie ist. Sie stehen im Gegensatz zueinander und sind doch schlichtweg verschiedene Arten der gleichen Sorte von Irrtum. Damit die Philosophie ihren Namen verdient, muss sie anders sein als die übrigen Doktrinen und sie muss in dem, was strittig ist, das genau bestimmen, was nicht strittig ist, denn dies geht in den Bereich der Wissenschaft ein.

Wo die Lehrsysteme sich gewöhnlich in fruchtlosen Auseinandersetzungen erschöpft haben, findet die Philosophie keinerlei Stoff mehr für Diskussionen, denn sie bringt dort einfach die Haltung des Wissenschaftsgeistes mit, der über keines seiner Objekte spekulative Gedanken anstellt. Um wissenschaftlich zu sein, hat die Untersuchung der Phänomene, welche sie auch sein mögen, es nicht nötig, deren Natur eingehend zu erforschen; sie muss, im Gegenteil, von dieser unfruchtbaren Neugierde frei sein. Sie nimmt die Phänomene als das, was sie sind, ohne irgendeine Einschränkung stillschweigend vorauszusetzen, ohne in dieses Wort eine Bedeutung hineinzulegen, die dem, was es bezeichnet, fremd ist. Jede Synthese scheint ursprünglich zu sein, verschiedenartig, nicht auf ihre eigenen Bedingungen reduzierbar. Deshalb muss man von jeder unterschiedlichen Ordnung eine eigene Untersuchung machen. Jede Ordnung von Phänomenen ist aufgrund eines kontinuierlichen Determinismus mit dem ganzen System verbunden. Es ist also unmöglich, dass die Wissenschaft sich auf einen Punkt beschränkt und dass sie irgendeines der miteinander zusammenhängenden Objekte ausschließt, die gemeinsam ein und dasselbe Universum bilden, ein und dasselbe Problem. Aber statt in einer neuen Ordnung von Fakten die Erklärung oder die Realität einer vorhergehenden Ordnung zu suchen, hebt sie die weiteren Objekte, die die notwendige Abfolge ihrer Forschungen ihr unterbreitet, für eine weitere Untersuchung auf. Ständig sozusagen über sich selbst hinausgeführt, wehrt sie sich gegen den trügerischen Schein, der ihr jedes neue Unbekannte als das Geheimnis des Bekannten anbietet. Sie befasst sich mit jedem Glied der Kette, als wäre dies allein für sich da, und denkt nicht daran, die Wahrheit der Sinneswahrnehmungen zum Beispiel in den positiven Wissenschaften zu finden. Jede Ordnung hat ihre eigene Wahrheit und gleichsam ihre eigene Stichhaltigkeit. Ihr objektiver Wert wird nicht in dem bestehen, was sie nicht ist, sondern in dem, was sie ist. Deshalb nimmt die Wissenschaft friedlich Besitz von jeder Ordnung, ohne zu befürchten, dass die eine Ordnung beanspruchen würde, unter Ausschluss der anderen, über alle Dinge Klarheit zu schaffen und für sich allein das Wahre und das Sein zu enthalten. Kant hatte bemerkt, dass es zwischen der These und der Antithese seiner letzten Antinomien keinen Gegensatz gibt, wie zwei Linien, die, ohne parallel zu sein, sich dennoch nie begegnen, wenn sie *[483 Der wissenschaftliche Aspekt philosophischer Fragen]* auf verschiedenen Ebenen gezogen sind. Wir müssen noch radikaler sein: Zwischen den zusammenhängenden Objekten, welche die Wissenschaft auf der gleichen Ebene des Determinismus untersucht, gibt es niemals Kollisionen, weil die Festigkeit des Seins dort noch fehlt. Aber wenn es uns gelingt, zunächst überall das Sein zu entziehen, um alles der wissenschaftlichen Erkenntnis anheimzustellen, so geschieht dies deswegen, weil wir von anderswo dazu geführt werden, das Sein überall wiedereinzusetzen, indem wir aus dem Phänomen selbst eine metaphysische Wahrheit machen.

Schluss

Die Phänomene als das zu nehmen, was sie sind, nicht mehr und nicht weniger, ist ein Vorbehalt, der die natürlichste Sache der Welt zu sein scheint. Aber um dies zu tun, müsste man bereits zu einer höheren Auffassung aufgestiegen sein. Wenn die Philosophie diesen Vorbehalt macht, wird sie dazu gebracht, den Sinn ihrer Erforschungen zu erneuern. In dem Teil ihres Bereichs, in dem der große Friede der Wissenschaft herrscht, integriert sie wieder die meisten Fragen, bei denen sie sich in Kontroversen verliert, für die kein Abschluss möglich ist. Es ist also nützlich, einen Augenblick zu überlegen, welchen Illusionen wir ausgesetzt sind, um besser zu sehen, wie vielen fiktiven Schwierigkeiten oder zerstörerischen Entzweiungen wir mühelos entkommen sind. Man entkommt ihnen unter der einfachen Voraussetzung, dass man jede weitere Nebenabsicht aus der Untersuchung des Determinismus der Tat ausschließt. Es kann zwar nicht ausbleiben, das ist richtig, dass es stets ein weiteres Problem gibt, aber weil man es versäumt hat, es dort zu entdecken, wo es liegt, ist man geneigt, es überall dort zu verorten, wo es nicht ist.

– Man ist geneigt, die Wahrheit selbst und das reelle Sein in den Gegebenheiten der Sinne zu suchen. – Aber das Denken muss vor diesem falschen Mystizismus auf der Hut sein. Es darf diese Gegebenheiten der Sinne nicht für eine Realität halten, die jede andere ausschließt, sondern es muss sie so nehmen, wie sie als ein System von zu entziffernden Symbolen erscheinen. Und wenn wir einsehen, welche gedankliche Anstrengung nötig gewesen ist, um den Geist von der Betörung der Sinne freizumachen, lässt sich die Kraft dieses Nimbus leicht einschätzen.

– Man ist geneigt, das einzige Geheimnis der Realität in den positiven Wissenschaften zu suchen und die Ergebnisse, die sie erbringen, gegen all das zu wenden, was ihre Tragweite übersteigt. Sieht man nicht, wie gewisse Geister, ganz durchdrungen wie sie sind von der Kritik Kants, den Symbolen der Wissenschaft eine metaphysische Bedeutung zuschreiben und mit den Grundlagen der Mathematik so umgehen, als handelte es sich um Ontologie? – Man darf jedoch nicht vergessen, dass die positiven Wissenschaften lediglich ein in sich geschlossener Symbolismus sind. Und wenn wir in ihnen ein Mittel der Tat finden, können wir dennoch weder den Phänomenen, die sie miteinander verbinden, noch den Ergebnissen, die sie erlangen, *[484 Die Einheit des Problems der Philosophie]* ich sage nicht eine objektive Tragweite, sondern einfach eine subjektive Bedeutung auf solche Weise beimessen, dass wir daraus irgendeinen Beweisgrund gegen jede andere subjektive Wahrheit ziehen könnten. Sie lassen nicht zu, irgendetwas auszuschließen oder zu verneinen, weder außerhalb von uns noch in uns. Die Kontingenz der notwendigen Beziehungen ist die erste der positiven Wahrheiten.

– Man ist geneigt, den Ausdruck des reellen Lebens im Determinismus des Bewusstseins zu suchen und zu meinen, dass diese innere Dynamik all das ausschließt, was nicht Automatismus und Notwendigkeit ist. – Aber auch dieser Automatismus wird noch zum Idol, wenn man der Ansicht ist, dass er das wahre und letzte Wort zu den Dingen ist. Statt absolut und exklusiv zu sein, ist er auf die Freiheit bezogen. Zwischen dem wissenschaftlichen und dem psychologischen Determinismus waltet das gleiche Verhältnis wie zwischen dem psychologischen Determinismus und der Freiheit selbst. Sie scheinen sich gegenseitig wegzudrängen, aber sie fordern einander. Automatismus der Ideen und freier Wille sind zwei miteinander zusammenhängende Phänomene. Die Freiheit kann nicht im Namen des inneren oder äußeren Determinismus der Wissenschaft vereint werden, weil umgekehrt die Wissenschaft im Namen der Freiheit determiniert ist, die die Seele des intellektuellen Lebens und der wissenschaftlichen Erkenntnis ist. Die scheinbar positivste Psychologie ist auch nur eine Alchimie des Geistes, insofern sie in ihre Untersuchungen positivistische Absichten einfließen lässt. Fragt man den Psychophysiker, ob er Monadist sei, oder den Psychologen, ob er den freien Willen ausschließe, so verwundert man ihn mehr, als man den Chemiker überraschen würde, den man heute noch fragt, ob er Anhänger der Phlogistik sei.

– Man ist geneigt, hat man die Freiheit einmal angenommen, in ihr die einzige treibende Kraft der menschlichen Tat zu sehen, als müsste man sie entweder absolut ablehnen oder ausschließlich anerkennen. – Aber sowenig man die Freiheit im Namen des vorhergehenden Determinismus verneinen soll, soll man im Namen der Freiheit den Determinismus verneinen, der auf die Tat folgt. Eines der wesentlichen Ergebnisse der Wissenschaft der Tat besteht gerade darin, die notwendigen Folgen des Phänomens der Freiheit vollständig ans Licht zu bringen, wobei von den unbestimmbaren Schwankungen im menschlichen Verhalten abstrahiert worden ist. Aus der Tatsache allein, dass man will, ergibt sich eine unermessliche Kette von neuen Phänomenen, die zusammen nach und nach den Rahmen für das sittliche Leben bilden. Wenn wir die Freiheit so umschreiben, unterbricht sie die Abfolge des Determinismus nicht, sondern ist

Schluss

selbst darin. Das stärkste Paradox, das diese Untersuchung vielleicht gerechtfertigt hat, liegt wohl darin, den Determinismus der freien Taten zu untersuchen, ohne dabei den determinierten Gebrauch der Freiheit im Geringsten anzutasten.

– Man ist geneigt, entweder die Autonomie der Heteronomie *[485 Der Bereich der Wissenschaft]* oder die Heteronomie der Autonomie des Willens unterzuordnen, als gäbe es hier noch immer Unvereinbarkeit. – Aber die wissenschaftliche Verkettung der Bewusstseinsphänomene zeigt die gegenseitige Unterordnung dieser beiden Aspekte und ihre Zusammengehörigkeit. Aufgrund eines alternierenden Fortschritts ist die Freiheit abwechselnd ein Mittel und ein Ziel. Der Zielpunkt, den sie als äußeren Endpunkt verfolgt, geht in die Abfolge der Vermittlungen ein, die es ihr erlauben, sich selbst wiederzufinden. Die Regel, die ihr auferlegt scheint, ist noch in ihrer ersten Absicht einbegriffen, ohne deswegen aufzuhören, ihr als eine echte Heteronomie dargeboten zu sein.

– Man ist geneigt, alle Teilziele, die die Tat nacheinander erreicht, als endgültig und exklusiv zu betrachten, als ob alle abverlangten Opfer ohne möglichen Ausgleich wären, die gebildeten Synthesen eine absolute Beständigkeit hätten und absolut genügen würden, als ob jede neue Gruppe von Phänomenen, indem sie alles absorbiert, nichts anderem mehr Platz ließe. – Aber diese augenscheinlichen Opfer verschaffen eine reelle Bereicherung; jedes erreichte Ziel ist selbst lediglich ein Mittel in der Abfolge des voranschreitenden Willens; die sozialen Gemütsregungen und Pflichten, statt sich gegenseitig auszuschließen, unterstützen und ergänzen einander. In Bezug auf ihre Elemente ist jede Synthese neu. Sie unterdrückt die Elemente nicht, wenn sie darüber hinausgeht, sie ist nicht beeinträchtigt, wenn sie diese bewahrt.

– Man ist geneigt, und dies ist das große Idol des Geistes, das allumfassende System der Phänomene absolut zu setzen und den universellen Vorstellungen, in welcher Form auch immer sie sich im Denken zusammenfinden, eine solche Bedeutung zu verleihen, dass ihnen nichts mehr hinzuzufügen ist. So wenig sie untereinander auch verschieden sein mögen, scheinen diese Vorstellungen selbst einander auszuschließen; sie bilden unversöhnliche metaphysische Systeme. – Aber sie sind weder die absolute Wahrheit, noch schließen sie sich gegenseitig aus. Indem sie verschiedene Stufen in der allgemeinen Entwicklung des Denkens und in der Dynamik des Lebens bilden, hängen auch sie wie übereinandergeschichtete Stufen eng zusammen.

Die naturalistischen Lösungen spielen ihre Rolle und haben ihre eigene sichere Wirkung; die idealistischen Vorstellungen haben ebenfalls ihre eigene. Die einen und die anderen besitzen nur insofern Wahrheit, als sie, verknüpft mit der Entwicklung der Tat, daraus ihre Belehrungen zusammentragen, für ihren Verlauf ein Licht sind und ihren Fortschritt vorbereiten.

– Man ist geneigt, der Praxis einen absoluten Wert zuzuschreiben, die auf dem Zeugnis des Gewissens allein gegründet ist, allein erhellt vom Licht der Vernunft, die allein unterstützt ist durch die Anstrengung des guten Willens *[486 Der Bereich der Metaphysik]*, als ob die sittlichen Phänomene, indem sie sich von allen anderen loslösen, aus sich heraus eine göttliche Genügsamkeit hätten, den inneren Kern der Dinge berührten, das Heil bewirkten und jede weitere Untersuchung überflüssig machten. – Aber dieser Anspruch ist nur eine weitere Superstition. Die Wahrheit ist die, dass man, ohne sich bei dem aufzuhalten, was man nicht kennt, handeln muss gemäß der Pflicht, die man kennt. Der Irrtum ist der, dass man meint, dass dieser Vorwärtsgang zu einem neuen Licht weder führen kann noch führen soll und dass die Vernunft eine höhere Ordnung ausschließt, obwohl sie im Gegenteil damit eng zusammenhängt.

All diese Fragen bilden den üblichen Gegenstand leidenschaftlicher Diskussionen, rufen Widersprüche hervor und nehmen den gesamten Gehalt der Metaphysik in Anspruch. Man muss sie im neutralen Bereich der Wissenschaft belassen, ohne dort voreilig irgendeine Absicht als Auslöser der Zwietracht hineinzubringen, die der Erforschung von verschiedenartigen und zusammengehörenden Phänomenen fremd ist. Es handelt sich einzig und allein darum, die vollständige Kette des Determinismus abzurollen. Und wo es nur Notwendiges gibt, dort gibt es kein Sein, wo es kein Sein gibt, dort gibt es keinen Widerspruch.

II. – Es ist aber nur möglich, diesen Bereich, in dem Friede herrschen soll, für die Wissenschaft zu gewinnen, wenn man das verborgene Prinzip der Uneinigkeiten zurückhält, wenn man es versteht, die objektive Existenz nur dort zu suchen, wo sie sein kann, und das Sein nur dort zu finden, wo es ist. Die notwendige Erkenntnis der Wahrheit ist auch nur ein Mittel, den Besitz der Realität zu erwerben oder ihn zu verlieren. Obwohl diese objektive Erkenntnis mit ihrem Objekt identisch sein muss, waltet zwischen ihnen beiden der ganze Unterschied, der Besitz von Privation trennen kann. Sein und Erkennen sind demnach auf diese Weise so verschieden und so gleich wie möglich. Die objektive Existenz besteht in dem, was in dieser notwendigen Identität frei angenommen sein kann und sein muss, um die Identität des Willens zu bilden. Die Realität der erkannten Objekte ist somit nicht begründet in einer Art tiefer liegenden Duplikat, ebenfalls nicht in der notwendigen Form ihres Phänomens. Sie gründet in dem, was uns eine unausweichliche Option auferlegt; sie ist in der vermittelnden Tat realisiert, die den Phänomenen gewährt, das zu sein, als was sie erscheinen. Die Existenz ist somit in ihnen, weil sie so sind, wie sie erkannt sind, und sie ist außerhalb von ihnen, weil sie so erkannt sind, wie sie sind. Unabhängig von dem Gebrauch, den wir von ihnen machen, der menschlichen Laune entzogen, dazu geeignet, allesamt mit der Unparteilichkeit der Wissenschaft erforscht zu werden, sind also alle Dinge *[487 Der Bereich der Morallehre]* der großen und entscheidenden Frage unterworfen, wie das Leben verwendet wird. Ihr Existenzgrund liegt darin, für uns dieses Problem hervorzurufen; sie finden ihren Existenzgrund in der Lösung des Problems. *Omnia propter unum* [alles um des einen willen]. Die Metaphysik ist umstritten, aber nicht fragwürdig. Mit ihr ist es so bestellt, weil die Wissenschaft dessen, was ist, mit dem Willen für das, was ist, zusammengehört, ohne deswegen abhängig zu sein. Darin besteht ihre Originalität.

Genau dies ist der springende Punkt, weswegen alle Auseinandersetzungen geführt werden, das einzige Zeichen des Widerspruchs, das nie verschwinden soll, das sich nicht bloß als Folge eines Missverständnisses oder einer zeitweiligen Unkenntnis erhebt und das das Gewissen nie in der schmählichen Gewissensruhe zurücklassen wird. Dies ist die Sache, um die sich alles dreht. Um sie nicht überall dort wahrzunehmen, wo sie nicht ist, muss man sie einzig dort wahrnehmen, wo sie ist. Sie befindet sich nicht in den fiktiven Gegensätzen zwischen Positivismus und Idealismus, nicht einmal im Widerstreit zwischen Natur und Moral. Sie befindet sich ganz in jenem notwendigen Konflikt, der im innersten Kern des menschlichen Willens hervorbricht und ihm auferlegt, auf praktische Weise zwischen den beiden Seiten einer unausweichlichen Alternative zu wählen, einer solchen Alternative, dass der Mensch entweder versucht, sein eigener Herr zu bleiben und ganz an sich selbst festzuhalten, oder sich der göttlichen Weisung hinzugeben, die seinem Gewissen mehr oder weniger dunkel enthüllt ist.

Das Sein und das Leben befinden sich also für uns nicht in dem, was zu denken ist, auch nicht in dem, was zu glauben ist oder was in der Praxis zu tun ist, sondern in dem, was tatsächlich in der Praxis getan ist. Man muss, wenn wir so sagen dürfen, den Menschen und die Philosophie dezentrieren, um jenen lebenswichtigen Punkt dorthin zu legen, wo er tatsächlich ist, das heißt, nicht in die Gegenstände, die die Sinnesorgane erreichen, nicht in die Ziele, auf die das Verlangen ausgerichtet ist, nicht in die intellektuellen Überlegungen, nicht in die Vorschriften der Moral, sondern in die Tat. Durch die Tat entscheidet sie ja zwangsläufig und tatsächlich das Problem des Verhältnisses zwischen dem Menschen und Gott. Wie die Kritik des Lebens den perspektivischen Mittelpunkt des Denkens verlagert und ihn nach und nach wieder aufrichtet, so verlagert sie den Gleichgewichtsmittelpunkt der Praxis und richtet ihn wieder auf. Um die Angleichung der Tat zu finden, ist von ihr gefordert, die ganze Ordnung der Natur zu umfassen und über sie hinauszugehen. Ohne von außen irgendeinen Zwang oder irgendein Postulat mitzubringen, allein aufgrund der Energie der dem menschlichen Willen innewohnenden Triebkraft zwingt sie den Menschen dazu, sich für die Gabe eines höheren Lebens zu öffnen oder, wenn er sich in sich selbst verschließt, sich selbst zu verurteilen.

III. – Der ganze Determinismus der Tat hat also zur Aufgabe, unausweichlich einen Konflikt entstehen zu lassen, da das ganze Sein der Dinge und das ganze Schicksal unseres Seins mit der unausweichlichen Pflicht verknüpft ist, *[488 Die Einheit des Problems der Philosophie]* ihn aus freien Stücken zu lösen. Sogar die Vorstellung, die wir von Gott haben, ist zunächst nur eine Folge dieses inneren Determinismus und ein Antrieb, der dazu bestimmt ist, die Dynamik des Bewusstseins bis zu dem Punkt voranzutreiben, an dem wir wählen müssen. Die Lösung des Problems gründet somit auf der Gesamtheit der Erfahrung und der Wissenschaft des Menschen. Aber diese gesamte natürliche Ordnung ist lediglich ein Mittel, um eine höhere Bestimmung zu erfüllen. Wenn es nicht bis dorthin gelangt, bleibt auch das noch so gut geordnete Leben gleichsam ein zwar gut vorbereiteter, aber leerer Rahmen. Jede Doktrin, die nicht zum einzig Notwendigen führt, jede solchermaßen abgesonderte Philosophie wird Opfer von falschem Schein bleiben. Sie wird zwar ein Lehrgebäude sein, aber nicht »die Philosophie«. Man erweist ihr den besten Dienst, wenn man sie mit jener höheren Ordnung in Berührung bringt, in die sie nicht vordringen kann, die sie aber nur nicht beach-

Schluss

ten oder ausschließen kann, wenn sie sich selbst verstümmelt. Wenn sie nicht bis so weit geht, deren Notwendigkeit aufzuzeigen, verlieren alle anderen von ihr behandelten Fragen ihren Sinn und ihren Zusammenhang; sie ist nicht mehr *Wissenschaft.* Jede Bejahung der objektiven Existenz entbehrt ihrer Bedeutung und ihrer Grundlage; sie ist nicht mehr *Metaphysik.* Jede Praxis bleibt ihrer heilsamen Wirkung beraubt; sie ist nicht mehr *Moral.*

Auf diese Weise stellt sich die Einheit des Problems heraus. Es hat wenig Bedeutung, dass die spekulative Lösung schwer mit ein wenig Licht zu erhellen ist, wenn die praktische Lösung demgegenüber durch keinerlei Dunkelheit aufgehalten oder gefährdet ist. Der klarste Wille ist nicht immer der mit der deutlichsten Einsicht; der Wille, der seine Voraussetzungen nicht analysiert, hat die gleiche Natur wie der, dessen Erkenntnis die verborgenen Gründe durchdrungen hat. Neuerdings haben Lehren den Anspruch erhoben, alles im Weltganzen auf ein dunkles und irrationales *Wollen* zurückzuführen. Ein solches Wollen verdient seinen Namen nicht. Das vorweggenommene Geheimnis unseres Seins müssen wir in einem Willen suchen, der zunächst nicht mit der Vernunft einhergeht, aber mit ihr einhergehen kann. Es handelt sich um das abgründige Drama unseres Lebens. Weder im Problem noch in der Lösung selbst steckt etwas Fiktives oder etwas von außen Kommendes. Das ganze menschliche Leben ist eine vortreffliche Logik, die unangemessene Formulierungen mit Illusionen und Stricken umhüllen können, aber der es letztendlich immer gelingt, sie wegzureißen, oftmals ohne sie geprüft zu haben. Einfachhin den inneren Gehalt unserer Handlungen zu entfalten, besagt, recht stark dazustehen, denn so stützen wir uns auf die treibende Kraft, die, vielleicht langsam, aber dennoch sicher, allmählich ihre Wirkungen zeitigt. Die Wissenschaft der Tat hat zum Objekt, die Kraft dieses inneren Motors ans Licht zu bringen. Sie möge die Abweichung betrachten, die den Willen für immer aus seinem Mittelpunkt wirft, oder die wunderbare Weise erwägen, in der der Mensch, *[489 Die notwendige und willensmäßige Lösung des Problems]* durch eine Art von Hinscheiden zum Leben, die Gabe Gottes erlangt, stets findet die Wissenschaft der Tat im inneren Wollen eines jeden das Prinzip für die Bestimmung eines jeden. Die Kraft der Beweise, die sie verwendet, beruht also darauf, dass jeder Mensch die Beweise in sich trägt. Sie ist bestrebt, das für uns aufzudecken, was wir am liebsten für uns verbergen. Was nicht besagt, dass sie auf die zukünftigen Enthüllungen wirklich vorgreifen könnte, aber wenigs-

Schluss

tens vermag sie die gegenwärtigen Verstellungen zu entlarven. Wenn die Erkenntnis auch nicht das Ein und Alles des Menschen ist, so reicht sie im Menschen aus, um ihn seinen Weg erkennen zu lassen.

– Vielleicht scheint es so, dass man Mystiker sein muss, um den Endpunkt der Tat jenseits der gegebenen Realität zu suchen und sich auf ein Gut auszurichten, das nicht mehr in der Natur anzutreffen ist. – Vielleicht scheint es so, dass man einen Zirkelschluss begeht und jenes Unendlichkeitsbedürfnis bereits voraussetzt, das noch in Frage gestellt ist, wenn man die Notwendigkeit für den Willen anerkennt, sich selbst zu überschreiten. – Vielleicht scheint es so, dass der Anspruch, dem Menschen die unendlichen Genugtuungen zu verschaffen, die er sich erträumt, ein Mangel an philosophischer Weisheit ist, denn, wie es scheint, ist das Bestreben und die Ehre der Philosophie immer gewesen, dem blinden Elan der menschlichen Sehnsüchte Grenzen zu setzen.

Man möge es nicht falsch verstehen. – Wir haben uns die Tat vornehmen müssen, nicht um dort hineinzulegen, was da nicht wäre, nicht um sie zu erklären, und nicht um ihr die Richtung vorzugeben, sondern um all das festzustellen, was sie ist, ob man es nun weiß oder nicht, ob man es nun will oder es ausdrücklich nicht will. Es handelt sich nicht um bloße Neigungen, sondern um konkrete Handlungen, nicht um das, was sein könnte oder sein sollte, sondern um das Reale, um das, was getan und gewollt ist. Einzig die Analyse des Willens, indem sie uns das enthüllt, was wir bestätigen müssen, um zu wollen, bis hin zu unserem eigenen Willen, hat uns gezeigt, welche Bedingungen wir dabei unausweichlich durchlaufen müssen. Das Unendliche zu wollen, nein, dies ist nicht ein Ausgangspunkt für die wissenschaftliche Untersuchung, sondern ein Endpunkt. Aber ob es ein Ausgangspunkt und ein Ursprung für die spontane Aktivität des Lebens ist, genau das ist die Frage. Wenn dieses Bedürfnis in uns vorhanden ist, was sollen wir tun, damit es nicht ist, wie sollen wir der Notwendigkeit entgehen, es anzuerkennen? Alles, was wir versuchen können, ist, davon auszugehen, dass es nicht ist, ist, so zu tun, als ob es nicht ist, unendlich zu wollen, ohne das Unendliche zu wollen. Daraus geht der negative Charakter der Methode hervor, die einzig und allein die Rigorosität der Wissenschaft zu besitzen scheint: Mit all unseren Kräften den Schlussfolgerungen ausweichen, zu denen wir geführt sein werden, und uns nach allen Auswegen umsehen, heißt das, hier ein verborgenes Postulat einzuführen? – Aus all diesen Versuchen ergibt sich nur ein System *[490 Angewandte Methode*

Schluss

und erlangte Schlussfolgerungen] von zusammenhängenden bejahenden Aussagen, die uns nach und nach dazu zwingen, den Endpunkt vor die Überlegungen des Denkens zu stellen, der bereits am Ursprung jener Bewegung gegenwärtig war, mit der wir ihm zu entkommen suchten. Gleich wie Descartes, der sich neue Gründe zu zweifeln ausgedacht hatte, mussten wir in den Bereich der philosophischen Lehren ein sonderbares ethisches Benehmen einführen und von einem weiter zurückliegenden Punkt ausgehen, um weiter voranzugehen, als man sonst gegangen war, von der seelischen Verfassung des Ästheten bis zur Frömmigkeit einer grauen Schwester. Aber der methodische Zweifel war die besondere Haltung eines einzigen Geistes. Wir müssen die ganze Verschiedenheit der Menschen in ihrem Bewusstsein annehmen und auch diejenigen noch voranschreiten lassen, die vorgeben, überhaupt nicht loszugehen. Der methodische Zweifel beschränkte sich auf eine intellektuelle, partielle und künstlich herbeigeführte Schwierigkeit. Es handelt sich hier um die Lebensfrage überhaupt, um die alles umfassende Frage. Aus dem methodischen Zweifel ging man heraus wie aus etwas Fingiertem; aber wir müssen in der Tat bleiben wie auch in der Realität. Was einfach das Problem des Verstandes war, wird so das Problem des Willens. Es ist nicht mehr bloß die cartesianische Frage, sondern es ist die kantische Frage, die es von neuem zu lösen galt, indem wir das Verhältnis zwischen Erkennen, Tun und Sein definieren. Mehr noch, es geht um das Problem des Pessimismus bezüglich des Wertes des Lebens wie bezüglich der Übereinstimmung unseres Wollens mit den universellen Bedingungen der Erkenntnis und der Existenz. Es geht schließlich um noch mehr, nämlich um das Problem der gesamten Philosophie, denn es handelt sich um das Verhältnis der Ordnung der Natur mit dem Übernatürlichen selbst und um die Anklage gegen die sich absondernde Philosophie. – Um den Widerspruch aufzuheben, den man zwischen dem Ursprung und dem Endpunkt des Willensstrebens stets empfunden hat, hat die menschliche Weisheit seit langem auf folgende Lösung hingewiesen: »Statt vergeblich danach zu streben, den gewollten Zielpunkt dem unendlichen Grund des Verlangens anzugleichen, kann man hier nicht das Verlangen auf das Objekt abstimmen und das Streben begrenzen?« Ja, man kann das und man tut es, aber um welchen Preis? Denn das, was man verdrängt, ist überhaupt nicht beseitigt. In diesem systematischen Verzicht findet sich wie ein Grund zur Verurteilung und des Todes jener verborgene Widerspruch wieder, der aufgehoben schien. – So liegt hier weder Mystizismus noch ein Zirkelschluss vor, sondern die Wahrnehmung des reellen Inhalts der Willenstat, die Aufdeckung dessen, was die angebliche Weisheit des Verzichts einschließt und vorbereitet. Gegen eine eingebildete und vermessene Wissenschaft geht es um die Rechtfertigung der großen Torheit des Lebens und, wenn es sein muss, des Sterbens, um seine Seele zu retten.

Dem, was wir wollen, entkommen wir nicht, auch wenn es so aussieht, dass wir es nicht wollen. Das ganze Geheimnis des Lebens rührt von dieser oberflächlichen Unstimmigkeit her zwischen den scheinbaren Wünschen und dem lauteren Streben *[491 Der göttliche Preis des Lebens]* des ursprünglichen Wollens. Nichts, weder in den unausweichlichen Voraussetzungen unseres Lebens noch im persönlichen Gebrauch unserer Kräfte noch in den mitunter unvorhergesehenen Folgen unserer Handlungen, ist uns gewaltsam auferlegt. Was wir an Sein empfangen, ist mit dem identisch, was wir davon wollen, ohne dass wir je aufhören würden, das zu wollen, was wir davon verlieren können. Auf diese Weise finden wir den Sinn selbst des Seins definiert. Wie ein zweischneidiges Schwert entscheidet die Tat in entgegengesetzten Richtungen die Frage von Leben und Tod, die sich allen auferlegt. Die Synthesen, die sie stets mit den gleichen Elementen bewirkt, die Lösungen, zu denen sie gelangt, liegen so weit auseinander, dass sie entweder über alles hinausgehen, was der dunkelste Pessimismus sich vorgestellt hat, oder alles, was der kühnste Optimismus geträumt hat. Genau darin liegen die Erhabenheit und die Güte unserer Bestimmung. Tief im Inneren des menschlichen Willens gibt es einen Ansatz von Sein, der nicht mehr aufhören kann zu sein, der aber, um seine Vollendung gebracht, weniger zählt, als wenn er nicht wäre. Damit dieser Ansatz sich vollendet, muss er seine Vollkommenheit aus einer Hand empfangen, die mehr als menschlich ist. Der Mensch vermag nur sein Sein zu erlangen, wenn er es gewissermaßen verleugnet, um es in Beziehung zu setzen zu seinem Ursprung und zu seinem wahren Ziel. Auf das zu verzichten, was er an Eigenem hat, und das Nichts, das er ist, zu nichten, besagt, jenes volle Leben zu empfangen, das er ersehnt, aber dessen Quelle er nicht in sich hat. Um zu sich zu gelangen und sich zu retten, muss er sich überschreiten. Seine eigene Weise, dazu beizutragen, sich selbst zu schaffen, ist, in das Eindringen von all dem einzuwilligen, was Leben ist, das dem seinen vorausgeht, und was Wille ist, der dem seinen überlegen ist. All das zu wollen, was wir in voller Lauterkeit des Herzens wollen, bedeutet, dem Sein und der Tat Gottes einen Platz in uns einzuräu-

Schluss

men. Das fällt gewiss schwer, denn wir spüren nicht, wie jener Wille auf alles übersteigende Weise der unsere ist. Doch für das Ganze müssen wir das Ganze hergeben; das Leben hat einen göttlichen Preis. Trotz ihrer Schwächen des Hochmuts oder der Sinnlichkeit ist die Menschheit großmütig genug, noch mehr dem zu gehören, der von ihr mehr fordern wird.

Von diesem Lebens- und Heilswerk vermag die Wissenschaft die Notwendigkeit aufzuzeigen; sie vollzieht es nicht und fängt nicht einmal damit an. Die menschliche Tat muss es vorbereiten und daran mitwirken; sie übernimmt dabei nicht die Initiative und führt es schon gar nicht zum Erfolg. Wenn man das Flussbett gräbt, füllt man es damit nicht mit Wasser. Der rationalen Kritik und der Moralpraxis obliegt dabei gewiss eine Aufgabe, nämlich den Weg freizuräumen und ihn vorzubereiten, aber die lebendige Quelle liegt anderswo als in ihnen. Sogar nachdem wir in der Weise einer notwendigen Hypothese die übernatürliche Ordnung als ein wissenschaftliches Postulat angenommen haben, müssen wir uns davor hüten, zu glauben, dass wir *[492 Das Endziel der Bestimmung des Menschen]* ihre reelle Wahrheit aufgrund der Entwicklung ihrer Folgen oder aufgrund ihrer inneren Übereinstimmung beweisen könnten. Wenn wir bejahen, dass es diese Ordnung gibt, kommt dieses Einverständnis nie von uns allein. Es genügt also, alles wegzuräumen, was sie fälschlicherweise als unmöglich erscheinen ließ, alles vorzuzeigen, was sie zu Recht notwendig macht, zu beweisen, dass sie durch die Philosophie weder festgestellt noch ausgeschlossen werden kann und dass der Mensch dennoch nicht ohne sie auskommen könnte ohne Verschulden und ohne Verlust. Wenn wir die übernatürliche Ordnung für die Vernunft nicht ganz beweisen können, können wir sie ebenso wenig mit Sachverstand verneinen, ohne Erfahrungen mit ihr gemacht zu haben. Und wenn wir mit ihr Erfahrung gemacht haben, finden wir in der Erfahrung selbst nur Gründe, sie zu bejahen. Deshalb vermag die Erziehung sie durch die fügsame Praxis als eine experimentelle Wahrheit mitzuteilen. Tun wir nicht so, als ob sie nicht wäre, so wird sie für uns sein. Sämtliche Belange des Lebens stehen auf dem Spiel. Überall sonst ist es möglich, sich zu enthalten oder auszuweichen, denn die Bejahungen und die Verneinungen, die stets mit irgendeiner Mischung vermengt sind, bleiben relativ. Aber angesichts dieses *Ja* ohne *Nein*, und allein hier, entscheidet sich alles auf absolute Weise. Es gibt weder einen Mittelweg noch Neutralität. Wenn wir nicht so tun, als ob es wahr wäre, tun wir so, als ob es falsch wäre. Es obliegt der Philosophie, die Notwendigkeit zu zeigen, um die Alternative aufzustellen: »*Ist es oder ist es nicht?*« Sie hat vor Augen zu führen, dass allein diese einzigartige und universelle Frage, die die ganze Bestimmung des Menschen umfasst, sich allen mit dieser absoluten Strenge auferlegt. »Ist es oder ist es nicht?« Sie hat zu beweisen, dass wir in der Praxis uns nicht nicht für oder gegen dieses Übernatürliche aussprechen können: »Ist es oder ist es nicht?« Ebenso hat sie die Folgen der einen oder der anderen Lösung zu prüfen und den unermesslichen Abstand zwischen ihnen zu ermessen. Weder kann sie weiter gehen noch allein in ihrem eigenen Namen sagen, dass das Übernatürliche ist oder nicht ist. Aber wenn es gestattet ist, nur ein einziges Wort hinzuzufügen, das den Bereich der menschlichen Wissenschaft und die Zuständigkeit der Philosophie überschreitet, das einzige Wort, das angesichts des Christlichen dazu fähig ist, jenen Teil der Gewissheit auszudrücken, und zwar den besten, welcher nicht mitgeteilt werden kann, weil er nur aus der Intimität der ganz persönlichen Tat aufsteigt, ein Wort, das selber eine Tat sein möge, dann müssen wir sagen: »Es ist«.

ENDE

Nachwort

Lebenswerk

Im französischen Geistesleben hat Maurice Blondel (1861–1949) die Bezeichnung »philosophe de l'action – Philosoph der Tat« erhalten. Vordergründig betrachtet weist diese Einordnung im Kreis der Philosophen auf den Titel seines Erstlingswerkes hin. In den nachfolgenden Jahren wurden Person und Buch in eins gesetzt, obwohl Blondels eigene Ausführungen auf den notwendigen Übergangscharakter des Werkes hinweisen. Tiefer gesehen jedoch ist die Andeutung »action – Tat« die Chiffre für einen gesamtphilosophischen Entwurf, der ausdrücklich die praktische Lebens- und Geisteshaltung einschließt, aus der er hervorgeht und zu der er auch wiederum hinführt. Das Denken gründet jenseits seiner selbst; dort gelangt es zur Vollendung. Seine vorwärtstragende Dynamik enthüllt sich zwar in ihm, aber es schöpft sie dennoch nicht aus sich selbst. Blondels philosophischer Gedankengang reflektiert diese Verwurzelung und das angestrebte Tun, indem er in vielfältigen Variationen der Wechselbeziehung zwischen Erkennen und Handeln, zwischen Theorie und Praxis nachgeht.

Das umfangreiche Werk *L'Action* trat 1893 in die Öffentlichkeit als »thèse principale« zur Erlangung des »doctorat d'État«; dies entspricht der Habilitation im deutschen System der akademischen Graduierung. Bereits dessen Inhalt macht darauf aufmerksam, dass es nicht bloß als akademische Gelegenheitsschrift gedacht war. Ein langwieriger und arbeitsintensiver Werdegang war vorausgegangen. Seine früheste Notiz hatte er drei Tage nach seinem 21. Geburtstag niedergeschrieben. Sie trägt den Vermerk: »Für eine Doktorarbeit über die Tat«. In Gegenüberstellung zu Aristoteles formuliert der junge Mann unter anderem drei Sätze, die zu seiner reflektierten Grundüberzeugung werden und seinem ganzen Lebenswerk zugrunde liegen: »Tun ist früher als Erkennen und geht auch darüber hinaus«; »die Ordnung [zwischen Handeln und Erkennen] des Aristoteles um-

Nachwort

kehren, die übrigens auch richtig ist, in gewissem Sinne«; »die Lehre der Tat begründet die Logik des zugelassenen Dritten« (vgl. dazu S. D'Agostino: *Dall'atto all'azione. Blondel e Aristotele nel progetto de L'Action (1893)*. Rom 1999). *L'Action* bildete eine durchkomponierte Kristallisation dieses ersten visionären Impulses. Die Ausarbeitung sah Blondel als seine persönliche Lebensaufgabe, als seine ›Mission‹ an. Daher rührt der Charakter des persönlichen Zeugnisses, das lebenslang mit seinen philosophischen Darstellungen verknüpft ist. Dieser Umstand bringt allerdings mit sich, dass sich die Einstimmung oder die Ablehnung seiner philosophischen Ideen nicht einzig auf der Ebene der intellektuellen Auseinandersetzung abspielt.

Die Person Blondels ist in seine rational-wissenschaftlichen Darlegungen hineingewoben. Auf diese Weise verbindet sein philosophisches Werk höchst individuelle Merkmale mit einem universellen Anspruch. Denn es nimmt letztendlich das gesamte Gefüge von Gott, Mensch und Welt in den Blick und deckt in der Tat des Menschen den »Knotenpunkt« von Sein, Erkennen und Moral auf. Solche Verwobenheit nimmt Blondel nicht einfach als eine gewissermaßen natürliche Gegebenheit hin, insofern jede Erkenntnis sowohl das Erkannte aufzeigt als auch indirekt den Erkennenden selbst. Personalität und Universalität schließen sich gegenseitig nicht aus, da, wie er oft betont, das Universelle und Unendliche (in welcher Weise dies auch immer zu denken ist) einzig und allein im Konkreten und Individuellen anwest, oder, anders gewendet, die vielschichtige Subjektgebundenheit unserer Erkenntnis ihre Objektgebundenheit bewerkstelligt und umgekehrt. Unter der Überschrift »Einflussnahme und Mitwirkung« sind einige Aspekte dieses Verhältnisses im Buch *L'Action* eigens Gegenstand der Reflexion.

Vor allen intellektuellen und ästhetischen Sichtweisen ist ein Buch oder ein Kunstwerk zuerst die Tat einer Einzelperson. Die Weise, in der es im persönlichen Lebensvollzug eingebettet ist und sich in die Außenwelt hinein verbreitet, betrachtet Blondel aus der Perspektive des Willens. Den Ausgangspunkt seines weitausholenden Gedankenganges bildet einzig die Tatsache, *dass* der Wille will. Von diesem Ansatz her, der in seiner Faktizität keiner ergänzenden Begründung bedarf, bringt er ans Licht, *was* der Wille will. Wenn die Willenstat als solche eine unumstößliche Realität ist, dann ist damit die Realität all dessen gegründet und auch grundsätzlich anerkannt, was diese Tat in ihrem konkreten Vollzug voraussetzt und impliziert. Was will der Mensch, wenn er je schon will? Worauf ist die unaufhaltsame Dynamik seines Willens, der sich nie zufrieden gibt, sondern immer mehr und immer anders will, letztendlich ausgerichtet? Gibt es überhaupt einen konkreten Willensvollzug, der als erlangtes Ziel diese gesamte Dynamik zum Abschluss bringt und vollendet? Es stellt sich heraus, dass dieser Frage nach dem Ziel des Willens nicht zu entrinnen ist. Sie birgt das Lebensproblem schlechthin in sich, dem keine andere Handhabung gewachsen ist als die der Philosophie. Gleichsam experimentell durchschreitet Blondel alle Dimensionen menschlichen Lebens als konkrete Willenstätigkeiten, die, eben weil die Willenskraft in ihnen jeweils nicht zur Ruhe kommt, ineinander überleiten. Er tut dies ausdrücklich als Phänomenologie, eine Vorgehensweise, die er in seinem Werk ständig aufs Neue reflektiert. Schließlich bringt gerade die so entwickelte Phänomenologie des Willens und der Tat die Frage nach dem Sein unabwendbar ans Licht. Die intellektuelle Antwort, die die persönliche und lebenspraktische Verwirklichung erheischt, bahnt sich ebenfalls phänomenologisch an. Mit einem Seitenblick auf Kant und Hegel unterbreitet Blondel sämtliche Darlegungen als »Versuch einer Kritik des Lebens und einer Wissenschaft der Praxis«.

Da eine eingehende Einführung den Rahmen dieses »Nachwortes« sprengt, sei auf die in Forschungskreisen anerkannten Studien hingewiesen, die Peter Henrici vor einigen Jahren erneut vorgelegt hat: *Glaubensleben und kritische Vernunft als Grundkräfte der Metaphysik des jungen Blondel* und *Struktur und Anliegen der Action. Eine Auseinandersetzung mit dem deutschen Denken im Licht der französischen philosophischen Tradition* (in: Peter Henrici: *Philosophie aus Glaubenserfahrung. Studien zum Frühwerk Maurice Blondels.* Freiburg 2012, S. 14–66 und 216–248).

Nachwirkung

Wie lässt sich der soziale Charakter der Tat, die zunächst als persönliches und individuelles Geschehen in den Blick genommen wird, reflexiv nachvollziehen? Den Grund dieses Übergangs sucht Blondel nicht an erster Stelle in der Absicht dessen, der die Tat vollzieht, sondern in der Beschaffenheit der Tat selbst. Die Analyse stellt heraus, dass jede Tat in sich einen kommunikativen Wesenszug aufweist, den Blondel anhand des Kunstwerkes reflektiert. In ihm zeigt sich, wie jede Tat überhaupt sich von der handelnden Person loslöst und nunmehr eine überpersönliche konkrete Wirklichkeit darstellt. Ist das

Nachwort

Kunstwerk oder die Tat erst ein Ziel für den Handelnden, so agiert es hernach selbst als Subjekt von Handlungen, die aus der aktiven Betroffenheit all jener hervorgehen, die sich darauf einlassen. Diese Handlungen bilden eine Synthese, die sich als solche nicht mehr auf die Anteile der Zusammenwirkenden reduzieren lässt, die in sie eingegangen sind. In ihnen lebt die Tat des ursprünglichen Urhebers zwar fort, aber unter einer verwandelten Gestalt. Um diesen Prozess zu beschreiben, verwendet Blondel oft das Bild des Samenkorns. Zwei Aspekte hebt er dabei besonders hervor; sie spielen in seinen gesamten Ausführungen eine tragende Rolle. Als solches geht das Samenkorn im Verwandlungsprozess verloren. Es vermag nicht an sich zu halten, es zerfällt in seinem Milieu, es stirbt gleichsam, indem es anderem Leben, neuen Früchten Nahrung ist. Auch das ursprüngliche Werk lebt fort in seinen Deutungen und Kommentaren als Werk und Tat von allen und gerät dennoch nie außerhalb des originären Willensvollzugs des Urhebers. Um dieses gemeinsame Tun darzustellen, das die Verwandlung bewerkstelligt, legt Blondel Sachverhalte im Verstehens- und Aneignungsprozess frei, die in der modernen philosophischen und theologischen Hermeneutik auf vielfach vertiefte Weise wiederkehren.

Den Weg der schöpferischen Bearbeitung von *L'Action* ist Blondel auch selbst tatsächlich gegangen. Mehr als vierzig Jahre später erschienen in rascher Folge die Bände, die alle zusammen die im Erstlingswerk fokussierten Linien entfalteten: *La pensée* Bd. I: *La genèse de la pensée et les paliers de son ascension spontanée;* Bd. II: *La responsabilité de la pensée et la possibilité de son achèvement* (1934); *L'Être et les êtres. Essai d'une ontologie concrète et intégrale* (1935); *L'Action* Bd. I: *Le problème des causes secondes et le pur agir* (1936) und Bd. II: *L'Action humaine et les conditions de son aboutissement* (1937). Dieses Spätwerk vermochte er nicht mehr selbst zu redigieren, da ein bleibendes Augenleiden ihm Lesen und Schreiben unmöglich machte. Alle stattlichen Bände sind aus dem Diktat hervorgegangen. Das Diktat auszuarbeiten und schriftstellerisch zu gestalten, war ihm nicht mehr vergönnt; er musste es anderen überlassen. Auch aus diesem Grund fehlt ihnen die Konsistenz und die Stringenz des frühen Werkes. Sie erweckten nicht das Aufsehen, das dem hier übertragenen Opus entgegengebracht wurde. So ist Blondel, im geschichtlichen Rahmen betrachtet, auch wiederum der Philosoph geblieben, dessen Name bleibend mit dem Buch *L'Action* verbunden ist.

Im damaligen Milieu der französischen Universitätsphilosophie

Nachwort

zeichnete sich Blondels Werk durch einen revolutionären Charakter aus. *L'Action* war tatsächlich eine Streitschrift, in der er mit der von ihm so benannten »philosophie séparée – abgesonderte Philosophie« ins Gericht ging. Der staatlich verordnete Laizismus trug insofern doktrinäre Konsequenzen, als religiösen Verhaltensweisen des Menschen philosophische Dignität verweigert wurde. Mit dem Ausschluss der Religion aus dem öffentlichen Leben hatte auch der religiöse Mensch, näherhin der christlich glaubende Mensch als gesellschaftlich inexistent zu gelten. Im offiziellen Kanon der staatlichen philosophischen Fakultäten waren religionsphilosophische Anliegen ausgeschlossen. Blondel betrachtete eine solche Voreingenommenheit als dem grundsätzlichen Anspruch der Philosophie höchst zuwider. In seiner Philosophie der Tat beabsichtigte er deshalb, die Phänomene der Religion und des Glaubens für die philosophische Reflexion zurückzugewinnen. Es ging ihm dabei nicht darum, den christlichen Glauben inhaltlich philosophisch plausibel zu machen, sondern einzig dessen praktische Vollziehbarkeit argumentativ darzustellen. Wenn das Denken der Dynamik des menschlichen Willens nachgeht, stellt sich nicht nur heraus, dass diese Phänomene »notwendig und unvermeidlich« ans Licht treten, sondern dass in den Handlungen, die sie vom Menschen erfordern, die Dynamik des Willens, also menschliches Leben als solches, vollendet wird. Die grundsätzliche Humanität von Religion und Glaube als Tatgeschehen vermag so auf begründete Weise anerkannt zu werden.

In philosophischen Kreisen blieb *L'Action* ohne Widerhall. Die Herausforderung, die Blondels Werk darstellte, wurde von vornherein zurückgewiesen, und zwar auf Grund eben jenes doktrinären Vorurteils, das Blondel so radikal in Frage stellte. Eine kurze Rezension von Léon Brunschvicg, noch im Jahr 1893 erschienen, formulierte die Frontbildung vonseiten der philosophischen Zunft in pointierter Weise: »Der moderne Rationalismus ist aufgrund der Analyse des Denkens dazu gebracht worden, aus dem Begriff der Immanenz die Grundlage und die Voraussetzung der gesamten philosophischen Lehre zu machen.« Eine Philosophie der Tat, die in jeder Handlung eine Wirklichkeitsfülle wahrnimmt, die alles Erkennen transzendiert und letztendlich darin sogar eine innewohnende Transzendenz ausmacht, ist dem von Brunschvicg behaupteten Grundsatz modernen Denkens völlig zuwider. Deshalb wird Blondel »unter den Verteidigern der Rechte der Vernunft [Raison] auf höfliche, aber entschiedene Gegner treffen« (vgl. M. Blondel: *Œuvres complètes II*. Paris

Nachwort

1997, S. 49; dort auch die Erwiderung Blondels: S. 49–55). Von wenigen Ausnahmen unter seinen direkten Schülern abgesehen, verschwand Blondels Provokation und damit der gesamte Entwurf seines Denkens aus dem philosophischen Blickfeld. Im wörtlichen Sinne bedeutete dies kurzerhand ›une fin de non-recevoir‹. Moderne philosophische Denker wie Emmanuel Levinas und Paul Ricœur bezeugten in persönlichen Gesprächen ihre Hochachtung für die Person Blondels sowie für sein philosophisches Werk, doch inwiefern sein Denken Spuren in der Philosophie hinterlassen hatte, ließen sie offen.

Die Lage in der damaligen katholischen Theologie war nicht weniger von einem doktrinären und dogmatistisch gehandhabten Vorurteil geprägt. Während einige Autoren *L'Action* als den Entwurf einer neuen Glaubensapologetik feierten, verhielten die meisten Theologen sich bisweilen schroff ablehnend. Die persönliche Integrität des katholischen Christen Blondel wurde wiederholt in Frage gestellt. Ein polemischer Beitrag listete in genussvoller Weise alle »Irrungen« auf, zu denen der »junge Mann« sich habe hinreißen lassen. Der wiederholte Vorwurf, er sei »Kantianer«, beabsichtigte, ihn schließlich mundtot zu machen. Die Neuscholastik, sowohl in der Zuspitzung durch Cajetan und Johannes von St. Thomas als auch in der durch Suarez, hatte die Theologie fest im Griff. Zumal die kirchliche Obrigkeit und die Leitungen der katholischen Orden sie verbindlich vorschrieben. Vor allem französische Theologen, Mitglieder des katholischen Jesuitenordens, sahen in der Philosophie Blondels die Möglichkeit, sich aus den beengenden Fesseln der Neuscholastik zu befreien. In diesem langwierigen und für die betroffenen Personen oftmals schmerzhaften Prozess wuchs vor allem dem Jesuiten Henri de Lubac eine Vermittlerrolle zu. (vgl. die mehrbändige Biografie von Georges Chantraine: *Henri de Lubac*. Paris 2007 ff.).

Der Anknüpfungspunkt lag für de Lubac genau in der grundlegenden Einsicht Blondels, weswegen die Philosophen die Philosophie der Tat damals kategorisch ablehnten. Obwohl die Koexistenz von Gott und Mensch eine theologische Faktizität schlechthin darstellt, gelang es der neuscholastischen Theologie nicht, diese Kooperation auf befriedigende Weise zu denken. Alle Versuche strandeten in einem Dilemma, das in der Art dieses Denkens selbst begründet war. Es setzte im realen, aber abstrakt verabsolutierten Unterschied zwischen Gott und Mensch an und versuchte alsdann sämtliche Verschiedenheiten in einer wie auch immer beschaffenen Einheit intellektualistisch zusammenzudenken (»distinguer pour unir«). Die

Grenze, die dabei nicht überschritten werden konnte, bildete die nachher so bezeichnete »Theologie der zwei Stockwerke« selbst. Das lebendige Verhältnis des Menschen zu Gott konnte lediglich »extrinsezistisch«, als ganz von außen kommend gedacht werden. Einerseits wurde die gegenseitige Verschiedenheit von Gott und Mensch durch intellektuelle Hypothesen verstärkt, die im Laufe der Zeit Realitätscharakter annahmen; andererseits kamen fast akrobatisch anmutende Hypothesen auf, die eine externe Überbrückung zwischen den in sich vollends konstituierten Stockwerken für das Denken annehmbar machen sollten. Letztendlich hatte diese Theologie selbst einen gewissen rationalistischen Dualismus heraufbeschworen, den zu lösen sie selbst nicht mehr imstande war. Und ganz konsequent waren ebenso die wissenschaftlich reflektierte Glaubenslehre einerseits und die christliche Glaubenspraxis andererseits voneinander getrennt. Zwischen Theorie und Praxis gab es keine Interdependenz; beide wurden jede für sich intellektuell entwickelt, ohne dass sie sich gegenseitig beeinflussten oder gar befruchteten.

Henri de Lubac hatte der »Theologie der zwei Stockwerke« ein Ende gesetzt, auch wenn dies bis heute noch nicht bis in alle Köpfe durchgedrungen ist. Aufgrund von historischen Untersuchungen wies er die Unhaltbarkeit der vielfach als real gedachten Hypothese der »natura pura« auf, einer in sich völlig gefestigten menschlichen Natur, als ob es zunächst Gott nicht gäbe. Das »desiderium naturale visionis Dei« deutete er in einer Weise, dass gerade dieses Verlangen die dem Menschen immanente Koexistenz von Gott und Mensch enthüllt. Auf dem Hintergrund seines Wissens um die Philosophie der Tat gelang es de Lubac zu zeigen, dass solches Verlangen eine Anforderung beinhaltet, die der Mensch allererst an sich selbst zu richten hat, nicht jedoch die Freiheit Gottes ultimativ bedrängt. Diese Einsicht fasst den Kern von *L'Action* zusammen: »Was wir [Menschen] fordern, um zu handeln, ist zunächst von uns selbst gefordert« (vgl. H. de Lubac: *Surnaturel. Études historiques.* Paris 1991, 1. Aufl. 1946; dazu: M. Figura: *Der Anruf der Gnade. Über die Beziehung des Menschen zu Gott nach Henri de Lubac.* Einsiedeln 1979).

In diesem Zusammenhang sind noch andere Punkte aus der Philosophie der Tat zu erwähnen, die die Entwicklung des katholischen theologischen Denkens in der zweiten Hälfte des zwanzigsten Jahrhunderts geprägt und gewissermaßen auch ermöglicht haben. Ohne diese Entwicklung wäre das Zweite Vatikanische Konzil nicht vorstellbar gewesen.

Nachwort

Zum christlichen Glauben gehören auf inhärente Weise Zeugnis und Verkündigung. Sowohl die grundlegenden Glaubensereignisse als auch ihre Verkündigung durch alle Zeitläufe hindurch finden in der Geschichte und als Geschichte statt. Daher entsteht das nicht bloß intellektuelle Problem, die Beständigkeit des den Gott des Bekenntnisses gleichsam identifizierenden Glaubens einerseits und die unausweichlichen Veränderlichkeiten der Geschichte andererseits zusammenzudenken. Denn beide Aspekte des einen Glaubens liegen nicht auf externe Weise nebeneinander, sondern sie sind intim miteinander verschachtelt. Die neuscholastische Theologie hatte sich diesem Problem im Grunde entzogen. Wie bereits ›Offenbarung‹ und ›Glaube‹ betrachtete sie auch die Glaubensüberlieferung oder die Tradition ausschließlich als intellektuelle Angelegenheit. ›Tradition‹ war verkürzt auf ›Tradendum‹ und ›Traditum‹, die sogenannte Entwicklung des Dogmas auf einen rationellen Deduktionsprozess zusammengeschrumpft. Mitten in der sogenannten Modernismuskrise, die die Atmosphäre in der katholischen Glaubensgemeinschaft vergiftete, veröffentlichte Blondel seine Abhandlung *Histoire et dogme. Les lacunes philosophiques de l'exégèse moderne* (1904, jetzt in: M. Blondel: *Œuvres complètes* II. Paris 1997, S. 387–453; dt. Übers.: *Geschichte und Dogma*. Herausgegeben und eingeleitet von Albert Raffelt, übersetzt und kommentiert von Hansjürgen Verweyen. Regensburg 2011).

Den Weg, den Blondel hier anbahnte, beschritt de Lubac 1948 in seinem Beitrag *Le problème du développement du dogme* (jetzt in: H. de Lubac: *Théologie dans l'histoire* II. *Questions disputées et résistance au nazisme*. Paris 1990, S. 38–69). Er hob hervor, dass ›Tradition‹ vor allen Dingen ein ›nomen actionis‹ darstellt. Und Träger oder Agierende in diesem Geschehen sind nicht ausschließlich die Theologen in ihrem Denken, sondern die gesamte Glaubensgemeinschaft, alle Personen, synchronisch und diachronisch, die die Glaubenstat auf die eine Person Christi hin zu einer lebendigen und geschichtlichen Gemeinschaft miteinander verbindet. Grundlegend war hier die zentrale erkenntnistheoretische Einsicht Blondels, dass die Erkenntnis auf ihre Weise lediglich eine *Idee* von Wirklichkeit vermittelt, während die so dargestellte Wirklichkeit selbst nur in der Tat des Menschen, diesen also völlig involvierend, anwest. Und zwar in ihrer gesamten unermesslichen Fülle, welche sich jeweils in einer konkreten und deshalb geschichtlichen Gestalt darstellt. Die ›Tradition‹ erschöpft sich nicht darin, ein als normativ erachtetes Wissen von Generation zu Generation weiterzureichen. Vielmehr ist sie die Geschichte des persönlichen und zugleich überpersönlichen Glaubenshandelns. Glaubenswissen und Glaubenshandeln übersteigen und kommentieren sich gegenseitig. Die ›Tradition‹ stellt Erfahrungen im Glauben bereit, indem sie nachfolgenden Geschlechtern anbietet, sie ihrerseits zu vollziehen. Die Dynamik solcher Überlieferung gründet im kommunikativen Charakter jedweder Erfahrungstat. Aus sich heraus ist ›Tradition‹ deswegen unabschließbar. Auf diese Weise erhielt die theologische Erkenntnislehre damals eine neue Grundlage, welche die Theorie des bloßen Erkennens weit überschreitet.

Die sich allmählich auswirkenden Konsequenzen dieser Sichtweise können in ihrem Ausmaß nicht überschätzt werden. Natürlich sind sie nicht alle auf direkte Weise Blondel oder de Lubac zuzuschreiben.

Langsam drang innerhalb der katholischen Kirche die Überzeugung durch, dass nicht ausschließlich die neuscholastische Theologie selbst Quelle einer weiterführenden wissenschaftlichen Reflexion ist, sondern das gesamte Spektrum des lebendigen Glaubenslebens. So änderte sich das Verhältnis der dogmatischen Wissenschaft zur Bibel, zu den theologischen Leistungen der Kirchenväter, zu dem, was heutzutage Spiritualität genannt wird und zur Mystik. Statt Fundorte für ›fromme‹ Zitate zu sein, mit denen die theologischen Abhandlungen sich schmückten, traten sie jetzt als eigenständige und kostbare Glaubenserfahrungen ans Licht. Auf diesem Hintergrund wird verständlich, weswegen bereits am Anfang des Zweiten Vatikanischen Konzils festgestellt wurde, dass nicht die Neuscholastik als solche das geeignete Instrumentarium für die Konzilsdokumente bieten konnte, sondern die Heilige Schrift und die Kirchenväter. Die von Blondel eingeleitete Revision der Beziehung zwischen Denken und Tun führte ebenfalls dazu, dass sich das Verhältnis zur Liturgie und zur Pastoral grundlegend wandelte. Weil das gesamte Tun des Menschen, in allen Dimensionen, in den Blick genommen wird, wendet sich die ›Gottesgelehrtheit‹ nicht bloß direktiv den Menschen zu. Vielmehr enthüllt sich in ihr ihre ureigene inhärente anthropologische Dimension. Wenn, wie Blondel öfters bemerkt, alles Denken sich »sub specie actionis« vollzieht und zu vollziehen hat, dann hört die Pastoral auf, bloß ein lebenspraktischer Anhang zur theologischen Reflexion zu sein, die auch ohne einen solchen Anhang bereits ›vollständig‹ wäre. Die anthropologische und pastorale Dimension wird nunmehr zur

Nachwort

›transzendentalen‹ Qualität jeglicher Theologie. Für eine Reihe von französischsprachigen Theologen birgt diese Qualität den maßgeblichen Gesichtswinkel in sich für die zukünftige Rezeption des Konzils (vgl. C. Theobald: *La réception du concile Vatican II. Accéder à la source*. Paris 2009 und J. Famerée (Hg.): *Vatican II comme style. L'herméneutique théologique du Concile*. Paris 2012).

Wir fragten nach der Wirkungsgeschichte von Blondels *L'Action*, die sich, eine geschichtliche Tatsache, vor allem in der katholischen Theologie des zwanzigsten Jahrhunderts abspielte. Wenige Wochen nach Abschluss des Konzils schreibt der Konzilstheologe Yves Congar – er war so wenig ›Blondelianer‹ wie Blondel selbst: »Wenn wir die theologische Denkweise des Konzils mit einem Wort kennzeichnen sollten, dann würden wir auf das Erkenntnisideal verweisen, das Maurice Blondel vorgelegt hat« (siehe: P. Henrici: *Blondels Nachkommenschaft bei den französischen Jesuiten*, in: ders.: *Philosophie aus Glaubenserfahrung*, S. 386–403, hier 403).

Übertragung

Die im wortwörtlichen Sinn kooperative Nachwirkung, welche ein Werk zunächst ›bricht‹, damit es Frucht tragen kann, verdichtet sich im Geschehen der Übertragung. Während der vergangenen Dezennien haben Bibelgelehrte, Sprachwissenschaftler, berufliche Übersetzer, Literaten und Philosophen sich eingehend mit diesem unerschöpflichen Phänomen befasst. Lediglich Folgendes sei zu der hier vorliegenden Übertragung gesagt:

Die Sprache ist für den in ihr eingehüllten Gedanken nicht eine Livree, die sich nach Bedarf ablegen und austauschen lässt. Im Übertragungsprozess selbst stehen die Gedanken nie ohne das ursprünglich mit ihnen verwachsene Sprachgewand da. ›Nackte‹ Gedanken kann es nicht geben. Zwischen den Sprachen gibt es keinen leeren Raum. Wie sehr die Fremdsprache sich auch anzugleichen bemüht, stets schimmert durch, dass die in deutscher Sprache sich neu zeigenden Gedanken, wie hier im Falle Blondels, ursprünglich in französischer Sprache gedacht worden sind. Die Reibungen zwischen den Sprachen können nie vertuscht werden. Und mit diesem ständigen Konflikt geht noch eine andere Gegebenheit einher. Der Genius, der jeder Sprache zu eigen ist, stellt jeweils eigene Stilmittel bereit, um einen sich dialektisch entfaltenden Sachverhalt in Worten zu vollziehen und darzustellen. L'*Action* ist bis in seine Verästelungen hinein von Dialektik durchzogen, die sich sowohl synchronisch als auch diachronisch auswirkt. Ihr verdankt das Werk letztendlich seine es antreibende Dynamik und seine innere Stringenz. Nach Blondels Auffassung zeigen sich die Phänomene nicht aus sich selbst heraus, sondern sie erscheinen innerhalb eines sie konstituierenden Beziehungsgeflechts. Ist jedes Phänomen bereits eine konkrete Synthese von verschiedenartigen und zusammengehörigen Elementen, so geht es seinerseits auch wiederum in eine Synthese ein. In sich selbst weisen sie fortwährend über sich hinaus, rückwärts und vorwärts. Auch bei der Übertragung in die deutsche Sprache ist deshalb ein verwickelter Sprachgebrauch nicht zu vermeiden. L'*Action* ist ein komplexes Werk und bleibt dies auch in seiner deutschen Fassung. Der Duktus und die gedanklichen Bezüge lassen es öfters nicht zu, jeden langen und manchmal überladenen Satz in einer Serie von einfacheren Hauptsätzen unterzubringen.

Der Anspruch ist, dem Wortlaut des französischen Textes so nahe nach-denkend entlangzugehen, dass Leser, die sich nicht direkt an das französische Buch heranwagen, sich auf diese deutsche Version verlassen können. Daher sind auch neben der Paginierung des Originals dessen fortlaufende Kopftitel in den Text eingefügt, zumal sie von Blondel selbst stammen. Gewissermaßen stellen sie jeweils den Anfang der Deutung und Kommentierung des Gedankenganges dar.

Dank

Einigen Personen habe ich an dieser Stelle ausdrücklich zu danken:

Wie viel Liebe man einer Fremdsprache auch entgegenbringen mag, wie umfassend ihre Beherrschung auch ist, sie ist und bleibt stets ›Fremdsprache‹, eben nicht ›Muttersprache‹. Letztendlich fehlt die entscheidende sprachliche Sicherheit. Diesem ›Geburtsfehler‹ vermag keine Sprachbeherrschung abzuhelfen. So hat Frau Ruth Beissel die Handschrift meiner Übertragung in den PC eingebracht und bereits dort mit deutschsprachigen Änderungsvorschlägen versehen. Der gesamte Text wurde dann in mehreren Durchgängen gemeinsam überarbeitet. Ohne Ruth Beissels Einsatz wäre die Übertragung so nicht zustande gekommen. Ich danke ihr sehr für diese ständige Mitwirkung.

Bereits vor mehr als vierzig Jahren hat Kardinal Lehmann an

Nachwort

seinem Freiburger Lehrstuhl eine kontinuierliche Erforschung der Philosophie Blondels eingeleitet und gefördert. Auch als Bischof von Mainz begleitete er diese Forschung mit stetigem Interesse. Er unterstützte die Errichtung eines entsprechenden Instituts, an dessen Arbeit er aktiv beteiligt ist. Während der Zeit der Übertragungsarbeit waren seine aufmunternden Nachfragen mir ein ständiger Ansporn. Mein jetziger Dank an ihn summiert alle beglückenden Widerfahrnisse aus fünfundvierzig Jahren.

Ich danke auch den Professoren Peter Reifenberg und Stephan Grätzel. Beide haben auf ihre Weise zu Blondel geforscht (vgl. Peter Reifenberg: *Verantwortung aus der Letztbestimmung. Maurice Blondels Ansatz zu einer Logik des sittlichen Lebens*. Freiburg 2002) und gemäß ihrem je eigenen Rahmen die weitere Forschung angeregt und koordiniert, Peter Reifenberg an der Akademie des Bistums Mainz im Erbacher Hof, Stephan Grätzel an der Mainzer Universität (vgl. Maurice Blondel: *Der philosophische Weg*. Eingeleitet und übersetzt von Patricia Rehm. Freiburg 2010). Mit Hilfe des Stabes des Erbacher Hofs sind gemeinsam – Peter Reifenberg trug als Direktor der Akademie allerdings die Hauptlast – eine beträchtliche Reihe von internationalen Tagungen zu Themen der Philosophie Blondels organisiert worden, die meisten in Veröffentlichungen dokumentiert. Für die Drucklegung dieser Übertragung konnte Stephan Grätzel Stiftungsgelder zur Verfügung stellen. Vor allem aber danke ich ihnen beiden sehr herzlich für die vielen freundschaftlichen Gespräche, die wir seit Jahren zu Blondel führen. Trotz ihrer mannigfachen beruflichen Verpflichtungen waren beide dazu bereit, einen Teil der Druckfahnen durchzusehen.

Auch geht mein herzlicher Dank an Herrn Lukas Trabert, den Leiter des Verlages Karl Alber, für die angenehme und effektive Zusammenarbeit. Seine Entscheidung, auch die Neuübersetzung von *L'Action* in das Verlagsprogramm aufzunehmen, dürfte für viele Blondelforscher, für Philosophen und für alle, die sich mit der Geschichte der katholischen Theologie im 20. Jahrhundert befassen, ein Grund zur Freude sein. Als Lektor konnte der Verlag Herrn Dr. Alwin Letzkus gewinnen. Aufgrund seiner Erfahrung im Umgang mit französischsprachigen philosophischen Texten konnten selbst letztverbliebene Unebenheiten aufgespürt werden. Auch ihm gilt mein großer Dank.

Anton van Hooff